KOMPAKT & VISUELL

Astrologie

JULIA & DEREK PARKER

DK
DORLING KINDERSLEY

MAIUS.
APRILIS.
MARTIUS.
FEBRUARIUS.
IANUARIUS.
SAMBSTAG.
FREITAG.
DONERSTAG.
SATURNUS
VENUS

IULIUS
AUGUSTUS
SEPTEMBER
OCTOBER
NOVEMBER
TAG
SOL
LUNA
MONTAG
MARS
DINSTAG
MERCURIUS
MITTWOCH

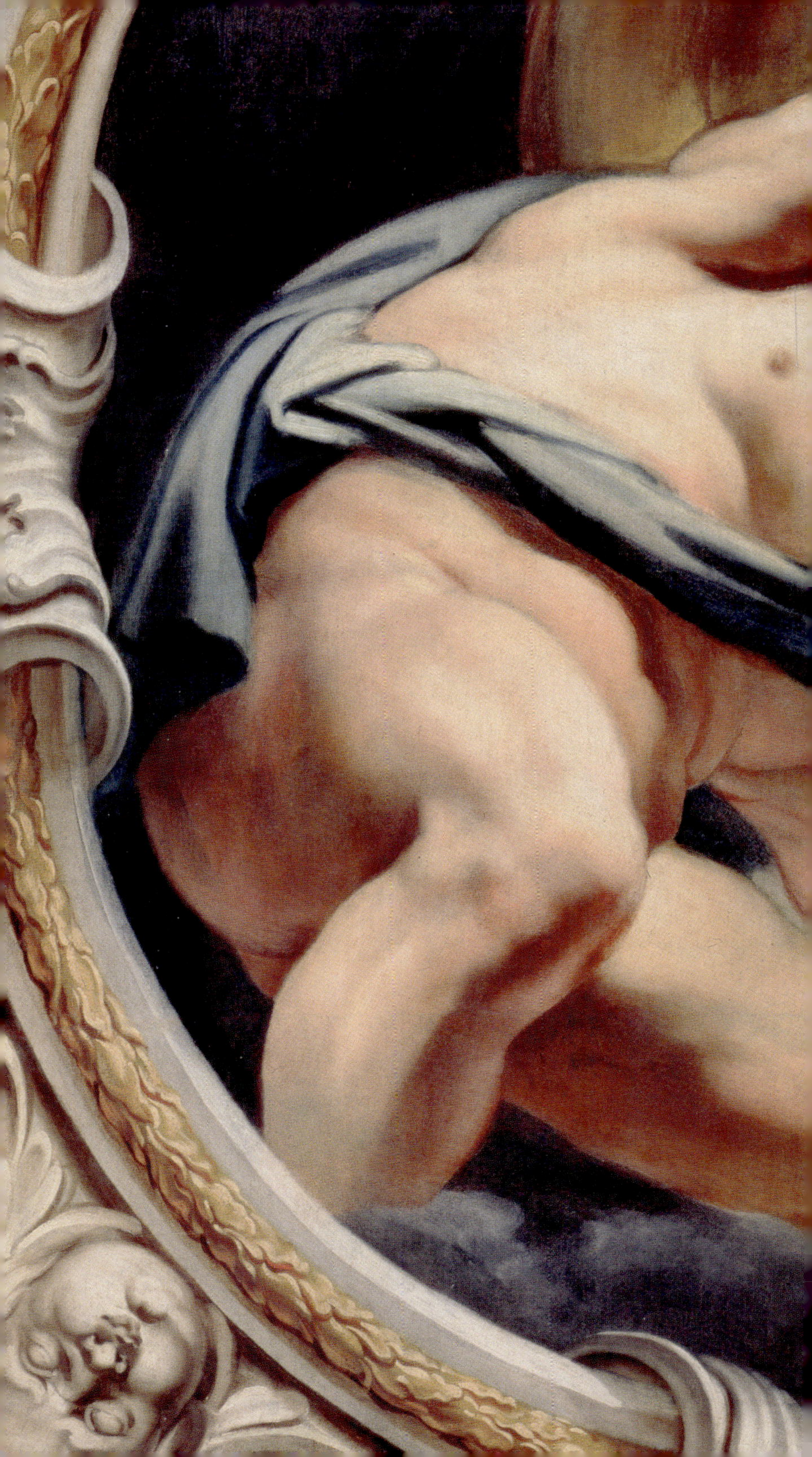

DORLING KINDERSLEY
LONDON, NEW YORK, MELBOURNE,
MÜNCHEN UND DELHI

Für Irena Zoe Drew, in Zuneigung

Redaktion Tom Broder, Laura Nickoll
Bildredaktion Nicola Rodway
Helen Spencer
Cheflektorat Adèle Hayward
DTP-Design Traci Salter
Herstellung Rebecca Short
Grafik Peter Luff
Programmleitung Stephanie Jackson

Für Dorling Kindersley produziert von
Blue Island Publishing und DK Delhi

Blue Island Publishing

Programmleitung Rosalyn Thiro
Grafik Stephen Bere
Cheflektorat Michael Ellis

DK Delhi

Cheflektorat Dipali Singh
Lektorat Rohan Sinha
Redaktion Ankush Saikia,
Pankhoori Sinha
Leitung Gestaltung Arunesh Talapatra,
Romi Chakraborty
Gestaltung Neha Ahuja
DTP-Design Tarun Sharma,
Pushpak Tyagi

Für die deutsche Ausgabe:

Programmleitung Monika Schlitzer
Projektbetreuung Andrea Göppner
Herstellungsleitung Dorothee Whittaker
Herstellung Petra Kühner

Bibliografische Information der Deutschen Bibliothek
Die Deutsche Bibliothek verzeichnet diese
Publikation in der Deutschen Nationalbibliografie;
detaillierte bibliografische Daten sind im Internet
über http://dnb.ddb.de abrufbar.

Titel der englischen Originalausgabe:
Eyewitness Companions Astrology

Übersetzung Daniela Weise
Redaktion Janette Schroeder, München
Satz Roman Bold & Black, Köln

ISBN 978-3-8310-1305-0

Colour reproduction by Media Development
and Printing, UK

Printed and bound in China by
L-Rex Printing Comapny

Besuchen Sie uns im Internet
www.dk.com

DIE GESCHICHTE DER ASTROLOGIE

DIE ZWÖLF TIERKREISZEICHEN

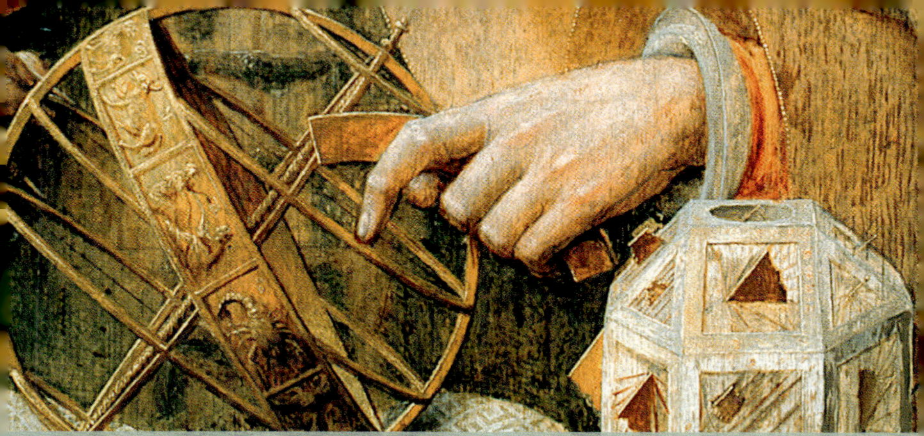

INHALT

DIE PLANETEN

HÄUSER, ASPEKTE, PLANETENWIEDERKEHR

WEITERE GEBIETE DER ASTROLOGIE

DAS GEBURTSHOROSKOP

EINLEITUNG

Darüber, wie die Astrologie einzuordnen ist, herrscht bis heute Uneinigkeit. Handelt es sich um eine Wissenschaft oder ein religiöses oder philosophisches Glaubenssystem? Um eine moderne Wissenschaft im strengen Sinne sicher nicht, doch wenn man das Wort Wissenschaft in seiner ursprünglichen Bedeutung begreift, können wir zu einer angemessenen Definition finden. Jeder denkende Mensch mit Wissensdurst versucht, seine Lebenserfahrung, seine Handlungen, Reaktionen, Gefühle und Gedanken mit der Welt in Verbindung zu bringen. Genau das macht die Astrologie: Sie stellt eine Beziehung her zwischen den Zyklen der Planeten, darunter Sonne und Mond, und anderen Himmelskörpern einerseits sowie dem Dasein auf der Erde andererseits, und besonders zu unserem persönlichen Leben.

Ein wenig klingt dies nach Religion, was kein Wunder ist, wird doch die Religion oft als Rivalin der Wissenschaft gesehen, da sie wie diese Fragen nach dem Wesen der Dinge stellt. Doch anders als bei einer Religion beruht die Astrologie auf beobachtbaren und nachweisbaren Fakten. Legen wir die Definition zugrunde, dass Wissenschaft ein »Wissenszweig ist, der u. a. Beobachtungen und Versuche systematisiert«, dann trifft dies exakt auf die Astrologie zu. Was immer ein Astrologe heute aussagt, er hat es nicht erfunden. Seine Aussagen sind vielmehr das Resultat von Beobachtungen und Versuchen, ob dieses nun erstmals von dem babylonischen Gelehrten Akkullanu im 7. Jahrhundert v. Chr. in Worte gefasst wurde oder von dem englischen Astrologen John Addey in den 70er-Jahren des 20. Jahrhunderts. Und wenn ein seriöser Astrologe diesem Wissen Neues hinzufügt, so wird es auf Beobachtungen und Analysen beruhen.

Dies konnte man in den letzten 30 Jahren anhand der Untersuchungen über die astrologische Bedeutung von Chiron (*s. S. 239*) sehen. In der Mythologie ist Chiron der »verwundete Heiler«. Man fand heraus, dass er bei den Personen im Horoskop stark gestellt ist, deren Leiden und Erfahrungen anderen Menschen im Umgang mit ihren Verletzungen helfen. Doch wie überzeugend sind derartige Beobachtungen?

Modell des Sonnensystems aus dem 18. Jahrhundert, das die Planetenbahnen zeigt – es sind Tage, Monate und Tierkreiszeichen eingetragen.

BEWEISE, FAKTEN, MEINUNGEN

Jeder Astrologe, der ein halbes Jahrhundert lang praktiziert hat, kann ganze Bücher mit Fallstudien füllen, die zeigen, dass eine Verbindung zweier bestimmter Planeten für einen spezielle Charakterzug steht, der bei all

Ptolemäus war ein herausragender Astrologe und Astronom. Sein Werk stößt bis heute auf größtes Interesse.

jenen zu finden ist, in deren Geburtshoroskop diese Verbindung auftritt. In gewisser Weise ist das natürlich nicht verifizierbar, genauso wenig wie man in der Psychologie nachweisen kann, dass ein bestimmter Vorfall in der Kindheit ganz bestimmte Auswirkungen im Erwachsenenalter zeigt. Doch wenn man genügend ins Detail geht, sind die Ergebnisse überzeugend. Es sind diese Bestätigungen der astrologischen Theorie, die im Lauf der Jahre viele Menschen dazu gebracht haben, die Astrologie ernst zu nehmen: dass nämlich ein Geburtshoroskop, erstellt für den Tag, die Uhrzeit und den Ort der Geburt, eine Menge über das Wesen des betreffenden Menschen aussagen kann.

Wer jedoch messbare Ergebnisse erwartet – in dem Sinne, wie es etwa heißt, dass Nicaragua eine Fläche von 130 700 km² umfasst –, wird kaum fündig werden. Das ist nun kein so großer Nachteil, wie man meinen könnte. Interessanterweise findet man in drei großen Nachschlagewerken unterschiedliche Angaben zur Fläche von Nicaragua, die bis zu 1000 km² voneinander abweichen. Mit einem Wort: Wer in dieser Welt nach unumstößlichen Fakten ruft, dem muss man eine Absage erteilen.

POPULÄRE ASTROLOGIE

Wenn man über seriöse Astrologie schreibt, muss man jedoch immer noch darauf hinweisen, dass sie nichts mit den Horoskopen in Zeitungen und Zeitschriften zu tun hat. Diese haben einen gewissen Unterhaltungswert. Ein gewiefter Astrologe, der zugleich ein hervorragender Journalist ist (vielleicht vor allem Letzteres), kann dabei einige Knöpfe drücken und damit den Eindruck erwecken, dass etwas Sonderbares vor sich geht. Wenn Sie einem Widder erzählen, dass er mal wieder mit dem Kopf durch die Wand will, haben Sie gute Chancen, Recht zu behalten.

Auch wenn im Hinblick auf die »Sternzeichen« gewisse Verallgemeinerungen durchaus zulässig sind – dies ist nicht die Astrologie, die wir Ihnen in diesem Buch vorstellen wollen. Und es geht hier auch nicht um jenen Bereich, den verständlicherweise viele Menschen am interessantesten finden: die Möglichkeit, die Zukunft vorherzusagen.

TREFFEN PROGNOSEN EIN?

Die meisten Astrologen stimmen darin überein, dass es unmöglich ist, ein künftiges Ereignis verlässlich vorherzusagen. Die Astrologie ist ein bermerkenswertes Werkzeug, um ein bestimmtes Thema zu beleuchten. Der Psychiater C. G. Jung hat von ihr ausgehend die Theorie der Synchronizität entwickelt. Gemeint sind bedeutungsvolle Ereignisse, die nahezu gleichzeitig passieren. Wenn das Leben ein Muster hat, dann ist die Zeit ein wesentlicher Aspekt dieses Musters, und alles, was geschieht, steht mit allem anderen in Verbindung, was zur gleichen Zeit geschieht.

DIE ZWILLINGE werden auf diesem Gemälde von Edward Burne-Jones aus dem späten 19. Jahrhundert graziös präsentiert.

Die Geschichte ist voll von Vorhersagen, die nicht eingetroffen sind, und die wenigen, die sich als richtig erwiesen haben – was selbstverständlich faszinierend ist –, waren für gewöhnlich nicht präzise genug, als dass sie von Nutzen gewesen wären. So sagte z. B. ein britischer Astrologe eine ernsthafte Gefahr für den Schiffsverkehr am 6. März 1987 voraus. An diesem Tag sank die Autofähre *Herald of Free Enterprise* vor Zeebrügge; dabei starben annähernd 200 Menschen. Doch so eine Prognose kann keine Menschenleben retten, solange nicht genauere Angaben zur Verfügung stehen, etwa der exakte Ort des Unglücks oder die Abfahrtszeit der Fähre. Hier gab es zu viele Unwägbarkeiten.

Eine seriöse und verlässliche Vorhersage kann man am besten mit den Wetteraussichten oder einer Wirtschaftsprognose vergleichen: »Morgen Vormittag wird es wohl regnen«, oder: »Die Konjunktur könnte sich im kommenden Frühjahr erholen.« Aussagen wie »Am 11. August werden Sie Ihrem Seelengefährten begegnen« können Sie getrost vergessen.

Nein, die Faszination und die Kraft der Astrologie liegen anderswo: Wir wollen wissen, worin sich ein Mensch von einem anderen unterscheidet und weshalb dies so ist; ob sich tief verankerte Persönlichkeitsmerkmale der Erziehung verdanken oder nicht. Zwischen diesen Überlegungen und Fragen wie »Was ist dein Sternzeichen?« oder »Was sagen meine Sterne heute?« liegen Welten. Die Astrologie funktioniert auf bemerkenswerte Weise und ist verständlich was die esoterische Ebene betrifft, aber auch im Hinblick auf die Gefühle. Es geht dabei nicht nur um so mysteriöse Angelegenheiten wie Rückläufigkeit, hypothetische Planeten, Mondknoten und Halbsummen, sondern auch um die Deutung menschlicher Eigenschaften, die in hohem Maße den Reiz der populären Astrologie ausmacht.

WAS DIESES BUCH WILL

Mithilfe dieses Buches und der Ephemeriden (= Planetentabellen) im Anhang können Sie Ihr Horoskop berechnen und zeichnen – ein aufregender und faszinierender Vorgang. Wenn Sie sich dann näher mit der

Interpretation der Planetenpositionen befassen, können Sie prüfen, ob die Astrologie ihr Versprechen hält und Sie zu vertiefenden Studien einlädt. Das ganze Horoskop enthält weit mehr Aussagen, denen Sie sich dann im nächsten Schritt widmen können. Damit tun Sie schon fast das, was professionelle Astrologen machen, die auch die Winkelbeziehungen der Planeten zueinander, die sogenannten Aspekte, in die Deutung mit einbeziehen. Dazu sind freilich sehr genaue Planetentabellen erforderlich. In diesem Buch steht Ihnen eine vereinfachte, jedoch nicht minder gute Version zur Verfügung, die für unsere Zwecke ausreicht: nämlich für eine umfassende Einführung in das Thema.

Jeder denkende Mensch versucht, seine Lebenserfahrungen mit der Welt in Verbindung zu bringen.

Vergleichen Sie etwa eine Landkarte mit einer sehr genauen topografischen Karte desselben Gebiets. Auf Ersterer sind die wichtigsten Städte und Straßen verzeichnet, die Hauptmerkmale einer Landschaft, sodass man sich einen Überblick verschaffen kann, wie man z. B. am schnellsten von A nach B gelangt. Auf der anderen Karte dagegen werden Sie auch kleine Straßen und weitere detaillierte Angaben finden.

Wer bei der Lektüre dieses Buches auf den Geschmack kommt und tiefer in die Materie einsteigen möchte, hat über das Internet inzwischen viele Möglichkeiten, sich ein Geburtshoroskop anhand des Geburtsdatums, der Uhrzeit und des Geburtsortes genau berechnen zu lassen. Dies empfiehlt sich insbesondere, wenn die Sonne oder einer der Planeten am Tag der Geburt das Tierkreiszeichen gewechselt hat. So kann man von einem groben Überblick zu einer differenzierten Darstellung des Horoskops eines Menschen gelangen. Die Aussagen und Deutungen in diesem Buch erhalten damit noch eine weitere Dimension.

Hiermit liegt Ihnen eine verständliche Einführung in die Astrologie vor. Sie ist aber auch detailliert genug, um sich ein Urteil darüber bilden zu können, ob es sich lohnt, auf dem Weg, den die Astrologie bietet, weiter voranzugehen.

Es wäre schön, wenn dieses Buch Sie davon überzeugt, dass es sich unbedingt lohnt!

Abbildung der »Zwölf heidnischen Philosophen«
aus einer böhmischen Handschrift, 14. Jahrhundert

PIS CES
ARI ES
TAV RVS
GE MINI
CIRCVLVS MARTIS
MARS
CIRCVLVS PER QVEM CENTRVM TRIVM
MARS
IVPITER
SATVRNVS

Die GESCHICHTE DER ASTROLOGIE

VORGESCHICHTE

Wir wissen nicht, wann die Menschen erstmals feststellten, dass die Planeten ihr Leben beeinflussen. Doch wir wissen, dass es um 1500 v. Chr. Tafeln gab, auf denen Auf- und Untergänge der Planeten verzeichnet waren, und dass Astrologen um 1000 v. Chr. eine Vorstellung davon hatten, dass der Himmel ein Gewölbe ist, in dem die Planeten kreisen.

Sternkarten und Tiere der Mythologie

Die Wirkung der Sonne auf die Erde ist ganz offensichtlich, denn sie sorgt für Licht und Wärme. Die Wirkung des Mondes ist fast ebenso offensichtlich, denkt man z. B. an die Gezeiten und den Menstruationszyklus der Frau. Höchstwahrscheinlich wurden solche Phänomene lange vor der Erfindung der Schrift beobachtet, und mit der Zeit stellten die Menschen auch die weniger augenscheinlichen Wirkungen weiterer Planeten fest.

Cicero, der im ersten vorchristlichen Jahrhundert lebte, fand eine interessante Erklärung für die Entwicklung der Astrologie: »Ägypter und Babylonier leben in weiten Ebenen – kein Gebirge verstellt ihnen den Blick – weshalb sie sich vor allem auf diejenige Art von Wahrsagerei verlegt haben, die man Astrologie nennt.«

Astrologische Schrifttafel aus der sumerischen Stadt Uruk im heutigen Irak

Nicht nur im Vorderen Orient, sondern auch in Ostasien sowie bei den Inka und Maya galten die Planeten, die man mit bloßem Auge sehen konnte, als einflussreiche Gottheiten. Es handelte sich um Merkur, Venus, Mars, Jupiter und Saturn.

DIE ERSTEN ASTROLOGEN

Sowohl Astronomen als auch Astrologen (bis zum 4. Jahrhundert machte man da keinen Unterschied) beobachteten die Planeten. Sie registrierten, wie sie mal langsamer wurden, dann zurückliefen, sich aufeinander zu bewegten und sich wieder voneinander entfernten, und sie entwickelten aufgrund dieser Bewegungen sowie der gefürchteten Sonnen- und Mondfinsternisse ihre Theorien.

Die ältesten Astrologen, von denen wir wissen, lebten im 7. Jahrhun-

dert v. Chr. im Reich von Asarhaddon von Babylonien (680–669 v. Chr.) sowie unter seinem Nachfolger Assurbanipal. Astrologen wie Akkullanu, Balasi und Nabua-heriba arbeiteten beim Tempel von Ea, dem Orakelgott, und brachten den Königen Kunde von bedeutenden Ereignissen. Ihr Einfluss ist nicht zu unterschätzen, denn ohne den Rat seiner Astrologen unternahm der babylonische König keinen wichtigen Schritt.

ANTIKE HOROSKOPE

Individuelle Horoskope spielten seit jeher eine wichtige Rolle. So heißt es über ein Horoskop von 225 v. Chr.: »Im Jahre 77, am vierten Tag, im letzten Teil der Nacht wurde Aristokrates geboren. An dem Tag: Mond in Löwe, Sonne auf 12° Zwillinge, Jupiter auf 18° Schütze. Die Stellung Jupiters bedeutet, dass sein Leben normal verläuft, dass er reich und alt wird. Venus auf 4° Stier. Die Stellung der Venus bedeutet: Wo immer er hingeht, es wird von Vorteil für ihn sein.«

DER TIERKREIS

Irgendwann zwischen dem 7. und 5. Jahrhundert v. Chr. wurde der Weg der Sonne um die Erde in zwölf Teile à 30° geteilt. Jeder Abschnitt wurde von einem Sternbild gekennzeichnet und stand mit einem bestimmten Monat in Verbindung.

Ab dem fünften vorchristlichen Jahrhundert konnten Astronomen die Bewegungen der Himmelskörper berechnen und schufen damit die Grundlage für die Astrologie. Von Babylonien gelangte das Wissen nach Griechenland und wurde dort von Mathematikern weiterentwickelt. Im ersten nachchristlichen Jahrhundert hatte die Astrologie, was Darstellung und Deutung betrifft, eine Form angenommen, wie sie im Großen und Ganzen heute noch genutzt wird.

Wie die mythischen Gestalten des Tierkreises – Jungfrau, Fische, Widder und die anderen – entstanden sind, ist unbekannt. Zu Verbindungen von Tierkreiszeichen, Planeten und bestimmten menschlichen Eigenschaften kam es aufgrund von Erfahrungswerten. Vieles weist darauf hin, dass die astrologischen Techniken nicht auf der Grundlage von Hellsichtigkeit oder des kollektiven Unbewussten ausgearbeitet wurden, sondern, genau wie in der Wissenschaft, mit den Mitteln von Beobachtungen und sorgfältigen Aufzeichnungen.

Außerhalb von Babylonien und Assyrien verlief die Entwicklung der Astrologie ganz anders. So unterschied sich das persische Interesse an den Sternen stark von der westlichen Astrologie, ebenso wie die islamische Astrologie, die sich aus griechischen, indischen und persischen Quellen speiste. Die Muslime hatten ein ausgeprägtes Interesse am Thema Astrologie und den Koran als Stütze: »Er ist es, der für dich die Sterne schuf, damit du, geführt von ihnen, deinen Weg durch die Dunkelheit zu Wasser und zu Lande findest.« Zur gleichen Zeit entwickelten auch die Chinesen ihre Version des Tierkreises mit zwölf aufeinanderfolgenden Jahren, von denen jedes von einem Tier repräsentiert wird.

In der Tat wurden nur wenige Zivilisationen ohne die Unterstützung derer groß, die den Anspruch erhoben, Gegenwart und Zukunft aus der Bewegung der Sterne erschließen zu können.

Ägyptische Götter in einer astrologischen Szene. Grab von Sethos I. aus dem 13. Jahrhundert v. Chr.

ÄGYPTEN UND GRIECHENLAND

Ägyptischer Kalender aus Ton mit den griechischen Symbolen für die Tierkreiszeichen

Die altägytische Kultur gilt vielen als Mutter der Astrologie. Doch auch wenn die Beobachtung der Gestirne von großer Bedeutung war und dort der Grundstein für das Studium der Planeten gelegt wurde – die Schlüsseltexte der Astrologie stammen von Ptolemäus und von Vettius Valens. Bis heute inspirieren sie die Astrologen und liefern ihnen Quellenmaterial.

Sternbeobachter und Lehrer

Als der griechische Historiker Herodot um 450 v. Chr. Ägypten bereiste, bemerkte er, dass die ägyptischen Astrologen »anhand des Geburtstages etwas über Schicksal, Tod und Charakter eines Menschen aussagen können … Wenn etwas Unheilvolles geschieht, halten sie den Ausgang fest, und wenn dann wieder etwas Ähnliches passiert, erwarten sie auch einen ähnlichen Ausgang.«

Die Ägypter untersuchten also rational und mit Bedacht die Beziehung zwischen den Planeten und Ereignissen auf der Erde. Doch es stimmt nicht, dass Ägypten an der Entwicklung der Astrologie einen überragenden Anteil gehabt hätte. Auch die Behauptung, dass das erste Horoskop im Jahre 2767 v. Chr. in Ägypten erstellt wurde, ist zweifelhaft, trotz der Tatsache, dass ägyptische Astronomen schon sehr früh genau über die Positionen der Sterne Bescheid wussten.

So fand man am Grab von Ramses II. (um 1298–1213 v. Chr.) zwei goldene Scheiben mit Symbolen, die den Auf- und Untergang der Sterne markieren. Dies legt nahe, dass der Pharao Interesse am Aszendenten hatte

Eine Sphinx am Grab von Ramses II. Hier fand man Goldscheiben mit Symbolen, die den Auf- und Untergang der Sterne markieren.

– dem Tierkreisgrad, der zu einem bestimmten Zeitpunkt am östlichen Horizont aufstieg (er spielt in der Astrologie eine wichtige Rolle). Das Grab Ramses' V. (Reg. 1145–1142 v. Chr.) legt ebenfalls von der Kenntnis der Planeten Zeugnis ab. Man fand dort auf Papyrus astrologische Hinweise für jede Stunde eines jeden Monats.

Der einzige größere Beitrag der Ägypter zur Astrologie war die Einteilung der Ekliptik in 36 Dekanate, also jeweils 10° pro Tierkreisabschnitt. Wir finden diese erstmals auf einem Sargdeckel des Mittleren Reichs: Dort ist der Himmel mit den Namen der Dekanate abgebildet. Die Dekanate wurden in Beziehung zu den Sternbildern gesetzt, denn den Tierkreis gab es damals noch nicht. Erst später wurden sie dem Tierkreis zugeordnet und gelangten zu astrologischer Bedeutung. Dies gilt besonders für die medizinische Astrologie: Jedes Dekanat steht in Verbindung mit einem bestimmten Symptom; so werden z. B. Magenprobleme dem 1. Dekanat Jungfrau zugeschrieben.

Hermes Trismegistus soll eine Sammlung ägyptischer Texte über die Astrologie erstellt haben.

HERMETISCHE LITERATUR

Die bekannteste Textsammlung mit ägyptischem astrologischem Wissen ist der *Corpus Hermeticum*, der als eine Offenbarung des ägyptischen Gottes Thot galt, den die Griechen Hermes Trismegistus und die Römer Merkur nannten. Nur der höchste Priester durfte die heiligen Texte berühren. Ein vollständiges Exemplar soll dem Grab Alexanders des Großen beigelegt worden sein, aber es wurde leider noch nicht entdeckt. Hermes, so heißt es, soll ein eigenes astrologisches System entworfen haben. Diese *Hermetischen Schriften* beinhalteten ein Buch über medizinische Astrologie, eines über Dekanate, eines über Pflanzen und ihre Verbindung zur Astrologie und eines über die astrologischen Grade.

DER TIERKREISMENSCH

Es ist schwer zu sagen, was von den *Hermetischen Schriften* erhalten ist. Ein aus dem Griechischen übersetzter lateinischer Text aus dem 5. Jahrhundert n. Chr., *Liber Hermetis*, erhob den Anspruch, zumindest Teile davon zu enthalten. Dieser Text ist vor allem deshalb berühmt, weil sich in ihm, soweit bekannt, die erste Abbildung eines »Tierkreismenschen« befindet: Die Tierkreiszeichen wurden darin mit dem menschlichen Körper in Verbindung gebracht. So befindet sich am Kopf der Widder, an den Füßen die Fische (*s. S. 30 und 50*).

Die meisten gebildeten Griechen der Antike waren mit der Vorstellung vertraut, dass sich die Geschehnisse am Himmel in Ereignissen auf der Erde widerspiegeln. Man müsse den Himmel nur aufmerksam beobachten, dann könne man vorhersagen, was auf Erden geschehen wird. Demnach war es möglich, irdisches Geschehen vorherzusagen, indem man es mit dem, was sich am Himmel abspielt, in Beziehung setzte. Dieser Theorie widersprachen weder Religionsgelehrte noch Wissenschaftler, da sie ihrer Ansicht nach auf dem gesunden Menschenverstand beruhte.

Zum ersten Mal in der Geschichte waren astrologische Bücher vielerorts erhältlich. Chaldäische Astrologen aus Babylonien strömten über Ägypten nach Griechenland, und Diskussionen über das Thema kamen in Schwung. Unter den Gelehrten standen Cato und Ennius der Astrologie feindselig gegenüber, doch Sulla, Posidonius und Varro waren Anhänger, ebenso wie Vitruv, Propertius und Ovid. Vom ersten Jahrhundert unserer Zeitrechnung an glaubten nahezu alle, ob Christen, Heiden oder Juden, an die Astrologie und richteten sich in mehr oder weniger hohem Maße nach ihr.

Schon im 6. Jahrhundert v. Chr. hatten die Griechen den Tierkreis übernommen. Vermutlich war es Demokrit (460–371 v. Chr.), der als Erster den Planeten griechische Namen gab: etwa Aphrodite (Venus), Hermes (Merkur) und Ares (Mars). Zuvor kannte man sie nur unter ihren chaldäischen Namen oder schlicht aufgrund der Beschreibung wie »roter Stern« (Mars) und »funkelnder Stern« (Merkur).

Es war ein Chaldäer namens Berosus, Priester des Sonnengottes Marduk in Babylon, der um 260 v. Chr. die erste überlieferte Schule für Astrologie auf der Insel Kos errichtete, wo es bereits eine Schule für Heilkunst (Asklepieion) gab. Über Schriften, die heute nicht mehr existieren, verbreiteten sich seine Kenntnisse astrologischer Techniken in der ganzen griechischen Welt. Er war schon zu seiner Zeit berühmt, und in Athen soll eine Statue von ihm mit einer goldenen Zunge errichtet worden sein, um seine rednerische Begabung hervorzuheben. Er vermachte seine Schule Antipatros und Achinapolos, die Medizin lehrten und über Horoskope forschten, die für den Zeitpunkt der Empfängnis erstellt waren. Sie vertraten die These, dass sich das Tierkreiszeichen, in dem sich der Mond zum Zeitpunkt der Empfängnis befand, im Geburtshoroskop am Aszendenten befinde. Diese These entstammte angeblich der hermetischen Literatur. Weitere Themenbereiche waren die astrologische Wettervorhersage und die medizinische Astrologie.

ALEXANDER DER GROSSE

Alexander der Große kam nicht zufällig in einem besonders günstigen Moment zur Welt. Seine Mutter Olympia soll nach einem Hinweis des astrologiekundigen Nektanebos die Geburt Alexanders hinausgezögert haben, bis zu dem Zeitpunkt, an dem ein großer Mann geboren werden sollte. »Königin, Ihr werdet nun einen Herrscher der Welt gebären.« Donner und Blitz begrüßten den Neugeborenen. Als Nektanebos dem elfjährigen Alexander einmal die Sterne zeigte, soll dieser ihn in eine Grube gestoßen haben, um ihm zu bedeuten, dass man den Boden nicht aus den Augen verlieren sollte.

PTOLEMÄUS' TETRABIBLOS

In Alexandria fasste ein Mann die verschiedenen Stränge astrologischer Theorie in einem Buch zusammen. Claudius Ptolemäus (um 100–175 n. Chr.) kam nach Alexandria, um dort an der 400 Jahre alten Universität zu lehren. Ptolemäus ist bekannt als Mathematiker, Astronom und Geograf, und sein *Almagest* war über Jahrhunderte das anerkannte Werk der Astronomie.

Sein *Tetrabiblos (Vier Bücher)* ist das erste wirklich bedeutende Werk der Astrologie, das vollständig erhalten ist. Unterteilt in vier Bücher, beginnt es mit der Feststellung, dass die Wirkung von Sonne und Mond auf die Erde offensichtlich sei, erkennbar etwa an Jahreszeiten und Gezeiten. Folgerichtig solle man auch die Wirkungen der anderen Himmelskörper betrachten.

»Wenn jemand nun diese Wirkungen erkennt, so wird er begreifen, dass alle Körper, nicht nur erst, nachdem sie geboren und vollkommen sind, durch die Wirkungen der himmlischen Gestirne beeinflusst werden, sondern dass selbst der Same aller Wesen im frühesten Beginne Gestalt und Wachstum von den jeweiligen Kräften des Himmels erhält.«

Ptolemäus' astrologische Schrift umfasst eine enorme Bandbreite an

Dem ptolemäischen Weltbild entsprechend ist der Planet Erde der Mittelpunkt des Universums. Diese von Ptolemäus aufgestellte Hypothese galt bis etwa 1500 n. Chr. als verbindlich.

Themen, was allein aus den Überschriften hervorgeht: »Von männlichen und weiblichen Gestirnen«, »Über die Aspekte der Zeichen«, »Welchen Wert die verschiedenen Stellungen zur Sonne haben«, »Über die Zeit der Ereignisse«, »Über die besondere Betrachtung der Witterung«, »Über die Ehe«, »Über die Reisen und den Aufenthalt im Auslande«, »Über die Zeiteinteilung des Lebens«.

Auch fast 2000 Jahre nach seiner Niederschrift hat das Werk nichts von seiner Faszination verloren. Jeder, der sich ernsthaft für Astrologie interessiert, sollte es lesen.

DIE ROLLE DER ASTROLOGIE

Es ist schwer zu sagen, welche Rolle die Astrologie im Alltag der antiken Griechen spielte. Einige griechische Autoren warnen ihre Leser aber davor, sich zu sehr auf die Vorhersagen von durchreisenden Chaldäern einzulassen. Das legt den Verdacht nahe, dass es auch damals viele leichtgläubige Menschen gab, die sich von unseriösen Astrologen übertölpeln ließen. Vettius Valens (120–175 n. Chr.) von Antiochia, der erste bekannte beratende Astrologe, trug eine beträchtliche Horoskopsammlung zusammen. Anhand von über hundert Horoskopen in seinem Werk *Anthologiae* legte er dar, wie er sie deutete und welche Ratschläge er seinen Klienten gab.

War die Astrologie in Griechenland noch unauffällig, so geriet sie im Römischen Kaiserreich ins Rampenlicht und wurde dort bald ein gewichtiger Faktor in der Regierung.

Ptolemäus verfasste bedeutende Schriften über Astronomie und Astrologie.

Das Römische Reich

Cäsar ignorierte bekanntlich den astrologischen Rat, wonach er sich an den Iden des März in Acht nehmen sollte.

Gegen Ende des 3. Jahrhunderts v. Chr. entdeckten die römischen Schriftsteller und Philosophen ihr Interesse für die Kultur, Literatur und Astrologie der Griechen. Viele römische Kaiser benutzten die Astrologie, um ihre Bedeutung zu erhöhen und in der Hoffnung, mit ihrer Hilfe Verschwörungen im Vorfeld zu erkennen.

Kaiser und aufständische Astrologen

Der römische Politiker Cicero (106–43 v. Chr.) berichtet in seinem Werk *De divinatione (Über die Weissagung)*, das kurz nach der Ermordung Cäsars veröffentlicht wurde, von dem Glauben der Griechen: »Es ist nicht nur wahrscheinlich, sondern sicher, dass, ebenso wie die Lufttemperatur von himmlischen Kräften reguliert wird, auch Kinder bei der Geburt körperlich und geistig beeinflusst werden. Diese Kraft bestimmt ihre Gesinnung, Art, Anlage, Konstitution, Beruf und Schicksal.«

Es gab jedoch auch Vorbehalte gegen Astrologen, teils zu Recht. Ein großer Sklavenaufstand in Sizilien um 133 v. Chr. wurde von einem Astrologen namens Eunus angeführt, ein anderer 30 Jahre später von dem Astrologen Athenio, der darauf bestand, dass er den Planeten zufolge der wahre König von Sizilien sei. Kein Wunder, dass die römischen Kaiser argwöhnisch waren: Was Männer in »den Sternen« sahen, konnte sie zu außergewöhnlichen und gefährlichen Taten antreiben.

FIGULUS DER TÖPFER

Nach und nach brachten Männer in öffentlichen Ämtern ihren Glauben an die Astrologie und die Begeisterung dafür zum Ausdruck. P. Nigidius Figulus, ein römischer Senator und Prätor *(praetor a magistrate)*, war der erste uns bekannte römische Astrologe. Er wurde Figulus (Töpfer) genannt, weil er behauptete, dass sich die Erde so schnell

Cicero glaubte an die Gültigkeit der Astrologie. Er war davon überzeugt, dass die »Himmelskraft« das Schicksal eines Menschen bestimmt, ebenso wie sie die Temperatur auf der Erde beeinflusst.

drehen würde wie eine Töpferscheibe. Es hieß, dass ihm »noch nicht einmal [die Astrologen von] Memphis, der damaligen ägyptischen Hauptstadt, gleichkamen, was die Beobachtung des Himmels und die Berechnungen der Sterne anbelangte«, und er soll die Bedeutung des römischen Kaisers Octavius am Tage von dessen Geburt vorausgesagt haben. Varro (116–27 v. Chr.), einer der begabtesten Gelehrten, gab ein Horoskop von Rom und dessen Gründer Romulus in Auftrag. Dies ist das erste Beispiel dafür, dass die Astrologie dazu diente, Licht auf die Vergangenheit zu werfen, indem man ein Horoskop untersuchte, das für den Zeitpunkt der Gründung einer Stadt erstellt worden war. Es war auch das erste Horoskop einer historischen Gestalt. Der Philosoph und Schriftsteller Plutarch (um 46–120 n. Chr.) berichtete begeistert davon.

Der römische Kaiser Augustus behauptete, ein Steinbock zu sein, war aber Waage.

ZEITENWENDE

Die Astrologieverfechter waren den Skeptikern nun zahlenmäßig überlegen. Und obwohl einige Skeptiker sehr einflussreich waren, hatte die Astrologie oft großen Erfolg. Gaius Julius Cäsar (100–44 v. Chr.) aber ignorierte den astrologischen Rat, er solle sich »an den Iden des März vorsehen«. Doch genau zu diesem Zeitpunkt wurde er ermordet.

Der römische Kaiser Augustus (63 v. Chr.–4 n. Chr.) kam mit der Astrologie im Exil in Berührung. Es schien unwahrscheinlich, dass er je nach Rom zurückkehren würde. Man riet ihm, den Astrologen Theogenes nach seiner Zukunft zu befragen. Der Historiker Sueton schreibt, dass Theogenes, nachdem er Augustus' Horoskop ausgearbeitet hatte, »aufstand und sich Augustus zu Füßen warf. Der fasste darauf Vertrauen in sein Schicksal und war sogar mit der Veröffentlichung seines Horoskops einverstanden. Er ließ eine Münze mit dem Zeichen des Steinbocks prägen, das Zeichen, unter dem er geboren war.« In Wahrheit war Augustus Waage. Doch er bevorzugte den Steinbock, weil dieser einen starken, machtvollen Herrscher symbolisiert.

TIBERIUS UND THRASYLLUS

Augustus' Nachfolger Tiberius (42 v. Chr. – 37 n. Chr.) war von der Astrologie geradezu besessen. Sein persönlicher Astrologe, Thrasyllus, war einer der einflussreichsten Astrologen überhaupt.

Thrasyllus stammte aus Alexandria und war Herausgeber der Werke von Platon und Demokrit. Er befand sich gerade auf Rhodos, als es Tiberius angebracht schien, Rom zu verlassen, wo er in einen Streit mit seinem Schwiegervater, dem Kaiser, verwickelt war. Rhodos war eine relativ unzivilisierte, unfruchtbare Insel. Die beiden Männer verbrachten dort viel Zeit miteinander. So soll der Astrologe Tiberius beigebracht haben, wie man Horoskope erstellt und deutet. Er sagte auch vorher, dass sein Schüler bald nach Rom zurückkehren würde und eine glänzende Zukunft vor sich habe. Thrasyllus reiste schließlich mit seinem Herrn, und ihm wurde das wertvolle römische Bürgerrecht verliehen. Im Jahre 4 n. Chr. adoptierte Augustus Tiberius, der inzwischen sein einziger möglicher Nachfolger war.

Während der Regentschaft des Tiberius als Kaiser war Thrasyllus ständig an seiner Seite und beriet ihn sowohl in persönlichen als auch politischen Fragen. Das Leben unter Tiberius war nie angenehm, und auch wenn Thrasyllus mehr oder weniger sicher war, andere

Astrologen mussten auf der Hut sein. Zwei von ihnen, Pituanius und P. Marcius waren so unklug, sich mit Scribonius Libo zusammenzutun, einem etwas beschränkten *praetor*, der einen Umsturzversuch gegen den Kaiser anzettelte. Ihre Köpfe wurden aufgespießt.

Es gab noch weitere Verschwörungen, und es war Thrasyllus, der dem Kaiser 26 n. Chr. riet, Rom zu verlassen, während er selbst dort blieb und den *praetor* Seianus in dem Ansinnen unterstützte, Nachfolger des Tiberius zu werden. Zweifellos mithilfe der Astrologie gelang es Thrasyllus, die kommenden fünf Jahre zu überstehen, im Gegensatz zu vielen anderen, die gefoltert und getötet wurden. Es heißt, er habe seinen eigenen Todeszeitpunkt auf die Stunde genau vorausgesagt.

DER SOHN DES ASTROLOGEN

Thrasyllus starb kurz vor Tiberius, und der neue Kaiser, Caligula (12-41 n. Chr.), kannte die Familie des Astrologen ziemlich gut. Als Thrasyllus erfuhr, dass seine Enkelin Ennia eine Affäre mit Caligula hatte, war er sehr in Sorge – mit gutem Grund, denn Caligula hielt sein Versprechen nicht, Ennia zu ehelichen. Und als sie schließlich einen anderen heiratete, ließ er diesen Mann hinrichten. Daraufhin beging Ennia aus Verzweiflung Selbstmord.

Der Sohn des Thrasyllus, Tiberius Claudius Balbillus, erlebte nach Caligulas Tod einen rasanten gesellschaftlichen Aufstieg. Claudius, der neue Kaiser, war ein Freund aus Kindestagen, und Balbillus begleitete Claudius nach England, als Astrologe wie auch als technischer Berater. Nach der Rückkehr verlieh der Kaiser Balbillus eine goldene Ehrenkrone. Später wurde er zum Hohepriester des Hermestempels in Alexandria und zum Leiter der Universität mit ihrer sagenumwobenen Bibliothek ernannt. Balbillus lebte teils in Rom und teils in Alexandria.

Aus politischen Angelegenheiten wollte er sich jedoch nicht heraus-

Während der Schreckensherrschaft Neros gelangte der Astrologe Balbillus zu Ehren – er wurde sogar Präfekt von Ägypten.

halten – nach dem Tod von Claudius nannte er Aggrippina der Jüngeren den genauen Zeitpunkt, zu dem ihr Sohn das Haus verlassen sollte, um künftiger Kaiser zu werden. Sie hielt den Jungen bis zum angegebenen Zeitpunkt zurück, woraufhin er zum Kaiser Nero gekürt wurde (37–68 n. Chr.). Schon Jahre zuvor hatte Balbillus dies Aggrippina vorausgesagt. Es traf ebenso ein wie seine Voraussage, Nero würde einst seine Mutter töten.

Weil er zu Neros Ruhm beigetragen hatte, wurde Balbillus zum Präfekten Ägyptens ernannt. Anders als so viele, die dem Gemetzel während Neros Herrschaft zum Opfer fielen, überlebte er. Von einem anderen zeitgenössischen Astrologen heißt es, er sei beim Anblick von Neros Horoskop vor Schreck in Ohnmacht gefallen.

EIN VORAUSGESAGTER TOD

Nachfolgende römische Kaiser befassten sich nicht besonders intensiv mit der Astrologie, wenngleich Vespasian (9–79 n. Chr.) Balbillus nicht nur um Rat fragte, sondern auch ihm zu Ehren Spiele in Ephesus durchführen ließ – diese großen Spiele gab es bis ins 3. Jahrhundert. Hadrian und Septimus Severus waren Anhänger der Astrologie, Letzterer ließ sogar astrologische Malereien auf den Palastwänden anbringen, einschließlich seines eigenen Horoskops.

Dass Astrologen scheinbar mühelos Ereignisse im Leben der Kaiser vorhersagen konnten, stärkte den Glauben an die Astrologie. Was das Volk jedoch nicht wusste, war, dass sich viele Kaiser dafür ins Zeug legten, dass sich die Prophezeiungen erfüllten, um zu zeigen, wie begünstigt sie vom Schicksal waren.

In der Folgezeit war das Leben für Astrologen mal mehr und mal weniger ruhig, wobei die unruhigen Zeiten bei Weitem überwogen, da die meisten Kaiser in ständiger Angst vor Umsturzversuchen lebten. Wer immer die Kopie eines Kaiserhoroskops besaß, geriet in Generalverdacht, einen oder mehrere Verschwörer zu beraten.

DAS HOROSKOP DES TIBERIUS

Während seines Exils auf Rhodos soll Tiberius häufiger Astrologen über seine Zukunft befragt haben. Doch sobald diese sein Horoskop interpretiert hatten, kamen sie ums Leben. Nachdem der Astrologe Thrasyllus ihm ein überaus erfolgreiches Leben vorhergesagt hatte, manövrierte ihn der künftige Kaiser an den Rand einer gefährlichen Klippe. Kurz bevor Tiberius im Begriff war, Thrasyllus hinunterzustoßen, fragte er diesen: »Was kannst du für dich sehen?« Thrasyllus antwortete: »Ich bin in großer Gefahr.« Tiberius war sehr beeindruckt – und verschonte ihn. Als Kaiser machte er schließlich kaum noch einen Schritt ohne den Rat seines Astrologen.

Tiberius

Der Glaube an die Vorhersagen der Astrologen war nach wie vor groß. Vespasians Sohn, der römische Kaiser Domitian (51–96 n. Chr.), etwa war sehr besorgt, als ihm mehrere Astrologen einen gewaltsamen Tod vorhersagten. Je näher der besagte Termin rückte, desto nervöser wurde er. Er ließ den Astrologen Ascletarius-Asclation herbeirufen und fragte ihn, ob er seinen eigenen Tod vorhersagen könne. Der bejahte und erklärte, dass er von Hunden in Stücke gerissen werde. Domitian ließ ihn auf der Stelle hinrichten, um die Aussage zu widerlegen. Als der Leichnam zur Verbrennung bereitlag, löschte ein Regensturm das Feuer, und ein Rudel wilder Hunde fiel über die sterblichen Überreste her.

Domitian wurde kurz vor seinem eigenen angeblich bevorstehenden Tod immer ruheloser. Um ihn zu beschwichtigen, behaupteten seine Höflinge, der angekündigte Todeszeitpunkt sei schon vorüber. Erleichtert nahm Domitian ein Bad. Da brach ein Attentäter ein und erstach ihn.

DAS FRÜHE CHRISTENTUM

Der christliche Glaube und die Astrologie sind ein ungleiches Gespann. Zu Beginn des Christentums gab es kaum Unstimmigkeiten, doch das änderte sich im Lauf der Geschichte. Zu Zeiten und an Orten, da man eigentlich die meisten Feindseligkeiten erwarten würde, legten die Christen allerdings eine ausgesprochene Neugier in Sachen Astrologie an den Tag.

Tertullian stand der Astrologie skeptisch gegenüber.

Den Sternen folgen

Den ersten Christen schien es keineswegs abwegig zu sein, dass ein Stern (wahrscheinlich eine Konjunktion von Jupiter und Saturn) die drei Weisen zu dem neugeborenen Kind in Bethlehem führte. Ja, sie hielten es sogar für sehr wahrscheinlich, dass sich die Geburt von Gottes Sohn durch Zeichen am Himmel bemerkbar machte.

In den folgenden drei Jahrhunderten existierten die Astrologie und die neue Religion nebeneinander, auch wenn es kritische Stimmen gab. Der heilige Klemens von Rom (50–97), Freund des heiligen Petrus und sein dritter Nachfolger auf dem Stuhl Petri, erklärte, Gott habe die Planeten und die Sterne an den Himmel gestellt, damit sie als Hinweis auf Vergangenes, Gegenwärtiges und Zukünftiges dienten. Er nannte die zwölf Apostel die zwölf Monate Christi, und Christus selbst das Jahr des Herrn.

ERSTE KONFLIKTE

Klemens räumte ein, dass »die Sterne« eine negative Wirkung haben könnten, meinte aber, dass der Mensch in der Lage sei, dem zu widerstehen, denn es sei undenkbar, dass Gott den Menschen aufgrund einer schlechten Planetenkonstellation sündigen

Italienisches Mosaik (6. Jahrhundert)
Eindeutig ist der »Stern« zu sehen, der die Weisen zum Jesuskind führte.

ließe und ihn dann dafür bestrafte. Tertullian (um 160–220), vielleicht der einflussreichste Theologe des frühen Christentums, meinte, es seien die gefallenen Engel gewesen, die dem Menschen die Astrologie beigebracht hätten. Der prominenteste christliche Gegener der Astrologie war der heilige Augustinus (354–430).

Wie viele Kirchenmänner befasste sich Augustinus nicht näher mit der Astrologie, sondern wiederholte nur die bereits bekannte Kritik aus vorchristlicher Zeit. Seine Einwände gründeten sich allerdings auf falschen Vorstellungen vom Wesen der Astrologie und auch darüber, wie sie praktiziert wurde. Mit seinem Argument, die Astrologie sei lächerlich, da eine Kalb und ein Baby, die zum selben Zeitpunkt geboren wurden, nicht denselben Lebenslauf hätten, stellt Augustinus eigentlich nur seine Unkenntnis darüber unter Beweis, was die Astrologie tatsächlich für sich beansprucht.

Augustinus war ein bekennender Gegner der Astrologie.

ANWÄLTE DER ASTROLOGIE

Damals gab es aber auch Theologen, die eine andere Position einnahmen. Der römische Senator Julius Firmicus Maternus etwa war Autor einer langen Abhandlung über die Astrologie. Sein Werk *Matheseos libri octo* (um 335–337 verfasst) geht vom freien Willen des Menschen aus, hält aber die Vorstellung von Sternen und Planeten als reiner Himmelsdekoration nicht für sinnvoll. Er nahm sich alle Argumente, die gegen die Astrologie sprachen, eines nach dem anderen vor und widerlegte sie mit Leichtigkeit. Es fiel ihm dabei nicht schwer, nachzuweisen, dass sich die Kritiker nicht einmal um ein Verständnis der Theorie bemüht hatten, die sie angriffen. Er räumte zwar ein, dass einige Astrologen Gauner seien, andere Narren, und dass die Astrologie ein schwieriges Sujet sei. Doch der Geist des Menschen sei für die Astrologie ebenso geschaffen wie für die Kartografierung des Himmels und die Vorhersage der Planetenbewegungen. In einer brillant dargelegten, enorm umfassenden Beweisführung widerlegt Firmicus den Aberglauben und dessen Anhänger – »Magier«, die den Leuten nur Angst machen wollten. Er verwahrt sich gegen Geheimniskrämerei – Astrologen sollten sich nicht verstecken, sondern sich dem Schutz Gottes anvertrauen und zu ihm beten, er möge ihnen »die Gnade gewähren, den Lauf der Planeten zu erklären«. *Matheseos libri octo* ist ein wichtiges Buch über Astrologie, das in den folgenden Jahrhunderten immer wieder zitiert werden sollte.

VERFOLGUNG

Im Jahr 357 sahen sich alle, die sich der Astrologie widmeten, erstmals staatlicher Verfolgung ausgesetzt. Konstantin der Große (um 280–337), der die Christenverfolgung beendete und Religionsfreiheit gewährte, erließ ein Gesetz gegen den »Aberglauben«, dass Himmelskörper etwas mit den Ereignissen auf der Erde zu tun hätten. Astrologen erwartete die Todesstrafe. In gewissem Sinne begann damit die lang andauernde Auseinandersetzung zwischen Christentum und Wissenschaft. Ptolemäus etwa glaubte, dass der Astrologie das wissenschaftliche Modell von Ursache und Wirkung zugrunde lag, und dass deren Anwendung etwa in der Medizin gänzlich rational war. Für die Kirche spielte dagegen der Glaube die größere Rolle. Die christliche Theologie räumte ein, dass die Astrologie in der Vergangenheit ihre Berechtigung gehabt habe, doch dass inzwischen die zwölf Apostel die zwölf Tierkreiszeichen als höchste Autorität in Fragen des menschlichen Lebens abgelöst hätten.

Der Bruch mit der Astrologie erfolgte weder abrupt noch war er alsolut. Dass die Astrologie im ersten nachchristlichen Jahrtausend an Bedeutung verlor, lag weniger am Widerstand der Kirche als am Niedergang der klassischen Bildung. Neue Bücher aus Griechenland befassten sich stärker mit Astronomie als mit Astrologie – beide entfernten sich voneinander. Andere Werke wurden schlicht nicht ins Lateinische übersetzt und waren daher in Westeuropa unbekannt. In den Büchern, die übersetzt wurden, fehlten häufig wichtige Teile. Der römische Dichter Marcus Manilius schuf mit *Astronomica* (1. Jahrhundert) ein fünfbändiges Gedicht über Astronomie und Astrologie. Es enthält Berechnungen, die zeigen, wie man eine Himmelskarte für einen ganz bestimmten Zeitpunkt zeichnet, sagt aber nichts darüber, wie man sie deutet. Der spätantike christliche Philosoph Boëthius (um 477–525) erklärt, dass »die Bewegungen der Sterne am Himmel die Kräfte der Menschen in einer unauflöslichen Kette von Ursachen einschränken«, zeigt aber nicht, wie genau dies vonstatten geht.

DER FREIE WILLE

Hauptsächlich über islamische Quellen fand die Astrologie wieder ins christliche Europa zurück. Dies wurde außerdem von dem zunehmend vorherrschenden Glauben begünstigt, Gott habe die Sterne als sein Herrschaftsinstrument in das Firmament gestellt. Der Theologe Bernard Sylvester war überzeugt, dass die Sterne und Planeten Götter seien, »die Gott dienen und von Gott die Geheimnisse der Zukunft erfahren, die sie den niederen Arten des Universums auferlegen«. Zugleich ging man von der Existenz des freien Willens aus. Papst Klemens I. drückte es im 1. Jahrhundert n. Chr. folgendermaßen aus: »Mal widerstehen wir unseren Wünschen und dann nicht.« Die Sterne können uns also nicht zwingen.

Papst Klemens I.

AUSSERHALB EUROPAS

Um 200 n. Chr. waren in Indien Sanskrittexte in Umlauf. Darin ging es um eine völlig andere Art von Astrologie. So gab es fünf statt vier Elemente, und »unsichtbare« Punkte des Tierkreises wie die Mondknoten (Schnittpunkte zwischen Mondbahn und Ekliptik) spielten eine wichtige Rolle. Im 8. Jahrhundert wurden in Indien genaue und komplexe Horoskope erstellt. Auch in Persien gab es ein anderes System, das weitgehend auf der Bedeutung der astronomischen Konjunktionen basierte.

In der islamischen Welt wurde die Astrologie mit großer Leidenschaft betrieben. Islamische Philosophen fanden im Koran eine Rechtfertigung für das Studium der Astrologie: als Instrument von Gottes Wille. Die Erfindung des Astrolabiums (vielleicht das älteste wissenschaftliche Instrument überhaupt), mit dessen Hilfe man den Ekliptik-Grad des Aszendenten zeigen konnte, war für Astrologen überaus nützlich. Vom 7. Jahrhundert an wurde ein riesiges Kompendium an astronomischem und astrologischem Wissen aufgebaut. Auch waren islamische Astrologen wesentlich besser ausgebildet und viel kenntnisreicher als ihre Kollegen in Europa. Darunter waren Astrologen, deren Namen hierzulande weitgehend unbekannt sind. Der erste jüdische Astrologe, von dem wir wissen, Messallah (um 762–816), nannte den geeigneten Zeitpunkt für die Gründung der Stadt Bagdad und stellte Überlegungen zur Weltgeschichte im

Albumasar schrieb im 9. Jahrhundert das *Große Buch, welches in die Wissenschaft einführt, Vorhersagen aus den Sternen zu treffen.*

Lichte der Jupiter/Saturn-Konjunktionen an. Al-Kindi (um 800–873) war einer der ersten Gelehrten, die die Wirkungsweise der Astrologie hinterfragten. Er schrieb ein Buch, *De radiis*, in dem er die Meinung vertrat, dass die Strahlen der Sterne den Einfluss der Planeten auf die Erde überbringen. Ein Astrologe, den man im Westen kennt, ist Albumasar (787–886). Er arbeitete in Bagdad und verfasste das überaus einflussreiche Werk *Großes Buch, welches in die Wissenschaft einführt, Vorhersagen aus den Sternen zu treffen.*

EINE ZEIT DER AMBIVALENZ

Die Kirche hatte immer eine ambivalente Haltung zur Astrologie. Während der Inquisition wurde nur ein Astrologe verbrannt, Cecco d'Ascoli, dessen Tod jedoch politisch motiviert war. Die Päpste, von denen man am ehesten erwartet hätte, dass sie etwas gegen die Astrologie unternähmen, waren ihr oft herzlich verbunden. Julius II., Leo X. und Paul III. ließen sich von Astrologen beraten. Papst Leo X. (1475–1521) behauptete, sein Astrologe, Franciscus Pruilus, könne Ereignisse auf die Stunde genau vorhersagen. Paul III. (1468–1549) schlug den Astrologen Luca Gaurico zum Ritter und ernannte ihn zum Bischof. Dieser musste seine Fähigkeiten immer dann zeigen, wenn ein Neubau für Rom geplant war und der günstige Zeitpunkt für die Grundsteinlegung benannt werden sollte. Ein weiterer Astrologe, Marius Alterius, sagte Papst Paul III. voraus, dass er in seinem 83. Lebensjahr viel Glück bei Frauen haben werde. Er starb zwar mit 81, aber die Aussicht war immerhin gut …

Luca Gaurico ermittelte den optimalen Zeitpunkt für eine Grundsteinlegung.

In jüngerer Zeit haben sich einige Erzbischöfe von Canterbury vehement gegen die Astrologie ausgesprochen. Doch ausgerechnet im geheiligten Herzen der Kathedrale von Canterbury ziert ein sehr großer, wunderschöner Tierkreis den Boden. Er wird bezeichnenderweise von einem Teppich verdeckt.

DAS MITTELALTER

In der Geschichtsschreibung wird immer wieder behauptet, dass die Zeit vom Beginn des 11. bis zum Ende des 13. Jahrhunderts für die Astrologie ein dunkles Zeitalter gewesen sei. In der westlichen Welt soll sie damals sogar nahezu vergessen gewesen sein. Tatsächlich war das nicht der Fall, insbesondere was die medizinische Astrologie betrifft.

Wilhelm der Eroberer ließ von seinem Astrologen den günstigsten Krönungstermin berechnen. 1066 wurde er König von England.

Schwarzer Tod und höfische Astrologie

Jahrhundertelang war das Studium der Medizin ohne ein Studium der Astrologie undenkbar. Selbst im Ausgang des 18. Jahrhunderts war eine Prüfung in Astrologie unumgänglich, wenn man Arzt werden wollte. Die Planetenpositionen spielten sowohl für die Diagnose als auch für die Behandlung eine Rolle.

Dies lässt sich eindrucksvoll am Beispiel der Pest Mitte des 14. Jahrhunderts zeigen: Als in Europa und Asien etwa 25 Millionen Menschen an der Pest starben, taten auch die Astrologen ihre Sicht der Dinge kund. Die medizinische Fakultät der Universität von Paris sollte auf Geheiß König Philipps VI. einen Grund für die schreckliche Katastrophe finden. Während andere Astrologen eine totale Mondfinsternis verantwortlich machten (Finsternisse galten seit jeher als bedrohlich), war man in der Fakultät der Ansicht, dass eine Konjunktion von Mars, Jupiter und Saturn im Wassermann im März 1345 Ursache war für die »Schädigung der Luft sowie andere Zeichen von Sterblichkeit, Hunger und andere Katastrophen«. Diese Theorie wirkte sich positiv auf den Ruf der Astrologie aus.

Wann immer die Pest wütete, halfen die Astrologen den Menschen mutig mit ihrem medizinischen Wissen. Wie pflegende Angehörige, Bader und Ärzte blieben sie oft bei den Kranken, anstatt die Ansteckungsgefahr zu meiden.

MEDIZINISCHE ASTROLOGIE

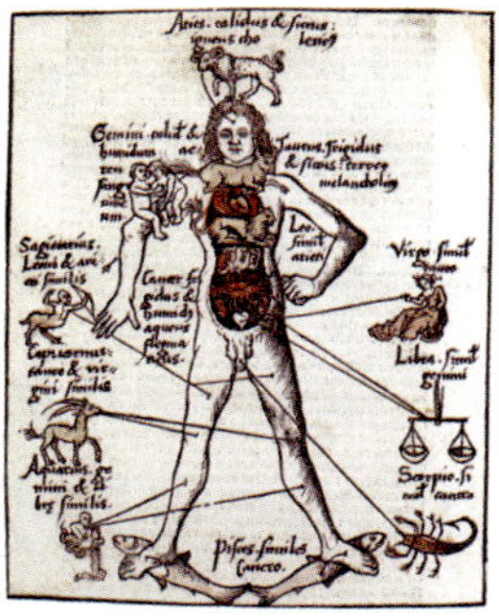

Bei diesem »Tierkreismenschen« aus dem 16. Jahrhundert sind die Tierkreiszeichen zu einzelnen Körperteilen in Beziehung gesetzt.

Die astromedizinischen Zusammenhänge waren damals bereits erforscht. Sie basierten nicht nur auf dem bekannten »Tierkreismenschen«, sondern auch auf der antiken Theorie der Körpersäfte – Blut, Schleim, Galle sowie schwarze Galle –, die bei einem gesunden Menschen in einem ausgewogenen Verhältnis vorhanden seien. Die Stellung des Mondes war überaus wichtig, besonders beim Aderlass, der als Wundermittel gegen nahezu jedes körperliche Gebrechen galt, weil mit seiner Hilfe das Gleichgewicht zwischen den Körpersäften wiederhergestellt werden sollte. Der Mond durfte zum Zeitpunkt der Schröpfung nicht in dem Tierkreiszeichen stehen, das über den Körperteil herrschte, der verletzt war oder die Krankheit verursachte. Bei Vollmond galt das Schröpfen als unproblematisch.

All dies war schon lange bekannt, wie wir aus Texten wissen, die Anfang des 8. Jahrhunderts entstanden: etwa von Aldhelm (640–709), der Abhandlungen dazu verfasste, und Alkuin (um 730–804), der ein Freund und Ratgeber Karls des Großen wurde.

Viele Kirchen in England besaßen Tierkreisdarstellungen. Die der Abtei von Croyland etwa war berühmt, weil Jupiter aus Gold, Mars aus Eisen, die Sonne wahrscheinlich aus Messing und Merkur aus Bernstein gefertigt waren.

HÖFISCHE ASTROLOGIE

Wilhelm der Eroberer beauftragte eigens einen Astrologen, um den Zeitpunkt für seine Krönung zu berechnen: mittags am Weihnachtstag 1066. Dieses Datum gilt vielen modernen Astrologen als »Geburtsstunde« Englands. König Harolds Tod war zuvor von einem Kometen angekündigt worden, was auf dem Wandteppich von Bayeux dargestellt ist: Ein besorgt blickender Astrologe erstattet dem König Bericht vom Erscheinen des Kometen.

Ein bedeutender englischer Gelehrter des 12. Jahrhunderts war Adelard (um 1090–1160). Er schrieb Bücher über Astronomie und Alchemie und übersetzte einige astrologische Texte aus dem Arabischen, die ausführten, wie man ein Horoskop erstellt. Er hielt die Planeten für »höhere und göttliche Tiere«, die »Ursachen und Grundlage niederer Naturen« seien, und wer sie studiere, der könne Vergangenheit und Gegenwart verstehen und die Zukunft vorhersagen. Adelard war ein leidenschaftlicher Befürworter der Astrologie im Medizinstudium. Sie bringe bessere Ärzte hervor als jene »engstirnigen Mediziner, die nur die niedere Natur kennen«.

Andere Autoritäten waren weniger begeistert. Guillaume de Conches

Im 14. Jahrhundert wüteten Pestepedimien in Asien und Europa und kosteten viele Millionen Leben. In ihrer Verzweiflung hofften die Menschen auch in der Astrologie eine Erklärung für dieses Elend zu finden.

etwa, der viel gereist war, ehe er am Hof von Gottfried von Anjou den künftigen König Heinrich II. von England unterrichtete, unterschied als einer der ersten Gelehrten zwischen Astronomie und Astrologie. Astrologen, so meinte er, behandelten die Himmelsphänomene, wie sie ihnen erschienen, während sich Astronomen dafür interessierten, wie sie tatsächlich sind.

Abbildung aus einer arabischen Handschrift (13. Jahrhundert): Eine Frau bringt ein Kind zur Welt, während ein Astrologe (oben links) die Planetenpositionen aufzeichnet.

ASTROLOGIE UND KIRCHE

Guillaume de Conches stand jedoch mit seiner Meinung mehr oder weniger allein. Im 12. Jahrhundert gelangten zahlreiche lateinische astrologische Texte nach Nordeuropa. Der Gelehrte Gerard von Cremona (1114–1187) etwa übersetzte mehr als 70 Bücher, darunter Ptolemäus' *Almagest* und bislang unbekannte Werke von Aristoteles.

Die Kirche unternahm nichts gegen die Verbreitung astrologischen Wissens. Viele führende Kirchenmänner waren davon überzeugt, dass die Sterne und Planeten nicht zufällig von Gott an den Himmel gestellt worden waren, und auch sie machten sich ihre Gedanken über die Gründe. An der Debatte nahmen die größten Gelehrten teil, etwa Roger Bacon (um 1214 – um 1292), Albertus Magnus (um 1200 – 1280) und Thomas von Aquin (um 1225 – 1274). Sie alle stimmten mit der Schlussfolgerung von Robert Grosseteste (um 1175 – 1253) überein, dass »allein die Himmelskraft die Natur bewegt und von der Möglichkeit zur Tat führt«. Schließlich fanden sie einen Kompromiss: Berthold von Regensburg (um 1210 – 1272) etwa zweifelte nicht daran, dass »Gott, da er Steinen, Kräutern und Worten Macht

Auf dem Teppich von Bayeux ist der Halleysche Komet zu sehen, der als böses Vorzeichen für König Harold galt.

verlieh, auch den Sternen Macht gab, und zwar über alle Dinge außer einem … Darüber hat kein Mensch Macht und auch keine Sterne, Kräuter, Worte, Steine, Engel oder Teufel, sondern Gott allein. Es ist der freie Wille des Menschen.«

ASTROLOGIE UND GESELLSCHAFT

In glücklicheren Zeiten, wenn etwa die Pest nicht wütete, bekam das gemeine Volk mit Sicherheit kaum etwas von der Astrologie zu hören, abgesehen von gelegentlichen Vorhersagen. So geriet die Bevölkerung in England im Jahre 1186 angesichts einer bevorstehenden Konjunktion von Planeten in der Waage in Panik. In den Kirchen wurden Gottesdienste abgehalten, um Gott dazu zu bewegen, das scheinbar bevorstehende Unglück abzuwenden. Er hat die Fürbitten wohl erhört, denn es kam zu keinem Unglück.

Bei Königen und Adel sah die Sache dagegen anders aus: Sie konsultierten Astrologen in allen möglichen Fragen. Der erste bedeutende Hofastrologe seit römischer Zeit war Michael Scot, der bis zu seinem Tod um 1230 der Astrologe Friedrichs II. (1194–1250) war, seit 1220 Kaiser des Heiligen Römischen Reichs.

Er wurde verehrt als »Augur, Wahrsager, ein zweiter Apoll« und beschäftigte sich auch mit dem Einfluss des Mondes auf die Menstruation sowie damit, wie sich unterschiedliche Stellungen beim Geschlechtsakt – die der Herrschaft der Planeten unterstellt wurden – auf die Empfängnis auswirkten.

Nach der Hochzeit Friedrichs mit Isabella, einer Schwester von König Heinrich III. von England, weigerte sich das Paar, die Ehe zu vollziehen, ehe Scot nicht die passende Stunde berechnet hatte.

Es sollte ein noch größerer Hofastrologe kommen – Guido Bonatti. Er ist der Astrologe, den Dante in der *Göttlichen Komödie* als einen der Leidenden im vierten Graben des achten Kreises des Infernos beschreibt – also als eine von den Seelen, die im Leben zu viel Zeit damit verbracht haben, die Zukunft vorherzusagen und nun dazu verurteilt sind, mit dem Gesicht nach hinten umherzugehen. Guido Bonatti, der Professor an der Universität von Bologna war, diente verschiedenen europäischen Prinzen als Ratgeber. So pflegte er auf Burgmauern zu stehen und im geeigneten Moment eine Glocke zu schlagen, womit er den günstigsten Zeitpunkt verkündete, um in die Schlacht zu ziehen.

Er war in seinen Ansprüchen nicht gerade bescheiden: »Alle Dinge sind dem Astrologen bekannt – was in der Vergangenheit geschah und was in Zukunft sein wird, denn er kennt die Wirkungen der Himmelsbewegungen, die waren, die sind und die sein werden, und daher weiß er, zu welcher Zeit sie eintreten und welche Wirkungen sie vermutlich haben werden.«

Nur wenige Astrologen, die ihm in späteren Jahrhunderten nachfolgen sollten, hatten so hohe Ansprüche.

DIE ERSTEN UHREN

Vor der Erfindung verlässlicher Zeitmessgeräte waren die Angabe und die Einhaltung einer konkreten Zeit eine große Herausforderung. Gerade für die Astrologen, die ja den exakten Zeitpunkt einer Geburt oder eines anderen Ereignisses kennen müssen, war das ein Problem. Nur die Mittagsstunde konnte man anhand des Sonnenstands gut festlegen. Ansonsten musste man die Ereignisse am Himmel beobachten – die Umsetzung in Zeit war allerdings recht kompliziert. Die Uhr der Kathedrale von Salisbury aus dem Jahr 1386 ist die älteste noch erhaltene öffentliche Uhr mit Schlagwerk in Europa.

Die große Turmuhr in der Kathedrale von Salisbury

ORBIUM PLA
TERRAM COM
TIUM SCENO
SPHÆRA ZODIACI
SPHÆRA SATVRNI
SPHÆRA IOVIS
SPHÆRA MARTIS
SPHÆRA SOLIS
SPHÆRA VENERIS
SCOR PIVS
CIRCVLVS
CAPRI CORNVS
AQVA RIVS
HYPOTHESIS PTOLEMAICA,
in qua Terra totius Univer
si centrum

NETARUM
PLECTEN
GRAPHIA.
LE
O
CER
GEME
NI
TAV
RVS
ARI
ES
PI
SCES
ÆQVINOCTIALIS
FIRMAMENTVM STEL
LARV
Orbis Saturni
Via Iovis
Orbita Martis
Venus et Mercurius circa Solem
Terra
&
Luna.
HYPOTHESIS BRAHEA.
in quâ centrum Lunæ et Fir
mamenti est Terra, reliquorum
quinq; Planetarum Sol.

DIE RENAISSANCE

Zahlreiche Entdeckungen befeuerten die Wissenschaften und führten zu völlig neuen Ansichten über das Universum. Dadurch geriet die Astrologie ins Hintertreffen, und es kam schließlich zur Spaltung zwischen Astronomie und Astrologie. Gleichwohl besaß die Astrologie für die meisten Menschen weiterhin große Anziehungskraft, vor allem in schwierigen Zeiten und in Krisensituationen.

Wissenschaftliche Handschrift (15. Jahrhundert) mit Beiträgen über Medizin, Kalenderberechnung, Planeten und Sterne sowie allerlei menschliche Angelegenheiten

Könige, Königinnen und Mätressen

Stets waren Astrologen geneigt, Unglück zu prophezeien, sei es Hunger oder Krieg, die Pest oder der Untergang der Titanic. Als es im Februar 1524 zu einer Planetenballung im Wasserzeichen Fische kam, waren sich Astrologen einig, dass eine zweite Sintflut bevorstand, die die ganze Welt überschwemmen würde.

Mehr als 50 Astrologen veröffentlichten über 100 Bücher, in denen sie über diese beunruhigenden Aussichten theoretisierten, wobei sie sich zugleich nach Möglichkeit den Rücken freihielten. Der Philosoph Agostino Nifo (1473–um 1538) vertrat die Ansicht, dass es zwar mehr Regen als sonst geben werde, jedoch zum Guten und nicht zum Schlechten, da Jupiter in seinem Zeichen stehe und somit über Saturn herrsche. Trotzdem sei es ratsam, sich vor Überschwemmungen in Acht zu nehmen.

Die Astrologen der Universität von Bologna (einer sehr angesehenen astrologischen Fakultät) waren überrascht, als das Wetter im Februar passabel war, kamen aber dann zu der Überzeugung, dass sie sich nur in der zeitlichen Bestimmung geirrt hätten, denn von März bis Dezember regnete es ohne Unterlass. Selbst der Papst ordnete Gebete an, um die Auswirkungen von Regen, Hagel und Sturm zu lindern.

DIE HÖFE EUROPAS

Kaiser Rudolf II. (1552–1612) förderte einige Astrologen, und von Philipp II. von Spanien weiß man,

Philipp II. von Spanien beherzigte eine astrologische Warnung und sah von einem Besuch bei Maria Tudor ab.

dass ihn ein Astrologe davor warnte, Maria Tudor in England zu besuchen, da ein Anschlag auf ihn geplant sei. In England selbst war die Verbindung zwischen Königshaus und Astrologie, die schon vor der Ankunft von Wilhelm dem Eroberer begonnen hatte, nach wie vor fruchtbar. Heinrich VI. (1421–1471) befragte einen Astrologen nach dem Zeitpunkt seiner Krönung und engagierte später den in Frankreich ausgebildeten Engländer Richard de Vinderose als Hofastrologen. Heinrich VIII. (1491–1547) wurde von Nicholas Kratzer beraten, einem bayerischen Mathematiker und Astrologen. Gleichzeitig wies er den Klerus ausdrücklich darauf hin, nicht gegen die Astrologie zu predigen.

In Italien vertrat Tommaso Campanella (1568–1639) gegenüber Papst Urban VIII. die Sache der Astrologie und erstellte später in Frankreich zahlreiche Horoskope.

Der Philosoph und Wissenschaftler Giordano Bruno (1548–1600) war ein weiterer Befürworter der Astrologie und glaubte fest daran, dass »alles von der oberen Welt abhängt«.

John Dees ausgesprochenes Interesse galt der Wirkung der Planeten auf Körper und Seele.

JOHN DEE

Der bekannteste Astrologe jener Zeit in ganz Europa war John Dee (1527–1608), der auch ein geschätzter Experte in Sachen Navigation, ein Kartograf und Mathematiker war. Er legte das Datum und die exakte Uhrzeit für die Krönung von Elisabeth I. fest und beriet sie in der Folge in politischen und privaten Angelegenheiten.

Dee glaubte, dass das Universum mathematischen Gesetzen gehorche. Er hielt in Paris Vorlesungen vor begeisterten Studenten und arbeitete auch in Prag und Krakau, ehe er nach England zurückkehrte. Es interessierte ihn sehr, wie die Astrologie funktionierte: wahrscheinlich, wie er schloss, durch »Strahlen«, die von den Planeten ausgingen. Er hatte nicht die geringsten Zweifel, dass man eines Tages etwas über diese Strahlen herausfinden würde und darüber, wie sie Seele und Körper des Menschen beeinflussen. Dee plädierte für detailliertere astronomische Untersuchungen, damit man Größe und Entfernungen – und damit den Einfluss – der Himmelskörper bestimmen könne. Sein *Propaedeumata* ist vermutlich das bedeutendste englische astrologische Werk, wenngleich es unvollendet ist.

ASTROLOGIE GEGEN ASTRONOMIE

Das 16. Jahrhundert war das Zeitalter der großen Astronomen. Dass diese einst die Astrologie als gleichwertig akzeptierten, geben heutige Astronomen nur ungern zu. Tycho Brahe (1546–1601) widmete der Astrologie viel Zeit und verteidigte sie in Vorlesungen an der Universität von Kopenhagen. In der Bibliothek von Nikolaus Kopernikus (1473–1543) fanden sich viele zerlesene astrologische Bücher, Johannes Kepler (1571–1630) verfügte über ein eigenes Horoskopebuch. Nachdem er 1594 in Graz Dozent für Mathematik geworden war, gab er jährliche Almanache heraus, die anscheinend sehr genau waren. In seinem ersten Almanach sagte er große Kälte sowie eine Invasion der Türken voraus. Am 1. Januar war es so unglaublich kalt, wie er später berichtete, dass jedem, der sich schnäuzte, die Nase abgefallen sei. Am selben Tag marschierten die Türken ein und verwüsteten große Teile des Gebiets zwischen Wien und Neustadt.

Johannes Kepler war ein bedeutender Astronom. Sein Interesse an der Astrologie wird heute von Astronomen meist ausgeklammert.

Die Astronomen wollen heute nichts davon hören, dass ein großer Wissenschaftler wie Kepler an die Astrologie geglaubt haben könnte, und zitieren gerne seine beiläufige Bemerkung, dass die Astronomie, die sensible Mutter, von der Popularität ihres »närrischen Töchterleins«, der Astrologie, profitiere. Doch vieles spricht dafür, dass Kepler die Idee von astrologischen Vorhersagen und Horoskopen generell befürwortete. Im April 1599 fragte er seinen Freund und Kollegen Herwart von Hohenburg in einem Brief: »Wie beeinflusst die Gestalt des Himmels den Charakter eines Menschen zum Zeitpunkt seiner Geburt?« Und antwortete gleich selbst: »Sie beeinflusst einen Menschen das ganze Leben lang, und zwar derart, wie ein Bauer willkürlich Schlingen um Kürbisse legt. Diese fördern zwar nicht das Wachstum, bestimmen aber die Form. Ebenso der Himmel: Er verleiht einem Mann nicht Moral, Erfahrungen, Glück, Kinder, Wohlstand, Frau, doch er formt alles, was ein Mann tun muss … In meinem Fall stehen Saturn und Sonne im Sextil zueinander (ich spreche bevorzugt von dem, was ich am besten weiß). Daher ist mein Körper trocken und knotig und nicht groß. Meine Seele ist zaghaft und versteckt sich gern in literarischen Ecken. Sie ist misstrauisch und ängstlich …« Kepler fährt mit einer detaillierten Beschreibung seines Geburtshoroskops fort. Dies wiederholte er ausführlicher im 4. Buch seiner *Weltharmonik*.

DER FRANZÖSISCHE HOF

Die Königshäuser von Frankreich und England waren nicht minder an der Astrologie interessiert als der Vatikan. Die Gemahlin des französischen Königs Heinrich IV., Maria von Medici, achtete darauf, dass zur Geburt ihres Sohnes, des künftigen Königs Ludwig XIII. (1601–1643), ein Astrologe zugegen war. Ludwig XIII. wiederum bestellte den Astrologen Jean-Baptiste Morin zur Geburt seines Sohnes, des künftigen Königs Ludwig XIV. (1638–1715). Später verbarg sich Morin hinter dem Vorhang des königlichen Schlafgemachs, um festzuhalten, wann der junge Ludwig XIV. mit seiner Gattin die Ehe vollzog. Zweck war, das Empfängnishoroskop eines möglichen Thronfolgers zu erstellen.

Maria von Medici

DIE ASTROLOGIE IN DER LITERATUR

Im 17. Jahrhundert erfuhr die Astrologie in England einen starken Aufschwung. Kaum jemand hatte etwas dagegen, es sei denn, es handelte sich um reinen Aberglauben. Die bedeutendsten Männer des Landes sprachen sich überzeugend zu Gunsten der Astrologie aus, namentlich Sir Walter Raleigh in seiner *History of the World (Weltgeschichte)*:

»Wir können nicht leugnen, dass Gott der Quelle und dem Brunnen, der kalten Erde, den Pflanzen, Steinen und Mineralen, ja den Exkrementen noch der niedersten Kreatur Kraft verliehen hat. Weshalb also sollten wir die schönen Sterne ihrer Wirkungsmacht berauben? Da wir sehen, dass es so viele von ihnen gibt und sie von so herausragender Schönheit und Bedeutung

Während einer Pestepedemie in London Ende des 16. Jahrhunderts blieb der Astrologe und Arzt Simon Forman in der Stadt, um sich um die Kranken zu kümmern.

sind, dürfen wir nicht denken, dass im Schatzkasten Seiner Weisheit, die unendlich ist, es nicht für jeden Stern einen Wert, eine Kraft und eine Funktionsweise gibt.«

Shakespeare, dessen Theaterstücke nicht nur Adel und Gelehrte, sondern auch das Volk erbauen sollten, wusste, dass jedermann seine astrologischen Scherze verstand – und seine Stücke sind voll davon. Seine Ansicht, dass die Sterne einen möglichen Weg aufzeigen, aber nicht zwingend sind, klingt ziemlich modern: »Nicht durch die Schuld der Sterne, lieber Brutus, durch eigne Schuld nur sind wir Schwächlinge.«

In Shakespeares Stücken sprechen sich nur die Schurken gegen die Astrologie aus.

In William Shakespeares Stücken geht es oft um das Zusammenspiel von Astrologie, Schicksal und freiem Willen.

SIMON FORMAN

Höchstwahrscheinlich kannte Shakespeare den erfolgreichsten Astrologen seiner Zeit, Simon Forman (1552–1611). Die Wirtin des Dramatikers, Mrs. Mountjoy, war Klientin von Forman, der wiederum Berichte hinterlassen hat, denen zufolge er sich Stücke von Shakespeare im Globe Theatre angesehen hatte. Forman war Arzt und Astrologe und beriet Menschen aus allen gesellschaftlichen Schichten, darunter auch die Gräfin von Essex.

Wie seine Aufzeichnungen zeigen, hat sich seit damals nur wenig verändert: Seine Klienten fragten nach entlaufenen Haustieren oder gestohlenen Gegenständen und wollten wissen, ob ihre Frauen oder Geliebten treu waren. Frauen wollten wissen, ob sie schwanger werden oder ob ihr Mann wegen Raub gehängt würde.

Forman versuchte auch, im eigenen Interesse, den Horoskopen seiner Klientinnen zu entnehmen, wann sie sich am besten verführen ließen. Ob er den Charme eines Casanova hatte (allerdings sah er nicht gut aus) oder einfach nur sehr gründlich war – er muss eine sinnlich Ausstrahlung gehabt haben, der kaum eine Frau widerstand.

17. BIS 19. JAHRHUNDERT

William Lilly deutet in *The Starry Messenger* die seltsame Erscheinung von drei Sonnen in London im Jahr 1644.

Obwohl Almanache mit Horoskopen und Informationen über Planetenbewegungen sowie andere astronomische Ereignisse Anfang des 18. Jahrhunderts sehr beliebt waren, war der Ruf der Astrologie in Gelehrtenkreisen nicht der beste. Ende des Jahrhunderts war sie jedoch in den akademischen Kreisen Englands und der USA wieder zu Ansehen gelangt.

Krieg, Sex und neue Planeten

Aufgrund der zunehmenden Verbreitung von Büchern nach der Erfindung des Buchdrucks hatte die populäre Astrologie einen enormen Aufschwung erlebt. Astrologische Almanache gehörten zu den ersten gedruckten Büchern überhaupt – der erste wurde 1448 in Deutschland veröffentlicht, acht Jahre vor der berühmten Gutenbergbibel.

Zu Beginn des 18. Jahrhunderts waren Almanache erschwinglich und überaus beliebt – fast jeder, der es sich leisten konnte, besaß einen.

Der Erste, der England mit seinen Almanachen überschüttete, war William Lilly (1602–1681), Verfasser des ersten astrologischen Textbuchs auf Englisch, der umfangreichen *Christlichen Astrologie* (1647). Deren Wirkung auf die Entwicklung der Astrologie in England ist gar nicht hoch genug einzuschätzen:

Über ein Jahrhundert lang bezogen die Menschen aus diesem Buch ihr Wissen über die Astrologie. Was sie dazu befähigte (in Lillys Worten) »menschlich, höflich, mit allem vertraut und mühelos in der Beurteilung zu sein«.

Isaac Newton stritt mit Edmond Halley über die Verdienste der Astrologie. Halley hatte sich, im Gegensatz zu ihm, nicht mit der Astrologie befasst.

KAMPF UMS ÜBERLEBEN

Während des Englischen Bürgerkriegs (1642–1649) ergriffen Astrologen Partei, indem sie Almanache herausbrachten, die entweder den Anhängern König Karls I. oder dem Parlament den Sieg in Aussicht stellten. Private Beratungen florierten wie stets in schwierigen Zeiten.

Der bedeutendste englische Wissenschaftler, Isaac Newton (1643–1727), glaubte bis zu seinem Tod an die Astrologie – wenn auch widerwillig. So soll er gegenüber dem Astronomen Edmond Halley sehr kurz angebunden gewesen sein, nachdem dieser ihn getadelt hatte, weil er solch einem Unsinn Glauben schenkte. Anfang des 18. Jahrhunderts erlebte die seriöse Beschäftigung mit der Astrologie eine Flaute.

Derweil begann auf dem europäischen Festland die große Zeit der Enzyklopädien. So räumte die klassische *Encyclopédie* von Denis Diderot und d'Alembert (1751) der Astrologie beträchtlichen Raum ein. Die erste Ausgabe der *Encyclopaedia Britannica*, die etwa 20 Jahre später erschien, tat die Astrologie ab als »rein auf Vermutungen gegründete Wissenschaft, die längst berechtigter Gegenstand von Geringschätzung und Lächerlichkeit ist«. Das war zwar nicht ganz richtig – an manchen Universitäten bestanden Wissenschaftler immer noch darauf, dass die Astrologie ein ernsthaftes Studium lohne –, doch die Französische Revolution und die Napoleonischen Kriege interessierten die Astrologen nicht sonderlich. Dennoch wurden einige Studien zum Geburtshoroskop Napoleons veröffentlicht.

Um 1790 gab es in England so viele professionelle Astrologen – dank Lillys Buch viele davon Autodidakten –, dass es sich lohnte, *The Astrologer's Magazine* herauszubringen. Das Magazin widmete sich einer »Wissenschaft, die schon von den Patriarchen der Frühgeschichte studiert wurde, jedoch viel Verleumdung und Irrtum erfahren musste«.

Mit dem Beginn der Aufklärung wurden so gut wie keine Forschungen mehr über die Geschichte der Astrologie angestellt. In England freilich gewann das Thema ab etwa 1780 langsam wieder; und wenn schon kein Ansehen, so doch einen festen Platz in der Gesellschaft. Daran rüttelte allerdings 1824 ein parlamentarisches Gesetz, das jeden verurteilte, der »die Wahrsagerei ausübt, um die Untertanen Seiner Majestät zu betrügen«. Das Netz war eng genug, um nicht nur Scharlatane, sondern auch respektable Astrologen zu erfassen.

ASTROLOGIE IN DEN USA

In Amerika war die Situation ähnlich. Das *Compendium physicae* von Charles Morton, einem presbyterianischen Pastor aus Charlestown, Massachusetts, wurde in Harvard gelesen und

Im Englischen Bürgerkrieg ergriffen Astrologen, wie jedermann sonst, Partei. Die einen sahen günstige Zeichen für Cromwells Republikaner, die anderen für die Sache der Königstreuen.

avancierte zum Grundlagenwerk für das Studium der modernen Wissenschaft. Es schreckte vor populärer Wahrsagerei zurück, bestand jedoch auf einen Zusammenhang zwischen den Planetenbewegungen und der körperlichen und geistigen Gesundheit des Menschen.

Andere Harvard-Gelehrte zeigten Interesse: Isaac Greenwood, der erste Hollis-Professor für Mathematik und Naturphilosophie, veröffentlichte eine Abhandlung, in der er die »philosophische Grundlage« eines Astrologen betonte. Und weiter: »Wir wissen nicht, wie viele Wunder und Mysterien reelle Auswirkungen dieser großartigen Wechselbeziehung in der Natur sind.« Yale stand dem nicht nach, hier untersuchte der amerikanische Reverend Doctor Samuel Johnson »den Sternenhimmel und seine Macht und seinen Einfluss«. Mittlerweile besaß jeder Haushalt in Amerika, die ärmsten ausgenommen, zwei Bücher: die Bibel und den aktuellen astrologischen Almanach. Der war für Bauern besonders nützlich, wenn es um den günstigsten Zeitpunkt ging, etwa das Vieh zu scheren oder zu kastrieren.

Himmelsglobus aus dem 18. Jahrhundert

ASTROLOGIE IN EUROPA

Die Astrologen in Amerika kopierten weitgehend ihre europäischen Kollegen. Und auch wenn es im 19. Jahrhundert beratende Astrologen gab, so verdienten die meisten doch ihr Geld in erster Linie mit ihren Veröffentlichungen in den Almanachen, die sich nach wie vor in hohen Stückzahlen verkauften. So wurde Mitte des 19. Jahrhunderts in Großbritannien beklagt, dass kaum jemand aus den »unteren Schichten« ohne Almanach lebe, dass sich die meisten danach richteten und sich etwa weigerten, das Gras zu mähen, wenn Regen vorhergesagt wurde.

Die bekanntesten Herausgeber von Almanachen im 19. Jahrhundert waren Robert Cross Smith und Richard James Morrison, beide Jahrgang 1795. Smith wurde unter dem Pseudonym Raphael berühmt – dank seiner Prognosen in Sachen Liebe und Ehe, Finanzen, Geschäfte und Reisen. Als Erster veröffentlichte er in seinem *The Straggling Astrologer* wöchentliche Vorhersagen in einer Zeitschrift. Unterdessen begab sich Morrison, der sich Zadkiel nannte, in höhere Sphären: Er riet seinen Lesern, nie einen Astrologen aufzusuchen, der nur 5 Schillinge pro Beratung verlange. »Kein gebildeter Mann würde sich zu so einem erbärmlichen Entgelt herablassen.« Seine Zeitschrift, *Zadkiels Almanach*, erlebte einen enormen

ASTROLOGIE IN FRAUENZEITSCHRIFTEN

Neben Tabellen mit vom Glück begünstigten und weniger begünstigten Tagen veröffentlichten Astrologinnen wie Sarah Jinner auch Tipps zu einem weiten Spektrum menschlicher Aktivitäten, einschließlich Sex. »Ein munterer, unerfahrener, beleibter Bettgenosse ist eine gute Arznei im Januar«, riet Dorothy Partridge. Man war sich einig, dass es für einen Mann ideal sei, seinen ehelichen Pflichten nachzukommen, wenn der Mond im Schützen steht. *The Ladies' Diary* (1704), ein jährlicher Almanach, war besonders beliebt. Ähnlich heutigen Frauenzeitschriften enthielt er Rezepte, Artikel zur Tugendhaftigkeit und zum Wesen der Liebe sowie astrologischen Rat. Um 1750 hatte er eine Auflage von 30 000 Exemplaren.

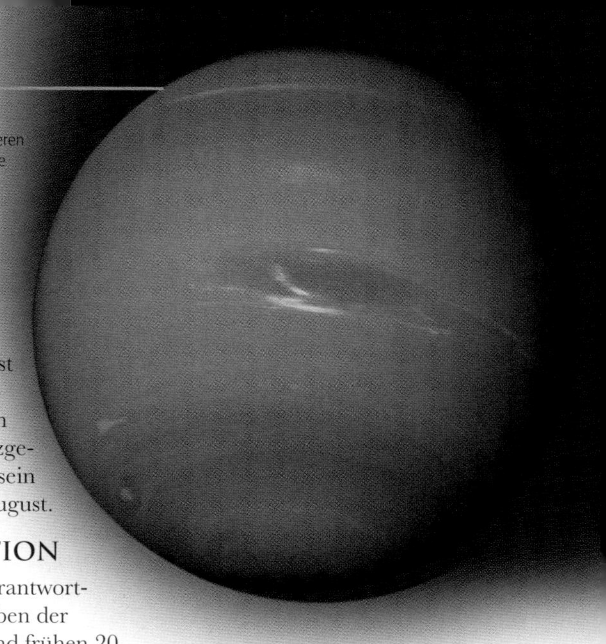

Die Entdeckung von Neptun und anderen Planeten hat die Astrologie nicht infrage gestellt, sondern neue Blicke auf alte Horoskope ermöglicht.

Aufschwung, nachdem er in der Ausgabe von 1861 geschrieben hatte, dass jeder mit Geburtstag am oder um den 26.August eine sehr negative Saturnwirkung erleiden müsse. In jenem Jahr starb der Prinzgemahl Albert an Typhus – sein Geburtstag war der 26. August.

MASSENPRODUKTION

Wenn man einen Hauptverantwortlichen für das Wiederaufleben der Astrologie im späten 19. und frühen 20. Jahrhundert ausmachen kann, dann W. F. Allen (1860–1917), der sich Alan Leo nannte. Er trat Madame Blavatskys Theosophischer Gesellschaft in London bei, wurde professioneller Astrologe und eröffnete eine Art Betrieb, indem er andere Astrologen anstellte, um Horoskope zu berechnen, und Mitarbeiter, die seine Deutungen dazu niederschrieben. Bald hatte seine *Modern Astrology Publishing Company* Niederlassungen in Paris und New York.

Leos wichtigster Mitarbeiter dachte sich ein einfaches System aus, das sich für die Firma als großer Gewinn erwies: Auf je einem Blatt Papier waren die Wirkungen eines bestimmten Horoskopfaktors zusammengefasst. Für ein bestimmtes Horoskop wurden die entsprechenden Blätter zusammengestellt und versandt – ohne den leisesten Versuch einer sinnvollen Synthese der Informationen. Diese Methode wird auch heute noch bei weniger seriösen Computerhoroskopen angewandt.

MODERNE PLANETEN

Raphael, Zadkiel und andere Zeitgenossen sahen sich allerdings neuen wissenschaftlichen Anfeindungen ausgesetzt, nachdem die Planeten Uranus (1781) und Neptun (1846) entdeckt worden waren. Die Wissenschaftler, die der Astrologie skeptisch gegenüberstanden, betrachteten diese Entdeckungen nämlich als Beweis dafür, dass die Astrologie nichts als Unsinn sei. Die Astrologen ihrerseits fanden, dass die Entdeckungen keine neuen Probleme schufen, sondern alte lösten. In ganz Europa unterzog man die Geburtshoroskope historischer Persönlichkeiten – Friedrich der Große, Marie Antoinette, Zarin Katharina – einer neuen Sichtung und fand heraus, dass die neuen Planeten Persönlichkeitsanteile enthüllten, die mit den traditionellen Planeten nicht erklärt werden konnten.

Einige Jahre mit empirischen Studien genügten, um den Einfluss der neuen Planeten zu verstehen. So ergab sich, dass Uranus Originalität und Vielseitigkeit unterstreicht, aber auch einen starken Sexualtrieb begünstig. Neptun steht in Verbindung mit Kunst, besonders Poesie und Tanz, und verstärkt Vorstellungskraft und Einfühlungsvermögen. Viele Lücken in alten Geburtshoroskopen konnten nun, so hieß es, gefüllt werden. Die Entdeckung neuer Planeten hatte der Astrologie keineswegs geschadet, sondern lediglich bereits bestehende Kenntnisse erweitert.

DAS 20. JAHRHUNDERT

In der ersten Hälfte des 20. Jahrhunderts fand die Astrologie ihren Weg aus den Fachzeitschriften in die Tageszeitung. Die Verbreitung von Horoskopen minderte jedoch keineswegs das Interesse, das angesehene Philosophen, Politiker und Wissenschaftler der Astrologie entgegenbrachten. So wurde Ende des 20. Jahrhunderts viel bedeutende Forschungsarbeit geleistet.

C. G. Jung, der Begründer der Analytischen Psychologie, bezog die Astrologie in seine Arbeit mit ein.

Das Zeitalter der populären Astrologie

Die so beliebten Horoskope in Zeitungen und Zeitschriften mit ihrer Betonung der Sonnenzeichen sind eine Erfindung des englischen Astrologen R. H. Naylor. Er verfasste 1930 einen Artikel für den *Sunday Express*, in dem er den Absturz des Passagierluftschiffs R 101 vorhersagte. Seit diesem Ereignis veröffentlichte er wöchentlich eine Kolumne in dieser Zeitung. Um alle Leser anzusprechen, schrieb er über die zwölf Tierkreiszeichen, denn nahezu jeder Leser kannte seines. Innerhalb weniger Jahre konnte es sich keine größere Zeitung und kein Magazin mehr leisten, auf eine Rubrik mit Horoskop zu verzichten. Somit hatte Naylor die Sonnenzeichen-Astrologie erfunden.

Gleichzeitig entwickelte sich aus der in gebildeten Kreisen fast vollständigen Verachtung gegenüber der Astrologie ein ernsthaftes theoretisches Interesse. Der Psychiater Carl Gustav Jung (1875–1961) stellte die These auf, dass die Tierkreiszeichen als Archetypen menschlicher Charaktere betrachtet werden könnten, und dass sie das gesamte Potenzial der Menschen enthielten.

Beim Absturz des Luftschiffs R 101 am 5. Oktober 1930 im französischen Beauvais, den R. H. Naylor vorausgesagt hatte, kamen 48 der 54 Passagiere ums Leben.

Die Tierkreiszeichen hätten eine tiefere Bedeutung als uns bekannt sei, und die Menschen würden sich dieser Archetypen in emotional aufwühlenden Situationen bewusst – in denen sie ja auch häufig Austrologen aufsuchen.

JUNGS STUDIEN

Jung nutzte das Geburtshoroskop als Ausgangspunkt für ein Verständnis des Patienten. Er interessierte sich auch für das, was er *Synchronizität* nannte, die den Ereignissen zugrunde liegenden bedeutungsvollen Muster. Diese, so glaubte er, könne man vorhersagen, und sie gingen oft mit bestimmten Planetenkonstellationen einher.

Jung untersuchte die Horoskope von 483 verheirateten Paaren (also insgesamt 966 Horoskope), und zwar nicht nur in der tatsächlichen Zusammensetzung, sondern auch in willkürlich ausgewählten Verbindungen. So wurden alles in allem 32 220 Paarungen untersucht. In den Partnerhoroskopen der glücklichen Ehepaare waren die traditionell für zufriedene Beziehungen stehenden Aspekte signifikant häufig vertreten. Jungs Ansehen veranlasste viele Menschen, die der Astrologie wohlwollend gegenüberstanden, dazu, sich ernsthaft mit dem Thema auseinanderzusetzen. Insbesondere in Frankreich und der Schweiz wurden hierzu wissenschaftliche Studien betrieben.

Das Horoskop Kaiser Wilhelms II. schätzte der Theosoph und Astrologe Alan Leo als ungünstig ein.

PERSÖNLICHE BERATUNG

Mittlerweile hatten die Gründerin der Theosophischen Gesellschaft, Helena Petrovna Blavatsky (1831–1891), und ihr Kollege »Colonel« Henry Steele Olcott (1832–1907) in Europa und Amerika ein erneutes Interesse an der Astrologie ausgelöst. Beratende Astrologen eigneten sich zunehmend die Sprache der Psychologie an und wandten sich von der Prognose ab. Stattdessen ermutigten sie Klienten zur Selbstverwirklichung. Die Deutung der Zukunft wurde zunehmend durch Charakteranalyse und Beratung ersetzt. Seit Ende des 19. Jahrhunderts erteilten alle seriösen Astrologieinstitutionen im Rahmen ihrer Ausbildung auch Kurse in Beratung.

DER ERSTE WELTKRIEG UND DIE JAHRE DANACH

Englische und deutsche Astrologen nahmen am Ersten Weltkrieg auf ihre Weise teil und ergriffen jeweils für ihre Seite Partei. Alan Leo analysierte die Horoskope von König Georg V. und Kaiser Wilhelm II. Es überrascht nicht, dass er Georg »großzügig« und »friedfertig« fand, Wilhelm hingegen »extrem unglückselig«.

Zwischen den Weltkriegen wurde die Astrologie in Deutschland durchaus ernst genommen. Herbert Freiherr von Klöckler (1896–1950) war Pionier einer Astrologie, die sich als Hilfsmittel zur Erlangung psychologischer Erkenntnisse verstand,während der Schauspieler Karl Brandler-Pracht (1864–1939) die *Astrologische Rundschau* ins Leben rief, die bekannteste Astrologiezeitschrift jener Zeit in Europa. In den 1920er- und 1930er-Jahren wurden über 400 Fachbücher und Broschüren zur Astrologie in Deutschland veröffentlicht.

Obwohl die Nationalsozialisten zunächst eine Affinität zur Astrologie hegten, wurde die »Wahrsagerei« 1934 verboten. Die Veröffentlichung von Almanachen und astrologischen Zeitschriften war somit rechtswidrig.

DAS DRITTE REICH

Einige hochrangige Mitglieder der NSDAP waren jedoch begeisterte

Anhänger der Astrologie, darunter Hess, Himmler und in gewisser Weise auch Goebbels. Für einige Zeit stand Karl Ernst Krafft in ihrer Gunst, der einen Attentatsversuch auf Hitler 1939 korrekt vorausgesagt hatte. Obwohl Adolf Hitler selbst nicht an der Astrologie interessiert war, wurde Krafft bei Kriegsausbruch von Goebbels nach Berlin bestellt, um die Prophezeiungen von Nostradamus zu deuten und zu untermauern, dass es Deutschland bestimmt war, die Welt zu erobern. Auch die Engländer nutzten die Astrologie zur schwarzen Propaganda. Zu diesem Zweck arbeitete die britische Regierung mit dem deutschstämmigen Astrologen Louis de Wohl zusammen.

Nostradamus' Prophezeiungen dienten Goebbels und Krafft zur Rechtfertigung des Angriffskriegs.

Krafft wurde im Zuge der Panik verhaftet, die entstand, als Hitlers Stellvertreter Rudolf Hess in einem vermutlich eigenmächtigen Versuch, Großbritannien für Friedensverhandlungen zu gewinnen, im Mai 1941 nach Schottland flog. Hitler, der Astrologen immer misstraut hatte, ließ Rudolf Hess für verrückt erklären, und die Gestapo nahm einige Astrologen fest, darunter Wilhelm Wulff, der aus einem Konzentrationslager entlassen worden war, um Himmlers Privatastrologe zu werden. Wulff überlebte, Krafft aber starb 1945 auf dem Weg ins Konzentrationslager Buchenwald.

Himmler (links neben Hitler) war einer von mehreren hochrangigen Nazis, die die Astrologie einsetzten.

DER SIEGESZUG DER ASTROLOGIE IN DEN USA

In Amerika gab es ebenfalls diese Mischung von unterhaltender und seriöser Astrologie, wie man sie in Europa kannte. Evangeline Adams war in den 1920er-Jahren eine beliebte Astrologin, die Kolumnen in mehreren Zeitschriften und in Radiosendungen hatte. 1914 musste sich sich allerdings wegen »Wahrsagerei« vor Gericht verantworten. Der Richter gab ihr bei dem Verfahren ein anonymes Geburtshoroskop, das sie interpretieren sollte. Sie tat es, und anschließend eröffnete ihr der Richter, dass es sich um das Horoskop seines Sohnes gehandelt habe und ihre Deutung großartig sei. Er teilte dem Gericht mit, dass Frau Adams »der Astrologie die Würde einer exakten Wissenschaft verliehen« habe, und stellte das Verfahren ein.

In den 1960er- und 1970er-Jahren nahm das Interesse an der Astrologie sprunghaft zu. »Was ist dein Sternzeichen?« fragten sogar einander fremde Menschen, und so mancher Journalistwurde dank seiner astrologischen Artikel zum Millionär. Im Jahr 1960 konnte die Studentin Marcia Moore völlig problemlos 900 professionelle Astrologen in Großbritannien und

Evangeline Adams war in den 1920er-Jahren eine der bekanntesten und beliebtesten Astrologinnen.

Amerika ausfindig machen und für ihre Diplomarbeit befragen. Ein Journalist schätzte 1969, dass mehr als 10 000 Amerikaner von der Astrologie lebten. Auch anspruchsvolle Arbeiten gab es weiterhin: Astrologen wie der Amerikaner Dane Rudhyar und der Engländer John Addey forschten im Stillen und veröffentlichten ausschließlich Fachbücher und Artikel in Fachzeitschriften. Addeys Arbeit über die sogenannten Harmonics gehört zu den wichtigsten Werken der zweiten Hälfte des 20. Jahrhunderts.

DIE FAKTEN BEURTEILEN

Der Franzose Michel Gauquelin leistete, unterstützt von seiner Frau Françoise, einen wichtigen Beitrag zur Diskussion über die Gültigkeit der Astrologie. Anhand von mehreren Tausend Geburtshoroskopen untersuchte er verschiedene astrologische Konstellationen statistisch. So konnte er nachweisen, dass erfolgreiche Sportler meist einen dominanten Mars hatten, bei Schauspielern war es Jupiter, bei Wissenschaftlern und Ärzten Saturn. Die Untersuchungen der Gauquelins wurden von dem Wissenschaftler Hans Eysenck überprüft und für empirisch einwandfrei befunden.

Seitdem wurden in Europa und Amerika zahlreiche Schulen gegründet, die nicht nur Astrologie unterrichten, sondern auch Spezialgebiete. Astrologenvereinigungen in England, USA und Australien halten regelmäßig Konferenzen ab und veröffentlichen Arbeiten. Es lässt sich eine starke Zunahme an Kursen verzeichnen. Die Forschungsgebiete sind weit gefächert. Der Amerikaner Robert Hand hat antike astrologische Texte intensiv studiert, und das Interesse an der klassischen Astrologie ist wieder erwacht, etwa an der Stundenastrologie (*s. S. 294*). Die Australierin Bernadette Brady lenkte die Aufmerksamkeit erneut auf den Einfluss der Fixsterne, andere Astrologen konzentrierten sich auf neu entdeckte Himmelskörper.

Zu akademischen Würden ist die Astrologie jedoch noch nicht wieder gelangt. Aber die Tatsache, dass wir längst noch nicht alle Mysterien des Universums entdeckt haben, überzeugt eine wachsende Zahl von Menschen davon, dass es dumm wäre, die Astrologie zu vernachlässigen oder nicht zu berücksichtigen.

DIE REAGANS UND DIE ASTROLOGIE

Als Gouverneur von Kalifornien unterzeichnete Ronald Reagan ein Gesetz, das die Ausübung der Astrologie legalisierte. Als er 1981 Präsident wurde, beriet ihn die Astrologin Joan Quigley (durch Vermittlung seiner Frau Nancy) hinsichtlich geeigneter Termine für offizielle Reisen und seiner Gesundheit. Auf Joans Rat hin wurde der Vertrag über die Vernichtung von Mittelstreckenraketen zwischen den USA und der UdSSR exakt am 8. Dezember 1987 um 13.30 Uhr unterzeichnet. Reagan schrieb dem Astrologen der *Los Angeles Times*, Sydney Omarr: »Indem Sie etwas für die Wertschätzung der Astrologie tun, erweisen Sie der Wissenschaft einen Dienst und inspirieren alle Sterngucker zu neuen Einsichten und Entdeckungen.«

Ronald und Nancy Reagan

Die zwölf TIERKREIS-ZEICHEN

nes. leo. sagittarius. sunt
calida et sicca colerica
masculina. Orientalia.
Gemini.
aquarius.
libra. sunt calida et
humida masculina
sanguinea. meridionalia.

Die zwölf TIERKREIS-ZEICHEN

Die Tierkreiszeichen – Widder, Stier, Zwillinge usw. – tragen die Namen von zwölf Sternbildern. Außerdem stellen sie jeweils 30 °-Abschnitte entlang der Ekliptik dar, jenem imaginären Band, auf dem sich die Sonne um die Erde zu bewegen scheint. Im Verlauf eines Jahres durchläuft die Sonne alle zwölf Abschnitte einmal.

Wann die zwölf Sternbilder zum ersten Mal mit Tieren und mythologischen Helden assoziiert wurden, ist ungewiss. Wir wissen aber, dass man die Sterne schon in frühester Zeit als Lebewesen betrachtete, so zum Beispiel der griechische Philosoph Aristoteles (384 – 322 v. Chr.). Von dem christlichen Gelehrten und Theologen Origenes (185 – 254 n. Chr.), der in Alexandria lehrte, stammt die erste schriftliche Überlieferung. Auch Löwe, Stier und die himmlischen Zwillinge, die man den Sternbildern zuteilte, wurden als lebendig und mit menschlichen Eigenschaften versehen betrachtet.

Die Astrologie geht damal wie heute davon aus, dass die Tierkreiszeichen und die mit ihnen verbundenen Gestalten einen geheimnisvollen Einfluss auf diejenigen ausüben, die zu dem Zeitpunkt geboren wurden, als die Sonne in dem jeweiligen Tierkreiszeichen stand.

Die Tierkreiszeichen werden auf dieser Darstellung (15. Jahrhundert) nicht nur in Bezug zum Kalender, sondern auch zum menschlichen Körper gesetzt: So entspricht etwa Widder dem Kopf und Stier dem Hals.

KENNEN SIE IHR ZEICHEN?

Wenn jemand Sie nach Ihrem Tierkreiszeichen fragt, werden Sie ziemlich wahrscheinlich dasjenige nennen, in dem sich die Sonne bei Ihrer Geburt befand. Der Ausdruck, die Sonne sei zu einem bestimmten Zeitpunkt »in« einem Zeichen – etwa im Stier –, heißt nicht, dass es eine reale Verbindung zwischen der Sonne und dem entsprechenden Sternbild gibt. Vielmehr befindet sich die Sonne an einer Position zwischen der Erde und demjenigen Abschnitt der Ekliptik, der seinen Namen von dem entsprechenden Sternbild hat – in unserem Beispiel also Stier.

Mit dem Sonnenzeichen identifizieren wir uns am ehesten, und wer ein astrologisches Buch zur Hand nimmt, wird höchstwahrscheinlich zuerst bei seinem »Sternzeichen« nachschlagen. Eine große Zahl der Eigenschaften, die der Autor etwa einem Löwen oder einer Jungfrau zuschreibt, scheint zu stimmen, andere wiederum nicht.

Durch die Erdumdrehung gehen alle zwölf Tierkreiszeichen einmal täglich über dem östlichen Horizont auf.

Sternenkarte aus dem 18. Jahrhundert mit Tieren und Göttern, die die Eigenschaften der zwölf Tierkreiszeichen beschreiben sollen

Das Tierkreiszeichen, das zum Zeitpunkt der Geburt am östlichen Horizont steht, ist der Aszendent. Noch bis vor etwa 80 Jahren galt der Aszendent als wichtigster Faktor des Geburtshoroskops. Er beschreibt das Äußere eines Menschen, so wie Fremde ihn wahrnehmen. Das Sonnenzeichen repräsentiert das Innere, das, was nur engste Vertraute kennen. Die enorme Beliebtheit, die die Sonnenzeichen in den letzten 70 Jahren erlebt haben, hat die Perspektive etwas verschoben. Viele wissen inzwischen so viel über ihr Sonnenzeichen, dass sie sich unbewusst gemäß den ihm zugeschriebenen Charakteristiken verhalten. Fälschlicherweise assoziieren heute viele das Sonnenzeichen mit den augenscheinlichen Eigenschaften eines Menschen und den Aszendenten mit den eher verborgenen. Erfahrene Astrologen kennen die richtige Deutung.

ASZENDENT UND MONDZEICHEN

Es gilt, den Anteil des Aszendenten im Gesamtbild eines Menschen zu erkennen. Wenn Sie bei Sonnenaufgang geboren wurden, sind Sonnenzeichen und Aszendent identisch, und man wird Sie leicht dem entsprechenden Tierkreiszeichen zuordnen können. Doch die Stellung der Sonne zum Zeitpunkt der Geburt ist nur einer von vielen Faktoren in einem Horoskop. Jedes Horoskop ist eine Kombination der zwölf Zeichen, die bei jedem Menschen unterschiedlich betont oder von anderen Faktoren überlagert werden – dies macht die Individualität jedes Horoskops aus. Da sich die Erde um die eigene Achse dreht, geht durchschnittlich alle zwei Stunden ein neues Tierkreiszeichen und alle drei Minuten ein neuer Tierkreisgrad über dem Horizont auf. Damit also zwei Menschen dasselbe Geburtshoros-

GRENZFÄLLE

Falls Sie an einem Tag geboren wurden, an dem die Sonne das Zeichen gewechselt hat, bedeutet das nicht, dass Sie die Eigenschaften beider Zeichen besitzen. Sie sind entweder das eine oder das andere, je nach der exakten Tageszeit (Näheres können Sie einer Ephemeride entnehmen). Sollten Sie sich jedoch mehr mit dem anderen Zeichen identifizieren, kann es daran liegen, dass sich Merkur und/oder Venus dort befinden. Merkur und Venus stehen oft in dem an das Sonnenzeichen angrenzenden Zeichen. Eine Person mit Sonnenzeichen Krebs kann beispielsweise Merkur oder Venus in Zwillinge oder Löwe haben.

Das kopernikanische Weltsystem von 1708 mit der Sonne im Mittelpunkt (heliozentrisch)

kop haben, müssten sie nicht nur am selben Ort geboren sein, ihre Geburtszeit darf auch höchstens drei Minuten voneinander abweichen. Dies kann geschehen, ist aber sehr ungewöhnlich.

Das Zeichen des Mondes zum Zeitpunkt der Geburt ist ebenfalls von sehr großer Bedeutung. Nach traditioneller Vorstellung sind die Eigenschaften des Mondzeichens jene, die ein Mensch von seinen Eltern geerbt hat. Es beeinflusst aber auch die Art, wie wir instinktiv auf bestimmte Situationen im Leben reagieren. Darüber hinaus ist die Stellung der Planeten in den verschiedenen Zeichen wichtig, doch die meisten Astrologen stimmen darin überein, dass die Stellungen von Sonne, Aszendent und Mond die größte Bedeutung haben.

Wo im Tierkreis sich Sonne, Mond und Gestirne jeweils befanden, können Sie einer Ephemeride (Gestirnstandstabelle) entnehmen, die es im Buchhandel gibt. Im Anhang ab S. 308 finden Sie vereinfachte Tabellen, die Ihnen dabei helfen, einen ersten Blick auf die Geheimnisse Ihres Geburtshoroskops zu werfen.

EINTEILUNGEN

Die Tierkreiszeichen werden in bestimmte Kategorien unterteilt, die ihren Ursprung in der Vergangenheit haben. Mit der Bewertung, welche Kategorie in einem Horoskop vorherrscht, beginnt die astrologische Deutung.

So wird jedes Tierkreiszeichen einem Element oder einer Triplizität zugeordnet (eine Übersicht finden Sie in dem Kasten auf dieser Seite). In der medizinischen Astrologie fand die Theorie, die den Elementen die Eigenschaften trocken, warm, kalt und feucht zusprach, vielfach Anwendung und wurde auch auf die Planeten übertragen. Jupiter, Venus und Mond galten als »heiß und feucht«, Saturn als »übermäßig kalt« und Mars als »übermäßig trocken«.

DIE ELEMENTE

Die Elemente sind Feuer, Erde, Luft und Wasser, wobei jedes Element über eine andere Qualität verfügt. Jedem Element sind drei Tierkreiszeichen zugeordnet (siehe unten), von denen eines kardinal ist (Krebs, Steinbock, Waage, Widder), eines fix (Löwe, Skorpion, Stier, Wassermann) und eines veränderlich (Fische, Jungfrau, Schütze, Zwillinge). Feuerzeichen gelten als »heiß und trocken«, Erdezeichen als »kalt und trocken«, Luftzeichen als »heiß und feucht« und Wasserzeichen als »kalt und feucht«.

Element			
Feuer	Widder	Löwe	Schütze
Erde	Stier	Jungfrau	Steinbock
Luft	Zwilling	Waage	Wassermann
Wasser	Krebs	Skorpion	Fische

Der Grieche Ptolemäus lebte im 2. Jahrhundert n. Chr. und lehrte als Astrologe in Alexandria.

Eine weitere Zuordnung sieht die Unterteilung in vier Qualitäten oder Quadruplizitäten vor. Demnach sind fixe Zeichen einfallsreich und ausdauernd, widersetzen sich aber dem Wandel; kardinale Zeichen bringen Dinge in Bewegung und haben Führungsqualitäten; veränderliche Zeichen sind wechselhaft, anpassungsfähig und manchmal unbeständig.

Schließlich wurden den Zeichen noch männliche und weibliche Eigenschaften zugeordnet. Dabei wechseln sich die männlichen und weiblichen Zeichen der Reihe nach ab: Widder ist männlich, Stier weiblich, Zwillinge männlich, Krebs weiblich, Löwe männlich, Jungfrau weiblich … Antike Texte gehen noch weiter: In den Schriften des Astronomen und Astrologen Ptolemäus (um 100–178 n. Chr.) findet man die Unterteilung der Tierkreiszeichen in »tropische«, »Äquinoktial-«, »feste« und »zweikörperliche« Zeichen.

Es besteht auch eine ganz besondere, subtile Beziehung zwischen zwei Zeichen, die einander auf dem Tierkreis gegenüber liegen, also zwischen Widder und Waage, Stier und Skorpion usw.

»Der Widder wird immer Hoffnungen hegen. Vom jähen Zusammenbruch wird er zu Wohlstand im Überfluss gelangen.«

Manilius (1. Jahrhundert n. Chr.)

Widder

Den Widder kennzeichnet der starke Wunsch, persönlich etwas zu erreichen. Dabei kann er egoistisch sein, wenn Familienleben und häusliche Belange seinem Ehrgeiz in die Quere kommen. Geduld ist nicht eben seine Stärke, doch seine Begeisterungsfähigkeit gehört zu seinen liebenswerten Seiten.

WIDDER ALS SONNENZEICHEN

Die Sonne geht am 21. März in den Widder, das erste Zeichen des Tierkreises. Dies ist der erste Tag des astrologischen Jahrs – in den nördlichen Breiten die Frühjahrs-Tagundnachtgleiche. Der Widder ist der Pionier des Tierkreises. Menschen, die mit der Sonne im Widder geboren werden, haben einen unabhängigen Geist und verfügen über Entschlusskraft. Doch leidenschaftlich, wie sie sind, geraten sie leicht in Schwierigkeiten. Sie wollen unbedingt etwas erreichen. Gelingt ihnen das nicht, sind sie sehr frustriert, was gelegentlich sogar zu psychischen oder körperlichen Problemen führen kann.

Darstellung des Monats April im Stundenbuch *Très Riches Heures du Duc de Berry* (1416). Links oben im Himmelsgewölbe ist der Widder abgebildet.

Das größte Problem der Widder ist ihr Egoismus. Sie wollen immer gewinnen. »Ich zuerst!« ist ein typischer Widderspruch. Widder, die sich des Bedürfnisses nach unbedingtem Erfolg nicht bewusst sind, benehmen sich leicht sehr selbstsüchtig. Wenn Eltern oder Freunde ihnen ihren Egoismus deutlich vor Augen halten, sind sie oft fassungslos. Sie müssen sich dieser negativen Eigenschaft bewusst sein, um etwas dagegen unternehmen zu können.

Die kardinale Qualität bedeutet, dass ein Widder extrovertiert ist, die Dinge anpackt und anderen Mut

Der Widder auf der Kalenderseite für März in dem reich illustrierten *Bedford-Stundenbuch* (Frankreich, um 1423).

WIDDER	
Symbol	Widder
Sonnenzeichen	21. März–20. April
Herrscherplanet	Mars
Element	Feuer
Qualität	Kardinal
Polarität	Positiv
Körperbereich	Kopf
Pendant	Waage

macht. Das passt zu dem Umstand, dass Widder eines der positiven Zeichen des Tierkreises ist, dessen Stärke dem Widdergeborenen hilft, jenes Ziel zu erreichen, das er am meisten ersehnt: zu gewinnen.

Auch der »echte« Widder ist ein treffendes Symbol – denken wir nur an zwei miteinander Kopf an Kopf kämpfende Schafböcke. Interessanterweise gibt es neben den temperamentvollen auch zahlreiche ruhige Widdergeborene. In letzter Zeit gab es in Astrologenkreisen Diskussionen über den Unterschied zwischen dem »Widderbock« und dem »Widderschaf«. Letzteres hat in der Regel nicht die Wucht seines männlichen Pendants, doch hinter einem ruhigen Äußeren verbirgt sich auch hier Entschlossenheit: Das Widderschaf weiß durchaus was es will, macht aber kein großes Aufheben darum – etwa als Mutter, die Kindererziehung und Beruf unter einen Hut bringt.

Widderdarstellung in einer türkischen Handschrift von 1550

Der Inbegriff von Gesundheit

Menschen mit der Sonne im Widder erfreuen sich normalerweise guter Gesundheit. Traditionell wird dem Widder der Kopf zugeordnet. Fragen Sie einen Widder, ob er unter Kopfschmerzen leidet, und er wird entweder mit »ja, sehr« antworten oder mit »nie«. Widderkinder haben ein erhöhtes Risiko, sich am Kopf zu verletzen.

Widder wollen Sport treiben und trainieren gerne und ausdauernd. Entsprechend sind sie in vielen Sportarten vertreten. Fußballspielen liegt ihnen ebenso wie Kampfsport.

WIDDER ALS ASZENDENT

Hier findet man viele der bereits genannten Eigenschaften, doch sie drücken sich im Fall eines Widderaszendenten ganz anders aus. Die Entschlossenheit zu gewinnen steht auch hier im Vordergund, und es wird alle Energie darauf verwendet – stärker als bei einem Menschen mit Widder in der Sonne.

In welche Richtung die Kräfte gehen, zeigt vor allem das Sonnenzeichen. Ruhelos verfolgt er sein Ziel, und Konkurrenz spornt ihn nur zu größeren Leistungen an. Die Eigenschaften eines Widderaszendenten kommen früh in der Kindheit zum Tragen, insbesondere unter Geschwistern. Die instinktive Aggressivität kann man mildern, indem man ein solches Kind dazu anhält, sich um andere Familienmitglieder oder um Haustiere zu kümmern.

Soziales Umfeld

Menschen mit Widderaszendent gelingt es spielend, sich an eine neue Umgebung und neue gesellschaftliche Bedingungen anzupassen. Sie sind besonders zäh. Ihre Kraft und Energie kann für andere Menschen jedoch anstrengend sein. Wenn sie lernen, etwas ruhiger und nachdenklicher zu werden, kann ihre natürliche Fähigkeit zur Selbstreflektion zum Tragen kommen. Und sie sollten unbedingt für Ausgleich sorgen, wenn sie zu sehr einem Extrem anheimgefallen sind.

Die gesundheitliche Anfälligkeit, die schon unter dem Sonnenzeichen genannt wurde, gilt noch stärker. Denn Kopfschmerzen können hier Nierenprobleme als Ursache haben. Zu viel Sorglosigkeit kann zu Unfällen führen.

WIDDER ALS MONDZEICHEN

Diese Menschen reagieren auf alle Situationen überaus emotional und schnell. Besonders in dringenden Angelegenheiten wird jemand mit Widdermond zupacken, während andere sich noch mit langweiligen Meetings aufhalten. Diese Eigenschaft hilft ihm auch, wenn er selbst in der Zwickmühle steckt.

Der Widdermond hat ein ausgeprägtes Gefühlsleben, das unbedingt im Alltag, im Beruf und in der Sexualität zum Ausdruck gebracht werden sollte. Doch Vorsicht: Leicht kann das hitzige Temperament mit dem impulsiven und selbstbewussten Widder durchgehen.

Der Widdermond liebt die Unabhängigkeit ebenso wie die Gefahr. Kein Wunder also, wenn ihn Extremsportarten magisch anziehen.

Wenn diese Eigenschaften wegen des Einflusses anderer Planeten auf den Mond beeinträchtigt sind, sollte es die betroffene Person vermeiden, Probleme zu verdrängen oder zu unterdrücken. Für diese Menschen ist es wichtig, einen befriedigenden und mit den eigenen Wünschen übereinstimmenden Lebensstil zu finden, selbst wenn dazu drastische Veränderungen erforderlich sind.

Charlie Chaplin legte widdertypische Entschlossenheit an den Tag. Der Slapstick-Humor, der ihn berühmt machte, lebt von der Komik, die in kleinen Missgeschicken liegt.

Widder als Freund, Liebhaber und Lebenspartner

Widder sind mehrheitlich fröhliche und lebenslustige Typen. Sie bestärken und ermutigen ihre Freunde, egal, ob es um deren Interessen, Neigungen und Hobbys oder um ihr Liebesleben geht. Falls nötig, treiben sie ihre Freunde an, wenn diese zögern. Ein Widder will alles und zwar jetzt und sofort – nicht nur für sich selbst, sondern auch für seine Freunde. Wenn eine Sache nicht so läuft, wie er sich das vorgestellt hat, verliert der Widder schnell die Geduld.

Der Widder in einer italienischen Handschrift (Mitte des 13. Jahrhunderts).

Ein einfacher Plan

Wenn es ein Problem gibt, kommt bei einem Menschen mit Widderbetonung eine wunderbare Eigenschaft zum Vorschein: Er kann noch die komplizierteste Angelegenheit abstrahieren und hat im nächsten Augenblick eine praktische Lösung parat, ohne lang um den heißen Brei herumzureden.

Allerdings: Auch wenn Widder sehr spontan sind, muss man gemeinsame Verabredungen mit ihnen von langer Hand planen. Lädt man sie beispielsweise zu einen konkreten Anlass ein, werden sie selbstverständlich unbedingt zusagen. Doch je näher der Termin rückt, desto wahrscheinlicher werden wir eine freundliche Absage erhalten: weil die Mutter erkrankt ist, oder sie so lange arbeiten müssen, oder … Natürlich glauben wir ihnen, doch je besser wir sie kennenlernen, desto klarer wird uns werden, dass sie einfach ein verlockenderes Angebot bekommen haben! Widdder sind da sehr taktvoll – hier kommt der subtile Einfluss des Pendants, der Waage, zum Tragen, die so überaus diplomatisch ist –, aber am Ende scheint der Egoismus doch durch, besonders beim Widderaszendenten.

Vor allem und in erster Linie aber haben wir mit unseren Widderfreunden viel Freude. Es macht immer Spaß, Zeit mit ihnen zu verbringen. Ihr Enthusiasmus ist einfach ansteckend.

WIDDER UND DIE LIEBE

Ungeduldig wie sie sind, mögen es Widder gar nicht, wenn ihre Avancen und Bemühungen nicht ausreichend gewürdigt oder nur zögerlich erwidert werden – was beinahe noch schlimmer ist. Widder müssen unbedingt wissen, wo sie stehen. Wenn sie das Gefühl haben, unentschlossenen Typen als Spielball zu dienen, werden sie sich schnell aus diesem Spielchen verabschieden.

Ein Widdergeborener sollte sich in Liebesdingen unbedingt Folgendes vor Augen halten: Auch wenn jemand spontan auf die Attraktivität des Widders anspricht, heißt das noch lange nicht, dass dem umgehend eine romantische oder gar sexuelle Annäherung folgen muss. Wenn der Widder hier keine Geduld walten lässt, wird ihm womöglich eine wertvolle Beziehung entgehen; auch dann, wenn sie vielleicht nur einige wenige Wochen Bestand haben wird.

Ein Widder umwirbt die Frau oder den Mann seines Begehrens gern mit Geschenken sowie kleinen und größeren Aufmerksamkeiten. An Fantasie mangelt es ihm in dieser Hinsicht keineswegs. Dem geliebten Menschen will der Widder das Leben so angenehm wie möglich machen – da ist ihm keine Anstrengung zu groß. Widder sind sehr leidenschaftlich und wollen ihre Sexualität ungezügelt ausleben. Wer sich auf einen Widder einlässt, sollte das berücksichtigen, denn in dieser Hinsicht braucht er einen entsprechenden Partner. Menschen, denen Sex nicht so wichtig ist oder die auf diesem Gebiet Hemmungen haben, werden es mit einem Widder nicht lange aushalten. Auch in dieser Hinsicht sei dem Widder zu Geduld geraten. Fallen Sie nicht gleich mit der Tür ins Haus.

WIE SICH EIN WIDDER VERLIEBT

Widder verlieben – und entlieben – sich sehr schnell. Sie sind die leidenschaftlichsten Liebhaber(innen) im ganzen Tierkreis. Sowohl Männer als auch Frauen dieses Zeichens haben viel Freude an der Sexualität und allem, was dazugehört. Sie kennen keine Tabus: Sex im Schlafzimmer oder auf dem Rücksitz eines Autos – kein Problem. Sie lieben Sexspielchen in jungen Jahren genauso wie im hohen Alter. Wenn sie ihre Sexualität nicht ausleben können, dann leiden die Widder.

Venus, die Göttin der Liebe, flankiert vom Widder und der Waage, dem gegenüberliegenden Zeichen.

Oft zu stürmisch

Da Widder beim Sex schnell zur Sache kommen, übersehen sie nicht selten, dass ihr Partner oder ihre Partnerin das Vorspiel als sinnlichen Auftakt des Liebesakts genießen möchte. Daher kann es keinem Widder schaden, in Liebesdingen eine etwas romantischere Herangehensweise zu entwickeln.

Auch mit zunehmendem Alter nimmt die stürmische Leidenschaft des Widders in Liebesdingen nicht ab. Er spürt immer noch dieses Prickeln der Lust. Wenn er darüber die Bedürfnisse seines Partners nicht vergisst, dann können sich beide freuen.

WIDDER IN DAUERHAFTEN BEZIEHUNGEN

Auch in einer dauerhaften Partnerschaft zeigt der Widder dieselbe Begeisterung und Überschwänglichkeit in Sachen Liebe und Sex wie als Single. Hat sich der Widder jedoch erst einmal für eine langfristige Partnerschaft entschieden, tauchen alle möglichen neuen, interessanten Eigenschaften auf.

Widder verstehen sich hervorragend darauf, ein Zuhause zu schaffen – und zwar durchaus auch im praktischen Sinn. Sie besitzen alle Fähigkeiten, die man braucht, um ein guter Heimwerker zu sein. Selbst wenn es ihnen nicht an Geld mangelt, werden sie oft lieber selbst zum Bohrer greifen als einen Handwerker zu bestellen. Die anfängliche Begeisterung kann allerdings mit der Zeit nachlassen, weshalb der Partner den Widder zum Weitermachen animieren sollte – sofern er etwas dagegen hat, dass die Küchenschranktüren dauerhaft in der Garage aufgestapelt sind, weil der Widder einfach immer anderweitig beschäftigt ist!

Unter dem Egoismus des Widders kann eine langjährige Beziehung jedoch zu leiden beginnen. Es passiert nicht selten, dass seine Hobbys so viel Raum einnehmen, dass er darüber den Partner vernachlässigt. Zu Problemen kann es auch kommen, wenn der Widder einem sehr anstrengenden Beruf nachgeht, abends noch arbeitet oder häufig auf Geschäftsreisen ist, selbst wenn dies mit der Absicht geschieht, der Familie etwas bieten zu können. Und wenn es dann auch im Bett nicht mehr so recht klappt, wird sich der Widder schnell anderweitig umschauen. Auch die Rastlosigkeit des Widders kann ein Problem sein. Um dem entgegenzuwirken, sollten sich die Partner unbedingt gemeinsamen Interessen widmen.

Pendant

In dauerhaften Beziehungen reagiert man häufig in der Art des dem Aszendenten gegenüberliegenden Zeichens. Beim Widder ist das die Waage. Zwar können wir uns kaum vorstellen, dass ein Widder sagt: »Warten wir ab und sehen, was passiert.« Doch genau dies geschieht in engen Partnerschaften. Und auch die romantische Seite des Widders kommt in einer langjährigen Beziehung zum Vorschein.

Widder sind hervorragende, sehr aufgeweckte Eltern, die ihre Kinder ermutigen. Dabei sind sie manchmal etwas forsch. Sie sollten versuchen, die Fähigkeiten ihres Kindes richtig einzuschätzen.

»EINE DAUERHAFTE PARTNERSCHAFT MACHT DEN WIDDER ROMANTISCH.«

Der junge Widder freut sich über die Anregungen, die jedes neues Spielzeug ihm bietet.

Widder in Erziehung, Beruf und Gelddingen

Schon in ganz jungen Jahren brauchen Widder das Gefühl, unabhängig zu sein. Eltern sollten ihnen die Möglichkeit einräumen, den eigenen Interessen nachzugehen und ihnen immer wieder Freiheiten erlauben – sei es auch nur für kurze Zeit. Die Chancen stehen gut, dass Widderkinder sehr gern in den Kindergarten gehen, auch wenn ihr Überschwang es dem Erzieher manchmal schwer macht. Neue Spielsachen, neue Spiele und Aufgaben bieten dem Widderkind Anregung, und es wird sich in großen Schritten entwickeln.

Sofern sie in die Ganztagsschule gehen, sollten Widderkinder am besten ihr eigenes Spielzeug mitnehmen. Gibt es in der Klasse ein schüchternes Kind, so ist es für beide von Vorteil, wenn der kleine Widder es auffordert, mit ihm zu spielen. Die beiden lernen zu teilen und entwickeln ein harmonisches Miteinander. Das wird dem Egoismus des Widders und seinem unbedingten Siegeswillen entgegensteuern.

Die Kalenderseite für März im *Bedford-Stundenbuch* (Frankreich, um 1423).

Ein Rebell wächst heran

Der jugendliche Widder ist ruhelos, zu Hause und in der Schule. Wenn die Eltern sein Potenzial erspüren, können sie ihn darin unterstützen und ihm Rückendeckung geben. Da Widder Disziplin nicht leiden können, werden sie die dummen Regeln an der Schule ignorieren, weshalb es wichtig ist, ihnen den Grund für die Regeln deutlich klarzumachen. Lässt man den jungen Widder gewähren, wird er aufblühen. Wie jeder in seinem Alter macht auch er Fehler – vermutlich jedoch etwas öfter als die anderen.

Geht es um die weitere Ausbildung, so ist ein junger Widder leicht geneigt, auf halber Strecke abzubrechen. In diesem Fall müssen Eltern alles in ihrer Macht Stehende tun, dem Jugendlichen zu erklären, dass er damit den Fortschritt in seinem Leben behindert und die Aussichten, ein Gewinner zu werden, schmälert. Und das möchte ein Widder bestimmt nicht.

DAS ERSTE DER FEUERZEICHEN

Widder ist das Erste der drei Feuerzeichen. Das Widderfeuer ist stark mit Emotionen gefüllt, die beim kleinsten Anlass aufflammen können. Das kann sich in warmer, lebendiger und positiver Leidenschaft ausdrücken. Umgekehrt kann aus einem kleinen Ärgernis schnell Wut erwachsen. Allerding ist die Wut des Widders mit einem Strohfeuer vergleichbar. Wenn seine Wut verraucht ist, dann ist sie auch vergessen – ohne Groll. Der Widder ist nicht nachtragend. Wenn das Widderfeuer allerdings in anderen Fällen erlischt, dann deshalb, weil sich der Widder langweilt oder unzufrieden ist. Wer einen Widder halten will, der muss also etwas zu bieten haben. Die Spontanität des Widders ist ebenso bewundernswert wie ansteckend.

Widderdarstellung von Joseph Speybrouck (um 1920). Der Widder neben der Liebesgöttin Venus, die über die Waage herrscht – das dem Widder gegenüberliegende Zeichen.

WIDDER UND BERUF

Menschen mit Widdersonne findet man in allen Berufen. Sie brauchen unbedingt eine angenehme Arbeitsatmosphäre. Außerdem sollte ihnen ihr Beruf genügend Herausforderungen bieten, um sie anzuspornen, auf der Karriereleiter weiter emporzusteigen. Routinejobs liegen den Widdern überhaupt nicht – genauso wenig übrigens wie ein unzugänglicher, engstirniger oder unfair agierender Chef. Ein tristes, langweiliges Arbeitsumfeld wird den Widder ebenfalls verrückt machen. In der Regel wird er diese Situation zu ändern versuchen oder nach einem neuen Job Ausschau halten.

Widder sind ehrgeizig, ganz ohne Zweifel. Vor allem geht es ihnen jedoch darum, ein Ziel zu erreichen. Sind sie damit erfolgreich gewesen, heißt es schnell: »Und was kommt als Nächstes?« Schon bald werden sie ein neues Ziel ins Auge fassen, das ihre ganze Aufmerksamkeit fordert.

Freude am geschäftigen Treiben

Der Widder braucht und genießt ein geschäftiges Arbeitsumfeld – er liebt Trubel und Aktion und meidet Routine. Als Mitarbeiter wird er sich bald mit organisatorischen Verbesserungen befassen und sich für bessere Arbeitsbedingungen einsetzen – nicht nur seine eigenen, sondern auch die seiner Kollegen. Wettbewerb und Rivalität spornen Widder an. Und wenn ein Widder in einem Team arbeitet, wird diese Arbeitsgruppe schnell vorankommen und sich von anderen absetzen.

Spannende Widderberufe finden sich in den verschiedensten Branchen. Unter Widdern gibt es enorm erfolgreiche Ingenieure. Alle Arten von Berufen, die mit Metall zu tun haben, kommen infrage, etwa Automobildesigner oder Mechatroniker. Genauso vertreten sind hier Künstler, die mit Metallen arbeiten und durch ebenso kühne Techniken wie leuchtende Farben auffallen.

»WIDDER BLÜHEN IM WETTKAMPF RICHTIG AUF.«

Kopfarbeiter, Pioniere, Sportler
Da der Kopf der dem Widder zugeordnete Körperteil ist, gibt es viele widderbetonte Menschen (sei es aufgrund des Sonnenzeichens, des Aszendenten oder des Mondzeichens), die als Psychiater, Psychotherapeuten oder Gehirnchirurgen arbeiten. Auch beim Militär sind Widder stark vertreten. Für eine Hilfsorganisation in ein Land am anderen Ende der Welt zu reisen, reizt den Widder ebenso und spricht außerdem seinen Pioniergeist an. Viele Widder arbeiten gerne unter schmutzigen, schwierigen oder gar gefährlichen Bedingungen, etwa als Kriegsberichterstatter. Überdurchschnittlich viele Widder sind Profisportler, denn hier können sie ihren Drang ausleben, Erster zu sein. Hinsichtlich langfristiger Planungen ist da natürlich Vorsicht angesagt. Als Trainer oder Coach in der ursprünglich gewählten Sportart sind Widder aber bestens aufgehoben.

WIDDER UND GELD

Von jetzt auf gleich trifft ein Widder die Entscheidung, etwas anzuschaffen, was ihm gerade in diesem Moment als lebensnotwendig erscheint – oft zum Erstaunen des Partners, der erst vor ein paar Minuten darüber in Kenntnis gesetzt wurde, dass ein größeres und schnelleres Auto unbedingt vonnöten ist. Dann muss noch ein neuer Rasenmäher her, denn der alte hat nicht mehr funktioniert, und bei dem erfolglosen Versuch, ihn zu reparieren, hat ihm der Widder vor Wut einen Fußtritt verpasst. Also rein in den Mantel und ab ins Gartencenter!

Nun könnte man meinen, dass Widder nicht mit Geld umgehen können. Das stimmt jedoch nicht. Es scheint so, als ob ihr beständiger Antrieb, vorwärtszukommen, eine Schlauheit in finanziellen Dingen begünstigt.

Viele Widder treiben Sport. Im sportlichen Wettkampf können sie ihre Gewinnermentalität unter Beweis stellen.

Interessante Investitionen ziehen die Aufmerksamkeit des Widders auf sich. Wenn ein Widder hört, dass sich ein Produkt gut entwickelt und man daran verdienen kann, wird er augenblicklich zur Stelle sein. Auf Zack zu sein, kann sich für ihn reichlich auszahlen – davon ist ein Widder überzeugt.

Weitere Einkommensquellen

Der Unternehmergeist des Widders ist legendär. Selbst wenn er über ein hohes Einkommen verfügt, wird sich der Widder voraussichtlich nach einer zweiten Einnahmequelle umschauen, etwa in Form eines kleinen Unternehmens, das in die Finanzplanung für den drohenden Ruhestand integriert werden könnte. Ruhestand? Widder? Niemals! Allenfalls eine Abwandlung des Lebensstils. Was könnte ich noch zu Geld machen? Welche Talente schlummern nocht ungenutzt in mir? Welche Potenziale habe ich noch nicht ausgeschöpft? Diese und ähnliche Fragen stellt sich der Widder gerne und häufig. Und da ist ja noch das zeitraubende Hobby, das sich vielleicht später einmal auszahlen wird.

Das Element Feuer macht jede Form von Spiel für den Widder ausgesprochen reizvoll. Wenn dies zur Sucht wird, kann man jedoch normalerweise etwas dagegen unternehmen: dank anderer stabilisierender Einflüsse im Horoskop, auf die Widder eher als andere Tierkreiszeichen ansprechen. Sowohl Sonnenzeichen-Widder als auch Widderaszendenten nehmen sich in finanziellen Angelegenheiten den Rat ihrer Partner mit großer Sicherheit zu Herzen.

»DIE IMPULSIVITÄT DES WIDDERS SCHLUMMERT UNTER DER OBERFLÄCHE.«

In finanziellen Angelegenheiten nehmen Menschen mit Widdersonne oder -aszendent gerne den Rat ihres Partners an.

WIDDER, ASZENDENT UND HIMMELSMITTE

Die Himmelsmitte stellt den Teil des Tierkreises dar, der zum Zeitpunkt unserer Geburt genau über uns stand (Näheres dazu auf S. 304–306). Besonders, wenn es um unseren Beruf geht, identifizieren wir uns mit dem Zeichen der Himmelsmitte oder aber wir streben nach seinen Eigenschaften. Die folgenden Kombinationen von Aszendent und Himmelsmitte für Widdergeborene sind die einzig möglichen – sowohl in nördlichen wie in südlichen Breiten. Ihren Aszendenten und die Himmelsmitte können Sie den Übersichten auf den Seiten 344–347 entnehmen.

ASZENDENT WIDDER (MIT WIDDERSONNE)
und Himmelsmitte in:

Steinbock Der Widderehrgeiz ist sehr ausgeprägt. Strebt nach Erfolg und materiellem Fortschritt.

Wassermann Verstärkt die Unabhängigkeit des Widders. Hat Sinn für Ungewöhnliches und Originelles. Wählt eventuell auch einen außergewöhnlichen Beruf.

ASZENDENT STIER
und Himmelsmitte in:

Steinbock Materielle Sicherheit ist sehr wichtig. Strebt Reichtum an. Musikalisches Talent ist wahrscheinlich.

Wassermann Ehrgeizig. Braucht Sicherheit, aber auch Unabhängigkeit.

Fische Identifiziert sich mit humanitären Problemen, was ihn auch zum Handeln bewegt. Mag keine plötzlichen Veränderungen.

ASZENDENT ZWILLINGE
und Himmelsmitte in:

Widder Ändert vermutlich mehrmals die Berufsrichtung.

Stier Guter Geschäftssinn. Besonders guter Teamarbeiter.

Wassermann Braucht intellektuelle Herausforderungen. Sinn für das Ungewöhnliche.

Fische Identifiziert sich mit Problemen anderer. Hilfsbereit.

ASZENDENT KREBS
und Himmelsmitte in:

Widder Widmet sich kraftvoll dem eingeschlagenen Berufsweg.

Stier Sinn für Schönes und Antiquitäten. Will in diesen Bereichen arbeiten.

Wassermann Diese Kombination ergibt oft einen begeisterten, warmherzigen Lehrer.

Fische Will anderen helfen und sie ermutigen – durch Sport oder Kunst.

ASZENDENT LÖWE
und Himmelsmitte in:

Widder Der Ehrgeiz ist bei dieser Kombination sehr ausgeprägt.

Stier Ebenfalls sehr ehrgeizig, aber mit mehr Sinn für alles Materielle.

Fische Sinn fürs Drama, wenn es um die Ambitionen geht. Kreativ und künstlerisch veranlagt.

ASZENDENT JUNGFRAU
und Himmelsmitte in:

Stier Identifiziert sich mit der Natur, Landwirtschaft, Gartenbau und Konservierung.

Zwillinge Hat ein Talent für alle Arten von Kommunikation sowie für die Medien.

ASZENDENT WAAGE
und Himmelsmitte in:

Krebs Das Gastgewerbe eignet sich, aber auch der Beruf des Reiseführers kann eine Option sein.

Löwe Liebt Mode, Schönheit, Glamour und modelt gern.

ASZENDENT SKORPION
und Himmelsmitte in:

Krebs Ist helfend und heilend für andere Menschen da. Medizinische und alternative Therapien finden Anklang.

Löwe Dynamisch und ehrgeizig. Lässt sich mit Leib und Seele auf den Beruf ein.

Jungfrau Wissenschaftliche Begabung. Widmet sich gerne Forschungsarbeit in Universitäten und Bibliotheken.

ASZENDENT SCHÜTZE
und Himmelsmitte in:

Löwe Muss unbedingt seine geistige und körperliche Energie in den Beruf einbringen.

Jungfrau Eine akademische Kombination. Das Streben nach höherer Bildung ist ausgeprägt.

Waage Philosophische Einstellung. Hat unterschiedliche, hochgesteckte Ziele.

ASZENDENT STEINBOCK
und Himmelsmitte in:

Löwe Hat das Zeug zum Tycoon.

Jungfrau Braucht Sicherheit im Beruf. Zufriedenheit bringen Dinge, die wachsen. Interesse an Landwirtschaft.

Waage Braucht einen Geschäftspartner, mit dem er gemeinsame Interessen verfolgen kann.

Skorpion Ein harter Arbeiter. Kann gut mit schwierigen Bedingungen umgehen.

ASZENDENT WASSERMANN
und Himmelsmitte in:

Waage Romantiker. Wenn er lustlos ist, muss er dies in den Griff bekommen.

Skorpion Entschlossenheit. Identifiziert sich mit bedeutenden Zielen. Hat Erfolg.

Schütze Ein geborener Philosoph. Verfolgt vielleicht zu viele verschiedene Ziele.

ASZENDENT FISCHE
und Himmelsmitte in:

Schütze Die Ziele sind idealistisch, allein es fehlt die Geduld. Gutes Potenzial.

»Die Söhne des Stiers verfügen über Liebe in unbesungener Stärke. In ihren Gesichtern wohnt der junge Liebesgott.«

Manilius (1. Jahrhundert n. Chr.)

Stier

Was den Stier glücklich macht, gleicht dem steten Ticken einer Uhr. Er braucht Selbstvertrauen, Regelmäßigkeit sowie Stabilität und ist sehr geduldig. Seine Beständigkeit kann ihm materielle Annehmlichkeiten bescheren, doch muss er lernen, dass ein geliebter Mensch kein Besitz ist.

Darstellung des Monats Mai im Stundenbuch *Très Riches Heures du Duc de Berry* (1416). Links oben im Himmelsgewölbe ist der Stier abgebildet.

STIER ALS SONNENZEICHEN

Menschen mit Stiersonne verfügen über einige beachtliche Eigenschaften. Doch damit diese auch gedeihen können, brauchen Stiere, mehr als andere Tierkreiszeichen, Sicherheit. Das hört nicht bei einem schönen Haus und einem gefüllten Bankkonto auf. Stiere brauchen in der Familie und in Beziehungen besondere emotionale Sicherheit.

Verlässlichkeit, Loyalität und der Wunsch nach Routine sind für den Stier charakteristisch. Stiere möchten wissen, was wann und wie zu tun ist und verfügen über einen gesunden Menschenverstand. Situationen, in denen man schnell reagieren muss, mögen sie gar nicht, und sie geraten ernsthaft unter Druck, wenn sie keine Zeit haben, eine Angelegenheit sorgfältig zu betrachten. Ein Grund, weshalb sie von vielen Menschen als langsam empfunden werden. Sie bewegen sich gerne auf vertrauten und sicheren Pfaden und sind glücklich damit. Veränderungen zu akzeptieren, fällt ihnen schwer.

Stiere lieben es, etwas zu besitzen. Dazu passt ihr Sinn für Schönheit. Allerdings besteht auch die Gefahr, besitzergreifend zu sein – der größte Fehler des Stiers. Er kann ihm viele Schwierigkeiten in Beziehungen und in der Familie einbringen.

Der Stier auf der Kalenderseite für April in dem reich illustrierten *Bedford-Stundenbuch* (Frankreich, um 1423)

STIER	
Symbol	Stier
Sonnenzeichen	21. April–21. Mai
Herrscherplanet	Venus
Element	Erde
Qualität	Fix
Polarität	Negativ
Körperbereich	Hals, Kehlkopf
Pendant	Skorpion

Menschen dieses Zeichens haben den Ruf, die am attraktivsten aussehenden des ganzen Tierkreises zu sein. Weil sie für ihr Leben gern Schokolade und süße Nachspeisen essen, müssen Stiere jedoch auf ihr Gewicht achten, schließlich kann Pummeligkeit schnell in Fettleibigkeit umschlagen. Der ihnen zugeordnete Körperbereich ist der Hals, und oft leiden sie unter Kehlkopfentzündungen; was vor allem für diejenigen ein Fluch ist, die singen – viele Stiere singen, und zwar sehr gut.

Wie das Tier, das ihnen den Namen gegeben hat, sind diese Menschen ruhig und friedfertig – solange sie niemand provoziert. Dann sollte sich wirklich jeder, der in der Nähe ist, in Acht nehmen!

STIER ALS ASZENDENT

Wie schon beim Sonnenzeichen paaren sich hier Verlässlichkeit und gesunder Menschenverstand, doch das Sicherheitsbedürfnis ist beim Stieraszendenten noch ausgeprägter. Mit zunehmendem Lebensalter fühlt sich der Betreffende mehr und mehr von materiellem Besitz angezogen. So bald es geht, erwirbt der Stier Eigentum, wobei ihm eine Immobilie am besten dazu geeignet scheint, sein Sicherheitsbedürfnis zu stillen.

Weil ihm sein leibliches Wohl so am Herzen liegt, wird er sich mit bequemen Möbeln umgeben, die das geeignete Ambiente bilden, um sich nach einem anstrengenden Arbeitstag auszuruhen. An seinem Heim kann man den wachsenden Erfolg des Stiers ablesen. Wenn er sich aus dem vertrauten Umfeld hinausbegeben muss, kann seine Unsicherheit ein echtes Problem werden.

Die Emotionalität ist ausgeprägter als beim Sonnenzeichen. Stieraszendenten können vor Wut geradezu explodieren. In manchen Fällen neigen sie aber auch dazu, zu verbittern. Ihrem Partner können sie durch ihre immer wieder aufkeimende Eifersucht das Leben schwer machen.

»STIERE LIEBEN KRAFTSPORT UND BOXEN.«

Der Halsbereich ist besonders anfällig beim Stieraszendenten. Probleme kann es etwa mit der Schilddrüse geben, die bei Unterfunktion zu Übergewicht und Antriebslosigkeit führt.

Regelmäßiger Sport ist besonders wichtig. Jungen Menschen, die schwer und kräftig sind, tun Teamspiele gut, bei denen genau das ein Pluspunkt ist. Gewichtheben und Boxen sagt vielen zu, andere mögen Walking oder gehen ins Fitnesscenter.

Der Stier mit einem Reiter in einer türkischen Handschrift aus dem Jahr 1550

STIER ALS MONDZEICHEN

Einer alten Tradition zufolge ist der Mond im Stier erhöht und daher etwas ganz Besonderes. Wir finden hier die typischen Stiereigenschaften, doch diese kommen in den Verhaltensweisen des Betreffenden zum Ausdruck. So reagiert ein Stiermond in bestimmten Situationen besitzergreifend. Später bereut er das vielleicht – sofern andere Horoskopfaktoren von entgegengesetzten Eigenschaften sprechen.

Auch der Stiermond braucht ein sicheres Polster, und er wird in Abwehrhaltung gehen, wenn dieses bedroht ist. Sturheit und die Neigung, sehr konservative Ansichten zu haben, sind typisch. Flexibel reagiert er bei genauerer Betrachtung dann doch, sofern andere Teile seines Horoskops mehr geistige Aufgeschlossenheit zulassen. Sind im Geburtshoroskop noch andere Planeten in fixen Zeichen (außer Stier sind das Löwe, Skorpion und Wassermann), dann verstärkt dies die Sturheit nur noch.

Eine sichere Wahl

Bei Menschen mit Stiermond findet man eher ein konventionelles Äußeres. Sie bringen alles Neue mit Risiko in Verbindung und halten sich lieber an das Bekannte und Erprobte. Der Stiermond bringt Geduld und Disziplin mit. Wenn er gemäß dem eigenen Tempo arbeiten kann – Sonnenzeichen und Aszendent reden hier natürlich ein Wörtchen mit –, dann ist das Ergebnis exzellent.

Die Gesundheitsprobleme des Stiermonds ähneln denen des Stieraszendenten. Zu Kehlkopfentzündungen und Ähnlichem kann es aufgrund von Umweltproblemen oder Allergien kommen. Um Übergewicht zu vermeiden, sollten diese Menschen beim Essen maßhalten. Kleine Sünden in Form von Schokolade und reichhaltige Kost setzen bei ihnen leider viel zu schnell an.

Kalorienreiche Speisen führen bei Stieren umgehend zu Fettpölsterchen.

Stiergeborene verkehren am liebsten nur in den besten Bars und Restaurants.

Stier als Freund, Liebhaber und Lebenspartner

Ein Stierfreund ist ein Freund fürs Leben. Zuverlässig, wie er ist, wird er rechtzeitig zu einem Treffen erscheinen oder aber Bescheid geben, wenn etwas dazwischenkommt. Er ist beständig und treu, und mit zunehmendem Wohlstand werden seine Ausflüge glamouröser – und teurer, denn der Stier kennt immer die besten Bars und Restaurants in der Stadt.

Diese anmutige Stierdarstellung aus dem Jahr 1240 stammt aus Süditalien.

Perfekte Gastgeber

Obwohl sie in Gelddingen gewieft sind, sind Stiergeborene nicht gemein. Für gewöhnlich zahlen sie für ihre weniger begüterten Freunde mit. Sie sind wunderbare Gastgeber. Gesellschaftliche Termine sind ihnen überaus wichtig. Sie geben herrliche Dinnerpartys, auf denen die köstlichsten Speisen gereicht werden. Wenn Stiere zum Essen einladen, wird es neben einer üppigen Hauptmahlzeit mindestens zwei bis drei Desserts geben, die der Gastgeber noch dazu selbst zubereitet hat.

Stiere können gut zuhören und respektieren Vertraulichkeiten. Wenn sie anderen einen Rat geben, dann den, auf dem eingeschlagenen Pfad weiterzugehen.

Wer sich regelmäßig mit einem Stier trifft und aus einem guten Grund einmal nicht kommen kann, sollte bei der Begründung äußerst diplomatisch vorgehen. Zum einen ist der Stier ein Routinemensch, zum anderen kommt seine besitzergreifende Ader zum Vorschein. Er kann sogar dann eifersüchtig reagieren, wenn man nur mit guten alten Freunden ausgeht.

Wenn wir unsere Stierfreunde dazu animieren, neuen Interessen nachzugehen und sich ungewohnten Situationen, Ideen und Herausforderungen zu öffnen, tun wir ihnen einen Gefallen. Dank ihrer künstlerischen Neigungen wissen sie die meisten Kunstformen zu schätzen. Bildhauerei liegt ihnen, und sie haben die Geduld für kunsthandwerkliche Tätigkeiten wie Sticken und Nähen. Meist verfügen sie auch über musikalisches Talent. Ihre Liebe zur Natur bringt viele zum Gärtnern. Es ist empfehlenswert für Stiere, es nicht dabei zu belassen, all das schön zu finden, sondern auch selbst aktiv zu werden.

STIER UND DIE LIEBE

In Sachen Liebe haben Stiere einen Vorteil. Zunächst verfügen sie über unwiderstehlichen Charme, sieht man einmal davon ab, dass unter Stieren ohnehin die attraktivsten Menschen zu finden sind. Vorausgesetzt, sie achten darauf, dass sie nicht dick werden, können Stiergeborene sich ihren Sexappeal und Charme bis ins hohe Alter erhalten. Sie sind echte Romantiker, und wenn es zu einer Verabredung kommt, erweisen sie sich als großzügig. Stiere sind wunderbare Liebhaber, ebenso bedächtig wie sinnlich. Mit Sicherheit werden sie für ein luxuriöses Ambiente sorgen. Eine schnelle Nummer im Auto ist nichts für einen Stier.

Stiere haben Besitzansprüche

Ist die Partnerschaft erst einmal gefestigt, können die Besitzansprüche des Stiers zum Problem werden. Auch wenn der Lebensstandard hoch ist und die Sexualität nichts zu Wünschen übrig lässt, sollte man darauf achten, dass die Situation nicht beengend wird. Die Beziehung muss für beide stimmen, weshalb der Partner eventuelle Probleme deutlich ansprechen sollte. So hätte der Stier es gern, dass sein Partner ihm rund um die Uhr zur Verfügung steht. Da ist es wichtig, ihm die Grenzen aufzuzeigen.

Die Besitzansprüche rühren daher, dass der Stier fast immer zu einer dauerhaften Bindung bereit ist – Eheschließung inbegriffen. Als Partner eines Stiers sollte man für sich klären,

STIERE SIND STUR

Hat sich ein Stier erst einmal entschieden, dann war's das. Stier ist ein fixes Zeichen und somit auch fixiert auf seine Meinung. Darüber hinaus gelten Stiere als stur.
Dem Erdelement verdanken sie ihre praktischen Fertigkeiten und ihren gesunden Menschenverstand – Stiere sind in vielerlei Hinsicht sehr geerdet. Viele Stiere sind begnadete Gärtner – sie hegen und pflegen, was sie gesäht haben. Wenn ein Stier sich etabliert hat und zufrieden ist mit dem, was er erreicht und geschaffen hat, neigt er nicht selten dazu, zum Gewohnheitstier zu werden. Dann wird er sich jedem Wandel und neuen Erfahrungen mit aller Kraft widersetzen.

ob man ebenso fühlt. Und der Stierpartner muss wissen, dass das Sicherheitsbedürfnis des Stiers zu seinen Urinstinkten gehört und schnell die Oberhand gewinnt. Entgegen seiner eigentlich bedächtigen Art verfängt sich ein Stiergeborener daher leicht in einer ungeeigneten Beziehung, die ihm dann viel Kummer bereitet. Ansonsten versteht es der Stier, ein gemütliches Heim zu schaffen. Je früher er sich mit dem richtigen Partner ein Nest bauen kann, desto besser.

»LEISE LÄUTEN DIE HOCHZEITSGLOCKEN.«

STIER IN DAUERHAFTEN BEZIEHUNGEN

Die konventionelle Seite des Stiers tritt in den Vordergrund, wenn es zu einer Beziehung kommt. Wahrscheinlich läuten schon am Anfang leise im Hintergrund die Hochzeitsglocken. Besonders die weiblichen Stiergeborenen freuen sich auf die Hochzeit und planen sie bis ins Detail. Obwohl sie sonst durchaus aufs Geld achten, werden sie für diesen großen Tag keine Kosten und Mühen scheuen.

Doch kaum sind die Hochzeitsglocken verklungen, tauchen die ersten Warnzeichen auf, denn unsere Stierfreunde behandeln ihre Partner wie ihren Besitz. Ganz gleich wie groß die Liebe ist, manchen wird das schlicht zu viel – für einige Sonnenzeichen ist so eine Vereinnahmung gar undenkbar. Daher sollten sie von Beginn an ihrem Stier klarmachen, dass sie ein gewisses Maß an Unabhängigkeit und Freiheit brauchen.

Der Stier ist in dieser niedersächsischen Handschrift oben links abgebildet (spätes 13. Jahrhundert).

Der Workaholic

Noch etwas ist typisch für Stiergeborene, aber eher bei Männern anzutreffen (obwohl auch die Stier-Geschäftsfrau in diese Falle tappen kann): Wenn der Stier dem Geldverdienen oberste Priorität einräumt, wird ihm meist kaum noch Zeit für etwas anderes bleiben. Er wird dies damit entschuldigen, dass er den Lebensstandard erhöhen, das Heim verschönern und bessere Voraussetzungen für die Erziehung der Kinder schaffen möchte. Das kann zu einer fixen Idee werden, sodass nur noch wenig Zeit für den Partner, die Kinder, Verwandte und Freunde bleibt.

Großes musikalisches Talent findet sich besonders oft bei Stiergeborenen. Viele werden Sänger oder Musiker.

Stier in Erziehung, Beruf und Gelddingen

Ein Stierkind an den Kindergarten zu gewöhnen, ist nicht eben leicht. Eltern sollten den Kindergarten daher einige Male gemeinsam mit ihrem Kind besuchen, damit es sich an das neue Umfeld gewöhnen kann. Plötzliche Ortsveränderungen verunsichern den kleinen Stier, und das kann zu dramatischen Szenen führen.

Die Kalenderseite für den Monat April aus dem *Bedford-Stundenbuch* (Frankreich, um 1423)

Auf jeden Fall sorgt das Stierkind in solchen Situationen bei allen Beteiligten für Stress. Ein vertrautes Spielzeug kann dem Kind dabei helfen, mit der Veränderung besser fertig zu werden.

Ein Bedürfnis nach Strukturen

Wenn sich Eltern nach der geeigneten Schule umschauen, können sie bestimmte Strukturen von vorneherein ausschließen: Ein Ort, an dem möglichst viel Ausdrucksfreiheit gegeben ist und die Kinder angehalten sind, ihre Selbstständigkeit zu entwickeln, ist für das Stierkind nicht gerade geeignet. Vielmehr braucht es einen strukturierten Alltag mit Regeln, die klare Grenzen setzen, sodass es weiß, was wann getan werden muss. Eine gewisse Disziplin und ein konventioneller Erziehungsansatz tun dem Stier gut. In einer solchen Atmosphäre wird das Stierkind gedeihen und die Sicherheit finden, die alle Stiere brauchen.

Das Stierkind verfügt über großes Potenzial und viele Talente; allerdings sollten die Eltern weder in der Schul- noch in der Ausbildungszeit mit plötzlichen Fortschritten rechnen. Wenn sich seine schulischen Leistungen verbessern, sollte es

STIERGEBORENE ALS ELTERN

Stiereltern tun so viel wie möglich dafür, ihre Kinder zu fördern. Dazu ist ihnen keine Anstrengung zu groß. Sie sollten aber immer bedenken, dass sie womöglich etwas zu sehr auf Disziplin versessen sind und die Interessen des Kindes dabei etwas zu kurz kommen könnten. Gerade bei Stiereltern besteht die Gefahr, dass sie ihr Kind dazu drängen, die eigenen, nicht in Erfüllung gegangenen Träume auszuleben. Allerdings kann so ein Verhalten zu Ärger mit dem Kind führen und – spätestens in der Pubertät– zu offener Rebellion. Damit ist weder den Eltern noch dem Jugendlichen geholfen.

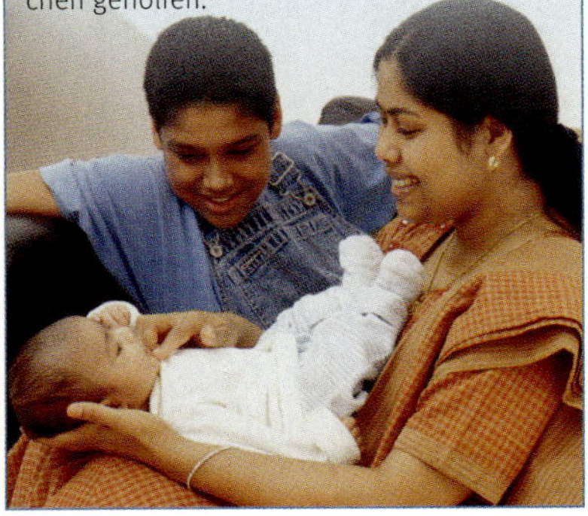

viel Lob bekommen. Der Stier ist ein Arbeitstier, und was er einmal gelernt hat, das behält er auch.

Für die weitere Ausbildung stehen dem Stier viele Möglichkeiten offen. Wenn er künstlerisches Talent mitbringt, könnte er sich auf Töpferei, Bildhauerei, Architektur oder Möbeldesign spezialisieren. Fühlt er sich zu einem Musikinstrument hingezogen oder hat er eine besonders schöne Stimme, so sollte er diesen Weg verfolgen. Andere Möglichkeiten sind Studiengänge mit landwirtschaftlichem oder betriebswirtschaftlichem Schwerpunkt. Haben sich Stiergeborene einmal für einen Weg entschieden, werden sie dabei bleiben und wahrscheinlich nicht auf halber Strecke das Handtuch werfen.

Gartenarbeit ist eine der beliebtesten Freizeitbeschäftigungen der Stiere – sie gehen sorgfältig vor und haben Sinn für Ästhetik.

STIER UND BERUF

Stiergeborene sind ehrgeizig und planen langfristig. Sofern ihr Beruf mit Risiken verbunden ist, wird ihnen das Probleme bereiten. Sie können am meisten leisten, wenn die Arbeit kontinuierlich und beständig ist.

Die Höhe des Einkommens ist für Stiere zwar von großer Bedeutung, doch sie sollten Vorsicht walten lassen, ehe sie einen Job annehmen, der zwar besser bezahlt ist, aber weniger Sicherheit verspricht als der alte. Es wird für einen Stier oft besser sein, vorübergehend einer eher ungeliebten Arbeit nachzugehen, die aber Sicherheit bietet. Ein fesselndes Hobby könnte als Ausgleich dienen, am besten eines an der frischen Luft, wie etwa der eigene Garten.

Stiergeborene sind meist hervorragende Unternehmer und bringen alle Voraussetzungen als Existenzgründer mit. Sie werden die Risiken von Beginn an sorgfältig abschätzen und einen detaillierten Geschäftsplan erstellen. Ein Unternehmen langsam und stetig wachsen zu sehen, bereitet ihnen große Freude. Geht es auch um Vertrieb und Verkauf, brauchen sie einen extrovertierten Partner, etwa einen lebhaften Zwilling.

Natürlich findet man Stiergeborene in allen Berufen, doch einige passen besonders gut zu ihnen. Da Venus ihr Herrscherplanet ist *(s. S. 211)*, ist die Schönheitsbranche ein Ort, an dem sie sich entfalten können. Kein Wunder also, dass man unter den Stierfrauen viele Kosmetikerinnen findet. Sie lieben die glamouröse Atmosphäre in Parfümerien und Wellnesshotels. Auch hervorragende Gartenarchitekten, Floristen und Landwirte findet man unter Stieren. Das Finanz- und seinem Sparschwein einverleiben, ihm aber nur widerwillig etwas entnehmen. Eher wird es die Eltern beknien, ihm neues Geld zu geben.

Wenn es um Geld geht, wissen Stiere genau, was sie tun. Es bereitet ihnen enormes Vergnügen, wenn sie sehen, wie ihr Kontostand wächst und ihre Aktien an Wert gewinnen – und sei es noch so langsam. Gerne investieren sie in interessante Unternehmen. Anteile im Hotel- oder Restaurantgewerbe oder auch in der

»STIERGEBORENE SIND ZUR EXISTENZGRÜNDUNG GERADEZU PRÄDESTINIERT.«

Bankenwesen kommt für dieses Zeichen ebenfalls infrage, ebenso wie Stadtplanung, Architektur und das Bauhandwerk. Viele machen auch ihr Talent als Musiker oder Sänger zum Beruf. Lieblingshobbys der geduldigen Stiere sind etwa Handarbeit oder Modellbau.

STIER UND GELD

»Geld regiert die Welt« – dieses Sprichwort könnte ein Stier erfunden haben. Die Verbindung zwischen diesem Tierkreiszeichen und finanziellen Angelegenheiten geht bis in die Zeit des Alten Ägypten zurück: Damals, als Rinder ein Zahlungsmittel waren, war der Stier eines der herausragenden Tierkreiszeichen.

Das Stierkind wird das, was vom Taschengeld übrig geblieben ist,

Stierfrauen sind hervorragende Kosmetikerinnen und lieben die glamouröse Atmosphäre in großen Kaufhäusern.

Stiergeborene sind überaus stolz, wenn sie sehen, wie ihre Investitionen langsam an Wert gewinnen. Im Umgang mit Geld sind sie gewieft.

Bauindustrie kommen hier infrage. Generell gilt: Je größer und etablierter ein Unternehmen ist, desto sicherer fühlt sich ein Stier.

Das ideale Zuhause

Auch der Besitz einer Immobilie ist für einen Stiergeborenen von hohem Stellenwert. Allerdings sollten Stiere sich vor der Versuchung hüten, ihr »Traumhaus« anzustreben und für dessen Finanzierung einen viel zu hohen Kredit aufzunehmen. Theoretisch sind sich Stiere der Gefahren durchaus bewusst, aber wenn sie erst von einer Immobilie – und besonders von ihrer Größe – beeindruckt sind, könnte es ihnen schwerfallen, zu widerstehen …

»GELD HAT BEI MANCHEM STIER EINEN ZU HOHEN STELLENWERT.«

Manchmal messen Stiere dem Geldverdienen zu viel Bedeutung bei. Dabei bringen sie sich dadurch um den so sehr benötigten geistigen Frieden und die geschätzte Sicherheit. Dem können sie entgegenwirken, indem sie sich darüber klar werden, dass sie mit schönen Dingen ihren Sinn für Ästhetik befriedigen können. Daher ist das Sammeln von Porzellan, Antiquitäten, Oldtimern oder Münzen eine ideale Beschäftigung für den Stier. Auf diese Weise investiert er in etwas, das mit der Zeit an Wert gewinnt, und tut so etwas für seine finanzielle Sicherheit.

STIER, ASZENDENT UND HIMMELSMITTE

Die Himmelsmitte stellt den Teil des Tierkreises dar, der zum Zeitpunkt unserer Geburt genau über uns stand (Näheres dazu auf S. 304–306). Besonders, wenn es um unseren Beruf geht, identifizieren wir uns mit dem Zeichen der Himmelsmitte oder aber wir streben nach seinen Eigenschaften. Die folgenden Kombinationen von Aszendent und Himmelsmitte für Stiergeborene sind die einzig möglichen – sowohl in nördlichen wie in südlichen Breiten. Ihren Aszendenten und die Himmelsmitte können Sie den Übersichten auf den Seiten 344–347 entnehmen.

ASZENDENT WIDDER
und Himmelsmitte in:

Steinbock Legt viel Wert auf Sicherheit und Stabilität sowie auf Erfolg.

Wassermann Fühlt sich zu ungewöhnlichen Berufen hingezogen. Sturheit.

ASZENDENT STIER (MIT STIERSONNE)
und Himmelsmitte in:

Steinbock Kommt durch harte Arbeit zu Erfolg. Sehr wahrscheinlich musisches Talent.

Wassermann Ist zwischen einem konventionellen Lebensstil und dem, was gerade im Trend liegt, hin- und hergerissen.

Fische Hat den Wunsch, etwas Gutes zu tun. Möchte im sozialen Bereich arbeiten.

ASZENDENT ZWILLINGE
und Himmelsmitte in:

Wassermann Identifiziert sich mit allem Neuen. Interessiert sich für moderne Technologien und Medien. Sehr kommunikativ.

Fische Künstlerisches Talent. Liebt Tanz, Schlittschuhlaufen und Dichtung.

ASZENDENT KREBS
und Himmelsmitte in:

Widder Durchsetzungsvermögen. Geht schlau an die Dinge heran.

Wassermann Identifiziert sich mit humanitären Problemen. Ein medizinischer Beruf oder Arbeit für wohltätige Zwecke ist wahrscheinlich.

Fische Will anderen helfen. Beruf im sozialen Bereich ist möglich, etwa als Krankenpfleger oder Sozialarbeiter.

ASZENDENT LÖWE
und Himmelsmitte in:

Widder Verfolgt Wunschziele sehr ehrgeizig. Kann dabei durchaus rücksichtslos vorgehen.

Stier Sonnenzeichen und Himmelsmitte sind identisch, daher sehr leistungsstark. Sturheit.

ASZENDENT JUNGFAU
und Himmelsmitte in:

Stier Wie oben, aber flexibler. Vorsicht und Bescheidenheit, lautet die Parole.

Zwillinge Sehr kommunikativ. Eignet sich für die Arbeit im Medienbereich, besonders für Magazine.

ASZENDENT WAAGE
und Himmelsmitte in:

Krebs Identifiziert sich mit Luxusbranchen und gutem Essen. Arbeit mit Kindern. Berufskoch.

Löwe Liebt Schmuck und Mode. Identifiziert sich mit der Welt des Theaters, der Kunst und Musik.

ASZENDENT SKORPION
und Himmelsmitte in:

Krebs Neigung zu medizinischen Berufen, Finanzbranche oder Weinhandel. Muss sich emotional mit dem Beruf identifizieren.

Löwe Will auf jeden Fall der Boss sein, egal in welchem Beruf, besonders im Big Business.

Jungfrau Wünscht sich, ein Forscher, Detektiv oder Psychoanalytiker zu sein und hat auch Erfolg in diesen Berufen.

ASZENDENT SCHÜTZE
und Himmelsmitte in:

Löwe Ein Abenteurer, der ebenso entschlossen wie stur ist, manchmal überraschend kühn.

Jungfrau Möchte lehren und Wissen an Dritte weitergeben, idealerweise im universitären Bereich.

Waage Obwohl diesen Menschen Sicherheit ausgesprochen wichtig ist, mögen sie dennoch Richtungswechsel.

Skorpion Ausgeprägte Zielstrebigkeit. Ein Abenteurer.

ASZENDENT STEINBOCK
und Himmelsmitte in:

Löwe Wahrscheinlich ein Finanzgenie. Muss wirklich jede Situation unter Kontrolle haben.

Jungfrau Konventioneller Beruf mit geringem Risiko. Sicherheit ist überaus wichtig.

Waage Eine praktische Einstellung mit hohen Zielen. Der Fähigkeit, etwas zu erreichen, steht ein Mangel an Zuversicht im Weg.

Skorpion Weiß, was er will, und bekommt es auch.

ASZENDENT WASSERMANN
und Himmelsmitte in:

Waage Hat viele gute Pläne und Ideen, allein seine Trägheit macht es ihm oft nicht leicht, sie umzusetzen.

Skorpion Ist entschlossen, Erfolg zu haben, doch die Sturheit könnte manchen Richtungswechsel außer der Reihe verursachen.

Schütze Ein inspirierter Mensch, der vielleicht zu viele Ideen hat und zu viele Dinge anfängt.

ASZENDENT FISCHE
und Himmelsmitte in:

Jungfrau Sehr kommunikativ. Hat hohe Ziele. Braucht Mut und Disziplin, um Erfolg zu haben.

»Das Leben der Zwillinge ist voller Leichtigkeit und unvergänglicher Jugend in den Armen der Liebe.«

Manilius (1. Jahrhundert n. Chr.)

Zwillinge

Vielseitigkeit ist die herausragende Eigenschaft der Zwillinge. Sie wollen weder sich noch andere langweilen. Negative Züge sind Oberflächlichkeit und die Neigung, Aufgaben nicht zu Ende zu bringen, was sie jedoch überwinden können. Typisch Zwillinge ist es, mehrere Dinge gleichzeitig zu tun, und das durchaus erfolgreich.

ZWILLINGE ALS SONNENZEICHEN

Die »himmlischen Zwillinge« haben einen starken symbolischen Einfluss auf Menschen, die unter diesem Tierkreiszeichen geboren wurden. Stets verfolgen sie mehr als ein Projekt zur gleichen Zeit. Dabei kann es sich um solche handeln, die von großer Bedeutung sind, oder einfach nur um den Frühjahrsputz. Sie lesen meist mehrere Bücher auf einmal, und was immer sie gerade tun, mit einem Ohr hängen sie gerade am Telefon. Zwillinge sollten darauf achten, alles Angefangene auch zu Ende zu bringen, wenn sie nicht ruhelos und unerfüllt bleiben wollen.

Der Zwillinge-Herrscherplanet ist Merkur. Entsprechend finden wir hier die großen Kommunikationstalente des Tierkreises. Unter ihnen gibt es viele Journalisten und Radiomoderatoren. Das Internet könnte für sie erfunden worden sein. Überdurchschnittlich viele Zwillinge arbeiten in der Medienbranche (die anderen sind wahrscheinlich Jungfrauen, deren Herrscherplanet ebenfalls Merkur ist).

Zwillingegeborene wirken immer sehr sachkundig. Dies stimmt zwar, doch ist ihr Wissen oft oberflächlich.

Darstellung des Monats Juni im Stundenbuch *Très Riches Heures du Duc de Berry* (1416). Links oben im Himmelsgewölbe sind die Zwillinge abgebildet.

ZWILLINGE

Symbol Zwillinge
Sonnenzeichen 22. Mai–21. Juni
Herrscherplanet Merkur
Element Luft
Qualität Veränderlich
Polarität Positiv
Körperbereich Schultern, Arme, Hände
Pendant Schütze

Die Zwillinge auf der Kalenderseite für Mai in dem reich illustrierten *Bedford-Stundenbuch* (Frankreich, um 1423)

Über alles Mögliche wissen sie Bescheid, aber immer nur ein bisschen. Diese Neigung zur Oberflächlichkeit ist die größte Schwäche der Zwillinge. Sie denken logisch und rational, und ihr Geist arbeitet sehr schnell, was ein großer Vorteil ist. Doch Zwillingegeborene sollten die Fakten, über die sie sprechen, auch untermauern können und nachdenken, ehe sie reden oder handeln. Zwillinge können sehr raffiniert sein. Aus schwierigen Situationen reden sie sich förmlich heraus.

Die Physis der Zwillinge

Zwillinge sind in der Regel gesund und stark und verfügen über einen schlanken, drahtigen Körperbau. Arme und Hände sind allerdings anfällig für Verletzungen. Schlüsselbeinbrüche und Probleme mit den Schultern sind häufig. Gerade Zwillinge neigen mehr als andere zur Nikotinsucht, weshalb sie unbedingt mit dem Rauchen aufhören sollten.

Nicht selten schaden Zwillinge ihrer Gesundheit, weil sie zu viel rauchen.

ZWILLINGE ALS ASZENDENT

Den Menschen mit Zwillingeaszendent fällt es leichter, mit beiden Füßen auf der Erde zu bleiben, als denjenigen mit Zwillingesonne. Zwar sind Erstere genauso lebendig und vielseitig, aber weniger oberflächlich, besonders wenn sie an etwas sehr interessiert sind. Oft verfolgen sie bestimmte Interessen ein Leben lang. Sie können sich für ihre Projekte enorm begeistern und sind glücklich über abenteuerliche Herausforderungen. Sie hinterfragen alles und jedes, und erst wenn sie zu einem wirklich zufriedenstellenden Ergebnis gekommen sind, sprechen sie sich dafür oder dagegen aus.

Die Psyche der Zwillinge

Mehr als die Menschen mit Zwillingesonne leiden Zwillingsaszendenten unter nervlichen Belastungen und Anspannungen. Wenn nötig, sollten sie sich keinesfalls scheuen, profes-

Selbst wenn alles gegen ihn spricht, wird sich ein Zwillingegeborener herauszureden versuchen.

sionelle Hilfe in Anspruch zu nehmen. Manche sind durch Stress anfällig für Asthma. Hier empfiehlt es sich, an die Wurzel des Übels zu gehen und nach den Ursachen zu suchen.

Zwillingeaszendenten erforschen gerne die eigene Persönlichkeit. Sie sollten dies jedoch nicht zu weit treiben, denn sonst hinterfragen sie ihre Motivationen ununterbrochen.

Sie sind unabhängig und freiheitsliebend, suchen neue Erfahrungen und reisen gern, nicht nur im wörtlichen, sondern auch im übertragenen Sinn: intellektuell, philosophisch und vielleicht sogar in okkulte Bereiche. Wenn sie angemessen und sorgsam vorgehen, werden sie so zu Zufriedenheit, Erfüllung und Glück von innen heraus finden.

ZWILLINGE ALS MONDZEICHEN

Hier finden sich viele Charaktereigenschaften, die denen des Sonnenzeichens Zwillinge gleichen. Menschen mit Zwillingemond sind vielseitig, kommunikativ und tun mindestens zwei Dinge gleichzeitig. Gemäß dem Einfluss des Mondes reagieren sie auf verschiedene Situationen meist verbal.

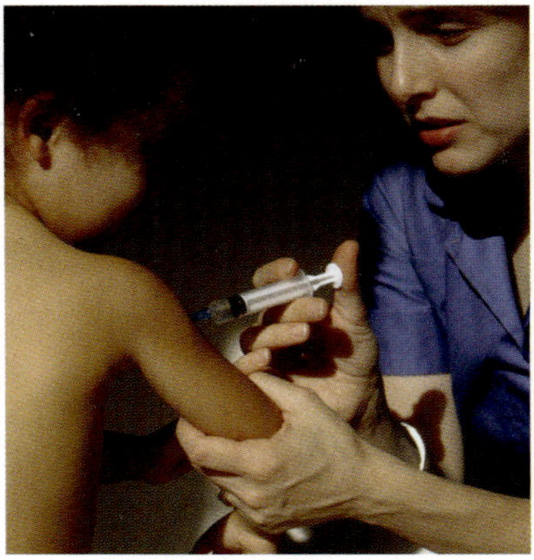

Im Gesundheitswesen zu arbeiten, passt zum Zwillingemond, der innerhalb eines strukturierten Berufs viel Abwechslung braucht.

Sie haben stets eine schnelle, oft amüsante Antwort auf den Lippen, mit der sie sich rechtfertigen. Sie können nur schwer einsehen – und schon gar nicht zugeben –, dass sie etwas falsch gemacht haben. Wortreich, frech und mühelos reden sie sich aus jedem Schlamassel heraus. Hier können natürlich auch andere Einflüsse ihres Geburtshoroskops mit ins Spiel kommen. Vielleicht haben sie Schuldgefühle, weil sie schnell antworten und sich dabei auch mal einer Lüge bedienen, und meinen, sich entschuldigen zu müssen. Dies funktioniert oft gut, denn es fehlt ihnen nicht an Charme.

Ein ruheloser Geist

Menschen mit Mond in den Zwillingen sind sehr lebhaft, aber auch unruhig. Und sie tun sich manchmal schwer, sich auf einen bestimmten Weg festzulegen. Sicherlich, Vielseitigkeit ist ein Segen, aber wenn wichtige Entscheidungen in Sachen Beziehung oder Beruf anstehen, herrscht oftmals Verwirrung. Vielleicht fühlen sie sich zu einem Beruf hingezogen, langweilen sich aber nach einer Weile. Dürfen wir behaupten, dass dies auch für Beziehungen gilt? Mondzwillinge jedenfalls brauchen Abwechslung.

»ZWILLINGE SIND LEBHAFT UND VIELSEITIG.«

Die neuesten Ausstellungen ziehen Zwillinge an, und natürlich nehmen sie ihre Freunde mit.

Zwillinge als Freunde, Liebhaber und Lebenspartner

Für diejenigen, die es im Leben gerne ein wenig gelassener angehen, können Zwillinge etwas anstrengend sein, zum Beispiel, weil sie manchmal einfach nicht aufhören zu reden. So fragen sie andere nach ihrer Meinung, hören dann aber nicht zu, sondern verkünden ihre. Immerhin bringen sie Schwung in die Bude. Selbst in hohem Alter können sie andere Menschen zu Dingen ermutigen, die sich diese selbst nie zugetraut hätten. Mit ihrer jugendlichen Art reißen sie jedermann aus seiner Routine, und schon bald ist jeder Altersunterschied vergessen. Zwillinge geben sich Mühe, auf der Höhe der Zeit zu bleiben und sehen meist jünger aus als sie sind. Ihre Überzeugungskraft und ihr Verkaufstalent setzen sie ein, wenn sie jemanden dazu überreden, sie in den neuesten Film oder in eine aktuellen Ausstellung zu begleiten.

Zwillinge ziehen sich gerne sehr farbenfroh an und bevorzugen einen wilden Stilmix. Wenn sie es übertreiben, sollten die Freunde mit ihrer Kritik sehr taktvoll sein.

Taktgefühl und Gemeinsamkeiten

Zwillinge sind nicht nur sehr jugendlich, sondern legen von allen Tierkreiszeichen am meisten Wert darauf, im Trend zu sein. Ihr Image ist ihnen absolut wichtig. Nur kann ihre Erscheinung manchmal zu kunterbunt und zusammengewürfelt sein. Wenn unsere Zwillingefreunde derart auftauchen, sollten wir taktvoll sein.

Gemeinsame Interessen spielen in allen Freundschaften eine Rolle, aber ganz besonders dann, wenn ein Zwilling daran beteiligt ist. Andernfalls gibt es nichts zu teilen und nichts zu besprechen. Schon bald wird sich der Zwilling langweilen und sich verabschieden oder sich vor dem nächsten Treffen drücken. Gibt es gemeinsame Interessen – umso besser! Das verleiht der Beziehung Dynamik und kann den Beteiligten über Jahre viel Spaß bringen. Sollten sich die beiden Freunde über längere Zeit nicht sehen können, werden sie beim Wiedersehen genau dort anknüpfen, wo sie vor Jahren aufgehört haben.

BLOSS KEINE LANGEWEILE!

Zwillinge genießen – und brauchen unbedingt – einen lebendigen, abwechslungsreichen Lebensstil. Wenn sie sich langweilen, bekommen sie einen verständnislosen Gesichtsausdruck und halten nach jemandem Ausschau, der interessant zu sein verspricht. Ihr Leben verläuft für gewöhnlich in einem hektischen Tempo, weshalb sie nicht selten unter nervlichen Anspannungen und Stress leiden. Dem entgegenzuwirken, ist nicht leicht. Bitten Sie einmal einen Zwilling, er möge einen Gang herunterschalten – er wird es nicht tun.

Der verständnislose Blick ist typisch für einen Zwilling, der sich langweilt.

ZWILLINGE UND DIE LIEBE

Das für Zwillinge typische Kommunikationstalent tritt in den Vordergrund, wenn sie sich verlieben. Jetzt ziehen sie alle Register und schreiben die schönsten E-Mails, SMS und Briefe. Sie werden alles tun, um die Entwicklung der Affäre zu beschleunigen. Weil sie manchmal so viele lobende Worte für ihre neue Flamme finden, werden sie zu viel und zu schnell sprechen. Das kann fälschlicherweise den Eindruck erwecken, als seien sie nervös, was aber natürlich nicht stimmt.

Tempo und Timing

Die Phase des Kennenlernens dauert bei Zwillingen länger als bei vielen anderen Tierkreiszeichen, denn ihnen geht es nicht darum, ihren Schwarm möglichst schnell ins Bett zu bekommen. Und auch in Beziehungen, in denen die Sexualität eine wichtige Rolle spielt, legen Zwillinge viel Wert auf den freundschaftlichen Aspekt, und zwar von Anfang an.

Sind Zwillinge erst einmal beim Sex angelangt, so werden sie ihn so lebhaft gestalten wie alle anderen Aspekte des Lebens. An Experimentierlust wird es nicht mangeln. Im Bett mit einem Zwilling geht es manchmal etwas hastig zu – typisch Zwillinge eben. Daher tut man gut daran, sie zu etwas mehr Gemächlichkeit anzuhalten, ganz besonders die Männer …

Die Dualität der Zwillinge

So kommunikativ Zwillinge auch sind, wenn es um ihre Gefühle geht, werden viele wortkarg. Unter Umständen hinterfragen sie sich gar selbst, wenn die Gefühle überhand nehmen, und unterdrücken diese, weil sie doch lässig und rational wirken wollen. Dies ist insbesondere bei Menschen mit Zwillingemond wahrscheinlich, kommt aber genauso bei denjenigen mit Zwillingesonne oder -aszendent vor.

Die zwillingetypische Dualität kommt noch in einem anderen Aspekt zum Tragen: Sie tun gerne mehrere Dinge gleichzeitig. Das gilt für ihr Liebesleben in stärkerem Maß, als es ihren Partnern lieb sein kann. Sie verabreden sich mit zwei Menschen gleichzeitig – und lieben beide, jeden aus einem anderen Grund. Das bringt natürlich Komplikationen mit sich, und es erfordert schon viel Zwillinge-schlagfertigkeit, um das Problem zu lösen. Wenn ein Partner erkennt, dass es unwahrscheinlich ist, dass der Zwilling ein Leben lang treu ist, sollte er sich frühzeitig damit arrangieren.

ZWILLINGE IN DAUERHAFTEN BEZIEHUNGEN

Eine Beziehung mit einem Zwilling gleicht einer Achterbahnfahrt. Höhen und Tiefen gibt es zwar in jeder Partnerschaft, doch hier ist es ein ständiges Hin und Her, und die dauernden Richtungswechsel sind anstrengend. Der Partner muss mit unerwarteten Entwicklungen zurechtkommen. Die mögen zwar Freude ins Leben bringen, können aber auch verunsichern. Damit die Beziehung funktioniert, bedarf es eines regen intellektuellen Austauschs. Beide sollten in Diskussionen und beim Treffen von Entscheidungen gleichberechtigt sein und Probleme gemeinsam lösen. Wenn der Partner eher schweigsam ist, wird dies den Zwilling wahrscheinlich frustrieren, der gerne wissen möchte, was in dem anderen vorgeht. Offenheit ist hier die Lösung.

Die Beziehung mit einem Zwilling gleicht einer Achterbahnfahrt.

Flirten und spielen

Ein Zwilling will ein schwungvolles und amüsantes Sexleben führen. Er flirtet gerne und schlägt dabei manchmal über die Stränge. Darüber diskutieren Zwillinge jedoch nicht gerne, selbst wenn der Partner allen Grund dazu hätte. Wer eine Beziehung mit einem Zwilling eingeht, sollte damit umgehen können. Zwillinge punkten bis ins hohe Alter mit gutem Aussehen, schlanker Linie und Sexappeal. Ein wenig Konkurrenz in diesen Punkten schadet nicht: Wenn der Zwilling sieht, dass der Partner Aufmerksamkeit auf sich zieht, ist schon die halbe Schlacht gewonnen. Dann fühlt er sich geschmeichelt, denn normalerweise sind Zwillinge nicht eifersüchtig und auch nicht besitzergreifend. In manchen Fällen spricht allerdings der Einfluss der Venus (*s. S. 210*) eine andere Sprache.

Zwillinge finden die Vorstellung aufregend, Eltern zu sein. Sie sollten aber bedenken, dass es in den ersten Lebensjahren eines Kindes, wenn es noch nicht richtig spricht, etwas langweilig werden kann. Das ändert sich jedoch, wenn die Kinder größer werden. Auf deren viele Fragen werden Zwillingeeltern immer nach bestem Wissen antworten. Sie werden sie sogar ermutigen, in Büchern oder im Internet nachzuschauen, wenn sie selbst die Antwort nicht wissen.

Im Einzelhandel sind Zwillinge hervorragend aufgehoben. Wenn sie selbst einen Laden haben, ist dies höchstwahrscheinlich eine farbenfrohe Angelegenheit.

Zwillinge in Erziehung, Job und Gelddingen

Wenn irgendein ungeborenes Kind davon profitiert, im Mutterleib Mozart zu hören, dann eines mit Zwillingebetonung. Denken Sie immer daran, dass geistige Anregung für den jungen Zwilling lebensnotwendig ist. Schon im frühesten Alter besteht bei Zwillingen die Gefahr, dass sie sich langweilen. Formen, Farben und Bewegungen eines Mobiles faszinieren schon das Baby. Wenn es jedoch gegen eine weiße Wand starren muss, wird es aus lauter Langeweile gereizt. Auch wenn seine Aufmerksamkeitsspanne nur durchschnittlich ist, sollte das Kind so viele Anregungen wie möglich erhalten.

Der kleine Zwilling braucht eine Menge Spielzeug, sonst langweilt er sich schnell.

Zwillingekinder machen im Kindergarten rasch Fortschritte. Schnell wird ihr Wortschatz größer sein als der gleichaltriger Kinder. Sie sind überaus gesprächig, was man fördern sollte. Allerdings müssen Zwillinge unbedingt lernen, dass es manchmal besser ist, still zu sein und einfach nur zuzuhören. Eltern sollten ihnen das beizeiten beibringen, um in der Schule Ärger zu vermeiden und zu Hause etwas Ruhe zu haben. Sie sollten auch die Fragen der Kleinen ausführlich beantworten, denn die werden sich nicht mit Antworten zufriedengeben, die ihnen unlogisch erscheinen.

Schule

Eine Schule mit einer lebendigen Atmosphäre und mit vielen Anregungen wird dem Zwillingekind guttun. Strenge Disziplin liegt ihm nicht. Es wird Regeln dann leicht annehmen, wenn es sie erklärt bekommt und auch versteht. Zwillinge scheuen sich nicht, sich zu beschweren, wenn sie eine Regel für dumm halten. Aufwieglerisches Verhalten legen sie zwar nicht an den Tag, aber sie sind schon zu Streichen aufgelegt, um die Aufmerksamkeit der Klassenkameraden zu erregen, wenn der Unterricht einfallslos und der Lehrer langweilig ist. Ihr Fortschritt wird mehr oder weniger ganz von der Persönlichkeit des Lehrers und seiner Methode abhängen. Wenn ein Zwillingekind in der Schule schlechter wird, dann liegt das sehr wahrscheinlich daran, dass sein Verhältnis zum Lehrer nicht gut ist.

Unterricht und Prüfungen

Alles in allem sind Zwillingekinder sehr aufgeweckt, aber sie können auch überaus rastlos sein. Es bringt überhaupt nichts, ihnen zu sagen, sie sollten eins nach dem anderen tun. Doch man muss ihnen beibringen, Angefangenes auch zu Ende zu bringen. Gelingt ihnen das nicht, würden all die unvollendeten Aufgaben zu noch mehr Ruhelosigkeit führen.

Sehr viele Taxifahrer sind Zwillinge: Vielleicht, weil Zwillingsgeborene so gerne Auto fahren und es lieben, sich mit vielen unterschiedlichen Menschen zu unterhalten..

Zwillingen ist es besonders wichtig, für jedes fertiggestellte Bild und für jedes Musikstück, das schön vorgeführt wurde, ein dickes Lob zu hören.

Stehen Prüfungen an, so müssen Zwillinge einsehen, dass man sich auch langweilige Fakten merken muss. Junge Zwillinge schreiben gerne seitenweise ihre Meinung nieder, ohne auf die gestellten Fragen einzugehen. Da kommt am Ende nur allzu oft das Gefühl des Versagens, der Frustration und des Nichtverstandenwerdens auf. Dies kann sich auf eine hervorragende Ausbildung, die das Kind letztlich braucht, störend auswirken.

ZWILLINGE UND BERUF

Die Medien sind für Zwillinge mit ihrem Kommunikationstalent besonders gut geeignet. Doch das ist noch nicht alles. Sie verstehen es ausgezeichnet, anderen ihren Standpunkt darzulegen, weshalb sie auch exzellent im Verkauf sind. Dabei sind sie ebenso überzeugend wie charmant, und sie könnten einem Eskimo einen Kühlschrank verkaufen. Im Einzelhandel können sie sich bestens entfalten.

Kleine Reisen

Viele Zwillinge fahren ausgesprochen gerne Auto. Wenn Sie einen gesprächigen Taxifahrer treffen, wird er mit großer Wahrscheinlichkeit ein Zwilling sein. Auch in der Tourismusbranche können diese Menschen ihre Talente einsetzen. Hier finden wir den Steward, der uns an Bord herzlich willkommen heißt ebenso wie die Reiseführerin. Auch ein Beruf im Justizbereich kommt infrage, denn Zwillinge treten gerne als Vermittler auf. Erfolgreich sind sie auch als Agenten für Autoren, Schauspieler, Musiker und all diejenigen, die sich beruflich verbessern wollen, sowie in der Finanzbranche. Weil das Zeichen Zwillinge mit den Händen in Verbindung steht, empfiehlt sich für diejenigen, die ruhigere Bereiche vorziehen und sich für Schönheit interessieren, die Arbeit mit Maniküre oder als therapeutischer Masseur. Zwillinge sind auch inspirierende Lehrer, sollten aber auf das Alter der Zielgruppe achten, denn mit Kleinkindern werden sie sich schnell langweilen. Am besten kommen sie wahrscheinlich mit Kindern zwischen sieben und zwölf Jahren zurecht. Als Lehrer an einer Schule machen sie auch deshalb eine gute Figur, weil sie sich leicht in die unterschiedlichsten Themen einarbeiten können, ungeachtet ihrer Spezialfächer, zu denen meist Deutsch gehört.

GESUNDES ESSEN UND VIEL SPORT

Um gesund zu bleiben, sollten Zwillinge eine leichte Diät halten. Schwer verdauliche Speisen sind nicht gut für sie. Salat, Geflügel und Fisch tun ihnen viel besser, ab und zu auch Nudeln – der Kohlenhydrate wegen. In Sachen Sport sind sie Individualisten und weniger für Teamsportarten geeignet. Für gewöhnlich sind Zwillinge schnell zu Fuß. Tennis ist eine Sportart, die den meisten Zwillingen liegt. Außerdem sind Sportarten für sie besonders geeignet, in denen man sich selbst motivieren muss, wie etwa beim Joggen und beim Nordic Walking.

Jobwechseln nicht abgeneigt

Häufiger als andere Menschen wechseln Zwillinge schon mal ihren Beruf. Wenn sie in der neuen Tätigkeit mehr Geld verdienen können und mehr Befriedigung finden, ist das in Ordnung. Aber sie sollten vor einer Veränderung genau prüfen, ob sie den Wechsel womöglich nur um des Wechsels willen tun. So etwas zahlt sich langfristig meist nicht aus. Wenn sie die momentane Situation langweilt, dann sollten sie sich überlegen, wie sie etwas daran ändern können.

»ZWILLINGE SIND MEISTER DER KOMMUNIKATION.«

Junge Zwillinge besuchen am liebsten die angesagtesten Clubs – egal ob als Teenager oder mit Mitte Dreißig.

ZWILLINGE UND GELD

Sofern nicht andere Faktoren im Geburtshoroskop eines Zwillings dagegen sprechen, ist die Wahrscheinlichkeit hoch, dass ihm Geld nur allzu leicht durch die Finger rinnt. Gerade in jungen Jahren wollen Zwillinge immer up to date sein und zu den Trendsettern gehören. Schon zu Zeiten, in denen sie noch Taschengeld bekommen, reißen Ausgaben für modische Kleidung und Musik tiefe Löcher in ihren Geldbeutel. Sie müssen lernen, dass sie für das, was sie haben wollen, arbeiten müssen. Ihr Einfallsreichtum hilft ihnen dabei, zu kaufen und zu verkaufen, und wenn sie ein Geschäft abschließen, werden sie davon durchaus ihren Nutzen haben. Doch es fällt ihnen sehr schwer, mit Stipendien und Krediten auszukommen und mit einer Kreditkarte verantwortungsvoll umzugehen. Wenn sie nicht vorsichtig sind, können ihre offenen Rechnungen schnell unüberschaubar werden.

Die Work-Life-Balance

Zwillinge würden nie einen Job nur des Geldes wegen machen. Für Zufriedenheit in der Arbeit nehmen sie schon mal einen geringeren Lohn in Kauf. Sie glauben, dass man das Leben genießen muss und dass dies auch für die Arbeitsstunden gilt. Manche Zwillinge können besser mit Geld umgehen als andere. Wir werden uns damit noch befassen, wenn es um den Einfluss von Merkur und Venus geht (*s. S. 204–213*). Diese beiden Planeten bewirken – bei Zwillingen mehr noch als bei anderen Tierkreiszeichen – unterschiedliche Haltungen und Fähigkeiten im Umgang mit Geld, Materiellem und Sicherheit.

»GELD RINNT ZWILLINGEN NUR ALLZU LEICHT DURCH DIE FINGER.«

ZWILLINGE, ASZENDENT UND HIMMELSMITTE

Die Himmelsmitte stellt den Teil des Tierkreises dar, der zum Zeitpunkt unserer Geburt genau über uns stand (Näheres dazu auf *S. 304–306*). Besonders, wenn es um unseren Beruf geht, identifizieren wir uns mit dem Zeichen der Himmelsmitte oder aber wir streben nach seinen Eigenschaften. Die folgenden Kombinationen von Aszendent und Himmelsmitte für Zwillingegeborene sind die einzig möglichen – sowohl in nördlichen wie in südlichen Breiten. Ihren Aszendenten und die Himmelsmitte können Sie den Übersichten auf den Seiten 344–347 entnehmen.

ASZENDENT WIDDER
und Himmelsmitte in:

Steinbock Nimmt den Beruf sehr ernst, doch die Zwillingesonne erweckt einen anderen Eindruck.

Wassermann Braucht einen außergewöhnlichen Beruf; gerne im TV- oder Medienbereich.

ASZENDENT STIER
und Himmelsmitte in:

Steinbock Hat Sinn fürs Finanzielle. Verkaufstalent. Clever in Geschäftsdingen.

Wassermann Konflikt zwischen dem Bedürfnis nach Sicherheit und dem nach Spaß.

Fische Lehren, Publizieren, Journalismus oder Gartenbau.

ASZENDENT ZWILLINGE (MIT ZWILLINGESONNE)
und Himmelsmitte in:

Widder Braucht im Beruf schnelle Ergebnisse. Mangel an Taktgefühl sowie Ungeduld.

Stier Selbstständigkeit ist zu empfehlen.

Wassermann Film- und Fernsehbranche oder Journalismus. Muss am Puls der Zeit sein.

Fische Eventuell Arbeit beim Rundfunk, im sozialen oder Wohltätigkeitsbereich.

ASZENDENT KREBS
und Himmelsmitte in:

Widder Arbeit als Koch oder bei der Armee.

Stier Will andere unterhalten, etwa als Stand-up-Comedian. Guter Lehrer.

Wassermann Eventuell Wissenschaftler. Möchte originell sein, traut sich aber womöglich nicht.

Fische In Geschäftsdingen ausgesprochen schlau. Mag Arbeit im Bereich Soziales oder Wohltätigkeit.

ASZENDENT LÖWE
und Himmelsmitte in:

Widder Ein Leistungsmensch, mit dem man rechnen muss. Gewinnt Streitgespräche.

Stier Die Sturheit zahlt sich manchmal aus. Braucht Herausforderungen im Beruf.

Fische Sehr kreativ. Kann schreiben. Bestens für Arbeit in den Medien geeignet.

ASZENDENT JUNGFAU
und Himmelsmitte in:

Stier Liebt das Land, Ackerbau, Gartenarbeit – und Lesen.

Zwillinge Schriftstellerische Begabung. Tätigkeit in den Medien oder in der Forschung ist lohnend.

ASZENDENT WAAGE
und Himmelsmitte in:

Krebs Kann im Gastgewerbe, als Koch oder als Kosmetikerin arbeiten.

Löwe Mode, Showgeschäft. Macht aus dem Verkauf eine Performance.

ASZENDENT SKORPION
und Himmelsmitte in:

Krebs Finanzwelt, Weinhandel oder Ingenieur. Ausgeprägter Geschäftssinn.

Löwe Braucht Abwechslung im Beruf. Hat viel Energie.

Jungfrau Geeignet für medizinische Berufe, Wissenschaft und Forschung, alternative Heilberufe oder Krankenpflege.

ASZENDENT SCHÜTZE
und Himmelsmitte in:

Löwe Hat Ausstrahlung und Persönlichkeit. Treibt die Karriere voran. Guter Redner und Dozent.

Jungfrau Lehrer, Kritiker, Ernährungsberater, Gartenarchitekt. Literarisches Talent.

Waage Tätigkeit als Publizist, Jurist, in der Tourismusbranche oder als Sprachlehrer. Braucht Wechsel in der Berufslaufbahn.

ASZENDENT STEINBOCK
und Himmelsmitte in:

Löwe Steigt zu einer Autoritätsposition auf. Ehrgeizig. Sinn für Humor. Für die Politik geeignet.

Jungfrau Fähig zu Detailarbeit. Forschung, Immobilien, Gartenbauamt, Architektur.

Waage Bevorzugt Fairplay. Guter Geschäftssinn.

Skorpion Arbeit bei der Polizei, als Detektiv oder bei der Marine.

Schütze Sinn für Humor. Braucht eine konventionelle, sichere berufliche Laufbahn.

ASZENDENT WASSERMANN
und Himmelsmitte in:

Jungfrau Sich selbst und anderen gegnüber kritisch. Braucht Abwechslung im Beruf. Sollte seine Originalität ausnützen.

Waage Eine glamouröse Kombination. Macht aus sich das Optimale. Strebt ein gutes Leben an. Luxusgewerbe.

Skorpion Antiquitätenhandel, Motor- oder Flugindustrie. Wissenschaftliche Neigung, guter Redner. Ist wahrscheinlich stur.

Schütze Sprachliche Begabung. Guter Lehrer. Eignet sich als Tierarzt oder Jurist.

ASZENDENT FISCHE
und Himmelsmitte in:

Schütze Kreatives Talent. Eventuell hellsichtig, ist aber auch mit der für Zwillinge typischen Skepsis ausgestattet.

»Der Krebs geht Risiken ein, um seinen Reichtum zu mehren. Er streitet für seine Profite.«

Manilius (1. Jahrhundert n. Chr.)

Krebs

Greift man einen Krebs an, schnappen die Scheren zu. Wer ihn ärgert, sollte das auf eigene Gefahr tun. Krebse haben starke Gefühle. Sie können überempfindlich reagieren und sind leicht verletzt. Doch sie verfügen über eine ausgeprägte Intuition, und die täuscht sie nur selten, es sei denn, sie haben Sorgen.

KREBS ALS SONNENZEICHEN

Der Krebs ist ein rätselhaftes Tierkreiszeichen. Bei der ersten Begegung können diese Menschen schroff sein, besonders wenn sie sehr argwöhnisch sind, doch schon bald bricht die Schale auf, und ihre Hilfsbereitschaft und ihr warmes, verständnisvolles und liebevolles Wesen kommt zum Vorschein.

Ihre Gefühle sind überaus machtvoll – wie Ebbe und Flut kommen und gehen sie. Die Intuition der Krebse ist überragend. Wenn sie instinktiv wissen, dass etwas Bestimmtes geschehen wird, so ist dieses Gefühl sehr ausgeprägt und führt im negativen Fall unweigerlich zu Besorgnis, dem größten Feind des Krebses. Man wird kaum einen Krebs finden, der sich über gar nichts Sorgen macht. Im Zweifelsfall treibt es ihn um, dass es nichts gibt, was ihn beunruhigt. Dank des Einflusses von Merkur im Horoskop verfügen viele Krebse über großes logisches Denkvermögen, das ihnen im Umgang mit all ihren Sorgen eine große Hilfe sein kann. Auf jeden Fall sollten sie auch auf ihre Intuition hören, wenn es gilt, eine Entscheidung zu treffen, denn die wird sie höchstwahrscheinlich richtig leiten.

Darstellung des Monats Juli im Stundenbuch *Très Riches Heures du Duc de Berry* (1416). Links oben im Himmelsgewölbe ist der Krebs abgebildet.

KREBS

Symbol Krebs
Sonnenzeichen 22. Juni–22. Juli
Herrscherplanet Mond
Element Wasser
Qualität Kardinal
Polarität Negativ
Körperbereich Brust
Pendant Steinbock

Der Krebs auf der Kalenderseite für Juni in dem reich illustrierten *Bedford-Stundenbuch* (Frankreich, um 1423)

Menschen mit der Sonne im Krebs verfügen über eine wunderbare Empfindsamkeit. Noch jugendlich, werden sie diese Seite ihres Wesens vielleicht verstecken, weil sie sie »uncool« finden. Sie taucht dann als starkes Gefühl gegenüber der Vergangenheit auf, ihre eigene und eventuell diejenige der Familie. Auch ihre Fantasie ist ausgeprägt – und wenn sie sie kreativ zu nutzen verstehen, haben sie das Potenzial, sich unter die inspiriertesten Romanciers, Künstler, Musiker und natürlich Köche einzureihen. Auf der Liste der besonderen Begabungen von Krebsen steht auch Kochen ganz oben.

KREBS ALS ASZENDENT

Auch wenn das Sonnenzeichen wahrscheinlich auffallender ist als der Krebsaszendent, so gibt es hier doch viele Charaktereigenschaften, die der Krebssonne gleichen. Menschen mit Krebsaszendent haben auf jeden Fall viel Freude daran, andere zu umhegen und für sie zu sorgen.

Eine eigene Familie zu gründen, ist eine starke Motivation, und Krebsaszendenten werden hart und beharrlich daran arbeiten, dass das Familienleben funktioniert. Manchmal legen sie zu diesem Zweck eine strenge Haltung an den Tag, doch nach einer Krise kommt das Weiche, Anrührende dieses Zeichens wieder zum Vorschein.

Bei all dem geht es um den Wunsch zu beschützen, was jedoch nichts mit Besitzansprüchen zu tun hat. Hier kann man die kardinale Qualität des Krebszeichens erkennen, die extrovertiert ist. Der Betreffende ist daran interessiert, seinen Partner in seinem Fortkommen nach allen Kräften zu unterstützen. Er wird sich mit Energie diesem Ziel verschreiben, etwa indem er den Chef des Partners und dessen Gattin zu einem Abendessen einlädt. Alles wird perfekt vorbereitet sein, vom Aperitif über die Tischdekoration bis hin zum Drei-Gänge-Menü.

Gesundheit des Krebses

Gesundheitlich anfällig ist vor allem der empfindliche Verdauungsapparat. Sorgen schlagen bei ihm direkt auf den Magen. Wird ein Krebsgeborener krank, so ist fast immer die Verdauung die Wurzel des Problems. Da die Brust der dem Krebs zugeordnete Körperbereich ist, sollten unter diesem Zeichen geborene Frauen regelmäßig ihre Brüste abtasten. Das bedeutet jedoch keinesfalls, dass Menschen mit Betonung des Tierkreiszeichens Krebs (durch Sonne,

Ernest Hemingway war einer der großen krebsgeborenen Schriftsteller.

»DER KREBS VERFÜGT ÜBER SEHR VIEL FANTASIE.«

Mond oder Aszendent) anfälliger für Brustkrebs oder irgendeine andere Krebsart sind als eines der anderen elf Tierkreiszeichen. Es gibt keinerlei astrologisch begründete Verbindung zwischen diesem Tierkreiszeichen und der Krankheit und keine wissenschaftlichen Untersuchungen, die dies nahelegen würden.

KREBS ALS MONDZEICHEN

Im Krebs ist der Mond ganz besonders machtvoll, denn er herrscht über dieses Zeichen. Wenn Sie mit Krebssonne bei Neumond geboren wurden, sind Sie ein »doppelter Krebs«, denn dann ist der Mond auch im Zeichen Krebs. Sie werden dann sowohl über die genannten Krebseigenschaften verfügen als auch, wie alle mit dem Mond in diesem Zeichen, auf Situationen in der Art eines Krebses reagieren. Wenn dann Ihre Geburt noch zu Sonnenaufgang stattfand – Sie also einen Krebsaszendenten haben –, sind Sie ein »dreifacher Krebs«.

Ungeachtet des Aszendenten und der Stellung der Planeten: Wenn der Mond im Krebs ist, hat er einen besonders großen Einfluss. Die Reaktionen sind ebenso instinktiv wie emotional, und der Betreffende neigt dazu, sich Sorgen zu machen, und manchmal auch zu Überreaktionen.

Jedes Tierkreiszeichen wird mit bestimmten Körpermerkmalen in Verbindung gebracht. Beim Krebs sind dies eine Reihe von Charakteristiken. Auch hier stellt der Mond im Krebs wieder einen starken Einfluss dar. Menschen mit dieser Mondstellung haben z. B. oft runde, hellhäutige Gesichter. Die Haare von Frauen wie auch von Männern sind häufig sehr lang. Und fast immer findet man zwischen den Augenbrauen eine Falte – Zeichen einer defensiven Haltung.

Mondzyklen

Diese Konstellation kann sich auf den weiblichen Menstruationszyklus negativ auswirken. Frauen erleben dann starke Stimmungsschwankungen (auch bezeichnet als PMS, Prämenstruelles Syndrom). Allein sich dessen bewusst zu sein, kann helfen, mit dem Problem besser zurechtzukommen. Vergleichen Sie auch die Phasen des Zyklus mit den Mondphasen. Wenn Sie sich etwa an Vollmond besonders energiegeladen fühlen, können Sie Depressionen und Reizbarkeit mithilfe von Übungen abwenden. Auch die Familie einer Frau mit Krebsmond sollte sich darauf einstellen, dass Gefühlsausbrüche bei ihr einfach dazugehören.

Konfliktstoff

Der Wunsch, dass die Dinge bleiben, wie sie sind, könnte im Widerstreit mit Ruhelosigkeit und dem Bedürfnis nach Wandel liegen. Hier gilt es, einen Ausgleich herzustellen, was nicht ganz einfach ist: Ein familienorientierter Krebsmond dürfte sich sehr schwer tun, wenn die Kinder erwachsen werden und ihr eigenes Leben führen. Ängste, oft irrationaler Art, um ihre Sicherheit und ihr Wohlbefinden tauchen auf. Es könnte nerven, dass der Krebsmond allzu oft kundtut, dass er sich sehr auf Enkel freuen würde.

SONNENSCHUTZ NICHT VERGESSEN!

Ungeachtet ihrer Herkunft haben Krebsgeborene meist eine blasse Haut und bekommen sehr leicht einen Sonnenbrand. Daher sollten sie sich in der Sonne stets gut bedecken und eine Creme mit hohem Lichtschutzfaktor auftragen, auch in der Wintersonne.

Über alte Zeiten reden Krebsgeborene besonders gern, und sie haben ein hervorragendes Gedächtnis.

Krebs als Freund, Liebhaber und Lebenspartner

Freundschaften mit Krebsgeborenen sind von Dauerhaftigkeit geprägt. Sie erinnern sich ganz genau an das, was wir beim ersten Treffen getragen und was wir gesagt haben – selbst wenn es zu Kindergartenzeiten war. Es macht großen Spaß, mit ihnen in Gedanken einen Spaziergang in die Vergangenheit zu unternehmen.

Allerdings kann ihr hervorragendes Gedächtnis auch von Nachteil sein. Vielleicht haben wir vor vielen Jahren einmal etwas gesagt, das den Krebs geärgert hat. Selbst wenn er wahrscheinlich nie darüber gesprochen hat, so bleiben diese Worte fest in seiner Erinnerung gespeichert. Ein Problem muss das jedoch nicht sein. Tun Sie dem Krebs etwas Gutes, und er wird es Ihnen in seiner fürsorglichen Art vielfach zurückgeben, vielleicht in Form eines überraschenden Geschenks. So wäre es für den Krebs nicht ungewöhnlich, wenn er ein Essen kocht, um sie und alte Freunde zusammenzubringen.

Gerade in Freundschaften macht sich die Intuition eines Krebsgeborenen besonders deutlich bemerkbar. Er denkt gerade an Sie, spürt, dass Sie Hilfe brachen und ruft Sie umgehend an.

Eine Umarmung und eine Schulter zum Ausweinen sind für die empfindsamen Krebse ganz wichtig.

Stimmungsschwankungen

Für Freunde ist es nicht einfach, mit den Launen Krebsgeborener umzugehen. Im Extremfall können sie sich bei einer Verabredung nicht einmal sicher sein, ob der Krebs mit einem Lächeln und einem durchdachten Plan für gemeinsame Unternehmungen erscheint oder ob dunkle Wolken aufgezogen sind und er aufgeheitert und getröstet werden muss. Doch wenn wir selbst einmal eine Schulter zum Ausweinen brauchen, wird unser Krebsfreund gewiss für uns da sein und uns ein offenes Ohr schenken.

Da sich Krebse mit Sicherheit Sorgen machen, sollten wir zu einer Verabredung tunlichst nicht zu spät zu kommen oder sie gegebenenfalls über eine Verzögerung informieren. Tun wir das nicht, nimmt ihre Fantasie überhand. Sie malen sich das Schlimmste aus und denken, uns sei ein Unglück zugestoßen.

Wenn jeder die Interessen des anderen respektiert, kann man sehr gut mit einem Krebs zurechtkommen. Noch besser ist es, wenn man die gleichen Hobbys miteinander teilt.

EIN DEFENSIVER CHARAKTER

Fordert man einen Krebs in einer Diskussion heraus, wird er ganz schnell in die Verteidigungshaltung gehen. Instinktiv will er sich, seine Familie und sein soziales Umfeld verteidigen. Die Vorzeichen für den Stimmungswechsel sind leicht zu erkennen: an seinem Stirnrunzeln.

KREBS UND DIE LIEBE

Wenn sich ein Krebs verliebt, kommen all seine romantischen und sentimentalen Gefühle zum Vorschein, gepaart mit Empfindsamkeit und der krebstypischen starken Emotionalität. Er kann für seinen Schatz gar nicht genug tun, ihn nicht genug umsorgen, und das Leben bekommt eine ganz neue Bedeutung. Krebsgeborene lassen sich leicht mitreißen, besonders wenn sie eine Familie gründen wollen und der Wunsch nach einem Kind vorhanden ist.

Der übereifrige Krebs fühlt sich verantwortlich. Kein Wunder, dass er andere beim Überqueren der Straße zur Vorsicht anhält.

Doch im Unterschied zu anderen Romantikern sind sie bedächtig und stürzen sich nicht in eine Verbindung, selbst wenn der Wunsch nach einer liebevollen Partnerschaft groß ist. Unter den Krebsen finden wir die wahren Romantiker, die ihre Vorstellungsgabe in besonderer Weise nutzen, weshalb ihre Partner im Verlauf der Beziehung außergewöhnliche Erfahrungen machen werden. Sie müssen sich wegen der Launenhaftigkeit im Laufe der Zeit allerdings auch auf einige dramatische Szenen ihrer Krebsliebsten einstellen. Ob sie damit umgehen können, hängt von der eigenen Persönlichkeit ab.

Hingebungsvolle Liebhaber

Krebse sind überaus sinnliche Liebhaber und sie genießen Sex in vollen Zügen. Doch ihre umsorgende, beschützende Seite kann besitzergreifend und sehr einengend wirken. Da werden sie zur Glucke, die ihren Partner dauernd fragt, ob er noch etwas braucht. Wenn der geliebte Partner die Straße überquert, Brot schneidet oder nach Einbruch der Dunkelheit noch nicht zu Hause ist, machen sie sich Sorgen. Besonders wenn der Partner seine Unabhängigkeit und Freiheit braucht, wird es Differenzen geben, die geklärt werden sollten, ehe die beiden eine festere Bindung miteinander eingehen.

Eine Beziehung mit einem Krebs zu beenden, kann sehr schwierig sein. Seine Hartnäckigkeit hindert ihn daran, Abschied zu nehmen oder die Situation zu akzeptieren. Er wird sich an den Partner klammern, in der Hoffnung, dass der es sich noch einmal anders überlegt. Vielleicht hat er es ja gar nicht so gemeint und es gibt gar keinen anderen? Die Zeit wird die Wunden schon heilen! Ist dies der Fall, wird der Krebs alles vergeben und von vorne beginnen wollen, doch der Partner braucht vielleicht mehr Freiraum. Krebse müssen lernen, einen Schlussstrich zu ziehen. Andernfalls werden beide Seiten mehr als nötig leiden, und der Heilungsprozess wird sich verzögern.

KREBS IN DAUERHAFTEN BEZIEHUNGEN

Krebse blühen in festen Beziehungen erst richtig auf. Sie sehen ihre Zukunft definitiv in einer Ehe. Emotionale Sicherheit ist ihnen wichtig, und sie wünschen sich ein stabiles Familienleben. Auch als Eltern machen sie eine hervorragende Figur. Doch vor dem glücklichen Tag, an dem das erste Kind kommt, steht der wichtige Prozess, ein Heim mit Atmosphäre zu schaffen, sowohl im konkreten, aber vor allem auch im übertragenen Sinne. Das bedeutet nicht, dass ein Traumhaus mit einem perfekten Kinderzimmer, Eingangsbereich, Schlaf- und Wohnzimmer für sie nicht von Bedeutung wäre. Das ist es ganz bestimmt. Nur geht der Traum des Krebses weiter: Er stellt sich gemeinsame Abendessen mit der ganzen Familie vor. Alle sitzen dann glücklich um einen runden Tisch und erzählen sich von den Ereignissen des vergangenen Tages.

Leider sieht die Realität meist anders aus. Wenn der Krebs in einer Patchworkfamilie lebt, deren Mitglieder völlig unterschiedliche Interessen haben und die nach eigenem Belieben kommen und gehen, könnte ihm das großes Kopfzerbrechen bereiten. Er wird weiter nach dem ruhigen Familienleben streben, wie es ihm in seinen Träumen vorschwebt. Das könnte zu Konflikten führen. Hat der Krebs innerhalb der Patchworkfamilie auch eigene Kinder, so ist es ziemlich wahrscheinlich, dass er diese bevorzugt. Das könnte zu Eifersucht und Unfrieden führen. Krebse sollten sich dessen stets bewusst sein und nach Möglichkeit gegensteuern.

Die Liebe nähren

Krebsgeborene verstehen es, eine Liebe am Leben zu erhalten – damit können sie richtig punkten. Weil sie so fürsorglich und einfallsreich sind, können sie noch viel mehr als »nur« ein hervorragendes Essen kochen oder ihrem Schatz Blumen mitbringen. Stets werden sie sich an die allererste Begegnung erinnern, und sie heißen jede Gelegenheit willkommen, mit dem Partner ein paar romantische Stunden zu verbringen oder einfach nur gemeinsam Spaß zu haben. Jedenfalls solange sie dem Babysitter vertrauen, ihr Partner sie davon überzeugen kann, das Handy daheim zu lassen und sie ihre meist unbegründete Sorgen einen Abend lang hintanstellen können. Gleichwohl machen diese Eigenschaften Krebse zu hervorragenden Partnern und guten, wenn auch übervorsichtigen Eltern.

Die Ehe ist für Krebse sehr wichtig, denn sie schätzen emotionale Stabilität und gegenseitige Unterstützung als Grundlage des Glücks.

Kleine Krebse gehen oft nur widerwillig in den Kindergarten. Daheim bei Mama fühlen sie sich wohl und sicher.

Krebs in Erziehung, Beruf und Gelddingen

Im Kleinkindalter neigen Krebse sehr dazu, zu klammern. Die Aussicht, in den Kindergarten gehen zu dürfen, erschreckt sie eher. Je länger sie sich an diese ganz andere Atmosphäre gewöhnen können, während ihre Eltern noch dabei sind, desto besser. Eltern sollten auf jeden Fall den Kindergarten schon im Vorfeld und gemeinsam mit dem Kind besuchen – je öfter desto besser. Noch besser: Das Kind hat einen Freund dort. Jedenfalls ist diese Unterbrechung der gewohnten häuslichen Routine für den jungen Krebs nicht leicht zu bewältigen. Ist der erste Schreck aber erst überwunden, sollte es nicht allzu schwer sein, die Fantasie des Kindes anzuregen. Wenn es den Erziehern helfen darf, wird es aufblühen.

Ein plötzlicher Tränenausbruch ist bei Krebskindern gar nicht ungewöhnlich.

Das Gleiche gilt für den Übertritt des Krebskindes vom Kindergarten in die Vorschule und in die Grundschule. Auch in dieser Situation hilft wieder die gute Vorbereitung. Sie sollten für ihr Krebskind eine Schule wählen, in der seine Fantasie und Kreativität angeregt wird, und sei es nur dadurch, dass die Kunstwerke der Kinder ausgestellt werden. Ein freundlicher Umgangston ist ebenso von Bedeutung wie eine sanfte, aber bestimmte Disziplin. Bedenken wir, dass Krebskinder sehr empfindsam sind. Sie wirken nur manchmal robust und tough, sind es aber nicht. Weist man sie zurecht, werden sie sich auf die Lippen beißen, um nur ja nicht zu weinen. Doch kurz darauf brechen sie in Tränen aus, was gut ist – auch wenn es oft etwas zu dramatisch erscheint –, weil sich so die Gefühle Bahn brechen, statt unterdrückt zu werden.

Die Fantasie fördern

Krebskinder können ihre außergewöhnliche Vorstellungsgabe auf alles Mögliche richten, und das kann sie zur Wissenschaft ebenso wie zur Kunst hinführen. Geschichte und Literatur sind beliebt. Auf welches Gebiet sie sich tiefer einlassen, wenn es darauf ankommt, sich zu spezialisieren, wird man bald merken.

Koch ist ein beliebter Beruf bei Krebsen. Auch als Hobbyköche bereiten sie die köstlichsten Speisen zu.

Krebsgeborene sind ebenso beharrlich wie entschlossen. Schlagen sie eine akademische Laufbahn ein, so kann man sicher sein, dass sie den gewählten Weg mit großer Leidenschaft verfolgen und zeigen werden, was in ihnen steckt. Daher sind ihre Erfolgsaussichten auf diesem Gebiet hervorragend. Bestehen Unsicherheiten bezüglich des weiteren Werdegangs, so kann eine Berufsberatung oder eine astrologische Analyse sicher weiterhelfen.

KREBS UND BERUF

Umsorgend und beschützend – das sind die Krebseigenschaften, die als Erstes ins Auge springen. Dazu kommen noch ihre stille Entschlossenheit, ihre Beharrlichkeit und ihre Klugheit. Wenn sie dies alles in den Beruf einbringen können, werden sie sehr erfolgreich. Medizinische Berufe sind für sie interessant, weil es hier auch um Fürsorge geht. Frauen- und Kinderheilkunde rangieren auf der Beliebtheitsskala ganz oben.

Die Fürsorglichkeit kann aber auch in ganz anderen Berufen zum Ausdruck kommen: als Flugbegleiter ebenso wie im Hotel- und Gaststättengewerbe. Die Liebe zur See findet sich bei Krebsgeborenen oft, weshalb auch eine Karriere in der (Handels-)Marine denkbar ist. Viele können hervorragend kochen, weshalb Koch bei diesem Tierkreiszeichen ein überaus beliebter Beruf ist. Warum nicht ein eigenes Restaurant eröffnen? Das ist angesichts ihres natürlichen Geschäftssinns durchaus Erfolg versprechend. Köche haben ja auch den Ruf, launisch zu sein – was eine typische Krebseigenschaft ist.

Handel und Märkte

Die Schlauheit des Krebses kann in der Finanzwelt, im Bank- und Versicherungswesen zum Tragen kommen. Im Umgang mit Geld sind Krebse sehr clever. Wenn es um das Vorhersagen von Marktbewegungen geht, kann man sich auf ihre Intuition oft verlassen. Ob Aktienhandel oder Buchhaltung, die Krebse können ihre Talente hier wunderbar einsetzen. Auch Antiquitätenhandel kommt infrage. Nicht zuletzt die Kunst – in den meisten Bereichen sind Krebse gut vertreten, und wir finden hier etwa ebenso berühmte Sänger wie Tänzer.

Geduld und Ausdauer

Oberflächlich betrachtet mögen Krebsgeborene Veränderungen vielleicht, doch langfristig ist ihr Berufsleben durch Kontinuität gekennzeichnet. Schaut man sich z. B. seinen Werdegang als Antiquitätenhändler an: Begonnen hat er vielleicht mit wenig Geld und Billigantiquitäten. Von Zeit zu Zeit mag er

GEBORENE SAMMLER

Krebsgeborene sammeln leidenschaftlich gerne – egal ob groß oder klein! Sie können einfach nichts wegwerfen. Irgendwann wird man den Gegenstand schon noch mal gebrauchen. Deshalb sieht es bei ihnen zu Hause meist ziemlich chaotisch aus – überall liegt etwas herum.

den Standort des Geschäfts gewechselt haben, doch die Wahrscheinlichkeit ist groß, dass der Krebs mit Beharrlichkeit, Wissen und Liebe seinem Sujet treu geblieben ist.

Die meisten Krebse besitzen eine ungewöhnliche Sammlung – womit sie ihrem Verlangen, Dinge zu horten, eine positive Wendung geben. Kontinuität und Sinn für die Vergangenheit sind ihnen wichtig. Wenn sie beides in ihrem Beruf oder auch in einem ernsthaft betriebenen Hobby anwenden können, wird sich diese Leidenschaft lohnen.

Heim und Familie

Für jeden von uns ist der Einzug in ein Eigenheim sicher etwas ganz Besonderes, doch für einen Krebsgeborenen hat der Immobilienkauf noch einen weit höheren Stellenwert. Die Finanzierung wird er sorgfältigst prüfen, denn von ihrer soliden Planung hängt die Zukunft seiner Familie ab.

Seine Intuition und sein Weitblick in finanziellen Dingen sind enorm hilfreich. Um Aktien und Anteile zu kaufen, braucht man richtiges Timing, und genau das hat der Krebs in

»DIE MEISTEN KREBSE SAMMELN IRGENDETWAS UNGEWÖHNLICHES.«

KREBS UND GELD

Wie bereits erwähnt, ist das Verlangen, Dinge zu horten, bei Krebsen sehr ausgeprägt. Besonders wenn es um die Finanzen geht, wird das deutlich. Krebse schätzen ihre finanzielle Lage meist viel schlechter ein, als sie tatsächlich ist. Deshalb wirken sie oft geizig. Geschenke von großem materiellen Wert braucht man von ihnen nicht zu erwarten.

Angesichts eines Spendenaufrufs nach einer Naturkatastrophe könnte der Krebsgeborene auf zwei Arten reagieren: Weil er mitfühlend ist und sich mit den Notleidenden identifizieren kann, wäre er prinzipiell bereit, sein letztes Hemd zu geben oder sogar in das Krisengebiet zu reisen, um aktiv zu helfen. Oder aber er macht einen Rückzieher, weil er meint, dass er es nicht riskieren kann, so viel herzugeben – schließlich geht es ihm auch nicht so gut.

Von allem etwas – so oder so ähnlich könnte die typische Sammlung eines Krebses aussehen.

Dass der Krebs den Wirtschaftsteil ausführlich liest, ist typisch für sein vorsichtiges Herangehen an Investitionen. Sein Gespür für den richtigen Zeitpunkt ist dabei ein Schlüssel zum Erfolg.

Geldangelegenheiten. Daher sollten seine Investitionen langfristig wirklich gedeihen. Nur ein außergewöhnlicher emotionaler Ausnahmefall könnte einen Krebs dazu veranlassen, vorschnell zu handeln und ihn damit in finanzielle Schwierigkeiten bringen. In einem solchen Fall verfügt der Krebs über all das, was es braucht, um Fehler der Vergangenheit zu überdenken. Schon bald wird er mit der ihm eigenen Entschlossenheit und Beharrlichkeit von vorne anfangen, denn er hat – wenn auch auf die harte Tour – aus seinen Fehlern gelernt.

Ein vorsichtiger Investor

Eine weitere Krebseigenschaft ist die Scheu vor Risiken. Wenngleich viele von ihnen tapfer und wagemutig sind – in gewisser Weise mögen sie das kalkulierte Risiko –, so wird sich diese Neigung doch kaum ihrer bemächtigen, wenn es an das sauer verdiente eigene Geld geht. Schließlich ist allein der Gedanke, man könnte das Geld durch Spekulation verlieren, für sie absolut unerträglich. Unter den Krebsgeborenen gibt es mit großer Sicherheit nur wenige, die ihr Vermögen aufgrund einer unklugen Spontaninvestition verloren haben. Wenn ein Krebs Geld verleiht, dann sichert er sich doppelt und dreifach ab.

»KREBSE SIND VERSESSEN DARAUF, ETWAS ZU BESITZEN.«

KREBS, ASZENDENT UND HIMMELSMITTE

Die Himmelsmitte stellt den Teil des Tierkreises dar, der zum Zeitpunkt unserer Geburt genau über uns stand (Näheres dazu auf *S. 304–306*). Besonders, wenn es um unseren Beruf geht, identifizieren wir uns mit dem Zeichen der Himmelsmitte oder aber wir streben nach seinen Eigenschaften. Die folgenden Kombinationen von Aszendent und Himmelsmitte für Krebsgeborene sind die einzig möglichen – sowohl in nördlichen wie in südlichen Breiten. Ihren Aszendenten und die Himmelsmitte können Sie den Übersichten auf den Seiten 344–347 entnehmen.

ASZENDENT WIDDER
und Himmelsmitte in:

Steinbock Peilt eine sichere Laufbahn und gesellschaftliche Anerkennung an.

Wassermann Hat ausgeprägte humanitäre Impulse. Sozialberuf oder Wohltätigkeit.

ASZENDENT STIER
und Himmelsmitte in:

Steinbock Guter Geschäftssinn. Finanzwesen, Musiker oder Sänger.

Wassermann Ein unruhiger Berufsweg ist wahrscheinlich. Archäologie, Ozeanographie, Schifffahrt, Innenausstatter.

Fische Marine, Proviantmeister, Bäcker, Lehrer oder andere Tätigkeit mit kleinen Kindern.

ASZENDENT ZWILLINGE
und Himmelsmitte in:

Widder Streitlustig, unruhig. Investigativer Journalismus.

Wassermann Verdient viel Geld mit ungewöhnlichen Geschäften. Viele Berufswechsel möglich.

Fische Berufe, die mit Schönheit oder Schuhen zu tun haben. Talent für Tanz und Dichtung.

ASZENDENT KREBS (MIT KREBSSONNE)
und Himmelsmitte in:

Widder Entschlossen und beharrlich. Armee. Technik.

Stier Gastronomie, Koch, Landwirtschaft, Gärtnern. Sicherheit ist extrem wichtig.

Wassermann Finanzielles Geschick. Bankwesen. Detektiv.

Fische Braucht spirituelle Entwicklung. Eventuell hellsichtig. Wohltätigkeit. Kosmetikerin.

ASZENDENT LÖWE
und Himmelsmitte in:

Widder Selbstständiger Beruf ist geeignet. Arbeitet hart. Kann organisieren.

Stier Entschlossen. Sichere, konventionelle Laufbahn. Ist der Boss.

Fische Sehr kreativ. Beruf als Künstler, Designer oder Tänzer ist wahrscheinlich.

ASZENDENT JUNGFAU
und Himmelsmitte in:

Stier Gartenarchitekt, Schreiner, Bankwesen, PR-Tätigkeit.

Zwillinge Werbung, Agentur, Journalismus, Kindermädchen. Lebhafte, fürsorgliche Person.

ASZENDENT WAAGE
und Himmelsmitte in:

Krebs Entfaltet sich gut in dem gewählten Beruf. Koch, Modedesigner, Hotelier.

Löwe Luxushandel, Unterhaltungs- und Fitnessbranche. Natürlicher Charme.

SZENDENT SKORPION
und Himmelsmitte in:

Krebs Chirurg, Wein-, Finanzexperte, Börsenmakler. Unglaubliches Verhandlungsgeschick.

Löwe Exporthandel, Reisebranche, Forschung. Gut im Organisieren. Arbeitet hart.

Jungfrau Ermittler oder Psychotherapeut. Fähig zu anstrengender, gewissenhafter Arbeit.

ASZENDENT SCHÜTZE
und Himmelsmitte in:

Löwe Feuerwehrmann, Berufssportler, Abenteurer/Forscher. Eventuell Schauspieler.

Jungfrau Lehrer, Dozent, Schriftsteller. Wirkt sehr inspirierend auf seine Studenten.

Waage Jurist, Haarstylist, Modedesigner. Hat das Potenzial zu umfassenden Studien.

Skorpion Sehr zielgerichtet. Tierarzt. Hartnäckiger Interviewer.

ASZENDENT STEINBOCK
und Himmelsmitte in:

Löwe Regierungsbeamter, Gutachter, Stadtplaner. Muss mit einem Partner arbeiten.

Jungfrau Interessiert sich für die Umwelt. Biobauer. Lebensmittelhändler.

Waage Charmant, sympathisch, warmherzig. Bestattungsunternehmer, Sozialarbeiter, »Briefkastentante«.

Skorpion Zahnarzt, Osteopath, Antiquitätenhändler. Muss mit einem Partner arbeiten.

ASZENDENT WASSERMANN
und Himmelsmitte in:

Waage Glamouröser Beruf, aber mit harter Arbeit – Mode, Schmuck, Kosmetikerin, PR-Tätigkeit.

Skorpion Braucht Aufregung und Sicherheit im Job. Kann mit schwierigen Bedingungen umgehen. Bergbau, Ölindustrie, Technik, alternative Medizin.

Schütze Will andere Menschen etwas lehren: Sportlehrer, Dozent, Sprachwissenschaftler, Historiker.

ASZENDENT FISCHE
und Himmelsmitte in:

Schütze Verständnisvoll. Starker spiritueller Glaube. Sozialberuf. Gut im Umgang mit älteren Menschen. Eventuell Astrologe, Kartenleser. Hellsichtig. Braucht eine gute Ausbildung.

*»Sie prahlen mit ihrem Wohlstand,
doch ihr lauteres Herz ist ohne Arglist.«*

Manilius, (1. Jahrhundert n. Chr.)

Löwe

Die Überzeugung der Löwen, dass der König der Tiere das Recht hat, alle anderen zu domineren, kann irritieren – vor allem weil es ihnen oft gelingt. So mitreißend sie als Anführer sind, sie müssen Taktgefühl entwickeln, ihren Hang zur Dramtik zügeln und den Wunsch, ständig die Verantwortung zu übernehmen.

Darstellung des Monats August im Stundenbuch *Très Riches Heures du Duc de Berry* (1416). Links oben im Himmelsgewölbe ist der Löwe abgebildet.

LÖWE ALS SONNENZEICHEN

Die Kraft der Sonne ist am stärksten im Löwen, dem Zeichen, über das sie herrscht. Menschen, die geboren wurden, als sich die Sonne in ihrem eigenen Zeichen befand, sind mit all seinen positiven Eigenschaften gesegnet – und natürlich auch mit seinen negativen. Organisation ist sehr wichtig für Löwen, die immer unbedingte Kontrolle über ihr Leben besitzen wollen. Wenn Löwen mit jemandem arbeiten oder leben, der darin weniger gut ist, nehmen sie nach Möglichkeit Einfluss auf diesen Menschen. Sie ermutigen ihn nicht nur, seine Gedanken zu ordnen, sondern auch dazu, sein Potenzial auszuschöpfen. Deshalb müssen sich viele Löwen den Vorwurf gefallen lassen, herrschsüchtig zu sein – völlig zu Recht, auch wenn ihrer Ansicht nach ihre Versuche, andere zu dominieren, gerechtfertigt sind. Löwen müssen Dogmatismus vermeiden und sollten sich nicht so sehr auf eine Meinung fixieren. Vielmehr gilt es, Flexibilität zu entwickeln, andernfalls machen sie sich unbeliebt, weil man sie für engstirnig hält und für unfähig, die Meinungen anderer zu akzeptieren. Nichtsdestotrotz strahlt das Löwefeuer und verströmt Wärme, Großzügigkeit und Begeisterung, sowohl für die eigenen Interessen als auch für die der Mitmenschen.

Der Löwe auf der Kalenderseite für Juli in dem reich illustrierten *Bedford-Stundenbuch* (Frankreich, um 1423)

LÖWE

Symbol Löwe
Sonnenzeichen 23. Juli–23. August
Herrscherplanet Sonne
Element Feuer
Qualität Fix
Polarität Positiv
Körperbereich Herz und Wirbelsäule
Pendant Wassermann

Jeder Löwe hat sein eigenes Reich, sei es das kleine Areal, in dem er arbeitet und lebt, oder die Vorstandsetage eines großen Unternehmens. Auf jeden Fall ist er stolz darauf. Löwen sind hochmotiviert und arbeiten hart, wissen aber auch sehr gut, wie und wann sie sich entspannen sollten, um Stress zu vermeiden.

LÖWE ALS ASZENDENT

Eine englische Astrologin pflegte zu sagen: »Wenn Löwe das aufsteigende Zeichen ist, gibt es nur eines: kleinhalten.« Ein mutiges Bekenntnis von jemandem, der selbst einen Löweaszendenten hatte. Jeder, der sie kannte und etwas von Astrologie verstand, wusste, dass dieser in ihrem Fall extrem machtvoll war.

»JEDER LÖWE HAT SEIN EIGENES REICH.«

Da die Sonne, sein Herrscherplanet, Quelle der Schöpferkraft ist, verfügt dieses Tierkreiszeichen auch über Kreativität. Das heißt nicht, dass alle Löwen Schauspieler sind. Gleichwohl stehen sie gerne im Mittelpunkt. Sie bringen ihre Kreativität auf viele Arten zum Ausdruck, ob mit einem schön arrangierten Blumenstrauß oder einem künstlerischen Hobby. Genauso gut kann die Kreativität aber auch in der Freude daran liegen, Vater oder Mutter eines Kindes zu sein.

Bei Löweaszendenten kommen einige sehr starke Charakteristiken markant zum Ausdruck, es sei denn, das Sonnenzeichen bringt etwas Sanftmütiges und Mildes mit ein, das den feurigen Löweeigenschaften entgegensteht. Begeisterung, Optimismus, Großzügigkeit und ein gewisses Maß an Kreativität sind vorhanden. Doch viel offensichtlicher noch ist meist die Neigung, dogmatisch und selbstgefällig zu sein. Im Extremfall nehmen diese Menschen schlicht an, sie wüssten alles besser als jeder andere. Dieses nicht eben liebenswerten Charakterzuges sollten sie sich unbedingt bewusst werden.

Ein repäsentativer Wolkenkratzer ist die natürliche Domäne eines machtbewussten Löwen.

Materieller Erfolg

Der Wunsch nach materiellem Erfolg ist oft stärker als bei Menschen mit Sonne im Löwen. Doch auch unter den Löweaszendenten gibt es solche, die Qualität lieben und für die das Beste gerade gut genug ist. Die Folge ist, dass sie die eigene Kreativität leicht übersehen. Das ist schade, denn es könnte ihnen Zufriedenheit verschaffen, noch dem einfachsten kreativen Verlangen Ausdruck zu verleihen. Bei denjenigen, deren Löweaszendent-Eigenschaften ausgeglichen sind, sind psychische Stabilität und innere Sicherheit mit Bescheidenheit gepaart. Die Stärke des Zeichens wird in einer Art gelebt, die nützlich und befriedigend ist, sowohl für diese Menschen selbst als auch für andere. Diese Balance ist aber nicht so leicht zu erreichen, und manchmal ist es für Löweaszendenten schwierig, aus ihren Fehlern zu lernen. Eitelkeit und die Überzeugung, dass sie einfach die Besten sind und wissen, was richtig ist, halten sie davon ab.

LÖWE ALS MONDZEICHEN

Die unmittelbare Reaktion von Menschen mit dem Mond im Löwen sieht folgendermaßen aus: Sie übernehmen das Ruder. Das ist bewundernswert in Notfällen (»Jemand muss es ja tun«, pflegen sie zu sagen), doch bei sehr vielen Gelegenheiten erwecken sie den Eindruck, herrschsüchtig zu sein oder die Oberhand gewinnen zu wollen. Die heftigen Reaktionen der Mondlöwen sind freilich auf die unterschiedlichsten Beweggründe zurückzuführen: etwa den Wunsch zu helfen, zuzuhören und zu ermutigen. Sie strahlen Zuversicht und Kompetenz aus, weshalb sie in einer eigenen Klasse zu Hause sind.

Weniger extrovertierte Typen kann dieser Überschwang überwältigen, ja sogar abschrecken. Doch zweifellos sind Mondlöwen, wenn sie Optimismus, Intuition und Vorstellungsgabe in sich vereinen, bemerkenswerte Zeitgenossen, die obendrein anderen ihre Unterstützung zukommen lassen.

Als Dirigent können Menschen mit Mond in Löwe ihre inspirierenden Führungsqualitäten verwirklichen.

Von Natur aus Angeber

Es besteht freilich eine Neigung zum Angeben, in jungen Jahren genauso wie als Erwachsener. Die Versuchung ist groß, in einer Diskussion die Gesprächspartner zu übertrumpfen: Sie haben ein tolleres Auto oder einen Hund aus einer einmaligen Züchtung. Und wenn eine Freundin kundtut, was für ein schickes Kleid sie sich gekauft hat, können sie der Versuchung nur schwer widerstehen, nun erst recht in einem spektakulären Designer-Outfit aufzukreuzen.

All dem liegt das instinktive, für sie wesentliche Bedürfnis zugrunde, einen möglichst vorteilhaften Eindruck zu machen. Sie wollen freundlich, hilfsbereit und aufmunternd sein, sollten aber ein Bewusstsein dafür entwickeln, dass sie schon mal übers Ziel hinausschießen. Hier finden wir Führungspersönlichkeiten, die das Zeug dazu haben, andere zu motivieren. Dieses Mondzeichen findet sich häufig bei Leuten, die für größere Gruppen verantwortlich sind – viele Dirigenten und Politiker gehören dazu.

Die Mondlöwen sind extrovertiert, was auch eine etwaige Schüchternheit ausgleicht. Doch indem diese Mondstellung schüchternen Menschen ein selbstsicheres Auftreten verleiht, kann es sie auch redseliger und nervöser machen, womit sie einen Mangel an Selbstbewusstsein überspielen.

Familie und Freunde sind die Nutznießer des Bedürfnisses des Löwen, zu beeindrucken.

Löwe als Freund, Liebhaber und Lebenspartner

Die Art, wie ein Löwe mit seinen Freunden umgeht, hat etwas Jugendliches. Seine Freunde sollen es genießen, mit ihm zusammen zu sein, und auch an allem teilnehmen, was unterhaltsam und unvergesslich ist. Ausflüge und Unternehmungen werden mit Begeisterung und voller Freude geplant, in typischer Löwemanier. Wie sich das Ganze im Detail gestaltet – ob er uns einlädt oder wir getrennte Kasse machen –, hängt von der finanziellen Lage des Löwen ab.

Junge Löwefrauen finden immer einen Weg, sich etwas zu gönnen, und sei es nur ein guter Kaffee.

Geben ist seliger denn nehmen

Ungeachtet ihres Alters und ihrer finanziellen Möglichkeiten mögen es Löwen wirklich, anderen Freude zu bereiten. »Lieber Freude geben als empfangen«, lautet ihr Motto. Selbst wenn sie nur über ein geringes Einkommen verfügen, tun sie ihr Bestes. Doch dahinter steckt keineswegs der Wunsch, vor den Freunden anzugeben. Sie wollen schlicht und ergreifend, dass sich ihre Freunde wohlfühlen. Sie hassen es, sich mit weniger zu begnügen. So wird beispielsweise eine junge Frau, die nicht viel Geld hat, ein Tässchen Espresso im angesagtesten Café zu sich nehmen und dann auf der Flaniermeile die Schaufenster der teuersten Designerläden in Augenschein nehmen, auch wenn sie sich die ausgestellten Waren selbst gar nicht leisten kann.

Das Talent des Löwen

Wenn das Geld nicht in Fülle vorhanden ist, kommen Kreativität und Erfindungsreichtum des Löwen zum Vorschein. So werden sich Löwegeborene im Kaufhaus einen günstigen Stoff kaufen und sich ein beeindruckendes Outfit schneidern, das dem Kleid ihrer Träume so nahe wie möglich kommt. Und sie motivieren auch ihre Freunde dazu, sich selbst ein so einzigartiges Kleidungsstück zuzulegen – selbst wenn es auf die Schnelle für diesen Abend fertiggestellt werden muss. Wo ist das Problem?

Wahre Freunde

Löwen sind treue Freunde und halten Kontakt, auch wenn man einander jahrelang nicht sieht. Stets ermuntern sie ihre Freunde, das Leben in vollen Zügen zu genießen. Sie sollten dabei nur aufpassen, nicht dogmatisch oder herrisch aufzutreten. Wichtiger noch: Wenn ihr Rat auf taube Ohren stößt, sollten sie sich nicht ärgern. Sicherlich irritiert und frustriert es einen Löwen, wenn eine positive Reaktion auf seine Vorschläge ausbleibt – in ihrem Inneren wissen sie sehr wohl, dass ihre weisen Worte richtig waren.

Dass sie sich stets im Recht fühlen, ist ein Problem für Löwen – und für ihre Freunde. Daher sollten sie noch einmal darüber nachdenken; gelegentlich liegen sie gründlich falsch oder berücksichtigen einfach nicht die wahren Bedürfnisse und Gefühle ihrer Mitmenschen.

LÖWE UND DIE LIEBE

Wenn sich Löwen verlieben, strahlt die innere psychologische Sonne. Sie verlieben sich heftig und oft. Läuft es nicht so, wie sie es gern hätten, können wir es an ihrem Gesicht ablesen: Dunkle Sturmwolken verdecken diese innere Sonne, die so sehr Teil ihrer Persönlichkeit ist. Oft wird ihr Herz gebrochen, vielleicht weil die Partner sich der Herausforderung, mit ihnen Schritt zu halten, nicht gewachsen fühlen.

Wird ihre Liebe erwidert, tun Löwen alles, um ihren Partner glücklich zu machen. Dann überschütten sie ihn mit Liebe, Zuneigung und Aufmerksamkeit.

Über Fehler sehen Löwen großzügig hinweg. Sie brauchen aber Partner, die diese großartige Behandlung erwidern, sonst schadet das der Beziehung. Löwen

DER VERSTÄNDNISVOLLE LÖWE

Löwegeborene verfügen über viel mehr Einfühlungsvermögen, als man glauben mag. Wenn sie sich verletzen, machen sie nicht viel Aufhebens darum, sondern ziehen sich zurück und lecken ihre Wunden, während sie sich nach außen tapfer geben. Was nicht heißt, sie wären zu dramatischen Szenen nicht fähig. Im Gegenteil. Wenn der Löwe brüllt, bekommt es jeder mit. Großmut ist ihm ebenfalls eigen, und im Zweifelsfall kann er sich auch entschuldigen. Das nicht zu tun, wäre unter seiner Würde.

sind treu und sie genießen es, ihre Geliebten in allen beruflichen und privaten Belangen zu unterstützen.

Der sexuelle Appetit des Löwen

In sexueller Hinsicht sind Löwen großzügig, und ihre Warmherzigkeit macht sie leidenschaftlich. Ihre Partner sollten sich daran erinnern, dass das Beste gerade gut genug für sie ist, weshalb auch das Umfeld außergewöhnlich und romantisch sein sollte. Jegliche Unterbrechung oder Unannehmlichkeit wird das Feuer des Löwen abkühlen lassen.

Stimmt hingegen alles, dann sind Löwen überaus glücklich, und dieses ansteckende Glück wird sowohl den Partner wie die Partnerschaft erfüllen.

Löwen erwarten ziemlich viel von ihren Geliebten, und wenn diese ihren hohen Standards nicht genügen – etwa weil sie sich nicht in angemessener Weise kleiden, zu spät kommen, faul oder vergesslich sind –, dann kann es Probleme geben. Für gewöhnlich sind Löwen nicht taktlos, und sie sollten sich im Voraus überlegen, wie sie den Partner am besten dazu bringen, sich zu ändern. Das ist schon allein deshalb angebracht, weil sich der Partner sonst unterlegen fühlt.

Mit der Unterstützung eines Löwepartners wird man ein höheres Niveau erreichen. Der Löwe wird seinen Partner oder seine Partnerin stolz präsentieren. Dabei wird sich auch der Partner, was Leben und Beruf betrifft, weiterentwickeln.

Der beste Platz im Restaurant ist genau das, womit ein Löwe seinen Partner gern verwöhnt.

LÖWE IN DAUERHAFTEN BEZIEHUNGEN

Hat sich ein Löwe erst einmal für eine feste Beziehung entschieden, muss er wissen: Nur zu leicht wird er die Führung übernehmen und den Bedürfnissen des Partners nicht genügend Aufmerksamkeit einräumen. Soll die Beziehung gelingen, braucht sie eine gehörige Portion Gemeinsamkeit. In Fällen, in denen der Partner über weniger Durchsetzungsvermögen, Entschlusskraft und Ehrgeiz verfügt, mag es notwendig sein, dass der Löwe die Führung übernimmt. Wenn er schlau ist, wird er taktvoll und behutsam die innere Stärke und das Selbstvertrauen des Partners fördern. Die meisten Löwegeborenen wollen eine freudvolle, angenehme Beziehung – ab und zu darf es eine Überraschung geben, nicht nur an Geburtstagen und zu Weihnachten. Um ihren Schatz zu verwöhnen, laden Löwen ihn ins beste Hotel oder Restaurant ein, arrangieren eine Reise zu einem romantischen Ort oder in eine aufregende Stadt – egal, ob sie es sich leisten können oder nicht.

Zum Ballett drängen manche überfürsorgliche Löweeltern ihre Kinder.

Die Stärken des Löwen

Was Löwen zu so guten Partnern macht, ist die Tatsache, dass sie dem anderen den Rücken stärken, weil sie sich gut mit dessen Ambitionen identifizieren können. Meist haben sie selbst ein Ziel ins Auge gefasst – vermutlich ein kreatives –, das ihnen am Herzen liegt, und das sie zu gegebener Zeit erreichen werden. Die Entschlossenheit des Löwen ist sicherlich eine Kraft, mit der man rechnen muss.

Viele Löwegeborene scheinen nie vergessen zu haben, wie es war, ein Kind zu sein: Wie unbefriedigend es war, wenn die Eltern ihren Fragen auswichen oder sie nicht beantworteten, und wie schwierig es war, selbst die beste Mutter oder den besten Vater dazu zu bringen, zu verstehen, was sie wirklich wollten und was sie zu sagen hatten. Genau deshalb sind Löwen selbst hervorragende Eltern.

Dennoch sollten sie sich als Eltern kritisch hinterfragen. Weil sie unbedingt wollen, dass ihre Kinder glücklich sind und alles haben, was sie selbst in ihrer Kindheit vermisst haben, müssen Löweeltern aufpassen, dass sie ihre Sprösslinge nicht zu etwas drängen, was sie selbst früher gerne gemacht hätten. Musik- oder Ballettunterricht und Fußballtraining sind typische Bereiche, in die Löweeltern ihre Kinder gerne drängen. Langfristig ist es viel sinnvoller, sich zu vergewissern, was das Kind selbst will, und es darin zu unterstützen.

Auf der Bühne stehen und etwas vorführen – da sind Löwen in ihrem Element!

Löwe in Erziehung, Beruf und Gelddingen

Ein Kind mit Löwesonne, -aszendent oder -mond wird ein glückliches und zufriedenes Wesen besitzen und gutes Essen zu schätzen wissen. Die Eingewöhnung in den Kindergarten bereitet einem Löwekind normalerweise keine Probleme. Schnell wird es die Malsachen entdecken und Freude an den knallbunten Farben haben, die es mit größter Begeisterung überall verteilen wird.

Mit leuchtend bunten Farben malen Löwekinder besonders gern.

Schon bald zeigt sich das Organisationstalent des Löwen, womöglich auch seine Dominanz: Die kleine Freundin schickt er ins andere Zimmer, oder er beschwert sich, dass sein Freund zu viel Platz braucht. Eltern und Erzieher haben durchaus ihre Freude daran, aber sie sollten diese Neigung schon im Auge behalten und darauf achten, dass sie nicht überhand nimmt.

Bei Löwen haben wir es mit Persönlichkeiten zu tun, die sich gerne präsentieren und auf eine Bühne stellen. Wann immer sie das tun, darf man sie ruhig loben. Sie müssen jedoch lernen, dass auch andere Kinder gerne etwas vortragen und ebenfalls dafür gelobt werden wollen.

Konstruktives Feedback

In der Schule sollten Löwekinder Ermutigung durch den Lehrer erfahren. Natürlich brauchen sie, wie alle Kinder, gelegentlich eine Zurechtweisung, doch sollte die Kritik immer konstruktiv sein. Andernfalls geht ihnen nur allzu schnell die Luft aus, und sie ziehen sich zurück und machen keine Fortschritte mehr. Sie sind dann schnell davon überzeugt, dass sie und das, was sie tun, einfach nicht gut sind. Kritisiert man Löwen, sollte man ihnen ganz deutlich machen, weshalb. Wenn man das herausstreicht, was sie richtig machen, werden sie Schritte in die richtige Richtung unternehmen, schließlich sind sie sehr einfühlsam.

GESUND LEBEN

Da dem Löwen Herz und Wirbelsäule zugeordnet werden, sollten Löwegeborene auf ihren Cholesterinspiegel und, bei sitzender Tätigkeit, auf ihren Rücken achten. Wegen ihrer Kreativität empfiehlt sich eine Sportart, die in irgendeiner Weise auch mit künstlerischem Ausdruck zu tun hat, beispielsweise eine Tanzsportart, Eiskunstlauf oder Tai-Chi. Wer andere Sportarten bevorzugt, dem sei zu Teamspielen geraten, wobei Löwen auch hier gerne den Boss geben. Wichtig ist, dass Löwen weder ihre Wirbelsäule noch ihre Knöchel übermäßig belasten sollten. Rückentraining jedoch ist sehr gut. Und sie sollten sich warm halten.

Chinesen beim Tai-Chi

Weitere Ausbildung

Löwen genießen die Zeit ihrer Ausbildung und ihres Studiums. Was sie erreichen, hängt zum größten Teil davon ab, in welchem Ausmaß sie von ihren Lehrern und Professoren gefordert und gefördert werden. Für welches Fach sie sich entscheiden, ist eine Frage der individuellen Vorliebe. Nie jedoch sollten sie ein Fach allein deshalb wählen, um einen Abschluss nachzuweisen. Lieber sollten sie etwas belegen, das ihrer späteren Karriere dienlich ist. Dann wird ihnen auch ihre Begeisterungsfähigkeit einen Traumstart verschaffen. Es muss hier auch erwähnt werden, dass die Guten unter ihnen viel Zeit auf dem Sportpatz oder in der Theaterklasse der Universität statt in Vorlesungen verbringen.

Ein Studium an der Universität sollte dem späteren Beruf dienen.

LÖWE UND BERUF

Zufriedenheit im Beruf ist für Löwegeborene noch viel wichtiger als bei Angehörigen anderer Tierkreiszeichen. Sie sind absolute Organisationstalente, diszipliniert, leidenschaftlich, optimistisch und wollen, dass die Dinge richtig laufen – all das können sie im Berufsleben einbringen und ausleben.

Da sie eher konservativ auftreten, tendieren sie auch zu traditionellen Berufen, doch das Löwefeuer kommt zum Einsatz, wenn es um neue Projekte oder Produktionen geht. Ob sie sich nun für eine Tätigkeit in der Industrie, in der Politik, am Theater oder in einem anderen künstlerischen Bereich entscheiden, sie werden es weit bringen. Von Hindernissen lassen sie sich nicht gleich abschrecken.

Die Entschlossenheit der Löwen ist etwas Besonderes. Sie werden ihre ganze Energie einsetzen, um sich ihren Herzenswunsch zu erfüllen. Nun zeigt ja ein Löwe gern, was er hat und kann, und so ist er ein guter, wenn auch manchmal etwas aufgeblasener Vorgesetzter. Er wird peinlich genau das durchsetzen, was seiner Meinung nach für den Erfolg der Organisation oder der Firma erforderlich ist. Doch er spart auch nicht an Lob für die Mitarbeiter.

Professionell bis ins Mark

Oft heißt es, Löwen hätten keine Hobbys, nur Berufe. Immer wieder vertiefen sie ein geliebtes Interesse mit der Absicht, es langfristig zum Beruf zu machen. Dabei sind sie bemüht, zusätzliche Qualifikationen zu erlangen, um sich und anderen zu beweisen, dass sie absolute Professionalität besitzen. Wenn

Bunte Armreifen und anderer Modeschmuck sind eine Zeit lang anziehend, doch bald wird sich eine Löwin für raffiniertere Juwelen interessieren.

»LÖWEN SIND SEHR ENTSCHLOSSEN.«

ein Löwe einen eintönigen Job hat, den er nur des Geldes wegen ausübt, sollte er darüber nachdenken, was er stattdessen beruflich tun möchte. Natürlich gibt es Grenzen. Wer bereits 30 ist und noch nie Ballettunterricht hatte, sollte sich nicht vornehmen, am Staatsballett zu tanzen. Auch sollte man keinesfalls seinen festen Job aufgeben, um einen Roman zu schreiben. Aber Kompromisse sind immer möglich. Wer über Büroerfahrung verfügt, könnte beispielsweise den Papierkram für das Ballett-Ensemble übernehmen oder in einem Verlag arbeiten. Bei Vorstellungsgesprächen zeigen Löwen ihre Begeisterungsfähigkeit und verbreiten Zuversicht.

LÖWE UND GELD

Theoretisch müssen Löwen viel Geld verdienen, weil sie immer nur das Beste und Teuerste haben wollen. So fällt es auf, dass sie, egal, wie schön ihr Modeschmuck auch ist, unbedingt und baldmöglichst echten Schmuck haben wollen. Was jedoch nicht bedeutet, dass sie nicht mit Geld umgehen können. Sie sind sehr gut darin, etwas für die wirklich wichtigen Dinge im Leben zurückzulegen, etwa ein Eigenheim oder ein Auto. Der erste Wagen mag eine Klapperkiste sein, doch später muss etwas Spektakuläres her. Für ihr Zuhause, das sie so sehr lieben, gilt dasselbe. Das kleine gemütliche Apartment ist nur der erste Schritt in Richtung eines größeren Refugiums: einen Ort, an dem sich auch Freunde wohlfühlen können, ganz zu schweigen von der geplanten Familie.

Mit Finanzen umgehen

Das Organisationstalent der Löwen macht sich auch bei ihrem Umgang mit Geld bezahlt. Investitionen tätigen sie mit großer Vorsicht. Statt für eine Geldanlage, die hohe Renditen verspricht aber riskant ist, entscheiden sie sich lieber für einen niedrigeren Zinssatz. Als Investoren bevorzugen sie große Unternehmen mit Tradition – es sei denn, ein junges Unternehmen beeindruckt sie – sowie Produkte und Branchen, für die sie sich interessieren. Große Kaufhäuser und Fünf-Sterne-Hotelketten sind da sehr beliebt, ebenso jedes Unternehmen, dessen Produkte einen hohen Standard haben und angesehen sind.

Doch obwohl Löwen wissen, dass es nicht ihr Ding ist, auf die Schnelle reich zu werden, riskieren sie schon mal etwas. So macht es ihnen Spaß, in ein glamouröses Casino zu gehen. Es soll nicht wenige Löwen geben, die eine Börse haben für das, was sie sich leisten können zu verlieren, und eine andere für ihre Gewinne, weshalb sie nie einen gravierenden Verlust erleiden. Ist ihr Spielgeld erst einmal weg, dann war's das auch.

Beiträge für das lokale Fernsehen zu drehen, könnte zum zweiten Standbein eines Löwen werden.

Auch um ein Theaterstück, eine Bühnenshow oder einen Film zu finanzieren, gehen sie gerne mal ein Risiko ein. Hier dürfen sie nicht der Versuchung erliegen, mehr zu investieren, als zu verlieren sie sich leisten können. Das dürfte jemandem, der nach dem Showgeschäft verrückt ist, allerdings nicht so leicht fallen.

Ein zweites Einkommen

Ebenso wie der Widder – ebenfalls ein Feuerzeichen – verfügt auch der Löwe über Unternehmergeist und wird mit der Zeit eine zweite Einnahmequelle auftun. Vielleicht kauft er sich eine hochwertige Filmkamera und dreht niveauvolle Fernsehbeiträge, die er an einen lokalen Fernsehsender verkaufen kann. Derartige Tätigkeiten sind besonders gut für Löwen, die ihre Kreativität nicht im Beruf ausleben können. All jene sollten einmal ernsthaft über Tätigkeiten nachdenken, durch die sie ihre kreative Seite ausleben können.

»LÖWEN FASZINIERT DAS SHOWGESCHÄFT. DA BETEILIGEN SIE SICH GERNE AN DER FINANZIERUNG.«

LÖWE, ASZENDENT UND HIMMELSMITTE

Die Himmelsmitte stellt den Teil des Tierkreises dar, der zum Zeitpunkt unserer Geburt genau über uns stand (Näheres dazu auf *S. 304–306*). Besonders, wenn es um unseren Beruf geht, identifizieren wir uns mit dem Zeichen der Himmelsmitte oder aber wir streben nach seinen Eigenschaften. Die folgenden Kombinationen von Aszendent und Himmelsmitte für Löwegeborene sind die einzig möglichen – sowohl in nördlichen wie in südlichen Breiten. Ihren Aszendenten und die Himmelsmitte können Sie den Übersichten auf den Seiten 344–347 entnehmen.

ASZENDENT WIDDER
und Himmelsmitte in:

Steinbock Nimmt das Leben und die Karriere ernst. Sozialer Aufstieg. Autokrat.

Wassermann Originelle Herangehensweise an den Beruf. Selbstständigkeit ist gut.

ASZENDENT STIER
und Himmelsmitte in:

Steinbock Exzellenter Geschäftssinn. Braucht Sicherheit. Musik ist sehr wichtig.

Wassermann Sturheit könnte den Fortschritt behindern. Darf Originalität und Einfallsreichtum nicht unterdrücken.

Fische Konflikt zwischen sicherer Laufbahn und etwas Kreativem.

ASZENDENT ZWILLINGE
und Himmelsmitte in:

Widder Ruhelos. Hasst Routine und ist lieber unterwegs.

Stier Gartenbau, Verkauf, Journalismus, Mode.

Wassermann Wissenschaftliche Veranlagung ist möglich. Medien und IT-Branche kommen infrage.

Fische Kreatives Talent für Mode, Fotografie und Video- oder Filmbranche.

ASZENDENT KREBS
und Himmelsmitte in:

Widder Ausgeprägter Geschäftssinn, gewiefter Geschäftsmann.

Stier Konventionelle Laufbahn. Braucht Sicherheit. Landwirtschaft, vielleicht Krankenpflege.

Wassermann Verdient sein Geld eventuell selbstständig und von zu Hause aus.

Fische Sozialberuf, Lehrer.

ASZENDENT LÖWE (MIT LÖWESONNE)
und Himmelsmitte in:

Widder Begeistert sich für den Beruf. Optimistisch, dominant, risikofreudig, charismatisch.

Stier Kreativ und gut im Big Business. Braucht Sicherheit. Vernünftig im Umgang mit Geld.

Fische Fühlt sich vom Showgeschäft angezogen. Begabt und entschlossen.

ASZENDENT JUNGFRAU
und Himmelsmitte in:

Stier Sinn für Farben. Dekorateur, Theater/Film, Kunsthandwerk.

Zwillinge Journalismus, Mode, Einzelhandel, Auktionen.

ASZENDENT WAAGE
und Himmelsmitte in:

Krebs Gastgewerbe, Empfang, PR-Arbeit.

Löwe Der Beruf muss etwas Glamouröses haben. Gibt gerne an. Model. Personal Trainer.

ASZENDENT SKORPION
und Himmelsmitte in:

Krebs Arbeitet hart. Braucht Sicherheit. Antiquitätenhandel. Bergbau.

Löwe Erfolgreich selbstständig. Finanzbereich, Militär.

Jungfrau Spezialisierter medizinischer Beruf, Pathologie, Gehirn- oder Herzchirurgie, Psychiatrie.

ASZENDENT SCHÜTZE
und Himmelsmitte in:

Löwe Exzellenter Organisator und guter Vorgesetzter. Profisportler, Dozent, Lehrer, Tierarzt.

Jungfrau Bibliothekar, Gelehrter, Literaturagent, Kritiker, Forscher.

Waage Kunst-, Literatur- oder Musikkarriere. Reist sehr gerne.

Skorpion Braucht Unabhängigkeit und Sicherheit. Entschlossen und diszipliniert. Detektivarbeit und Tiere könnten ein Thema sein.

ASZENDENT STEINBOCK
und Himmelsmitte in:

Löwe Regierungsbeamter/öffentlicher Dienst. Autokrat, etwas herrschsüchtig.

Jungfrau Macht Geld auf seriöse Weise. Börsenmakler, eigenes Geschäft, Finanzdienstleistung.

Waage Konventionelles Herangehen an kreative Tätigkeit. Mehr Innovativität ist gefragt.

Skorpion Hervorragender Orientierungssinn, ehrgeizig, erfolgreich im Beruf seiner Wahl.

Schütze Unternehmungslustig. Musik und Literatur sind wichtig.

ASZENDENT WASSERMANN
und Himmelsmitte in:

Jungfrau Will unbedingt Geld machen. Arbeitet hart. Zu viele Richtungswechsel.

Waage Muss in Partnerschaft arbeiten, jedoch in Führungsposition. Schönheit, Mode oder Unterhaltungsbranche.

Skorpion Verfolgt seine Karriere beharrlich und diszipliniert. Arbeitet hart. Wissenschaftliches Talent. Astronomie, Archäologie, Antiquitäten.

Schütze Herausragender Lehrer oder Dozent. Schriftsteller, Erneuerer, Erfinder.

ASZENDENT FISCHE
und Himmelsmitte in:

Schütze Sehr kreativ und künstlerisch. Beruf oder Hobby sollte etwas mit Kunst zu tun haben.

»Gewaltigen Einfluss als Redner hat sie, und gern hinterfragt sie die Ursachen und Wirkungen der Dinge.«

Manilius (1. Jahrhundert n. Chr.)

Jungfrau

Ihre natürliche Zurückhaltung und Bescheidenheit werden häufig als Introvertiertheit missverstanden. Mit ihrem kritischen Urteilsvermögen erweckt sie manchmal den Eindruck, als wäre sie nahezu emotionslos. Das Gegenteil ist der Fall: Die Jungfrauen sind hingebungsvolle Menschen, die für ihre Liebsten alles geben.

Darstellung des Monats September im Stundenbuch *Très Riches Heures du Duc de Berry* (1416). Links oben im Himmelsgewölbe ist die Jungfrau abgebildet.

JUNGFRAU ALS SONNENZEICHEN

Die Jungfrau teilt ihren Herrscherplanet Merkur mit den Zwillingen. Man kann seinen Einfluss bei beiden Tierkreiszeichen deutlich sehen: Es handelt sich um überaus kommunikative und sehr aufgeweckte Menschen, die nur selten ruhig sind. Darüber hinaus verfügen Jungfrauen über sehr viel Nervenstärke, die sie in ihrer Lebensweise, ihren Hobbys und auch in der Arbeit zum Ausdruck bringen.

Dank des Elements Erde sind Jungfrauen ebenso praktisch wie fleißig. Sie sind zufrieden, wenn sie ihr Tagwerk verrichtet haben, und sie mögen es, wenn sie genau wissen, was sie zu tun haben und wann. Ordnung ist ihnen im Leben genauso wichtig wie ein Gefühl der Sicherheit.

Wenn nicht andere Horoskopfaktoren für große Visionen und einen Überblick über das große Ganze sprechen, neigen Jungfrauen dazu, sich im Detail zu verlieren und lassen manchmal ein umfassenderes Konzept bei einem Projekt oder Plan vermissen. Das Bewusstsein darüber hilft ihnen, einen Ausgleich zwischen dieser Detailverliebtheit und einer breiteren Perspektive herzustellen.

Jungfrauen sind die Kritiker des Tierkreises. Sie machen den blinden Fleck in jeder Situation, jedem Plan und jeder Auseinandersetzung

Die Jungfrau auf der Kalenderseite für August in dem reich illustrierten *Bedford-Stundenbuch* (Frankreich, um 1423)

JUNGFRAU

Symbol Jungfrau
Sonnenzeichen
24. August–22. September
Herrscherplanet Merkur
Element Erde
Qualität Veränderlich
Polarität Negativ
Körperbereich Magen und Darm
Pendant Fische

ausfindig und stoßen jeden darauf, der ihn sehen soll. Wer nicht so aufmerksam ist, ist ob dieser Begabung erstaunt und wird es seinem Jungfraufreund danken, dass er ihn davor bewahrt hat, einen dummen Fehler zu machen. Wie Zwillinge sind auch Jungfrauen sehr gesprächig und teilen ihre Vorstellungen und Vorhaben jedem mit, den es interessiert. Was sie zu sagen haben, fesselt, ebenso wie ihre lebendige Art.

Obwohl sie überaus logisch denken, teilen sie sich mit den Krebsen den Preis für das Tierkreiszeichen, das sich am meisten Sorgen macht. Das mag daran liegen, dass sie jedes Problem und jede Situation von vielen Seiten betrachten, weshalb ihnen die negativen Aspekte nicht entgehen. Sie sind zwar im Allgemeinen nicht pessimistisch, doch die schlimmstmöglichen Szenarien dominieren zu guter Letzt doch ihr Denken.

Die Gesundheit der Jungfrau hängt eng mit dem Zeichen des Aszendenten zusammen. Die der Jungfrau zugeordneten Körperteile sind Magen und Darm. Häufiger als bei anderen wirken sich Stress und Probleme auf den Magen aus, und es kommt zu Durchfall, Verstopfung oder Magenverstimmung. Das übermäßige Sich-Sorgen-Machen kann auch zu Kopfschmerzen und Migräne führen. Zahlreiche Jungfraugeborene sind Vegetarier, und sie waren es lange, bevor es ein allseits akzeptierter Trend wurde. Viele Jungfrauen reagieren überempfindlich bis allergisch auf Medikamente. Homöopathische Mittel helfen ihnen oft besser.

»JUNGFRAUEN LIEBEN ES, SPORT ZU TREIBEN.«

JUNGFRAU ALS ASZENDENT

Mit einem Jungfrauaszendenten ist die Himmelsmitte (*siehe S. 283*) oft in den Zwillingen. In dem Fall wird das Gemeinsame der beiden Zeichen betont, ebenso der Einfluss des Zeichens, in dem sich Merkur befindet.

Es handelt sich um einen wahrhaft merkurischen Menschen, der sehr gesprächig ist und sich oft schwer tut, längere Zeit stillzusitzen. Seine Lebhaftigkeit ist ansteckender als diejenige einer Jungfrausonne. Menschen mit Jungfrauaszendent sind selbstkritisch. Das kann so weit gehen, dass ihr Selbstvertrauen darunter leidet – das im Übrigen sowohl bei Jungfrauaszendenten als auch bei Jungfrausonnen nicht immer sehr ausgeprägt ist.

Bedürfnis nach Bewegung

Beim Jungfrauaszendenten ist das Energieniveau der Nerven extrem hoch. Regelmäßige Bewegung ist da ganz wichtig – bei jungen Leuten kann es ein schweißtreibendes Workout im Fitnesscenter sein, bei älteren zügiges Gehen, vorzugsweise in der Natur. Sportarten wie Tennis oder Volleyball liegen Jungfrauen sehr. Für das allgemeine Wohlbefinden des Jungfrauaszendenten ist Bewegung einfach unumgänglich. Am besten passt eine Sportart, die auch seinen Geist und seine Intelligenz fordert.

Viele unterschätzen ihr intellektuelles Potenzial und werden allenfalls zu Kreuzworträtselspezialisten oder lösen im stillen Kämmerlein Sudoku-Rätsel. Aber sie können ihren Intellekt auf vielen Gebieten einbringen. Sie sollten auch stets einen anspruchsvollen Kurs an einer Volkshochschule oder einem Sprachinstitut belegen. Die Fähigkeit, anderen ihre Ideen und Meinungen mitzuteilen, ist derart ausgeprägt, dass gute Chancen für eine Tätigkeit in den Medien bestehen.

Bild einer Jungfrau

JUNGFRAU ALS MONDZEICHEN

Stärker als bei den meisten anderen Tierkreiszeichen können auffallende Ähnlichkeiten zwischen dem Einfluss von Mond, Sonne und Aszendent in der Jungfrau bestehen. Die Reaktion mit dem Mond in der Jungfrau ist nach Art dieses Zeichens. Auch der Jungfraumond verfügt über beträchtliche Reserven an nervlicher Energie, die, wenn sie positiv kanalisiert werden, die ohnehin großzügig vorhandenen praktischen Fähigkeiten noch erweitern. Weil er so reaktionsschnell sind, ist er seinen Rivalen stets eine Nasenlänge voraus. Seine Schlagfertigkeit bringt er mit Schärfe und Kritik vor, und er verweist diejenigen, die Fehler machen, gerne auf die Plätze, vielleicht deutlicher, als es ihm bewusst ist. Ungeachtet dieser Eigenschaften besteht oft ein Mangel an Selbstvertrauen. Lernt er jemanden neu kennen, wird der Jungfraumond sofort in nervöses Reden verfallen. Er kann die Überzeugung hegen, nicht gut genug oder nicht klug genug zu sein. Diese Hemmung kann seinem Fortschritt im Leben entgegenstehen und ihn um viele bereichernde Erfahrungen bringen.

Ein nervöser Magen

Die Magenverstimmungen, die oft scheinbar ohne Grund auftreten, entstehen häufig infolge von Problemen, besonders wenn diese plötzlich und unerwartet auftreten. Erschwerend ist, dass die Betreffenden extrem rational und praktisch sind. Sie sollten sich dem öfter einfach stellen und ihre starken positiven Eigenschaften entschlossener nutzen. Es mangelt ihnen nicht an Zielsetzungen, aber oft fürchten sie sich davor, sie in angemessener Weise zum Ausdruck zu bringen. Sie sollten zu ihren Emotionen und Ansichten stehen und nicht zögern, ihre Gefühle und ihre Meinung kundzutun. Tun sie dies, was manchmal ganz spontan geschieht, so kann die Wirkung umwerfend sein.

Vegetarische Ernährung wird von vielen Jungfraugeborenen bevorzugt.

Ein gemeinsames Hobby mit einem Jungfraugeborenen zu teilen, ist mit Sicherheit eine schöne Erfahrung.

Jungfrau als Freund, Liebhaber und Lebenspartner

Die lebhafte Art der Jungfrau ist auch für Dritte nützlich. Stets hat sie überaus viel zu tun, doch wenn man sie um Hilfe bittet, bekommt man nur selten eine negative Antwort. Natürlich kann sie unseren Hund füttern und mit ihm Gassi gehen, falls wir nicht rechtzeitig wieder daheim sind. Wenn wir eine Party oder ein Veranstaltung organisieren, ist sie zur Stelle, und wenn sie weiß, was wir haben wollen, wird sie höchst effektiv vorgehen. Ist eine Situation jedoch unübersichtlich, dann sind Jungfrauen besorgt und etwas konfus und fühlen sich unter Druck.

Vermutlich das Beste, was wir für unsere Jungfraufreunde tun können, ist, ihr Selbstvertrauen zu stärken. Wir sollten sie ermutigen, positiver über sich selbst zu denken und das, was sie können und was sie erreicht haben, in seiner ganzen Tiefe anzuerkennen und wertzuschätzen. Viele Jungfraugeborene sind schüchtern, und wenn sie dann in Gesellschaft etwas zu viel reden, könnte das gut heißen, dass sie sich unbehaglich fühlen und ihre Nervosität zu überspielen versuchen.

Freizeit

Es ist besonders schön, mit Jungfraugeborenen eine Freizeitbeschäftigung zu teilen, denn sie ziehen sehr viel Befriedigung aus ihren Hobbys. Neben dem Beruf haben sie mindestens ein wirklich wichtiges Hobby, das viel Zeit beansprucht. Wenn wir daran teilhaben, werden wir beträchtliche Fortschritte machen. Natürlich müssen wir damit rechnen, dass sie uns wegen mangelnden Einsatzes kritisieren – mangelhaft natürlich nur verglichen mit ihrem Einsatz –, aber die Konkurrenzsituation mit ihnen kann auch Spaß machen.

Jungfraugeborenen eine Freude zu machen, ist leicht. Weil sie die Natur so lieben, freuen sie sich sicherlich über einen gemeinsamen Spaziergang durch den botanischen Garten. Der Merkureinfluss, der sie zu so kommunikativen Menschen macht, stellt sicher, dass wir von ihren vielfältigen Aktivitäten in

Kenntnis gesetzt werden und dass uns der Gesprächsstoff nie ausgeht. Wenn sie keinen Sport treiben, tun wir gut daran, sie dazu zu ermuntern. Sie brauchen regelmäßige Workouts, und wenn ihnen die Gymnastikstunde zu langweilig ist, kommt Walking oder Radfahren infrage. Auch hier besteht die Möglichkeit, dass wir mit unseren Jungfraufreunden mitmachen. Die körperliche Bewegung sorgt dafür, Rastlosigkeit und Spannungen abzubauen.

INTELLEKTUELLES VERMÖGEN

Der Jungfraumond verleiht einem Menschen Lebhaftigkeit, seine Fähigkeiten kommen durch sein Sonnenzeichen und seinen Aszendenten zum Ausdruck. Diese Platzierung verleiht auch einen enormen Intellekt, dem er es zu verdanken hat, dass er ein Thema oder ein Wissensgebiet schnell begreift. In manchen Fällen ist eine natürliche Skepsis vorhanden, die einer nur allzu menschlichen Leichtgläubigkeit entgegenwirkt.

JUNGFRAU UND DIE LIEBE

Wenn sich eine Jungfrau verliebt, kreisen ihre Überlegungen meist um eine Frage: »Was er (oder sie) wohl in mir sieht?« Aller Wahrscheinlichkeit nach wird der oder die Auserwählte vor allem die Lebendigkeit, Freundlichkeit und, anders als man es in der traditionellen Astrologie sieht, den Sexappeal wahrnehmen. Auch die Bescheidenheit der Jungfrau ist faszinierend. Sie besitzt viel Charme, kann aber zu der Überzeugung gelangen, dass sie nicht sehr attraktiv ist. Daher sollte sie bedenken, dass Schüchternheit das reinste Aphrodisiakum sein kann.

Den anderen umsorgen

Jungfrauen verwöhnen ihren Schatz gern und sorgen für sein leibliches Wohl. Unter Umständen kreisen ihre Gedanken viel zu sehr darum, was der Partner über sie denkt, sodass der Ausdruck körperlicher Liebe dadurch einen Dämpfer bekommt. Meist tauen sie mit der Zeit auf, wenn auch langsamer als viele andere Tierkreiszeichen. Sie lernen, Komplimente liebenswürdig entgegenzunehmen, und lassen nach und nach auch mehr Intimität in der Beziehung zu. Die romantische Seite ihres Wesens schreit förmlich nach Ausdruck. Da ist es am Partner, das zu erkennen und zu nutzen, um der Jungfrau dabei zu helfen, sich zu entspannen und den Sex zu genießen.

Diejenigen Jungfraugeborenen, für die das zu schwierig ist, werden andere Wege finden, ihre Gefühle auszudrücken, sei es in ihren Interessen, im Beruf oder darin, dass sie sich für längere Zeit um einen älteren Verwandten kümmern. All das ist gut gemeint. Doch die Jungfrau sollte versuchen, nicht zu viel Zeit mit Sorgen um den Partner zu vergeuden oder mit der Frage, ob sie für das nächste Rendezvous auch gut genug aussieht. Sie sollte sich einfach auf die Erfahrung zu lieben einlassen und sie genießen, in der Überzeugung, dass dieses schöne Gefühl so lange andauern wird, wie sie es will. Die Vorstellung, sich fest zu binden, ist

Jungfrauen sind bescheiden und schüchtern. Das macht ihre besondere Anziehungskraft aus.

für sie nicht im Geringsten ein Problem: Jungfraugeborene sind ausgesprochen treu.

Weiterführende Informationen über die Einstellung zu Liebe und Sexualität eines Tierkreiszeichens erhält man durch Venus und Mars. Für Jungfrauen ist der Einfluss der Venus überdurchschnittlich wichtig, daher kann man Zusätzliches durch das Zeichen, in dem Venus steht, erfahren.

JUNGFRAU IN DAUERHAFTEN BEZIEHUNGEN

Jungfraugeborene sind gute Freunde und ausgesprochen angenehme Gesprächspartner. Der Einfluss Merkurs ist sehr stark, weshalb sie ihre Ansichten gerne kundtun. Sie ermutigen den Partner dazu, hart zu arbeiten und im Beruf vorwärts zu kommen. Geschieht dies in positiver, konstruktiver Weise, so ist das wunderbar. Die größte Schwäche der Jungfrau in einer dauerhaften Beziehung ist allerdings ihre Neigung, herumzunörgeln und überkritisch zu sein. Da muss sie lernen, sich zurückzunehmen, besonders wenn sie die Eigenheiten des Partners ärgern. Anderenfalls kann die Partnerschaft sehr darunter leiden. Schließlich lässt sich für beinahe alle zwischenmenschlichen Probleme eine praktische Lösung finden. Gerade der pragmatischen Jungfrau sollten diesbezüglich viele gute Lösungsmöglichkeiten einfallen.

Wenn sich Jungfrauen der Tatsache bewusst werden, dass sie sich in die angeblichen Fehler ihres Partners zu sehr hineinsteigern, sollten sie in sich gehen und überlegen, ob sie dessen Schwächen nicht dazu benutzen, von den eigenen Unzulänglichkeiten abzulenken. Tauchen in der Beziehung Probleme auf, so fällt es ihnen leichter als den meisten Menschen, diese offen mit dem Partner zu besprechen und Lösungen zu finden.

Da sie selbst so kommunikativ sind, ermutigen Jungfrauen auch ihre Familienmitglieder, offen über alles zu reden.

Glücklich verliebt

Bei all dem hat die Jungfrau die beeindruckende Fähigkeit, ihre Lebensfreude und ihr Glück zum Ausdruck zu bringen. So wächst die Harmonie zwischen ihr und dem Partner, und sie kommen miteinander voran. Dies gilt insbesondere dann, wenn gemeinsame Interessen und Projekte bestehen.

Die Partner von Jungfraugeborenen sollten sich auch darüber im Klaren sein, dass sie neugierig wie Katzen sind. Ist ihre Neugier erst einmal geweckt, können sie auch in der Sexualität Experimentierfreude an den Tag legen und Zufriedenheit daraus gewinnen.

Als Eltern sorgen sie für das richtige Timing und bilden sich über Kindererziehung weiter. Ihnen ist sehr daran gelegen, dass das Kind gut liest und einen umfassenden Wortschatz erwirbt. Auch Zuneigung und Zärtlichkeit kommen nicht zu kurz. Doch sie sollten darauf achten, ihr Kind auch zu loben, und sich mit ihrer Kritik etwas zurückhalten.

Wenn es lernt, mit dem Computer umzugehen, ist das Jungfraukind in seinem Element.

Jungfrau in Erziehung, Job und Gelddingen

Als Kleinkinder beginnen Jungfraugeborene viel früher als andere zu sprechen. Sie verstehen es bald, sich, ihren Wünschen und Protesten Gehör zu verschaffen. Wenn sie in den Kindergarten kommen, sind sie etwas scheu, und Eltern wie Erzieher sollten ihr Selbstvertrauen unbedingt stärken. Ältere Kinder hänseln schüchterne Kinder gern. Doch die Schüchternheit der kleinen Jungfrauen liegt in ihrer Natur. Unterstützung, Ermutigung und keine Hänseleien – darauf sollte man bei Jungfraukindern unbedingt achten. Und man sollte auch nicht in ihrem Beisein sagen: »Sie ist eben schüchtern.« Das würde die Neigung nur verstärken, und außerdem würde das Kind wahrscheinlich aus dem Zimmer laufen – wer könnte es ihm verdenken!

Sofern es über das nötige Selbstvertrauen verfügt, hat ein Jungfraukind in der Schule einen gewaltigen Vorteil. Die Hefteinträge sind ordentlich und die Bücher tadellos. Wenn es daran geht, am Computer zu arbeiten, ist es in seinem Element. Es macht sich beim Lehrer nützlich, indem es ihm hilft, Hefte zu verteilen und nach dem Unterricht das Klassenzimmer aufzuräumen. Das kann dem neuen Liebling des Lehrers allerdings auch Hänseleien der Mitschüler eintragen. Jungfraukinder müssen daher früh lernen, sich durchzusetzen. Sie müssen aber auch lernen, mit ihrer Kritik hinterm Berg zu halten. Das fällt ihnen nicht immer leicht. Sie sind Arbeitstiere, und mit ihrem forschen, lebhaften Verstand werden sie es weit bringen.

Weitere Ausbildung

An der Universität kann sich der kritische, skeptische Geist der Jungfrau entfalten. Diese Menschen sind für Diskussionen wie geschaffen, und wenn ihre kommunikativen Fähigkeiten besonders ausgeprägt sind, empfiehlt sich ein Studium im Bereich Medienwissenschaften. Auch Ökologie kommt in Frage, außerdem Landwirtschaft, Gartenbau, Betriebswirtschaft und viele verwandte Bereiche. Kreative Jungfrauen fühlen sich zum Kunsthandwerk hingezogen, da kommt die Kunstakademie in Betracht.

Sorgen schlagen bei der Jungfrau nicht selten auf den Magen, und das schon beim Schulkind. Verkündet es,

Weil sie Bücher mögen, werden Jungfraugeborene häufig Autoren, Buchhändler oder Bibliothekare.

dass es Bauchweh habe, heißt das auch gleich: »Muss ich heute in die Schule gehen?« Die Schmerzen sind eher auf Probleme anderer Art zurückzuführen als darauf, dass das Kind etwas Falsches gegessen hat. In diesem Fall tun die Eltern gut daran, der wahren Ursache auf den Grund zu gehen.

LISTE FÜR ÄNGSTLICHE JUNGFRAUEN

Wie bei jedem, der unter Ängsten leidet, bringt es auch bei der Jungfrau wenig bis gar nichts, ihr zu sagen, sie solle sich einfach keine Sorgen machen. Es gibt jedoch eine Möglichkeit, die Logik und praktische Vernunft gleichermaßen anspricht: Jungfrauen sollten Listen mit dem Für und Wider aller Aspekte eines spezifischen Problems anfertigen. Anschließend gilt es, die Argumente, die für einen Sachverhalt sprechen, und die, die dagegen sprechen, gegeneinander abwägen. So fällt es ganz leicht, eine Entscheidung zu treffen.

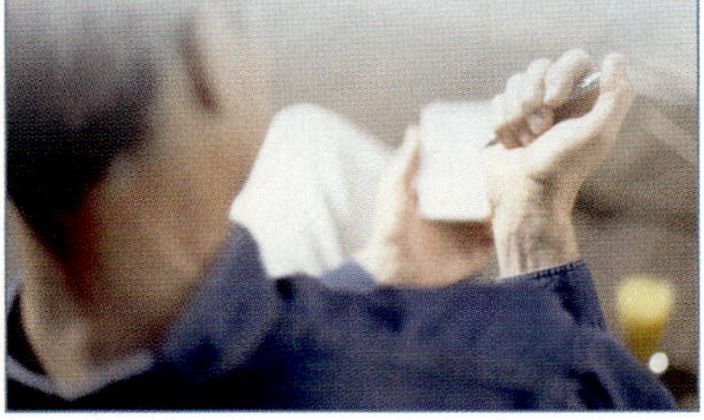

JUNGFRAU UND BERUF

Unter diesem Zeichen finden wir den ebenso perfekten wie effizienten Assistenten, den akribischen Redakteur, den genialen Gärtner, die einfühlsame Krankenschwester, die Kosmetikerin, den Personal Trainer, den Kritiker und so weiter. Jungfrauen können sich in vielen Berufen verwirklichen, in denen es um Detailarbeit und Dienstleistungen geht. Der makellos gekleidete Butler ist ebenso vorstellbar wie ein Immobilienmakler, ein Agent oder ein Mediator. Da sie so gerne lesen, gibt es unter den Jungfrauen auch überdurchschnittlich viele erfolgreiche Schriftsteller, Bibliothekare und Buchhändler. Es besteht auch eine natürliche Verbindung zwischen diesem Tierkreiszeichen und den Themen Gesundheit, Hygiene und Ernährung.

Nicht zu vergessen die Medien, schließlich finden wir bei den Jungfrauen ausgesprochene Kommunikationstalente. Da kommt der Rundfunk ebenso infrage wie eine Tätigkeit hinter der Kamera bei Film und Fernsehen. Vor die Kamera werden sich die wenigsten Jungfrauen begeben, dazu sind sie zu zurückhaltend. Wichtig ist es, dass ein Jungfraugeborener eine Laufbahn einschlägt, die ihn intellektuell fordert und Abwechslung bietet, um etwaige Langeweile in der täglichen Routine von vornherein auszuschließen.

Probleme lösen

Jungfrauen sollten sich darüber bewusst sein, dass sie manchmal überkritisch sind und das nicht an ihren Kollegen auslassen sollten. Wenn sie als Lehrer tätig sind, dann gehört es unter Umständen zu ihren Aufgaben, ihre Kritik – wenn auch angemessen – zum Ausdruck zu bringen. Wenn sie eine kritische Bemerkung mit Humor würzen können, ist das ein großer Pluspunkt.

Die Neigung, sich Sorgen zu machen, verlangsamt den Fortschritt, egal ob es sich um kleine Alltagsprobleme handelt oder um die Frage, ob sie im nächsten Jahr diesen Arbeitsplatz noch haben werden. Sie sollten sich nicht in

Details verstricken, sondern mit Logik und gesundem Menschenverstand an die Schwierigkeiten herangehen. Sie müssen immer beschäftigt sein. Wenn sie arbeitslos sind, werden sie ihren Tagesablauf dennoch durchplanen. Eine Entlassung ist ein Schlag für ihr Selbstwertgefühl. In diesem Fall ist für Jungfrauen wichtig, aber auch selbstverständlich, dass sie Bewerbungen verschicken, das Internet durchforsten, Stellenanzeigen lesen und alles nur Erdenkliche tun, um einen neuen Job zu finden. Egal, wie viel Zeit dies in Anspruch nimmt, am Ende wird ihre pragmatische Herangehensweise belohnt.

»DIE MEDIENBRANCHE LIEGT DEN JUNGFRAUEN.«

JUNGFRAU UND GELD

Wenn Jungfrauen Geld zum Investieren übrig haben, ist es eher unwahrscheinlich, dass sie dabei ein Risiko eingehen. Sollten sie einmal hereingefallen sein, so wird dies nie wieder geschehen. Hier macht sich das Erdelement bemerkbar. Ihr natürlicher Instinkt ist an einem stabilen Wachstum interessiert, weshalb sie sich seriösen Rat in Finanzangelegenheiten einholen werden.

Jungfrauen sind vorsichtig in Geldangelegenheiten, zum Teil deshalb, weil sie nicht gern protzen. Sie sind keine Geldverschwender und überziehen auch nicht ihre Kreditlinie, um sich ein teures Designerkleid zu kaufen. Eher besitzen sie eine schlichte schwarze Grundgarderobe, die sich zu den unterschiedlichsten Anlässen mit verschiedenen Accessoires kombinieren lässt. Manchmal erwecken sie den Eindruck, finanziell weniger gut gestellt zu sein als es tatsächlich der Fall ist. Ein gut gefülltes Bankkonto gibt ihnen Sicherheit, alles andere würde ihnen wieder Sorgen bereiten.

Die Menschen dieses Tierkreiszeichens besitzen Geschäftssinn und sollten

Die Arbeit hinter der Kamera ist für Jungfrauen sehr attraktiv.

»JUNGFRAUEN SIND KEINE VERSCHWENDER UND ÜBERZIEHEN KREDITE NICHT.«

sich überlegen, ob sie aus ihrem Hobby nicht eine lukrative Einnahmequelle machen könnten.

Weise Investitionen

Wenn eine Jungfrau in den Genuss eines unerwarteten Geldsegens kommt – beispielsweise durch eine Erbschaft – wird diese Tatsache mit Sicherheit nicht ihr Leben verändern. Jedenfalls meint sie, dass das so sein müsste. Menschen, die sie liebt und die sie lieben, können sie jedoch eines Besseren belehren. Tendenziell sind ihre Bedürfnisse allerdings wesentlich weniger materiell als die der meisten anderen Menschen. Wenn sie also an ihrer ursprünglichen Reaktion festhält und ihre Lebensweise nicht ändert, dann kann sie das Geld dazu nutzen, ihre beruflichen Fähigkeiten auszubauen und Geschäftsideen zu entwickeln. Ihre kommunikativen Fähigkeiten kann sie ebenfalls einsetzen. Vielleicht will sie auch eine größere Summe einer Wohltätigkeitsorganisation zukommen lassen. Dabei wird sie sich auch gerne selbst mit einbringen und mitverfolgen, was mit den Spendengeldern geschieht.

Viele Jungfrauen bevorzugen biologisch angebaute Nahrungsmittel. Es wäre also nur naheliegend, wenn sie sich in diesem Bereich finanziell engagiert. Vielleicht gründet sie ja sogar selbst einen Betrieb, der biologischen Landbau betreibt.

Gemüse anzubauen oder in den Biolandbau zu investieren, stellt für Jungfrauen eine interessante Option dar.

JUNGFRAU, ASZENDENT UND HIMMELSMITTE

Die Himmelsmitte stellt den Teil des Tierkreises dar, der zum Zeitpunkt unserer Geburt genau über uns stand (Näheres dazu auf *S. 304–306*). Besonders, wenn es um unseren Beruf geht, identifizieren wir uns mit dem Zeichen der Himmelsmitte oder aber wir streben nach seinen Eigenschaften. Die folgenden Kombinationen von Aszendent und Himmelsmitte für Jungfraugeborene sind die einzig möglichen – sowohl in nördlichen wie in südlichen Breiten. Ihren Aszendenten und die Himmelsmitte können Sie den Übersichten auf den Seiten 344–347 entnehmen.

ASZENDENT WIDDER
und Himmelsmitte in:

Steinbock Arbeitet hart. Konventionelle Karriere. Finanzbranche, öffentlicher Dienst.

Wassermann Medizinischer Beruf, Altenpflege. Eventuell außergewöhnliche Ziele.

ASZENDENT STIER
und Himmelsmitte in:

Steinbock Starker Drang, zu Geld zu kommen. Liebe zum Land. Ehrgeizig. Musikalisch.

Wassermann Braucht eine »andere« Laufbahn. Konflikt zwischen Freiheit des Ausdrucks und konventioneller Einstellung.

Fische Kreative Fähigkeiten. Braucht Sicherheit, doch es fehlt an einer klaren Richtung.

ASZENDENT ZWILLINGE
und Himmelsmitte in:

Widder Ungeduldig in Sachen Erfolg. Muss reisen, um Langeweile zu vermeiden.

Stier Kommunikative Fähigkeiten und Geschäftssinn.

Wassermann Sehr originell. Außergewöhnlich kommunikativ. Medien, IT-Branche, Luftfahrt.

Fische Eventuell Arbeit mit benachteiligten Kindern. Lebhafter Erzieher im Kindergarten.

ASZENDENT KREBS
und Himmelsmitte in:

Widder Flink im Denken, durchsetzungsfähig, gewieft.

Stier Überaus praktisch. Liebt das gute Leben und den Luxus, selbst wenn das unerreichbar ist.

Wassermann Hohes Gefühlsniveau. Humanitäres Anliegen, Wohltätigkeitsorganisation. Die konventionelle und die aufgeschlossene Seite liegen miteinander im Clinch.

Fische Krankenpfleger, Kosmetikerin, Meeresbiologe. Ist im Beruf emotional engagiert.

ASZENDENT LÖWE
und Himmelsmitte in:

Widder Geht mit Begeisterung seiner Erfüllung nach, eventuell als Profisportler, mit kreativer Arbeit oder in der Autoindustrie.

Stier Finanz-, Bank- oder Versicherungsbranche, Buchhaltung. Hat innovative Ideen.

Fische Filmindustrie, eventuell im Bereich Recherche oder Nachbearbeitung. Bibliothekar.

ASZENDENT JUNGFAU (MIT JUNGFRAUSONNE)
und Himmelsmitte in:

Stier Braucht Sicherheit. Landwirtschaft, Architektur, Gartenbau, Kunsthandwerk.

Zwillinge Medien. Literarische Fähigkeiten. Rundfunkangestellter.

ASZENDENT WAAGE
und Himmelsmitte in:

Krebs Stewardess, Fremdenverkehrsbranche, Catering, Koch. Arbeitet hart.

Löwe Kreativer Goldschmied oder Juwelier. Guter Organisierer. Führungsqualitäten.

ASZENDENT SKORPION
und Himmelsmitte in:

Krebs Marine. Routinier und diszipliniert. Pathologe.

Löwe Weinhändler. Chemiker. Medizinischer Beruf. Bankwesen.

Jungfrau Wird erfolgreich und eventuell berühmt. Detektivarbeit, medizinische Forschung, Psychotherapeut.

ASZENDENT SCHÜTZE
und Himmelsmitte in:

Jungfrau Lehre, Universitätsdozent, Reisebranche. Eine erfüllende Berufslaufbahn.

Waage Beträchtlicher Erfolg. Bibliothekar, Publizist, Jura, Arbeit mit Tieren.

Skorpion Exzellente Aussichten. Hat eine weit gesteckte Vision. Stadtplanung. Investigativer Journalismus.

ASZENDENT STEINBOCK
und Himmelsmitte in:

Löwe Ein guter, aber unnachgiebiger Vorgesetzter. Im Finanz- und Bankwesen erfolgreich.

Jungfrau Braucht Stabilität. Ruhelos, mag aber keine Veränderungen. Buchhaltung. Eigene Firma.

Waage Kontaktfreudig, arbeitet hart, rücksichtsvoll, aber kritisch. Einzelhandel, PR-Arbeit.

Skorpion Arbeitet intensiv. Forschung, Ingenieur, Installateur.

ASZENDENT WASSERMANN
und Himmelsmitte in:

Waage Bringt Charme in der Arbeit zum Ausdruck. Luxusartikel, Fernsehbranche. Kosmetikerin.

Skorpion Anthropologie, Astronomie, wissenschaftliche Forschung. Ermittler.

Schütze Luftfahrt, Reisebranche. Universitätsdozent, Rechtsanwalt. Braucht Stabilität, aber Freiheit im Ausdruck.

ASZENDENT FISCHE
und Himmelsmitte in:

Schütze Braucht Arbeit mit einem Partner, eventuell in einer gemeinsamen Firma, in der harte Arbeit, Inspiration und Kreativität zum Zug kommen.

»Wann immer ein Streit geschlichtet werden muss, ist die Waage zur Stelle, und sie kennt das Gesetz.«

Manilius (1. Jahrhundert n. Chr.)

Waage

Harmonie und Frieden sind der Waage das Wichtigste im Leben, und oft scheint sie diesen Zustand erhalten zu wollen, indem sie sich Problemen einfach nicht stellt. Man sollte von einer Waage keine schnelle Entscheidung erwarten, ob dies nun den Beruf betrifft oder die Frage, was sie zum Frühstück bestellen soll.

WAAGE ALS SONNENZEICHEN

Die Waage ist das einzige Tierkreiszeichen, das nicht von einem Lebewesen symbolisiert wird, sondern von einem Gegenstand. Die Waagschalen haben eine überaus große Bedeutung für Menschen mit Sonne in der Waage. Ausgleich und Harmonie sind die wesentlichen Aspekte der Waagegeborenen. Ärger, Streit und alles, was ihren Frieden und ihre Ruhe stört, ist ihrem Wohlbefinden abträglich. Daher werden Waagen es unter allen Umständen vermeiden, in Situationen zu geraten, die sie aus der Ruhe bringen könnten.

Stets, ob unbewusst oder bewusst, auf der Suche nach Ausgeglichenheit, verfahren viele nach der Devise »Erst mal abwarten«, wenn eine Entscheidung ansteht. Einige Probleme erledigen sich auf diese Weise von selbst. Ihre Neutralität wird ihnen oft vorgeworfen, etwa wenn sie in eine Diskussion verwickelt sind, bei der zwei sich streiten, und sie sich weigern, Stellung zu beziehen. Dabei wollen sie nur niemanden verärgern. Waagegeborene sind Diplomaten. Wenn sie eingreifen, dann als Vermittler. Am Ende werden sie wahrscheinlich Vorschläge für eine Einigung machen, sodass das Problem auf zivilisierte Weise gelöst werden kann.

Darstellung des Monats Oktober im Stundenbuch *Très Riches Heures du Duc de Berry* (1416). Links oben im Himmelsgewölbe ist die Waage abgebildet.

WAAGE

Symbol Waagschalen
Sonnenzeichen
23. September – 23. Oktober
Herrscherplanet Venus
Element Luft
Qualität Kardinal
Polarität Positiv
Körperbereich Nieren
Pendant Widder

Die Waagschalen auf der Kalenderseite für September in dem reich illustrierten *Bedford-Stundenbuch* (Frankreich, um 1423)

Das Thema Ausgleich zieht sich wie ein roter Faden durch das Leben der Waage. Ihr Bedürfnis nach Gesellschaft, insbesondere nach einem Lebenspartner, ist groß. Allein fühlt sie sich irgendwie nicht wirklich lebendig.

Gerne arbeitet sie gemeinsam mit einem Partner. Und auch ihre Freizeit gestaltet sie viel lieber mit Freunden als allein. Etwas alleine zu unternehmen ist der Waage ein Gräuel, wenngleich die Stellung der Venus – die außer über den Stier noch über die Waage herrscht – diesen Aspekt modifizieren kann (*siehe S. 210*) und dem Waagecharakter weitere Dimensionen hinzufügt.

Die Venus, der wunderbarste Planet, ist in den Horoskopen Waagegeborener stark, und sie verleiht ihnen viel natürlichen Charme. Hier finden wir hervorragende Zuhörer, die ihren Freunden, wenn sie Probleme haben, praktische Vorschläge machen und ihnen verschiedene Lösungen anbieten.

Waagen wissen genau, wann die Zeit für Entspannung gekommen ist. Das bringt ihnen gelegentlich den Vorwurf ein, faul zu sein. Doch sie müssen sich erholen und dem Stress entgegenwirken, denn der könnte ihnen Kopfschmerzen bereiten. Waagegeborene sind erstaunlicherweise überaus aktiv. Ihre vielen Interessen bringen ihnen innere Zufriedenheit.

WAAGE ALS ASZENDENT

Die Waage ist keines der starken Tierkreiszeichen, weshalb das Sonnenzeichen manche Charakteristiken des Waageaszendenten überlagern kann. Auf jeden Fall finden wir hier ebenfalls den warmherzigen Charme und das Bedürfnis nach einem harmonischen, ausgeglichenen Leben, insbesondere nach einer

»ALLEIN SEIN IST DER WAAGE EIN GRÄUEL.«

Liebesbeziehung. Davon wird noch die Rede sein. An dieser Stelle sei nur gesagt, dass die Motivation, sich partnerschaftlich zu binden, bei Waageaszendenten vermutlich am ausgeprägtesten ist. Der Einfluss des Pendants, des durchsetzungsfähigen Widders, kommt hier auch mit ins Spiel.

Der Bindungswille bei Waagen ist sehr ausgeprägt, daher entscheiden sie sich nicht selten für den falschen Partner. Selbst wenn sie mehrmals schlechte Erfahrungen gemacht haben, sind sie immer noch zu faulen Kompromissen bereit, nur um nicht allein zu sein. Ihr Bindungstrieb ist sehr stark und überwiegt die waagetypische Unentschlossenheit. Am Anfang einer Beziehung besteht die Neigung, sich selbst an die erste Stelle zu setzen, was dann für ein schnelles Ende sorgen kann. Jemand mit Waageaszendent muss sich über diese Neigung klar sein, die jedoch für Menschen mit Sonne oder Mond in der Waage absolut nicht zutrifft.

Für die Gesundheit eines Menschen ist der Aszendent von großer Bedeutung. Beim Waageaszendenten besteht eine Anfälligkeit für Kopfschmerzen. Auch herrscht die Waage über die Nieren. Falls Kopfschmerzen länger andauern, sollte man unbedingt einen Arzt aufsuchen. Das Waagezeichen verleiht die Fähigkeit, hervorragend mit Stress und Sorgen umgehen zu können. Doch wenn eine schwierige Entscheidung zu treffen ist, kann selbst eine Waage vor einem Problem stehen. Da hilft es, sich einem verständnisvollen Freund anzuvertrauen – was übrigens ein Rat ist, der für alle Tierkreiszeichen gilt. Wir alle brauchen jemanden, mit dem wir über Probleme sprechen können – doch ganz besonders mit einer

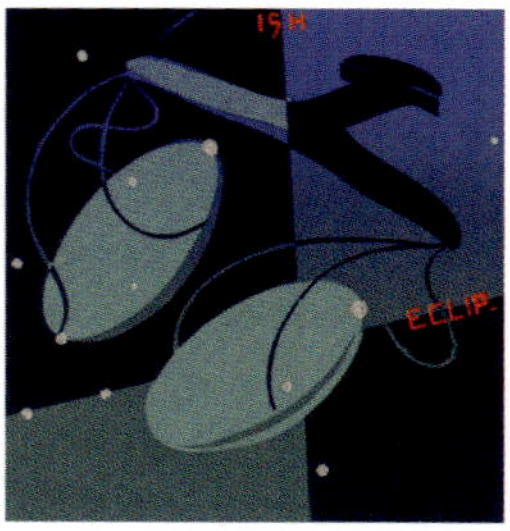

Die Waage ist das einzige Tierkreiszeichen, das nicht durch ein Lebewesen symbolisiert wird.

Sport und Fitness sind wichtig für Menschen mit Waageaszendent.

Waagebetonung sollte man Probleme nicht unterdrücken.

Viele Menschen, die einen Waageaszendenten haben, fühlen sich zu Ausdauersportarten hingezogen. Sie besitzen viel Energie und bauen diese idealerweise durch körperliche Bewegung ab. Sport, ob Tanz oder Fitness, ist ihnen wichtiger als den Menschen mit Waagesonne, die es sich lieber auf dem Sofa gemütlich machen.

WAAGE ALS MONDZEICHEN

Hier finden wir die Friedensstifter des Tierkreises. Sie bringen Sympathie und Freundlichkeit zum Ausdruck und haben immer den vollen Überblick über jede Situation. Sobald irgendein Szenario verzwickt oder schwierig zu werden droht, versuchen sie umgehend, die Dinge so ruhig und liebenswürdig wie möglich wieder in Ordnung zu bringen. Taktgefühl und Diplomatie, wie sie schon so eindringlich bei Menschen mit Sonne oder Aszendent in der Waage vorhanden sind, sind bei jenen mit Mond in der Waage noch verstärkt. Die Neigung, angesichts einer

AUSGEWOGENHEIT

Die Waagebetonung eines Menschen kann man daran erkennen, wie er sich im Gespräch gibt: Während er zuhört, wird er den Kopf hin- und herbewegen, ganz so als würde er die Aussagen seines Gesprächspartners abwägen. Das kann man bei Menschen mit Waagesonne ebenso feststellen wie bei jenen mit Aszendent oder Mond in diesem Zeichen. Frauen mit Waagebetonung haben eine auffällige Vorliebe für asymmetrische Kleidung und vergessen auch ein hübsches Accessoire nicht, um einen harmonischen Ausgleich herzustellen.

Die Gesten eines Waagegeborenen unterstreichen seinen Hang, die Dinge abzuwägen.

Entscheidung zu zaudern ist freilich auch hier ganz offensichtlich. Da muss man einen Blick auf das Sonnen- und das Aszendentenzeichen werfen, um zu sehen, an welchem Punkt (nach der anfänglichen unsicheren mondhaften Reaktion) entscheidungsfreudigere, durchsetzungsfähigere Charakterzüge auf den Plan treten. Eine Betonung von Löwe, Skorpion oder Steinbock wird hier kaum Probleme bereiten, hingegen könnten Krebs oder Fische die Tendenz zur Unsicherheit noch verstärken.

Der Eindruck der Gelassenheit, den diese Menschen erwecken, täuscht nicht. Er wird sogar noch verstärkt dadurch, dass sie recht langsam und bedächtig sprechen.

Dem Waagemond liegt es am Herzen, das Beste in jedem Menschen zum Vorschein zu bringen. Er ist ein aufmerksamer Gastgeber, der seine Gäste unterhalten will – und das nicht zu knapp. Wenn die Gäste eintreffen, empfängt er sie zuvorkommend und achtet darauf, dass sich jeder wohlfühlt und einen interessanten Gesprächspartner findet. Er bietet köstliche Speisen und Getränke an. Er spart weder Zeit noch Geld, denn seine Einladung soll unterhaltsam, üppig, unvergesslich und erfolgreich sein. Waageeinfluss beinhaltet stets einen Hang zum Luxus. Menschen mit Mond in der Waage wollen, dass ihre Nächsten ebenso viel Freude am guten Leben haben wie sie selbst.

Wer bei einem Waagemond eingeladen ist, kann mit Essen und Getränken vom Feinsten rechnen.

Freundschaften mit Waagen sind sehr unkompliziert. Schwierig wird es nur, wenn man lange im Voraus mit ihnen planen will.

Waage als Freund, Liebhaber und Lebenspartner

Auf die Verabredung mit einem Waagefreund kann man sich freuen: Sie verheißt stets etwas Angenehmes. Ob man sich nun im gemeinsamen Lieblingsrestaurant zum Abendessen trifft oder auf eine schnelle Tasse Kaffee – durch seine lockere Art sorgt er immer für ein interessantes Gespräch über Neuigkeiten, Klatsch und gemeinsame Interessen. Wenn man wieder auseinandergeht, sind alle beschwingt. Die zögerliche Art der Waagegeborenen kann jedoch ganz schön nervenaufreibend sein. Will man gemeinsam ein Konzert besuchen, sollte man die Reservierung besser selbst in die Hand nehmen. Unser Waagefreund würde das so lange aufschieben, bis alle Karten ausverkauft sind. Er möchte ja gerne eine Ausbildung beginnen, aber im Moment ist noch nicht der richtige Zeitpunkt. Und dann will er ja auch endlich anfangen, einen Wandteppich nach dem Muster zu weben, das er vor zwei Jahren in einer Ausstellung entdeckt hat. Wir müssen schauen, dass wir ihm immer einen Schritt voraus sind, ihn ermutigen, sodass er die Idee nicht aus den Augen verliert und sein kreatives, innovatives Potenzial nicht verschwendet. Waagegeborene profitieren davon, wenn sie Interessen mit Gleichgesinnten teilen und über anstehende Probleme miteinander reden. So ergeben sich wunderbare Gelegenheiten, um die Freundschaft noch zu vertiefen.

Waagen können ganz schön nachtragend sein, und nicht selten hört man diesen Satz von ihnen: »Wie kann er mir das antun, nach allem, was ich für ihn getan habe?« Wer mit einer Waage befreundet ist, sollte hörbar Danke sagen, wenn es Anlass dazu gibt. Wenn man vergessen hat, sich zu bedanken sollte man sich eine gute Entschuldigung einfallen lassen. Für Waagegeborene ist es übrigens schwer zu verstehen, weshalb andere Menschen weniger extrovertiert sind als sie.

Waagemänner sind romantisch und überschütten die Angebetete mit Blumen.

WAAGE UND DIE LIEBE

Der Himmel hängt voller Geigen, wenn eine Waage verliebt ist. Und Waagen verlieben sich leicht, denn sie brauchen unbedingt jemanden, auf den sie sich beziehen können. Solange sie ohne den richtigen Partner sind, finden sie keine Erfüllung. Jedes Mal, wenn sie eine neue Bekanntschaft gemacht haben, sind sie sich sicher: Das ist der oder die Richtige!

In diesem Punkt kennen die Waagen keine Unentschlossenheit – schnell landen sie in einer festen Beziehung. Leider warten sie nicht ab, damit sich ein Verhältnis auf natürliche Weise vertiefen und entwickeln kann. Ihnen ist viel wichtiger, dass sie »wir« statt »ich« sagen können. Eine freundliche Schmeichelei nehmen sie nicht selten für eine Liebeserklärung, ganz besonders bei neuen Bekanntschaften. Erst wenn sie mehrmals schmerzhafte Erfahrungen gemacht haben, lernen sie, etwas kritischer zu sein, um sich erneute Enttäuschungen zu ersparen. Eine Schwalbe macht noch keinen Frühling, und ein »Du siehst toll aus!« ist noch keine Liebeserklärung.

Waagegeborene sind romantisch und sie wollen, dass jede Phase ihrer Beziehung schillernd, schön und unvergesslich wird. Waagemänner erfreuen ihre Angebetete mit wunderschönen Blumen und Geschenken. Waagefrauen werfen sich in ein supersexy Outfit und beglücken ihren Liebsten mit einem besonders köstlichen Abendessen bei Kerzenlicht. Wenn Waagegeborene merken, was sie damit erreichen können, werden sie zu tollen Partnern, die die Romantik in einer Beziehung über lange Zeit am Leben erhalten. Doch wehe ihrem Partner, wenn der ihren Geburtstag vergisst!

Doch nur allzu oft sind Waagegeborene einfach verliebt in die Liebe. In diesen Fällen brauchen sie eigentlich nur einen Partner, ohne die »lästigen« Begleiterscheinungen einer Partnerschaft. Manchmal sind sie sich der anderen Elemente, die eine erfolgreiche Beziehung ausmachen, nicht bewusst. Wirklich zusammenzupassen und auch auf freundschaftlicher Basis den Alltag miteinander zu bewältigen, ist eine glückliche Erfahrung. Nur wenn Waagen das begreifen, sind sie wirklich bereit für eine dauerhafte Partnerschaft.

WAAGE IN DAUERHAFTEN BEZIEHUNGEN

»Wir ziehen zusammen.« »Stell dir vor, wir haben uns verlobt und heiraten in Kürze.« Noch mehr als von der Tatsache selbst sind Waagegeborene davon berauscht, allen, die sie kennen, diese Neuigkeit zu erzählen. Wenn die Hochzeitsglocken läuten sollen, investiert eine Waagefrau wahrscheinlich mehr Geld und Zeit in die Planungen als andere Frauen. Es kann durchaus vorkommen, dass sie sich mehr auf dieses singu-

Eine Waagebraut plant ihre Hochzeit bis ins Detail, auch wenn sie über die Beziehung noch nicht viel nachgedacht hat.

läre Ereignis konzentriert als auf ihre Zukunft oder die des Partners.

Sind Waagegeborene erst einmal vergeben, blühen sie auf, fühlen sich »komplett« und sind mit sich und der Welt zufrieden. In der Ehe oder im Zusammenleben brauchen sie immer wieder die Bestätigung, dass sie geliebt und begehrt werden. Dazu bedienen sie sich manchmal eigenartiger Vorgehensweisen. So brechen sie beispielsweise allein deshalb einen Streit vom Zaun, weil die Versöhnung so schön ist. Durchschaut der Partner dies nicht beizeiten, kann aus diesem Spiel ein ernsthafter Konflikt entstehen. Und auch wenn der Partner erkannt hat, was da vor sich geht, kann es die Atmosphäre in der Beziehung ganz schön vergiften. Diese Warnung sollte ernst genommen werden – nicht nur wegen der Spannungen, zu denen es kommen könnte. Wenn der Partner zunächst zulässt, dass die Waage ständig zwischen Nörgeln und erdrückender Zuneigung wechselt, kann es auf die Dauer nahezu unmöglich werden, das zu ertragen.

Ist die Waage erst einmal in einer festen Beziehung, kann sie Entscheidungen noch leichter aus dem Weg

Waageeltern sind liebevoll, neigen aber dazu, ihr Kind zu verwöhnen, um Streitereien aus dem Weg zu gehen und ihre Ruhe zu haben.

wenn einer dem anderen Entscheidungen abnimmt. Es ist sehr wichtig, der Waage beizubringen, sich ihrer wahren Gefühle bewusst zu werden.

Eine der weitreichendsten Entscheidungen, die ein Paar zu treffen hat, ist die, ob und wann es eine Familie gründen will. Da heißt es dann vermutlich seitens der Waage: »Das müssen wir doch jetzt nicht festlegen.« »Warten wir es doch ab.« Alles schön und gut, doch eine Waage, die ein Kind bekommt, ohne es wirklich zu

»VERLIEBT IN DIE LIEBE – TYPISCH FÜR DIE WAAGE.«

gehen als als Single. In fast jeder Entscheidungssituation – ob es sich um den Kauf eines Hauses oder die Frage handelt, ob man lieber Kaffee oder Tee trinkt – heißt es: »Sag du, was wir machen sollen«, »Ach, Schatz, was meinst du dazu?« oder »Du liegst doch mit deiner Wahl immer richtig.« In solchen Fällen sollte man die Waage besser davon überzeugen, dass man bestimmte Entscheidungen gemeinsam treffen muss und, wichtiger noch, dass es zu weiteren Problemen führt,

wollen, wird die Elternschaft wahrscheinlich als Last empfinden. Ist der Kinderwunsch jedoch ausgeprägt, dann sind Waagegeborene gute Eltern. Sie neigen allerdings dazu, ihre Kinder zu verwöhnen, damit sie selbst in Ruhe gelassen werden. Dem Kind wird es gefallen, und wenn es schlau ist, wird es die Situation ausnützen. Entgegen ihrer Neigung sollte eine Waage die Fragen eines Kindes immer klar beantworten. Und genauso wenig sollte man sagen: »Frag doch Papa/Mama.«

Kreative Waagen machen nicht selten in der Modebranche Karriere.

Waage in Erziehung, Beruf und Gelddingen

Schon als Kleinkind verfügt die Waage über viel Charme und findet schnell heraus, dass sie mit einem Lächeln bekommen kann, was sie will. Im Kindergarten setzt sie diese Taktik noch erfolgreicher ein. Wahrscheinlich bekommt sie auch den einen oder anderen Wutanfall, besonders wenn ein anderes Kind mit dem Spielzeug spielt, das sie gerne hätte. In dem Fall sollten Erzieher an den Sinn für Fairness des Waagegeborenen appellieren und ihm nahelegen, doch gemeinsam mit dem anderen Kind zu spielen. Das ist ideal, weil damit bereits das Bedürfnis, zu teilen und in einer Partnerschaft zu arbeiten, in positiver Weise angesprochen wird.

Die Unentschlossenheit der Waage findet sich schon beim Kind. Eltern müssen sie dazu bringen, sich zu entscheiden – zwischen Farben, zwischen Spielzeugen, zwischen allem.

In der Schule strengen sich diese Kinder sehr an, aber nur, wenn sie sich für den Unterrichtsstoff interessieren. Die Zeugnisse können entsprechend durchwachsen sein. Tun sie sich in einem Fach schwer, dann deshalb, weil sie das Fach oder aber den Lehrer nicht mögen. Manchmal muss man Waagekinder zu mehr Leistung anspornen.

An der Universität macht sich die lässige Lebensart der Waage womöglich erst richtig bemerkbar. Da werden Prüfungsvorbereitungen aufgeschoben, denn man konzentriert sich lieber auf soziale Aktivitäten und das Liebesleben. Die Abschlussnoten können da schon enttäuschend sein. Manche Waagegeborene mögen schweißtreibende Sportarten, und viele sind hervorragende Ruderer, doch all das lenkt nur vom Studium ab.

Teilen und miteinander abwechseln, das gefällt schon dem Waagekind.

WAAGE UND BERUF

Wo es um Luxuswaren oder etwas Glamouröses geht, da sind Waagegeborene richtig aufgehoben. Die Kreativen unter ihnen arbeiten oft als Modedesigner, Kosmetikerinnen oder Hairstylisten. Auch Innendekoration kommt für sie infrage.

Viele Models sind waagebetont. Wer mit einer Modelkarriere liebäugelt, sollte aber bedenken, dass dieser Job sehr anstrengend ist und sehr viel Disziplin erfordert, auch wenn alles so leicht aussieht. Zum Glück sind die meisten Waagegeborenen sehr wettbewerbsorientiert, und das ist in jedem Beruf eine gute Voraussetzung.

Waagen, die über musikalisches Talent verfügen, träumen nicht selten von der Mitgliedschaft in einer Popgruppe oder einem Streichquartett

DAS WAAGEKIND UND DISZIPLIN

Mit seinem Charme und der gewinnenden Art bringt es ein Waagekind weit – ob im Kindergarten oder in der Schule. Selbst die strengsten Lehrer finden den Charme der Waage unwiderstehlich, weshalb Bestrafungen weniger hart ausfallen und Waagekinder öfter gelobt werden als andere Kinder. Aufgrund ihres bezaubernden Wesens ist man schnell versucht, sie über die Maßen zu verwöhnen. Wenn Waagen in einer bestimmten Entwicklungsphase beim geringsten Anlass zu Wutanfällen neigen, dann deshalb, weil man ihnen zuvor alles durchgehen ließ. Daher ist es wichtig, sie von früh auf an Disziplin zu gewöhnen.

»EINE WAAGE LEGT WERT AUF GERECHTIGKEIT.«

oder von einer Karriere als Backgroundsänger. Jedenfalls sind sie in kleineren Ensembles besser aufgehoben als in einem Symphonieorchester.

Waagen, die sich in der Modeschule besonders für Hüte interessieren,

Gerechtigkeit ist ein zentrales Thema der Waage. Nicht von ungefähr sind viele Juristen unter ihnen zu finden.

könnten in diesem exklusiven Bereich großen Erfolg haben und sollten sich nicht davon abschrecken lassen, dass dieser Berufszweig heute zu den exotischen und seltenen gehört. Sie könnten ebenfalls als Kostümbildner arbeiten.

Waagegeborene, die in einem Beruf oder einer Branche Karriere machen, tun sich nicht selten mit der damit verbundenen Einsamkeit schwer. Privilegien hin, höheres Einkommen her – richtig aufblühen können Waagen nur, wenn sie mit ihren Kollegen in freundschaftlichem Kontakt bleiben. Dabei bedarf es ihres Taktgefühls, um zu verhindern, dass es heißt, sie würden sich auf andere verlassen und der ihnen übertragenen Verantwortung nicht gerecht werden.

Wenn Waagegeborene im Büro eines großen Unternehmens oder in einem Kaufhaus (da zieht es sie besonders hin) arbeiten, dann sind sie über alle Maßen bestürzt, wenn es zu Konflikten kommt oder die Unternehmenspolitik zu Unruhe in der Belegschaft führt. Ihre Partner sollten sie dann nach Möglichkeit ablenken.

In einigen besonders interessanten Fällen macht sich der Einfluss des Zeichens, das der Waage gegenüber liegt, nämlich des Widders, bemerkbar: In den Horoskopen einiger berühmter Generäle ist die Waage stark betont. Dass sie sich von einem Leben als Soldat angezogen fühlen, liegt weniger, wie man vermuten könnte, an einer gewissen Aggressivität als an ihrem Sinn für Gerechtigkeit. Aus demselben Grund fühlen sie sich auch zu juristischen Berufen hingezogen. Viele gute Rechtsanwälte sind unter dem Tierkreiszeichen Waage geboren.

Ein guter Geschäftspartner gehört dazu, wenn ein Waagegeborener ein Ladengeschäft eröffnet.

WAAGE UND GELD

Waagen geben gern Geld aus nach dem Motto »Shoppen bis zum Umfallen«. Die organisatorische Seite der privaten Finanzen einschließlich der jährlichen Steuererklärung langweilt sie enorm. Aber natürlich wollen sie Frieden mit dem Finanzamt, sodass sie all die Formulare schließlich doch ausfüllen – oder aber einen Steuerberater damit beauftragen.

An der Börse könnte ihnen ihre Unentschlossenheit zum Nachteil gereichen, weil sie sich gute Gelegenheiten entgehen lassen, weshalb sie auch hier einen vertrauenswürdigen Ratgeber brauchen. Wenn Waagegeborene in Branchen investieren, an denen sie interessiert sind, etwa ihr Lieblingskaufhaus oder einen Kosmetikkonzern, dann lassen sie sich wirklich darauf ein. Die Intuition der Waage (die gemeinhin von Astrologen übersehen wird) kommt hier zum Zug. Waagegeborene sollten auf das hören, was ihre Intuition ihnen zu sagen hat. In den meisten Fällen wird sie sie nicht im Stich lassen.

Allerdings sind Waagen schnell bereit, ein finanzielles Risiko einzugehen, wenn sie von einem Unternehmen oder Projekt sehr begeistert sind. Gründet ein lieber Bekannter ein Geschäft, dann unterstützen sie ihn in ihrer Euphorie vielleicht stärker, als es ihnen gut tut. Sie riskieren dabei, dass sie viel Geld verlieren, weil sie die tatsächliche Tragkraft des Vorhabens ausblenden. Generell gilt: Niemals sollte man alles auf eine Karte setzen. Bei Waagen ist die Gefahr groß, dass sie Entscheidungen umgehen, etwa wie sie ihr Geld auf verschiedene Projekte aufteilen könnten.

Waagegeborene sollten sich nach Möglichkeit nicht alleine selbstständig machen, denn ihr Bedürfnis nach einem Partner ist im Beruf genauso stark wie im Privatleben. Wenn eine Waage etwa gerne im Vordergrund steht und präsentiert, dann könnte sie im Verkauf oder Vertrieb ihre Idealbesetzung finden. Der perfekte Partner ist der ruhende Pol hinter den Kulissen, der aufpasst, dass die Waage nicht die Bodenhaftung verliert, der das Konto führt und hinsichtlich Expansion und Personalpolitik klare Anweisungen gibt. So ein Partner ist unverzichtbar, damit der extrovertierten, charmanten Waage die Last der in ihren Augen langweiligen Seiten der Unternehmensführung von den Schultern genommen ist.

»BEI INVESTITIONEN KOMMT DIE INTUITION DER WAAGE ZUR GELTUNG.«

WAAGE, ASZENDENT UND HIMMELSMITTE

Die Himmelsmitte stellt den Teil des Tierkreises dar, der zum Zeitpunkt unserer Geburt genau über uns stand (Näheres dazu auf *S. 304–306*). Besonders, wenn es um unseren Beruf geht, identifizieren wir uns mit dem Zeichen der Himmelsmitte oder aber wir streben nach seinen Eigenschaften. Die folgenden Kombinationen von Aszendent und Himmelsmitte für Waage-geborene sind die einzig möglichen – sowohl in nördlichen wie in südlichen Breiten. Ihren Aszendenten und die Himmelsmitte können Sie den Übersichten auf den Seiten 344–347 entnehmen.

ASZENDENT WIDDER
und Himmelsmitte in:

Steinbock Sehr ehrgeizig. Selbstständigkeit mit Partner ideal.

Wassermann Liebt das glamouröse Leben. Luxusgüter, Kosmetikbranche, Modeln, wissenschaftliche Forschung.

ASZENDENT STIER
und Himmelsmitte in:

Steinbock Architektur, Blumengeschäft, Bank- und Finanzwesen. Musikalität.

Wassermann Archäologie, Fernsehbranche, freie Mitarbeit oder selbstständig mit einem Partner.

Fische Fußspezialist, Schuhdesign, Ernährungsberater, Juwelier. Arbeitet hart.

ASZENDENT ZWILLINGE
und Himmelsmitte in:

Widder Assistent in einer Kunstgalerie. Braucht Herausforderung und Wandel.

Stier Kreative Tätigkeit im eigenen Studio. Modedesign.

Wassermann Medien, gute Fernsehpräsenz. Antiquitätenhandel.

Fische Tänzer, Entertainer, Make-up-Artist. Kunsthandwerk.

ASZENDENT KREBS
und Himmelsmitte in:

Widder Militär. Entschlossener Geschäftsmensch. Kommt zu Geld und genießt es.

Stier Kinderkrankenschwester. Grundschullehrer. Kosmetikerin. Braucht Sicherheit.

Wassermann Aromatherapeut, Masseur, Geburtshilfe, Steward. Fürsorglich.

Fische Krankenpflege, Koch, Gastronom, Innendekorateur. Kreativ und fantasievoll.

ASZENDENT LÖWE
und Himmelsmitte in:

Widder Hervorragend in der Kommunikation. Medienbranche. Braucht im Beruf und bei der Arbeit einen Partner.

Stier Einzelhandel. Verkaufstalent. Braucht Sicherheit.

Fische Sehr kreativ. Bildende Kunst, Tanz, Schauspiel, Luxuswaren, Modeln.

ASZENDENT JUNGFAU
und Himmelsmitte in:

Stier Guter Geschäftssinn, schneller Verstand, Landwirtschaft, eventuell ungewöhnliche Tierzucht. Gartenbau.

Zwillinge Exzellent im Verkauf von Luxuswaren und teurer Kosmetik. Kann präsentieren. Lebhafte Persönlichkeit.

ASZENDENT WAAGE (MIT WAAGESONNE)
und Himmelsmitte in:

Krebs Sozialberuf: Krankenpflege, Wohltätigkeit, Spendensammler. Ist emotional mit dem Beruf befasst.

Löwe Kann gut organisieren. Arbeit im Hotel, beispielsweise an der Rezeption. Partnervermittlungsagentur.

ASZENDENT SKORPION
und Himmelsmitte in:

Krebs Ingenieur, Koch, Barkeeper, medizinischer Beruf. Hellsichtig, muss aber lernen, damit umzugehen.

Löwe Will unbedingt mit seinem hervorragenden Geschäftssinn zu Geld kommen. Braucht einen Geschäftspartner.

Jungfrau Beziehungscoach, Gärtner, Lehrer, Beschäftigungstherapeut.

ASZENDENT SCHÜTZE
und Himmelsmitte in:

Jungfrau Medienbranche, Arbeit mit älteren Menschen. Braucht Herausforderungen.

Waage Erfolgreich, wird eventuell prominent. Arbeit mit Tieren, Pferdetrainer. Ist schwungvoll bis kühn.

Skorpion Enorm zielstrebig. Verbrechensbekämpfung.

ASZENDENT STEINBOCK
und Himmelsmitte in:

Löwe Banker, Bildhauer, Bauarbeiter oder Architekt. Muss die Früchte seiner Arbeit sehen.

Jungfrau Osteopath, Börsenfachmann, Buchhalter. Braucht berufliche Sicherheit.

Waage Buchhändler oder Verleger. Immobilien, Auktionator. Musikalisches Talent.

Skorpion Chemie, Museumskurator, Ingenieur. Arbeit mit Metall, Restaurator.

ASZENDENT WASSERMANN
und Himmelsmitte in:

Jungfrau Fähig zu Detailarbeit. Originell und fantasiereich.

Waage Erfolgreich im Bereich Kunst, Mode oder Theater.

Skorpion Brillant und stur. Finanz- oder Weinbranche, Polizei.

Schütze Liebt das Abenteuer. Reisebranche, Universitätsdozent, Geograf. Braucht ständige intellektuelle Anregung.

ASZENDENT FISCHE
und Himmelsmitte in:

Schütze Muss in Berufsangelegenheiten entschlossen und diszipliniert sein. Hat großes Talent, etwa um originelle Accessoires herzustellen. Fotograf.

»Der Skorpion lechzt nach Konflikten, und sein Geist hat seine Freude daran.«

Manilius (1. Jahrhundert n. Chr.)

Skorpion

Was einem durchschnittlichen Skorpion an emotionaler und physischer Energie zur Verfügung steht, ist schon fast alarmierend. Sie sollte positiv eingesetzt werden. Skorpione können ihre Vitalität in ihrer Sexualität zum Ausdruck bringen, müssen aber hier, wie in anderen Bereichen, Zwanghaftigkeit vermeiden.

SKORPION ALS SONNENZEICHEN

Dieses Tierkreiszeichen wurde in der Vergangenheit ab und an als »schlechtes« Zeichen gewertet. Das ist natürlich Unsinn. Jedes Tierkreiszeichen besitzt sowohl positive als auch negative Eigenschaften. Das gilt für den Skorpion nicht mehr und nicht weniger als für alle anderen. Der Skorpion ist machtvoll und besitzt das höchste physische und emotionale Energiepotenzial des Tierkreises. Menschen mit Skorpionbetonung im Horoskop – sei es als Sonnenzeichen, Mondzeichen oder Aszendent – haben große Ressourcen, die ihnen ein enormes Potenzial verleihen.

Darstellung des Monats November im Stundenbuch *Très Riches Heures du Duc de Berry* (1416). Links oben im Himmelsgewölbe ist der Skorpion abgebildet.

Sonnenzeichen-Skorpione verfügen über außerordentlich viel Energie, die sie unbedingt in eine positive Richtung lenken müssen. Das kann geschehen, indem sie einen Beruf wählen, der ihren ganzen Einsatz fordert. Passiert das nicht, stagniert die Energie, und die betreffende Person fühlt sich nicht ausgefüllt und ist ruhelos, was bis in die Depression führen kann. Wenn die starken Skorpionemotionen unterdrückt werden, kann sich der negative Skorpionaspekt Bahn brechen: die Eifersucht, die sich nicht selten mit Verbitterung paart. Im Extremfall kann die Eifersucht des Skorpions zu Gewalttätigkeit führen.

Der Skorpion auf der Kalenderseite für Oktober in dem reich illustrierten *Bedford-Stundenbuch* (Frankreich, um 1423)

SKORPION
Symbol Skorpion
Sonnenzeichen
24. Oktober – 22. November
Herrscherplanet Pluto, früher Mars
Element Wasser
Qualität Fix
Polarität Negativ
Körperbereich Geschlechtsorgane
Pendant Stier

Die meisten skorpiongeborenen Menschen sind unglaublich ehrgeizig. Sie haben einen enormen Drive, und es drängt sie geradezu »nach oben«. Haben sie erst einmal ihr Ziel im Leben gefunden, verfolgen sie es entschlossen und hartnäckig. Ihre Gedanken sind tief und scharfsinnig, und sie verfügen über eine genaue Beobachtungsgabe. Tatsächlich ist es bei ihnen wie bei Sherlock Holmes: Nichts entgeht ihnen.

Skorpione gelten als die Menschen mit dem größten Sexappeal unter den Tierkreiszeichen. Man mag meinen, dass ihre Sexualität ihnen nur noch wenig Zeit für anderes lässt. Dem ist aber nicht so. Wenn man genau hinsieht, wird man erkennen, dass die meisten Skorpione mehr als genug Energie für ein erfülltes Leben haben. Da gibt es die begnadete Hausfrau, die rund um die Uhr für ihre Familie da ist und die Wohnung tipptopp in Schuss hält, oder den Mann mit dem zeitraubenden Job, dessen Herz außerdem an seinem Garten, seinem Boot oder seiner Modelleisenbahn hängt.

SKORPION ALS ASZENDENT

Wenn zur Geburt der Skorpion im Osten aufgeht, beeinflusst dies das gesamte Geburtshoroskop. Es energetisiert das Sonnenzeichen und verstärkt die Gefühle, was meist ein Vorzug ist. Handelt es sich jedoch um ein »cooles« Sonnenzeichen – etwa Jungfrau, Steinbock oder Wassermann –, dann könnte der Hang, die Gefühle auszuleben, mit der rationalen, logischen Herangehensweise im Widerstreit liegen. Der Skorpion bringt auf jeden Fall Elan, der besonders wertvoll ist, wenn er sich in Übereinstimmung mit anderen Horoskopfaktoren befindet.

Skorpionaszendenten erforschen sich mit Leidenschaft selbst. Viele unterziehen sich zu diesem Zweck einer Psychoanalyse. Ihr Ansinnen, echte oder eingebildete Schwierigkeiten in ihrem Leben zu lösen, ist lobenswert, solange es nicht zur Besessenheit wird.

Der Körper

Traditionell werden dem Skorpion die Geschlechtsorgane zugeordnet. Vielleicht ist sein Ruf, sexbesessen zu sein, darauf zurückzuführen. Wie auch immer, der vom Aszendenten und in gewissem Maß auch der vom Sonnenzeichen beherrschte Körperbereich ist stets anfällig. Deshalb sollten Menschen, die sexuell sehr aktiv sind und häufig wechselnde Partner haben, nie ungeschützten Sex haben. Frauen sollten regelmäßig einen Abstrich machen und

Der Skorpion gilt als das Tierkreiszeichen mit dem größten Sexappeal – die Schauspielerin Goldie Hawn ist Skorpion.

Männer sich ebenfalls regelmäßig auf Hodenkrebs untersuchen lassen.

Gerade Skorpiongeborene werden häufig Sport treiben – ideal sind alle Ausdauersportarten. Wassersport, schnelle Mannschaftssportarten und fernöstlicher Kampfsport liegen ihnen ganz besonders. Das hohe körperliche Energiepotenzial der Skorpione sucht seine Entsprechung in sportlicher Aktivität. Das ist auch gut so, weil Skorpione eine Vorliebe für gutes Essen und guten Wein pflegen. Auf diese Weise bleibt sie ohne Folgen.

Die Athletik und die Adrenalinausschüttung, die man beim Wellenreiten erlebt, sind genau das Richtige für die überbordende Energie der Skorpiongeborenen.

SKORPION ALS MONDZEICHEN

Ein Skorpionmond ist ein machtvoller Faktor. Er verleiht Tiefgang. Die emotionale Energie befindet sich gleichzeitig auf sehr hohem Niveau. Die Reaktion auf bestimmte Situationen wird in einer der beiden im Folgenden dargestellten Weisen zum Ausdruck kommen: Entweder ist der Skorpionmond extrem ruhig und grüblerisch und hält sich zurück, bis der seiner Meinung nach richtige Zeitpunkt gekommen ist, etwas zu unternehmen und sich zu äußern. Oder er reagiert unmittelbar und verweist die anderen zornig auf ihre Plätze – wenn Widder, Löwe, Schütze oder Stier das Sonnen- oder Aszendentenzeichen sind. Die Neigung, überzureagieren und Situationen zu dramatisieren, ist beträchtlich. Fühlt sich der Skorpionmond unter Druck gesetzt, kann er auch eifersüchtig oder verärgert bis beleidigt reagieren.

Entschlossenheit

Bei allem, was einen Menschen mit Skorpionmond interessiert, wird er zum Kern vorstoßen wollen. Er ist ein Perfektionist und wird erst ruhen, wenn er eine Sache so gut wie irgend möglich erledigt hat. Das kann etwas Besitzergreifendes haben, kommt jedoch gewöhnlich nur in ganz bestimmten Situationen vor. Diesem Charakterzug kann er mit anderen Horoskopfaktoren begegnen.

Gleichzeitig kann der Skorpionmond sexuelle Bedürfnisse betonen sowie eine gewisse sexuelle Impulsivität. Natürlich kann das eine vergnügliche Angelegenheit sein. Doch wenn der Drang übermächtig wird, besteht nicht nur die Gefahr, dass der Betreffende den falschen Partner wählt, sondern auch, dass er sich mit einer lebensbedrohlichen Krankheit ansteckt. Im besten Sinne spricht diese Platzierung für eine positive Betonung der Sexualität und eine aufregende Erotik.

Die Wirkung des fixen Zeichens

Wenn ein Mensch mit Skorpionmond ein faules Kind hat, kann es sein, dass er versucht, es mit strenger Disziplinierung oder gar mit Einschüchterung zu erziehen. Was immer der Skorpionmond als verwerflich ansieht, kann bei ihm drastische Reaktionen hervorrufen. Er wird etwa für harte Bestrafung von Kriminellen eintreten, was so weit gehen kann, dass andere es schwierig finden, sich mit ihm darüber zu unterhalten, geschweige denn, ihn von einer gemäßigteren Meinung zu überzeugen. Skorpion ist ein fixes Zeichen. Das spricht nicht eben für eine Beweglichkeit des Denkens. Tatsächlich ist es meist schwierig für andere, eine Gesinnungsänderung beim Skorpionmond zu bewirken.

Das schweißtreibende Squashspiel tut nicht nur der Freundschaft mit einem Skorpion gut, sondern auch der Gesundheit.

Skorpion als Freund, Liebhaber und Lebenspartner

Skorpione gehen vorsichtig an eine Freundschaft heran. Ehe ein Bekannter wirklich zum Freund wird, prüfen sie ihn genau, um ganz sicher zu gehen, dass es Gemeinsamkeiten gibt. Ist das Band erst gefestigt, können sie die gemeinsam verbrachte Zeit ausgiebig genießen. Skorpione neigen dazu, aufs Ganze zu gehen, und sie werden ihre Freunde dazu auffordern oder animieren, sich im Beruf oder bei ihren Hobbys mehr anzustrengen. Sie lieben außerdem gutes Essen und guten Wein.

Ein Skorpion ist der ideale Sportsfreund: weil er motivieren und mitreißen kann, aber auch, weil der Skorpion mit seiner Energie einen wirklich anspruchsvollen Sparringspartner abgeben kann.

Vertrauen

Wenn Skorpione schweigsam oder missmutig werden, dann vielleicht deshalb, weil sie Sorgen haben, über die sie nicht reden wollen. Damit sie sich öffnen können, müssen sie sich erst der Vertrauenswürdigkeit ihrer Freunde versichern. Es ist ein Leichtes, Skorpione dazu zu bewegen, über Alltagsprobleme zu sprechen. Doch bei seit Langem bestehenden, tief sitzenden psychologischen Problemen sollten wir sie unbedingt dazu ermutigen, sich einer Therapie zu unterziehen.

Man muss sehr taktvoll vorgehen, will man einem Skorpion beibringen, dass man gelegentlich auch Zeit mit anderen Menschen verbringen will. Skorpione können leicht eifersüchtig werden. Daher muss man ihnen diesen Sachverhalt sorgsam erklären, wenn die Beziehung dadurch keinen Schaden nehmen soll. Der Hinweis, man wolle sich mit anderen Freunden treffen, ist aber auch ein guter Test. Wenn der Skorpion schweigt, ist das Problem ungelöst. Strahlt er glücklich, hat man gewonnen. Wenn Skorpione hoch erfreut sind, werden sie eine Flasche Champagner öffnen. Sie lieben guten Wein, wollen Spaß haben und einen guten Eindruck machen.

SKORPION UND DIE LIEBE

Wenn Skorpione sich verlieben, dann richtig! Sie sind nicht nur sexuell leidenschaftlich, sondern auch emotional. Dabei hat ihre Zuneigung zum Partner beinahe etwas Zwanghaftes. Umgekehrt erhoffen sie sich von ihrem Partner ebenfalls eine hohe Emotionalität.

Champagner passt zu Skorpionen, die Kultiviertheit und Lebensfreude in sich vereinigen.

Eine Liebe, die nicht erwidert wird, ist eine Herausforderung für einen Skorpion. Leicht geben sie sich nicht geschlagen. Sie verfolgen ihren Angebeteten verbissen und lassen nichts unversucht, um eine positive Reaktion zu bekommen.

Eine Affäre mit einem Skorpion ist ganz gewiss keine leichte Brise. Eher gleicht sie einem überaus angenehmen Sturm. Momente der Glückseligkeit gibt es ebenso wie Streitereien und schwierige Phasen. Soll sich die Beziehung vertiefen, so müssen die Beteiligten sich diesen Problemen stellen und sie lösen.

Die Eifersucht des Skorpions ist sehr häufig die Ursache von Problemen. Im akuten Fall wird er extrem besitzergreifend. Er will ganz genau wissen, was der Geliebte gemacht hat. Das kann beim Partner zu echter Beklemmung führen und ihn daran hindern, sein eigenes Leben zu leben. Natürlich sind die Ängste des Skorpions oft völlig ungerechtfertigt, doch das muss der Partner erst mal beweisen … Bei dem Argwohn des Skorpions bedarf es großer Überzeugungsarbeit.

Ende einer Beziehung

Eine Beziehung mit einem Skorpion zu beenden, kann sehr schwierig sein. Er wird sich festklammern, in der Hoffnung, noch einmal von vorne beginnen zu können, besonders, wenn ihn wegen eines eigenen Fehlers Schuldgefühle plagen. Wenn er jedoch selbst genug hat, dann kann das Ende der Beziehung den Partner völlig überraschen. Und er tut gut daran, einzusehen, dass der Skorpion keinerlei Interesse daran hat, ihm beim Heilen der Wunden zu helfen. Die Beziehung ist ein für alle Mal zu Ende. Der Grund für die Trennung könnte sein, dass sich der Skorpion für jemand anderen interessiert, der ihm jetzt viel attraktiver zu sein scheint.

SKORPION IN DAUERHAFTEN BEZIEHUNGEN

Die Entschlossenheit und Zielgerichtetheit des Skorpions kommt noch heftiger zum Ausdruck, wenn er beschließt,

PLUTO IN SKORPION – EIN ENERGIESCHUB

Skorpione, die zwischen 1984 und 1995 geboren wurden, sollten intensiv lernen, um ihre Energie optimal zu fokussieren.

Skorpione, die in den Jahren 1984 bis 1995 geboren wurden, sollten unbedingt intensiven Studien nachgehen, andernfalls werden ihre Energie und ihr Potenzial fehlgeleitet. In den genannten Jahren lief Pluto durch den Skorpion, »sein« Zeichen. Dessen Charakteristiken hat er hervorgehoben. Menschen mit einem Skorpionaszendenten haben besonders ausgeprägte Skorpioneigenschaften, weil Pluto in Aszendentennähe ist. Das verleiht ihnen viel Talent, doch sollten sie sich intensiv einem Wissensbereich oder einer Sportart widmen, um das Beste aus ihrer enormen Energie zu machen.

sich fest zu binden. Der Skorpion wird alles nur Erdenkliche dafür tun, dass die Beziehung erfolgreich wird. Dazu gehört, dass er sich mit aller ihm zur Verfügung stehenden Energie den praktischen Belangen widmen wird, wie eine Wohnung zu finden und diese einzurichten.

Wenn beide Partner berufstätig sind, müssen sie klare Vereinbarungen treffen, um dem Argwohn und dem Misstrauen des Skorpions vorzubeugen. Denn wenn der Partner spät von der Arbeit kommt, sorgt sich der Skorpion kaum um dessen Wohlbefinden – viel eher treibt ihn die Frage um: »Mit wem ist er/sie zusammen?« Diese Eifersucht nagt an ihm, denn automatisch geht er davon aus, dass der andere ihn betrügt.

Zweisamkeit und Sexualität

Viel Zeit in Harmonie miteinander zu verbringen ist für jede Beziehung wichtig, doch für Skorpione gilt das noch mehr als für andere Tierkreiszeichen. Idealerweise teilen beide Partner ein Hobby miteinander, sei dies eine Sportart oder eine kreative Tätigkeit wie Fotografie. Vielleicht interessieren sich beide für Genealogie und erforschen die Stammbäume ihrer Familien. Gleichzeitig sollten sie sich aber genügend Freiräume lassen, damit sich keiner der Partner eingeengt fühlt. Gerade diese fragile Konstruktion von Nähe und Freiraum oder Distanz in der Beziehung muss von Anfang an einwandfrei geklärt sein, sonst wird es im Lauf der Beziehung an diesem Punkt immer wieder Probleme geben. Dafür bedarf es dann so manches klärenden Gesprächs, und der Partner wird den Skorpion in seiner Eigenart akzeptieren müssen.

»ZWISCHEN DEM SKORPION UND SEINEM PARTNER MUSS ES SEXUELL STIMMEN.«

In einer dauerhaften Beziehung ist ein befriedigendes Sexualleben enorm wichtig – für den Skorpion steht es ganz oben auf der Prioritätenliste. Wer einen Skorpion liebt, sollte es auf jeden Fall vermeiden, beim Sex in Routine zu verfallen. Sorgen Sie für Abwechslung und Überraschungen im Bett, das wird den Skorpion bei der Stange halten. Für den Skorpionliebhaber gehören Experimente und Veränderungen in der Sexualität einfach dazu. Wer in seiner Sexualität eher zurückhaltend und wenig experimentierfreudig ist oder Sex vielleicht sogar nicht so wichtig findet, der wird mit einem Skorpion etwas überfordert sein.

Zu starken Gefühlsausbrüchen neigt schon der kleine Skorpion.

Skorpion in Erziehung, Job und Gelddingen

Eltern eines Skorpions werden sehr schnell merken, dass ihr Kind ausgesprochen viel Energie hat, und dass es viel emotionaler reagiert als andere Kinder, wenn es sich nicht wohlfühlt oder ein Wehwehchen hat. Skorpionkinder widmen sich allem, was ihre Aufmerksamkeit erregt, mit großer Ausdauer und Neugier.

Im Kindergarten könnte es Probleme geben, weil sie so besitzergreifend sind, vor allem, wenn es um Spielzeug geht. Die Energie, mit der sie an alles herangehen, übersteigt die anderer Kinder bei Weitem.

Skorpione sind sehr besitzergreifend, wenn es um Spielzeug geht.

Ein Skorpion sollte kleinere und überschaubare Aufgaben bekommen, ob im Kindergarten oder zu Hause. Das gilt ganz besonders, wenn das Skorpionkind ein neues Geschwisterchen bekommt. Es sollte so früh wie möglich auf die Veränderung vorbereitet werden. Das Skorpionkind muss wissen, dass es die Zuneigung der Eltern nicht an das neue Baby verlieren wird. Sonst könnte es eifersüchtig auf sein Geschwisterchen reagieren.

Wenn ein junger Skorpion ruhig und missgelaunt ist, dann hat er ein Problem. Allerdings wird man ihn kaum dazu bringen, darüber zu reden. Fragt man ihn danach, wie es in der Schule läuft, wird er sagen: »Alles okay.« Wenn es dort doch Probleme geben sollte, dann müssen die Eltern gemeinsam mit den Lehrern herausfinden, wo die Ursachen liegen könnten.

Orientierung bieten

Diese Kinder brauchen feste Strukturen in ihrem Leben. Sie haben überhaupt nichts gegen Disziplin und Ordnung, weshalb ihnen eine Schule, die den Schülern viele Freiheiten einräumt, gar nicht so besonders liegt.

Skorpione können hart arbeiten. Auf Prüfungen bereiten sie sich gründlich vor. Den Schlüssel zum Erfolg haben sie schnell erkannt: Sie konzentrieren sich auf wenige, aber wichtige Themen.

Die sexuellen Bedürfnisse der Skorpiongeborenen sind in jungen Jahren ebenso ein Thema wie im Alter. Ihre Gedanken kreisen beinahe immer um die Befriedigung ihrer Sexualität und das ist natürlich zeitraubend: Gar nicht so einfach, diese Triebhaftigkeit mit den Anforderungen der Ausbildung, ob an der Universität oder in einem Lehrbetrieb, unter einen Hut zu bekommen. Aber es mangelt den Skorpionen glücklicherweise nicht an Intelligenz und gesundem Menschenverstand.

SKORPION UND BERUF

Ob sie nun ein erfolgreicher Banker werden oder einen Handwerksberuf ergreifen (die Bandbreite ist bei Skorpionen groß) – sie müssen sich mit Herz und Verstand in die Arbeit einbringen können. Ist ihr Job recht eintönig, dann brauchen sie ein umso anregenderes Hobby. Manche Skorpione wollen unbedingt viel Geld verdienen und ordnen diesem Ziel alles andere unter. Doch weit häufiger, wenngleich Wohlstand für sie immer wichtig ist, stehen die aktuelle Arbeit oder das Hobby im Vordergrund.

Spezialisten

Skorpione tauchen ganz tief in die Materie ein, wenn sie ein Thema fasziniert. Während bei manchen – den Generalisten – die Interessensgebiete breit gestreut sind, tun sich andere als Spezialisten hervor, die sich hervorragend darauf verstehen, einer Sache auf den Grund zu gehen. Unter ihnen findet man Detektive, Forscher Gerichtsmediziner, Psychotherapeuten, Ermittler und übrigens auch Kriminelle.

Viele Skorpione ergreifen auch einen Beruf in der Handelsmarine oder in der Seefahrt. Sie sind hervorragende Ingenieure und oft Weinspezialisten (eventuell auch als Hobby).

Die meisten Skorpione sind überaus ehrgeizig. Sie können Verantwortung übernehmen und scheuen weder harte Arbeit noch unwirtliche Lebensbedingungen, wie man sie etwa auf einer Baustelle oder einer Ölbohrinsel vorfindet.

Techniker – eine hervorragende Berufswahl für Skorpione

GESUND LEBEN

Skorpione arbeiten hart dafür, dass es ihrem Partner und ihren Kindern an nichts fehlt. Dieselben hohen Ansprüche, die sie an sich stellen, verlangen sie auch ihren Kindern ab. Deshalb sollten Skorpioneltern darauf achten, dass sie in der Erziehung nicht zu streng sind. Es ist hervorragend, wenn sie ihren Kindern Mut machen und sie bei ihren Unternehmungen anfeuern, aber mit Kritik sollten sie äußerst sparsam umgehen. Wenn sie ihren Nachwuchs nach Kräften loben, können Skorpiongeborene die ihnen eigenen Emotionen ausleben – hier tun sie einen guten Dienst.

Mit einem Skorpion-Elternteil lautet die Devise: Immer alles geben – auch im Spiel.

Als Vorgesetzte sind Skorpione sehr anspruchsvoll und streng. Sie erwarten von ihren Mitarbeitern vollen Einsatz und dulden keine Schlamperei. Dabei gehen sie immer mit gutem Beispiel voran. Sie werden stets die Ersten sein, die am Arbeitsplatz erscheinen. Auch lassen Sie es nicht an Anerkennung fehlen. Engagement bei anderen würdigen und belohnen sie, und das kommt dem ganzen Team zugute.

Skorpione neigen, gerade was den Beruf anbelangt, zu einem zwanghaften Verhalten. Da kann es leicht passieren, dass die Familie das Nachsehen hat. Wenn der Partner das nicht mehr hinnehmen will, muss er diesen Punkt ansprechen und Lösungsvorschläge präsentieren. Ein Skorpion sollte sich dieser Problematik unbedingt bewusst sein, insbesondere wenn er sich auf eine Beziehung einlässt, oder eine Familie gründen will.

SKORPION UND GELD

Skorpione, die sich in Geldangelegenheiten auf ihre Intuition verlassen, liegen richtig. Skorpionsonne, -mond und -aszendent haben den richtigen Dreh heraus für die passende Investition. Sie interessieren sich generell für den Finanzteil der Zeitung und beobachten aufmerksam das Geschehen an der Börse. Oft wissen sie intuitiv ganz genau, wann der richtige Zeitpunkt für den An- oder Verkauf von Aktien gekommen ist. Es kommt häufiger vor, dass Skorpione ihr ganzes Vermögen aufs Spiel setzen und dann alles verlieren. In einer solchen Situation kommt eine andere Facette der Persönlichkeit des Skorpions zum Vorschein: Nun ist die Zeit gekommen, das finanzielle Gerüst der eigenen Existenz von Grund auf neu zu errichten. Vorausgesetzt, dass sie der Vergangenheit

»SKORPIONE HABEN EINEN GEWISSEN HANG ZUR ZWANGHAFTIGKEIT.«

Der Schriftsteller Dylan Thomas (geb. am 27. Oktober 1914) besaß die skorpiontypische Passion und Leidenschaft.

nicht allzu lange nachtrauern, können Skorpione sich ganz auf die Zukunft konzentrieren. Sie gehen dabei besonnen vor und planen langfristig.

Geheimniskrämerei
Skorpione tragen ihr Herz ganz gewiss nicht auf der Zunge. Insbesondere über ihre finanzielle Situation hüllen sie sich gern in Schweigen – auch gegenüber dem Ehepartner. Das geht sogar so weit, dass sie die Höhe ihres Gehalts verheimlichen. Geld ist eine der häufigsten Konfliktquellen zwischen Partnern und kann die Beziehung stark belasten.

Zwar sind Skorpione bekannt dafür, dass sie genaue Vorstellungen davon haben, wieviel, wo und wann sie investieren, doch wird sie auch interessieren, welche Branchen sich über lange Jahre als ertragreich erwiesen haben: Bergbau, Kohle und Mineralöl, Waffen, Fischfang, Weinhandel und Lebensmittelgewerbe. Wem die Börse zu riskant ist, der sollte es mit langfristigen Geldanlagen probieren. Regelmäßige Beiträge bei geringem Risiko abzuführen ist sinnvoll. Wenn sie eine Police abschließen, können sie ihren Lebensstil überdenken und gegebenenfalls Änderungen vornehmen.

»SKORPIONE REDEN NUR SEHR UNGERN ÜBER IHRE FINANZIELLE SITUATION.«

Ein Skorpion, der in guten Wein investieren möchte, wird sich vielleicht für die Produkte eines Weingutes im Loiretal interessieren.

SKORPION, ASZENDENT UND HIMMELSMITTE

Die Himmelsmitte stellt den Teil des Tierkreises dar, der zum Zeitpunkt unserer Geburt genau über uns stand (Näheres dazu auf *S. 304–306*). Besonders, wenn es um unseren Beruf geht, identifizieren wir uns mit dem Zeichen der Himmelsmitte oder aber wir streben nach seinen Eigenschaften. Die folgenden Kombinationen von Aszendent und Himmelsmitte für Skorpiongeborene sind die einzig möglichen – sowohl in nördlichen wie in südlichen Breiten. Ihren Aszendenten und die Himmelsmitte können Sie den Übersichten auf den Seiten 344–347 entnehmen.

ASZENDENT WIDDER
und Himmelsmitte in:

Steinbock Ehrgeizig. Eventuell aggressiver Verhandlungspartner.

Wassermann Originell im Beruf. Erfolgreich, doch der Starrsinn kann den Fortschritt behindern.

ASZENDENT STIER
und Himmelsmitte in:

Steinbock Affinität zum Land oder zur See. Arbeitet hart. Gut wäre eine Geschäftspartnerschaft.

Wassermann Exzellenter Orientierungssinn. Mag erzwungene Veränderungen gar nicht. Gut im Einzelhandel und im Bankwesen.

Fische Sollte in einem überschaubaren Umfeld arbeiten. Geeignet für kreative Tätigkeit.

ASZENDENT ZWILLINGE
und Himmelsmitte in:

Widder Eventuell Jobwechsel. Unruhig, guter Kommunikator. Geeignet für die Medien.

Stier Medizinischer Beruf, alternative Therapien. Musikalisch.

Wassermann Arbeitet hart. Originelle Herangehensweise. Eine Fluglinie oder die IT-Branche kommt infrage.

Fische Schneller Verstand, aber trotzdem tiefe Gedanken. Detektivarbeit, Forschung.

ASZENDENT KREBS
und Himmelsmitte in:

Widder Hat Sinn fürs Finanzielle. Risikofreudig. Militär, Krankenpflege oder Profisportler.

Stier Vermag ein Familiengeschäft in Partnerschaft aufzubauen. Ein Büro zu Hause wäre gut.

Wassermann Sozialberuf, etwa medizinische Forschung. Archäologie.

Fische Geburtshilfe, Erzieher, Lehrer, Historiker, Fischereibranche, Schiffbau oder Segeln.

ASZENDENT LÖWE
und Himmelsmitte in:

Widder Kann mit schwierigen Bedingungen umgehen. Führungsqualität. Tapfer.

Stier Stur und konventionell. Exzellenter Geschäftssinn. Bankwesen, Management. Eventuell kreativ und musikalisches Talent.

Fische Zoll- oder Gefängnisbeamter, Tierarzt, Zoologe.

ASZENDENT JUNGFAU
und Himmelsmitte in:

Stier Wein- oder Lebensmittelhändler, Immobilienmakler. Verkaufstalent.

Zwillinge Enthüllt Fakten. Geeignet für die Medien, investigativer Journalismus, Detektiv oder Spion.

ASZENDENT WAAGE
und Himmelsmitte in:

Krebs Ein Kenner, Konservator, besessener Sammler. Verdient Geld und gibt es auch wieder aus.

Löwe Kunstorientiert. Entwickelt seine Begabung womöglich nicht vollständig.

ASZENDENT SKORPION (MIT SKORPIONSONNE)
und Himmelsmitte in:

Krebs Medizinischer Beruf, Marine, Polizei. Entschlossen.

Löwe Hat Erfolg. Hervorragender Geschäftssinn, jedoch stur und dogmatisch. Arbeitet sehr hart, Organisationstalent.

Jungfrau Medizinische Forschung, Chirurg, Psychotherapeut, Programmierer, Detektiv. Eventuell detailversessen.

ASZENDENT SCHÜTZE
und Himmelsmitte in:

Löwe Unternimmt viele Kulturreisen. Studiert gern. Guter Lehrer.

Jungfrau Bibliothekar, Literaturagent, Tätigkeit in der Verlagsbranche, Buchhalter.

Waage Ist gerecht. Sportberuf, Jura, diplomatischer Dienst oder Tierarzt. Kann raffiniert sein.

Skorpion Arbeitet lieber im Hintergrund. Klug, intellektuell.

ASZENDENT STEINBOCK
und Himmelsmitte in:

Löwe Exzellenter Unternehmer. Politik ist für ihn interessant, eventuell Regierungsbeamter.

Jungfrau Stadtplaner, Architekt, Bauarbeiter, Zahnarzt.

Waage Erfolg mit der Selbstständigkeit – als Kosmetikerin, Optiker, Chemiker oder mit PR-Arbeit.

Skorpion Eventuell Bekanntheit in einem typischen Skorpionberuf. Kann gut Spendengelder auftreiben.

ASZENDENT WASSERMANN
und Himmelsmitte in:

Waage Modeln oder Werbung. Kreativ. Weiß ausgefallene Berufe zu schätzen.

Skorpion Plastische Chirurgie oder wissenschaftliche Forschung. Gute Orientierung, aber etwas exzentrisch.

Schütze Gastgewerbe, Jura, Geograf. Findet seinen Weg nicht leicht. Stur, kann aber sehr erfolgreich sein.

ASZENDENT FISCHE
und Himmelsmitte in:

Schütze Bedürfnis zu reisen. Erfolg im Ausland ist sehr wahrscheinlich. Interesse an Spiritualität.

»Der Schütze stattet die Glieder mit Kraft aus und den Geist mit Scharfsinn, rascher Auffassungsgabe und Stärke.«

Manilius (1. Jahrhundert n. Chr.)

Schütze

Für den Schützen ist »Freiheit« mehr als ein Wort – er kann nicht ohne sie existieren. Und er braucht Herausforderungen, sei es in der Arbeit oder in Beziehungen. Schützegeborene lieben das Leben, hassen es, eingeengt zu werden und langweilen sich mit Menschen, die »zum Lachen in den Keller gehen«.

SCHÜTZE ALS SONNENZEICHEN

Der Kentaur, jenes mythische Wesen mit Pferdeleib und dem Oberkörper eines Mannes, ist das Symbol des Schützen. Immer wird er mit Pfeil und Bogen abgebildet: Ein deutlicher Hinweis auf die Schützepersönlichkeit. Menschen, die unter diesem Tierkreiszeichen geboren sind, schießen einen Pfeil nach dem anderen ab, um entweder sich selbst oder anderen eine herausfordernde Aufgabe zu stellen.

Exakt auf den Punkt, an dem der Pfeil landet, richten sie ihre Konzentration. Ist die Angelegenheit erledigt, wenden sie sich dem nächsten Ziel zu. Der Pfeil kann eine provokante Bemerkung in einem Streit oder einer Diskussion sein, eine innere Aufforderung, um die persönliche sportliche Leistung zu steigern, oder der Ehrgeiz, an einem bedeutenden Projekt mitzuwirken.

Schützegeborene sind lebhafte, positive und optimistische Menschen. Vor allem ihre eigenen Belange locken bei ihnen Begeisterungsstürme hervor, aber sie legen auch Leidenschaft an den Tag, wenn es darum geht, anderen Menschen Mut zu machen. Ähnlich den im Zeichen Widder, ebenfalls einem Feuerzeichen, geborenen Menschen sind sie risikofreudig – allerdings nur, solange sie jung sind.

Darstellung des Monats Dezember im Stundenbuch *Très Riches Heures du Duc de Berry* (1416). Links oben im Himmelsgewölbe ist der Schütze abgebildet.

SCHÜTZE

Symbol Kentaur
Sonnenzeichen
23. November – 21. Dezember
Herrscherplanet Jupiter
Element Feuer
Qualität Veränderlich
Polarität Positiv
Körperbereich Hüfte, Oberschenkel, Leber
Pendant Zwillinge

Der Schütze auf der Kalenderseite für November in dem reich illustrierten *Bedford-Stundenbuch* (Frankreich, um 1423)

Schnelle Autos faszinieren die Menschen seit jeher. Doch Vorsicht: Schützen sind besonders unfallgefährdet.

Schützen sind tendenziell sorglos. Wenn sie riskante Sportarten treiben oder schnell Auto fahren, ist die Unfallgefahr daher groß. Je stärker ihr intellektuelles Potenzial entwickelt ist, desto eher nimmt die ihnen eigene Sorglosigkeit ab. Im Prinzip gibt es zwei Arten von Schützen: die sportlichen, risikofreudigen einerseits und die intellektuellen andererseits. Einige bleiben der einmal eingeschlagenen Linie das ganze Leben lang treu, doch die Mehrzahl entwickelt sich vom Draufgänger zum Intellektuellen. Ist dieser Wandel erst einmal vollzogen, können sie ihre positiven Eigenschaften zum Ausdruck bringen.

Schütze gehört neben Zwillinge und Fische zu den dualen Zeichen des Tierkreises. Die Dualität ist sein hervorstechendes Merkmal, das ihm eine enorme Anpassungsfähigkeit verleiht. Daher besteht die Neigung, zu schnell von einer Aufgabe zur nächsten zu wechseln, auch wenn sich diese stark voneinander unterscheiden. Das führt allerdings häufig dazu, dass weder die eine noch die andere Aufgabe zu Ende gebracht wird. Schützen sollten sich diesem Handicap stellen und strikt nach Plan vorgehen: Bei Aufgabe A bleiben, bis sie erledigt ist und sich erst dann an Aufgabe B machen. Auf diese Weise werden sie weit mehr Befriedigung aus ihren Tätigkeiten ziehen und Stress vermeiden.

SCHÜTZE ALS ASZENDENT

Der Wunsch nach Herausforderungen ist bei Schützeaszendenten sogar noch größer. Diese Menschen können das Potenzial ihres Sonnenzeichens zur Gänze ausschöpfen, allerdings nur unter der Voraussetzung, dass sie ihre Begeisterungsfähigkeit nicht zu unvorsichtigen Handlungen verleitet. Wurde in der Kindheit ihr Mut gefördert, dann sind sie imstande, immer weiter zu kommen und ihre Ziele zu erreichen.

Wie Menschen mit Schützesonne sind auch jene mit Schützeaszendent ausgesprochen vielseitig. Wenn sie das richtig einzusetzen wissen, ist es ein großer Vorzug, der ihrem Auftritt Schwung verleiht. Ihr Leben wird von einer großen Bandbreite an Interessen und Engagements geprägt. Auch dramatische Veränderungen in der beruflichen Entwicklung sind häufig anzutreffen. Schützeaszendenten lassen sich ganz und gar auf ein Projekt ein, so lange es läuft, doch sowie es zu Ende geht, stürzen sie sich voller Enthusiasmus auf die nächste Herausforderung.

Sie sind bereit, sich selbst zu hinterfragen und herauszufinden, was sie antreibt. Sie verfügen über eine objektive Selbsteinschätzung. Das ihnen von Natur aus gegebene Einfühlungsvermögen reicht weit über die eigene Person hinaus, hin zu einem Verständnis für die Natur des Menschen generell.

Die Kehrseite

Wenn es keine oder kaum Herausforderungen gibt, sackt die überschäumende Persönlichkeit des Schützeaszendenten in sich zusammen und er wird deprimiert

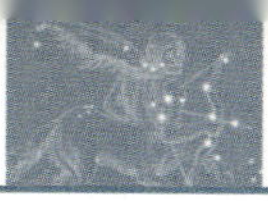

und ruhelos. Doch am Tiefpunkt angelangt, pflegt er nicht besonders lange den Müßiggang. Hat er gerade keine Arbeit, so wird er alles daran setzen, eine neue zu finden. Wenn er deprimiert ist, weil eine Beziehung zu Ende geht, wird er sich umgehend auf die Suche nach einem neuen Partner begeben. Auch wenn gerade kein interessanter Partner aufzutreiben ist – die Hoffnung des Schützeaszendenten stirbt zuletzt. Er wird jedenfalls nicht Trübsal blasen, sondern das Leben genießen.

Wenn er arbeitslos ist, steckt ein Schützeaszendent viel Energie in die Suche nach einem neuen Job.

SCHÜTZE ALS MONDZEICHEN

Menschen mit Schützemond reagieren auf jede Situation mit Optimismus und Begeisterung. Sie haben ein extrem breit gefächertes Verständnis für Situationen und können auch prompt reagieren. Allerdings schauen sie manchmal über Probleme und Komplikationen hinweg oder reden sie sich schön. Details interessieren sie wenig. Sich darum zu kümmern überlassen sie lieber anderen. Der Drang, immer weiter zu kommen, wird besonders an ihrem ungeduldigen Fahrstil deutlich – sie können es zum Beispiel nicht ausstehen, an einer roten Ampel zu warten – und an der Zielstrebigkeit, mit der sie berufliche wie private Ziele verfolgen.

»SCHÜTZEN HABEN EINE POSITIVE LEBENSEINSTELLUNG.«

Hoch hinaus – ab und davon!

Von allen Mondzeichen hegt der Schützemond am meisten Hoffnung und Optimismus. »Sieh das Leben von der positiven Seite« – dieser Satz könnte von ihm stammen. So bewunderungswürdig das ist, er muss doch einen Ausgleich schaffen. Wenn nicht andere Planeten ein Gegengewicht bilden, kann der Überschwang des Schützemonds in blinden Optimismus ausarten, und das ist ein negativer Zug. Menschen mit dieser Mondstellung neigen dazu, gleichgültig auf Ideen, Vorschläge und Probleme zu reagieren, die ihnen von anderen dargelegt werden. Das kann irritierend sein und erweckt den nachhaltigen Eindruck, sie seien nur an ihren eigenen Angelegenheiten interessiert. Darüber sollte sich ein Schützemond im Klaren sein. Hat er erst einmal eingesehen, wie sein Verhalten bei anderen ankommt, wird er die Dinge gleich richtigstellen wollen.

Ein ruheloser Geist

Beim Schützemond ist mit hoher Wahrscheinlichkeit Ruhelosigkeit und der ständige Wunsch nach Veränderungen gegeben. Dies kann zu einer tiefen Unzufriedenheit führen, die mit negativen Emotionen und einem Gefühl der Hilflosigkeit einhergeht, vielleicht sogar einem vorübergehenden Verlust an Selbstvertrauen.

Schützegeborene sollten stets auf Beständigkeit in ihren Bemühungen achten. Gelingt ihnen das, dann können sie ihre intellektuellen Fähigkeiten weiterentwickeln und ihr ganzes Potenzial entfalten.

An der roten Ampel zu warten, mag der vorwärts orientierte Schütze gar nicht.

Schützegeborene sind die Bogenschützen und Reiter des Tierkreises: Freigeister, leidenschaftlich und ungestüm.

Schütze als Freund, Liebhaber und Lebenspartner

Mit einem Schützefreund hat man immer Spaß. Er macht einem Mut und spornt einen an. Er sorgt dafür, dass wir unsere Ziele mit Optimismus verfolgen.

Wenn ein Schütze und sein Freund oder seine Freundin zunächst keine gemeinsamen Interessen haben, wird sich das schnell ändern. Schließlich verfügt der Schütze über viel Überzeugungskraft, und der Funke seiner Begeisterung wird schnell auf seine Freunde überspringen.

Sportlich oder intellektuell

Nirgendwo kommt die Tatsache, dass es zwei Arten von Schützegeborenen gibt, deutlicher zum Ausdruck als in ihren Freundschaften. Auch hier haben wir den sportlichen und den intellektuellen Typ. Wenn wir gerne an der frischen Luft sind, wandern, Rad fahren oder campen, dann kommen unsere sportlichen Schützefreunde zum Zug. Die Freundschaft zu einem sportlichen Schützen hält uns fit. Er wird dafür sorgen, dass die Besuche im Fitnessstudio von Erfolg gekrönt sein werden. Wir geben alles, um beim Spinning noch ausdauernder zu werden und um die schwersten Yogastellungen zu meistern. Traditionsgemäß sind Schützegeborene die Bogenschützen und Reiter des Tierkreises. Wenn sie diese Sportart tatsächlich ausüben, dann sind sie darin bestimmt besonders gut.

Büchernarren hingegen werden sich lieber mit den intellektuellen Schützegeborenen zusammentun. Da werden sie bald feststellen, dass der Schütze etwas von einem ewigen Studenten hat. Auch wenn sie nicht unsere Lehrer oder Dozenten sind, können wir etwas von unseren intellektuellen Schützefreunden lernen. Sie werden uns in der ihnen eigenen Weise ermuntern und uns auf unserem Weg auch mal kleine Herausforderungen bieten, damit wir weiterkommen. Mit ihnen auf Reisen zu gehen, ist spannend, wenngleich eine eher spartanische Angelegenheit. Allzu viel Geld wollen sie nicht für Hotels ausgeben. Stattdessen reisen sie lieber abseits der ausgetretenen Pfade, zum Beispiel an einen Ort fern der Zivilisation. Oft finden ihre Reisen auch im Kopf statt, was ihr Bedürfnis nach neuen, faszinierenden Lernerfahrungen zufriedenstellt.

Trekking an fernen Orten, jenseits von Luxus und Zivilisation – das mögen Schützen, wenn sie reisen.

SCHÜTZE UND DIE LIEBE

Schützen sind voller Leidenschaft und haben keine Probleme damit, ihre Gefühle zum Ausdruck zu bringen. »Im Eifer des Gefechts« kann es schon passieren, dass sie eine Beziehung schneller vertiefen wollen, als es angemessen ist. In diesem Punkt unterscheiden sie sich von vielen anderen Tierkreiszeichen. Und auch wenn sich der oder die Angebetete geschmeichelt fühlt und sich am Ende auf das Werben einlässt, so sollte der Schütze doch etwas Geduld an den Tag legen, um zu vermeiden, dass man ihm die kalte Schulter zeigt.

Schützen flirten gerne und nehmen ihr Liebesleben nicht wirklich ernst. Ähnlich dem gegenüberliegenden Zeichen, Zwillinge, ist es gar nicht ungewöhnlich, dass der Schütze von Zeit zu Zeit mehr als eine(n) Geliebte(n) hat. Wenn man ihn dabei ertappt, so wird er sich wortreich zu entschuldigen wissen. Dennoch kann diese Neigung sein Leben schwierig machen und ihm unnötige Probleme bescheren.

Es ist sehr wichtig, dass ein Schütze mit seinem Partner über die Leidenschaft und das Begehren hinaus Vieles gemeinsam hat. Das Paar sollte sich viel zu sagen haben, miteinander ausgehen und andere gemeinsame Dinge tun, die als Vorspiel für ein leidenschaftliches Liebesspiel dienen. Schützegeborene sind generell energiegeladen, und Beziehungen mit ihnen sind intellektuell wie körperlich fordernd. Sie bringen ihre Geliebten auf Zack. Wenn man da nicht mithalten kann, gucken sie sich schnell nach einer neuen Verbindung um.

Neues Territorium erobern

Egal, um welchen Lebensbereich es sich handelt – Schützen lieben es, ihr Territorium zu erweitern. Sofern ihr Liebesleben davon betroffen ist, sollten sie sich vor Augen halten, dass das Gras auf anderen Weiden auch nicht grüner ist, egal wie üppig es dort wächst.

HÜFTE, OBERSCHENKEL UND DER »KATER« DES SCHÜTZEN

Hüfte und Oberschenkel sind die Körperteile, die dem Schützen zugeordnet werden. Schützefrauen neigen dazu, gerade an diesen Stellen zuzunehmen. Alle Schützen lieben deftiges Essen, was eine gewisse Korpulenz fördert. Auch die Betonung der Leber ist von großer Bedeutung, da ein üppiges Essen meist mit einer gehörigen Menge Alkohol einhergeht. Schützen, die gelegentlich mehr als ein Glas Wein trinken, sollten sich darüber im Klaren sein, dass bei ihnen die Leber anfällig ist. Der »Kater« eines Schützen ist besonders unangenehm.

Ihre Vorliebe für reichhaltiges Essen schlägt sich an Hüften und Oberschenkeln nieder.

Schützegeborene sind eher selten eifersüchtig oder besitzergreifend. Das mag daher rühren, dass sie selbst gern von derlei Ansprüchen des Partners unbehelligt bleiben. Um sich dieses Freiheitsgefühl zu erhalten, ist ihre Einstellung zu einer Partnerschaft sehr entspannt. Sollte der Partner eifersüchtig sein, so behagt das dem Schützen überhaupt nicht, und er wird bald Schluss machen.

SCHÜTZE IN DAUERHAFTEN BEZIEHUNGEN

Miteinander Interessen zu teilen, ist in einer dauerhaften Beziehung mit einem Schützen vielleicht am allerwichtigsten. Die Palette ist breit gestreut: seien es gemeinsame Unternehmungen oder gemeinsame Fachkenntnisse, wobei es sich nach Möglichkeit nicht um dasselbe Fachgebiet handeln sollte, sondern um sich ergänzende Gebiete. Andernfalls könnte gegenseitige Konkurrenz ein Problem werden. Auf jeden Fall ist das Potenzial zu Glück, Lebendigkeit und Spaß in einer Beziehung gegeben, vorausgesetzt, ein starkes Band verbindet beide Partner (über den Sex hinaus). Es ist eine Binsenweisheit, dass Schützen zu ihrem Partner Freundschafts- und Liebesbande gleichermaßen brauchen, damit ihre Beziehung sich weiterentwickeln kann und aufregend bleibt. Trübsal und Langeweile ertragen sie nicht.

Platz zum Atmen

Mit Enge jeglicher Art kommt ein Schütze ganz und gar nicht zurecht. Wenn sich ein Netz um ihn schließt, wird er rebellieren und dagegen ankämpfen. Es macht ihn geradezu verrückt, wenn er dauernd Rechenschaft darüber ablegen muss, wo er gewesen ist oder warum er sich so viel um sein Hobby kümmert, statt dem Partner mehr Aufmerksamkeit zu schenken. Das führt dann zu dramatischen, emotional geladenen Szenen. Der Schütze wird so eine Situation nicht sehr lange aushalten und bald das Weite suchen. Das Gleiche gilt für eine Schützefrau, die eintönige Hausarbeit machen muss oder für ihre Beziehung ihren Beruf aufgibt, um anschließend ein in ihren Augen langweiliges Leben ohne größere Herausforderungen zu führen. Das wird sie nicht lange aushalten, ganz egal, wie sehr ihr an der Karriere ihres Partners gelegen ist. Sie wird frustriert sein, weil sie nicht ebenso vorankommt. Nur da, und sonst nirgends im Leben eines Schützen – es sei denn, andere Horoskopfaktoren sprechen dafür –, kann Eifersucht die Oberhand gewinnen.

»EIN SCHÜTZE MAG ES GAR NICHT, WENN DER PARTNER EIFERSÜCHTIG IST.«

Eintönige Hausarbeit wird die Schützefrau auf Dauer nicht ausfüllen.

Schon als Baby ist der Schütze glücklich.

Schütze in Erziehung, Beruf und Gelddingen

Die Eltern eines kleinen Schützen merken sehr schnell, dass sie ein extrem lebhaftes, anstrengendes Kind haben. Es hat aber nicht öfter schlechte Laune als andere Kinder. Insgesamt sind Schützen schon als Babys glücklich, lächeln jeden und alles an, insbesondere wenn sie schon sitzen und alles beobachten können. Gerne werfen sie kleine Sachen aus dem Buggy, und wir niederen Kreaturen dürfen sie dann bitteschön aufheben – nur um festzustellen, dass sie das gleiche Spiel mit dem nächsten Passanten machen.

Die Vorschule liegt den kleinen Schützen sehr. Sie sind früher als andere Kinder lernbereit. Man sollte ihnen aber unbedingt bald den Unterschied zwischen begeistertem, energiegeladenem Spiel einerseits und Toben andererseits klar machen. Wird Letzteres nicht unter Kontrolle gehalten, so ist das Kind später viel schwieriger zu disziplinieren, wenn es die Wildheit bewusst einsetzen kann, auch wenn es dabei kichert und lacht.

Kleinen Schützen muss man erklären, wie man etwas richtig macht und weshalb welche Regeln einzuhalten sind.

Schultage

Eine Schule mit vernünftigen Regeln, auf der man außerdem individuelle Potenziale und Talente fördert, eignet sich sehr gut für ein Schützekind. Hält es eine Regel jedoch für unangebracht, ist die Chance, dass es sie befolgt, gleich null. Es ist daher wichtig, dass ihm der Grund dafür erklärt wird, selbst wenn es sich bei den Ausführungen langweilt.

Schon zu Schulzeiten machen sich bestimmte Begabungen bemerkbar, und Lehrer tun gut daran, das Kind in dieser Richtung zu fördern, sodass es sich weiterentwickeln kann. Das mag wie eine Binsenweisheit klingen, aber für diese Kinder ist es besonders wichtig. Ist ihr inneres Feuer erst einmal entzündet, so kann es kräftig und hell brennen. Hierin liegen auch die Wurzeln für eine lebenslange Faszination für bestimmte Themen.

Schützekinder müssen beizeiten dazu angehalten werden, auch den Details Aufmerksamkeit zu schenken. Fast immer sind sie unbekümmert im Umgang mit Prüfungsvorbereitungen, und da sollte man gegensteuern.

Im Verlauf der Universitätsausbildung können Schützegeborene aufblühen, und es ist mehr als wahrscheinlich, dass sie den ewigen Studenten geben. Selbst wenn sie sich eher zum Sport als zur Wissenschaft hingezogen fühlen, ist doch ein Universitätsstudium überdurchschnittlich beliebt. Auch eine längere Zeit im Ausland im Rahmen der Ausbildung ist ebenso willkommen wie sinnvoll.

William Blake besaß die schützetypische Vielseitigkeit und vereinte in seinem Schaffen Literatur und Malerei.

SCHÜTZE UND BERUF

Hat sich ein Schütze einmal für eine bestimmte Laufbahn entschieden, so kommt ihm zugute, dass er jeden Schritt, der ihn seinem Ziel näher bringt, deutlich vor Augen hat. Wenn er beispielsweise Jurist werden will, weiß er, dass ein langes Studium und viele Prüfungen vor ihm liegen, aber dass es sich am Ende lohnen wird. Einengende Arbeitsbedingungen, das sollte ihm klar sein, hindern ihn ernsthaft daran, zufrieden im Job zu sein. Unter dem Zeichen des Schützen Geborene brauchen unbedingt Herausforderungen und auch die Möglichkeit, Initiative zu ergreifen und von unwichtigen Sachen nicht belastet zu werden. Sie suchen einen Schuss Abenteuer in allem, und sogar wenn über ihre Festanstellung Ungewissheit besteht, vermögen sie dem etwas Aufregendes abzugewinnen.

Schützen, die beabsichtigen, sich selbstständig zu machen, sollten sicherstellen, dass sie genügend Selbstdisziplin haben, um nicht plötzlich das Handtuch zu werfen, nur weil sie eine neue Idee reizt oder ein Projekt, das an sie herangetragen wurde. In solchen Fällen kann den Schützen seine Begeisterungsfähigkeit mitreißen.

Berufswahl

Wie anderen Tierkreiszeichen auch, bietet sich Schützen ein breites Spektrum an Berufsmöglichkeiten. Diejenigen, die einen Faible für Sport haben, können als Trainer, Lehrer oder Sportjournalisten arbeiten. Jene mit einer Vorliebe für Pferde und Hunde könnten sich mit Tieren beschäftigen, vielleicht als Tierärzte. Auch zu publizieren kann ihre Berufung sein, ebenso eine Tätigkeit in einer Bibliothek oder einer Buchhandlung.

SCHÜTZEN ALS ELTERN

Schützegeborene sind ganz wunderbare Eltern, denn sie besitzen ein großes Talent, ihren Kindern von klein auf Anregungen zu bieten. Allerdings kann es sein, dass sich der Schützeelternteil, besonders wenn er alleinerziehend ist, langweilt, solange das Kind noch nicht richtig reden kann. Daher sollten Schützeeltern, sobald es nach der Geburt möglich ist, auch Raum für eigene Interessen haben. Gleichwohl ist die Entwicklung seines Kindes für den Schützen eine faszinierende Angelegenheit. Voller Neugier beobachtet er sein Kind und ermutigt es, auf die verschiedensten Anregungen zu reagieren.

Auch zu lehren kommt infrage. Ganz allgemein gesagt, eignen sich Schützegeborene weniger für die Arbeit im Kindergarten, sondern eher als Lehrer für Kinder ab elf Jahren aufwärts. Idealerweise werden sie Dozenten an der Universität oder in einem anderen Bereich der Erwachsenenbildung. Viele haben eine Sprachbegabung und spezialisieren sich im Bereich Fremdsprachen.

Besteht eine künstlerische Begabung, ist die schützetypische Vielseitigkeit von großer Hilfe. Ob Maler oder Designer, Sänger oder Musiker – viele Möglichkeiten bieten sich an. Des Weiteren sind die Medien interessant, die Welt der Wissenschaft sowie die Reisebranche.

Über die Jahrhunderte gab es eine enge Verbindung zwischen der Kirche und diesem Tierkreiszeichen. Schützen, die sehr gläubig sind und Priester oder Pfarrer werden wollen, können, wenn sie eines Tages einzelnen Gemeindemitgliedern oder gar der ganzen Gemeinde unterstützend zur Seite stehen, zu Erfüllung und Freude gelangen.

»SCHÜTZEN SIND SEHR BEGEISTERUNGSFÄHIG.«

Schützen fühlen sich von der Kirche angezogen.

SCHÜTZE UND GELD

Viele Schützen finden es faszinierend, »Geld zu machen«, doch die meisten von ihnen haben Freude an einer Arbeit, die weit mehr beinhaltet, als nur langweilige Börsenbewegungen im Auge zu behalten. Da bei diesem Tierkreiszeichen eine überdurchschnittlich große Risikofreude besteht, ist der Spielerinstinkt entsprechend ausgeprägt. Die einen versuchen ihr Glück mit Aktien, die anderen kaufen regelmäßig einen Lottoschein, wieder andere genießen die Aufregung, bei Pferderennen zu wetten. Solange sie das im Griff haben und nicht zulassen, dass sie mehr verlieren, als sie sich leisten können, ist alles in Ordnung. Aber Spielsucht kann ein ernsthaftes Problem werden, wenn Jupiter, ihr Herrscherplanet (*siehe S. 226*), sich an bestimmten Stellen im Geburtshoroskop befindet.

Wie auch immer der finanzielle Hintergrund oder die Einstellung zu Geld aussieht – sobald sich ein Schütze dafür entscheidet, in eine bestimmte Branche zu investieren, tritt sein Enthusiasmus zutage. Es wäre nicht gut, wenn er sich für ein Unternehmen, in das er investiert, nicht begeistern könnte und wenn ihm das, was aus seinem hart verdienten Geld wird, nicht am Herzen läge. Normalerweise

»SCHÜTZEN SOLLTEN NUR MIT PARTNER UNTERNEHMERISCH TÄTIG WERDEN.«

nimmt ein Schütze an der jährlichen Hauptversammlung teil, unterbreitet eigene Vorschläge und bekommt Zustimmung – wenn nicht von den Angestellten, so doch zumindest von den anwesenden Aktionären.

Wird ein Schütze unternehmerisch tätig, so sollte er das nicht alleine tun. Er sollte einen Geschäftspartner haben, und zwar vorzugsweise einen, der sich um die Finanzen kümmert, während der Schütze Produkte verkauft oder Dienstleistungen an den Mann bringt.

Wo es sich lohnt zu investieren

In welchen Bereichen können die unter dem Tierkreiszeichen Schütze Geborenen lohnende Investitionen tätigen? Und wofür interessieren sie sich? Die Reisebranche und Hotelketten sind hier ebenso interessant wie lukrativ. Solange die Treibstoffpreise nicht ins Unermessliche steigen, können auch Investitionen in Fluglinien gewinnbringend sein. Schützen sollten mehr über große Verlagshäuser und Medienkonzerne herausfinden. Zinn ist das Jupiter und dem Schützen zugeordnete Metall, daher wäre eine Investition in diesem Bereich ebenfalls überlegenswert.

Kommen wir noch einmal auf das Spielernaturell des Schützen zurück: Wenn er ein Theater- oder Kinofreund ist, könnte es ihm Spaß machen, ein Theaterstück oder einen Film mitzufinanzieren. Aber in solche riskanten Unternehmen ernsthaft investieren sollten nur diejenigen, die viel Geld auf der hohen Kante haben, das zu verlieren sie sich im Zweifelsfall leisten können.

In die Reisebranche zu investieren, übt auf Schützen einen großen Reiz aus.

SCHÜTZE, ASZENDENT UND HIMMELSMITTE

Die Himmelsmitte stellt den Teil des Tierkreises dar, der zum Zeitpunkt unserer Geburt genau über uns stand (Näheres dazu auf *S. 304–306*). Besonders, wenn es um unseren Beruf geht, identifizieren wir uns mit dem Zeichen der Himmelsmitte oder aber wir streben nach seinen Eigenschaften.

Die folgenden Kombinationen von Aszendent und Himmelsmitte für Schützegeborene sind die einzig möglichen – sowohl in nördlichen wie in südlichen Breiten. Ihren Aszendenten und die Himmelsmitte können Sie den Übersichten auf den Seiten 344–347 entnehmen.

ASZENDENT WIDDER
und Himmelsmitte in:

Steinbock Betreibt seine Studien ernsthaft. Ehrgeizig. Jurist. Dozent.

Wassermann Braucht das Abenteuer. Mutig. Reisen sind wichtig. Pilot. Medienbranche.

ASZENDENT STIER
und Himmelsmitte in:

Steinbock Finanzen, Bankwesen. Braucht Sicherheit. Musikalisch. Ackerbau.

Wassermann Kreativ. Designer, Modeschöpfer, Möbeldesigner. Rundum erfolgreich.

Fische Recherchetätigkeit, Bibliothekar, Museumskurator, Restaurator.

ASZENDENT ZWILLINGE
und Himmelsmitte in:

Widder Geht gerne Risiken ein. Will schnelle Erfolge. Berufswechsel wahrscheinlich. Guter Verkäufer.

Stier Geschickt in alternativen Heilmethoden. Ernährungsberater, Kosmetikerin.

Wassermann Braucht Glamour und Aufregung. Geeignet für Film und Fernsehen oder als Reiseveranstalter.

Fische Braucht Abwechslung. Warmherzig. Eventuell. Arbeit mit Tieren. Geeignet für Partnerschaft in kleinem Unternehmen.

ASZENDENT KREBS
und Himmelsmitte in:

Widder Klug und geschäftstüchtig, neigt aber zu Risiko und Spielen. Sport, Militär, Medizin, Gastronomie oder PR-Arbeit.

Wassermann Eignet sich als Forscher, Lehrer, Krankenpfleger und Übersetzer.

Fische Tätigkeit im Ausland, etwa in Entwicklungsländern.

ASZENDENT LÖWE
und Himmelsmitte in:

Widder Führungsqualitäten. Sportler, Schauspieler, Auktionator, Rechtsanwalt. Gibt gerne an.

Stier Muss viel Geld verdienen und auch ausgeben. Bankwesen, Immobilienmakler oder Architekt.

Fische Literarische Begabung. Kann gut mit Kindern umgehen.

ASZENDENT JUNGFAU
und Himmelsmitte in:

Stier Gartenbau, Assistent, Dekorateur oder Sprachlehrer.

Zwillinge Journalist, Schriftsteller oder Forscher. Kommunikativ, gut im Verkauf.

ASZENDENT WAAGE
und Himmelsmitte in:

Krebs Erfolgreich in Gemeinschaftsunternehmen. Mode, Kosmetikbranche oder Trainer.

Löwe Juwelier oder Model. Viel Energie, aber für den Erfolg braucht es Entschlossenheit.

ASZENDENT SKORPION
und Himmelsmitte in:

Krebs Will zu Geld kommen. Finanz- oder Immobilienbranche.

Löwe Jemand, mit dem man rechnen muss. Sehr ehrgeizig. Erfolgreich, autokratisch und streng, hat aber Sinn für Humor.

Jungfrau Forschung. Detektiv, Literat, Analyst, Chirurg.

ASZENDENT SCHÜTZE (MIT SCHÜTZESONNE)
und Himmelsmitte in:

Löwe Enthusiastisch und optimistisch. Ist erfolgreich. Braucht Kraft- oder kreatives Training – Sport, Yoga oder Modern Dance.

Jungfrau Hoch motiviert. Hervorragend für Tätigkeit in den Medien geeignet. Kann Detailarbeit leisten. Reitet eventuell gern.

Waage Ruhelos. Braucht Anschub, um sein Potenzial auszuschöpfen. Genießt die schönen Dinge des Lebens.

Skorpion Große Visionen. Zu intellektuell fordernder Arbeit imstande. Forscher, Biograf oder Linguist.

ASZENDENT STEINBOCK
und Himmelsmitte in:

Löwe Sehr ehrgeizig. Kann gut organisieren, fordert als Chef viel. Jurist oder Dozent.

Jungfrau Ackerbau. Pflegeberuf. Eventuell musikalisch begabt. Ausgefallener Sinn für Humor.

Waage Nachdenklich, unentschieden, vielseitig. Vernünftig im Umgang mit Geld. Mit der Entschlossenheit kommt der Erfolg.

Skorpion Muss sich auf ein Thema konzentrieren, das viele Aspekte hat. Archäologie, Anthropologie oder Ägyptologie.

ASZENDENT WASSERMANN
und Himmelsmitte in:

Waage Reisebranche, Entertainer oder Kosmetikerin. Wünscht sich mehr Behaglichkeit auf der Erde.

Skorpion Konflikt zwischen moderner und konventioneller Lebensweise. Arbeitet hart. Ingenieur, Automobilindustrie, Bergbau.

Schütze Wird erfolgreich sein. Individualist. Muss sein Potenzial entwickeln. Dozent, Arbeit in der Medienbranche oder bei einer Fluglinie.

ASZENDENT FISCHE
und Himmelsmitte in:

Schütze Wird beruflichen Erfolg haben und damit sogar bekannt werden. Sollte nicht zu oft wechseln, und wenn, dann mit Grund.

»Die Schätze auszugraben, die in der Erde verborgen liegen, das entspringt dir.«

Manilius (1. Jahrhundert n. Chr.)

Steinbock

Ihr Pessimismus kann Steinböcke bremsen und sie auf dem Weg in Richtung ihrer Ziele behindern. Im besten Falle jedoch und mit Unterstützung von Familie und Freunden werden sie ihre Ziele souverän erreichen. Im Allgemeinen sind sie nicht emotional, dafür aber loyal und ausgestattet mit einem trockenen Humor.

STEINBOCK ALS SONNENZEICHEN

Wenngleich der Steinbock für gewöhnlich nicht als duales Tierkreiszeichen angesehen wird, so ist er doch ein aussichtsreicher Anwärter, denn sein Symbol ist der Ziegenfisch. Der Kontrast zwischen der Ziege und dem Fisch ist ganz offensichtlich. Ein bekannter britischer Astrologe meint, dass wir es hier mit der »Bergziege auf hohen Gipfeln« einerseits und dem »trägen Fisch« andererseits zu tun haben. Tatsächlich scheint es, dass Steinbockgeborene mehr Gegensätze in sich vereinen als Menschen anderer Tierkreiszeichen.

Darstellung des Monats Januar im Stundenbuch *Très Riches Heures du Duc de Berry* (1416). Links oben im Himmelsgewölbe ist der Ziegenfisch abgebildet.

Das Potenzial des Steinbocks, erfolgreich zu sein, ist enorm groß. Dennoch neigen sie trotz ihres Erfolgs oft zu Pessimismus. Steinböcke, die ihre Ziele nicht erreichen, können zu passionierten Nörglern werden. Sie schieben dann oft die Schuld dafür, dass sie nicht weiterkommen, auf ihren familiären Hintergrund, den nicht kooperativen Partner oder einen unmöglichen Chef.

Um es noch komplizierter zu machen: Es gibt unter ihnen nicht nur erfolgreiche Pessimisten, sondern auch erfolglose Optimisten! Letztere sind aber auch bewundernswert: Sie geben einfach nicht auf! Leider weigern sie sich aber auch hartnäckig, die Änderungen vorzunehmen, die ihnen endlich Erfolg bringen würden. Lieber

STEINBOCK

Symbol Ziegenfisch
Sonnenzeichen
22. Dezember – 20. Januar
Herrscherplanet Saturn
Element Erde
Qualität Kardinal
Polarität Negativ
Körperbereich Knie und Schienbein
Pendant Krebs

Der Ziegenfisch auf der Kalenderseite für Dezember in dem reich illustrierten *Bedford-Stundenbuch* (Frankreich, um 1423)

„STEINBÖCKE HABEN EINEN GANZ EIGENEN HUMOR.“

Der Komiker Rowan Atkinson besitzt den für Steinböcke typischen außergewöhnlichen Humor.

greifen sie nach Strohhalmen, wann immer sie können, lächeln tapfer und gehen unbeirrt auf demselben Pfad weiter.

Viele Steinböcke, denen es an Selbstvertrauen mangelt, täuschen Faulheit vor. Wenn sie dann doch ein Projekt angehen, kommen eine gehörige Portion gesunder Menschenverstand und Geduld zum Vorschein. Eigenschaften, die ihnen dabei helfen, entschlossen und gewandt die Berghänge zu erklimmen, die zu erobern sie beabsichtigen.

Die meisten Steinböcke haben einen sehr ausgefallenen Sinn für Humor. Das beste Beispiel dafür ist der englische Komiker Rowan Atkinson (»Mr. Bean«), der mit einer Steinbocksonne geboren wurde. Ältere Steinbockmänner sind sich oft gar nicht bewusst, dass sie uns zum Lachen bringen, und wenn sie es doch merken, wollen sie uns unser Lächeln zurückgeben, wobei ihre Mundwinkel nach unten weisen.

STEINBOCK ALS ASZENDENT

Manchmal sind Menschen mit Steinbockaszendent extrem selbstsicher. Manchmal wiederum fällt es ihnen sehr schwer, Durchsetzungsfähigkeit zu zeigen. Sicherlich haben sie, was es braucht, um ein Zeichen zu setzen und Erfolg zu haben. Doch ihr Wankelmut hält sie ernsthaft zurück, insbesondere wenn sie wichtige Bewerbungsgespräche oder Prüfungen vor sich haben. Da kann sich schon mal Niedergeschlagenheit einstellen, wenn sie feststellen, dass sie einen Fehler gemacht haben oder dass es ihnen nicht gelungen ist, den richtigen Eindruck zu hinterlassen. In der astrologischen Beratung sollte man sorgsam andere Bereiche des Geburtshoroskops untersuchen, um diesen Menschen zu helfen, mit ihrer Neigung zur Unentschlossenheit zurechtzukommen.

Der Herrscherplanet des Steinbocks, Saturn, ist für einige Schwächen dieses Tierkreiszeichens verantwortlich. Sein Einfluss macht sich in einer inneren Stimme bemerkbar, die mit negativen Einflüsterungen nicht hinterm Berg hält. Sie sagt etwa: »Sei doch nicht so dumm, über diese oder jene schwierige Aufgabe nachzudenken.« Die Betroffenen unterschätzen sich, ihre Leistungen, ihr Talent und ihre Fähigkeiten. Hatten sie noch dazu sehr strenge Eltern oder Lehrer, so ist diese Tendenz noch ausgeprägter. Steinbockaszendenten müssen lernen, Lob und Komplimente anzunehmen und daran zu glauben, dass diejenigen, die sie aussprechen, es ernst meinen und nicht übertreiben.

Körper und Geist

Steinbockaszendenten teilen den Sinn für Humor mit denjenigen, die die Sonne in diesem Zeichen haben. Sie sind aber etwas praktischer veranlagt und vernünftiger. Viele von ihnen sind auch einfühlsamer und haben eine soziale Ader, die sie von Zeit zu Zeit frei zum Ausdruck bringen.

Die dem Steinbock zugeordneten Körperteile – Knie und Schienbein – sind verletzungsgefährdet. Darüber hinaus neigen diese Menschen dazu, sich Sorgen zu machen, was sich negativ auf ihre Verdauung auswirken kann. Haut und Zähne sind empfindlich. Regelmäßige Zahnarztbesuche und Sonnenschutz mit hohem Lichtschutzfaktor sind für diese Menschen überaus wichtig. Körperliche Aktivität jenseits des Alltagstrotts sollten Steinbockaszendenten immer einplanen. Viel zu oft bleiben sie vor dem Computer hängen, wo sie doch die Berge und frische Luft so sehr lieben.

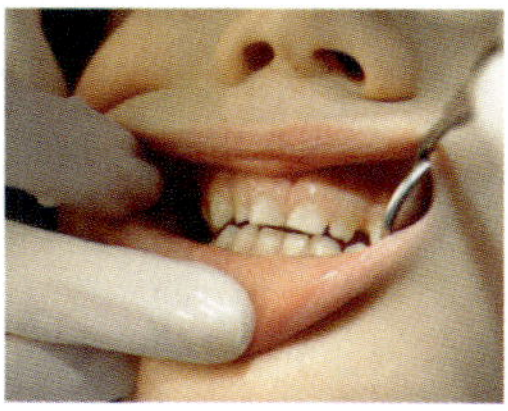

Regelmäßige Zahnarztbesuche sind für Steinböcke sehr wichtig.

Gerade Steinbockaszendenten streben oft nach materiellem Besitz. Sie sollten nicht vergessen, dass eine spirituelle Entwicklung ein wundervoller Ausgleich sein kann und auch zu einer inneren Ausgeglichenheit führt, die ihnen häufig abgeht. Auch von Yoga könnten sie profitieren – die Yoga-Asanas halten die Gelenke beweglich.

STEINBOCK ALS MONDZEICHEN

Die unmittelbare Reaktion von Menschen mit Mond im Steinbock ist eine betonte Besonnenheit. Das vermittelt den Eindruck, sie seien sehr distanziert. Ob dies tatsächlich der Fall ist, hängt von der Stellung der Sonne und des Aszendenten und von anderen Bereichen des Geburtshoroskops ab. Glücklicherweise bricht sich der Steinbockhumor sehr spontan Bahn und kann einen eventuell unvorteilhaften ersten Eindruck wieder wettmachen.

Die Tendenz zu meckern oder zu nörgeln kommt für gewöhnlich bei Kleinigkeiten zum Vorschein, zum Beispiel, weil

Steinböcke lieben Bergwanderungen, sofern sie sich von ihrer Arbeit losreißen können.

beim Kauf eines Reinigungsmittels die gewohnte Marke nicht erhältlich ist oder weil im Restaurant eine bestimmte Speise von der Karte gestrichen wurde. So eine übertriebene Reaktion kann aber auch einen Mangel an Selbstvertrauen überspielen oder dazu dienen, andere zu beeindrucken.

Menschen mit Steinbockmond verfügen oft über herausragende Fahrkünste.

Geschäftssinn

Ein Steinbockmond verleiht einen ausgeprägten Geschäftssinn. Die Betreffenden erkennen schnell Gelegenheiten. Es liegt dann bei ihnen, diese mit Blick auf einen möglichen Gewinn am Schopf zu packen. Sie sollten sich nicht hinter Entschuldigungen verschanzen, etwa dass sie nicht genügend qualifiziert wären, dem Druck nicht standhalten würden oder die Verantwortung scheuen. Wenn es ihnen gelingt, derartige Entschuldigungen zu vermeiden, gibt es überhaupt keinen Grund, weshalb sie ihrem Steinbockmond nicht unbedingt vertrauen sollten. Er verleiht ihnen die Fähigkeit, das Engagement und die klare Vision, jeden Gipfel zu erklimmen, den sie in Angriff nehmen. Zusätzlich stehen all die starken, kraftvollen und praktischen Eigenschaften des Steinbocks jederzeit zur Verfügung. Der Einfluss des Mondes sorgt außerdem dafür, dass der Betreffende vertrauenerweckend und seriös wirkt.

Treue Gefährten

Steinböcke haben oft einen Hang zu Partnern, die mehr Erfolg haben und womöglich weiter oben auf der sozialen Leiter stehen als sie selbst. Aber in ihren Beziehungen, seien sie privat oder beruflich, sind sie wirklich treu. Sie halten zu ihren Geliebten und Kollegen, insbesondere wenn diese mit schwierigen Problemen konfrontiert sind. Instinktiv wollen sich Menschen mit Steinbockmond schützen, weshalb die Risikofreude bei ihnen nicht sehr ausgeprägt ist. Häufig nehmen sie an Fahrsicherheitstrainings teil, damit sie ihren Wagen jederzeit sicher im Griff haben (die Jüngeren sollte man sogar dazu anhalten). In Notsituationen sind sie vernünftig. Für gewöhnlich sind sie trittsicher und können gut gehen – Frauen laufen oft ohne Probleme auf sehr hohen Absätzen.

»STEINBÖCKE SIND SEHR ZUVERLÄSSIGE KOLLEGEN.«

Oliver Hardy, der Steinbock, ist mürrisch, während Stan Laurel geduldig versucht, ihn aufzuheitern.

Steinbock als Freund, Liebhaber und Lebenspartner

Wenn es um Freundschaften geht, sind Steinböcke das Salz der Erde. Sie sind beständig, ehrlich und treu, und meistens kann man mit ihnen viel Spaß haben. Wenn man sie schon lange kennt, kann man mit ihnen herrlich in den Erinnerungen an alte Zeiten schwelgen. Doch auch wenn Steinböcke es verstehen, uns mit amüsanten Anekdoten zu erfreuen, so sind sie doch manchmal deprimiert. Dann ist nichts auf der Welt in Ordnung. Sei es, dass sie einen schlechten Tag hatten, die gegenwärtige politische Lage pessimistisch einschätzen oder die Kinder sich nicht so entwickeln wie gewünscht. In diesen Fällen sollte man sie einfach jammern lassen. Wenn man es wagt, sie zu unterbrechen, wird es nur noch schlimmer. Also sollte man warten, bis sie ihrem Herzen Luft gemacht haben, ehe man Vorschläge macht, wie man den Tag doch zu einem schönen Ende bringen könnte. Auf diese Weise wird der Steinbock wieder positiv gestimmt und lässt seinen wunderbaren Humor durchblitzen.

Ewige Skeptiker

Die trittsichere Ziege ist das traditionelle Symbol des Zeichens Steinbock.

Steinböcke brauchen Ermutigung. Je mehr man an ihren Ehrgeiz appelliert, desto besser. Sogar die ehrgeizigsten unter ihnen haben noch ihre Zweifel. Oft nehmen sie sich selbst viel zu ernst und sehen die Dinge zu negativ. Auch wenn in jedem Steinbock etwas von dem »trägen Fisch« steckt – oder, anders ausgedrückt, etwas von einer Hausziege, die mürrisch an den Pfosten gebunden ist –, findet sich auch viel von der auf »die höchsten Gipfel steigenden Bergziege«, die ebenso ehrgeizig wie erfolgreich ist und das Zeug dazu hat, das Leben zu genießen.

Steinböcke sind verlässlich und stolz. Sie kommen pünktlich und stets passend für jeden Anlass gekleidet. Wenn man mit einem Steinbock ausgeht, entbehrt die Frage, wer bezahlt, nicht selten einer gewissen Komik. Wenn er Eindruck schinden will, übernimmt er großzügig sämtliche Kosten. Ist er jedoch gerade knapp bei Kasse, dann werden die Kosten bis auf den letzten Cent geteilt.

STEINBOCK UND DIE LIEBE

Wenn sich Steinböcke verlieben, dann richtig. Bevor sie jedoch ihre Gefühle zeigen, erklären sie sie vernünftig und stellen sicher, dass sie nicht verletzt werden. Jeden Menschen treffen Zurückweisungen hart, aber bei Steinböcken gehen sie tiefer, denn sie versetzen ihrem Selbstvertrauen einen heftigen Schlag.

Daher gehen sie vorsichtig vor und erwecken unter Umständen sogar den Eindruck, sie seien kalt und gefühllos. Die Distanziertheit des Steinbocks ist beträchtlich, und es hat den Anschein, als würde er prüfen, ob der künftige Partner gut genug für ihn ist. Vielleicht entspricht dieser Eindruck der Wahrheit. Das kann Barrieren aufwerfen, die eingerissen werden müssen, wenn die Beziehung sich entwickeln soll.

Zeichen der Zuneigung

Steinböcke wollen die geliebte Person beeindrucken, und dabei schwanken sie zwischen mehr ausgeben, als sie sich leisten können, und Pfennigfuchserei, wenn sich das Gewissen meldet und der gesunde Menschenverstand die Oberhand gewinnt. Ihre Partner müssen das akzeptieren, denn es gehört zum vorsichtigen Wesen des Steinbocks.

Viele Steinböcke haben in Bezug auf die Sexualität eine altmodischen Einstellung. So verhalten sie sich immer in einer Weise, die sie für korrekt halten. Das hat zwar auch etwas für sich, doch wirken sie dadurch manchmal älter als sie sind. Gerade Steinböcke, die streng erzogen wurden, sollten von ihren Sexualpartnern aufgefordert werden, sich zu entspannen, dann wird es ihnen gelingen, ihre Sexualität richtig zu genießen.

Haben sie sich einmal festgelegt und sind sich ihrer Gefühle sicher – und auch der Tatsache, dass ihre Gefühle erwidert werden –, geht es schneller voran. Nun sind sie alles andere als kühl und distanziert. Es besteht eine Beziehung zwischen diesem Tierkreiszeichen und dem Gott Pan, der sexuell sehr aktiv war. Pan spielt im Sexleben von Steinböcken eine gewichtige Rolle und macht Steinbockgeborene zu potenten, lebhaften Partnern. So vermögen sie großes Vergnügen zu erleben und zu geben und können ihre Beziehungen mit einer überraschenden Portion Spontanität und Vergnügen würzen.

Ein berühmter Steinbock: Die Schauspielerin Marlene Dietrich war für ihren starken Willen und ihre Unnahbarkeit bekannt.

STEINBOCK IN DAUERHAFTEN BEZIEHUNGEN

Führen Steinböcke erst eine feste Beziehung, nehmen sie diese sehr ernst. In der Regel wollen sie die Bindung zu ihrem Partner auch offiziell festigen. Es ist wichtig für sie, dass alles seinen »rechten Gang geht«, und ihrer Ansicht nach gehört der Trauschein einfach dazu.

In Geldangelegenheiten sind Steinböcke ausgesprochen rational und emotionslos. Kein Wunder also, dass besonders Steinböcke auf einen Ehevertrag bestehen. Das steht allerdings im Widerspruch zu ihren ebenfalls stark ausgeprägten und weit liebenswerteren Eigenschaften – Treue und Glaube an die Institution Ehe. Es ist zu hoffen, dass der künftige Ehepartner das erkennt.

Beziehungsarbeit

Ein Steinbock tut sehr viel dafür, dass eine Beziehung funktioniert und sich im Lauf der Zeit vertieft. Er wird sich anstrengen, mehr Geld zu verdienen, um das gemeinsame Heim zu verschönern. Die Familienautos werden mit der Zeit komfortabler werden und der Garten wird immer üppiger bepflanzt.

Steinböcke übernehmen in Beziehungen die Verantwortung und tappen dabei oft in eine Falle: Sie tun alles für den beruflichen Erfolg, damit sie ihren Lieben ein angenehmes Leben bieten können, doch bleibt dabei häufig die gemeinsame Zeit auf der Strecke. Sicher verdient es Anerkennung, wenn man Überstunden macht, um mehr zu verdienen. Doch zu einer Beziehung gehört auch gemeinsam gelebte Zeit. Selbst wenn er seinem persönlichen Ziel schon ganz nahe ist, ist es für den Steinbock nicht leicht, innezuhalten. Es gehört zu seinem Wesen, immer noch höher hinauf zu wollen. Deshalb ist es wichtig, dass er sich dessen bewusst wird und einen Ausgleich herstellt. Es besteht kein Zweifel, dass der Steinbock noch erfolgreicher sein kann. Der Partner des ehrgeizigen Steinbocks tut gut daran, ihn davon zu überzeugen, dass im Leben auch Zeit für Amüsement sein muss.

STEINBÖCKE TUN IMMER DAS RICHTIGE

Menschen mit Steinbocksonne haben konventionelle Ansichten. Egal ob sie jung oder alt sind (auch wenn die Jungen es nur ungern zugeben) – sie sind das konservativste und konventionellste Zeichen des Tierkreises. Ihre innere Stimme sagt ihnen immer, sie sollten »das Richtige« tun. Das ist eine mögliche Konfliktquelle, denn ihr Nachbarzeichen ist der Wassermann, das unkonventionellste Zeichen. Wenn Merkur im Wassermann steht, und das ist bei vielen Steinbockgeborenen der Fall, ergibt sich ein gegensätzlicher Einfluss, und so sind Steinböcke oft hin- und hergerissen zwischen konventionellem Handeln und Originalität.

Eine traditionelle Hochzeit sagt Steinböcken zu, denn sie richten sich gerne nach Regeln.

Steinböcke als Eltern

Wenn Steinböcke Eltern werden, dann wollen sie ihrem Kind unter allen Umständen die Vorteile verschaffen, die ihnen selbst nicht zuteil wurden. Sicher wollen das alle Eltern in gewisser Weise, doch für Steinböcke gilt es in besonderem Maße. Sie sind unglaublich stolz, wenn sie die Kinder im Sportwagen spazieren fahren, ihnen schöne Kleider kaufen und sie in die beste Schule schicken können. Sind sie also Snobs? Eher nicht. Worum es ihnen geht, ist, alle Welt davon in Kenntnis zu setzen – und vor allem sich selbst –, dass sie sich der Spitze ihres Steinbockgipfels nähern. Und sie wollen immer weiter kommen.

So manches Steinbockkind liest lieber ein Buch, anstatt mit den anderen Kindern draußen zu spielen.

Steinbock in Erziehung, Job und Gelddingen

Schon als kleine Kinder verstehen es Steinböcke besser als viele andere Gleichaltrige, sich alleine zu beschäftigen. Im Kindergarten muss man sie fast dazu anhalten, mit anderen zu spielen. Steinböcke sind tendenzielle Einzelgänger, also tut man gut daran, sie von Anfang an in die Gruppe einzubinden.

Steinböcke sind die Bücherwürmer des Tierkreises. Schon als Kind lieben sie ihre kleine Bibliothek. Zunächst sind sie glücklich, wenn man ihnen vorliest. Viele lernen sehr früh Lesen.

Zeit für Spaß

Schon beim Kind bricht sich der steinbocktypische Sinn für Humor Bahn, und das sollte unterstützt werden. Er macht den Steinbock bei seinen Mitschülern so beliebt und erweckt Vertrauen. Manschaftssportarten schätzen Steinböcke nicht besonders. Ihre Beine sind kräftig, und als Athleten – etwa als Läufer oder Weitspringer – finden sie nicht nur Befriedigung, sondern können damit auch sehr erfolgreich sein.

Langsam und stetig

Steinböcke sind Arbeitstiere, und wenn sie sich erst einmal eingewöhnt haben, machen sie langsam, aber stetig Fortschritte in der Schule. Am Jahresende haben sie sich in der Klasse immer um einen oder zwei Plätze verbessert. So läuft das bei ihnen eben. Man sollte sie jedoch nicht drängen oder an ihnen herumnörgeln, wenn sie nicht schnell genug sind. Steinböcke sind gründlich, und was sie einmal gelernt haben, das vergessen sie auch nicht mehr.

Kräftige Beine und die Fähigkeit, sich selbst zu motivieren machen Steinböcke zu erfolgreichen Athleten.

Viele Steinböcke haben ein wissenschaftliches oder mathematisches Talent. Im Rahmen der Ausbildungsziele gilt es, das zu bedenken. Auch Chemie und Physik sind beliebt, ebenso Archäologie. Junge Steinböcke sollten dazu angehalten werden, ihre Talente und Leistungen nicht zu unterschätzen, denn leider neigen sie dazu.

STEINBOCK UND BERUF

Steinbockgeborene schätzen Beständigkeit und Kontinuität. Wenn sie die Qualifikationen, die sie an der Universität erlangt haben, von Anfang an im Job einbringen können, wird ihnen der Übergang ins Berufsleben sehr leicht fallen. Ihr Ehrgeiz treibt sie an, allerdings hindert ihr Mangel an Selbstvertrauen sie ernsthaft daran, dem nachzugehen. Ein Grund, weshalb Spitzenpositionen für viele Steinböcke ein Traum bleiben. Nur mit Mühe gelingt es ihnen, den nötigen Glauben an sich zu entwickeln. Daher sollten Steinböcke unbedingt Persönlichkeitstrainings absolvieren.

Die richtige Nische im passenden Unternehmen zu finden, ist für Steinböcke noch wichtiger als für andere Tierkreiszeichen. Weil sie sehr genügsam sind, kommen sie mit Arbeitsbedingungen zurecht, die für andere nicht akzeptabel wären. Doch nie sollten Steinbockgeborenen vergessen, mal eine Enspannungspause einzulegen: also raus aus der Stadt und aufs Land oder ab in die Berge, um Ruhe und Erholung zu finden.

An die Spitze gelangen

Die vielen Steinböcke, die ihre Ziele erreichen, werden nahezu unvermeidbar einen Topjob bekommen – und somit vermutlich einen sehr einsamen Posten. Damit kommen sie zurecht, sollten aber unbedingt darauf achten, dass sie auf dem Weg nach oben nicht zu einem strengen Boss werden, der distanziert ist und unerreichbar für seine ehemaligen Kollegen, die nun seine Untergebenen sind. Ist der Steinbock ganz oben angelangt, dann ist er stolz. Und obwohl er kein Angeber ist, besteht die Gefahr, dass er sich immer weiter isoliert. Dennoch: Die Erwartungen der Geschäftsführung und des Aufsichtsrats wird er erfüllen.

DAS BEDÜRFNIS NACH STRUKTUR

Die Eltern eines Steinbocks sollten sich darüber klar sein, dass ihr Kind eher konservativ ist und viel besser in einer Schule traditioneller Prägung zurechtkommt, in der der Tagesablauf strukturiert ist und auf Disziplin viel Wert gelegt wird. Das vermittelt dem Steinbock ein Gefühl von Sicherheit. Moderne Unterrichtsmethoden, die offen sind für Experimente und bei denen die Zügel eher locker gelassen werden, sind nichts für ihn: Sie verwirren ihn eher und schüchtern ihn ein. Der Steinbock braucht Orientierung und klare Ansagen.

Der Berufsweg

Was die Berufswahl anbelangt, so ist eine Aufgabe in der Kommunalpolitik erfolgversprechend. Von dort kann es durchaus weitergehen in Richtung Bundespolitik. Und er wäre nicht der erste Steinbock, der in der ganz großen Politik Karriere macht. Die traditionelle Beziehung dieses Zeichens zu Zähnen und Knochen legt den Beruf des Zahnarzts und des Osteopathen nahe. Steinbock ist ein Erdzeichen, weshalb man hier Landwirte, Gutsverwalter und Städteplaner findet. Das Baugewerbe ist ebenfalls beliebt, vor allem bei denen, die eine eigene Firma gründen wollen. Ehrgeizige Steinböcke können auch in einem großen Finanzunternehmen oder einer Bank unterkommen. Nicht zuletzt finden wir unter den Steinböcken viele erfolgreiche Musiker.

STEINBOCK UND GELD

Jungen Steinböcken macht es Freude, Münzen in ihr Sparschwein zu werfen, damit es mit der Zeit immer schwerer wird. Wundern Sie sich nicht, wenn ihr Steinbockkind das gesparte Geld nicht für das Spielzeug ausgeben will, das es sich wünscht. Hier zeigt sich bereits, dass steinbockgeprägte Menschen mit Geld umzugehen verstehen, aber auch den Eindruck erwecken, geizig zu sein. Sie selbst nennen es »vorsichtig«. Hin und wieder werden sie viel Geld ausgeben, um jemanden zu beeindrucken.

Das Sparschwein junger Steinböcke ist selten leer.

Viele fangen schon mit Investitionen an, wenn sie noch sehr jung sind, und während andere als Studenten Schulden machen, kommen Steinböcke schuldenfrei durch die Studienzeit. Später legen sie dann Geld zurück – Pessimisten, die sie sind. Schließlich kann immer ein Notfall eintreten.

Der Reiz des Sammelns

Viele Steinböcke entwickeln eine große Liebe für Antiquitäten. Zunächst werden sie sich das nötige Fachwissen aneignen, um dann in schöne Möbel, in altes Silber oder in das Porträt eines vermeintlichen Vorfahren aus dem 18. Jahrhundert zu investieren. All das bereitet dem Steinbock großes Vergnügen, und wenn es dereinst erforderlich sein sollte, diese Kostbarkeiten zu veräußern, haben sie wahrscheinlich enorm an Wert gewonnen.

»STEINBÖCKE LEGEN WERT AUF TRADITION.«

Auf die Qualität kommt es an

Steinböcke sind Traditionalisten und schätzen Qualität. Schon in jungen Jahren haben sie lieber einige wenige, ausgesuchte Designerstücke in ihrem Kleiderschrank als einen Berg billiger Klamotten, auch wenn sie noch so modisch sind. Alles, was gekauft wird – ob Kleidung, Haushaltsgeräte oder Möbel – muss praktisch und strapazierfähig sein. Langfristig betrachtet ist das nur konsequent und vernünftig, vor allem für den Aufsteiger Steinbock.

Steinböcke sind keine Freunde von Risiken. Das gilt ganz besonders für finanzielle Vereinbarungen. Auch hier ziehen sie die sichere Variante vor: Das Risiko sollte gegen null gehen. Wenn sie genügend Kapital angehäuft haben, werden sie es wahrscheinlich in Investitionsgüter anlegen und diese am Ende gewinnbringend weiterverkaufen.

Antike Möbel und alte Gemälde werden von Steinböcken als gute Geldanlagen geschätzt..

STEINBOCK, ASZENDENT UND HIMMELSMITTE

Die Himmelsmitte stellt den Teil des Tierkreises dar, der zum Zeitpunkt unserer Geburt genau über uns stand (Näheres dazu auf *S. 304–306*). Besonders, wenn es um unseren Beruf geht, identifizieren wir uns mit dem Zeichen der Himmelsmitte oder aber wir streben nach seinen Eigenschaften. Die folgenden Kombinationen von Aszendent und Himmelsmitte für Steinbockgeborene sind die einzig möglichen – sowohl in nördlichen wie in südlichen Breiten. Ihren Aszendenten und die Himmelsmitte können Sie den Übersichten auf den Seiten 344–347 entnehmen.

ASZENDENT WIDDER
und Himmelsmitte in:

Steinbock Sehr erfolgreich, durchsetzungsfähig. Arbeitet hart. Sollte eine typische Steinbocklaufbahn wählen.

Wassermann Arbeitet eventuell erfolgreich im Ausland. Konflikt zwischen konventionellem und weniger naheliegendem Beruf.

ASZENDENT STIER
und Himmelsmitte in:

Steinbock Praktische Tätigkeiten führen zum Erfolg. Landwirtschaft, Gartenbau, Politik. Eventuell Musiker oder Sänger.

Wassermann Stur, widersetzt sich dem Wandel. Arbeit in der Wohltätigkeit oder Pflegeberuf.

Fische Kreativ. Arbeitet gerne mit Naturmaterialien – Holz, Stein, Lehm, Seide. Krankenpflege.

ASZENDENT ZWILLINGE
und Himmelsmitte in:

Widder Ein kontaktfreudiger Steinbock. Eignet sich gut als persönlicher Assistent. Hotelgewerbe, Rezeptionist.

Stier Arbeitet gerne hinter den Kulissen, etwa von zu Hause aus. Agent, Kosmetikerin, Redakteur, Journalist bei einer Zeitschrift.

Wassermann Wissenschaftliche Begabung ist wahrscheinlich und auch reizvoll. Verdient Geld auf unkonventionelle Weise.

Fische Archivar, Kurator, Restaurator. Guter Verkäufer.

ASZENDENT KREBS
und Himmelsmitte in:

Widder Geschäftsmann/-frau. Kein Einzelgänger.

Stier Klug. Braucht Sicherheit. Antiquitätenhandel. Koch. Guter Unterhalter. Landwirtschaft.

Wassermann. Fasziniert von Vergangenheit und Zukunft. Archäologie. Programmierer.

Fische Gutes Vorstellungsvermögen. Kreativ und einfühlsam. Lehrer oder Kindermädchen.

ASZENDENT LÖWE
und Himmelsmitte in:

Widder Herrisch. Kann gut organisieren. Führungsqualitäten. Eventuell Profisportler.

Stier Herausragender Geschäftssinn, Bank- und Finanzbranche. Grundstücksmakler. Auktionator.

Fische Mögliches Talent für die schönen Künste, Töpfern, Architektur, Weinhandel, Fischindustrie.

ASZENDENT JUNGFAU
und Himmelsmitte in:

Stier Ambitioniert, vorsichtig, guter Geschäftssinn. Gärtnern, Bergbau, Töpfer und Schnitzer.

Zwillinge Betreuer oder Journalist in Sachen Finanzen. Personal Trainer, Rechtsanwalt, Forscher.

ASZENDENT WAAGE
und Himmelsmitte in:

Krebs Gerne zu Hause, einfühlsam, gut organisiert. Innendekorateur, Koch. Kinderkrankenschwester, Hebamme.

Löwe Gute Aussichten auf Erfolg, unterschätzt jedoch seine Leistungen. Braucht Glamour im Beruf. Hotelgewerbe, Kosmetik, Mode.

ASZENDENT SKORPION
und Himmelsmitte in:

Krebs Erfolg im Ausland. Lehrer. Jura. Clever im Umgang mit Geld.

Löwe Talentiert, aber autokratisch. Militär, Bergbau, Ölindustrie.

Jungfrau Engagiert sich im Beruf emotional. Arzt, Analyst oder Literaturkritiker.

ASZENDENT SCHÜTZE
und Himmelsmitte in:

Löwe Sehr ehrgeizig, guter Anführer. Geld und Erfolg. Eigenes Geschäft. Arbeit im Ausland.

Jungfrau Arbeitet hart, sehr kritisch. Medien, Finanzjournalist.

Waage Verschwendet wahrscheinlich Geld. Egoistisch, sprachbegabt.

Skorpion Muss sich auf etwas spezialisieren – Pathologie, Kriminalpolizei.

ASZENDENT STEINBOCK (MIT STEINBOCKSONNE)
und Himmelsmitte in:

Löwe Erfolg im Gewerbe. Hat Freude am Geldverdienen und gibt mit seinem Besitz an. Arbeit als Restaurator.

Jungfrau Besitzt oder verwaltet Landgut oder historische Gebäude.

Waage Modebranche. Kleines, ausgefallenes Geschäft wird mit einem Partner geführt.

Skorpion Entschlossenheit. Weinhandel, Unterhaltungsmanager.

ASZENDENT WASSERMANN
und Himmelsmitte in:

Waage Reisen sind wichtig. Eventuell Astronomie oder Archäologie.

Skorpion Arbeitet hart, dickköpfig. Erfolgreich, Geld ist wichtig und wird für glanzvolle Dinge ausgegeben.

Schütze Braucht intellektuelle Anregungen. Hervorragend in Forschung und Sprache. Gesellig und kennt die neuesten Trends.

ASZENDENT FISCHE
und Himmelsmitte in:

Schütze Eventuell hellsichtig. Studiert vielleicht Mythologie. Könnte über Okkultes schreiben.

»Ein sanftes Geschlecht mit lieblichen Kindern aufrichtigen Herzens. Es fehlt ihnen nichts, doch haben sie auch nichts im Überfluss.«

Manilius (1. Jahrhundert n. Chr.)

Wassermann

Kein Wassermann gleicht dem anderen. Sie sind Individualisten par excellence und führen ein Leben, das sich ausschließlich nach ihren eigenen Vorstellungen richtet. So kann es zu Missverständnissen kommen, denn sie hassen kaum etwas mehr, als ihre Gefühle zu zeigen und sich anderen anzuvertrauen.

WASSERMANN ALS SONNENZEICHEN

Unabhängig, sehr originell, individualistisch – das sind die Eigenschaften des Wassermanns, die einem manches Rätsel aufgeben. Für Menschen mit diesem Tierkreiszeichen ist es ganz wichtig, dass sie ihren individuellen Lebensstil entwickeln können. Auch wenn es sich hier um ein Luftzeichen handelt, was normalerweise für einen offenen Geist steht, so sind Wassermänner doch nur allzu häufig besonders stur. Das hat etwas mit der Tatsache zu tun, dass es sich um ein fixes Zeichen handelt, was man eigentlich nicht erwarten würde. Nicht, dass sie leicht einzuschätzen wären, im Gegenteil: Sie sind oft extrem unberechenbar. Dies zeigt sich normalerweise im Lauf einer Diskussion, wenn sie eine Ansicht zum Ausdruck bringen, die so ganz anders ist als die gängige Meinung, insbesondere in strittigen Fragen. Da können sie schon mal sehr konservativ argumentieren, was in totalem Gegensatz zu ihrem Ruf als Avantgardisten steht. Hier finden wir den Einfluss ihres traditionellen Herrscherplaneten Saturn, der für den Status quo und alles Althergebrachte, Korrekte und Konservative steht. Der moderne Herrscherplanet ist Uranus, der über unkonventionellere, unabhängigere Eigenschaften verfügt.

Darstellung des Monats Februar im Stundenbuch *Très Riches Heures du Duc de Berry* (1416). Links oben im Himmelsgewölbe ist der Wasserträger abgebildet.

WASSERMANN	
Symbol	Wasserträger
Sonnenzeichen	21. Januar – 18. Februar
Herrscherplanet	Uranus, früher Saturn
Element	Luft
Qualität	Fix
Polarität	Positiv
Körperbereich	Knöchel, Kreislauf
Pendant	Löwe

Der Wassermann auf der Kalenderseite für Januar in dem reich illustrierten *Bedford-Stundenbuch* (Frankreich, um 1423)

Das Bedürfnis des Wassermanns nach Unabhängigkeit ist extrem ausgeprägt. Sobald er das elterliche Zuhause verlässt, richtet er sich sein Leben nach seinen ganz eigenen Vorstellungen ein. Er braucht seine Privatsphäre, das muss man akzeptieren. Denken Sie einmal darüber nach: Kennen Sie Ihre Wassermannbekannten und -freunde wirklich? Wahrscheinlich nicht. Das liegt zum Teil an ihrer Unberechenbarkeit, aber mehr noch hat es mit ihrem Wunsch nach Privatsphäre zu tun. Nicht, dass sie Geheimniskrämer wären – wie etwa der Krebs oder der Skorpion –, vielmehr liegt es daran, dass es nach ihrer Überzeugung Dinge in ihrem Leben gibt, die absolut niemanden außer sie selbst etwas angehen, und das möchten sie auch so beibehalten.

Die unter dem Zeichen Wassermann
Geborenen sind großartige Gefährten.

Eine helfende Hand

Von allen Zeichen ist Wassermann das freundlichste. Wenn wir Hilfe brauchen, wird der Wassermann sie uns gewähren. Egal wie beschäftigt er gerade ist, er steht uns mit Rat und Tat zur Seite. Er sagt nicht: »Ach du Ärmster, was für ein Chaos«, sondern geht rational an das Ganze heran: »Hier ist Hilfe nötig, also muss ich etwas unternehmen.« Diese Eigenschaft passt zu seinem ausgeprägt humanitären Charakter. Wenn er von einer Katastrophe hört, wird er, so es ihm möglich ist, ins nächste Flugzeug steigen, um vor Ort zu helfen. Oder er spendet Geld, oft mehr, als er sich eigentlich leisten kann.

Wassermanngeborene sind ebenso positiv wie optimistisch, selbst wenn es um sie oder ihre Freunde nicht so besonders gut steht. Sie denken an die Zukunft und halten sich nicht mit Gedanken auf, die sich um die Vergangenheit drehen.

WASSERMANN ALS ASZENDENT

Viele der bisher genannten Eigenschaften passen auch auf diejenigen mit Wassermannaszendent. Wir finden hier denselben unabhängigen Geist, das Bedürfnis nach Individualität und danach, das Leben nach eigenen Vorstellungen zu gestalten. Es besteht jedoch ein Unterschied zwischen Unabhängigkeit und Isolation. Wie Wassermannaszendenten damit umgehen, hängt stark von den Zeichen ihrer Sonne und ihres Mondes ab. Liegt die Betonung auf einem aufgeschlossenen Feuerzeichen oder auf anderen Luftzeichen, so ist dies enorm hilfreich, wogegen Wasser- oder Erdzeichen in manchen Fällen zu einer Art Zwickmühle führen – nämlich wie der Wassermann seiner Unabhängigkeit frönen kann, ohne einsam und isoliert zu werden.

» WASSERMÄNNER SIND DAS FREUNDLICHSTE ZEICHEN.«

Innenschau

Wassermannaszendenten wollen sich selbst unbedingt erkennen, doch es fällt ihnen manchmal schwer, eigene Fehler zuzugeben. Das zu lernen ist von großem Vorteil für sie und führt sie zu psychischer Stabilität.

Freundlichkeit finden wir auch hier, ebenso Hilfsbereitschaft. Wenn sich daraufhin jemand bei ihnen bedankt, sollten Wassermannaszendenten das allerdings ebenso liebenswürdig annehmen, statt sich hinter einer Fassade der Unnahbarkeit zu verstecken.

Taucht die Frage nach einer Bindung auf, sei diese persönlich oder beruflich, dann muss der Wassermannaszendent gewisse Opfer bringen, was seine so überaus wichtige Unabhängigkeit betrifft. Da entsteht ein innerer Kampf, und es kann nur zu einem Kompromiss kommen, wenn er den Partner vollständig respektiert und auch weiß, dass dieser den Respekt erwidert. Menschen mit Wassermannbetonung mögen versucht sein, sich einfach darüber hinwegzusetzen, aber sie müssen sich darüber klar werden, dass sie nicht gerade in Höchstform sind, wenn sie sich distanziert, dickköpfig oder hochmütig geben.

Gesundheitliche Zusammenhänge

Ob der Wassermanneinfluss nun von der Sonne, dem Mond oder dem Aszendenten herrührt – die traditionellen Gesundheitsthemen des Wassermanns treffen in jedem Fall zu, doch am stärksten sind sie beim Wassermannaszendenten ausgeprägt.
Die meisten, in deren Horoskop dieses Zeichen aufsteigt, mögen kaltes Wetter lieber als warmes, gleichwohl ist ihr Herzkreislaufsystem überaus anfällig. Sie müssen sich warm halten und sich schnell bewegen, was gut für ihr Herz ist. Auch auf ihren Cholesterinspiegel sollten sie achten, um Ablagerungen in den Arterien zu verhindern. Die Knöchel sind der dem Wassermann zugeordnete Körperbereich, und tatsächlich kommt es hier häufig zu Verletzungen. Frauen, die hohe Absätze tragen, sollten sehr vorsichtig sein.

WASSERMANN ALS MONDZEICHEN

Menschen mit dieser Platzierung verfügen über eine magische Anziehungskraft. Sie besitzen die wassermanntypische Freundlichkeit, vermitteln aber auch als Erstes den Eindruck, dass sie nicht

Skifahren übt auf Wassermänner große Faszination aus. Allerdings sollten sie auf ihre anfälligen Knöchel achtgeben.

möchten, dass wir ihnen zu nahe kommen. Sie erscheinen distanziert und reagieren manchmal leicht frostig – in gewisser Weise befinden sie sich in der Defensive. Dabei wollen sie ganz und gar nicht den Eindruck erwecken, sie wären vorsichtig. Möglicherweise wollen sie auch irgendwie mysteriös und rätselhaft erscheinen.

Die Unberechenbarkeit des Wassermanns finden wir für gewöhnlich auch hier. Manchmal agieren die Betreffenden sehr merkwürdig, einfach um zu überraschen oder gar zu schockieren oder aber um sich zu amüsieren – gelegentlich beides zugleich. In Diskussionen den Advocatus Diaboli zu geben, fällt auch in diese Kategorie. Kinder mit Wassermannmond versuchen das mit ihren Eltern und tun einfach das Gegenteil von dem, was man von ihnen erwartet. Kluge Eltern fordern also das Kind auf, das Gegenteil von dem zu tun, was sie eigentlich tun sollten, um am Ende die gewünschte Reaktion zu bekommen.

Die Welt des Theaters übt auf Wassermänner eine große Anziehungskraft aus.

Der Wassermannmond hat in regelmäßigen Abständen einige besonders brillante, sehr originelle Ideen. Meist lässt er sie gleich wieder fallen. Und selbst wenn sie ihm erneut in den Sinn kommen, belässt er es dabei und vergisst sie wieder. Er sollte sich angewöhnen, innezuhalten und sorgsam darüber nachzudenken. Oft besteht ein Potenzial, das zu entwickeln sich lohnt.

Glitzern und Funkeln

Der Mond im Wassermann unterstreicht alles, was glamourös ist. Die Frauen mit dieser Mondstellung lieben das Funkeln und Schimmern von Pailletten und Perlen, und so wählen sie normalerweise eine glitzernde Abendgarderobe aus. Männern haben Freude daran, die Beleuchtung in den Wohnräumen in besonderer Weise zu gestalten.

Trotz des Versuchs, gelassen, ruhig und unabhängig zu wirken, verfügen Wassermänner über einen sehr romantischen Zug, der oftmals durch ihre Liebe zu romantischen Filmen, zur Oper und zum Theater zum Ausdruck kommt. Sie genießen ihr Liebesleben und tun alles dafür, eine großartige Liebesnacht mit jemandem zu verbringen – in voller Kenntnis ihrer Anziehungskraft auf das andere Geschlecht. Wie sie von dort zu einer Beziehung gelangen, für die Kompromisse oder gar Opfer notwendig sind, darüber sagen das Sonnen- und das Aszendentenzeichen etwas aus.

Glitzernde Kleider und funkelnde Accessoires sind das Kennzeichen einer Wassermannfrau.

Wassermänner sind loyale, aufmerksame Freunde, und wir können zu jeder Tageszeit einen fröhlichen Anruf von ihnen erhalten.

Wassermann als Freund, Liebhaber und Lebenspartner

Glücklich diejenigen, die einen Wassermann zum Freund haben! Sie sollten ihn schätzen und respektieren. Er ist überaus treu. Ist das Freundschaftsband erst einmal gefestigt, hat man einen Freund fürs Leben. Die Wahrscheinlichkeit ist groß, dass sie, selbst wenn man sie Ewigkeiten nicht gesehen hat, genau da weitermachen, wo man seinerzeit aufgehört hat. Selbst wenn man weit voneinander entfernt lebt – Wassermänner nutzen sämtliche Kommunikationsformen, und die Geburtstagsgrüße erreichen einen exakt am richtigen Tag. Natürlich pflegen sie auch den telefonischen Kontakt mit ihren Freunden.

Brauchen wir Hilfe, so stehen uns Wassermänner bei, noch bevor wir ihnen im Detail sagen, was schief gelaufen ist. Sie machen handfeste Vorschläge – sie belassen es nicht dabei, uns großartig zu bedauern. Praktische Hilfe und ein logischer, gesunder Menschenverstand – das ist ihr Ding.

Der Wasserträger ist das Symbol des Wassermanns.

Partys und Clubs

Wassermänner sind besonders gesellig. Sie geben gern Partys und sorgen für königliche Unterhaltung. Für ihre Gäste sind das stets angenehme Ereignisse, denn sie wissen, dass sie auf interessante Menschen treffen. Selbst bei völlig unterschiedlichem Hintergrund und wenn man wenig mit ihnen gemein hat, für intelligente Unterhaltung sorgen sie auf jeden Fall. Langeweiler findet man unter Wassermännern bestimmt nicht! Ungeachtet ihres Bedürfnisses nach Privatsphäre sind Wassermänner Mitglieder in Clubs und Vereinen, in denen sie ihren vielfältigen Interessen nachgehen können. Dort kommen sie in Kontakt mit vielen Menschen. Neben ihren ganz speziellen

Freunden erweitert sich so ihr Bekanntenkreis. Weil sie so freundlich und hilfsbereit sind, werden sie gelegentlich ausgenutzt. Gute Freunde können sie darauf aufmerksam machen, damit der gutmütige Wassermann nicht übervorteilt wird. Damit der Wassermannfreund nicht den Eindruck bekommt, dass man sich einmischt – selbst wenn dem so ist – sollte man dabei allerdings sehr taktvoll vorgehen.

Eine Sache kann in der Freundschaft mit einem Wassermann zu Missverständnissen führen: Wenn man etwas Besonderes für ihn tut oder ihm etwas schenkt, wirkt er oft nicht dankbar. Er erweckt nicht einmal den Eindruck, erfreut zu sein. So sind Wassermänner eben, nur sollten sie sich darüber klar sein und versuchen, gegenzusteuern.

WASSERMANN UND DIE LIEBE

Die Anziehungskraft des Wassermanns ist dann am stärksten, wenn er Bewunderer hat. Wenn er sich seinerseits angezogen fühlt, kann er magnetische Kräfte entwickeln. Er hat dann etwas von einem Film- oder Popstar. Er wird sein Gegenüber anstrahlen, ihm aber auch deutlich zu verstehen geben: »Komm nicht zu nah. Du kannst mich bewundern, aber bleib mir vom Leib.« Er weiß nur zu gut, dass eine Beziehung, die sich zu schnell entwickelt – wenn er das überhaupt zulässt –, ernsthaft mit seinem freien Lebensstil in Konflikt geraten würde, und er seine geliebte Unabhängigkeit aufgeben müsste.

Diese Haltung kann auch in dem tiefen Wunsch wurzeln, sich vor anderen Menschen zu schützen, oder in der Angst, dass er sich nicht vollkommen an einen Partner binden kann.

Wenn sich ein Wassermann jedoch verliebt, dann richtig. Es besteht bei diesem Tierkreiszeichen die Neigung, sich von jemandem angezogen zu fühlen, der in irgendeiner Weise anders ist. Das wäre etwa der Fall, wenn dieser Mensch einen faszinierenden Beruf ausübt (was oft der Fall ist) oder einem anderen kulturellen Hintergrund entstammt. Somit ist garantiert für das Besondere in der Beziehung gesorgt.

Hollywoodlegende James Dean besaß die magnetische Anziehungskraft, die vielen Wassermännern eigen ist.

Wird die romantische Seite des Wassermanns angesprochen, kann er alle Register ziehen und die Atmosphäre eines märchenhaften Liebesromans erzeugen. Dabei ist er manchmal so hingerissen, dass er die Realität übersieht. In seiner Verliebtheit schwebt er über allen Wolken, bis es zum Desaster kommt: Der Ballon platzt und fällt ganz plump auf die Erde zurück, anstatt weiter und weiter in den Himmel der Liebe aufzusteigen.

Sowohl mit Meinungsverschiedenheiten als auch mit freundschaftlichen Unterhaltungen können Sie in einer Beziehung mit einem Wassermann rechnen.

WASSERMANN IN DAUERHAFTEN BEZIEHUNGEN

Um an den Punkt zu gelangen, an dem sie bereit sind, eine bestehende Beziehung zu vertiefen, ihr den Charakter der Dauerhaftigkeit zu verleihen oder gar zu heiraten, müssen Wassermänner tief in sich gehen. Sie müssen von ihrem zukünftigen Partner absolut überzeugt sein und die Gewissheit haben, dass sie trotz Ehe quasi nichts von ihrer Freiheit aufgeben. Sie brauchen Partner, die ihnen ihren Freiraum lassen. Beide sollten vieles gemeinsam haben, was nicht heißt, dass sie denselben Beruf ausüben müssen. Wenn dem so ist, sollten sie in unterschiedlichen Bereichen spezialisiert sein.

Liebe und Freundschaft

Das wichtigste Element in einer Beziehung mit einem Wassermann ist Freundschaft. Es muss immer viel Gesprächsstoff geben. Diskussionen sind sein Ding. Wenn es zu einem Streit gekommen sein sollte, so ist die Wassermannreaktion Indifferenz, sogar bei einer ernsten Meinungsverschiedenheit. Dann ist es Sache des Partners, für Tauwetter zu sorgen. Das muss auch geschehen, denn andernfalls wird sich das Paar auseinanderentwickeln. Auch wenn sich eine solche Partnerschaft nicht dadurch auszeichnet, dass die beiden aneinander kleben – eine warme, glühende Beziehung mit gutem Sex wird ein Bindung mit einem Wassermann allemal sein.

Wer lange mit einem Wassermann zusammen ist, wird dank seiner beständigen Freundlichkeit und Rücksichtnahme viel Freude und Glück erleben. Der Wassermann hilft seinem Partner dabei, im Leben etwas zu erreichen, indem er ihm zum Beispiel bei beruflichen Problemen verschiedene Möglichkeiten aufzeigt. Außerdem ermutigt er den Partner und fordert ihn heraus. Durch das gegenseitige Verständnis kommt das Paar im Leben weiter.

DISKRETION ÜBER ALLES

Die Sexualität ist für Wassermanngeborene sehr wichtig. Im Bett sind sie experimentierfreudig, und sie genießen es, wenn ihr Partner ebenso lebhaft wie erfahren ist. Wassermänner sind für gewöhnlich kein bisschen schüchtern. Am allerbesten können sie ihren Sex mit einem Partner genießen, zu dem sie keine enge Bindung haben. Das zu kommentieren, steht uns nicht zu. Anders gesagt: Es geht uns nichts an, schließlich legen Wassermänner Wert auf ihre Privatsphäre.

Erfahrene, experimentierfreudige Geliebte sind die idealen Sexpartner für Wassermänner.

Wassermänner besitzen eine starke Neigung zu den Naturwissenschaften.

Wassermann in Erziehung, Beruf und Gelddingen

Schnell stellen Eltern fest, dass sie ein lebhaftes Kind haben. Es ist bereits als Baby fasziniert von jedem Lichtreflex an der Wand. Sobald das Wassermannbaby krabbeln kann, macht sich schon die wassermanntypische Unabhängigkeit bemerkbar. Auf ins Nachbarzimmer, das Abenteuer wartet! Und ist es dort erst angekommen, bleibt es nicht einfach sitzen – es versucht, zu telefonieren oder den Fernseher anzuschalten.

Die Vorschule bewältigen Wassermannkinder leicht. Schnell schließen sie Freundschaften. Eltern wie Lehrer können daher sicher sein, dass irgendetwas faul ist, wenn kleine Wassermänner traurig in der Ecke stehen. Vielleicht wollen sie aber auch nur einfach nicht beim Ringelreihen-Spielen mitmachen. Man sollte sie dann nicht zwingen und ihnen am besten ein eigenes Spielzeug geben. Um ihre Unabhängigkeit zu entwickeln, brauchen Wassermannkinder Ermutigung. Keinesfalls sollte man versuchen, ihren Willen zu brechen. Häufig fällt es ihnen schwer, die Regeln in der Schule zu akzeptieren, weshalb man sie ihnen ausführlich und geduldig erläutern muss.

Junge Wassermänner sind sehr engagiert und tun in der Klasse gerne und häufig ihre Meinung kund.

Die eigene Stimme finden

Wenn man Wassermannkindern erlaubt, ihre Meinung zu äußern, tut ihnen das gut. Sie müssen allerdings lernen, sich auf Klassenarbeiten und Prüfungen sorgfältig vorzubereiten. Das mag sie zwar langweilen und ihnen schwerfallen, doch wenn sie plötzlich das Thema wechseln und ihre eigenen Ansichten einbringen, werden sie vermutlich keine guten Noten bekommen.

An der Universität legen sie Wert darauf, dass ihnen die Themen, mit denen sie sich befassen, im Beruf zugutekommen werden. Wenn sie sich darauf konzentrieren, haben sie beste Karrierevoraussetzungen.

Das gesellschaftliche Miteinander spielt für Wassermänner eine große Rolle. Sie nehmen an allen Aktivitäten teil, die ihnen neben dem Studium noch geboten werden: vom Astronomiekreis bis hin zur Theatergruppe. Wassermänner, die sich für Sport interessieren, müssen aufpassen, dass sie ihr Hobby nicht wichtiger nehmen als ihr Studium. Junge Wassermannfrauen, aber auch junge Wassermänner, mögen elegante, modische Kleidung und stellen diese auch bei allen möglichen Gelegenheiten zur Schau. Nichtsdestotrotz können sie mit Geld umgehen, und eigentlich spricht nichts dafür, dass sie am Ende des Studiums mit hohen Schulden dastehen.

WASSERMANN UND BERUF

Wassermänner sind kontaktfreudig, weshalb sich ein Beruf empfiehlt, in dem sie direkten Umgang mit Menschen haben. Ihre hohe Kompetenz im zwischenmenschlichen Bereich kann zum Beispiel in einem medizinischen Beruf von großem Vorteil sein, aber auch als Reiseleiter, Flugbegleiter oder Steward(ess) auf einem Kreuzschiff.

Als Freigeister, die sie nun mal sind, sollten sie einen Job vermeiden, der von neun bis fünf Uhr abgespult werden kann. Diese Vorhersagbarkeit wird sie verrückt machen, selbst wenn ihre Tätigkeit überaus interessant ist. Eine Arbeit ohne feste Kernarbeitszeiten oder eine Tätigkeit, bei der sie viel herumkommen, wird sie zufriedener machen.

Will man einen Wassermann in Höchstform sehen, sollte man ihm die Möglichkeit geben, auf seine Weise zu arbeiten. Wassermänner können es nicht haben, wenn ihnen irgendjemand dazwischenredet. Wenn sie wissen, was zu tun ist, arbeiten sie sehr hart und machen ihre Sache gut – vorausgesetzt, dass sie Interesse an dieser Arbeit haben.

Teamspieler

Auch wenn Wassermänner gerne nach eigenen Vorgaben arbeiten, fügen sie sich doch auch gut in ein Team ein. Sie können den Teamgeist fördern und Produkte verbessern, weil ihr lebhafter, origineller und erfinderischer Geist oft neue Herangehensweisen an alte Probleme aufspürt oder Ideen hat, wie sich Produktionsvorgänge vereinfachen oder beschleunigen lassen.

Viele Wassermänner haben naturwissenschaftliche Neigungen und wählen einen entsprechenden Beruf, in dem sie forschen und experimentieren können. Andere werden Erfinder. Es heißt, dass sie von der frühen Vergangenheit ebenso fasziniert sind wie von der fernen Zukunft. Wir können das nur bestätigen. So finden wir unter den Wassermännern etwa Archäologen, Paläontologen, Astronomen, Ingenieure und Zukunftsforscher. Sie haben einen Hang zum Skurrilen und verfolgen Berufslaufbahnen jenseits der ausgetretenen Pfade.

Die Liebe zur Natur

Wenn Wassermänner sich mit ökologischen Themen, den Ressourcen der Erde und dem Klimawandel befassen,

FORTSCHRITTLICHE ELTERN

Als Eltern sind Wassermänner lebhaft. Sie halten ihr Kind dazu an, zu lesen und sich die Natur und ihre Umgebung genau anzuschauen. Mehr als andere sollten sie ihre Erziehungsweise reflektieren, denn sie sind zunkunftsorientiert und fühlen sich womöglich von einer progressiven Schulform angezogen. Doch ihr Kind wäre vielleicht besser auf einer eher konservativen Schule aufgehoben. Manche Kinder mögen das, weil es ihnen mehr Sicherheit verleiht als eine freiere Erziehung, die ein Kind ja auch verunsichern kann.

Klimaforschung oder eine ähnliche ökologisch orientierte Tätigkeit eignet sich gut für den Wassermann.

sei es beruflich oder als Hobby, so hat das etwas für sich. Mit ihren Talenten können sie beträchtlichen Einfluss nehmen und einen wichtigen Beitrag leisten. Humanitäre Arbeit wäre ebenfalls eine denkbare Aufgabe, die nicht nur dem Wassermann selbst, sondern der ganzen Organisation zugutekommen würde.

WASSERMANN UND GELD

Nur wenige Wassermänner wollen ihre Zeit mit Marktbeobachtungen verbringen, um ihr Kapital gewinnbringend zu investieren. Um sicherzustellen, dass ihr Geld gut angelegt ist, sollten sie sich ein Sparkonto mit vernünftigen Zinsen zulegen oder in eine Anlage investieren, die kein großes Risiko birgt.

Bei Wassermännern besteht zwar weniger die Gefahr, dass sie spielsüchtig werden, doch sie haben schon einen gewissen Hang zum Risiko. Wenn sie zum Beispiel aufgefordert werden, Geld für die Entwicklung eines neuen Produkts zu geben, werden sie nur zu leicht von ihrer Begeisterung mitgerissen. Da fragen sie dann gar nicht, ob dieses Produkt den Praxistest auch bestehen wird. Womöglich verlieren sie so sehr viel Geld. Wahrscheinlich verbrennen sie sich jedoch nur ein einziges Mal die Finger.

Weil die glamouröse Seite des Lebens sie anzieht, könnten Wassermänner als Business Angel für Theater- oder Filmproduktionen auftreten. An Engagements dieser Art haben sie Spaß, und es fällt ihnen schwer, hier der Versuchung zu widerstehen – auch wenn man auf diesem Sektor viel Geld verlieren kann.

Das eigene Geschäft

Weil sie Individualisten sind, wollen viele Wassermanngeborene selbstständig arbeiten. Dafür eignen sie sich bestens, schließlich mögen sie Abwechslung und freie Zeiteinteilung. Die unternehmerischen Pläne der Wassermänner entbehren nicht der Eigenwilligkeit. Wundern Sie sich also nicht, wenn er in Australien Wein anbauen will, obwohl er bislang bei einem deutschen Automobilhersteller als Entwicklungsingenieur gearbeitet hat.

Am besten tun Wassermanngeborene sich mit einem bodenständigen Partner zusammen, der für das Finanzielle zuständig ist und mit eiserner Hand, aber mit Samthandschuhen dafür sorgt, dass der Wassermann sich nicht auf das nächste Projekt einlässt, ehe die aktuellen Profite nicht feststehen.

»EIN WASSERMANN BRAUCHT EINEN BODENSTÄNDIGEN GESCHÄFTSPARTNER.«

WASSERMANN, ASZENDENT UND HIMMELSMITTE

Die Himmelsmitte stellt den Teil des Tierkreises dar, der zum Zeitpunkt unserer Geburt genau über uns stand (Näheres dazu auf *S. 304–306*). Besonders, wenn es um unseren Beruf geht, identifizieren wir uns mit dem Zeichen der Himmelsmitte oder aber wir streben nach seinen Eigenschaften. Die folgenden Kombinationen von Aszendent und Himmelsmitte für Wassermanngeborene sind die einzig möglichen – sowohl in nördlichen wie in südlichen Breiten. Ihren Aszendenten und die Himmelsmitte können Sie den Übersichten auf den Seiten 344–347 entnehmen.

ASZENDENT WIDDER
und Himmelsmitte in:

Steinbock Ehrgeizig und erfolgreich. Praktisch, entschlossen. Selbstständigkeit ist ideal.

Wassermann Sehr erfolgreich. Ungeduldig. Glamouröse oder ungewöhnliche Laufbahn. Mode, Fernsehen. Ruhm ist möglich.

ASZENDENT STIER
und Himmelsmitte in:

Steinbock Guter Geschäftssinn. Macht Geld und mag leibliche Genüsse. Biolandbau, Gartenbau, Kosmetikerin.

Wassermann Erfolgreich, aber Neuem gegenüber skeptisch. Muss dem begegnen, indem er seine natürliche Originalität und seine Kreativität ausdrückt.

Fische Eine Karriere mit vielen Richtungswechseln. Kreativ und umsorgend. Florist.

ASZENDENT ZWILLINGE
und Himmelsmitte in:

Widder Liebt die Geschwindigkeit. Profisportler. Braucht schnelle Ergebnisse. Ungeduldig.

Stier Freigeist. Lehrer. Lebt und arbeitet gern im Ausland.

Wassermann Medien, Jura. Erfolgreich als Journalist. Braucht Aufregung und Beständigkeit.

Fische Liebt Dichtung und Prosa. Könnte hellsichtig sein, braucht aber einen guten Lehrer und sollte nicht experimentieren.

ASZENDENT KREBS
und Himmelsmitte in:

Widder Hervorragender Geschäftssinn, sollte sich aber nicht von großartig klingenden Plänen verführen lassen.

Stier Hat eventuell Talent fürs Kochen und für die Unterhaltung. Restaurant- und Hotelbranche. Kümmert sich gut um Klienten.

Wassermann Gewieft und erfolgreich. Eventuell Museumskurator, Historiker.

Fische Arbeit in Galerien, besitzt vielleicht sogar eine. Marine oder Kreuzfahrtschiffe. Segel-, Schwimm- oder Skilehrer.

ASZENDENT LÖWE
und Himmelsmitte in:

Widder Reist mit Begeisterung. Eventuell Arbeit im Ausland. Sportler, Führungspersönlichkeit. Organisationstalent. Lehrer.

Stier Will Karriere machen. Verdient Geld, um das schöne Leben zu genießen.

Fische Sehr kreativ. Guter Tänzer und Schauspieler. Im Geschäft braucht er einen Partner.

ASZENDENT JUNGFAU
und Himmelsmitte in:

Stier Alternative Medizin. Homöopathie. Gartenbau. Braucht finanzielle und emotionale Sicherheit.

Zwillinge Medien, Journalismus (Boulevard und Wissenschaft).

ASZENDENT WAAGE
und Himmelsmitte in:

Krebs Arbeit am Empfang, persönlicher Assistent. Verständnisvoll. Schwankendes Selbstvertrauen.

Löwe Alles Glamouröse, womit der Betreffende angeben kann. Will anderen dazu verhelfen, das Leben mehr zu genießen.

ASZENDENT SKORPION
und Himmelsmitte in:

Krebs Guter Forscher, Historiker. Antiquitätenhandel. Archäologie, Innendekoration.

Löwe Polizist oder Detektiv. Erfolgstyp. Konflikt zwischen Privat- und Berufsleben.

Jungfrau Wissenschaftliche Forschung. Medizinischer Beruf. Kritisch, fordernd, exzentrisch.

ASZENDENT SCHÜTZE
und Himmelsmitte in:

Jungfrau Verlag, Jura, Lehre. Exzellent in der Kommunikation.

Löwe Enthusiast, hat Freude am Leben und interessiert sich für vieles. Ewiger Student. Dozent, Linguist, Sportler.

Waage Abwechslungsreiche berufliche Laufbahn.

Skorpion Geht einem Problem oder einer Ungerechtigkeit auf den Grund und bringt es an die Öffentlichkeit. Umweltschützer.

ASZENDENT WASSERMANN (MIT WASSERMANNSONNE)
und Himmelsmitte in:

Jungfrau Sollte sein Potenzial beständig weiterentwickeln. Zu Ruhm und Glück führt keine Abkürzung. Richtungswechsel.

Waage Image-Berater, plastische Chirurgie, Modeexperte.

Skorpion Geht seinen eigenen Weg, nimmt ungern Rat an. Entschlossenheit kommt ihm im Beruf zugute.

Schütze Einfallsreich, originell. Hat viele Visionen. Astronomie, wissenschaftliche Forschung, Filmindustrie.

ASZENDENT FISCHE
und Himmelsmitte in:

Schütze Fasziniert vom Außergewöhnlichen. Fakten und Fiktion in der Wissenschaft. Arbeitet alleine. Fotografie.

»Die Kinder der Fische haben ein freundliches Wesen, sie sind leicht erregbar, und ihr Leben ist auf Wandel ausgerichtet.«

Manilius (1. Jahrhundert n. Chr.)

Fische

Fischegeborene zeigen ihre Emotionen unmittelbar, großzügig und ohne sie abzuschwächen. Leicht lassen sie sich mitreißen und sind unfähig, inmitten ihrer rosa Wolke die Realität zu erkennen. Wenn sie herausfinden, dass die Dinge nicht so sind, wie sie sie gerne hätten, kann das ihr Selbstvertrauen untergraben.

FISCHE ALS SONNENZEICHEN

Traditionellerweise bilden zwei in entgegengesetzte Richtungen schwimmende Fische, die durch ein Band miteinander verbunden sind, das Symbol dieses Tierkreiszeichens. Hierin findet sich bereits ein deutlicher Hinweis auf die Fischepersönlichkeit: Oft entscheiden sie sich für eine Sache, um dann aus Gründen, die nur sie selbst kennen, genau das Gegenteil zu tun.

Unter diesem Tierkreiszeichen findet man die liebenswürdigsten und verständnisvollsten Menschen. Sie scheinen nicht selten bereit, sich für ihre Mitmenschen aufzuopfern. Oft fällt es ihnen jedoch schwer, sich mit der harten Realität zu arrangieren. Da wäre die Unterstützung von Freunden mit Durchsetzungsvermögen hilfreich. Die Fische werden ihnen dafür ewig danken und sich als Freunde fürs Leben erweisen. Dass sie so liebenswürdig und hilfsbereit sind, macht es ihnen manchmal schwer, ihr eigenes Potenzial zu entwickeln. Für gewöhnlich sind sie kreativ begabt, doch infolge eines Mangels an Selbstvertrauen rechtfertigen sie sich damit, dass sie anderen helfen – vielleicht kümmern sie sich um einen kranken Verwandten oder stehen jemandem dauerhaft bei, statt etwas aus ihrem Talent zu machen.

Darstellung des Monats März im Stundenbuch *Très Riches Heures du Duc de Berry* (1416). Links oben im Himmelsgewölbe sind die Fische abgebildet.

Die Fische auf der Kalenderseite für Februar in dem reich illustrierten *Bedford-Stundenbuch* (Frankreich, um 1423)

FISCHE

Symbol Fische
Sonnenzeichen 19. Februar – 20. März
Herrscherplanet Neptun, früher Jupiter
Element Wasser
Qualität Veränderlich
Polarität Negativ
Körperbereich Füße
Pendant Jungfrau

Ihr Vorstellungsvermögen ist überaus fantasiereich und schillernd, und sie besitzen viel Intuition. Wenn sie diese Eigenschaften positiv und künstlerisch – etwa im Kunsthandwerk oder im Tanz – zum Ausdruck bringen, dann ist das für sie optimal, und sie können sehr zufrieden werden.

Die poetische Ader

Die Fische gelten seit jeher als Zeichen der Lyriker. Da ist etwas Wahres dran. Selbst wenn ein Fischegeborener kein Dichter im wörtlichen Sinne ist, so besteht doch die Tendenz, das Leben von seiner poetischen und romantischen Seite zu betrachten. Wird die Fantasie der Fische unterdrückt, bündelt sich diese Seite ihrer Persönlichkeit in Besorgnis und Depression. Viele Fische werden ziemlich schnell von Antidepressiva oder Drogen abhängig. Wenn sie die Flucht vor der Realität antreten und zu Drogen greifen sollten, hat das mit ziemlicher Sicherheit verheerende Folgen. Sie brauchen viel Unterstützung und Zuspruch, um von einer Sucht loszukommen.

FISCHE ALS ASZENDENT

Vielleicht die größte Schwachstelle von Fischeaszendenten ist die Tatsache, dass sie sich meist unterschätzen. Lobt man sie für ihre Bemühungen, tun sie das ab, weil sie sich für unfähig halten oder meinen, es fehle ihnen an Erfahrung. Tatsächlich sind sie oft überaus talentiert und durchaus fähig, die Konkurrenz in den Schatten zu stellen. Der selbstkritische Zug kommt direkt von dem ihnen gegenüber liegenden Zeichen, der Jungfrau – dem kritischsten Zeichen des Tierkreises.

Fragt man einen Menschen mit Fischesonne, ob er sich selbst und seine Motivation wirklich kennenlernen will, so bezweifelt er dies für

Originelle Darstellung des Tierkreiszeichens Fische.

gewöhnlich. Das ist bei Fischeaszendenten noch ausgeprägter. Doch wenn sie erst einmal ein bestimmtes Maß an Selbstanalyse bewältigen, können sie einiges an Unklarheit und Selbstzweifeln lösen. In der Folge können sie ihre unterschiedlichen Talente besser zum Ausdruck bringen.

Fischeaszendenten sind tendenziell ängstlich. Natürlich bringt es nichts, ihnen zu sagen: »Mach dir keine Sorgen!«, aber wenn sie ihre Intuition nutzen und logisches Denken hinzufügen, kann die Vernunft wieder die Oberhand gewinnen. Leicht ist das nicht, aber die Mühe lohnt sich.

Empfindliche Füße

Traditionell werden den Fischen die Füße als der Körperbereich zugeordnet, auf den sie besonders achten müssen. Dies gilt für Fischesonne, Fischeaszendent und Fischemond, ist aber am ausgeprägtesten

Selten werden Fischegeborene auf hohen Absätzen zu sehen sein, denn sie haben oft Probleme mit den Füßen.

bei Fischeaszendenten. Entweder haben diese Menschen Probleme mit den Füßen oder besonders schöne Füße – wenn sie zu den Glücklichen gehören. Besonders Fischefrauen sollten vorsichtig sein, wenn sie modische Schuhe tragen. Statt schicker Highheels sollten sie lieber Schuhe mit flachen Absätzen tragen. Ein Tipp: Verkürzen Sie die Zeitspannen, in der Sie auf hohen Absätzen herumlaufen. Haben Sie immer ein Paar flache Schuhe dabei.

Kleine Eisprinzessinnen sind nicht selten unter dem Zeichen Fische geboren.

FISCHE ALS MONDZEICHEN

Über die Augen der Fische – für gewöhnlich groß und schön – gibt es viel zu sagen. Sie scheinen immer mit Tränen gefüllt, nicht nur weil sie oft traurig sind, sondern auch vor Freude. Das gilt besonders für den Fischemond, der sehr emotional auf Eindrücke reagiert. Da bedarf es nur einer Fernsehreportage über das Schicksal von Menschen in Not oder eines Spielfilms, dessen Handlung »auf die Tränendrüse drückt«.

Durch die Platzierung des Mondes in diesem Zeichen verfügen diese Menschen über eine besondere Empfindsamkeit, die der fischetypischen Kreativität oder einer Tätigkeit in einem Sozialberuf zugutekommt. Astrologen, die mit fischebetonten Menschen zu tun haben, werden nach stärkenden Faktoren in deren Horoskop forschen. Gerade der Fischemond hat eher eine schwächende Wirkung, und der Betreffende wird bei Schwierigkeiten den Weg des geringsten Widerstandes gehen.

Hingabe

Der Fischemond verstärkt das Gefühl der Berufung und Hingabe an das, was diesem Menschen wichtig ist. Früher bot die Religion die Möglichkeit, dies auszuleben, und es gab viele Menschen mit Fischesonne oder -mond, die es ins Kloster zog. Heute gibt es eine Menge mehr Möglichkeiten für Menschen, die helfend und gemeinnützig tätig werden wollen: sei es für eine Wohltätigkeitsorganisation, als Krankenschwester oder als Tierarzt. Wegen der Verbindung dieses Tierkreiszeichens mit den Füßen liegt es nahe, dass viele Tänzer und Eistänzer Fische sind. Und tatsächlich sind auffällig viele klassische Balletttänzer Fische. Eine Profession, die tatsächlich einer Berufung und viel Hingabe bedarf, will man den hohen Anforderungen dieser Kunstform genügen und mit ihnen zurechtkommen.

Aufopferung ist ebenfalls ein großes Thema bei diesem Tierkreiszeichen. Das Lunare spielt eine so große Rolle beim Fischemond, dass viele ihre persönliche Erfüllung für einen guten Zweck aufgeben. Wenn man dies hinterfragt, sagen sie, sie seien von ihrer Tätigkeit erfüllt.

Einen Fischegeborenen großziehen

Eltern von Fischegeborenen, und ganz besonders von einem Kind mit Fischemond, müssen vehement deutlich machen, dass Lügen nicht in Ordnung ist. Andernfalls wartet das Kind nur zu leicht mit einer plausiblen, ausgeklügelten, fantasievollen, aber leider unwahren Entschuldigung auf, nur um sich so schnell wie möglich aus einer schwierigen Situation herauszuwinden.

Unsere Fischefreunde sind liebenswürdig und großzügig.

Fische als Freunde, Liebhaber und Lebenspartner

Unsere Fischefreunde sind überaus liebenswürdig und investieren viel Zeit und Energie in ihre Freundschaften. Manchmal erhalten wir von ihnen unerwartet ein Geschenk, das sie womöglich sogar selbst gemacht haben. Im Gegenzug sollten wir sie ermutigen und moralisch unterstützen, wenn sie sich mehr als gewöhnlich Sorgen machen.

Schon die mit der kleinsten künstlerischen Begabung oder einem kreativen Anflug können wirklich Großartiges leisten. Wir sollten ihnen immer wieder sagen, wie gut sie das machen. Wenn Fische übermäßig selbstkritisch sind, hilft es, etwas zu frotzeln, um sie aus ihren Selbstzweifeln herauszuholen.

Mit selbst gemachten Geschenken zeigen uns Fische ihre Zuneigung.

Wenn unser Fischefreund beispielsweise schöne Tücher oder Taschen herstellt, dann könnten wir ihm vielleicht bei der Suche nach einem Laden behilflich sein, in dem er seine Produkte verkaufen kann. Sicherlich fällt es ihm nur schwer, selbst an den Ladenbesitzer heranzutreten. Wenn wir aber für ihn eine Absprache treffen können, bekommt er nicht nur Auftrieb, sondern am Ende womöglich auch noch Geld.

Schwindeleien

Nicht alles, was ein Fisch sagt, entspricht voll und ganz der Wahrheit. Er kann uns eine fantastische, aber unglaubwürdige Entschuldigung präsentieren, wenn er nicht zu einem vereinbarten Termin gekommen ist. Was aber noch viel schwerwiegender ist: Viele Fischegeborene machen sich selbst das Leben schwer, weil sie ihrem Partnern gegenüber unaufrichtig waren und sich anschließend in einem Netz aus Notlügen und Schwindeleien verstrickt haben. Herauszufinden, was Lüge und was Wahrheit ist, kann dann schwer sein.

Fische sind sehr charmant. Dabei übertreiben sie es schon mal ganz gerne.

Mit Fischefreunden auszugehen, ist immer eine große Freude. Sie nehmen uns in Kunstgalerien mit, die wir noch nicht kennen. Wenn sie einen Hang zur Spiritualität haben, machen sie uns sicher mit verschiedenen Philosophien und Strömungen bekannt. Vielleicht legen sie uns die Tarotkarten und liefern eine besonders interessante Interpretation oder sie widmen sich dem Studium der Astrologie. Falls sie hellsichtig sind, sollten wir ihnen am besten dazu raten, dass sie sich mit jemandem zusammentun, der auf dem Gebiet Erfahrung hat und weiß, was er tut. Sonst könnten sie mit dieser Gabe leicht in falsche Hände geraten.

FISCHE UND DIE LIEBE

Wenn Fische sich verlieben, bricht sich ihre starke Emotionalität erst so richtig Bahn. Dann kennt ihre Großherzigkeit kein Halten mehr. Fischegeborene sollten sich darüber im Klaren sein, dass viele andere Tierkreiszeichen eine gelassenere Herangehensweise bevorzugen und sich von der Art der Fische unter Umständen eingeengt fühlen. Besonders, wenn Fische allzu lange ungebunden waren und nach langer Suche einen potenziellen Partner finden, überschütten sie diesen häufig derart mit Liebe und Zuneigung, dass diesem Angst und Bange werden kann und er erschreckt zurückweicht. Im Ergebnis bleibt dann das Fischeherz gebrochen zurück. Fakt ist: Fische gehen ganz schön ran, wenngleich nicht offen sexuell. Die Hoffnung stirbt zuletzt, und oft lernen die Fische nicht, sich zu bremsen. Vor diesem Hintergund muss man sich ernsthaft fragen: Sind uns unsere Fischegeliebten treu oder macht ihre Neigung zu lügen alles kaputt? Misstrauen ist durchaus angebracht, besonders, wenn wir sie länger als üblich nicht gesehen haben und ihre Erklärungen an den Haaren herbeigezogen zu sein scheinen. Häufig überschätzen sie ihre »Fähigkeit« zu lügen, und wenn der Partner nicht ganz dumm ist, merkt er das auch relativ leicht. Gleichzeitig sind die Fische beim Lügen so liebreizend, dass man ihnen einfach nicht böse sein kann.

Große Romantiker

Wer etwas für Romantik übrig hat, der kommt mit einem Fischepartner garantiert in den Genuss einer ordentlichen Portion davon. Fische investieren viel Geld in Blumen, edles Parfüm oder guten Wein und lassen sich etwas ganz Besonderes einfallen, um die Zeit mit einem geliebten Menschen zu einem unvergesslichen Ereignis werden zu lassen. Sie sind sehr leidenschaftlich, verstehen es aber auch, sich dem Tempo des Partners anzupassen. Weil sie ebenso feinfühlig wie sorgsam sind, ist es unwahrscheinlich, dass sie grob werden oder die Sache überstürzen. Sie schätzen eine sinnliche Annäherung

LÜGEN UND AUSFLÜCHTE

Fische müssen sich wirklich davor hüten, sich nicht immer wieder selbst zu täuschen. Manchmal geraten sie in die Falle, nicht nur zu schwindeln, sondern nach allen Regeln der Kunst zu lügen, und zwar aus zwei Gründen: Zum einen kommt man, so meinen sie, auf diese Weise leicht aus einer schwierigen Situation heraus. Zum anderen wollen sie Menschen, die in die Sache involviert sind, nicht verletzen. Aber durch Lügen wird alles nur schlimmer. Fische müssen lernen, dass mehr Aufrichtigkeit zu weniger Komplikationen in ihrem Leben führt. Das mag für Fische schwer zu verstehen sein, aber es ist einfach wahr.

Eine romantische Szenerie an einem Fluss oder an einem See ist genau das Richtige für Fischegeborene.

»FISCHE NEIGEN STARK DAZU ZU ZÖGERN.«

und ein langsames, zärtliches Vorspiel; am liebsten an einem Ort, von dem aus sie einen Blick auf das Meer, einen See oder einen Fluss haben. Mit anderen Worten: Bei Fischegeborenen findet man Romantik pur. Ist der Rahmen gerade nicht besonders romantisch, sorgen sie flugs dafür, indem sie einfach ein Seidentuch über eine grelle Lampe drapieren oder ein schönes erotisches Bild aufhängen, Teelichter im ganzen Raum verteilt entzünden und ein paar Aromakerzen ihre Wirkung tun lassen. Im kürzester Zeit verstehen Sie es, aus einem nüchternen Hotelzimmer eine Oase der Romantik zu zaubern.

FISCHE IN DAUERHAFTEN BEZIEHUNGEN

In einer festen Beziehung sind Fische liebende und sorgende Partner. Vor allem aber beherrschen sie die Kunst, die romantische Atmosphäre, die noch aus der Zeit der ersten Verliebtheit stammt, zu erhalten, selbst wenn die Partnerschaft längst gefestigt ist.

Fische wollen, dass ihre Liebsten glücklich und zufrieden sind, und spüren intuitiv, wenn ihnen etwas nicht passt. Wenn es darum geht einzuschätzen, was der andere denkt, legen sie geradezu hellsichtige Fähigkeiten an den Tag, selbst wenn es um ein neues Thema geht.

Es braucht Entschlusskraft und Aktivität

Der Partner sollte »seinen« Fisch zu Tatkraft und Entschlossenheit ermutigen. Andernfalls neigen Fische stark zum Zaudern. Dann überlassen sie es ihrem Partner zu handeln, weshalb sie lernen müssen, dass Entscheidungen – seien sie groß oder klein, wichtig oder unbedeutend – in funktionierenden Partnerschaften von beiden Beteiligten gemeinsam getragen werden sollten.

Fischegeborene versuchen häufig, sich dem zu entziehen, indem sie fragen: »Was denkst du darüber?« Vielleicht ist etwas am Haus zu reparieren, was hervorragend von ihnen erledigt werden könnte, doch Fische vergessen es einfach.

Fischegeborene weichen sehr gerne aus, wenn die Dinge nicht so laufen, wie sie sollten. Das kann zu Spannungen führen – mehr, als ihnen bewusst ist. Es kann ihre Partner zur Weißglut treiben, wenn sie versuchen, den Fisch festzunageln. Grund für dessen Uneindeutigkeit ist wiederum, dass er seinerseits den Partner nicht verletzen will. Für die meisten anderen Tierkreiszeichen trifft aber gerade das Gegenteil zu. Sie wollen lieber genau wissen, was los ist, damit sie mit der Situation umgehen können.

Handwerkliche Arbeiten im Haus überlassen Fischegeborene gerne ihren Partnern.

Fische lieben das Wasser, und die meisten Fischegeborenen genießen das Schwimmen von klein auf.

Fische in Erziehung, Beruf und Gelddingen

Von frühester Kindheit an kann man Fischegeborene unterteilen in jene, die gar nicht mehr aus der Badewanne heraus wollen, und jene, die keinesfalls hinein wollen. Im Allgemeinen aber lieben sie Wasser. Wenn sie mit ihrer Mutter zu einem Baby-Schwimmkurs gehen, sind sie in ihrem Element.

Der Besuch des Kindergartens verunsichert Fischekinder zunächst. Doch schnell arbeiten sie die neuen Eindrücke auf und werden zugänglich, solbald sie die anderen Kinder beim Spiel sehen. Sie haben viel Fantasie, und so werden einfache Spielsachen zu wundervollen, fremdartigen und faszinierenden Objekten.

Musikunterricht, die Mitwirkung in einem Chor oder einer Band sind wichtig für Fisch.

Richtig und falsch

Am wichtigsten ist es, ein Fischekind zur Ehrlichkeit anzuhalten. Selbst kleinste Schwindeleien und Ausflüchte sollte man bei ihm nicht dulden. Machen Sie ihm auch deutlich, was richtig ist und was falsch. Eltern sollten sich von dem treuherzigen Blick der schönen Fischeaugen nicht erweichen lassen. Das mag streng klingen, aber auf diese Weise wird das Kind Charakterstärke entwickeln, die es später brauchen kann, wenn die Versuchung groß ist, sich aus verzwickten Situationen herauszulavieren.

Schulen, an denen die Kreativität gefördert wird, lassen Fischekinder aufblühen. Kunstunterricht und die Mitgliedschaft in einem Chor, einem Orchester oder einer Tanzgruppe sind wichtig. Außer Kunst liegen ihnen diejenigen Themen, die ihre Fantasie ansprechen, etwa Geschichte und Geografie. Auch Literatur und Dichtung sind beliebt. Mathematik und Naturwissenschaften stoßen nicht unbedingt auf ihr Interesse oder gar auf Gegenliebe.

Höhere Bildung

Sehr viel Anklang finden bei Fischen die Universität und die Kunst- oder Theaterakademie. Wenn ein junger Fischegeborener Talent zu Tanz, Theater, Musik oder irgendeiner anderen

»IM LEBEN DER FISCHE GIBT ES VIELE RICHTUNGSWECHSEL.«

Michael Caine, einer der erfolgreichsten Schauspieler mit Fischesonne, hat im Lauf seiner Karriere die unterschiedlichsten Rollen gespielt.

Kunstform hat, werden die Eltern das mit Sicherheit bemerken, noch bevor das Kind ins Teenageralter kommt. Mit welchen Schwierigkeiten der Beruf des Tänzers oder Schauspielers verbunden ist, sollte dem Fischegeborenen von vorneherein klargemacht werden. Wenn er aber voller Leidenschaft sein Ziel verfolgt, wird er die nötige Hartnäckigkeit haben, die er braucht, um es zu erreichen. Und wenn er vorübergehend kein Engagement hat, dann wird er auch einfache Jobs annehmen, um die Durststrecke zu überwinden.

Mehr noch als die Eltern anderer Jugendlicher müssen sich Eltern von Fischekindern überlegen, wie sie ihr Kind vor Suchtmitteln und Drogen schützen können. Fische gelten als besonders suchtgefährdet und sollten daher keinesfalls mit Drogen experimentieren – auch nicht mit sogenannten weichen Drogen. Daher sollte man sich schon beim kleinsten Hinweis, dass sie Zigaretten oder Marihuana rauchen, professionelle Unterstützung durch Drogenberatungen suchen.

FISCHE UND BERUF

Höchstwahrscheinlich ändern Fische in ihrem abwechslungsreichen Leben mehrmals die Richtung. Das macht viele von ihnen zufrieden. Rückblickend haben sie das Gefühl, dass sich ihr Leben gelohnt hat, wenn sie auf eine lange Reihe unterschiedlichster Aktivitäten zurückblicken können. Für die meisten Fische ist dabei völlig in Ordnung, dem nachzugehen, was ihnen das Leben bietet.

Fische sind nicht gerade besonders diszipliniert, aber sehr begeisterungsfähig und leicht zu faszinieren. Alles was mit Medien, Film und Fotografie zu tun hat, zieht sie in den Bann. Eine Hochschulausbildung im Bereich Fotografie, Filmbearbeitung oder Fernsehtechnik wird einen Fischegeborenen faszinieren. Fische laufen zu Hochform auf, wenn sie hinter den Kulissen arbeiten. Auch im Homeoffice fühlen sich sich wohl.

Hinter der Maske

Doch dass sich Fische nicht nur hinter den Kulissen tummeln, wird angesichts der vielen erfolgreichen Tänzer und Schauspieler deutlich, die unter dem Tierkreiszeichen Fische geboren sind. Hinterfragt man die Motivation für die

Wahl einer Karriere im Rampenlicht, wird schnell deutlich, dass diese Fische eine ganz andere Auffassung von ihrem Beruf haben: Sie stellen sich nicht selbst in den Vordergrund, sondern verstecken sich vielmehr hinter der Rolle, die sie darstellen. Kostüm, Make-up und die rollentypischen Merkmale wirken wie ein Schutzpanzer, unter dem der Fisch seine wahre Persönlichkeit sicher verbergen kann.

Fische lieben elegante, teure Schuhe. Das ist einer der Gründe, warum Fische häufig zu viel Geld ausgeben.

Zärtlichkeit und Sensibilität

Der Hang zur Fürsorglichkeit ist bei vielen Fischen stark ausgeprägt, weshalb sie hervorragende Krankenschwestern sind, ob auf einer Neugeborenenstation oder im Hospiz. Die Arbeit mit Tieren hält ebenfalls Erfahrungen bereit, die ihnen Zufriedenheit und Erfüllung verschaffen.

Sehr viele Fische haben mediale Fähigkeiten. Fische, die Vorahnungen haben, sollten eine gewisse Skepsis entwickeln und ihre Eingebungen einer Prüfung unterziehen, um nicht ihren Sinn für die Realität zu verlieren. (Dazu empfiehlt es sich, die Vorahnung zu notieren und, versehen mit dem Datum und versiegelt, einem Freund zu schicken. Sollte sich die Vorahnung erfüllen, liegt somit ein Beweis für die Hellsichtigkeit vor.)

Wenn sie diese Gabe professionell einsetzen wollen – channeln, Tarotkarten legen oder eine okkulte Disziplin ausüben – sollten sie unbedingt eine seriöse Ausbildung machen. Fische, die sich für Astrologie interessieren, sollten bedenken, dass es einige Jahre in Anspruch nimmt, bis man ein Diplom an einer anerkannten Schule erlangt.

FISCHE UND GELD

Fische können einfach nicht gut mit Geld umgehen. Das Bargeld rinnt ihnen nur so durch die Finger, und häufig bleibt nicht mehr genug für Miete, Telefonrechnung oder das Finanzamt übrig. Und all das nur, weil der Fisch auf mehreren Konzerten war, zu viele Cocktails in seiner Lieblingsbar genossen und sich mehrere Paar Schuhe gekauft hat – von denen er viele gar nicht tragen wird. Nur allzu oft überzieht er seinen Dispokredit.

Traum vom schellen Reichtum

Oft sind Fische versucht, der Verlockung »Werden Sie auf einen Schlag reich« zu erliegen. Dabei sollten gerade Fische in Gelddingen Vorsicht walten lassen. Beim Zeitschriftenhändler kommen Fischegeborene kaum am Lottoschalter

EIN SANFTER ERZIEHUNGSSTIL

Fische, die Eltern werden, erweisen sich immer wieder als ausgesprochen liebenswürdig und weichherzig. Deshalb neigen sie dazu, ihre Kinder zu verwöhnen. Häufig geben sie deren Launen und Forderungen nur zu leicht nach – allerdings nur, um etwas mehr Ruhe zu haben. Wenn die Kinder größer sind, haben diese nicht selten unter den Ausflüchten ihrer Fischeeltern und unter deren Unfähigkeit zu leiden, ihren Kindern gegenüber einfach ehrlich zu sein. In der Überzeugung, ihr Kind könne mit bestimmten Wahrheiten noch nicht umgehen, präsentieren sie ihm schlichtweg Lügen. Dieses Verhalten sollten sie jedoch unbedingt überdenken. Nur zu leicht schätzen sie ihre Kinder falsch ein.

und den Rubbellosen vorbei. Gut, mit ihrer Intuition liegen Fische nicht immer falsch, und ab und zu gewinnen sie auch. Das sollte sie aber nicht dazu verleiten, den Gewinn in weitere Lose zu investieren oder auf den Jackpot zu hoffen.

Ganz offensichtlich rinnt Fischen das Geld leicht aus den Händen. Wenn sie nicht von Haus aus besonders geschickt und klug sind, können sie sich leicht in Schwierigkeiten manövrieren.

Nat King Cole, ein astrologischer Fisch, war dank seines überragenden musikalischen Talents finanziell erfolgreich.

Der Wert der Kreativität

Natürlich bedeutet das nicht, dass es keine wohlhabenden Fische gibt. Das Gegenteil ist der Fall. Doch diejenigen, die wirklich viel verdienen, besitzen meist eine außergewöhnliche kreative Begabung, die sie zu Geld machen können. Viele dieser erfolgreichen Fische arbeiten beispielsweise als Fotografen, Filmemacher, Models, Schriftsteller, Modedesigner oder in medizinischen Berufen.

Wenn sich also bei einem Fischegeborenen Erfolg abzeichnet, ist er gut beraten, einen fähigen Finanzberater zu engagieren und dessen Ratschläge auch zu beherzigen. Kredite sollten Fische nach Möglichkeit vermeiden oder wenigstens niedrig halten. Wenn Fische in Sachen Finanzen einmal keinen professionellen Beistand haben, sollte es nur bei einer kleinen Investition mit geringem Risiko bleiben. Bei wichtigen Anschaffungen, wie einem Auto oder einer Wohnung, sollten sie hinsichtlich der Folgekosten nüchtern bleiben. Fische müssen darauf achten, dass ihre monatlichen Fixkosten ihrer finanziellen Situation angepasst sind.

Wenn ein Freund Geld braucht, sind Fische großzügig. Sie bekommen das Geld doch zurück! Nun, nicht unbedingt. Die Wahrscheinlichkeit ist groß, dass sie das Geld nicht wiedersehen.

»DAS GELD RINNT FISCHEN NUR SO DURCH DIE FINGER.«

FISCHE, ASZENDENT UND HIMMELSMITTE

Die Himmelsmitte stellt den Teil des Tierkreises dar, der zum Zeitpunkt unserer Geburt genau über uns stand (Näheres dazu auf *S. 304–306*). Besonders, wenn es um unseren Beruf geht, identifizieren wir uns mit dem Zeichen der Himmelsmitte oder aber wir streben nach seinen Eigenschaften. Die folgenden Kombinationen von Aszendent und Himmelsmitte für Fischegeborene sind die einzig möglichen – sowohl in nördlichen wie in südlichen Breiten. Ihren Aszendenten und die Himmelsmitte können Sie den Übersichten auf den Seiten 344–347 entnehmen.

ASZENDENT WIDDER
und Himmelsmitte in:

Steinbock Ehrgeizig, arbeitet hart. Fotografie, Archäologie.

Wassermann Designer. Originell, liebt den Wandel. Astrologie, Tanz, Eislaufen, Mode, Autos.

ASZENDENT STIER
und Himmelsmitte in:

Steinbock Töpfer, Gärtner, Bauer, Konditor. Braucht und erreicht finanzielle Sicherheit.

Fische Karriere. Hotelgewerbe, PR, Schuhdesign und Verkauf.

ASZENDENT ZWILLINGE
und Himmelsmitte in:

Widder Arbeitet schnell, ist aber ungeduldig. Muss sorgfältig über die Berufswahl nachdenken.

Stier Freundlich und kontaktfreudig. Guter Agent. Sozialberuf, Ernährungsberater.

Wassermann Will Geld verdienen. Reisebranche, Fluglinien, Lehrtätigkeit, auch im Ausland.

Fische Medienbranche. Muss aktiv mehr Selbstvertrauen entwickeln, um Erfolg zu haben.

ASZENDENT KREBS
und Himmelsmitte in:

Widder Ein kluger Fisch. Kommt zu Geld; Finanzbranche.

Stier Braucht Sicherheit. Fleißig. Koch, Bildhauer, Architekt.

Wassermann Forscht gern. Lernbegierig.

Fische Reisebranche. Übersetzer. Sprachbegabt. Völkerkunde.

ASZENDENT LÖWE
und Himmelsmitte in:

Widder Geradeheraus und dynamisch. Sehr kreativ. Schöne Künste, Tanz oder Sport.

Stier Braucht finanzielle und emotionale Sicherheit. Wein- und Kosmetikbranche. Für Kreative ist die Schmuckbranche geeignet.

Fische Erfolgreich, sofern er oder sie geerdet ist. Schauspieler, Tänzer, Magier, Forschung, Modeln.

ASZENDENT JUNGFAU
und Himmelsmitte in:

Stier Kunsthandwerk. Arbeitet gern mit einem Partner.

Zwillinge Medien. Kann schreiben. Guter Verkäufer.

ASZENDENT WAAGE
und Himmelsmitte in:

Krebs Freundlich und mitfühlend. Haarstylist, Sozialberuf, Kinderkrankenschwester.

Löwe Eventuell träge. Vermeidet Stress. Sollte sein kreatives Potenzial entwickeln.

ASZENDENT SKORPION
und Himmelsmitte in:

Krebs Verschwiegen, machtvolle Emotionen. Muss sich vollkommen auf den Beruf einlassen. Chirurg, Detektiv, Polizist, Sicherheits- oder Ermittlungsbeamter.

Löwe Intuitiv. Kommt zu Geld. Nimmt finanzielle Risiken in Kauf, hütet sich aber vor exzessivem Spielen. Dozent.

Jungfrau Analytischer und kritischer Verstand. Bibliothekar, Forscher, Museumskurator. Literarische Begabung.

ASZENDENT SCHÜTZE
und Himmelsmitte in:

Löwe Engagiert. Eventuell Sportler – Schwimmen, Skifahren.

Jungfrau Eventuell Konflikt zwischen Beruf und Zuhause oder Familie. Sollte zu Hause arbeiten. Alle Fischeberufe sind geeignet.

Waage Ehrgeizig, aber zu unentschlossen. Mag den Wandel.

Skorpion Mag den Alleingang. Braucht Ruhe, um Erfolg zu haben. Fotografie, Design.

ASZENDENT STEINBOCK
und Himmelsmitte in:

Löwe Entwickelt Entschlossenheit und Organisationstalent. Konventionelle Laufbahn. Bankwesen, Einzelhandel. Buchhaltung.

Jungfrau Arbeit auf dem Land, Biogemüse züchten. Journalistische Fähigkeit.

Waage Fairness ist ganz wichtig. Sozialarbeiter, Anwalt. Gut in der Kommunikation.

Skorpion Arbeitet sehr hart. Alternative Medizin, Homöopath, Ernährungsberater, Fußpfleger.

ASZENDENT WASSERMANN
und Himmelsmitte in:

Jungfrau Individualist. Kritisch, aber weniger unabhängig, als er meint. Originell. Fitnessbranche.

Waage Liebt schöne Dinge und Menschen. Blauäugig und charmant. Ein Beobachter. Braucht Disziplin.

Skorpion Stur, aber freundlich. Arbeitet hart, geht seinen eigenen Weg.Naturwissenschaftliche Neigung, Chemiker, Biologe.

Schütze Freigeist. Hat viele Visionen, studiert gerne. Guter Lehrer. Lebt oder arbeitet im Ausland.

ASZENDENT FISCHE (MIT FISCHESONNE)
und Himmelsmitte in:

Schütze Fantasie, kreatives Talent, findet seine Nische. Eventuell hellsichtig. Sollte regelmäßig Tagebuch und/oder Gedichte schreiben.

Die PLANETEN

DIE ZEHN PLANETEN

Seit rund 70 Jahren arbeiten die Astrologen mit zehn Planeten. Sonne und Mond bezeichnet man auch in der modernen Astrologie als »Planeten«, dazu kommen Merkur, Venus, Mars, Jupiter und Saturn, zusammen die sieben sichtbaren Himmelskörper, die seit Jahrtausenden beobachtet werden. Außerdem gibt es noch Uranus, Neptun und Pluto, die »moderne Planeten«.

Planeten, deren Umlaufbahn um die Sonne außerhalb der Bahn der Erde verläuft, heißen äußere Planeten; die, die sich zwischen Erde und Sonne bewegen, innere Planeten. In der Astrologie wird jedem Planeten eine charakteristische Wirkung zugeschrieben. Die Planeten beeinflussen die Menschen, je nachdem, in welchem Verhältnis sie zueinander stehen und in welchem Tierkreiszeichen sie sich aufhalten.

Merkur etwa entfaltet seine typischen Eigenschaften auch im Zeichen Widder, aber sein Einfluss ist ein ganz anderer, wenn er sich im Krebs befindet. Man kann das mit Licht vergleichen, das durch ein buntes Glasfenster fällt: Die Lichtquelle verändert sich nicht und erhellt weiterhin alles, worauf sie fällt, doch die Wirkung verändert sich entsprechend der Farbe des Glases.

Die Trennung zwischen Astrologie und Astronomie liegt noch gar nicht so lange zurück. Astrologen sind nach wie vor davon überzeugt, dass die Planeten auf unerklärliche Weise unser Leben auf der Erde erhellen und beeinflussen. Für Astronomen sind sie jedoch nur Ansammlungen von Materie, die um die Sonne kreisen. Das zeigte sich jüngst in der »Degradierung« des Pluto, der in der Astronomie mittlerweile nicht mehr als Planet, sondern nur noch als Zwergplanet gilt. Für Astrologen steht dagegen fest, dass der Einfluss des Pluto unabhängig von seiner astronomischen Bezeichnung oder Klassifizierung besteht.

Die Astrologie berücksichtigt daneben noch weitere Himmelskörper: So wird etwa Chiron große Bedeutung beigemessen, einem Kometen mit einer Umlaufbahn zwischen Saturn und Uranus (*s. S. 239*). Er wurde erst 1977 entdeckt. Viele Astrologen beziehen auch Asteroiden in ihre Deutungen mit ein, vor allem Ceres (die mit Mütterlichkeit und Mitgefühl assoziiert wird), Pallas (zuständig für Überraschungen und Wandel), Juno (innere Stärke, Stolz und Glamour) und Vesta (Hingabe, Dienen und Opfern).

Die Planeten unseres Sonnensystems aus der Perspektive eines Künstlers

»Im Augenblick der Geburt werden wir von den sieben Planeten mit einem ganzen Strahlenkomplex beschossen, der sich auf jeden Aspekt des Menschen auswirkt.«

Berossos (3. Jahrhundert v. Chr.)

Innere Planeten

Weil ihre Umlaufbahnen zwischen unserem Heimatplaneten Erde und der Sonne verlaufen, nennt man Merkur und Venus die inneren Planeten. Wegen ihrer Nähe zur Sonne ist jede Interpretation ihrer Einflüsse zudem untrennbar mit der Wirkung der Sonne verbunden.

MERKUR UND VENUS

Die Umlaufbahnen von Merkur und Venus verlaufen näher an der Sonne als diejenige der Erde. Deswegen wirken sie von der Erde aus betrachtet wie Begleiter der Sonne, die sich immer in ihrer Nähe aufhalten. Wenn Merkur, Venus und Sonne im Geburtshoroskop ganz eng beieinander stehen, nennt man diese Konstellation Stellium.

Merkur ist der Sonne am nächsten und kann sich nie weiter als 28° von ihr entfernen. Er steht daher immer entweder im selben Zeichen wie die Sonne oder in einem benachbarten Zeichen. Ist die Sonne etwa in den Zwillingen, so steht der Merkur entweder auch in den Zwillingen oder im Stier bzw. Krebs.

Die Bahn der Venus verläuft zwischen Merkur und Erde. Die Venus kann sich nicht weiter als 48° von der Sonne entfernen. Im Geburtshoroskop steht sie im selben Zeichen wie die Sonne oder höchstens zwei Zeichen entfernt. Wenn die Sonne etwa im Wassermann steht, ist die Venus entweder ebenfalls im Wassermann oder im Schützen, im Steinbock, in den Fischen oder im Widder.

Aufgrund ihrer Nähe zur Sonne sollten die Einflüsse von Merkur und Venus immer im Hinblick auf das Sonnenzeichen interpretiert werden.

Nikolaus Kopernikus entwickelte als erster Gelehrter ein heliozentrisches Modell unseres Sonnensystems, bei dem sich die Planeten um die Sonne bewegen.

»Himmelskarte der Planetenumlaufbahnen« aus der *Harmonia Macrocosmica* (1660) von Andreas Cellarius. Hier steht die Erde im Mittelpunkt, umgeben von den Planeten und dem Tierkreis.

DER EINFLUSS DER PLANETEN

Auch wenn die Planeten unseres Sonnensystems unterschiedlich weit von der Erde entfernt sind, sagt das nichts darüber aus, wie stark sie uns beeinflussen. Astrologisch betrachtet kann jeder Planet ein Geburtshoroskop dominieren, wenn seine Stellung darin von besonderer Bedeutung für das Horoskop ist. Die Wirkung der inneren Planeten vermischt sich jedoch oft mit den Eigenschaften des Sonnenzeichens.

Merkur

Hier finden Sie nun eine Zusammenfassung der Bedeutung des Merkur für jedes Sonnenzeichen. Der Planet kann immer nur im selben Zeichen wie die Sonne oder in einem benachbarten Zeichen stehen.

Merkur ist der innerste der Planeten. Er ist klein und steinig und wurde nach dem römischen Gott benannt.

SONNENZEICHEN: WIDDER

MERKUR IN DEN FISCHEN

Diese Stellung relativiert die schnelle Entschlossenheit des Widders und macht ihn nachdenklicher und weniger anfällig für Selbstsucht. Kleinigkeiten können ihn schnell verwirren und er kann vergesslich werden, wenn er sich auf etwas Wichtiges konzentriert. Diese Widder haben eine starke Intuition, auf die sie hören sollten.

Das Symbol des Merkur

MERKUR IM WIDDER

Hier arbeitet der Verstand extrem schnell, man ist entschlussfreudig und trifft damit meist ins Schwarze. Bei starkem Selbstbewusstsein kann es zu übereilten Aktionen kommen. Man bewahrt den Überblick, kann aber entscheidende Details übersehen. Diese Widder haben keine Zeit für Kleinigkeiten; durch ihr hohes Tempo können sie manchmal kurz angebunden wirken.

MERKUR IM STIER

Das Gedächtnis arbeitet langsam aber stetig; dieser Widder geht nachdenklich und bewusst vor. Sein Temperament ist nicht explosiv, aber ist es einmal entflammt, ist es stürmisch und lässt nicht wieder so schnell nach. Das Konzentrationsvermögen und das Gedächtnis sind sehr gut. Der Stiereinfluss hält die Impulsivität des Widders in Schach.

SONNENZEICHEN: STIER

MERKUR IM WIDDER

Merkur schickt hier Schnelligkeit und Entschlossenheit, die den langsameren Stier bereichern. Diese Stiere drücken sich überzeugend aus und haben glänzende Einfälle. Weist man sie jedoch gelegentlich auf ihre übergroße Eile hin, dann sollten sie das Tempo etwas drosseln.

Kinder, bei denen Merkur im Stier steht, brauchen beim Lernen längere Zeit.

MERKUR IM STIER

Dieser Stier ist geduldig und ausgesprochen vernünftig, sein Geist arbeitet langsam, aber gründlich. Der Merkur verstärkt die Neigung des Stiers zur

MERKUR AUF EINEN BLICK
Entfernung von der Sonne 58 Mio. km
Umlauf um die Sonne 87,9 Erdentage
Rotation um die Eigenachse 58,5 Erdentage
Monde Keine
Schlüsselbegriff Kommunikation
Herrscht über Zwillinge und Jungfrau

Sturheit. Kinder brauchen beim Lernen Zeit, dann sitzt der Stoff aber.

MERKUR IN DEN ZWILLINGEN
Dies macht die Ausdrucksweise des Stiers spritziger. Durch die zwillingetypische Dualität fällt es leichter, zwei Sachen gleichzeitig zu erledigen. Die Geduld des Stiers und die handwerkliche Begabung der Zwillinge verleihen Geschick und Kunstfertigkeit.

Geschick und Kunstfertigkeit, wie sie das Weben erfordert, findet man bei Stiergeborenen mit Merkur in den Zwillingen.

SONNENZEICHEN: ZWILLINGE

MERKUR IM STIER
Diese starke Merkurstellung kann die Oberflächlichkeit des Zwillings zügeln, das Denken konstanter machen und den gesunden Menschenverstand sowie den Sinn fürs Praktische stärken. Man hat mehr Durchhaltevermögen und ist weniger rastlos als andere Zwillinge.

MERKUR IN DEN ZWILLINGEN
Hier sind die Zwillingeeigenschaften Dualität, Ruhelosigkeit und Intoleranz gegenüber Monotonie enorm verstärkt. Der Verstand arbeitet auf Hochtouren und springt von einem Thema zum nächsten. Man verfügt über natürliche Intelligenz und neigt dazu, mehr Wissen vorzutäuschen, als man hat.

MERKUR IM KREBS
Diese Menschen sind sehr intuitiv, neigen aber mitunter dazu, sich große Sorgen zu machen. Man versucht das mit der Zwillingelogik zu bewältigen, es kann aber dennoch zu inneren Konflikten kommen. Vorstellungskraft und Sensibilität sind bei dieser Stellung sehr ausgeprägt. Es besteht aber die Gefahr, dass man die Dinge zu rational angeht und dadurch seine Gefühle unterdrückt.

SONNENZEICHEN: KREBS

MERKUR IN DEN ZWILLINGEN
Die heftigen Emotionen des Krebses können hier durch die Logik des Zwillings gemildert werden, besonders wenn man großen Kummer hat. Das kann auch verhindern, dass die lebhafte Fantasie dieser Krebse mit ihnen durchgeht, sodass sie selbst unter starkem Stress vernünftig reagieren können.

MERKUR IM KREBS
Die Fantasie des Krebses sollte unbedingt durch einen kreativen Beruf oder ein Hobby ausgedrückt werden. Nach ausgiebiger Erforschung ihrer

MERKUR, DER VERSTANDESPLANET

Oft wird Merkur als Planet der Geisteskräfte beschrieben, der beeinflusst, ob unser Verstand rational oder intuitiv, langsam oder schnell funktioniert.

Seele können diese Menschen auch fabelhafte Lösungen für alle möglichen persönlichen Probleme finden. Sie neigen aber dazu, zu sehr der Vergangenheit nachzuhängen. Hartnäckigkeit und Verbohrtheit werden schnell übertrieben. Das Gedächtnis ist ausgezeichnet, aber wenn sie allzu nachtragend sind, setzen sie ihre Freundschaften aufs Spiel.

MERKUR IM LÖWEN
Steht der Merkur im Löwen, beschert er dem Krebs zusätzliche innere Stärke und Organisationstalent. Es fällt diesen Menschen leicht, Verantwortung zu übernehmen und, wenn es sein muss, auch ihre Mitmenschen herumzukommandieren. Der Löwe stärkt das Selbstvertrauen, bringt Großzügigkeit und reduziert die Sorgen des Krebses.

SONNENZEICHEN: LÖWE

Ein künstlerisch tätiger Löwe erfährt durch einen Krebsmerkur gesteigerte Kreativität.

MERKUR IM KREBS
Durch den Krebseinfluss verfügen die Löwen über mehr Einfühlungsvermögen, Intuition und einen gewissen Scharfsinn. Künstlerische Menschen profitieren von der reichen Fantasie des Krebses, egal in welchem Fach sie tätig sind. Man neigt aber dazu, sich überdurchschnittlich viele Sorgen zu machen, und die Großmütigkeit des Löwen tritt weniger deutlich zutage.

MERKUR IM LÖWEN
Diese Löwen haben vielleicht Probleme, eine einmal gefasste Meinung zu ändern. Sie sind sehr entschlossen und manchmal herrschsüchtig, verfügen aber über hervorragende Führungsqualitäten und Organisationstalent. Das Konzentrationsvermögen ist exzellent, und die Großzügigkeit und Herzlichkeit gleichen die Großspurigkeit und Angeberei des Löwen allemal aus.

MERKUR IN DER JUNGFRAU
Der Jungfraueinfluss macht diese Menschen kritisch und beschert ihnen einen flinken Geist, was das Urteilsvermögen verbessert. Den hochtrabenden Plänen des Löwen wird mit Zurückhaltung begegnet, sowohl in finanzieller als auch in inhaltlicher Hinsicht. Diese Löwen sind fleißig und ihre Selbstsicherheit ist oft nur gespielt.

SONNENZEICHEN: JUNGFRAU

MERKUR IM LÖWEN
Dieser Einfluss steigert das Selbstbewusstsein der Jungfrau, erweitert ihren Blickwinkel und macht sie entschlossener. Sie macht sich weniger Sorgen und ist optimistisch. Außerdem ist der jungfrautypische Hang zum Nörgeln hier kaum ein Problem. Nur vor Herrschsucht sollte man sich hüten.

MERKUR IN DER JUNGFRAU
Wenn Sie die Beschreibung Ihres Sonnenzeichens lesen, werden Sie sie sehr treffend finden. Sie arbeiten tüchtig – auch im Detail, analysieren gründlich und gehen höchst rational vor. Sie sollten aber mehr Selbstsicherheit entwickeln, sonst führt Ihre nervöse Unruhe womöglich zu Flüchtigkeitsfehlern, Schüchternheit oder Geschwätzigkeit.

MERKUR IN DER WAAGE

Diese Jungfrauen machen sich erheblich weniger Sorgen als andere und nehmen das Leben so, wie es kommt. Entscheidungen können ihnen jedoch schwerfallen. Die Neigung, sich querzustellen, ist nicht gemäßigt, denn jede Waagebetonung verstärkt kleinere Streitereien, weil man so viel Freude an der Versöhnung hat. Auf jeden Fall ist bei den Jungfraugeborenen auch der Einfluss der Venus (*s. S. 214*) zu berücksichtigen.

MERKUR AM HIMMEL

Man sieht den Merkur schlecht, weil er so nahe an der Sonne ist. Am besten suchen Sie ihn in der Dämmerung nahe am Horizont.

SONNENZEICHEN: WAAGE

MERKUR IN DER JUNGFRAU

Der starke, rationale Einfluss des Merkur, der in seinem eigenen Zeichen steht, verringert die Unentschiedenheit dieser Waagen erheblich. Der Waageanteil muss sich aber seinerseits bemühen, die jungfrautypische Tendenz zum Herumnörgeln in Schach zu halten, besonders gegenüber dem Partner. Diese Menschen sind geistig sehr fit, und wenn sie sich gerne intellektuell engagieren, gehen sie ganz in ihrer Aufgabe auf. Geistige »Spinnweben« sind nichts für sie.

MERKUR IN DER WAAGE

Diese Stellung verstärkt die Unentschlossenheit der Waagen und macht sie geistig etwas träge. Sie sollten sich aber nicht stundenlang dem Fernseher oder Tagträumereien hingeben. Man findet hier enormes Mitgefühl und Einfühlungsvermögen, denn diese Waagen sind hervorragende Zuhörer. Will man sie zum Handeln anhalten, kann das ein frustrierendes Unterfangen werden.

MERKUR IM SKORPION

Die leichte Trägheit der Waage wird hier durch erhebliche innere Stärke ergänzt. Man findet bei diesen Waagen Entschlossenheit und tiefgreifende, einschneidende Denkprozesse. Es kann zu unbegründeter Eifersucht und unnötiger Verbitterung kommen, doch der natürliche Charme steht im Vordergrund. Manche haben einen Hang zu Klatsch und Heimlichkeiten.

SONNENZEICHEN: SKORPION

MERKUR IN DER WAAGE

Der Sexappeal des Skorpions wird durch die attraktiven Gesprächsbeiträge des Waagemerkur noch gesteigert. Einige der herberen Charakteristika der Skorpione sind abgeschwächt. Diese Menschen sind oft gute Zuhörer, die über eine gehörige Portion Einfühlungsvermögen verfügen.

MERKUR IM SKORPION

Intensität, Entschlusskraft und Zielstrebigkeit werden hier verstärkt durch einen Geist, der alles behält und nichts vergisst. Im Extremfall fühlen sich diese Menschen sogar zur Gewaltanwendung getrieben. Positiv erlebt man das riesige geistige und intuitive Potenzial als detektivisches Talent, mit dem man selbst die schwierigsten Rätsel lösen kann.

Skorpione mit Merkur in der Waage sind gute Zuhörer.

MERKUR IM SCHÜTZEN

Der Optimismus und der breite Horizont des Schützemerkur ist ein faszinierender Gegenpol zur Tiefe und Intensität des Skorpions. Hier vereinigen sich die besten Eigenschaften aus zwei verschiedenen Welten. Aufgrund der inneren Stärke des Sonnenzeichens und der glänzenden intellektuellen Fähigkeiten des Schützen ergänzen sie sich in der Regel harmonisch.

SONNENZEICHEN: SCHÜTZE

MERKUR IM SKORPION

Hier wirkt der Merkur der unbeschwerten Sorglosigkeit des Schützen entgegen und verleiht ihm eine Tiefe und Intensität im Denken, die ihm im Leben erheblichen Erfolg bescheren können. Man nimmt sich die Zeit, Pläne und Projekte gründlich zu durchdenken, und bedenkt auch die Gefühle anderer. Diese Schützegeborenen haben – anders als viele andere Schützen – auch keine Probleme, Details zu berücksichtigen.

MERKUR IM SCHÜTZEN

Die Intellektualität des Schützen wird verstärkt, wenn sich Merkur und Sonne in diesem Zeichen treffen. Der geistige Horizont ist enorm, allerdings werden Details gerne übersehen. Der Schützetypische Witz und Sinn für Humor sind ebenso präsent wie der unerschütterliche Optimismus und Enthusiasmus. Angst haben diese Menschen nur vor psychisch oder physisch einengenden Beziehungen oder Umgebungen.

MERKUR IM STEINBOCK

Hier wirkt die Merkurstellung etwas ernüchternd auf die Schützeeigenschaften. Man neigt weniger zu blindem Optimismus als zu mehr Nachdenklichkeit und Vorsicht. Die Konzentrationsfähigkeit ist gut ausgeprägt und der außergewöhnliche Steinbockhumor ergänzt den Witz des Schützen auf ganz besondere Weise. Die meisten Menschen mit dieser Stellung lieben die Literatur.

SONNENZEICHEN: STEINBOCK

Die Sphäre des Merkur aus Dantes *Göttliche Komödie*, illustriert von Giovanni di Paolo (1440)

MERKUR IM STEINBOCK

Der trockene Steinbockhumor tritt hier in Reinform auf. Doch auch Entschlossenheit und Ehrgeiz sind sehr ausgeprägt. Diese Menschen können im Leben viel erreichen, vorausgesetzt, sie lassen sich nicht von unnötigen Ängsten hemmen.

MERKUR IM SCHÜTZEN

Dieser Merkur dämpft die ernsthafte Seite des Steinbocks und verstärkt die »Bergziege« (*s. S. 167*). Die Person ist optimistisch und vielseitig und verfügt über eine rasche Auffassungsgabe. Die Zielstrebigkeit ist weniger ausgeprägt, doch ihre Denkprozesse laufen schneller ab als bei anderen Merkurstellungen.

MERKUR IM WASSERMANN

Gelegentlich findet man hier eine gewisse Sturheit und Exzentrik. Diese Steinböcke sind weniger konventionell als andere. Es kann jedoch zu inneren Konflikten führen, wenn sie sich zwischen einer konservativen und einer radikalen Lösung entscheiden müssen. Schenken Sie Ihren brillanten und glänzenden Ideen Beachtung.

SONNENZEICHEN: WASSERMANN

MERKUR IM STEINBOCK

Hier treffen zwei eher unterkühlte Einflüsse aufeinander. Diese Wassermänner sind pragmatisch, logisch und erfinderisch und neigen zur Kompromisslosigkeit. Es gibt eine klare Linie, wo man konventionell vorzugehen hat und wo man sich mehr individuelle Freiheiten zugesteht. Sollten diese Extreme nicht nebeneinander bestehen können, kommt es zu inneren Konflikten. An einer dauerhafte Lösung dieser Konflikte solle man arbeiten.

MERKUR IM WASSERMANN

Der Merkur verstärkt die typischen Wassermanneigenschaften wie Hartnäckigkeit und Unberechenbarkeit. Diese Menschen zeigen Erfindungsreichtum und erhebliche Originalität und legen größten Wert auf ihre Unabhängigkeit. Es ist wichtig, dass sie bei der Arbeit wie im Privatleben die Freiheit haben, ihre Individualität zum Ausdruck zu bringen.

MERKUR IN DEN FISCHEN

Der Unabhängigkeitsdrang des Wassermanns wird vom Fischemerkur gemildert und durch Sensibilität und mehr Rücksichtnahme ergänzt. Das humanitäre Interesse der Wassermänner ist spürbar verstärkt, und der emotionale Einfluss der Fische macht sie zu ganz reizenden und warmherzigen Menschen.

SONNENZEICHEN: FISCHE

MERKUR IM WASSERMANN

Dieser Merkur verstärkt die Geisteskraft der Fischegeborenen. Sie sind entschlossener und hartnäckiger als andere Fische, was sich positiv auswirkt. Ihre Fürsorglichkeit ist besonders ausgeprägt, und die Originalität und der Erfindungsreichtum des Wassermannmerkur verleiht ihrer Kreativität das gewisse Etwas und sorgt für mehr Glamour.

MERKUR IN DEN FISCHEN

Fische mit dieser Stellung verlieren öfters die Bodenhaftung. Wenn sie abheben und es dabei schaffen, ihre unvergleichlichen Fantasien und Ideen nach und nach kreativ in die Realität umzusetzen, blüht ihnen großer Erfolg. Da sie meist leichtgläubig sind, sollten sie sich eine gesunde Skepsis zulegen, die wirklich jederzeit einsatzbereit ist.

MERKUR IM WIDDER

Dieser Merkur kurbelt Ihren Intellekt an. Ihr Verstand funktioniert schnell, und in der Regel gehen Sie Probleme entschlossen und direkt an. Optimismus und Begeisterungsfähigkeit sind ebenfalls vorhanden, doch können Sie manchmal unter Unsicherheit leiden. Machen Sie sich klar, dass Negativität Sie nicht weiterbringt und Sie Probleme durchaus bewältigen können, wenn Sie sich ihnen stellen.

Ein gewisser Glamour ist typisch für Fische mit Merkur im Wassermann.

Venus

Venus ist benannt nach der Göttin der Liebe. Sie ist der hellste Planet am Himmel.

Auf dieser und den nächsten Seiten ist der Einfluss der Venusstellung auf die zwölf Sonnenzeichen zusammengefasst. Venus kann immer nur im selben Zeichen wie die Sonne oder in einem der vier benachbarten Zeichen stehen.

SONNENZEICHEN: WIDDER

VENUS IM WASSERMANN

Diesen Menschen verleiht Venus eine geheimnisvolle Aura. Die Unabhängigkeit des Widders wirkt sich auf Beziehungen und andere Bereiche aus. Oft wird eine feste Bindung oder Ehe hinausgezögert, um sich die persönliche Freiheit zu bewahren. Sex spielt eine große Rolle, doch kann er emotional distanziert ablaufen. Häufig geht man verschwenderisch mit Geld um, damit man den neuesten Trend nicht verpasst.

VENUS IN DEN FISCHEN

Die Selbstsucht des Widders ist bei diesen Manchen erheblich gedämpft, stattdessen findet man eine liebevolle, fürsorgliche Haltung. Die Leidenschaft der Widdersonne verbindet sich perfekt mit dem Wassereinfluss der Venus. Diese Menschen sind wundervolle Partner mit viel Gefühl für die Bedürfnisse und Interessen des anderen. Manchmal wird der Hang wohltätig zu sein allerdings auch etwas übertrieben.

Das Freiheitsbedürfnis ist typisch für Widder mit Wassermannvenus. Oft gehen diese Menschen erst spät feste Bindungen ein.

Das Symbol der Venus

VENUS IM WIDDER

Diese leidenschaflichen Menschen sind lebhafte Partner, die sich schnell ver- und entlieben und ihre Beziehungen beenden, sobald sie sich langweilen. Sie geben großzügig Geld aus und benötigen in Beziehungen viel Unabhängigkeit. Der Drang, sich selbst an die erste Stelle zu setzen, ist ausgeprägt.

VENUS IM STIER

Der starke Einfluss der Venus in ihrem eigenen Zeichen ergänzt die Leidenschaft der Widder. Sie sind etwas besitzergreifend, doch auch sehr romantisch, und verfügen über einen Sinn für die Feinheiten des Lebens, besonders für gutes Essen. Sie sind unternehmungslustig und können gut mit Geld umgehen.

VENUS IN DEN ZWILLINGEN

Die Koketterie der Zwillinge bereichert diese Widder und beschert ihnen ausgefallene Anmachsprüche. Oft erliegen sie der Versuchung, mehrere Partner gleichzeitig zu haben. In Beziehungen bauen sie mehr auf Freundschaft denn auf Leidenschaft. Sie haben einen guten Geschäftssinn, aber oft gibt es Probleme, das Geld zusammenzuhalten.

VENUS AUF EINEN BLICK

Entfernung von der Sonne 108 Mio. km
Umlauf um die Sonne 224,7 Erdentage
Rotation um die Eigenachse 243 Erdentage
Monde Keine
Schlüsselbegriffe Harmonie, Einheit
Herrscht über Stier und Waage

SONNENZEICHEN: STIER

Die Leidenschaft und Sinnlichkeit des Stiers findet man bei Venus in den Fischen, im Widder und im Krebs.

VENUS IN DEN FISCHEN

Diese Menschen sind Romantiker in Reinkultur und sinnliche Liebhaber. Ihre Beziehungen sind voller Gefühlstiefe, die sie nicht nur im Bett zum Ausdruck bringen. Als Stiere sind sie besitzergreifend, doch auf eine liebevolle, fürsorgliche Art; dennoch fühlen sich manche Partner davon eingeengt. Ihr Geld geben sie großzügig für wohltätige Zwecke, aber auch den eigenen Lebensgenuss aus.

VENUS IM WIDDER

Diese Stiere sind zwar leidenschaftlich, aber dennoch kontrolliert – nur keine Hektik! Sind sie jedoch einmal erregt, kann man höchste Freuden und sexuelle Befriedigung beider Partner erwarten. Die Venus macht sie unabhängiger, sodass sie in Beziehungen nicht so stark klammern wie andere Stiere. Geschäftstüchtigkeit, gepaart mit widdertypischer Risikofreude, bietet ein exzellentes Potenzial für finanziellen Erfolg.

VENUS IM STIER

Hier sind alle Stiereigenschaften verstärkt. Aufrichtige Liebe, Zuneigung und sexuelle Leidenschaft finden sich ebenso wie besitzergreifendes Verhalten, auf das die Partner je nach Sonnenzeichen unterschiedlich reagieren, um nicht als Besitz (»Sie gehört mir!«) betrachtet zu werden. Der Geschäftssinn ist außerordentlich geschärft und man hat einen starken Drang, viel Geld zu verdienen und auch auszugeben.

VENUS IN DEN ZWILLINGEN

Der Wunsch nach Freundschaft innerhalb einer Liebesbeziehung sorgt für eine unbeschwerte Atmosphäre; der besitzergreifende Zug des Stiers wird durch die Zwillingslogik abgeschwächt. Ein innerer Konflikt kann entstehen, wenn die Stierseite sich bereit für eine feste Bindung fühlt, die Venus jedoch nicht. Geld wird mit vollen Händen ausgegeben, doch ist eine Rechtfertigung immer zur Hand.

VENUS IM KREBS

Die Sehnsuch nach Familienleben und einer festen Beziehung sind für diese Stiere ein starker Antrieb. Sie sind sinnliche Liebhaber, neigen aber dazu, gegenüber ihrem Partner und ihren Kindern extrem besitzergreifend zu sein. Sie gestalten ihr Heim wunderschön, sind aber auch geschäftlich höchst erfolgreich und können ein Vermögen erwirtschaften, zumal sie nicht besonders großzügig sind. Sie sollten die Vergangenheit nicht zu sehr verherrlichen.

VENUS IM STIER

Unabhängig von den fünf möglichen Sonnenzeichen zeigen sich bei dieser Venusstellung die typischen Stiereigenschaften: Die Menschen sind voller Zärtlichkeit, Erotik und Leidenschaft. Steht die Sonne im Stier, so ist die Besitzgier ausgeprägt, andernfalls gemildert. Eine Stiersonne sorgt auch dafür, dass das Essen eine zentrale Rolle spielt, und wenn die Person attraktiv ist, kann man sie gut damit aufziehen, dass sie das Essen so genießt. Stiere sind oft gutaussehend, doch neigen sie leider zu Übergewicht. Bei Liebeskummer versuchen Menschen mit Stiervenus häufig, sich mit Essen zu trösten.

SONNENZEICHEN: ZWILLINGE

In teuren Boutiquen fühlen sich Zwillinge mit Venus im Widder wie zu Hause.

VENUS IM WIDDER

Dies sind die leidenschaftlichsten Zwillinge. Ihre Persönlichkeit wird dadurch noch spannender. Der neugierige Zwilling wird sicher misstrauisch, wenn er die Beschreibung seines Sonnenzeichens liest und darin kein Wort über seine tiefe Leidenschaft und Sexbetonung findet. Er gibt viel Geld aus – nimmt aber nicht unbedingt auch viel ein.

VENUS IM STIER

Die unbeschwerte Einstellung des Zwillings zur Liebe wird hier stabilisiert und durch Treue, Gefühlstiefe und Warmherzigkeit ergänzt. Man hat Spaß am Sex und genießt gemeinsam mit dem Partner uneingeschränkt die sinnlichen Freuden. Der Hang zu schönen Dingen ist kostspielig, aber meist ist auch ein hervorragendes Verkaufstalent vorhanden.

VENUS IN DEN ZWILLINGEN

Diese Menschen flirten für ihr Leben gern und drücken ihre Liebe auch höchst gekonnt aus – durch Romantik, Sexapeal und brillante Anmachsprüche. Sie genießen es durchaus, mehr als eine Beziehung parallel zu führen, und können sich geschickt herausreden, falls sie dadurch Schwierigkeiten bekommen. Geld ist kein Thema, es fließt einfach.

VENUS IM KREBS

Das sind die poetischen Zwillinge: romantische Liebhaber, die so gut wie nie flirten. Sie sind sehr zärtlich und sinnlich und zeigen das auch; aber sie machen sich auch mehr Sorgen um ihre Partner, als man bei einem rationalen Zwilling erwarten würde. Sie sind gewieft und verfügen über einen hervorragenden Geschäftssinn, können ihr Geld aber nicht immer gut zusammenhalten.

VENUS IM LÖWEN

Diese Stellung verleiht den Zwillingen Beständigkeit: Auch wenn sie gerne flirten und Bekanntschaften machen, sehnen sie sich nach tiefer Liebe und Zuneigung und zeigen diese auch. Nachdem sie etliche Herzen gebrochen haben, finden sie in der Regel ihre große Liebe. Da sie das Exklusive und Schöne lieben, sollten sie dafür sorgen, entsprechend viel Geld zu verdienen.

SONNENZEICHEN: KREBS

VENUS IM STIER

Hier finden wir liebevolle Elternpersönlichkeiten, für die die Familie eine zentrale Rolle spielt. Sie sind gleichzeitig die sinnlichsten und einfühlsamsten Liebhaber des Tierkreises. Leider kann es zu allzu besitzergreifendem Verhalten und einer übertriebenen Beharrlichkeit kommen. Das Ende so einer Beziehung ist für beide Partner extrem schmerzhaft und schwierig. In Geschäftsdingen hat man einen guten Riecher.

VENUS IN DEN ZWILLINGEN

Wenn, wie beim Krebs mit Venus in den Zwillingen, Logik und Intuition zusammenkommen, ist man clever und anderen Menschen immer ein paar Schritte voraus – besonders in der Liebe und beim Sex. Sie wissen, worauf es Ihnen ankommt und was Sie vom Leben erwarten. Freundschaft ist Ihnen ebenso wichtig wie Leidenschaft. Auch in finanziellen Fragen haben Sie den Bogen raus.

VENUS IM KREBS

Diese Krebse zeigen ihre Liebe zärtlich und voller Hingabe, doch in Bezug auf den Partner kann ihre Ängstlichkeit ernste Probleme machen: Kommt der etwa nicht zur angegebenen Zeit nach Hause, geht die Fantasie mit ihnen durch. Sie sind der Inbegriff der Freundlichkeit, aber ihr Liebes- und Sexleben kann unter ihren Launen sehr leiden. Ihr Bankkonto wächst aufgrund ihrer Cleverness stetig.

Der Beschützerinstinkt ist bei Krebsen mit einer Jungfrauvenus meist stark ausgeprägt.

VENUS IM LÖWEN

Diese Venus bringt den Krebs in Schwung und macht ihn in der Liebe temperamentvoll – oft wirkt er sexbesessen. Seine Sinnlichkeit bekommt Feuer und er macht aus jedem romantischen Treffen etwas ganz Besonderes. Sein Geschmack hat Stil, er hat einen Hang zum Luxus und Sinn für die schönen Dinge. Dadurch lebt er meist erheblich extravaganter als andere Krebse.

VENUS IN DER JUNGFRAU

Die Ängstlichkeit der Krebse und ihre Neigung, sich auf den Partner (oder die Kinder) zu fixieren, ist hier noch verstärkt. Sie müssen Ihren Hang zum Kritisieren und zum Nörgeln im Zaum halten, andernfalls kann er Ihre fürsorgliche und sensible Liebe und Zuneigung beeinträchtigen. Die Gefühlsbetonung des Krebses wird durch den Jungfraueinfluss gedämpft und etwas abgekühlt. Ein vernünftiger Umgang mit Geld ist die Regel.

SONNENZEICHEN: LÖWE

VENUS IN DEN ZWILLINGEN

In der Liebe sind diese Löwen unbeschwert und leicht zu begeistern, sie benötigen aber viel Zuneigung. Zu Beginn einer Beziehung genießen sie es, wenn Wortgefechte das Miteinander anheizen. Sie sind leidenschaftlich wie alle Löwen; eine Beziehung ohne freundschaftliche Verbundenheit kommt für sie nicht infrage. Probleme geht man rational an, und sollten unerwartete Forderungen eintreffen, sind normalerweise ausreichende Geldmittel vorhanden.

VENUS IM KREBS

Die bei allen Löwen vorhandene Sensibilität ist hier besonders betont. Die extrovertierte Löwesonne zeigt meist nicht, wenn sie verletzt ist, und die Besorgtheit des Krebses macht es noch schlimmer. Sinnlichkeit, gepaart mit Leidenschaft, bereichert das Liebes- und Sexleben und macht

Renommierte Kunstausstellungen ziehen viele Löwen mit Krebsvenus an.

diese Menschen zu begehrten und attraktiven Partnern. Durch ihr Interesse für Kunst und Antiquitäten gelingt diesen intelligenten Löwen manch gute Geldanlage.

VENUS IM LÖWEN

Diese Menschen sind die echten Diven unter den Löwen. Sie schrecken auch vor dramatischen Auftritten nicht zurück, um ihre Beziehung mit der Leidenschaft des Feuerzeichens zu stärken. Sie sind eine unglaubliche Unterstützung für ihre Partner, doch sollte es zu einer Trennung kommen, wird das eine schmerzvolle Erfahrung für beide Seiten. Geld spielt eine große Rolle, um die gehobene Lebensart, die man sehr genießt, zu finanzieren.

VENUS IN DER JUNGFRAU

Die löwetypische Begeisterung für Liebe und Sex ist hier etwas gedämpft, sogar sexuelle Hemmungen sind möglich und zeigen sich darin, dass der Partner kritisiert wird. Ist man sich dessen bewusst, kann die Löwesonne die unterkühlte Jungfrau erwärmen. In Gelddingen ist man sehr umsichtig.

SONNENZEICHEN: JUNGFRAU

VENUS IM KREBS

Diese Jungfrauen sind emotional und genießen Liebe und Sexualität. Die Neigung, sich Sorgen zu machen, ist vorhanden. Geht der Venuseinfluss mit diesen Menschen durch, lassen sie zwar nach wie vor Vernunft und Logik walten, doch das ist nicht leicht, denn sie konzentrieren ihre Sorge immer noch auf den Partner. Im Umgang mit Geld sind sie pragmatisch und sorgfältig.

VENUS IM LÖWEN

Das Feuer dieser Venus bringt Enthusiasmus in die Liebe, und die Sexualität wird meist als befriedigend erlebt. Die Zurückhaltung der Jungfrauen ist hier abgemildert. Sie drücken ihre Kritik oft bevormundend aus. Freundschaft in ihrer Beziehung ist ihnen wichtig. Ihr Hang zur Extravaganz kann zu Schuldgefühlen führen.

Ein guter Geschäftssinn zeigt sich bei Jungfrauen mit Venus in der Jungfrau.

VENUS IN DER JUNGFRAU

Diese Jungfrauen müssen lernen, sich beim Sex auch mal fallen zu lassen. Unsicherheit, Komplexe oder sexuelle Verklemmtheit herrschen häufig vor. Machen Sie sich bewusst, dass Ihre Bescheidenheit und ihr Charme auf das andere Geschlecht reizvoll wirken. Der Geschäftssinn ist ausgeprägt.

VENUS IN DER WAAGE

Da Venus in einem ihrer eigenen Zeichen steht, ist ihr Einfluss groß. Man sehnt sich nach einer Beziehung, doch die Zurückhaltung und die Hemmungen der Jungfrau beeinträchtigen das sexuelle Verlangen. Denken Sie nicht, Sie hätten nichts zu bieten: Sie sind eine enorme Bereicherung für Ihren Partner. Man findet hier eine glückliche Kombination aus Vernunft und der Freude, das schwer verdiente Geld auszugeben.

VENUS IM SKORPION

In dieser Stellung verstärkt die Venus die Emotionalität und das sexuelle Verlangen. Das sexuelle Verlangen ist stark, doch sind die Hemmungen der Jungfrau auch vorhanden. Ob Sie wollen oder nicht: Sie wirken sexuell höchst attraktiv. Um Ihre Sexualität genießen zu können, müssen Sie unbedingt lernen, loszulassen. Es fällt Ihnen sehr leicht, viel Geld zu verdienen.

SONNENZEICHEN: WAAGE

Die Waagen mit Venus im Schützen flirten gerne. Das kann zu Problemen in der Partnerschaft führen.

VENUS IM LÖWEN

Das Bedürfnis nach Romantik ist stärker als das Verlangen nach sexueller Befriedigung. Man gibt meist großzügig Geld aus und es scheint fast, als ob man sich Liebe erkaufen wolle. Diese Menschen wollen Spaß haben und legen Wert darauf, dass ihr Partner sie schätzt.

VENUS IN DER JUNGFRAU

Hier hemmt der Venuseinfluss den Wunsch nach festen Bindungen. Sollen die Waageeigenschaften ausgelebt werden, ist psychologische Entwicklung nötig. Manchmal setzt man die kritische Neigung der Jungfrau ein, um sexuelle Unsicherheit zu kaschieren. In Gelddingen geht man mit Sorgfalt vor.

Teure Geschenke von Waagen mit Venus im Löwen sind gut gemeint, können aber übertrieben wirken.

VENUS IN DER WAAGE

Harmonie, Ausgeglichenheit, Fairness und Romantik sind hier am ausgeprägtesten. Diese Waagen ruhen in sich und können Liebe und Sex entspannt genießen. Solange alles im Gleichgewicht bleibt, ist das Leben eine reine Freude. Probleme treten auf, wenn sie krampfhaft nach einem Partner suchen oder Geld verschwenden.

VENUS IM SKORPION

Die Kraft des Sonneneinflusses zusammen mit der Stärke der Venus sind für alle Aspekte im Leben dieser Personen förderlich, auch für das Sexleben. Sofern sie ihre Eifersucht im Griff haben, sind sie reizvolle Menschen, die auf ihre Partner viel Rücksicht nehmen. Geldprobleme kennen sie nicht.

VENUS IM SCHÜTZEN

Diese Venus ist lebhaft, verspielt und flirtet gern. Das kann zum Konflikt mit dem Waageeinfluss führen, denn der wünscht sich Romantik und eine Partnerschaft. Eine gewisse Unabhängigkeit tut Waagen mit der Venus im Schützen gut.

ZWEI SCHWIERIGE STELLUNGEN

Venus ist zwar ein Planet mit positiver Wirkung, doch gibt es zwei Ausnahmen: Steht die Sonne in der Waage und die Venus in der Jungfrau, so fällt es durch den kritischen Jungfraueinfluss schwer, die ersehnte Liebe und Zuneigung anzunehmen. Die Gefühle können nicht frei fließen und man neigt dazu, unsicher zu werden, besonders wenn man ohnehin selbstkritisch ist.

Bei einer Jungfrausonne und Waagevenus ergeben sich andere Probleme: Jungfrauen sind eher bescheiden, doch die starke Venus lässt sie sich nach einer besonderen, großartigen Beziehung verzehren. Um von der glanzvollen Waagevenus zu profitieren, muss man die Unsicherheit der Jungfrau ablegen.

SONNENZEICHEN: SKORPION

VENUS IN DER JUNGFRAU

Der feurige Skorpion ist hier abgemildert und ergänzt durch den Charme der Jungfrau. Hemmungen können auftreten, aber auch Sexbesessenheit. Die Zeichen des Mondes und/oder des Aszendenten wirken solchen Problemen in der Regel entgegen.

VENUS IN DER WAAGE

Eine günstige Position für die leidenschaftlichen Skorpione. Sie sind einfühlsam, romantisch und zu aufrichtiger Liebe fähig – das zeigen ihre langjährigen Beziehungen. Sie müssen jedoch die Eifersucht des Skorpions ebenso unter Kontrolle halten wie die Neigung der Waage, nachtragend zu sein.

VENUS IM SKORPION

Hier erfüllt sich, was über die Sexualität der Skorpione gesagt wurde. Doch setzen sie ihr Potenzial auch anderweitig ein (*s. S. 140*). Sie besitzen verführerischen Charme, dem kaum jemand widerstehen kann. Doch bedenken Sie, dass im Hintergrund auch eine alles verzehrende Eifersucht lauert.

VENUS IM SCHÜTZEN

Die Leidenschaft des Skorpions wird zwar durch das Feuer des Schützen geschürt, aber der Einfluss der Venus schwächt sie ab. Sie bringt Gelassenheit und das Bedürfnis nach intellektueller Übereinstimmung in Beziehungen mit sich. Mitunter gibt es Probleme durch die Freiheitsliebe des Schützen und die Eifersucht des Skorpions. Man verdient gut, liebt aber auch das Glücksspiel.

VENUS IM STEINBOCK

Der Venuseinfluss sorgt hier für Stabilität in Beziehungen. Sie sind in der Liebe unvoreingenommen und suchen sich oft Partner, die einen höheren Sozialstatus oder Bildungsgrad haben als sie selbst. Sie bekommen, was sie wollen, nicht nur in der Liebe und beim Sex, sondern auch in anderen Bereichen des Lebens.

Skorpione mit Venus im Steinbock bekommen in der Liebe und im Leben meistens, was sie wollen.

SONNENZEICHEN: SCHÜTZE

VENUS IN DER WAAGE

Diese Position ist sehr günstig und bringt temperamentvolle, sexy Schützen hervor, die sich gerne ereifern. Die Venus macht sie zu liebenswürdigen und besonders rücksichtsvollen Partnern. Es ist wichtig, dass sie intellektuell nicht unterfordert werden. Die Romantik der Waage passt gut zur fröhlichen Erotik des Schützen, somit findet man hier entgegenkommende Liebhaber, die gerne flirten und ihre Beziehungen oft nicht so ernst nehmen.

VENUS IM SKORPION

Die feurige Gefühlswelt des Sonnenzeichens trifft auf die tiefgründigen Emotionen der Skorpionvenus. Die Gefühle sind intensiv und leidenschaftlich und stehen dem Freiheitsdrang des Schützen und seinem Verlangen nach Unabhängigkeit entgegen. Diese Menschen verlieben sich mit jeder Faser, aber seltener als andere Schützen. Die Venus sorgt für ein überdurchschnittliches Interesse an Geld und finanziellem Aufstieg.

VENUS IM SCHÜTZEN

Liebe, Romantik und enge Beziehungen sind ihnen wichtig – gleichzeitig erwecken diese Schützen den Eindruck, als ob ihnen gerade diese Dinge kaum etwas bedeuten. Schützen sind die Jäger des Tierkreises, und auch wenn sie nur selten zweigleisig fahren, so spielen sie doch oft »Bäumchen wechsel dich«. Das, was sie nicht haben, erscheint ihnen immer viel begehrenswerter als das, was sie besitzen. Hüten Sie sich vor Glücksspielen. Es besteht Suchpotenzial.

VENUS IM STEINBOCK

Diese Schützegeborenen nehmen die Liebe und den Sex ernster als andere. Sie neigen nicht zum Fremdgehen. Obwohl die sexuelle Impulsivität ihres Sonnenzeichens gemildert ist, genießen sie ihre Sexualität sehr. Die Spielleidenschaft des Schützen, gepaart mit dem Geschäftsinstinkt des Steinbocks, kann sehr gewinnbringend sein.

Auffälligkeit und Anziehungskraft sind oft ein Kennzeichen von Schützen mit Venus im Wassermann.

VENUS IM WASSERMANN

Meist lieben diese Menschen ihre Freiheit und Unabhängigkeit so sehr, dass sie sich lange gegen feste Beziehungen wehren. Sie verfügen über große Anziehungskraft, die sie wirkungsvoll einsetzen, obwohl die brennende Leidenschaft des Schützen hier gedämpft ist. Haben sie sich aber einmal entschieden, so sind sie auch treu. Sie neigen dazu, Geld für jeden neuen Trend zu verschwenden.

SONNENZEICHEN: STEINBOCK

VENUS IM SKORPION

Hier nimmt man die Liebe und die Sexualität sehr ernst. Der Venuseinfluss sorgt für Leidenschaft und starke Gefühle, das Verlangen nach sexueller Erfüllung ist eher durchschnittlich. Oft vermeiden sie in jungen Jahren eine feste Bindung. Sie wollen experimentieren und so herauszufinden, wie der »richtige« Partner aussieht. Sie verfügen über einen exzellenten Geschäftssinn.

VENUS IM SCHÜTZEN

Das Liebes- und Sexleben dieser Steinböcke ist mit Genuss und Spaß gewürzt. Ihre Loyalität und Treue ist weniger ausgeprägt. Sie haben einen Hang zur Unabhängigkeit. Von ihrem Partner erwarten sie Unterstützung und Ermutigung für ihre ehrgeizigen Ziele sowie Bewunderung angesichts ihres ständig steigenden Kontostandes.

VENUS IM STEINBOCK

Treue und Loyalität sind bei dieser Stellung sehr präsent und es ist wichtig, dass diese Menschen in irgendeiner Weise zu ihren Partnern aufsehen können. Ihre Liebe zeigen sie sehr unterkühlt, doch wenn sie in Stimmung sind, leben sie ihre Lust übermütig aus. Schließlich ist der Gott Pan mit den Steinböcken verwandt. In geschäftlichen Dingen sind sie gewitzt und geschickt.

VENUS IM WASSERMANN

Kühler kann man seine Liebe wohl kaum ausdrücken, doch auch hier finden wir den Glamour und die Anziehungskraft der Wassermannvenus. Sie brauchen Unabhängigkeit und streben nach Freiheit – gleichzeitig wünschen sie sich eine Beziehung. Wer sich nur am Zeitgeist orientiert und allem Neuen hinterherläuft, riskiert finanzielle Verluste.

VENUS IN DEN FISCHEN

Hinter der ernsten Fassade des Steinbocks verbirgt sich ein echter »Softie« in der Liebe. Wenn diese Menschen sich verlieben, sind sie hin- und hergerissen. Sie genießen jedes Rendezvous, doch insgeheim ermahnen sie sich häufig, sich zusammenzureißen. Mal sparen sie jeden Cent, dann wieder geben sie das Geld mit vollen Händen aus.

SONNENZEICHEN: WASSERMANN

VENUS IM SCHÜTZEN

Beide Zeichen sind für ihre Freiheitsliebe bekannt, entsprechend binden sich diese Menschen meist erst spät im Leben. Gleichzeitig genießen sie die Liebe und den Sex, wobei es ihnen an Partnern nicht mangelt. Langfristige Sparpläne langweilen sie eher.

Wassermanngeborene mit Venus im Schützen fühlen sich am wohlsten als Single mit einem Beruf, der ihnen größtmöglichen Freiraum bietet.

VENUS IM STEINBOCK

Wassermänner genießen ihren eigenen unabhängigen Lebensstil und geben ihn nur sehr ungern auf. Die Steinbockvenus macht sie äußerst diskret und weckt ihr Interesse nur für jemanden, der ihnen sowohl vom Sozialstatus her als auch in der Liebe als »richtig« erscheint. Dann setzen sie sich aber auch begeistert und nachhaltig für die Beziehung ein. Sie investieren ihr Geld klug in Antiquitäten und Kunst.

VENUS IN DEN FISCHEN

Meist dominiert der Hang zur Romantik bei diesen Wassermännern das Verlangen nach einem unabhängigen Lebensstil. Sie verlieben sich häufig und haben oft Liebeskummer. Bei jeder neuen Liebe heben sie ab, ohne etwas aus ihren Erfahrungen gelernt zu haben. Haben sie sich erst gebunden, sind sie liebevolle Partner. Wahrscheinlich benötigen sie in Geldfragen professionelle Beratung.

VENUS IM WASSERMANN

Hier finden wir Glamour und magische Anziehungskraft in Reinkultur, doch immer gepaart mit einer gewissen Distanziertheit. Diese Menschen sind höchst romantisch und sehnen sich nach einem Partner, nicht aber unbedingt einer festen Beziehung. Die Unabhängigkeit des Wassermanns ist von zentraler Bedeutung, doch kann die Sehnsucht nach einer Partnerschaft zu inneren Konflikten führen.

Unter Kunsthändlern findet man viele Wassermänner mit Steinbockvenus.

VENUS IM WIDDER

In der Liebe sind diese Wassermanngeborenen warmherzig, leidenschaftlich und direkt. Sie haben viel Freude an der Liebe und ihrer Sexualität, wechseln aber schnell zum nächsten Partner über, sobald sich nur ein Hauch von Langeweile einschleicht. Dann nämlich zeigt sich die Freiheitsliebe des Wassermanns. Eine feste Bindung gehen sie eher später als früher ein. Sie geben ihr Geld verschwenderisch und impulsiv aus.

SONNENZEICHEN: FISCHE

VENUS IM STEINBOCK

Diese Menschen gehen ihr Liebes- und Sexleben sachlich und vernünftig an. Sie sind aufrichtig, stabil und sehr loyal. Die Venus steht hier in einem eher kühlen Zeichen, aber da es ist ein guter Ausgleich für die Sensibilität und Emotionalität der Fischesonne. Liebeskummer kommt hier nur selten vor. In geschäftlichen Angelegenheiten gehen sie intuitiv und clever vor.

VENUS IM WASSERMANN

Fische mit dieser Venusstellung haben einerseits einen starken Drang nach Freiheit und Unabhängigkeit, sehnen sich aber gleichzeitig sehr nach einer Beziehung. Ideal wäre ein liebevolle Beziehung mit erfüllender Sexualität, die ihnen einen gewissen Freiraum erlaubt. Sie geben oft zu viel Geld aus.

VENUS IN DEN FISCHEN

Diese Menschen sind höchst romantisch und lassen sich schon von der kleinsten Geste der Zuneigung mitreißen. Dann schweben sie im siebten Himmel, bis sie wieder unsanft auf dem Boden der Tatsachen landen. Sie sollten gegenüber dem anderen Geschlecht ein gesundes Misstrauen entwickeln und nicht verzweifelt nach einem Partner Ausschau halten. In allen Finanzfragen sollten sie sich fachkundig beraten lassen.

Fische mit Venus im Wassermann shoppen für ihr Leben gern, was zu finanziellen Problemen führen kann.

VENUS IM WIDDER

Als leidenschaftliche, heißblütige Liebhaber verlieben sich diese Fische sehr leicht, und sie genießen die sexuellen Freuden ebenso wie die romantische Liebe. Ihre Gefühle sind stark und intensiv und können mitunter verwirrend und überraschend sein. Ihr Begehren ist zwar stark, doch kann ihre mangelnde Selbstsicherheit sie hemmen. In Gelddingen sind sie wagemutig und erfolgreich.

VENUS IM STIER

Diese Venus verleiht den gefühlvollen Fischen noch mehr Tiefe und Stabilität. Manche sind sehr romantische und wunderbar sinnliche Liebhaber, doch sie müssen ihre besitzergreifende Art unter Kontrolle halten. Sie tun viel für ihre Partner, und eine Beziehung mit ihnen ist immer ausgesprochen entspannt und kuschelig. Ihr Umgang mit Geld fällt nicht aus dem Rahmen, dennoch lieben sie den Luxus.

Bei einem Fisch mit Venus im Stier können Sie Luxus und einen köstlich entspannten Umgang erwarten.

»Betrachtet dieses Universum als Lebewesen mit einem Körper und einem Geist. Denkt über die grundlegenden Dinge nach ohne jegliche Verschleierung.«

Marc Aurel (121–180 n. Chr.)

Äußere Planeten

Als äußere Planeten bezeichnet man jene, deren Umlaufbahn außerhalb der Bahn der Erde liegt. Im Altertum hielt man Mars, Jupiter und Saturn für die entferntesten Planeten. Saturn, am weitesten von der Sonne entfernt, galt als letzter Außenposten, der das Ende des Universums markierte.

MARS, JUPITER UND SATURN

Der Mars hat mehr Änlichkeit mit der Erde als jeder andere Planet. Er ist aber nur halb so groß und seine Bahn verläuft zwischen der der Erde und der des Jupiter. Seine beiden Monde Phobos und Deimos sind nach den Kindern von Ares und Aphrodite benannt; Ares ist der griechische Name des Gottes Mars.

Jupiters Bahn verläuft zwischen Mars und Saturn. Als der Riese in unserem Sonnensystem ist er nach dem Göttervater benannt. Sein Durchmesser ist elfmal so groß wie der der Erde. Er hat zahlreiche Monde. Der größte davon, Ganymed, ist zugleich der größte Trabant im Sonnensystem. In der griechischen Mythologie war Ganymed der Mundschenk des Zeus (lateinisch: Jupiter).

Der Saturn ist fast so groß wie der Jupiter und hat ebenfalls viele Monde, darunter Titan, der einzige bekannte Trabant mit einer dichten Atmosphäre. Zahlreiche seiner Monde erhielten Namen, doch nachdem den Astronomen die infrage kommenden mythologischen Namen ausgegangen waren, griffen sie auf eine numerische Systematik zurück, etwa S161980S27.

Die Umläufe von Mars, Jupiter und Saturn um die Sonne unterscheiden sich in ihrer Dauer ganz erheblich. Wie alle Planeten durchwandern sie dabei den Tierkreis und beeinflussen die Zeichen, die sie durchlaufen. Sie wirken aber auch über Winkelverhältnisse zu anderen Planeten und Faktoren; diese werden Aspekte genannt (*s. S. 264–283*).

Nach der griechischen Mythologie bekam Aphrodite zwei Kinder von Ares: Phobos und Deimos. Die beiden Monde des Mars (griechisch: Ares) wurden nach ihnen benannt.

Saturn mit Dione, einem seiner vielen Monde, im Vordergrund.

DER STERN VON BETHLEHEM

Manchmal erscheinen zwei Planeten wie Jupiter und Saturn dicht nebeneinander am Nachthimmel. Möglicherweise war es so eine spektakuläre Konjunktion, die die biblischen Heiligen Drei Könige dazu veranlasste, ihr bis zur Krippe des Jesuskindes zu folgen. Im März des Jahres 6 v. Chr. gab es eine Konjunktion dieser Planeten, und in der Gegend um Bethlehem leuchtete sie besonders hell.

Mars

Mars ist der vierte Planet unseres Sonnensystems und der erste der äußeren Planeten. Seine Bahn verläuft in einem Abstand von 208 bis 248 Millionen Kilometern um die Sonne. Hier und auf den folgenden Seiten sind die Einflüsse des Mars auf die zwölf Tierkreiszeichen zusammengefasst.

Mars, der rote Planet, ist etwa halb so groß wie die Erde. Auch auf ihm gibt es Polarkappen aus Eis und Jahreszeiten.

DIE ASTROLOGISCHE BEDEUTUNG

Zwar wirkt der Mars am stärksten in den Zeichen, über die er herrscht, doch für die Astrologen gibt auch seine Stellung in den anderen Zeichen Aufschluss über die Vitalität, die Selbstsicherheit und den Sexualtrieb der jeweiligen Person. Wie der Mars seine Wirkung entfaltet, richtet sich nach dem Zeichen, in dem er steht. Daran erkennt man, ob ein Mensch mit viel oder wenig Antrieb ausgestattet ist, ob er schnell oder langsam in Fahrt kommt. Manche reagieren aufbrausend und mit heftigen Adrenalinschüben; bei anderen fließt die Energie kontrollierter und in geregelteren Bahnen, vielleicht auch deshalb, weil sie regelmäßig Sport treiben.

Diese ersten Hinweise werden noch modifiziert durch die Häuserstellung des Planeten und die Einflüsse der anderen Planeten beziehungsweise die Aspekte, die sie mit dem Mars bilden.

Das Symbol des Mars

Steht der Mars am Aszendenten (etwa bei neun Uhr auf dem Geburtshoroskop), so verstärkt er die Eigenschaften des Aszendentenzeichens beträchtlich. Er beschert der Person auch zusätzliche Sicherheit und einen kraftvollen inneren Antrieb, die sich mit den Charakteristiken des Aszendenten vermischen. Darüber hinaus wirkt sich das auch auf die Gesundheit und das Wohlbefinden aus.

Steht der Mars im Geburtshoroskop hoch am Himmel (an der Himmelsmitte), so zeigt sich sein Einfluss oft in der Form, dass der Mensch hart arbeitet und es in seinem Beruf zu etwas bringen will.

Heute gilt zwar nicht mehr Mars, sondern Pluto als Herrscher des Skorpions, doch die Astrologen berücksichtigen nach wie vor die besondere Beziehung zwischen Mars und Skorpion: Wenn der Mars im Skorpion steht, verstärkt das den Einfluss dieses Zeichens. Stehen zusätzlich noch Sonne, Mond oder Aszendent im Skorpion, so kann man den Skorpioneinfluss nicht hoch genug einschätzen.

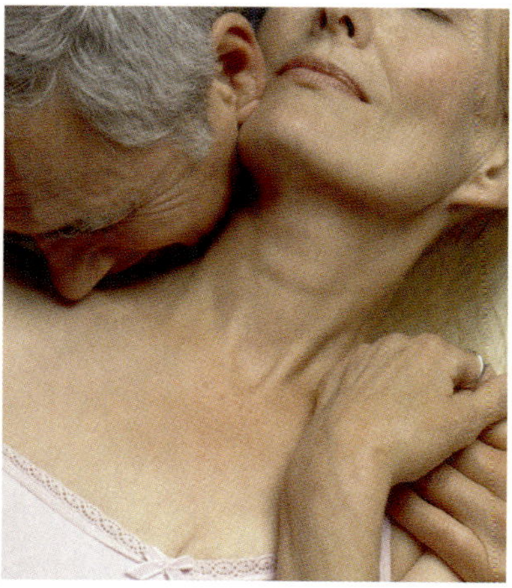

Die Stellung des Mars im Geburtshoroskop lässt auf die Intensität der Libido schließen.

MARS AUF EINEN BLICK
Entfernung von der Sonne etwa 228 Mio. km
Umlauf um die Sonne 687 Erdentage
Rotation um die Eigenachse 24 Stunden 37 Minuten
Monde Deimos und Phobos
Schlüsselbegriffe körperliche Kraft, Libido, Selbstsicherheit
Herrscht über Widder, früher auch Skorpion

MARS IM TIERKREIS

MARS IM WIDDER

Dies ist das Zeichen, das vom Mars regiert wird. Dadurch gewinnt der Planet an Bedeutung. Er schenkt dem Menschen eine dynamische Kraft, die er am besten in körperliche Arbeit oder beim Sport einsetzt. In vielerlei Hinsicht zeigen sich hier die Charakteristiken des Widder: Man will stets seine Rivalen abhängen und gewinnen. Diese Personen denken gern an sich zuerst und können zu Egoismus neigen.

Wenn sie Sport treiben oder mit hoher Geschwindigkeit Auto fahren, besteht bei ihnen eine erhöhte Unfallgefahr. Sie ziehen sich auch auffallend häufig Schnitt- und Brandwunden zu. Ihre Libido ist überdurchschnittlich.

MARS IM STIER

Dank Mars sind diese Menschen in der Liebe leidenschaftlich, sinnlich und romantisch und schenken ihren Partnern große Lust und Erfüllung. Der Mars wirkt wie eine Energiespritze und verleiht bei Mannschaftsspielen wie Fußball und American Football besonderes Geschick.

Stiere sind eher ruhig, doch einmal in Bewegung, entwickeln sie ungeahnte Kräfte. Mars im Stier funktioniert auf die gleiche Weise: Äußerlich wirkt er ruhig, aber irgendwann kommt es zum Wutausbruch. Oft ist den Menschen dann nicht klar, wie stark ihre Explosion andere einschüchtern kann. Häufig sind sie ausgesprochen starrköpfig.

MARS IN DEN ZWILLINGEN

Dieser Mars wirkt als starke geistige Stimulanz, entsprechend sind diese Menschen äußerst rege. Ihr wacher Geist ist stets auf Wanderschaft, beobachtet die Dinge, plant das nächste Projekt und löst Probleme. Der Mars ist hier nicht gerade günstig platziert, was sich in der Neigung zu Ruhelosigkeit und Widersprüchlichkeit äußert. Doch der Zwillingeeinfluss verleiht auch Vielseitigkeit. Man benötigt ständig intellektuelle Herausforderungen. Hier finden sich Talent und große Begeisterung für Leichtathletik, Tennis und Tanz.

MARS IM KREBS

Die Energie des Mars drückt sich bei diesen Menschen leidenschaftlich aus.

Die romantische Natur des Stiers wird durch Mars im Stier noch betont.

Ihr Durchhaltevermögen ist bemerkenswert, besonders im Beruf und in der Kindererziehung. Diese Menschen sind sinnliche und fürsorgliche Partner, sie können aber auch klammern, was durchaus beängstigende Ausmaße annehmen kann. Man muss sie unbedingt ermutigen, über ihre Probleme zu reden. Sie können gut und hart arbeiten, wenn nötig sogar unter widrigen oder gefährlichen Bedingungen. Ideal sind alle Arten von Wassersport.

MARS IM LÖWEN

Diese Marsstellung stärkt die Gesundheit, sodass die Menschen meist positiv und enthusiastisch sind. Sie sollten eine Sportart betreiben, bei der sie ihre enorme Energie einsetzen können. Auf Rücken und Wirbelsäule ist jedoch zu achten, denn sie sind oft anfällig.

Die Führungsqualitäten sind exzellent, wenn auch ein Hang zur Dominanz besteht. Ihren Emotionen lassen diese Menschen freien Lauf und sie zeigen sie in der Sexualität wie in anderen Lebensbereichen. Daneben findet man Kreativität, die oft in der Malerei ausgedrückt wird.

Steht der Mars im Löwen, findet man häufig besonderes künstlerisches Talent.

MARS IN DER JUNGFRAU

Hier findet man Menschen mit einem Hang zu harter Arbeit. Sollte das nicht möglich sein, leiden sie unter innerer Unruhe. Sie verfügen auch über ein höchst stabiles Nervenkostüm, das ihnen beste Ergebnisse beschert, wenn sie sich auf eine Ausbildung oder Karriere stürzen, die sie befriedigt. Stress und Spannung wirken jedoch schädlich und sie reagieren darauf schnell mit Verdauungsstörungen und Magenproblemen. Yoga oder eine andere Entspannungstechnik als Ausgleich ist diesen Personen zu empfehlen; außerdem tun ihnen Sportarten gut, bei denen es auf Schnelligkeit ankommt, wie etwa Tennis, Squash oder auch Steptanz.

Yoga empfiehlt sich bei Mars in der Jungfrau, um die Nervosität zu kanalisieren.

MARS IN DER WAAGE

Das Liebesbedürfnis der Waage wird bei dieser Marsstellung ergänzt durch das Vergnügen an einer befriedigenden Sexualität. Sie verliebt sich häufig auf den ersten Blick und entliebt sich ebenso schnell wieder, was oft zu Liebeskummer führt. Geht alles seinen gewohnten Gang, so bringt sie auch nichts so leicht aus der Fassung. Sie gönnt sich gerne eine gewisse Faulheit und drückt sich vor Bewegung, etwa wenn sie nicht ins Fitnessstudio will oder weil es gleich anfängt zu regnen. Sie verfügt über eine rasche Auffassungsgabe und ist hochgradig intuitiv, sollte also auf ihr Bauchgefühl hören. Einige haben eine Disposition für Kopfschmerzen, Kopfverletzungen und Nierenprobleme.

MARS IM SKORPION

Ursprünglich galt der Mars als Regent dieses Zeichens, und sein Einfluss ist hier nach wie vor stark. Er verstärkt die emotionalen und physischen Kräfte enorm und verleiht den Menschen Antrieb, Entschlossenheit und einen starken Siegeswillen. Sie sollten sich aber vor zu großer Verbissenheit hüten.

Die sexuelle Erfüllung ist niemandem egal, doch für diese Personen ist sie so überaus wichtig, dass sie sich unbedingt um eine befriedigende Sexualität bemühen sollten, wenn nötig auch mit therapeutischer Hilfe. Außerdem sollten sie eine Karriere einschlagen, bei der sie sich einbringen können, denn eine berufliche Sackgasse ist für sie unglaublich frustrierend.

MARS IM SCHÜTZEN

Diese Marsstellung ist sehr günstig: Sie fördert die Vitalität, weswegen sich diese Personen bei anstrengendem Sport verausgaben sollten. Sie sind mit Leib und Seele dabei und das ist für ihr Wohlbefinden auch wichtig. Ihre Sexualität ist stark, optimistisch und unkompliziert, es gibt kaum Hemmungen. Wenn sie ihre überschießende Energie nicht einsetzen können, werden sie unruhig. Sie verfügen auch über erhebliche intellektuelle Fähigkeiten und große Vielseitigkeit.

Oft findet man hier Verwegenheit und einen Hang zum Risiko – nicht nur körperlich, sondern beispielsweise auch beim Glücksspiel. Das sollten sie unter Kontrolle halten, um folgenschwere Überraschungen zu vermeiden.

MARS IM STEINBOCK

Der Ehrgeiz ist groß und ebenso die Entschlossenheit, die hohen Ziele auch zu erreichen. Das liegt am Mars, der immer gerne der Erste sein und gewinnen will. Sollte ihr Beruf sie körperlich fordern, so bewältigen diese Menschen das spielerisch, denn Anstrengungen sind für sie eine schwierige, aber überwindbare Hürde. Sie können auch gut unter gefährlichen Bedingungen arbeiten. Bei dieser Stellung ist die marstypische Risikobereitschaft schwach ausgeprägt. Die Sexualität nimmt man sehr ernst, aber sie spielt nicht unbedingt eine große Rolle, weil man sich oft in anderen Bereichen auspowert.

MARS IM WASSERMANN

Hier sind der Freiheitsdrang und das Bedürfnis nach ungehemmter Ausdrucksmöglichkeit dominant. Auch Unbeugsamkeit und eine Neigung zur Perversion, die extreme Formen annehmen kann, kommen vor.

Diese Menschen neigen dazu, aus der Reihe zu tanzen. Oft leben sie ihre Originalität kreativ aus, etwa in der Wissenschaft oder in der Technik. Ihr Energieniveau ist Schwankungen unterworfen, doch Tanzen oder Wintersport macht ihnen meist Freude. Sie haben auch humanitäre Interessen und das Bedürfnis, Leiden zu lindern.

MARS IN DEN FISCHEN

Die starken Emotionen haben hier fast sintflutartige Ausmaße. Sollten sie unterdrückt werden oder keinen angemessenen Ausdruck finden, können psychische Probleme auftreten. Dann ist therapeutische Hilfe nötig. Diese Menschen sind von fremdem Leid sofort ergriffen und haben sehr viel Mitgefühl mit Freunden und Verwandten in Not. Sie helfen ihnen, so gut sie nur können.

Man findet hier eine beeindruckende Kreativität, die leider manchmal aus mangelndem Vertrauen in die eigenen Fähigkeiten unterdrückt wird. Um ihre Werke zu vollenden, brauchen diese Menschen Unterstützung. Körperlich tun ihnen Tanzen, Eislaufen und Wassersportarten wie etwa Synchronschwimmen gut.

Menschen mit Mars im Schützen lieben anstrengende Sportarten wie Hochgebirgsklettern.

Jupiter

Jupiter ist der fünfte Planet unseres Sonnensystems und der zweite äußere. Seine Bahn verläuft im Abstand von etwa 778 Millionen Kilometern zur Sonne. Auf den folgenden Seiten wird sein Einfluss auf jedes Tierkreiszeichen beschrieben.

Jupiter ist der größte Planet unseres Sonnensystems. Seine Atmosphäre besteht überwiegend aus Wasserstoff.

DIE ASTROLOGISCHE BEDEUTUNG

Am stärksten ist Jupiters Wirkung, wenn er im Schützen steht, denn dieses Zeichen wird von ihm regiert. Traditionell regierte er auch das Zeichen Fische (als dessen Herrscher heute Neptun gilt), daher hat er auch eine besondere Bedeutung, wenn er in den Fischen steht.

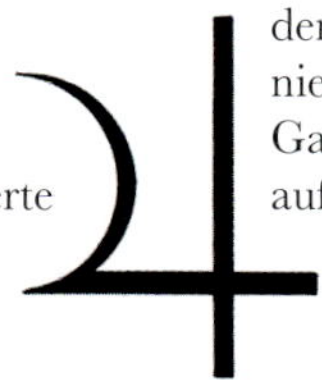

Das Symbol des Jupiter

Es überrascht nicht, dass der Schlüsselbegriff des Jupiter »Expansion« ist – schließlich ist er der größte Planet unseres Sonnensystems; er zählt zu den sogenannten Gasriesen. Jupiter ist der lateinische Name des griechischen Gottes Zeus. Er war der oberste Gott und seine zahlreichen Liebesaffären haben sich in den Namen einiger Jupitermonde niedergeschlagen; dazu gehören Ganymed, Io und Europa. In Bezug auf das Zeichen Schütze dreht sich sein Einfluss um den Erwerb von Wissen. Die Expansion finden wir hier in Form der Erweiterung des geistigen Horizonts und zunehmender Lebenserfahrung – oft durch Reisen und das Interesse an fremden Ländern und Kulturen. Möglicherweise fällt es diesen Menschen leicht, Sprachen zu lernen. Der Jupitereinfluss hat auch eine philosophische Seite, und wenn wir uns dessen bewusst sind, kommen wir leichter zu einer vernünftigen Einstellung gegenüber dem Leben und seinen Problemen. Schon seit Jahrhunderten bringt man den Jupiter mit Menschen in Verbindung, die sich zu Theologie, Religion und/oder zur Justiz hingezogen fühlen.

Dieser Planet fördert eine positive Sichtweise und Hoffnung – Astrologen müssen deswegen oft vor Blauäugigkeit warnen, die schlimmstenfalls in blinden Optimismus ausufert. Diese Tendenz zeigt sich beispielsweise, wenn Glücksspiel zur Sucht wird. Ist der Jupitereinfluss ungünstig, so bringt er Maßlosigkeit, Verschwendungssucht, überhöhte Risikobereitschaft und tollkühne Verwegenheit hervor.

Da sich die expansive Kraft des Jupiter auch körperlich auswirkt, besteht eine deutliche Tendenz zu Übergewicht, wenn sein Einfluss im Geburtshoroskop betont ist.

Der Wunsch, zu reisen und fremde Kulturen kennenzulernen, ist typisch für den Einfluss von Jupiter im Schützen.

JUPITER IM TIERKREIS

JUPITER IM WIDDER

Der natürliche Optimismus und die leidenschaftliche Begeisterung des Jupiter fühlen sich in diesem Zeichen sehr wohl. Unabhängigkeit und Freiheitsliebe bringt dieser Jupiter ebenfalls hervor. Außerdem Abenteuerlust und einen Pioniergeist, der einhergeht mit der Sportbegeisterung und dem Siegeswillen des Widders sowie seinem Bedürfnis, der Erste zu sein und alle Rivalen auszustechen.

Diese Menschen sind kurzentschlossen, können aber manchmal vorschnell handeln. Sie sind besonders unfallgefährdet und neigen dazu, unnötige Risiken einzugehen. Hier finden jedoch auch der Intellekt und der Lerneifer des Jupiter einen faszinierenden Ausdruck.

Jupiter im Widder sorgt für einen ausgesprochen großen Freiheitsdrang.

JUPITER IM STIER

Dieser Jupiter beschert den Menschen gute Laune, Freude an gutem Essen und exzellenten Weinen und einen bequemen, mitunter auch extravaganten Lebensstil. Diese Menschen machen gerne gute Investitionen, denn ein dickes Bankkonto vermittelt ihnen ein Gefühl von Sicherheit und ermöglicht ihnen natürlich auch ein angenehmes Leben. Wenn sie nicht aufpassen, wirkt sich das gute Leben jedoch nachteilig auf ihre schlanke Linie aus.

Jupiter wirkt hier weniger intellektuell, doch mit zunehmendem Alter können sich diese Menschen durchaus zu Philosophen entwickeln.

JUPITER AUF EINEN BLICK

Entfernung von der Sonne 778 Mio. km
Umlauf um die Sonne 11,86 Erdenjahre
Rotation um die Eigenachse 9 Stunden 51 Minuten
Monde zahlreiche Monde
Schlüsselbegriffe Expansion, Optimismus
Herrscht über Schütze, früher auch Fische

JUPITER IN DEN ZWILLINGEN

Bei dieser Stellung verursacht der Jupiter oft eine geistige Unruhe sowie Unentschlossenheit in wichtigen Fragen, was etwa mitten im Studium einen Wechsel des Studienfachs nötig machen kann. Man sollte sich bei allen Aufgaben und Anforderungen um Konsequenz bemühen, sonst steht man womöglich der vollen Entwicklung des eigenen Geistes und unter Umständen auch dem eigenen Erfolg im Weg. Diese Menschen sind kluge Köpfe mit vielseitigen Interessen und geistiger Flexibilität. Sie interessieren sich sehr für alles, was um sie herum vorgeht. In Diskussionen spielen sie manchmal den *Advocatus Diaboli* und stellen haarsträubende Behauptungen auf, nur um andere aufzurütteln.

JUPITER IM KREBS

Der Jupitereinfluss vermischt sich hier vortrefflich mit der Intuition und Emotionalität des Krebses. Diese Menschen sind äußerst freundlich und mitfühlend und durchschauen die menschliche Natur und die Probleme anderer. Ihre Vorstellungskraft ist ausgeprägt. Wie sie eingesetzt werden kann, darüber geben die anderen Planeten und Zeichen Aufschluss. Manche besitzen schriftstellerisches Talent. Die Wechselhaftigkeit des Krebses kann gelegentlich zu starken Meinungsschwankungen führen; im günstigsten Fall bringt dieser Zug auch Flexibilität und Offenheit mit sich.

Diesen Menschen sind Heim und Familie sehr wichtig. Sie sind hervorragende, wenn auch manchmal zu besorgte Eltern, die Wert darauf legen, die Entwicklung ihrer Kinder zu fördern.

Appetit auf ein Luxusleben ist ein Kennzeichen von Jupiter im Löwen.

JUPITER IM LÖWEN

Optimismus, Begeisterungsfähigkeit, Freude und Ehrgeiz sind hier vorherrschend. Der Hang zu Dramatik kann sich in überschäumendem Temperament ausdrücken, wirkt manchal aber auch übertrieben pathetisch. Diese Menschen sind großzügig und wünschen sich von allem das Beste. Die Kreativität des Löwen ist vielfältig: Schauspiel, Tanz, Schreiben oder die Filmbranche sind beliebt. Die Führungsqualitäten sind ebenso exzellent wie das Organisationstalent. Im Umgang mit Kindern und Jugendlichen haben diese Menschen großes Geschick.

Menschen mit Jupiter im Löwen haben meistens ein Faible für das Filmemachen.

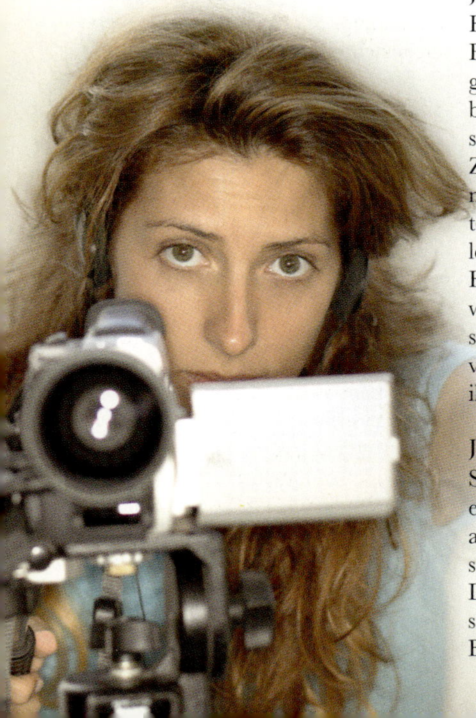

JUPITER IN DER JUNGFRAU

Wesentlich ist hier der Überblick, die Fähigkeit, das große Ganze zu erkennen – obwohl für Jungfrauen ja eher die Details und der Nahblick typisch sind. Wenn sich diese Menschen dessen bewusst sind, können sie von den besten Eigenschaften der beiden Extreme profitieren. Fest steht: Ihr Verstand ist brillant und sie durchschauen schnell auch die schwierigste Situation. Sie haben Erfolg, sofern nicht die Hemmungen oder die Unsicherheit der Jungfrau ihre praktischen Ideen und Gedanken blockieren.

JUPITER IN DER WAAGE

Hier schenkt Jupiter den Menschen Freundlichkeit, Verständnis und Mitgefühl. Sie möchten anderen gefallen, besonders ihren Liebsten, und überschütten sie mit enormer Großzügigkeit. Zusammen mit dem Waagecharme macht sie das zu liebenswürdigen Begleitern. Sie sind vernarrt in Luxus und wollen viel Geld verdienen. Sie haben einen Hang, andere zu bekehren, und wenn wir ihre Trägheit tadeln, revanchieren sie sich, indem sie uns ihrerseits Hast und vorwerfen. *Que sera, sera* könnte sehr gut ihr Lebensmotto sein.

JUPITER IM SKORPION

Sowohl der Planet als auch das Zeichen ermutigen die Menschen, ihr Leben voll auszuleben. Gemeinsam spornen sie sie zu einem aktiven und arbeitsreichen Lebensstil an, der sie geistig zufriedenstellt und ihre Energien in positive Bahnen lenkt. Jeder Skorpioneinfluss bringt eine immense Tiefe und große Zielstrebigkeit. Wenn sich dazu noch die Weitsicht des Jupiters gesellt, profitieren diese Menschen erheblich von beiden Einflüssen. Sie müssen nur aufpassen, dass sie sich nicht überarbeiten.

Ehrenamtliche Arbeit, etwa bei der Bergrettung, ist für Menschen mit Jupiter im Wassermann sehr attraktiv.

JUPITER IM SCHÜTZEN

Da der Jupiter über dieses Zeichen herrscht, ist seine Wirkung hier sehr stark. Weitsicht, Optimismus, Enthusiasmus und der Drang, nach vorne zu blicken, finden sich bei dieser Stellung, begleitet von einem wachen Verstand. Die intellektuellen Fähigkeiten sollten eingesetzt werden. Hier tummeln sich die wissbegierigen Menschen, die aus reiner Freude am Lernen ein Studium ans nächste hängen. Für Details fehlt ihnen der Sinn, die finden sie langweilig und überlassen sie lieber denen, die solche Feinheiten lieben. Sie sollten sich vor blindem Optimismus, unnötigen Risiken (wie der Spielsucht) und gefährlichen Sportarten hüten.

JUPITER IM STEINBOCK

Dies ist die klassische Mischung aus Positivität und Negativität, Extrovertiertheit (Jupiter) und Introvertiertheit (Steinbock). Selbstverständlich sind nun nicht alle Menschen mit einem Steinbockeinfluss schüchterne Mauerblümchen, weit gefehlt! Personen mit einem Steinbockjupiter sind sogar ausgesprochen ehrgeizig und wollen ihre Ziele erreichen. Herausforderungen genießen sie und gehen sie pragmatisch an. Diese Menschen übernehmen gerne Verantwortung und man trifft sie etwa in der Rolle des guten Chefs oder Dozenten, der zwar die Distanz wahrt, aber wenn nötig seine Mitarbeiter oder Studenten unterstützt und ihnen beisteht.

JUPITER IM WASSERMANN

In dieser spannenden Stellung beschert der Jupiter den Menschen humanitäre Interessen und den starken Drang, diese auch auf irgendeine Weise auszuleben. Die Unabhängigkeit des Wassermanns ist präsent, doch sind diese Personen ausgesprochen freundlich und pflegen mit zahlreichen Freunden und Bekannten sehr bereichernde Kontakte. Sie sind unvoreingenommen, tolerant und begreifen die menschliche Natur. Das macht sie einfühlsam, wobei sie dennoch objektiv bleiben. Originalität ist im Überfluss vorhanden und viele Menschen begeistern sich auch für die Wissenschaft und die Technik, oft für die Astronomie, den Weltraum und die Raumfahrt. Der Wassermannjupiter kann durchaus an einen verrückten Professor erinnern.

JUPITER IN DEN FISCHEN

Der frühere Herrscher des Zeichens bringt philosophisches Interesse und einen starken Glauben, der innerhalb einer etablierten Religion ebenso wie in der modernen Spiritualität angesiedelt sein kann. Man findet hier eine ausgeprägte Intuition, auf die man sich durchaus verlassen kann. Allerdings sollte man auch Vernunft walten lassen und den Verstand nicht ausblenden, sonst könnten die Emotionen mit einem durchgehen. Diese Menschen sind ausgesprochen einfühlsam, verständnisvoll und mitfühlend gegenüber anderen. Oft verfügen sie über übersinnliche Kräfte. Sie sollten aber nur unter Anleitung durch jemanden mit Erfahrung lernen, wie sie sie einsetzen können, damit sie niemandem damit schaden.

Saturn

Saturn, der sechste Planet des Sonnensystems und der dritte der äußeren Planeten, umkreist die Sonne im Abstand von 1426 Millionen Kilometern. Hier und auf den folgenden Seiten wird sein Einfluss auf die einzelnen Zeichen dargestellt.

Der Saturn besitzt wie der Jupiter eine Atmosphäre, die fast ausschließlich aus Wasserstoff besteht.

DIE ASTROLOGISCHE BEDEUTUNG

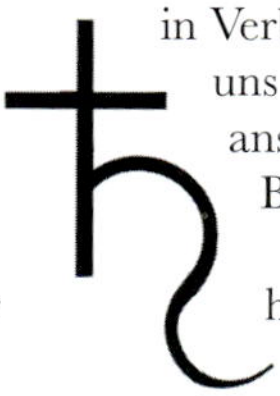

Das Symbol des Saturn

Bevor die modernen Planeten in die Astrologie Eingang fanden, wurde alles, was rigide, negativ und unheilvoll war, dem Saturn zugeordnet. Inzwischen hat sich das geändert. Saturn steht nun für Autorität und eine ernste innere Stimme, die uns kontrolliert und zur Beschränkung ermahnt. Er ist unser innerer Vater, die Autoritätsfigur. Diese kann hemmend wirken, weil sie uns immer wieder heruntermacht und uns sagt, wir seien zu nichts nütze, oder sie gibt uns wie ein strenger Lehrer vernünftige Ratschläge, um uns zu fördern. Wenn wir uns unzulänglich fühlen, steht der Saturneinfluss oft in Verbindung mit unseren Eltern, die uns nahelegen, dass wir uns mehr anstrengen oder eine »unpassende« Beziehung beenden sollen.

Zwar kann der Saturn uns hemmen oder deprimieren, doch in der Regel bringt er Stabilität ins Leben. Er verleiht uns die Fähigkeit, uns zu disziplinieren, und kontrolliert und leitet uns. Das kann mitunter frustrierend sein, weil so die Umsetzung vieler Projekte und Ideen hinausgezögert wird. Vielleicht waren sie doch noch nicht so ausgereift, wie wir dachten. Durch den Saturn lernen wir dazu, und man kann sicher sein, dass man unter seinem Einfluss kaum gravierende Fehler macht (selbst wenn uns das erst später klar wird). Kurz, Saturn sagt uns »Lass das!« und gelegentlich auch mal »Tu das!«, womit er uns meist auf einen schwierigen oder unerwarteten Weg führt. Wenn wir ihn jedoch beschreiten, werden wir auf lange Sicht umso erfolgreicher.

Die Autoritätsfigur oder der innere Vater ist assoziiert mit dem Saturn. Dieser Einfluss bringt Stabilität.

SATURN AUF EINEN BLICK

Entfernung von der Sonne 1,4 Mrd. km
Umlauf um die Sonne 29,46 Erdenjahre
Rotation um die Eigenachse 10 Stunden 14 Minuten
Monde Komplexes Ringsystem mit zahlreichen Monden
Schlüsselbegriffe Selbstkontrolle
Herrscht über Steinbock, früher auch Wassermann

SATURN IM TIERKREIS

SATURN IM WIDDER

Die Widderkräfte gehen in eine völlig andere Richtung als die des Saturn. An einem Tag schreitet man selbstsicher voran, am nächsten hält man sich zurück, weil einem der Antrieb fehlt. Ist man frustriert, weil man nicht genug erreicht hat, kann das am energetischen Ungleichgewicht liegen. Dann sollten Sie Ihr Leben einmal unter die Lupe nehmen und die Schuld nicht bei anderen suchen. Überprüfen Sie Ihre Einstellungen, das könnte helfen.

SATURN IM STIER

Der Stier ist für seine Vorsicht und Geduld bekannt. Der Saturn rät ebenfalls zu Vorsicht und Vernunft. Zusammen verstärken sie das emotionale und finanzielle Sicherheitsbedürfnis. Diese Menschen verfügen über die Geduld des Stiers, bauen sich sorgfältig finanzielle Reserven auf und warten auf den richtigen Moment, um wichtige Entscheidungen zu treffen. Sie sind nicht die Schnellsten und benötigen gelegentlich Ermutigung, um ihre Aufgaben bis zum Ende durchzuziehen.

SATURN IN DEN ZWILLINGEN

Diese Stellung ist günstig für den Geist. Der Saturn ordnet und stabilisiert die etwas chaotischen Denkmuster des Zwillings und sorgt für Disziplin in der Ausdrucksweise. Diese Menschen reden viel, und man hört ihre treffenden Bemerkungen gerne. Mitunter sind ihre Ansichten aber auch verhärtet und von Zynismus und Sarkasmus nicht weit entfernt. Als Kinder sprechen sie eher langsam. Man sollte sie dann nicht drängen oder hetzen, sonst könnte die Sprachentwicklung darunter leiden.

SATURN IM KREBS

Diese Menschen haben ein starkes Verlangen nach emotionaler Sicherheit. An einem Ehevertrag liegt ihnen mehr als an erfüllter Sexualität. Ein intaktes Familienleben geht ihnen über alles. Die Krebsneigung, sich Sorgen zu machen, ist deutlich vorhanden, selbst wenn die Hauptfaktoren im Geburtshoroskop in eine andere Richtung weisen. Fühlt man sich leicht depressiv, so muss die Gefühlslage mit einem mitfühlenden Partner oder Freund besprochen werden. Häufig kann man seine Gefühle nicht offen zeigen. Entspannungstechniken können hier eine große Hilfe sein.

SATURN IM LÖWEN

Diese Stellung bringt Entschlossenheit, Willensstärke, exzellentes Organisationstalent und Loyalität hervor. Solche Menschen nehmen das Leben sehr ernst, und der Sonnenschein des Löwen rückt

Menschen mit Saturn im Krebs benötigen viel Entspannung, um ihre Gefühle angemessen ausdrücken zu können.

in den Hintergrund. Hier finden wir großartige Persönlichkeiten, die aber auch autokratisch und herrschsüchtig sein können. Manche sind sehr streng zu sich und verlangen sich viel Disziplin ab. Wenn es darum geht, etwas locker zu lassen, lehnen sie das ab, weil sie ja »ein gutes Vorbild« sein wollen.

SATURN IN DER JUNGFRAU

Hier finden wir enormes Pflichtbewusstsein, besonders wenn es um die Loyalität gegenüber der Familie oder im Beruf geht. Die Denkprozesse folgen geordneten Bahnen und das Leben ist geregelt und läuft wie ein Uhrwerk. In Beziehungen und gegenüber Mitarbeitern ist man manchmal überkritisch. Normalerweise verfügen diese Menschen über die jungfrautypische Besorgtheit und Detailversessenheit; die Fähigkeit oder das Bedürfnis, die Dinge im Zusammenhang zu sehen oder das Leben als Ganzes zu überblicken, sind eher eingeschränkt.

SATURN IN DER WAAGE

Fairness spielt für diese Menschen eine ganz wichtige Rolle, nicht nur in ihrem eigenen Leben, sondern generell. Sie sind freundlich, pragmatisch und überaus hilfsbereit und können Menschen in emotionalen Krisen genau den Beistand geben, den sie brauchen. Der Saturn lässt sie eine feste Gefühlsbindung eingehen und manche fühlen sich mit einem wesentlich älteren Partner wohl; eventuell kompensieren sie damit ein psychisches Bedürfnis aus der Kindheit.

SATURN IM SKORPION

Diese Menschen unterdrücken manchmal ihre Gefühle. Häufig erwecken Sie den Eindruck, als würden sie über die elementaren Fragen des Universums nachdenken. Sie verfügen über Entschlossenheit und ein detektivisches Talent sowie über einen hervorragenden Geschäftssinn. Sie können es zu großem Reichtum bringen.

Sexuelle Hemmungen kaschieren sie manchmal, indem sie sich betont hart oder kühl geben. Wer sexuelle Probleme hat, sollte sich nicht scheuen, therapeutische Hilfe in Anspruch zu nehmen. Sie verstehen es, das Leben zu genießen, und besitzen den ausgefallenen Humor des Saturn.

SATURN IM SCHÜTZEN

Jupiter und Saturn üben gegensätzliche Einflüsse aus. Wenn nun der Saturn im Schützen steht, so treffen diese gegensätzlichen Wirkungen aufeinander,

Für Menschen mit Saturn in der Jungfrau muss das Leben so strukturiert und ordentlich wie ein Uhrwerk ablaufen.

Wer Saturn in den Fischen hat, verfügt meist über eine lebhafte Vorstellungskraft.

auch wenn der Jupiter hier nur durch das Zeichen repräsentiert wird, dessen Herrscher er ist. Menschen mit dieser Stellung sind sehr verstandesbetont. Saturn bewahrt sie davor, sich zu verzetteln und beschert ihnen die Fähigkeit, detailgenau vorzugehen und dabei immer den Überblick zu bewahren.

Sie können sich gut konzentrieren und sind auch praktisch veranlagt. Die Vorsicht und Vernunft des Saturn sowie der Enthusiasmus des Schützen verbinden sich zu einer positiven Lebenseinstellung, die man als »gedämpften Optimismus« bezeichnen könnte.

SATURN IM STEINBOCK

Diese Steinbockstellung übt einen massiven Einfluss aus. Die Menschen sind stark von der Steinbockpersönlichkeit geprägt (*s. S. 163*), sie sind ehrgeizig, entschlossen und setzen sich hohe, eindrucksvolle Ziele. Mit dem stärkenden Saturneinfluss im Rücken werden sie sie höchstwahrscheinlich auch erreichen. Der Steinbockhumor tritt offen zutage und der Einfluss der inneren Planeten mildert meistens die kühle Distanziertheit, die bei manchen auftritt. Diese Menschen sollten regelmäßig für Bewegung sorgen, sonst kann es zu Gelenkbeschwerden und Steifigkeit kommen.

Die Eigenschaften des Steinbocks werden durch Saturn in diesem Zeichen verstärkt.

SATURN IM WASSERMANN

Traditionell war der Saturn der Herrscher des Zeichens Wassermann, und seine Auswirkungen werden heute noch durch das Zeichen verstärkt. Der Saturn ist hier positiv gestimmt und so unbeschwert, wie es diesem ernsten Planeten nur möglich ist. Er fördert Unabhängigkeit und Willensstärke. Meist sind diese Menschen selbstgenügsam und Dritten gegenüber freundlich und hilfsbereit. Die humanitäre Seite des Zeichens ist bei ihnen betont. Sie verfügen über große Originalität, können sich aber durch ihre Sturheit selbst im Weg stehen. Die Exzentrik des Wassermanns ist hier stark abgemildert und zeigt sich kaum. Ein weiteres positives Saturncharakteristikum ist die Disziplin.

SATURN IN DEN FISCHEN

Die fischetypische Opferbereitschaft ist hier noch verstärkt. Die Menschen wählen eher soziale Berufe, in denen sie Bedürftigen helfen können; nur selten entscheiden sie sich für eine Arbeit, in der sie ihr eigenes Potenzial entfalten können und die sie innerlich befriedigt. Einige leiden unter mangelndem Selbstbewusstsein. Doch eine gewisse Unsicherheit, gepaart mit einer anziehenden Zurückhaltung, lässt sie umso charmanter wirken und schenkt ihnen eine starke sexuelle Anziehungskraft – obwohl sich viele dessen gar nicht bewusst sind. Normalerweise verfügen sie über eine lebhafte Vorstellungskraft und sollten sich bemühen, diese auch in irgendeiner kreativen Form frei zum Ausdruck zu bringen.

»Das Universum beginnt immer mehr wie ein großartiger Gedanke zu wirken – nicht wie ein großer Mechanismus.«

Sir James Jeans (1937)

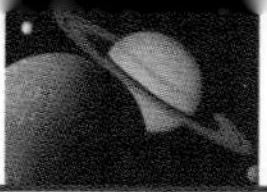

Moderne Planeten

Im Altertum wusste man nichts von Planeten, die weiter entfernt waren als der Saturn. Uranus wurde im 18. Jahrhundert entdeckt, Neptun im 19. und Pluto im 20. Zunächst waren die Astrologen durch die Entdeckung von Uranus und Neptun irritiert, doch stellte sich heraus, dass auch sie ihren Platz im System haben.

Percival Lowell war davon überzeugt, dass jenseits des Neptun noch ein weiterer Planet existiert. Da er jedoch 1916 verstarb, erlebte er die Entdeckung des Pluto nicht mehr.

URANUS, NEPTUN UND PLUTO

Am 13. März 1781 blickte der Astronom Wilhelm Herschel durch ein Teleskop und sah Uranus. Astronomen, die nach einem Planeten suchten, dessen Anziehungskraft die Bahn des Uranus beeinflusste, gaben im September 1846 die Entdeckung Neptuns bekannt. Und erst 1930 wurde der winzige Pluto entdeckte.

Einige Astrologen fürchteten, dass die neuen Planeten die astrologische Systematik über den Haufen werfen würden. Andere untersuchten die Wirkung der neuen Planeten und überlegten sich, über welche Tierkreiszeichen diese wohl herrschten. Dies geschieht immer, wenn neue Himmelskörper ausgemacht werden (*s. Kasten*), und man versucht zu bestimmen, welche Bedeutung etwa Asteroiden haben könnten (*s. S. 201*). Ein Weg ist, die historischen und politischen Bedingungen zu untersuchen, die zur Zeit der Entdeckung eines Planeten herrschten. Die Zeit der Entdeckung des Uranus war geprägt von Umbrüchen und wissenschaftlichem Fortschritt. So ergab sich die Verbindung zwischen Uranus und dem Hang des Wassermanns zur Forschung. Ab 1860 kamen Gaslaternen und Spiritualität in Mode. Beide Aspekte werden mit den Fischen assoziiert. Als der Pluto entdeckt wurde, kam der Faschismus auf, in den USA stieg durch die Prohibition die Kriminalität, und in Russland etablierte Stalin eine brutale Diktatur. All diese Ereignisse entsprechen der negativen Seite des Skorpions, daher wurde Pluto zum Herrscher über dieses Zeichen.

Neptun ist der zweite der modernen Planeten. Im Vordergrund sieht man Triton, den größeren der beiden Monde Neptuns.

CHIRON UND ANDERE HIMMELSKÖRPER

Der Kleinplanet Chiron wurde 1977 entdeckt. In der Astrologie schreibt man ihm große Bedeutung zu (*s. S. 239*). Seither hat man weit hinter dem Pluto noch viele kleinere Himmelskörper entdeckt. Sedna etwa wurde 2003 gefunden, Eris (der größer als der Pluto ist) 2005. Kleine Welten wie diese halten sich in jedem Tierkreiszeichen hunderte oder tausende von Jahren auf, deshalb werden sie in der Astrologie kaum berücksichtigt.

Uranus

Uranus benötigt für die Durchquerung eines Zeichens etwa sieben Jahre. Für Menschen mit Sonne, Mond oder Aszendent im Wassermann wird der Uranus quasi zum »persönlichen« Planeten mit stärkerem Einfluss.

Um den Uranus kreisen fünf größere Monde und viele kleinere Himmelskörper.

DIE ASTROLOGISCHE BEDEUTUNG

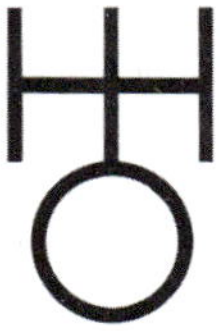

Das Symbol des Uranus

Astrologen betrachten den Uranus als »Generationsplaneten«. Sein Einfluss ist zu bestimmten Zeiten unseres Lebens für jeden spürbar, besonders mit 21 Jahren, mit Anfang 40 und mit 84 Jahren. Diese Transite werden auf den Seiten 284–289 unter »Planetenwiederkehr« beschrieben. Eine besondere Rolle spielt Uranus auch, wenn er starke Aspekte zu anderen Planeten bildet. Von 1963 bis 1969 stand er in Konjunktion zum Pluto, was jene Menschen stark beeinflusste, bei denen Uranus bereits im Geburtshoroskop betont ist. Von 1996 bis 2003 durchlief er sein eigenes Zeichen, den Wassermann, was vor allem Wassermanngeborene zu spüren bekamen. Oft gibt es in solchen Phasen entscheidende Wendungen und/oder Neuanfänge. Der Uranus fördert auf der einen Seite unser Interesse an Archäologie, Geologie und Paläontologie, auf der anderen Seite aber auch an Raumfahrt, Computertechnologie und zukunftweisenden Projekten. Dazwischen liegen jene vielen Wassermänner und Menschen mit Uranusbetonung im Horoskop, die hervorragende Astronomen und Astrologen geworden sind. Durch seine Aspekte fordert Uranus dazu auf, die glamouröse und sexy Seite zu betonen, aber gleichzeitig einen magnetischen, kühlen und distanzierten Charme auszustrahlen.

URANUS IM TIERKREIS

URANUS IM WIDDER

Eine günstige Stellung, denn die Widderenergien können sich hier auf originelle Weise ausdrücken. Die Selbstsicherheit ist gesteigert und man erreicht seine Ziele manchmal auf ganz ungewöhnlichen Wegen. Wenn diese Menschen kreativ sind, verleiht ihnen Uranus ein besonderes Farbgefühl. Weisen andere Horoskopfaktoren auf Führungsqualitäten hin, so werden sie verstärkt. Die Eigenwilligkeit des Uranus ist spürbar und es kann auch eine merkwürdige Risikobereitschaft auftreten, die einen waghalsige Dinge tun lässt, wenn sie nicht gebremst wird.

URANUS IM STIER

Der Eigensinn des Uranus zusammen mit der Unbeweglichkeit des Stiers ist eine starke Kraft. Viele Menschen sagen: »Wofür ich mich einmal entschieden habe, dabei bleibe ich.« Das kann günstig sein, sofern das Geburtshoroskop in anderen

Auf Menschen mit Uranuseinfluss übt das Forschen nach Schätzen aus der Vergangenheit eine tiefe Faszination aus.

Bereichen auf Unentschlossenheit hinweist. Aber meist fehlt es hier an Flexibilität. Diese Stellung bringt Stabilität, und die Originalität des Uranus findet vernünftigen Ausdruck. Manchmal geht man mit Geld sehr wagemutig um.

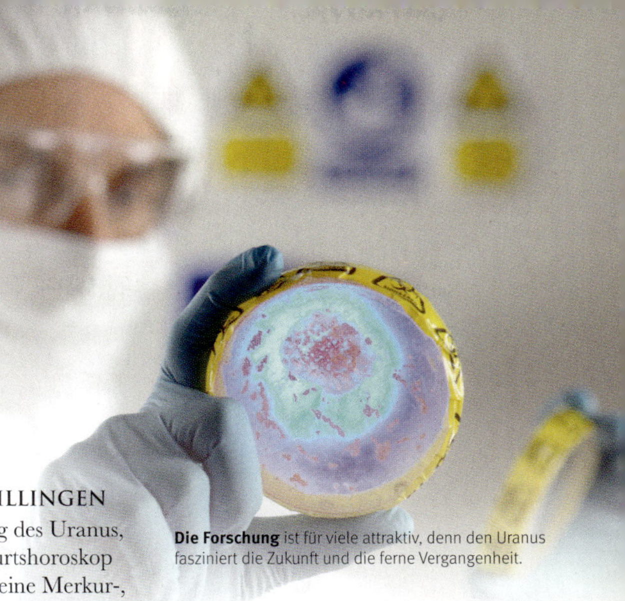

Die Forschung ist für viele attraktiv, denn den Uranus fasziniert die Zukunft und die ferne Vergangenheit.

URANUS IN DEN ZWILLINGEN

Eine dynamische Stellung des Uranus, besonders wenn im Geburtshoroskop der Intellekt noch durch eine Merkur-, Jupiter- oder Schützebetonung betont wird oder weitere Planeten in den Zwillingen stehen. Man findet Exzentrik und die Lust an der Provokation. Diese Menschen sind schlagfertig und oft in Medienberufen erfolgreich. Sie profitieren von der Flirtneigung der Zwillinge und dem Magnetismus des Uranus.

URANUS IM KREBS

Hier kommt zur Unbeständigkeit und den Stimmungsschwankungen des Krebses die Unberechenbarkeit des Uranus hinzu. Das kann zu Problemen führen, vor allem wenn das Geburtshoroskop noch Hinweise auf Ängste oder Unentschlossenheit enthält. Dieser Einfluss kann aber durch andere Planeten gemildert werden. Die Originalität kann etwa kreativ oder in der wissenschaftlichen Forschung eingesetzt werden. Oft verfolgen diese fürsorglichen Menschen auch humanitäre Interessen.

URANUS IM LÖWEN

Die Energie und Führungsqualität des Löwen sind hier verstärkt. Manchmal findet man ein Interesse an Macht und Politik. Sofern man sich positiv und nicht dogmatisch zeigt, folgen einem andere gerne. Das fixe Zeichen Löwe kann zusammen mit dem Eigensinn des Uranus Probleme bringen; vor Selbstgefälligkeit sollte man sich hüten. Der warmherzige Löweeinfluss wird hier vom Uranus abgekühlt. Dennoch ergibt diese Mischung eine angenehme Freundlichkeit. Sie fördert das Selbstbewusstsein erheblich, gerade wenn andere Horoskopfaktoren auf Hemmungen oder Schüchternheit hinweisen. Jegliche Kreativität des Löwen bekommt hier einen auffälligen und ganz eigenen Stil.

URANUS IN DER JUNGFRAU

In unserer Generation steht Uranus gemeinsam mit Pluto in der Jungfrau. Das kann zu Spannungen führen. Die analytischen Fähigkeiten der Jungfrau, gepaart mit der Originalität des Uranus, sind eine exzellente Voraussetzung für Forschungstätigkeiten jeder Art. Vielleicht kommt es zu Problemen durch das Bedürfnis des Erdzeichens Jungfrau, konservativ zu bleiben, während Uranus unkonventionellen Vorgehensweisen gegenüber nicht abgeneigt ist.

URANUS AUF EINEN BLICK
Entfernung von der Sonne 2,9 Mrd. km
Umlauf um die Sonne 84,1 Erdenjahre
Rotation um die Eigenachse 17 Stunden 14 Minuten
Monde Fünf Hauptmonde und ein Ringsystem
Schlüsselbegriff plötzlicher Wechsel
Herrscht über Wassermann

Ein ausgeprägter Sinn für Humor und Klamauk ist typisch für den unkomplizierten Uranus im Schützen.

URANUS IN DER WAAGE

Hier glänzt die romantische Seite des Uranus und beschert Glamour und unwiderstehlichen Charme. Stehen noch weitere Planeten in der Waage, so kann der Gegensatz zwischen dem Streben nach Unabhängigkeit und dem Wunsch nach einer festen Bindung problematisch sein. Uranus ist hier außerdem sexuell experimentierfreudig aufgelegt. Die Menschen sind ausgesprochen freundlich, mitfühlend, unterhaltsam und hilfsbereit. Heftige Emotionen dämpft der Uranus und verhilft zu mehr Rationalität.

URANUS IM SKORPION

Für Uranus ist diese Stellung extrem dynamisch und machtvoll. Zwar ist der Skorpion ein gefühlsbetontes Zeichen, doch durch die kühle Distanziertheit des Uranus neigen die Menschen dazu, ihre Emotionen zu unterdrücken, während es im Inneren brodelt. Sie sollten lernen, ihren Emotionen kontrolliert Luft zu machen, bevor ihr Ausbruch nicht mehr aufzuhalten ist.

URANUS IM SCHÜTZEN

Der Uranus beschert dem Intellekt hier jede Menge Originalität. Von 1981 bis 1988 durchlief Uranus dieses Zeichen und Jupiter, der Herrscher des Schützen, schloss sich ihm an. Das bescherte den Menschen eine positive Weltsicht und einen unkomplizierten Humor. Unter ihnen findet man auch höchst begabte Geister, die ihr Potenzial keinesfalls verschwenden sollten.

URANUS IM STEINBOCK

Die Vernunft und Logik des Zeichens ergänzt den kreativen und dynamischen Einfluss des Planeten. Die konventionelle Haltung des Steinbocks steht jedoch im Gegensatz zur uranischen Nonkonformität. Dem Steinbock liegt daran, dass er immer das »Richtige« tut, Uranus dagegen ist kühn. Im günstigsten Fall entscheiden sich die Betroffenen für den vernünftigen Mittelweg. Dieser Einfluss ist bei einer ganzen Generation präsent, doch wird er durch die anderen Horoskopfaktoren modifiziert.

URANUS IM WASSERMANN

Nur weil Uranus hier in seinem eigenen Zeichen steht, sind die Menschen, die in dieser Zeit geboren wurden, nicht unbedingt typische Wassermänner. Doch ihre Generation hat einen starken Freiheitsdrang und will um jeden Preis ihren eigenen Weg gehen. Stehen noch weitere Planeten im Wassermann, so treten die besten Eigenschaften dieses Zeichens hervor: Humanität, Freundlichkeit und ein großes Verständnis für Umweltprobleme, wie den Klimawandel. Es liegt an ihnen, dieses Bewusstsein auch in anderen zu wecken.

URANUS IN DEN FISCHEN

Im März 2011 vollendet Uranus seine Reise durch das Zeichen. Die Kinder, die bis dahin geboren werden, haben ihn noch in den Fischen. Diese Generation verfügt über die Hoffnung und den Optimismus des Uranus und wird gerne dort aktiv, wo sich frühere Generationen verweigert haben. Das steht auch im Einklang mit den Eigenschaften der Menschen, die ab 1996 geboren wurden, als der Uranus in sein eigenes Zeichen eintrat. Die Weise, wie sie sich für internationale Belange engagieren, mag unterschiedlich sein, doch kann man positive Ergebnisse erwarten, sobald die jungen Leute aus diesen beiden Generationen erwachsen sind.

CHIRON

Am 18. Oktober 1977 entdeckte der Astronom Charles Kowal im Palomar Observatorium in Kalifornien den Chiron. Er gilt heute als Kleinplanet. Seine Bahn verläuft zwischen denen von Saturn und Uranus. In knapp sechs Stunden rotiert er um die eigene Achse, ein Umlauf um die Sonne dauert 50,67 Erdenjahre. Da seine Umlaufbahn äußerst instabil ist, verbringt er unterschiedlich viel Zeit in jedem Zeichen.

Man hat Chiron noch keine Herrschaft über ein Zeichen zugewiesen und die meisten, aber nicht alle Astrologen sprechen sich für »Selbstheilung« als Schlüsselbegriff aus. Wird ein neuer Planet entdeckt, müssen sich die Astrologen über seine Wirkungen einigen. Manche haben einen symbolischen Ansatz, andere untersuchen die Bedingungen, die zur Zeit der Entdeckung herrschten. Wir gehen einen Mittelweg. Unserer Meinung nach hebt Chiron meist die Eigenschaften des Zeichens, in dem er steht, hervor und verstärkt sie.

CHIRON IM WIDDER

Hier zeigen sich vorschnelles Handeln und Begeisterung sowie die Freude an neuen, anspruchsvollen Projekten, in die man seine Energie stecken kann. Es besteht Unfallgefahr, doch man ignoriert die kleinen Schnitte und Verbrennungen, die von ganz alleine heilen.

CHIRON IM STIER

Der Wunsch des Stiers nach finanzieller Sicherheit ist betont. Diese Menschen sind erst glücklich, wenn sie sie erlangt haben. Sie müssen sich vor besitzergreifendem Verhalten in der Partnerschaft hüten, sonst kommt es zu psychischen Belastungen und Problemen, die nur schwer zu heilen sind.

CHIRON IN DEN ZWILLINGEN

Diese Stellung schenkt uns geistige Fähigkeiten und oft einen wachen Verstand, der logisch, skeptisch und stets neugierig ist. Man verspürt den Drang, sich zu engagieren, um auch bei anderen einen Stimmungsumschwung in Bezug auf die Unmenschlichkeit der Welt zu bewirken.

CHIRON IM KREBS

Man betrachtet sich in erster Linie als Familienmitglied, und sobald diese Menschen eine eigene Familie gründen und Kinder haben, blüht die Fürsorge des Krebses auf. Es ist aber auch wichtig, ein Mitglied einer größeren, universellen Familie zu sein, etwa einer Glaubensgemeinschaft oder Gesellschaft.

CHIRON IM LÖWEN

Dieser Chiron beschert uns das sonnige Gemüt des Löwen und wir ziehen die Aufmerksamkeit auf uns. Wirkt sich der Chiron ungünstig aus, so neigt man dazu, sich zu beklagen: über seine Eltern, seine schlechte Ausbildung, den Geldmangel und vieles mehr.

CHIRON IN DER JUNGFRAU

Diese Menschen arbeiten hart und pflichtbewusst, streben nach Perfektion und halten die Alltagsroutine penibel ein. Sie können sehr unter Stress leiden und müssen auf einen Ausgleich achten, etwa durch Yoga oder andere Entspannungstechniken.

CHIRON IN DER WAAGE

Diese Menschen sind meist nachtragend. Es ist wichtig, dass sie lernen, die Vergangenheit ruhen lassen. Sie brauchen einen liebevollen, verständnisvollen Umgang in der Partnerschaft und sollten sich vor egoistischen Partnern hüten.

Das Observatorium auf dem Mount Palomar, Kalifornien

CHIRON IM SKORPION

Hier findet sich Bestimmtheit und eine Schwarz-Weiß-Mentalität. Die Menschen sind entschlossen, doch es können auch Launen auftreten, mit denen Zweifel und Unsicherheit kaschiert werden. Das Konkurrenzdenken ist sehr ausgeprägt, und oft sind diese Menschen geschäftstüchtig.

CHIRON IM SCHÜTZEN

Hier ergänzen sich die Einflüsse gut. Die Kirschen in Nachbars Garten sind für diese Menschen besonders verlockend, und sie suchen immer nach einer Orientierung und dem richtigen Weg im Leben.

CHIRON IM STEINBOCK

Diese Menschen sind besonders zuverlässig und können anderen Zuversicht einflößen. Finanzielle Sicherheit und materieller Erfolg sind überdurchschnittlich wichtig, manchmal sind sie regelrecht besessen davon.

CHIRON IM WASSERMANN

Hier unterstützt der Chiron die Heilung schwerer Krankheiten. Die Person denkt oft positiv und sagt etwa: »Ich war zwar krank, aber es geht mir schon besser!«, selbst wenn es noch gar nicht so ist. Sie vermeiden oft feste Bindungen.

CHIRON IN DEN FISCHEN

Für alle, die gerne lernen, ist diese Stellung ideal. Man findet hier auch viele Intellektuelle, die die praktischen Aspekte des Lebens vernachlässigen. Ihr kreatives Potenzial kommt bei der Farbgestaltung und der Inneneinrichtung zum Ausdruck.

Neptun

Für seine Reise durch den gesamten Tierkreis benötigt der Neptun 165 Jahre. Da er sich in jedem Zeichen durchschnittlich 14 Jahre aufhält, ist er wohl der stärkste unter den Generationeneinflüssen.

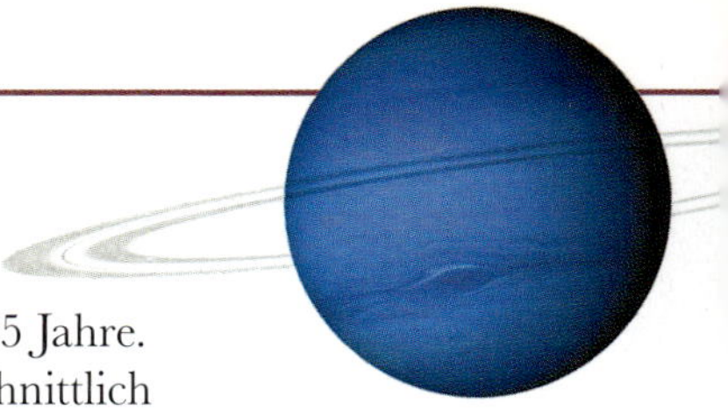

Neptun ist ein Gasriese; seine blaue Farbe entsteht durch Methan in den oberen Schichten der Atmosphäre.

DIE ASTROLOGISCHE BEDEUTUNG

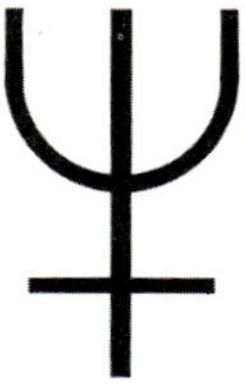

Das Symbol des Neptun

Aufgrund unserer Lebenserwartung ist es unmöglich, dass der Neptun bei allen lebenden Menschen in allen zwölf Tierkreiszeichen vertreten ist. Deshalb werden hier nur die Stellungen der älteren Menschen bis zu denen, die in nächster Zeit geboren werden, vorgestellt. Neptun im Widder, im Stier und in den Zwillingen betrifft nur längst vergangene Generationen, und das nächste Mal steht der Neptun erst wieder 2025 im Widder.

Neptun ist der Herrscher des Zeichens Fische, und beide passen auch perfekt zusammen. Bis Mitte des 19. Jahrhunderts regierte Jupiter die Fische. Neptun wird zum persönlichen Planeten für jene, die bei ihrer Geburt Sonne, Mond oder Aszendenten in den Fischen haben; auch wenn dieser Planet auf ganze Generationen wirkt, können diese fischebetonten Menschen seinen Einfluss ganz deutlich spüren.

Der subtile Einfluss des Neptun macht sich auf zwei unterschiedliche Arten bemerkbar: Auf jeden von uns wirkt er ganz individuell, auch wenn er für alle, die während eines Zeitraums von ungefähr 14 Jahren geboren wurden, im gleichen Zeichen steht. Aus übergeordneter Perspektive betrachtet scheint er jede Generation zu prägen, bestimmte Lebensbereiche zu betonen und die Einstellung der Menschen in die gleiche Richtung zu lenken – unabhängig von dem Zeichen, in dem Neptun bei der Geburt stand. Diese universellen Auswirkungen sind überpersönlich, aber doch deutlich und klar. Deswegen legen wir hier wie auch beim Pluto sowohl die individuellen wie auch die generellen Einflüsse dar.

NEPTUN IM TIERKREIS

NEPTUN IM KREBS

Der Planet war von 1901/02 bis 1915 in diesem Zeichen aktiv. Zu Beginn war er rückläufig (*s. Kasten S. 243*), daher die zwei Anfangsjahre. Den stärksten Einfluss hatte Neptun auf das Heim und die Familie, die beiden Domänen des Krebses. Wer in diesem Zeitraum geboren wurde, der mit dem zweiten Burenkrieg in Südafrika begann und während des Ersten Weltkrieges endete, litt als Erwachsener erneut, denn er erlebte auch den Zweiten Weltkrieg. Die starken Emotionen der Menschen wurden

Den Zweiten Weltkrieg erlebten alle, die Anfang des 20. Jahrhunderts mit Neptun im Krebs geboren wurden.

vom Neptun noch verstärkt, doch er bescherte ihnen auch Beharrlichkeit, die eine Stärke der Krebse ist. Das half den Menschen, die schlimme Zeit zu überstehen. Auch die Intuition und Sensibilität wurden geschärft. Manche Menschen ahnten bereits, dass eine schlechte Nachricht unterwegs war, noch bevor der Bote an die Tür geklopft hatte.

NEPTUN IM LÖWEN

Von 1915 bis 1928/29 hielt sich Neptun in diesem Zeichen auf, gegen Ende kam es zur Überschneidung mit der Jungfrau. In dieser Zeit kamen Filmvorführungen in Mode und Millionen Menschen gingen jede Woche ins Kino, um sich in die Traumwelten der Stummfilme entführen zu lassen. So konnte man den Ersten Weltkrieg und die Auswirkungen der Weltwirtschaftskrise für kurze Zeit vergessen.

Der Neptuneinfluss bescherte dem Einzelnen Dramatik und einen gewissen Hang, im Rampenlicht zu stehen. Das ist bei Angehörigen dieser Generation noch zu spüren. Menschen, bei denen auch noch Sonne, Mond oder Aszendent im Löwen oder in den Fischen stehen, verfügen über eine äußerst lebhafte Fantasie, die sie in jeder Kunstrichtung einbringen können. Vielleicht haben sie früher getanzt und malen oder fotografieren noch heute. Ihr Potenzial war und ist beeindruckend.

NEPTUN IN DER JUNGFRAU

Als Neptun 1928/29 in die Jungfrau wechselte, ein Zeichen der Kommunikation, kam der Tonfilm auf und das Fernsehen wurde entwickelt. 1936 begann die BBC zu senden, und aus Berlin wurden die Olympischen Spiele in viele Länder der Welt übertragen.

Die Jungfrau steht für Unschuld und Neptun für Spiritualität und Glaube. Der kritische Zug der Jungfrau zeigt sich in der Skepsis gegenüber Religion.

Diese Stellung kann die Fantasie erheblich anregen. Wenn auch noch Sonne, Mond oder Aszendent in den Zwillingen oder der Jungfrau stehen,

Das Goldene Zeitalter des Films begann um 1930, als Neptun die Jungfrau durchlief.

ist dies ein förderlicher und sehr starker Einfluss. Er beinhaltet auch das Potenzial zu schreiben oder kunsthandwerklich tätig zu sein. Hier neigt der Neptun dazu, das Selbstvertrauen zu zerstören. Damit sollte man sich auseinandersetzen, da mangelndes Selbstbewusstsein für die ganze Generation ein Problem sein kann.

NEPTUN IN DER WAAGE

Die Waage durchlief er von 1942 bis 1956/57. Denken Sie etwa an die romantischen Schlager der 40er-Jahre und den Zweiten Weltkrieg – die Sehnsucht und das Bedauern, vom Liebsten getrennt zu sein und nicht zu wissen,

NEPTUN AUF EINEN BLICK

Entfernung von der Sonne 4,5 Mrd. km
Umlauf um die Sonne 164,79 Erdenjahre
Rotation um die Eigenachse 16 Stunden
Monde Triton, Nereide und elf weitere
Schlüsselbegriffe Verwirrung, Mystik
Herrscht über Fische

ob und wann es ein Wiedersehen geben wird. Das alles betonte die neptunische Verwirrung und die fehlende Zusammengehörigkeit, die für die Waage so wichtig ist. In dieser Zeit wurden die sogenannten Blumenkinder geboren.

Die Charakteristiken der Waage mischen sich hier mit der Sensibilität des Neptun. Man träumt von einer unrealistischen Liebe, was noch stärker zum Tragen kommt, wenn die Venuszeichen Stier und Waage oder die Fische im Geburtshoroskop betont sind. Aus der Waage heraus beschert uns Neptun Freundlichkeit, Großzügigkeit und die Bereitschaft, für seine Lieben Opfer zu bringen. Wenn dieses Zeichen jedoch nicht durch Sonne, Mond oder Aszendent besonders beleuchtet wird, bleibt Neptuns Einfluss eher unauffällig.

NEPTUN IM SKORPION

Die Unterschiede zwischen der sanften Waageneptun-Generation und den Punk-Rock-Anhängern mit Neptun im Skorpion (1956/57 bis 1970) sind nicht zu übersehen. Letztere haben ein aggressives Image und ihre Drogen waren, anders als die der Hippies, intensiver und gefährlicher. Wandert der Neptun durch den Skorpion, dann betont er noch die Intensität des Zeichens und macht die Gefühle zu einer starken Kraft, vor allem wenn Sonne, Mond oder Aszendent auch in diesem Zeichen stehen. Doch selbst mit der unbezwingbaren Stärke des Skorpions im Rücken sind diese Menschen manchmal unsicher. Vielen aus dieser Generation fehlt die Disziplin dieses starken Zeichens.

NEPTUN IM SCHÜTZEN

Jupiter, der Herrscher des Schützen, war ursprünglich auch der Herrscher der Fische, die jetzt von Neptun regiert werden. Diese Verbindung scheint hier noch immer wirksam. Wer zwischen 1970 und 1984 geboren wurde, ist idealistischer und hoffnungsvoller und engagiert sich stark für Umweltthemen. Im günstigen Fall sind diese Menschen optimistisch, auch wenn sie mit Zynismus und Bürokratie zu kämpfen haben.

Jene, bei denen Sonne, Mond oder Aszendent ebenfalls im Schützen oder in den Fischen stehen, sind ganz besonders liebevoll. Sie haben einen engen Bezug zu Tieren, und viele sind Vegetarier. Wirkt der Einfluss ungünstig, können sie einen Hang zu Fast Food mit entsprechenden Gewichtsproblemen entwickeln.

NEPTUN IM STEINBOCK

Während dieses Buch entstand, waren viele der Steinbockneptun-Geborenen (1984–1998) noch jung und es bleibt zu hoffen, dass es noch nicht zu spät ist und die Umwelt- und Klimaprobleme der Erde noch in den Griff zu kriegen sind. Diese Generation verfügt über die Fähigkeiten, diese Krisen wirksam anzugehen. Man kann nur wünschen, dass der Drogenmissbrauch wieder abnimmt. Wenn es gelingt, den etwas verträumten Idealismus und die Kreativität Neptuns zu kanalisieren und in eine Form zu bringen, sodass man inspirierte, konstruktive

Die Hippiegeneration wuchs unter dem Einfluss des Waageneptun auf.

Die Raumfahrttechnik sowie alle anderen Wissenschaftsbereiche bekommen während der herrschenden Wassermannneptun-Phase zusätzlichen Auftrieb.

Resultate erzielt, dann besteht Hoffnung. Zielgerichtetheit und Vorsicht sind hier betont, und zwar nicht nur bei Menschen mit Sonne, Mond oder Aszendent im Steinbock. Viele lehnen es ab, in schwierigen Situationen die Flucht zu ergreifen, und erkennen die Sinnlosigkeit des Drogenkonsums.

NEPTUN IM WASSERMANN

Neptun trat 1998 in den Wassermann ein und verlässt ihn 2012 wieder. Die universellen Auswirkungen dieser Neptunstellung kommen erst allmählich ans Licht, aber die interessanten Einflüsse zeichnen sich bereits deutlich ab. Der Idealismus und die humanitären Neigungen des Wassermanns werden durch die Sensibilität und Gefühlsbetonung Neptuns noch gesteigert. Wer zusätzlich in seinem Geburtshoroskop Sonne, Mond oder Aszendent im Wassermann hat, kann erheblich intensivierte Gefühle feststellen. Eine gewisse Verschrobenheit oder Schrulligkeit ist zu erwarten, aber diese Menschen sind auch äußerst einfallsreich und originell und können Wissenschaft und Forschung vorantreiben. Gerade dem medizinischen Fortschritt kommt dies zugute, denn das neptunische Bedürfnis, Leiden zu lindern, ergänzt die humanitären Zielsetzungen des Wassermanns vortrefflich. Derzeit bewegt sich viel in diesem Bereich, und das wird auch noch anhalten, gerade wenn die jungen Leute heranwachsen und ins Berufsleben eintreten. Viele von ihnen werden künstlerische und medizinische Berufe bevorzugen, doch auch anderen Wissenschaftszweigen, der Raumfahrt und den Astrowissenschaften schenkt man Beachtung.

NEPTUN IN DEN FISCHEN

Im Anschluss an den Wassermann durchläuft Neptun das Zeichen Fische; dafür benötigt er von 2012 bis 2025. Das letzte Mal war Neptun um 1860 in diesem Zeichen. Wir können seine Wirkungen seither betrachten, aber lohnt sich das? Seit damals hat sich die Welt erheblich verändert und ist zunehmend im Umbruch, besonders im 21. Jahrhundert. Das 19. Jahrhundert assoziiert man mit regelmäßigen Kirchgängen und unterdrückter Sexualität, aber es gab auch revolutionäre Erfindungen, die industrielle Revolution, die Architektur des Industriezeitalters; die Schrecken des amerikanischen Bürgerkriegs, aber auch das Ende der Sklaverei. In welcher Form werden die Einflüsse Neptuns sich wohl in unserer Zeit ausdrücken?

Der Historismus war charakteristisch für die Zeit, als Neptun zuletzt das Zeichen Fische durchlief.

RÜCKLÄUFIGKEIT

Aufgrund der Rückläufigkeit von Planeten (*s. Glossar*) kann es bis zu drei Jahre dauern, bis Neptun und Pluto in einem neuen Zeichen richtig angekommen sind. Sie sind dann in dieser Zeit abwechselnd in zwei Zeichen zu Gast. 1928 kann man beispielsweise Neptun entweder im Löwen oder in der Jungfrau haben, es kommt auf den exakten Geburtstermin an.

Der Pluto ist kleiner als der Mond der Erde – eine winzige Welt aus Stein und Eis.

Pluto

Da Pluto extrem weit von der Sonne entfernt ist, hat er im letzten Jahrhundert nur sechs Tierkreiszeichen durchlaufen (Zwillinge nicht mitgerechnet). Wenn er in ein neues Zeichen eintritt, kündigen sich Veränderungen in weltlichen Zusammenhängen an.

PLUTO IM TIERKREIS

PLUTO IM KREBS

Kurz nachdem sich Pluto auf seinen Weg durch das Zeichen Krebs gemacht hatte (1912/14 bis 1937/39), begann der Erste Weltkrieg und demonstrierte auf schreckliche Weise sinnlose Mühen und Tod. Wie auch bei Neptun, der etwa zur gleichen Zeit im Krebs stand, wurden beinahe weltweit Leben und Familien zerstört; wer damals geboren wurde, musste sogar noch den Zweiten Weltkrieg erleben. Die starken Emotionen des Krebses werden durch die zwingende und intensive Gegenwart des Pluto noch betont, wenn man Sonne, Mond oder Aszendent im Krebs hat. Diese Menschen reagieren auffallend heftig und entschieden; entweder ziehen sie sich sofort zurück oder es kommt zu Gefühlsausbrüchen. Weitere Planeten in Wasserzeichen können den Plutoeinfluss noch verstärken.

Das Symbol des Pluto

PLUTO AUF EINEN BLICK
Entfernung von der Sonne 5,9 Mrd. km
Umlauf um die Sonne 247,7 Erdenjahre
Rotation um die Eigenachse 6 Erdentage, 9 Stunden
Monde Charon, halb so groß wie Pluto, ist der größte Mond
Schlüsselbegriff Loslassen
Herrscht über Skorpion

PLUTO IM LÖWEN

Als Pluto im nächsten Zeichen angekommen war (1937/39 bis 1956/58 durchlief er den Löwen), brach der Zweite Weltkrieg aus, der wahrscheinlich 60 Millionen Menschenleben gekostet hat. Der Plutoeinfluss brachte aber nicht nur unbeschreibliches Leid hervor, sondern auch etwas Positives, nämlich die Vereinten Nationen, die eine sehr löwetypische Errungenschaft sind. Stehen im Geburtshoroskop Sonne, Mond oder Aszendent ebenfalls im Löwen, so kann sich ein Machtkomplex entwickeln. In der Regel ist ein Funke der Großherzigkeit des Löwen vorhanden, besonders wenn weitere Planeten in Feuerzeichen stehen, aber dieser Pluto unterdrückt die feurige Begeisterung. Diese Menschen gehörten zu den ersten Computerfreaks, die jedoch ganz genau wissen, wann sie den Stecker ziehen müssen, damit die Maschinen sie nicht völlig vereinnahmen.

Die Vereinten Nationen wurden am Ende des Zweiten Weltkriegs gegründet; hier ist der Löwe-Einfluss durch den Pluto deutlich.

PLUTOS EXZENTRISCHE BAHN

Die Bahn des Zwergplaneten Pluto verläuft ganz anders als die der großen Planeten. Sein Weg um die Sonne ist gemessen an der Umlaufbahn der Erde um 17 Grad geneigt und verläuft 20 Jahre lang innerhalb der Bahn Neptuns. Diese Exzentrik bewirkt, dass der Pluto in den verschiedenen Zeichen unterschiedlich lang verweilt. Wie beim Neptun kann es durch die Rückläufigkeit (*s. S. 243*) einige Jahre dauern, bis er in einem neuen Zeichen angekommen ist.

PLUTO IN DER JUNGFRAU

Von 1956/58 bis 1971/72 lief Pluto durch die Jungfrau und bildete mit dem Uranus einige Jahre lang eine Konjunktion in dem Zeichen. Es kam zur Revolte der Studenten, und die Werte der Elterngeneration kamen auf den Prüfstand. Diese Generation brachte heftige politische Auseinandersetzungen hervor, aber auch eine gewisse Rücksichtslosigkeit. Kommen noch Sonne, Mond oder Aszendent in der Jungfrau hinzu, so besteht eine Neigung zur Besessenheit, der man begegnen kann, indem man die jeweilige Situation mit etwas Abstand betrachtet. Grundsätzlich steigert dieser Pluto die Fähigkeit, sich auf ein Fachgebiet zu spezialisieren. Gesunde Ernährung ist für diese Generation überaus wichtig.

PLUTO IN DER WAAGE

Pluto trat 1971/72 in die Waage ein und hielt sich bis 1983/84 in diesem Zeichen auf. Um 1970 kam es zur sogenannten sexuellen Revolution, was auch an der Antibabypille lag. Die Menschen damals hatten den Geburtsneptun in der Waage. Selbstverwirklichung, freie Liebe und Drogenexperimente waren angesagt. Pluto bremst die Romantik der Waage und schenkt dafür eine gesteigerte Libido, besonders wenn Sonne, Mond oder Aszendent ebenfalls in der Waage stehen. Sein Einfluss verleiht den Menschen eine knisternde sexuelle Ausstrahlung. Zwar steht der Planet nicht gerade für die offene Aussprache, aber dieser Generation fällt es nicht schwer, Probleme zu diskutieren.

Der visionäre Roman *1984* von George Orwell beschäftigt sich mit den Auswirkungen der totalitären Überwachung durch den Staat.

PLUTO IM SKORPION

Der Roman *1984* von George Orwell sorgte für große Besorgnis, als das Jahr näher rückte. Die Astrologen diskutierten das Eintreten Plutos in sein eigenes Zeichen (1983/84) eifrig. Es war offenkundig, dass die Verbreitung von HIV und Aids ein Signal dieser Plutostellung waren. Diese Krankheit entspricht genau dem Skorpion, und es war nicht schwer, ihre verheerenden Auswirkungen vorherzusehen, während der Planet sein Zeichen durchwanderte (bis 1995).

Zwar steigert der Skorpionpluto die skorpiontypischen Eigenschaften der Menschen, die bei ihrer Geburt Sonne, Mond oder Aszendent ebenfalls im Skorpion hatten, doch ist bei ihnen die Ansteckungsgefahr nicht größer als bei der restlichen Bevölkerung.

PLUTO IM SCHÜTZEN

Von 1995 bis 2008 war der Pluto im Schützen. Noch sind die Auswirkungen nicht genau abzuschätzen. Planet und Zeichen sind hier völlig konträr, der Einfluss des Pluto ist intensiv und geheimnisvoll, der des Schützen viel offener, großzügig und freiheitsliebend. Wenn wir die Stärke und Leidenschaft, mit der Pluto entschlossen vorwärtsstrebt, mit der Offenheit und dem visionären Blick des Schützen kombinieren, können wir von diesem Einfluss ganz enorm profitieren. Leider sind jedoch auch Kriminalität, Terrorismus und die Drogenszene mit ihrer Beschaffungskriminalität plutonisch und scheinen kaum einzudämmen zu sein. Mit dem Eintritt des Pluto in den Steinbock im Jahr 2008 wird sich hier einiges verändern.

3
2
1
ORTVS
AVRORA

HÄUSER, ASPEKTE, PLANETEN-WIEDERKEHR

»Es bedarf der aufwendigen Untersuchung eines Experten, der die Kunst der Astrologie beherrscht, um die umfangreichen Berechnungen eines Horoskops erstellen zu können.«

Aldhelm (um 639–709)

Die Häuser

Die zwölf Häuser bilden eine weitere Ebene jedes Horoskops. Sie entsprechen den zwölf Tierkreiszeichen und werden als Segmente des Horoskopkreises dargestellt. Während uns die Planeten zu dem machen, was wir sind, und die Tierkreiszeichen zeigen, wie wir uns ausdrücken, repräsentieren die Häuser die verschiedenen Lebensbereiche.

HÄUSER OHNE PLANETEN

In den ersten sechs Häusern geht es um persönliche, in den restlichen um externe Angelegenheiten. Oft kommt es vor, dass sich in einem Haus kein Planet befindet. Dann geben das Tierkreiszeichen in dem Haus (genauer: dasjenige am Beginn des Hauses) und dessen Herrscherplanet Auskunft über die Angelegenheiten dieses Hauses sowie seinen Einfluss auf das Leben des Horoskopeigners.

Wenn es um die Interpretation des Lebensbereichs geht, der von dem leeren Haus dargestellt wird, sollte man erst nachsehen, in welchem Verhältnis er zu Sonne und Aszendent steht. Als Nächstes ist die Stellung des Herrscherplaneten zu berücksichtigen. Ein Beispiel: Nehmen wir an, im neunten Haus, dem Haus der höheren Bildung und weiten Reisen, steht kein Planet. Das Tierkreiszeichen im neunten Haus ist Jungfrau. Deren Herrscher ist Merkur, also sehen wir nach, in welchem Zeichen der sich befindet. Merkur ist der Planet des Verstandes. Betont er eher das logische oder eher das intuitive Denken?

Des Weiteren bedarf es der Betrachtung des Mondes, denn er zeigt, wie der Betreffende auf die Aspekte des neunten Hauses reagiert. Befindet sich der Mond im Krebs oder in den Fischen, dürften Reisen eher Angst auslösen und für höhere Bildung das Selbstvertrauen fehlen. Steht der Mond jedoch im Widder, studiert der Horoskopeigner vermutlich an der Universität und kann es kaum erwarten, um die Welt zu reisen.

Der Tierkreis und in der Mitte die Sonne im Triumphwagen. Die Abbildung stammt aus einer Ausgabe des *Tetrabiblos* von Ptolemäus *(s. S. 20)*, einem der bedeutendsten astrologischen Werke der Geschichte.

Die Göttin Venus wird dem zweiten Haus, dem Haus der Sicherheit und des Besitzes, sowie dem siebten Haus, dem Haus der Partnerschaft, zugeordnet.

ASTROLOGISCHE HÄUSERSYSTEME

Es gibt verschiedene astrologische Häusersysteme, darunter Placidus, Koch und Campanus. In diesem Buch benutzen wir das Äquale Häusersystem, das älteste und einfachste überhaupt, außer im Abschnitt über Stundenastrologie *(s. S. 297)*, dem das Regiomontanus-System zugrunde liegt.

Die Bedeutung der zwölf Häuser

Während die Planeten für unsere Kräfte stehen und die Tierkreiszeichen dafür, wie wir sie einsetzen, stehen die Häuser für die Lebensbereiche, in denen sich diese Kräfte manifestieren. Die ersten sechs Häuser betreffen persönliche Dinge, der Rest hat mit äußeren Angelegenheiten zu tun.

DIE ERSTEN SECHS HÄUSER

ERSTES HAUS

DAS HAUS VON WIDDER UND MARS

Dies ist das Haus des Aszendenten, der neben der Sonne der wichtigste Horoskopfaktor ist. Es steht für Lebensstil, Gesundheit, Wohlbefinden sowie körperliche und psychische Eigenschaften des Horoskopeigners. Ein Planet im ersten Haus hat Einfluss auf diese Eigenschaften und das Erscheinungsbild der betreffenden Person.

ZWEITES HAUS

DAS HAUS VON STIER UND VENUS

Hier handelt es sich um das Haus der emotionalen und finanziellen Sicherheit. Oft besteht die Neigung, den Partner als Besitz zu betrachten. Machen Sie sich bewusst, dass es eine enge Verbindung zwischen Geld und Liebe gibt, besonders wenn eine Beziehung zu Ende geht.

DRITTES HAUS

DAS HAUS VON ZWILLINGE UND MERKUR

Das dritte Haus steht für unsere Schulzeit und für die Ausbildung sowie für die Beziehung zu unseren Geschwistern, Cousins, Cousinen, Tanten und Onkeln. Austrologen würden das dritte Haus unter die Lupe nehmen, wenn der Kauf oder Verkauf eines Fahrrads, Motorrads oder Autos ansteht. Auch kurze Reisen und Medien gehören ins dritte Haus.

VIERTES HAUS

DAS HAUS VON KREBS UND MOND

Das vierte Haus zeigt die Beziehung zu unserer Familie und das häusliche Leben an; wie wir unsere Eltern sehen, insbesondere die Mutter. Es kann betont sein, wenn wir an die Gründung oder Erweiterung der eigenen Familie denken. Wenn man die Wohnung renovieren, umziehen oder ein Haus (ver)kaufen will, sollte man das vierte Haus betrachten.

FÜNFTES HAUS

DAS HAUS VON LÖWE UND SONNE

Das fünfte Haus ist das Haus der Kreativität und unserer Beziehung zu Kindern. Es ist auch das Haus des Vaters und zeigt, wie wir ihn sehen. Hier beginnen Liebesbeziehungen. Inwieweit wir dem Leben mit Optimismus, Überschwang und Risikofreude begegnen, sehen wir ebenfalls im fünften Haus.

Diese Sternenkarte zeigt die zwölf Häuser und ihre Herrscherplaneten.

Sechstes Haus

Das Haus von Jungfrau und Merkur

Im sechsten Haus kann man etwas über die Einstellung zur Gesundheit erkennen: Wie (und ob) wir durch Ernährung, körperliche Bewegung und eine gesunde Lebensweise etwas für uns tun. Es ist das Haus der täglichen Arbeit, der Routine und der Disziplin. Und es sagt etwas über unsere Hobbys aus.

DIE BEDEUTUNG DER GEBURTSZEIT

Um die Häuser eines Menschen bestimmen zu können, muss man die exakte Geburtszeit kennen. Auch für die Bestimmung des überaus wichtigen Aszendenten ist die genaue Uhrzeit der Geburt vonnöten. Gleichwohl sind die Stellungen der einzelnen Planeten in den Zeichen sehr aussagekräftig, ebenso ihre Beziehungen zueinander – die so genannten Aspekte *(s. S. 265)*.

DIE ZWEITEN SECHS HÄUSER

Siebtes Haus

Das Haus von Waage und Venus

Das siebte Haus sagt etwas über unsere Einstellung zu Partnern aus, sei es nun in der Liebe oder im beruflichen Leben. Ein Planet im siebten Haus ist ein Faktor von Gewicht.

Achtes Haus

Das Haus von Skorpion und Pluto

Beim achten Haus geht es um Erbschaften, Investitionen, nicht selbst erarbeitetes Vermögen und Versicherungen. Negative Emotionen wie Eifersucht und Groll gehören hierher, aber auch Selbstanalyse und Seelensuche, die sogenannten »Gegenmittel«. Die sexuellen Bedürfnisse und deren Erfüllung finden sich ebenfalls hier und nicht zuletzt die Einstellung zum Tod und zum Leben nach dem Tod.

Neuntes Haus

Das Haus von Schütze und Jupiter

Das neunte Haus ist das Haus der höheren Bildung und der Hochschule oder Universität. Es geht auch um weite Reisen – um reale ebenso wie um Reisen im Geiste. Idealismus, Optimismus und unsere Fähigkeit zu kommunizieren finden wir hier, ebenso das Thema Auswanderung. Dieses Haus gilt auch als Haus der Träume, Wünsche und Sehnsüchte.

Zehntes Haus

Das Haus von Steinbock und Saturn

Das zehnte Haus ist das Haus unserer Ziele und unseres Ehrgeizes. Es rückt unsere Berufung in den Vordergrund und das, was wir tun, um unsere Ziele zu erreichen. Es ist auch die Stimme des »inneren Vaters«, der uns entweder Mut macht oder uns entmutigt.

Elftes Haus

Das Haus von Wassermann und Uranus

Das elfte Haus zeigt unsere Haltung gegenüber Freunden und das, was wir für sie tun können. Es thematisiert auch unser soziales Leben und wie wir die Freizeit außerhalb von zu Hause verbringen. Ebenso geht es hier um Mitmenschlichkeit und darum, wie wir, psychisch und praktisch, mit den Katastrophen in der Welt umgehen.

Zwölftes Haus

Das Haus von Fische und Neptun

Dies ist das Haus der Abgeschiedenheit und der Weltflucht. Es zeigt, wie wir mit dem Alleinsein umgehen und was wir »hinter den Kulissen« tun können. Krankenhäuser und Gefängnisse, aber auch Rückzugsmöglichkeiten finden wir hier, außerdem das Bedürfnis nach Frieden und Ruhe und manchmal auch Hellsichtigkeit.

Die Planeten in den Häusern

Aus der Platzierung der Planeten in den zwölf Häusern ergibt sich eine weitere Dimension im Horoskop, die den einzelnen Häusern ihren ganz individuellen Charakter verleiht.

ERSTES HAUS: DAS HAUS DES ASZENDENTEN

SONNE Mit dieser Konstellation wird der betreffende Mensch ein *doppelter* Krebs, Löwe oder was immer gleichzeitig das Aszendenten- und Sonnenzeichen ist. Positive wie negative Eigenschaften sind vorhanden. Die Sonnenaspekte sind wichtig. Rückenprobleme sind wahrscheinlich.
MOND Die Reaktionen entsprechen dem Aszendentenzeichen. Mit der Verdauung kann es Probleme geben. Die Intuition ist ausgeprägt, die Emotionalität stark.
MERKUR Hier verleiht dieser Planet Lebhaftigkeit und Intellekt sowie Aufgewecktheit, Geschick, Cleverness und Scharfsinn. Der Betreffende reagiert empfindlich auf nervliche Belastung und Anspannung.

Merkur im ersten Haus verleiht den Eigenschaften des Aszendenten intellektuelle Tiefe.

PLANETEN IM ERSTEN HAUS

Jeder Planet im ersten Haus beeinflusst die Eigenschaften des Aszendenten in ganz besonderer Weise.

VENUS Dieser Planet macht die Eigenschaften des Aszendenten weicher, manchmal schwächt er sie ab. Er macht besitzergreifend, verleiht aber auch Charme, Freundlichkeit, Sympathie, Einfühlungsvermögen, oft Extravaganz. Halsschmerzen sind wahrscheinlich.
MARS Im ersten Haus ist Mars besonders machtvoll. Er verleiht körperliche Energie, Durchsetzungsvermögen, Risikofreude und Sportbegeisterung, aber auch Egoismus und Hast. Es besteht die Neigung zu Kopfschmerzen.
JUPITER Die Visionen sind umfassend. Wir finden hier Optimismus und Leidenschaft sowie die Liebe zum Reisen und eine Spielernatur. Eventuell ein brillanter Geist, der Anregungen braucht. An Hüfte und Oberschenkeln setzt der Betreffende leicht Gewicht an.
SATURN Diese Platzierung verleiht den Eigenschaften des Aszendenten etwas Nüchternes und verursacht oft Hemmungen, Mangel an Selbstvertrauen und depressive Stimmungen. Das Äußere ist konventionell. Entschlossenheit und Ehrgeiz sind vorhanden. Diese Menschen nehmen das Leben ernst. Knie und Schienbein sind anfällig.
URANUS Unberechenbarkeit, Originalität, Unabhängigkeit, aber oft

auch Widerspenstigkeit sind hier zu finden, die Neigung zu Unkonventionalität ebenso wie Perversion, zugleich brillante intellektuelle Fähigkeiten und originelle Ideen. Überdurchschnittlich viele Stressphasen sind wahrscheinlich.

NEPTUN Diese Stellung schwächt die Aszendenteneigenschaften, vor allem bei Waage und Skorpion. Freundlichkeit und Zärtlichkeit, aber auch Selbsttäuschung und die Neigung, Schwierigkeiten auszuweichen, sind gegeben. Eventuell bestehen Fußprobleme.

PLUTO Dies ist eine dynamische Kraft. Der Betreffende erlebt und braucht Änderungen. Er muss lernen, Probleme nicht zu unterdrücken. Er ist ein Suchender mit Detektivinstinkten und kann zwanghaft sein, vor allem bei der Selbsterforschung. Eventuell gibt es Probleme mit den Genitalien.

CHIRON Dieser Planet verleiht den Eigenschaften des Aszendenten Energie, Wagemut und Elan. Der Betreffende kann körperliche und seelische Wunden selbst heilen.

ZWEITES HAUS: DAS HAUS VON STIER UND VENUS

SONNE Hier ist die Fähigkeit, zu Geld zu kommen und es auch auszugeben sehr wichtig. Der Betreffende mag kostspielige Dinge. Ein materialistischer Charakter, der eventuell zu Genusssucht neigt.

MOND Hier hat der Mond einen starken Einfluss. Es besteht ein großes Verlangen nach guten Dingen, man ist aber auch besitzergreifend. Diese Menschen handeln in finanziellen Anglegenheiten äußerst klug.

MERKUR Hier genießt man es, Geld zu verdienen – und genauso schnell wieder auszugeben! Daher schwankt das wirtschaftliche Vermögen. Im Denken sind diese Menschen etwas langsamer.

VENUS Dieser Planet ist hier sehr einflussreich. Der Mensch ist von Stiereigenschaften geprägt, die von dem Venuszeichen modifiziert werden. Er ist sehr liebevoll, aber auch besitzergreifend.

MARS Ein leidenschaftlicher Mensch, der von allem etwas will. Die starken Gefühle brauchen ein Ventil. Er möchte unbedingt zu Geld kommen. Vor allem Männer mit dieser Platzierung sind körperlich sehr ausdauernd.

JUPITER Eine gute Platzierung. Wir finden hier Jovialität, Sinn für Humor und das Bedürfnis nach Wohlbefinden und Komfort. Es besteht die Gefahr von Übergewichtigkeit aufgrund der Vorliebe für gutes Essen.

SATURN Jeder Cent ist hart erarbeitet, weshalb hier die Einstellung zu Geld

Geld – ein Schlüsselthema des zweiten Hauses. Jeder Planet darin nuanciert die Thematik.

vernunftbetont ist. Gefühle werden wahrscheinlich nicht groß gezeigt. Ein sehr beherrschter Mensch.

URANUS Der Betreffende hat vermutlich ein äußerst gespanntes Verhältnis zum Thema Geld. Ein regelmäßiges Einkommen ist bei ihm in den seltensten Fällen gegeben, und der Umgang mit Geld ist nicht gerade klug.

NEPTUN Wenn diese Menschen eine Person bewundern, überschütten sie sie mit ihren Gefühlen. Das hat auch etwas Besitzergreifendes. Er ist sehr großzügig, gibt mehr aus, als er hat, und braucht für gewöhnlich finanzielle Hilfe. Nicht zuletzt liebt er schöne Dinge.

PLUTO Dieser Mensch will das Finanzielle unter Kontrolle haben. Er hat wahrscheinlich das Talent, Geld zu machen. Ähnlich sieht es mit dem Ausdruck der Gefühle aus – erst hält er sie zurück, dann überwältigt er den oder die Angebetete geradezu.

CHIRON Eine unbekümmerte Einstellung zu den Finanzen und Gelddingen im Allgemeinen ist mit dieser Platzierung wahrscheinlich. Der Betreffende erholt sich schnell von Verlusten. Er drückt seine Gefühle spontan und fröhlich aus. Ein guter Gefährte.

DRITTES HAUS: DAS HAUS VON ZWILLINGE UND MERKUR

Investigativer Journalismus – ein mögliches Berufsziel für Menschen mit Pluto im dritten Haus

SONNE Ein hervorragendes Kommunikationstalent. Dieser Mensch ist vielseitig, vor allem mit den Zwillingen als Sonnenzeichen. Er muss bereits als Schulkind Beständigkeit lernen.

MOND Der Mond steht für einen lebendigen Geist, doch die betreffende Person ändert ihre Meinung besonders häufig. Instinktiv sucht sie nach Wissen, das allerdings oft nur oberflächlich bleibt. Diese Menschen pflegen einen warmherzigen Umgang mit Geschwistern.

MERKUR In seinem Haus ist Merkur mächtig und sorgt für eine schnelle Auffassungsgabe. Die Betreffenden müssen jedoch etwas gegen ihre Unbeständigkeit tun. Sie sind geschickt, doch manchmal auch doppelzüngig.

VENUS Dank ihrer Eloquenz gewinnen diese Menschen das Herz ihres Angebeteten spielend. Sie nehmen Anteil am Schicksal anderer Menschen, sind charmant und bewahren sich ein jugendliches Aussehen.

MARS Ein scharfer, schneller Verstand, Streitlust und manchmal Aggression finden sich hier. Zum Glück beißen Hunde, die bellen, bekanntlich nicht. Ein sehr wissbegieriger Mensch.

JUPITER Diese Menschen mögen geistige Herausforderungen sehr. Sie sind Konkurrenten intellektuell mindestens einen Schritt voraus, vor allem in der Schule. Manchmal fehlt der Sinn fürs Detail.

SATURN Ein aufnahmefähiger Geist, dessen Auffassungsgabe oft langsam wirkt. Auch in der Schule lassen Fortschritte auf sich warten. Das eigene Tempo ist wichtig. Dieser Mensch ist verantwortungsvoll gegenüber seinen Geschwistern.

URANUS Hier ist der Geist ebenso brillant wie originell. Es besteht aber auch ein Hang zur Dickköpfigkeit. Diese Menschen brauchen dauernd Anregungen und es besteht die Neigung, andere zu schockieren.

NEPTUN Als Kinder brauchen diese Menschen eine Weile, um sich auf die Schule einzulassen. Ihre schöpferische Fantasie benötigt Führung und Förderung. Eventuell ist ein überdurchschnittliches Gesangstalent vorhanden.

PLUTO Hier ist man im Widerstreit zwischen dem Bedürfnis sich mitzuteilen und Verschlossenheit. Man muss diese Menschen auffordern, über Probleme zu sprechen. Investigativer Journalismus ist ein mögliches Berufsziel.

CHIRON Ein heller, lebhafter Geist, doch die betreffenden Menschen zweifeln oft an ihren Fähigkeiten. Ihre Fantasie und ihre Ideen sollten gefördert werden, sodass sie Vertrauen entwickeln.

Gesangstalent ist manchen Kindern mit Neptun im dritten Haus in die Wiege gelegt.

VIERTES HAUS: DAS HAUS VON KREBS UND MOND

SONNE Diese Menschen sind ausgesprochen familienorientiert. Eine enge Bindung an die Mutter ist wahrscheinlich, eventuell auch besondere Probleme mit ihr. Der Wunsch, selbst Mutter oder Vater zu werden, ist stark ausgeprägt.

MOND In diesem Haus wirkt der Mond besonders stark und unterstreicht alle Eigenschaften seines Zeichens. Die Liebe zu Kindern – und die Arbeit mit ihnen – ist besonders charakteristisch.

MERKUR Steht Merkur im Krebs oder in der Jungfrau, macht sich die betreffende Person zu viele Sorgen um die Familie; in den Zwillingen oder im Schützen regen ihn die Themen Heim und Familie intellektuell an.

VENUS Hier finden wir eine entspannte Einstellung zu Heim und Familie, und der Wunsch nach Frieden und Harmonie steht im Vordergrund. Da besteht gleichzeitig die Gefahr, dass man die Kinder zu sehr verwöhnt. Diese Menschen legen großen Wert auf ein gemütliches Zuhause.

MARS Ein Heimwerker, wie er im Buche steht! Die betreffende Person stürzt sich unter Umständen zu blauäugig in eine Partnerschaft, weil sie unbedingt eine Familie gründen will. Bei Eltern mit dieser Konstellation dürfen die Kinder Spaß haben und Lärm machen. In diesem Haus wird gerne und lebhaft diskutiert.

JUPITER Diesen Menschen liegt die Ausbildung ihrer Kinder ausgesprochen am Herzen. Das ganze Haus ist voll mit Büchern und anregenden Spielen. Vermutlich sind diese Eltern begeistert, wenn die ganze Familie gemeinsam Sport treibt.

SATURN Bei dieser Platzierung war der Vater wahrscheinlich sehr streng oder aber abwesend. Vielleicht fehlte es in der Kindheit an Wärme, aber auf Disziplin und Regeln wurde viel Wert gelegt.

URANUS Das Bedürfnis nach Familienleben liegt im Widerstreit mit dem Bestreben nach persönlicher Freiheit und Selbstausdruck. Innerhalb der Familie nimmt die betreffende Person wahrscheinlich eine Sonderrolle ein.

NEPTUN Die Einstellung zu Heim und Familie ist meist übertrieben idealistisch, und es besteht die Gefahr der Selbsttäuschung. Liebe und Zuneigung sind vorhanden, eventuell gibt es Probleme mit Alkohol und Drogen.

PLUTO Oft empfinden diese Menschen beim Gedanken an ihre Kindheit tiefe Frustration. Vielleicht wurden sie davon abgehalten, das zu tun, was ihnen wirklich am Herzen lag, und damit ihre Talente blockiert. Die Intuition ist hier ausgeprägt.

CHIRON Es besteht die Neigung zum Grübeln und eine nervöse Veranlagung. Diese Menschen müssen Selbstvertrauen entwickeln, eventuell durch eine Sportart wie Schwimmen oder Segeln.

Segeln ist eine Möglichkeit, Selbstvertrauen zu entwickeln, wenn man Chiron im vierten Haus hat.

FÜNFTES HAUS: DAS HAUS VON LÖWE UND SONNE

SONNE Egal, in welchem Zeichen sie steht – im fünften Haus bekommt die Sonne löwenhafte Züge. Die betreffenden Personen zeichnen sich durch eine fröhliche Art aus, sind ehrgeizig, extrovertiert, kreativ und können gut organisieren.

MOND Hier finden wir ein enormes Vorstellungsvermögen und Intuition. Die vorhandene Kreativität kommt oft dadurch zum Ausdruck, dass der betreffende Mensch eigene Kinder hat – viele werden sehr früh Eltern. Sie haben meist eine sehr erfüllte Sexualität.

MERKUR Menschen mit dieser Konstellation verfügen über einen klugen Geist und suchen das Risiko, eventuell beim Glücksspiel oder aber in gefährlichen Sportarten. Die Kreativität kann beispielsweise beim Schreiben oder Malen eine Ausdrucksmöglichkeit finden. Das Annähern an einen möglichen Partner geschieht gewissenhaft und nach Plan.

VENUS Bei dieser Konstellation schätzt man die Kunst in all ihren Ausprägungen. Die Entspanntheit könnte die Schaffenskraft mindern. Oft sind diese Menschen leidenschaftliche Liebhaber und haben viele Affären.

MARS Ein beträchtliches Maß an Energie ist hier gegeben, ebenso Begeisterung für sportliche Aktivität. Risikobereitschaft ist sehr wahrscheinlich, und das Geld wird häufig beim Spielen wieder verloren.

JUPITER Das Spielernaturell ist hier sehr stark, und man muss es bewusst in den Griff bekommen. Toleranz, Optimismus und Freude sind ein wichtiger Zug der Persönlichkeit.

SATURN Diese Menschen hatten oder haben einen strengen Vater, der sie unterdrückte. Darunter könnte die Kreativität gelitten haben, was zu Frustration führte. Daher hat die betreffende Person eventuell eine Richtung eingeschlagen, die ihr nicht liegt.

URANUS Dies verleiht jeder Form von Kreativität etwas Originelles, und so finden wir hier hervorragende Köche ebenso wie Maler und Schriftsteller. Diese Menschen genießen das Liebesleben mit dem Partner, aber eine feste Bindung zögern sie hinaus.

NEPTUN Kreativität und Fantasie sind bezeichend bei diesen romantischen und mehr als idealistischen Menschen. Jedes Mal, wenn sie sich verlieben, schweben sie in Kürze auf Wolke sieben.

PLUTO Diese Menschen trachten danach, ihr Potenzial in einem Bereich, der ihnen zusagt, zu entwickeln. Sie setzen alles daran, einen möglichen Partner für sich zu gewinnen – dem folgt leidenschaftlicher Sex. Manche haben aber auch sexuelle Hemmungen.

CHIRON Die kindliche Lebensfreude könnte von strengen Eltern unterdrück worden sein, die schon vom Kleinkind Reife forderten. Das könnte sich negativ auf das spätere Liebesleben und den Umgang mit der Sexualiät auswirken.

Spielkasinos ziehen Menschen mit Merkur, Mars oder Jupiter im fünften Haus magisch an.

Eine Vorliebe für üppiges Essen findet man bei Menschen mit Venus oder Jupiter im sechsten Haus.

SECHSTES HAUS: DAS HAUS VON JUNGFRAU UND MERKUR

SONNE Unabhängig vom Sonnenzeichen – hier widmet man sich mit aller Intensität der Arbeit, braucht aber einen routinemäßigen Ablauf. Gesundheitsprobleme können gemäß dem Sonnenzeichen auftreten.

MOND Die Ernährung ist überaus wichtig, je nach Tierkreiszeichen kann der Betreffende Vegetarier sein. Gegen Stress, nervliche Belastung und Verdauungsprobleme empfehlen sich Entspannungstechniken.

MERKUR In seinem Haus hat dieser Planet einen besonders starken Einfluss. Der Verstand ist ebenso lebhaft wie scharfsinnig. Der betreffende Mensch schenkt dem Detail große Aufmerksamkeit und sorgt sich häufig.

VENUS Bei dieser Konstellation ist man nicht eben sehr motiviert, Sport zu treiben, gleichzeitig sieht man Routinearbeit gelassen. Die Vorliebe für reichhaltiges Essen kann für Gewichtsprobleme sorgen und die Attraktivität bremsen.

MARS Dieser Planet stärkt das Nervensystem und fördert einen lebhaften Geist, der viel für einen verbalen Schlagabtausch übrig hat. Hastige Entscheidungsfindung kann zu überstürztem Handeln führen. Stress sollte man durch körperliche Bewegung abbauen.

JUPITER Hier findet man umfassende Visionen sowie Optimismus. Die betreffende Person sollte auf ihre Ernährung achten, denn Jupiter sorgt in seinem Einflussbereich für Expansion.

SATURN Menschen mit dieser Konstellation können hart und diszipliniert arbeiten (was allerdings unter Umständen zwanghafte Züge annimmt), wobei sie beim Streben nach Wohlstand manchmal die Familie vernachlässigen.

URANUS Dieser Planet sorgt hier für Originalität und Innovation – beides kann die betreffende Person in ihr Arbeitsleben einbringen. Damit keine Langeweile aufkommt, braucht sie Freiräume. Sie sollte sich angewöhnen, regelmäßig zu essen.

NEPTUN Die Neigung zur Hypochondrie trübt oftmals das Wohlbefinden. Medikamente können eine negative Wirkung haben, homöopathische Mittel sind eine sinnvolle Alternative. Sogenannte weiche Drogen und Nikotin stellen bei dieser Konstellation eine besondere Gefahr dar.

PLUTO Routine ist wichtig, besonders wenn Pluto in der Jungfrau steht. Wenn man zu hart mit sich selbst ist, kann dies zu Stress und Überarbeitung führen. Häufig bestehen Darmprobleme.

CHIRON Selbst bei kleineren Hindernissen können diese Menschen zwanghaft reagieren. Eine rationale, logische Einstellung hilft dabei, Stress und Selbstzweifel zu vermeiden.

SIEBTES HAUS: DAS HAUS VON WAAGE UND VENUS

SONNE Das Bedürfnis, mit anderen in Beziehung zu treten, ist hier sehr ausgeprägt. Auch ein gutes Verhältnis zu Geschäftspartnern und Kollegen ist von Bedeutung. Zeichen- und Hausstellung der Venus spielen eine wichtige Rolle.

MOND Er verstärkt die Fähigkeit des Betreffenden, einfühlsam auf den Partner einzugehen. Die Neigung, ganz mit diesem zu verschmelzen, lässt allerdings keine Individualität zu.

MERKUR Hier bedürfen dauerhafte Partnerschaften der intellektuellen Übereinstimmung. Gemeinsame Interessen und Einfühlungsvermögen sorgen für gegenseitiges Verständnis und erfolgreiche Beziehungen.

VENUS Diese Menschen sind in erster Linie »verliebt in die Liebe«, was dazu führen kann, dass sie überdurchschnittlich oft an gebrochenem Herzen leiden. Doch das Potenzial für eine tolle Beziehung ist gegeben, vorausgesetzt, Freundschaft und gute Kommunikation werden nicht ignoriert.

MARS Lebendige Sexualität bis ins hohe Alter ist bei diesen Menschen wichtig. Man will auch gemeinsam mit dem Partner daran arbeiten, dass die Beziehung stabil bleibt. Gleichwohl gibt es eine Streitlust, die für Unruhe sorgen kann.

JUPITER Die Einstellung zu Beziehungen ist positiv, allerdings sind die Erwartungen an den Partner oft unrealistisch. Vor allem in jungen Jahren besteht die Tendenz, zu früh aufzugeben.

SATURN Der Betreffende nimmt Beziehungen ernst. Er braucht Gewissheit und bevorzugt außerdem ältere Partner, zu denen er aufschauen kann, eventuell eine Vater- oder Mutterfigur.

URANUS Der starke Wunsch nach einer erfüllenden Partnerschaft könnte dem Unabhängigkeits- und Freiheitsbedürfnis in die Quere kommen. Diese Menschen sind extrem romantisch und können ausgesprochen viel Charme versprühen.

NEPTUN Die Betreffenden machen in ihren Beziehungen Höhen und Tiefen mit. Sie sollten darauf achten, sich nicht vorschnell in eine feste Partnerschaft zu begeben. Im Bann der Liebe verlieren sie nur zu leicht den Kontakt zur Realität.

PLUTO Mit diesem Planeten im siebten Haus besteht die Neigung, Partnerschaften zu dominieren. Das sollte beizeiten geändert werden, ehe der Partner daran zerbricht. Wenn man versteht, die ausgeprägte Emotionalität auf positive Weise zu kanalisieren, kann man Großes leisten – privat und beruflich.

CHIRON Hier besteht die Neigung, mit dem Partner zu verschmelzen und dabei die eigene Identität zu verlieren. Indem diese Menschen behaupten, das sei das, was sie sich am meisten wünschten, machen sie sich etwas vor. Wenn sie diese Tatsache nach langer Zeit endlich durchschauen, wird die Erkenntnis sehr schmerzhaft sein.

Die Flasche Champagner ist ein typisches Geschenk von Menschen mit Uranus im siebten Haus.

Die Sexualität spielt eine wichtige Rolle im achten Haus, besonders wenn sich Sonne, Merkur, Venus, Mars, Jupiter, Uranus oder Neptun darin befinden.

ACHTES HAUS: DAS HAUS VON SKORPION UND PLUTO

SONNE Hier ist das Gefühlsleben sehr intensiv. Die Sexualität ist ein wichtiges Ventil. Wir finden hier auch Ehrgeiz. Wenn sich die betreffende Person emotional mit dem Beruf identifiziert, wird sie sehr erfolgreich sein.

MOND Die Gefühlsthematik des Mondes wird hier noch intensiviert. Auch das intuitive Vermögen ist verstärkt, weshalb diese Menschen oft über den sechsten Sinn verfügen, vor allem, wenn sich der Mond in einem Wasserzeichen befindet.

MERKUR Ein forschender Geist. Hier sind die Detektive des Tierkreises zu finden. Manchmal sind diese Menschen hellsichtig. Sexualität spielt ebenso eine wichtige Rolle wie Fantasie, doch es besteht die Neigung zum Grübeln und zur Launenhaftigkeit.

VENUS Diese Platzierung fördert eine befriedigende Sexualität, Emotionen und Intuition sind ausgeprägt. Diese Menschen geben viel Geld aus und haben zugleich die Gabe, zu Geld zu kommen, oft durch kluge Investitionen.

MARS Emotionale und physische Energie sind hier gleichermaßen stark. Der Sexualtrieb braucht unbedingt Befriedigung. Die Aggression sollte etwa im Kampfsport ein Ventil finden. Zwanghaftigkeit kann ein Problem darstellen.

JUPITER Hier sind der Geschäftssinn und die Fähigkeit, Geld durch kluge Investitionen zu machen, ausgeprägt. Die Sexualität wird überschwänglich ausgelebt – man hat Spaß dabei und nimmt sie nicht allzu ernst.

SATURN Bei dieser Platzierung sind Konzentration und Entschlossenheit zu finden, ebenso eine verantwortungsvolle Einstellung zu Finanzen. Eine Laufbahn im Bankwesen ist wahrscheinlich. Etwaige sexuelle Probleme sollte man zu lösen versuchen.

URANUS Diese Platzierung ist, wenn es ums Finanzielle geht, nicht eben gut, sollte man Gelddingen gleichgültig gegenüberstehen Das Bedürfnis nach einer lebendigen Sexualität mit einem aufgeschlossenen Partner ist groß. Bei Problemen in der Sexualität nimmt man selbst eine Analyse vor, kommt aber nicht unbedingt zu einer Lösung.

NEPTUN Für die Menschen mit Neptun im Skorpion ist diese Platzierung bedeutsam. Sie betont die Gefühle und fördert eine befriedigende Sexualität. Allerdings ist auch die Neigung, sich in sogenannte weiche Drogen zu flüchten, gegeben.

PLUTO Im eigenen Haus ist Plutos Einfluss besonders groß. Oft ist ein Interesse an Metaphysik und Okkultem vorhanden. Auch das Leben nach dem Tod ist ein Thema. Sinn fürs Finanzielle ist ebenfalls häufig gegeben.

CHIRON Oft findet man hier die Beschäftigung mit Sex und den Wunsch nach materiellem Aufstieg und nach Macht. Manchmal besteht die Neigung zur Selbsterforschung, gelegentlich auch Hellsichtigkeit. In diesem Fall empfiehlt sich die sorgfältige Anleitung durch seriöse Experten.

NEUNTES HAUS: DAS HAUS VON SCHÜTZE UND JUPITER

SONNE Hier besteht das Bedürfnis nach intellektuellem und geistigem Wachstum. Es ist wichtig, Herausforderungen anzunehmen und in allen Lebensbereichen weiterzukommen. Diese Menschen sind optimistisch und haben eine positive Lebenseinstellung.

MOND Hier scheint man intuitiv vorzugehen – der intellektuelle Horizont erweitert sich stets. Man hat womöglich Einsichten in andere Kulturen und unternimmt zahlreiche Reisen, sowohl reale wie solche im Geist.

MERKUR Die Platzierung spricht für lebenslanges Lernen, immer auf der Suche nach Wissen. Diese Menschen brauchen ständig geistige Herausforderungen, stellen Fragen und geben gewissenhafte Antworten. Die Konzentrationsfähigkeit ist allerdings nicht besonders gut ausgebildet.

VENUS Dieser Mensch liebt weite Reisen und lebt und arbeitet womöglich im Ausland. Beim Reisen ergeben sich häufig Liebesaffären. Der Wunsch zu studieren wird von einer latenten Trägheit unterminiert.

MARS Ein dynamischer, abenteuerlustiger Mensch, der ausgiebig reist. Er ist intelligent, spricht nur etwas schnell. Bei seinem Hang, alles zu überstürzen, könnten sowohl das Studium als auch die Prüfungsergebnisse leiden.

JUPITER Hier zeigt sich Jupiter von seiner besten Seite. Das intellektuelle Vermögen ist beträchtlich und kommt nach Art des Tierkreiszeichens, in dem Jupiter steht, zum Ausdruck. Diese Menschen verfügen über kommunikative Fähigkeiten und sprechen oft mehrere Sprachen.

SATURN Das sind die ernsthaften Denker des Tierkreises, die sich auf bedeutende Probleme konzentrieren und nach Lösungen suchen. Viel Freude am Reisen haben sie normalerweise nicht, eventuell aufgrund von Flugangst oder weil sie nur ungern weit von zu Hause weg sind.

URANUS Ein brillanter Geist. Der Betreffende gibt seine innovativen Ideen mit Freuden an andere weiter, um so die Entwicklung zu fördern. Schnell widmet er sich weiteren Erfindungen.

NEPTUN Träume und Wünsche sind Themen des neunten Hauses. Neptun verstärkt dies noch. Soll heißen: Man schweift nur zu leicht ab in Richtung Wolke sieben.

PLUTO Dieser Mensch hat einen geradezu zwanghaft tätigen Geist, der gerne tief gehende Studien betreibt und Herausforderungen mag. Diese sind oft komplizierter als anfangs angenommen, was Stress, Frustration und Zorn nach sich zieht.

CHIRON Eine solche Platzierung veranlasst die Betreffenden dazu, neue, faszinierende und gewagte Aufgaben aufzutun, durch die sie sich freudig durcharbeiten bis zum befriedigenden Abschluss. Extreme Ansichten sollten sie noch einmal überdenken.

Reisen, andere Kulturen und Fremdsprachen sind Themen des neunten Hauses.

ZEHNTES HAUS: DAS HAUS VON STEINBOCK UND SATURN

Schauspielerei ist ein möglicher Beruf, wenn man Jupiter im zehnten Haus hat.

SONNE Diese Menschen sind ehrgeizig und für gewöhnlich auch erfolgreich. Sie haben Führungsqualitäten und tragen Verantwortung. Der Sinn für Dramatik ist oft ausgeprägt.

MOND Hier ist das Potenzial vorhanden, Ruhm zu erlangen. Diese Menschen sind häufig für viele Menschen, zum Beispiel Mitarbeiter, verantwortlich.

MERKUR Mit dieser Platzierung begrüßt man Richtungswechsel im Leben und hat eventuell verschiedene Berufe. Das könnte den Erfolg allerdings erschweren.

VENUS Ein gutes Verhältnis zu Kollegen und Einfühlungsvermögen sind hier gegeben. Als Vorgesetzter ist dieser Mensch verständnisvoll, möglicherweise aber auch unentschlossen.

MARS Energie, Leidenschaft und die Fähigkeit, hart und verbissen zu arbeiten – all das finden wir hier. Man will unbedingt weiterkommen. Die Armee kommt als Arbeitgeber in Frage.

JUPITER Diese Menschen haben Erfolg im Beruf und legen zwischendurch Ruhephasen ein. Bekannte Schauspieler haben oft diese Platzierung.

SATURN Diese Menschen müssen irgendwann Verantwortung tragen. Das machen sie dann sehr gut, und sie sind dabei loyal. Beim Verfolgen ihrer Ziele entfernen sie sich häufig von ihren Angestellten oder ihren Familien.

URANUS Mit dieser Platzierung hat man ein Faible für Technologie oder für eine ungewöhnliche Beschäftigung. Eine Fluglinie oder die Raumfahrtindustrie sind mögliche Arbeitgeber. Plötzliche Veränderungen in der Laufbahn sind warscheinlich.

NEPTUN Diese Platzierung spricht für eine abwechslungsreiche Laufbahn mit einigen deutlichen Veränderungen – eventuell im Rahmen verschiedener Kunstformen oder unterschiedlicher Wissenschaftszweige.

PLUTO Für diese Menschen ist es ganz wichtig, sich emotional mit dem Beruf zu identifizieren. Ein Machtkomplex verschafft sich Geltung – besonders mit Pluto im Löwen –, und der Betreffende verfolgt seine Arbeit oder seine Botschaft, die er weitergeben möchte, wie besessen.

CHIRON Die Betreffenden richten ihren Blick in die Zukunft und wollen die Dinge anders machen. Sie sollten ihre Originalität positiv zum Ausdruck bringen.

HIMMELSMITTE UND ÄQUALE HÄUSER

Beim Äqualen Häusersystem fällt die Himmelsmitte nicht unbedingt ins zehnte Haus, wie dies bei anderen Häusersystemen der Fall ist. Daher folgender Tipp: Wenn Sie einen Planeten in Konjunktion mit der Himmelsmitte haben, sollten Sie dessen Deutung im zehnten Haus lesen. Diese ist ebenso aufschlussreich wie die eigentliche Hausplatzierung des Planeten, die Sie übrigens ebenfalls in die Interpretation mit einbeziehen sollten.

Auswärts essen und unter Leute kommen, oft an mondänen Orten, ist typisch für Menschen mit der Sonne im elften Haus.

ELFTES HAUS: DAS HAUS VON WASSERMANN UND URANUS

SONNE Hier finden wir freundliche, oft mondäne Menschen, die ein intensives gesellschaftliches Leben führen. Als Mitglieder von Komitees machen sie sich bestens, vor allem wenn sie für wohltätige Zwecke Geld sammeln.

MOND Die Betreffenden sind für gewöhnlich Menschenfreunde und haben Sympathien für Unterprivilegierte. Das Bedürfnis, Teil einer Gruppe zu sein, hat manchmal etwas damit zu tun, dass sie als Kinder nicht akzeptiert wurden.

MERKUR Bedeutsame Freundschaften aus frühen Tagen sind für gewöhnlich von Dauer. Diese Menschen sind sehr gesellig und sorgen dafür, dass sie bei Zusammenkünften zu Wort kommen.

VENUS Hier ist das soziale Leben extrem wichtig. Oft nehmen die Betreffenden Urlaub, um an gesellschaftlichen Veranstaltungen teilzunehmen. Es besteht das Bedürfnis, Freunden eine Freude zu machen und sie bestens zu unterhalten.

MARS Der Rudelführer, der lange Wanderungen oder Radtouren für den Sonntag organisiert. Er kann aber auch ein Aufwiegler oder ein Advocatus Diaboli sein. Jedenfalls sollen die Dinge auf der Stelle erledigt werden.

JUPITER Diese Personen haben einen großen Freundes- und Bekanntenkreis. Sie begeistern sich für andere und organisieren Ausflüge und Events, normalerweise um Geld für Wohltätigkeitszwecke zu sammeln.

SATURN Hier nimmt man das gesellschaftliche Leben ernst und besucht regelmäßig vertraute Orte. Der Freundeskreis ist klein und setzt sich oft aus Menschen zusammen, die älter sind als der Horoskopeigner. Interessen, die man als junger Mensch entwickelt hat, dauern ein Leben lang an.

URANUS Diese Menschen sind sehr freundlich, aber auf eine sehr subtile Weise auch distanziert. Zu viel Nähe mögen sie nicht. Sie sind Freigeister und unabhängig. Manchmal brechen sie den Kontakt zu Freunden ganz plötzlich ab.

NEPTUN Die Betreffenden genießen das soziale Miteinander sehr, doch dank ihrer Leichtgläubigkeit werden sie von Dritten leicht getäuscht. Diese können einen negativen Einfluss auf sie ausüben oder sie ausnutzen.

PLUTO Hier bestehen extrem starke Freundschaftsbande, und die betreffenden Menschen können von bestimmten Freundschaften regelrecht besessen sein. Die Einstellungen anderer prüfen sie sorgfältig.

CHIRON Diese Platzierung verleiht Dynamik, Schwung und viel Charme. Das Bedürfnis nach persönlichem Freiraum ist ausgeprägt, der Betreffende hasst Durcheinander und kann es nicht leiden, wenn er durch Verpflichtungen in Freundschaften eingeengt wird. Er muss sein eigenes Ding machen.

ZWÖLFTES HAUS: DAS HAUS VON FISCHE UND NEPTUN

SONNE Diese Menschen bringen ihre Fähigkeiten am besten zur Geltung, wenn sie hinter den Kulissen agieren. Sie brauchen Frieden und Ruhe – sowie Freiräume. Dies gilt in besonderer Weise, wenn sie kreativ sind.

MOND Auch wenn der Betreffende extrovertiert ist, muss er gelegentlich auch mal »auftanken«. Yoga verleiht neue Energie, ebenso wie die Möglichkeit, sich von Zeit zu Zeit zurückzuziehen oder ein fesselndes Hobby auszuüben.

MERKUR Die diesem Planeten eigene Logik kann mit der Gefühlsbetontheit und Spiritualität des zwölften Hauses im Widerspruch stehen. Doch wenn die Liebe zu Poesie und Literatur vorhanden ist oder sogar Talent zum Schreiben, können die beiden vereint werden.

VENUS Hier finden wir Verschwiegenheit in Kombination mit Liebesaffären. Gelegentlich ist der Betreffende gehemmt und schüchtern, oft auch in Bezug auf sein eigenes kreatives Werk etwa im Bereich Design oder Mode.

MARS Diese Platzierung steht für Heimlichtuerei wie auch die Schwierigkeit, Probleme loszulassen. Infolgedessen kommt es zu Wut und Stress. Wenn dieser Mensch von Natur aus einfühlsam ist, eignet sich ein Sozialberuf sehr gut.

JUPITER Die hier vorhandenen Talente können in Richtung Religion gelenkt werden. Vielleicht möchte man sich auch dem Studium von Musik, Tanz oder Sport widmen. Die Einstellung zum Leben ist sehr philosophisch.

SATURN Es besteht hier die Neigung, sich zu isolieren. Da geht man in die Arbeit, schuftet und beeilt sich schließlich, wieder heimzukommen, um fit für den nächsten Tag zu sein. Musik und Bücher sind wichtig.

URANUS Das Gemeinsame von Uranus und der Thematik des zwölften Hauses ist die humanitäre Gesinnung. Diese Leute können viel Gutes für die Menschheit tun. Die Probleme unseres Planeten bringen sie dazu, aktiv zu werden, ungeachtet der dem zwölften Haus eigenen Apathie.

NEPTUN Dieser Planet steht hier in seinem eigenen Haus und sorgt für einen authentischen Glauben. Vielleicht widmet man sich einem esoterischen Thema, Tieren oder Kranken. Ein Talent für Dichtung, Tanz, Eiskunstlaufen oder Singen ist sehr wahrscheinlich und sollte auch gefördert werden.

PLUTO Mit dieser Platzierung ist der Mensch extrem verschlossen. Er ist unfähig, sich zu öffnen und darüber zu reden, wenn die Dinge schief laufen. Manchmal gibt es tief liegende psychische Probleme, die er nur schwer lösen kann. Leider versucht er es meist auch nicht.

CHIRON Diese Menschen fühlen sich manchmal frustriert oder minderwertig. Wenn dies der Fall ist, sollten sie es unbedingt vermeiden, sich in Drogen zu flüchten. Die Energie von Chiron regt freilich die Vorstellungskraft an und sollte konkret umgesetzt werden.

Yoga hat eine belebende Wirkung, was besonders denjenigen mit dem Mond im zwölften Haus gut tut.

»Der Mensch wird, wie in einem kleinen Universum, von den immerwährenden Bewegungen der fünf Planeten, der Sonne und des Mondes gehalten.«

Firmicus Maternus (4. Jahrhundert n. Chr.)

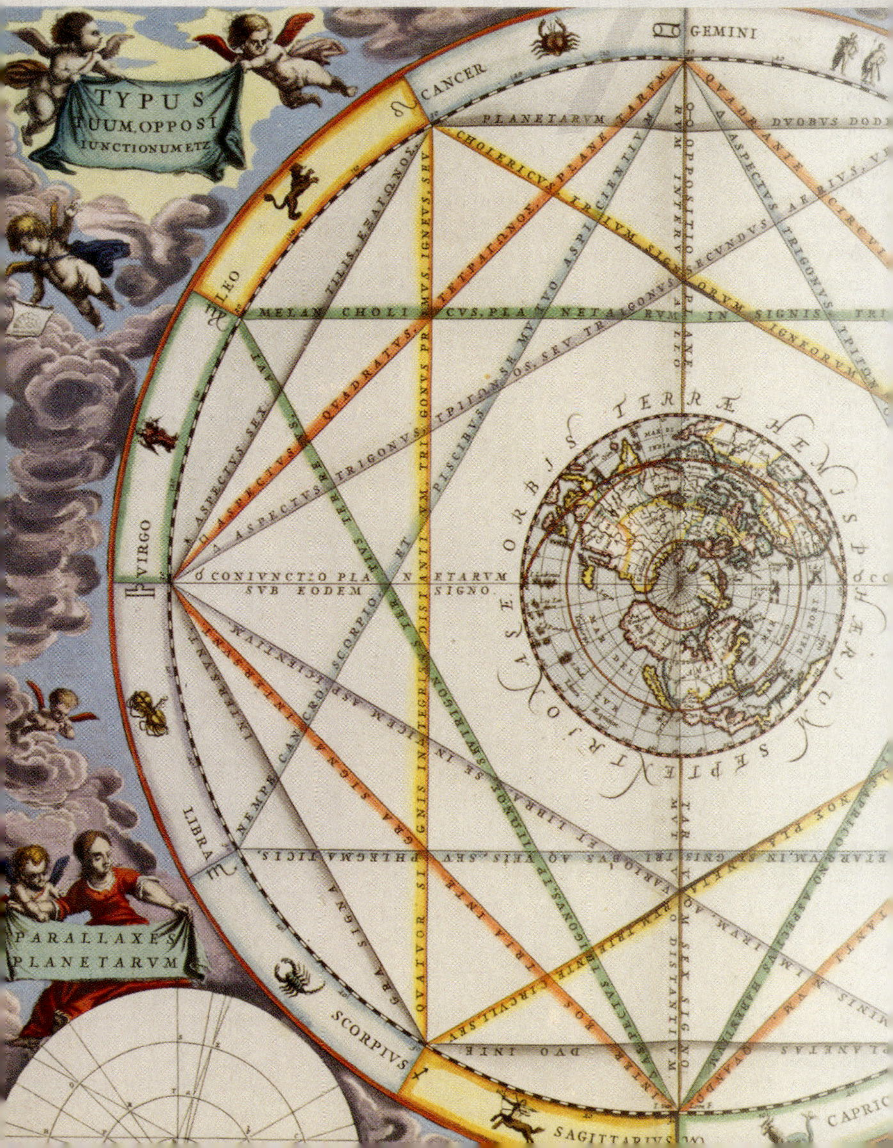

Die Aspekte

Von der Erde aus betrachtet stehen die einzelnen Planeten des Horoskops in Winkelbeziehungen zueinander. Diese Winkel lassen sich im Horoskopkreis nachmessen. Wenn die Planeten ganz bestimmte Winkel bilden, spricht man in der Astrologie von Aspekten.

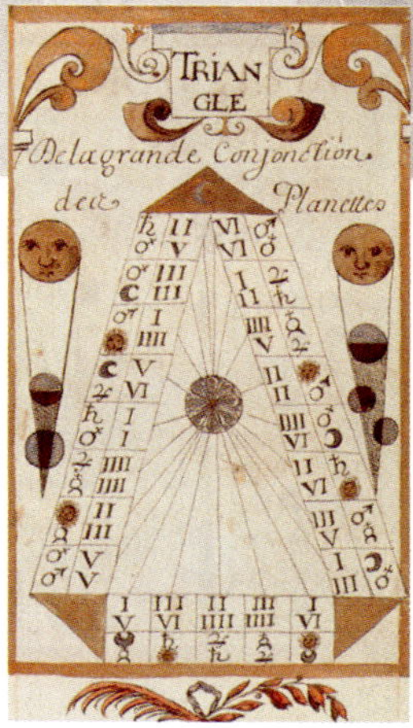

Auf dieser Horoskopdarstellung des Comte de Gabius aus dem 17. Jahrhundert sind Sonnenfinsternisse und andere Konjunktionen dargestellt.

EINFÜHRUNG

Die Aspekte haben unterschiedliche Namen, je nachdem, welche Art von Winkelbeziehung zwei Planeten miteinander bilden. Die Winkel sind von großer Bedeutung und teilen dem Astrologen viel über den jeweiligen Horoskopeigner mit. Bei bestimmten Aspekten verstärkt ein Planet die Eigenschaften des anderen Planeten, oder aber er hemmt ihn in seiner Wirkung: So stärkt der Aspekt einen Planeten bei einer *Konjunktion*. Ein *positiver Aspekt* verleiht Harmonie und Leichtigkeit. Ein *negativer Aspekt* wird für Stress und Hemmung sorgen.

Es gibt zwei Arten von Aspekten: Haupt- und Nebenaspekte. Zu den Hauptaspekten gehören die Konjunktion (0°), die positiven Aspekte Trigon (120°) und Sextil (60°) und die negativen Aspekte Quadrat (90°), Quinkunx (150°) und Opposition (180°), wobei die Konjunktion am stärksten ist. Zu den Nebenaspekten gehören das Halbsextil (30°), das Halbquadrat (45°) und das Anderthalbquadrat (135°). In dieser Gruppe ist das Halbquadrat am stärksten und aufreibendsten.

Dieses Buch befasst sich nur mit den Hauptaspekten. Nebenaspekte werden erst bei der detaillierteren Betrachtung eines Horoskops wichtig. Bei ihrer Deutung können Sie sich an den negativen Hauptaspekten orientieren, allerdings sind Nebenaspekte viel schwächer.

Die Planetenaspekte sind Thema dieser Tafel aus der *Harmonia Macrocosmica*, einem wunderschönen Himmelsatlas des niederländisch-deutschen Kartografen Andreas Cellarius aus dem Jahr 1660.

WELCHE ORBEN SIND MÖGLICH?

Ein Aspekt ist exakt, wenn die Entfernung zweier Planeten die genaue Gradzahl des Aspektes beträgt. Astrologen lassen hier aber einen Spielraum zu, den sogenannten Orbis. Ist beispielsweise das Quadrat, einer der Hauptaspekte, exakt, sind die beteiligten Planeten genau 90° voneinander entfernt. Befindet sich etwa Venus auf 15° Jungfrau und Mars auf 18° Zwillinge, bilden sie immer noch ein Quadrat zueinander. In diesem Buch sind Orben allerdings nicht nötig, da wir ohnehin nur mit annähernden Zahlenwerten arbeiten. Sie brauchen Orben dann, wenn Sie tiefer in die Materie einsteigen wollen.

Die Hauptaspekte

Hier werden Ihnen die Charakteristiken der Hauptaspekte vorgestellt, einschließlich der Aspekte zum Aszendenten und zur Himmelsmitte (*s. S. 282–283*). Wie man sie berechnet erfahren Sie ab Seite 304.

Die Umlaufbahnen der sieben sichtbaren Planeten einem mechanischen Mode aus dem 19. Jahrhundert.

Konjunktion

Unter den Hauptaspekten ist die Konjunktion am mächtigsten. Exakt ist sie, wenn sich beide Planeten auf demselben Grad befinden, doch auch bei 10° Abstand sprechen wir noch von einer Konjunktion.

Positive Aspekte

Hierzu gehören das Trigon (120°) und das Sextil (60°), wobei das Trigon wesentlich stärker in seiner Wirkung ist. Diese Aspekte sind hilfreich und normalerweise kein Hinweis auf Stress oder Probleme.

Negative Aspekte

Dazu gehören das Quadrat (90°), der Quinkunx (150°) und die Opposition (180°). Quadrat und Opposition sind beide sehr machtvoll. Das Quadrat steht für Stress und Hemmung, die Opposition scheinbar auch, verleiht aber sehr oft auch Halt. Manche Astrologen bezeichnen den Quinkunx als Nebenaspekt. Doch wir halten ihn für sehr bedeutend. Er weist auf eine Stelle im Horoskop hin, an der es zu Reibungen kommen kann.

Zur folgenden Beschreibung der Aspekte

Wenn Sie erst einmal Ihr Horoskop berechnet haben und mit der Deutung der Aspekte anfangen, werden Sie feststellen, dass die Abschnitte zu den Aspekten eines jeden Planeten auf den nächsten Seiten nach und nach an Umfang abnehmen. Im Kapitel über die Aspekte Plutos sind nur noch dessen Aspekte zu Chiron zu finden. Das liegt daran, dass man in der Astrologie stets denjenigen Planeten an erste Stelle setzen, der der Erde näher ist. Die Regel lautet: Einen Aspekt Plutos zur Sonne finden wir im Kapitel über die Aspekte der Sonne, nicht in demjenigen über die Aspekte Plutos. Einen Aspekt von Saturn zu Venus finden wir im Kapitel über die Aspekte der Venus, nicht in demjenigen über die Aspekte des Saturn. Anfangs mag das verwirrend sein, doch nach diesem Prinzip richtet man sich in der Astrologie immer. Sie werden sehen, man gewöhnt sich schnell daran.

Die Symbole der Aspekte

In der Astrologie hat man für die Tierkreiszeichen, die Planeten und andere wichtige Faktoren Symbole entwickelt, die in der Darstellung des Horoskops zur Anwendung kommen. Die Symbole für die Aspekte finden Sie hier. Prägen Sie sich diese gut ein.

Hauptaspekte		Nebenaspekte	
☌	Konjunktion	⚺	Halbsextil
□	Quadrat	∠	Halbquadrat
☍	Opposition	⚼	Anderthalbquadrat
△	Trigon		
⚹	Sextil		
⚻	Quinkunx		

Die Konjunktionen der hellsten Planeten können mit bloßem Auge beobachtet werden – und wer es noch genauer mag, der nimmt ein Fernglas zu Hilfe.

DIE ASPEKTE DER SONNE

SONNE UND MOND

KONJUNKTION Meist befinden sich hier Sonne und Mond im selben Zeichen. Es ist Neumond. Die Betreffenden bringen die Eigenschaften ihres Sonnenzeichens nicht nur aktiv zum Ausdruck, sondern reagieren auch aktiv und unmittelbar auf Situationen. Sie können sich auf ihre Intuition und Instinkte verlassen.

POSITIVER ASPEKT Beide Seiten des Sonnenzeichens, aktive und passive, befinden sich in harmonischer Beziehung. Mit dem Mond in einem Wasser- oder einem Feuerzeichen sind die Gefühle besonders stark.

NEGATIVER ASPEKT Hier ist man unruhig und braucht ständig Abwechslung. Dies gilt vor allem für die Opposition, was bedeutet, dass Vollmond ist. Ständige Unzufriedenheit ist wahrscheinlich.

Kraft und Vitalität finden sich bei Menschen mit einem positiven Sonne-Mars-Aspekt (60° oder 120°).

SONNE UND VENUS

KONJUNKTION Liebe, Zuneigung und Gefühle kommen in der Art des Sonnenzeichens zum Ausdruck.

POSITIVER ASPEKT Ein Sextil oder Trigon zwischen Sonne und Venus ist unmöglich.

NEGATIVER ASPEKT Einzig möglicher negativer Aspekt ist das Halbquadrat, ein Nebenaspekt. Es kann manchmal Partnerschaftsprobleme verursachen.

Der Ausdruck von Liebe, Zuneigung und Sexualität ist Kennzeichen einer Sonne-Venus-Konjunktion.

SONNE UND MARS

KONJUNKTION Die hiermit einhergehende Energie muss durch körperliche Aktivität kanalisiert werden. Auch die Vitalität ist bei diesem Aspekt betont. Die Gefühle sind sehr ausgeprägt, besonders wenn die Konjunktion in einem Feuer- oder einem Wasserzeichen stattfindet. Risikofreude und Impulsivität sind gegeben.

POSITIVER ASPEKT Die Energie verläuft in positiven Bahnen. Die Impulsivität ist weniger ausgeprägt als bei der Konjunktion. Diese Menschen haben eine gute Konstitution und tun auch gern etwas dafür.

NEGATIVER ASPEKT Der Energiepegel ist hoch, aber wahrscheinlich ist auch Stress vorhanden. Die Betreffenden geraten leicht in Zorn, sind sehr ungeduldig und gelegentlich rücksichtslos. Sexualität spielt bei ihnen eine wichtige Rolle.

SONNE UND MERKUR

Weil sich Sonne und Merkur nie weiter als 28° voneinander entfernen, können sie nur eine Konjunktion oder das sehr schwache Halbsextil bilden. Eine Deutung dieser Himmelskörper im selben Zeichen finden Sie ab Seite 204. Was dort steht, gilt auch für die Konjunktion von Sonne und Merkur.

Eine fröhliche, sorglose Einstellung ist typisch für Menschen mit einer Sonne-Jupiter-Konjunktion.

Sonne und Jupiter

KONJUNKTION Diese Menschen zeichnen sich durch Lebendigkeit, Sorglosigkeit, Optimismus und Glücksbegabtheit aus. Normalerweise mögen sie gutes Essen und guten Wein, was zu einer gewissen Körperfülle führen kann. Auch Sinn für Humor finden wir hier.

POSITIVER ASPEKT Man ist im Grunde glücklich und zufrieden, aber auch nicht sonderlich konkurrenzorientiert. Es kann ein Interesse an Religion, Jura oder am Verlagswesen bestehen.

NEGATIVER ASPEKT Blinder Optimismus und Übertreibung sind hier die Gefahr. Manchmal ist der Betreffende selbstgefällig oder leichtsinnig. Gefahr von Spiel- und Genusssucht!

Sonne und Saturn

KONJUNKTION Der Einfluss des Sonnenzeichens ist beträchtlich. Ein Stop-and-go-Aspekt, der die Spontanität hemmt, vorsichtig macht sowie häufig gesunden Menschenverstand verleiht. Manchmal gehen Depressionen und Mangel an Selbstvertrauen mit dem Aspekt einher.

POSITIVER ASPEKT Eine optimistische Grundhaltung verbindet sich in positiver Weise mit Saturns Vorsicht, gesundem Menschenverstand, Stabilität und konservativer Weltsicht. Risikofreudig ist man hier nicht gerade.

NEGATIVER ASPEKT Ein manchmal niederdrückender Aspekt, der für wenig Selbstwertgefühl und Hemmung steht. Doch er gibt auch wunderbaren Halt in einem extrovertierten Horoskop mit Planeten in Feuerzeichen.

Sonne und Uranus

KONJUNKTION Hier treten Rebellion und exzentrisches Verhalten zutage. Steht die Sonne in einem Erdzeichen, jedoch nur in abgeschwächter Form. Emotionale Spannung ist vorhanden. Die Originalität braucht positive Kanäle, etwa durch einen kreativen Beruf.

POSITIVER ASPEKT Anziehungskraft und Glamour finden sich hier, besonders wenn Venus mit von der Partie ist. Die unkonventionelle Ader wirkt auf andere eher amüsant als provozierend.

NEGATIVER ASPEKT Exzentrisches Verhalten, mit dem der Horoskopeigner provozieren möchte, ist wahrscheinlich, ebenso Eigensinn und Sturheit. Werden sie kontrolliert, beinhalten diese starken Energien ein positives Potenzial.

Sonne und Neptun

KONJUNKTION Sie mildert die Charakteristiken des Sonnenzeichens und verleiht Einfühlungsvermögen. Diese Menschen haben etwas Weltabgewandtes sowie zärtliche, liebende, umsorgende Eigenschaften. Ihre Kreativität sollte gefördert werden.

POSITIVER ASPEKT Die Fantasie ist sehr ausgeprägt. Sofern diese Menschen über ausreichendes Selbstvertrauen verfügen, können sie etwas Herausragendes daraus machen.

NEGATIVER ASPEKT Der Horoskopeigner neigt dazu, andere über seine Absichten zu täuschen und den Weg des geringsten Widerstands zu gehen. Das kompliziert sein Leben unnötig und verärgert seine Mitmenschen. Medikamente können eine negative Wirkung haben.

Sonne und Pluto

KONJUNKTION Oft ist hier ein Machtkomplex zu finden. Diese Menschen sorgen im Privat- oder Berufsleben immer wieder für drastische Brüche mit der Vergangenheit. Manchmal bestehen tiefliegende psychische Probleme, die man aber zu lösen versucht.
POSITIVER ASPEKT Die Betreffenden mögen Unordnung überhaupt nicht, weshalb sie von Zeit zu Zeit so richtig Ordnung schaffen – mit allen Konequenzen. In allen nur erdenklichen Lebensbereichen nehmen sie plötzliche Veränderungen vor. Der Geschäftssinn ist oft gut entwickelt.
NEGATIVER ASPEKT Die Unfähigkeit, sich von Problemen zu befreien, führt zu Lebensphasen, die von Stress und Frustration geprägt sind.

Sonne und Chiron

KONJUNKTION Diese Platzierung verstärkt die Eigenschaften des Sonnenzeichens. Der Betreffende neigt dazu, an Problemen festzuhalten. Extrovertiertheit ist wahrscheinlich vorhanden, allerdings kaum, wenn die Konjunktion im zwölften Haus stattfindet.
POSITIVER ASPEKT Es bestehen Ähnlichkeiten zur Konjunktion, doch es gibt weniger Probleme, und wenn, dann werden sie auch nicht so stark unterdrückt. Die Extrovertiertheit ist noch wahrscheinlicher.
NEGATIVER ASPEKT Hemmung und Mangel an Selbstvertrauen halten den Horoskopeigner davon ab, sein gesamtes Potenzial zu entwickeln, und er tut sich schwer, in Schwung zu kommen.

DIE ASPEKTE DES MONDES

Mond und Merkur

KONJUNKTION Ein intuitionsbegabter, logischer und schneller Geist, der Probleme sofort versteht und ein gutes Gedächtnis hat. Der Horoskopeigner ändert sein häusliches Umfeld häufig.
POSITIVER ASPEKT Hier kommen die Klugheit des Mondes und das Geschick Merkurs in stimmiger Weise zusammen. Komplizierte Situationen kann der Betreffende gut lösen. Je nach Mondzeichen sind gesunder Menschenverstand und Entschlossenheit gegeben.
NEGATIVER ASPEKT Diese Menschen reagieren auf alle möglichen Situationen mit großer Schärfe. Es besteht aber auch die Tendenz, zu nörgeln und zu tratschen. Im Idealfall verfügen sie über eine ausgeprägte Scharfsinnigkeit.

Die Neigung zu Klatsch und Tratsch findet man bei Menschen mit einem negativen Aspekt zwischen Mond und Merkur.

Mond und Venus

KONJUNKTION Ein verständnisvoller, freundlicher, umsorgender und beliebter Mensch. Instinktiv erfasst er die Bedürfnisse des Partners.
POSITIVER ASPEKT Hier gilt Ähnliches wie für die Konjunktion. Das Zartgefühl ist freilich noch ausgeprägter. Die Betreffenden können zu Trägheit neigen und dazu, andere mithilfe ihres Charmes auszunutzen.
NEGATIVER ASPEKT Überdurchschnittlich oft kann es zu Enttäuschungen im Liebesleben kommen, weil die Erwartungen an den Partner zu hoch sind. Ihre Emotionalität, aber auch ihre Schüchternheit können die Beziehung belasten.

Mond und Mars

KONJUNKTION Die Gefühle sind hier sehr stark. Man reagiert unmittelbar auf Situationen. Im Gefahrenfall geht man auch Risiken ein.
POSITIVER ASPEKT Die starken Gefühle und körperlichen Kräfte bekommt man mit viel Sport in den Griff. Man erfreut sich guter Gesundheit und ist robust. Die emotionale Beteiligung am beruflichen Geschehen ist notwendig. Hilfsbereitschaft ist vorhanden.
NEGATIVER ASPEKT Ein cholerisches, explosives Temperament sowie die Neigung, vorzeitig zu handeln, finden wir hier. Das kann unter Umständen zu Anspannung und Stress führen.

Mond und Jupiter

KONJUNKTION Freundlichkeit, Sanftheit und Toleranz sind hier gegeben, ebenso ein großzügiger Umgang mit Zeit und Geld. Manchmal wirken diese Menschen etwas angeberisch.
POSITIVER ASPEKT Die Fantasie ist ausgeprägt, ebenso wie Großzügigkeit, Freundlichkeit, Mitgefühl und Verständnis. Man identifiziert sich mit Menschen aus anderen Kulturen. Der Betreffende mag es, im Ausland zu leben, wo er durchaus erfolgreich ist.
NEGATIVER ASPEKT Bei einem solchen Aspekt reagiert man schon einmal übertrieben dramatisch. Weil man gerne gut und viel isst, besteht die Gefahr von Übergewicht, auch Probleme mit der Leber treten häufiger auf.

Mond und Saturn

KONJUNKTION Man nimmt das Leben sehr ernst und sieht es schon mal düster. Diese Menschen

Eine melodramatische Veranlagung ist negativer Ausdruck einer Mond-Jupiter-Verbindung.

Menschen mit einem negativen Mond-Neptun-Aspekt sollten sich beim Alkoholkonsum möglichst zurückhalten.

arbeiten hart, besitzen einen gesunden Menschenverstand und sind praktisch begabt. Es könnte ihnen schwerfallen, ihre Gefühle zu zeigen.
POSITIVER ASPEKT Gesunder Menschenverstand, Entschlossenheit, Verlässlichkeit, Geduld und Sorgfalt vereinen sich mit einer konservativen Weltanschauung. Der Erfolg kommt mit der Disziplin.
NEGATIVER ASPEKT Häufig sind diese Menschen bedrückt und negativ, was oft etwas mit mangelndem Selbstvertrauen zu tun hat. Ihr Immunsystem ist anfällig, daher sollten sie sich vitaminreich ernähren und die jährliche Grippeschutzimpfung machen lassen.

Mond und Uranus

KONJUNKTION Die starke emotionale Spannung braucht positive Ausdrucksformen. Originalität, Brillanz und Fantasie gehen einher mit einer anziehenden, dynamischen Persönlichkeit, die kühl und distanziert reagiert.
POSITIVER ASPEKT Gefühle kommen bei diesen Menschen durch wissenschaftliche Interessen oder Kreativität positiv zum Audruck. Vor allem Kinder sind oft sehr eigensinning.
NEGATIVER ASPEKT Diese Menschen sind emotional oft sehr angespannt. Als Antistressmittel empfiehlt sich hier unbedingt Sport. Eigenwilligkeit findet man bei diesen Menschen ebenso wie Brillanz und Originalität.

Mond und Neptun

KONJUNKTION Fantasie und Empfindsamkeit sind ausgeprägt. Diese freundlichen, großzügigen und fürsorglichen Menschen zeichnen sich durch Emotionalität aus und sind sehr hilfsbereit.
POSITIVER ASPEKT Was bei der Konjunktion gesagt wurde, gilt auch hier, wenn es nicht zu Irritationen kommt. Besonders mit Neptun im Skorpion sind hellsichtige Fähigkeiten gegeben.
NEGATIVER ASPEKT Diese Menschen gehen gern den Weg des geringsten Widerstands und neigt dazu zu lügen, nur um andere nicht zu verletzen. Es besteht die Tendenz, Problemen mit Alkohol und Drogen zu begegnen. Also Hände weg von solchen vermeintlichen Tröstern.

Mond und Pluto

KONJUNKTION Die Gefühle sind stark und werden mit Leidenschaft und Kraft zum Ausdruck gebracht. Die Energie kommt meist in plötzlichen Gefühlsausbrüchen zum Vorschein. Man sollte sich in Gelassenheit üben.
POSITIVER ASPEKT Gefühlsausbrüche erzielen meist ihren Zweck. Durcheinander und Unordnung will man gern loswerden, egal ob sich diese auf die Umwelt oder die eigene psychische Befindlichkeit beziehen.
NEGATIVER ASPEKT Häufig ist hier der Ausdruck der Gefühle blockiert. Über ihre Sorgen zu reden fällt diesen Menschen häufig schwer, weshalb sie Probleme oft lange unterdrücken.

Mond und Chiron

KONJUNKTION Die Sensibilität ist hier verstärkt und es kann zu Gefühlsausbrüchen kommen. Ein Partner sollte da Takt und Mitgefühl an den Tag legen.
POSITIVER ASPEKT Die Mitmenschlichkeit ist ausgeprägt, man identifiziert sich mit Leidenden und unterstützt diese finanziell oder praktisch. Fantasie und Kreativität finden sich häufig.
NEGATIVER ASPEKT Die Gefühle brauchen einen Kanal – sie zu kontrollieren ist schwierig. Sie zu unterdrücken würde andere Probleme bereiten und könnte, insbesondere bei jungen Leuten, zu Unzufriedenheit führen.

DIE ASPEKTE DES MERKUR

MERKUR UND VENUS

Die einzigen Aspekte, die Merkur und Venus bilden können, sind Konjunktion, Sextil und die beiden Nebenaspekte Halbsextil und Halbquadrat.
KONJUNKTION Mit dieser Konstellation vermag man Freunde und Partner zu verstehen. Man ist kreativ und hat ein Händchen für (kunst-)handwerkliche Tätigkeiten.
SEXTIL Dieser Aspekt wirkt sich ähnlich wie die Konjunktion aus. Die betreffenden Menschen sind freundlich und kreativ. Mit Merkur in einem Erdzeichen liebt man natürliche Materialien. Ihre Gefühle auszudrücken fällt diesen Menschen nicht schwer.

MERKUR UND MARS

KONJUNKTION Schnelles Denken und Entschlossenheit sind hier gleichermaßen vorhanden. Um Rivalen zuvorzukommen, handelt man unverzüglich. Durchsetzungsvermögen und die Lust, sich mit anderen zu messen kommen oft im Sport zum Ausdruck. Provokante Ansichten werden schnell geäußert. Oft besteht ein Talent für Satire.
POSITIVER ASPEKT Ein solcher Aspekt ist der Konjunktion nicht unähnlich. Das Nervensystem ist robust, und man kann mit stressigen Situationen und Arbeitsbedingungen spielend umgehen. Die betreffenden Personen brauchen einen Beruf, der sie fordert, sonst droht Langeweile.
NEGATIVER ASPEKT Es besteht die Gefahr von Anspannung und Stress. Überarbeitung kann zu einem Nervenzusammenbruch führen. Diese Menschen handeln oft überstürzt.

Bissige Satire und Schlagfertigkeit sind typisch für Menschen mit einer Merkur-Mars-Konjunktion.

MERKUR UND JUPITER

KONJUNKTION Die exzellenten intellektuellen Fähigkeiten kommen etwa durch literarisches Talent, ein Faible für Sprachen oder eine mathematische Begabung zum Ausdruck. Haben diese Menschen ein Ziel ins Auge gefasst, arbeitet ihr Geist auf Hochtouren. Sie lieben Herausforderungen und Reisen.
POSITIVER ASPEKT Das intellektuelle Potenzial ist sehr ausgeprägt, und wir finden hier Optimismus, Gutmütigkeit und einen Hang zur Philosophie.
NEGATIVER ASPEKT Dies bedeutet nichts Schlechtes. Man ist vielleicht etwas zu optimistisch, übertreibt gern, ist aber auch skeptisch. Dass man schon mal das Kleingedruckte in Verträgen übersieht, könnte allerdings Probleme verursachen.

MERKUR UND SATURN

KONJUNKTION Pragmatismus und gesunder Menschenverstand sind hier gegeben sowie eine vorsichtige Einstellung gegenüber dem Leben. Man vemag langfristig zu planen und diese Pläne auch umzusetzen.
POSITIVER ASPEKT Dies verleiht extrovertierten und impulsiven Menschen den so sehr benötigten Pragmatismus und damit einen nützlichen Halt. Der Verstand geht ebenso methodisch wie vorsichtig vor. Etwas mehr Begeisterung wäre gut.
NEGATIVER ASPEKT Hier sind eventuell zwanghafte Züge ausgeprägt, und die betreffenden Menschen haben einen ausgeprägten Sinn für Sauberkeit und Ordnung. Sie sind streng mit sich und sehr diszipliniert.

Die detektivischen Fähigkeiten eines Sherlock Holmes stehen Menschen mit einer Merkur-Pluto-Konjunktion zur Verfügung.

Merkur und Uranus

KONJUNKTION Dies verleiht Originalität und Brillanz. Hier finden wir einen unabhängigen Geist, der mitunter stur und eigensinnig ist.
POSITIVER ASPEKT Das Talent kommt bei diesen Menschen oft durch ein Interesse an ungewöhnlichen Themen zum Ausdruck. Sie sind eigenwillig und haben nicht selten einen gewissen Sinn für Dramatik. Auch Unabhängigkeit ist ihnen meist eigen.
NEGATIVER ASPEKT Hier finden wir einen wachen Geist. Gleichzeitig neigen die betreffenden Menschen zu erhöhter nervlicher Anspannung. Nicht selten sind sie taktlos. Wo ein Fettnäpfchen steht, da treten sie auch prompt hinein.

Merkur und Neptun

KONJUNKTION Hier finden die geistigen Fähigkeiten Merkurs mit neptunischer Vorstellungsgabe zusammen. Die Kreativität kann auf unterschiedliche Weise zum Ausdruck kommen: durch Schreiben, die schönen Künste, Schauspielen, Tanzen, Eiskunstlaufen oder auch Astrologie oder eine verwandte Disziplin.
POSITIVER ASPEKT Dieser ähnelt sehr der Konjunktion und ist nicht minder inspiriert, wenngleich weniger stark. Einfallsreichtum und vielleicht ein wissenschaftliches Talent sind gegeben.
NEGATIVER ASPEKT Ein ebenso wacher wie origineller Geist, aber es kommt manchmal zu nervlicher Anspannung.

Merkur und Pluto

KONJUNKTION Hier besteht die Fähigkeit zu tiefen Gedanken und zu Intuition, und man vermag persönliche Probleme durch Selbstanalyse zu lösen. Detektivischer Spürsinn und Geschäftssinn sind diesen Menschen ebenfalls eigen.
POSITIVER ASPEKT Die betreffende Person befasst sich gern mit Details – nichts entgeht ihrer Aufmerksamkeit. Allerdings sollte man aufpassen, dass das nicht in Zwanghaftigkeit ausartet.
NEGATIVER ASPEKT Diese Menschen können womöglich nicht mit engen Freunden über ihre Probleme reden. Das führt häufig zu Frust und Stress und kann sich negativ auf die Gesundheit auswirken. Eventuell gibt es Probleme mit dem Darm.

Merkur und Chiron

KONJUNKTION Die Horoskopeigner verfügen über einen schnellen, lebhaften Verstand und ausgesprochen große Nevernstärke, die sie positiv umzusetzen vermögen. Entschlossenheit und logisches Denken jenseits ausgetrampelter Pfade findet man hier, aber auch einen starken, unabhängigen Geist.
POSITIVER ASPEKT Geistige Brillanz und Beweglichkeit sowie Eingebungen und originelle Ideen zeichnen diese Menschen aus. Wenn sie unehrlich sind und dabei entdeckt werden, winden sie sich regelrecht heraus.
NEGATIVER ASPEKT Der Intellekt ist hier ausgeprägt, was den Erfolg fördert. Allerdings besteht oft ein Konflikt zwischen konventionellen und unkonventionellen Ansichten.

DIE ASPEKTE DER VENUS

VENUS UND MARS

KONJUNKTION Diese Konstellation spricht für Sexappeal und eine lustvolle Sexualität. Dem groben Mars setzt Venus Charme und Romantik entgegen.
POSITIVER ASPEKT Er ist mit der Konjunktion vergleichbar – das Element, in dem sich die beiden Planeten befinden, prägt die Sexualität: Luft = Flirt und Freundschaft gehören einfach dazu; Wasser und Feuer = Leidenschaft und Gefühl; Erde = Sinnesfreuden.
NEGATIVER ASPEKT Er belebt das Liebes- und Sexleben und verleiht außerdem noch Sehnsucht. Diese Menschen schlittern leicht in eine neue Beziehung, was zu Enttäuschungen führen kann.

Erotik und Spaß am Sex – das zeichnet eine Konjunktion von Venus, der Liebesgöttin, mit Mars, dem Krieger, aus.

VENUS UND JUPITER

KONJUNKTION Die Konjunktion verleiht Charme, Wärme und Großzügigkeit, Zärtlichkeit und Freundlichkeit und nicht zuletzt einen Hang zum Philosophieren. In der astrologischen Tradition gilt diese Konjunktion als der günstigste Aspekt überhaupt.
POSITIVER ASPEKT Dieser Aspekt ist beinahe so gut wie die Konjunktion. Man muss nur aufpassen, dass man nicht zu großzügig wird.
NEGATIVER ASPEKT Im Falle von Stress erleben diese Menschen dramatische Situationen. Manchmal nutzen sie mit ihrem Charme andere Menschen aus, auch die Gefahr der Genusssucht besteht, was zu Gewichtsproblemen führen kann.

VENUS UND SATURN

KONJUNKTION Hier hat man weniger Freude an Liebe und Sexualtiät. Schüchternheit verhindert häufig einen entspannten Umgang mit Sex. Oft sind diese Menschen wegen ihrer Beziehungsprobleme enttäuscht und traurig.
POSITIVER ASPEKT Spüren die betreffenden Menschen erst einmal emotionale Sicherheit, sind sie sehr treu. Häufig stehen sie vor finanziellen Schwierigkeiten, meistern diese aber wacker.
NEGATIVER ASPEKT Dieser Aspekt ist der Konjunktion nicht unähnlich, doch wenn man entschlossen dagegen angeht, kann man seine Hemmungen mit der Zeit überwinden. Allerdings könnte es Rückschläge und Verzögerungen beim Aufbau einer dauerhaften Beziehung geben.

VENUS UND URANUS

KONJUNKTION Diese Menschen besitzen enormen Sexapeal. Einer wirklichen Bindung weichen sie jedoch aus. Es handelt sich um Freigeister. Nicht nur in ihrer Sexualität verfügen sie über große Erregbarkeit und Spannkraft, sondern auch in ihrer Schaffenskraft.
POSITIVER ASPEKT Dieser Aspekt entspricht der Konjunktion, ist aber mit mehr Exzentrizität, der Lust an Provokation und Eigensinn gewürzt.
NEGATIVER ASPEKT Die Betreffenden lassen nervliche Belastungen gern am Partner aus, weshalb es manchmal schwierig ist, mit ihnen zusammenzuleben.

VENUS UND NEPTUN

KONJUNKTION Mit dieser Konjunktion gehört man zu den unverbesserlichen Romantikern. Man ist sensibel und idealistisch und wird oft enttäuscht.

POSITIVER ASPEKT Dieser Aspekt ähnelt der Konjunktion, nur sind diese Menschen romantischer, freundlich und sympathisch, was ihre Lust zu lieben noch steigert. Oft findet sich bei ihnen großes kreatives Potenzial.
NEGATIVER ASPEKT Diesen Menschen kann es schwerfallen, sich den Freuden der Sexualität einfach hinzugeben. Auch neigen sie zu innerer Unruhe und Unzufriedenheit. Ihre Emotionalität könnte den Partner überwältigen.

Venus und Pluto

KONJUNKTION Diese Konstellation fördert die Leidenschaft – die Menschen verlieben sich hier ebenso hoffnungslos wie intensiv. Sie brauchen sexuelle Erfüllung wie kaum jemand sonst, und mit ihrer sinnlichen Erscheinung sind sie unglaublich verführerisch.
POSITIVER ASPEKT Vergeichbar der Konjunktion, wobei der Sexappeal noch stärker ist, besonders wenn Pluto im Skorpion steht. Der Betreffende geht in Gechäftsdingen klug und intuitiv vor.
NEGATIVER ASPEKT Hier tut man sich schwer, seine Gefühle auszudrücken. Es sind Intensität und Leidenschaft vorhanden, doch die Hemmungen blockieren die Emotionen und verhindern eine erfüllte Sexualität.

Venus und Chiron

KONJUNKTION Es besteht die Tendenz, einen geliebten Menschen zu vergöttern und zu großer Sehnsucht nach romantischer Liebe. Um intim zu werden, brauchen diese Menschen ein ebenso schönes wie verführerisches Ambiente.
POSITIVER ASPEKT Der Horoskopeigner neigt dazu, für den Partner allzu viele Opfer zu bringen und sich selbst dabei zu vernachlässigen. Manch einer findet durch die Hingabe an ein Studium, ein Interesse oder ein Hobby einen Kanal für seine Liebe.
NEGATIVER ASPEKT Die Emotionalität ist starkt ausgeprägt, was manchmal zu dramatischen Szenen führen kann. Die betreffenden Menschen sollten sich nach positiven Ausdrucksmöglichkeiten für diese starke Kraft umsehen.

Menschen mit einer Venus-Chiron-Konjunktion fühlen sich von romantischen Orten magisch angezogen.

Menschen, bei denen Mars und Saturn einen positiven Aspekt bilden, können besonders gut mit gefährlichen Situationen umgehen.

DIE ASPEKTE DES MARS

MARS UND JUPITER

KONJUNKTION Der Aspekt für Unternehmungsgeist schlechthin, sowohl im körperlichen als auch im intellektuellen Sinne. Energie und Leidenschaft für Herausforderungen (oft sportlicher Art) sind vorhanden, ebenso Initiative, Entschlossenheit und eine direkte, unkomplizierte Art.
POSITIVER ASPEKT Hier findet man Optimismus, Leidenschaft und die meisten Eigenschaften, die auch bei der Konjunktion vorhanden sind, freilich mit der Neigung, Meinungen allzu dominant zum Ausdruck zu bringen.
NEGATIVER ASPEKT Unruhe, die Tendenz zu übertreiben, aber auch physische und intellektuelle Kraft sowie Freude am Risiko und am Spiel zeichnen diese Menschen aus.

MARS UND SATURN

KONJUNKTION Zu manchen Zeiten sind die Betreffenden zuversichtlich, dann wieder mangelt es ihnen an Selbstbewusstsein. Stress im Beruf kann die Gesundheit in Mitleidenschaft ziehen mit der Folge von Burnout, Anfälligkeit für Erkältungen, aber auch Depressionen.
POSITIVER ASPEKT Mit schwierigen, ja gefährlichen Situationen können diese Menschen gut umgehen. Der Wille zum Erfolg ist da, aber auch das Bedürfnis, sparsam mit Körperkräften umzugehen.
NEGATIVER ASPEKT Steht für einen Hang zur emotionalen Achterbahnfahrt. Diese Menschen sollten für viel Routine und Regelmäßigkeit sorgen, um dem entgegenzuwirken.

MARS UND URANUS

KONJUNKTION Diese Menschen sind entschlossen und eigenwillig, aber auch stur. Sie sind aufrichtig und offen, sollten aber ihre Meinung nicht zu vehement vertreten. Eine Position, in der sie Macht besitzen, wissen sie zu schätzen.
POSITIVER ASPEKT Hier ist man hochmotiviert und baut überschüssige Energie in geeigneter Form ab. Man interessiert sich für Technik oder Naturwissenschaften. Die Reaktionen sind sehr schnell, die Originalität ist beträchtlich.

NEGATIVER ASPEKT Dieser Aspekt ist eine Quelle für nervliche Belastungen und Anspannungen, oft weil man einfach zu viel arbeitet. Migräne kann die Folge sein. Von Zeit zu Zeit macht sich bei diesen Menschen Streitlust bemerkbar.

MARS UND NEPTUN

KONJUNKTION Hier ist eine blühende Fantasie gegeben, die man unbedingt kreativ nutzen sollte. Die körperliche Energie ist gering, weshalb sich diese Menschen oft erschöpft fühlen. Auf Medikamente reagieren sie häufig sehr empfindlich.
POSITIVER ASPEKT Der Horoskopeigner kann seine ausgeprägte Vorstellungskraft gewöhnlich in befriedigender Weise ausdrücken. Das Gefühlsleben spielt eine wichtige Rolle und findet einen Kanal in der Sexualität.
NEGATIVER ASPEKT Die mit diesem Aspekt einhergehende Anspannung versucht der Horoskopeigner häufig mit Hilfe von Zigaretten, Alkohol oder Drogen abzubauen. Das Vorstellungsvermögen ist ausgeprägt, bedarf aber der Förderung, um positiv zum Ausdruck zu kommen.

MARS UND PLUTO

KONJUNKTION Hier findet man häufig Sturheit, aber auch Entschlossenheit. Die vorhandene Aggression kann durch Karate oder eine andere Kampfsportart positiven Ausdruck finden.
POSITIVER ASPEKT Körperliche und emotionale Energie sind gleichermaßen stark und kommen positiv zum Ausdruck, sofern sich der Betreffende mit dem, was er tut, emotional identifiziert.
NEGATIVER ASPEKT Diese Menschen arbeiten oft bis zum Umfallen. Um Erfolg zu haben, müssen sie häufig ernsthafte Hindernisse überwinden.

MARS UND CHIRON

KONJUNKTION Der hier vorhandene kriegerische Instinkt kommt durch Tapferkeit und Durchsetzungsvermögen, manchmal auch Leichtsinn zum Ausdruck. Gutherzigkeit und Fürsorglichkeit bilden einen Kontrast dazu.
POSITIVER ASPEKT Dieser Aspekt ist ein hervorragender Einfluss im Horoskop, der den Betreffenden immer wieder glückliche Zufälle beschert. Diese Menschen haben einen hervorragenden Sinn für den richtigen Zeitpunkt.
NEGATIVER ASPEKT Auch eine solche Konstellation steht für Tapferkeit sowie Fürsorge und Verständnis Schwächeren gegenüber, die zudem von der chirontypischen Kraft des Horoskopeigners profitieren können.

Tapferkeit kennzeichnet eine Mars-Chiron-Konjunktion.

DIE ASPEKTE DES JUPITER

JUPITER UND SATURN

KONJUNKTION Bei dieser Konstellation findet man Optimismus ebenso vor wie Vorsicht, Leidenschaft, aber auch eine große Beherrschtheit. Manchmal ist aber einer der beiden Planeten stärker. Ein starker Saturn sorgt für mehr Zurückhaltung, ein starker Jupiter für einen extrovertierten und weltoffenen Charakter.
POSITIVER ASPEKT Ein positiver Aspekt entspricht der Konjunktion im besten Sinne. Weitblick und Vorsicht gehen in diesem Fall eine ideale Kombination miteinander ein.
NEGATIVER ASPEKT Menschen mit diesem Aspekt fühlen sich oft in zwei entgegengesetzte Richtungen gezogen. Das kann eine stark verunsichernde Wirkung haben und führt nicht selten zu großer Unzufriedenheit.

Jupiter und Uranus

KONJUNKTION Glücklich diejenigen, die diesen Aspekt besitzen! Ihre Lebenseinstellung ist positiv, ihr Geist originell und der Blick nach vorne gerichtet. Die Konjunktion von 1983 im Schützen war besonders aufregend.
POSITIVER ASPEKT Hier finden wir Humor, Freundlichkeit, Großherzigkeit und Entschlossenheit. Auch ein Schuss Exzentrik ist vorhanden.
NEGATIVER ASPEKT Die Exzentrik kann anderen auf die Neven gehen, denn sie erschwert den Umgang mit dem Horoskopeigner. Er hat ein starkes Unabhängigkeitsbedürfnis, weshalb die Neigung besteht, eine feste Bindung möglichst zu vermeiden.

Eine gewisse Verträumtheit zeichnet Menschen mit einer Jupiter-Neptun-Konjunktion aus.

Jupiter und Neptun

KONJUNKTION Hier findet man für gewöhnlich Spiritualität. Verträumtheit und die ausgeprägte Fantasie können, sofern man diese im Griff hat, positiv in kreativen Berufen, die viel Vorstellungskraft erfordern, ausgedrückt werden.
POSITIVER ASPEKT Dieser Aspekt wirkt ganz ähnlich wie die Konjunktion – hinzu kommen Mitgefühl, Zartheit und Sensibilität, vor allem wenn andere Teile des Horoskops ebendies betonen.
NEGATIVER ASPEKT Auch wenn dieser Aspekt ähnlich wie der vorangegangene wirkt, besteht doch auch die Tendenz zur Vergesslichkeit.

Jupiter und Pluto

KONJUNKTION Es besteht der Wunsch nach Macht, sei es in der Geschäftswelt oder in der Politik. Im Bereich Bildung finden wir hier den autokratischen Lehrer oder Professor. Die Zwanghaftigkeit, mit der der Horoskopeigner Ziele verfolgt, führt zu erstaunlichem Erfolg. Manchmal sind diese Menschen auch recht unbarmherzig.
POSITIVER ASPEKT Hier verbinden sich innere Stärke und Entschlossenheit mit Optimismus. Ein Philanthrop, der die Welt zu einem besseren Ort machen will und kann.
NEGATIVER ASPEKT Eine dynamische Kraft findet man bei diesen Menschen. Bei der Verfolgung ihrer Ziele legen sie Besessenheit an den Tag. Hier ist Vorsicht angebracht.

Jupiter und Chiron

KONJUNKTION Diese Individualisten wollen ihren eigenen Weg gehen. Oft finden sie die Spiritualität und die Zufriedenheit, die sie suchen, in anderen Kulturen.
POSITIVER ASPEKT Hier entwickelt man sein Potenzial ständig weiter, und zwar mit außergewöhnlicher Begeisterung. Sportliches oder litararisches Talent ist wahrscheinlich.
NEGATIVER ASPEKT Diesen Menschen bedeutet soziale Gerechtigkeit viel. Sie verfügen über Willensstärke und intellektuelle Qualitäten. Als Professoren sind sie bisweilen exzentrisch.

Eine negative Jupiter-Chiron-Verbindung drückt sich in Exzentrik aus.

DIE ASPEKTE DES SATURN

SATURN UND URANUS

KONJUNKTION Dieser Aspekt verleiht viel Energie und verhilft zu Entschlossenheit und der Fähigkeit, hart zu arbeiten. Hinzu kommt Originalität.
POSITIVER ASPEKT Hier mischen sich konventionelles Verhalten und unkonventionelle Züge. Wenn man diese Mischung richtig einzusetzen weiß, verspricht sie meist großen Erfolg.
NEGATIVER ASPEKT Die beiden Planeten liegen im Streit miteinander, daher sind Menschen mit diesem Aspekt unglaublich stur. Wenn es ihnen gelingt, Geduld zu entwickeln, können sie Anspannung und Stress abbauen.

SATURN UND NEPTUN

KONJUNKTION Viele Astrologen bringen diesem Aspekt großes Misstrauen entgegen. Doch wir haben ihn immer als einen Kanal für kreatives und imaginatives Schaffen betrachtet, wobei Neptun die rauere Seite Saturns weicher macht.
POSITIVER ASPEKT Dieser Aspekt ist der Konjunktion ähnlich, nur finden wir hier außerdem noch hohe Ideale, Mitgefühl, Geduld und Verständnis.
NEGATIVER ASPEKT Dieser Aspekt wirkt sich schwächend aus – häufig wird die Kreativität von einer Autoritätsfigur ausgebremst. Auch die Neigung, eigene Errungenschaften zu untergraben, kann vorkommen.

SATURN UND PLUTO

KONJUNKTION Diese Konjunktion fand in den späten 40er-Jahren des letzten Jahrhunderts im Löwen statt und dann wieder zu Beginn der 80er-Jahre in der Waage. In der Nähe des Aszendenten hat dieser Aspekt einen negativen Einfluss, der zu körperlichen und seelischen Problemen führen kann.
POSITIVER ASPEKT Entschlossenheit und viel Energie können hier vorhanden sein. Mit psychischen Problemen können die betreffenden Menschen gut umgehen.
NEGATIVER ASPEKT Von Zeit zu Zeit macht sich bei diesem Aspekt Zwanghaftigkeit bemerkbar. Es besteht die Neigung zu denken: »Mir kann keiner was«, obwohl eigentlich ein Mangel an Selbstvertrauen das Problem ist.

SATURN UND CHIRON

KONJUNKTION Diese Konstellation fand beispielsweise 1966 statt. Chiron mildert dabei mit seiner Lebhaftigkeit die saturnische Härte etwas ab, was den betreffenden Menschen Optimismus verleiht, vor allem denjenigen, die auch die Uranus-Pluto-Konjunktion besitzen (*s. S. 280*).
POSITIVER ASPEKT Dieser Aspekt verleiht viel Charisma, wobei die betreffenden Personen immer ihren eigenen Weg gehen wollen – und normalerweise damit auch durchkommen.
NEGATIVER ASPEKT Diese Konstellation steht für eine Kämpfernatur, die sich für humanitäre Ziele einsetzt.

ASPEKTE DER FERNSTEN PLANETEN

Die Aspekte der Planeten Saturn, Uranus, Neptun und Pluto wirken über längere Zeiträume und gelten daher für jeden, der in dieser Phase geboren wurde. Sofern die genannten Planeten nicht über Sonne, Mond oder Aszendent herrschen, sollten diese Aspekte nicht überbewertet werden.

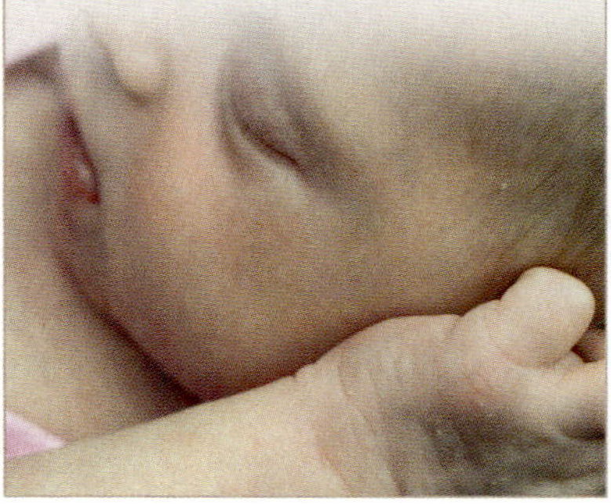

DIE ASPEKTE DES URANUS

URANUS UND NEPTUN

KONJUNKTION Diese Konstellation kommt nur alle 171 Jahre vor, zuletzt 1989 (wobei die Wirkung bis 1999 andauerte). Neptun bringt in diese funktionierende Beziehung Freundlichkeit und Mitgefühl ein und Uranus Mitmenschlichkeit.

POSITIVER ASPEKT Hier mischen sich Originalität und Vorstellungsvermögen hervorragend miteinander.

NEGATIVER ASPEKT Der Horoskopeigner neigt zur Vergesslichkeit und Zerstreutheit, insbesondere wenn Krebs oder Fische im Horoskop dominieren und wenn keine Betonung der Erdzeichen als Ausgleich vorhanden ist.

URANUS UND PLUTO

KONJUNKTION Nur einmal alle 115 Jahre kommt dieser starke, eine ganze Generation betreffende Einfluss vor, zuletzt zwischen 1963 und 1966. Steht die Konjunktion nahe der Himmelsmitte, verleiht sie Führungsqualitäten und das starke Bedürfnis nach einer einflussreichen Position.

POSITIVER ASPEKT Hier besteht die Neigung, spontan drastische Veränderungen vorzunehmen. Damit man dies später nicht bereuen muss, ist eine bessere Planung zu empfehlen.

NEGATIVER ASPEKT Dieser Aspekt ist immer wieder Quelle von Stress und Anspannung. Dies gilt insbesondere, wenn Pläne nicht in Erfüllung gehen und man die gewünschten Veränderungen nicht durchführen kann oder wenn man Änderungen einfach nur aus innerer Unruhe heraus herbeiführt.

URANUS UND CHIRON

KONJUNKTION Keine der heute lebenden Generationen verfügt über diese Konjunktion.

POSITIVER ASPEKT Dieser Aspekt sorgt dafür, dass die betreffenden Menschen meist angespannt, aber auch dynamisch sind, mitunter auch eigenwillig bis stur. Ruhelosigkeit findet sich hier ebenfalls. Manchmal tun sich diese Menschen sehr schwer, eine Nische zu finden, in der sie zufrieden sind.

NEGATIVER ASPEKT Zielgerichtetheit findet man hier, ebenso wie Intensität, doch Belastungen und Anspannungen können das berufliche Weiterkommen behindern und auch persönliche Probleme verursachen.

Führungsqualitäten sind gegeben, wenn die Uranus-Pluto-Konjunktion in der Nähe der Himmelsmitte steht.

DIE ASPEKTE DES NEPTUN

Neptun und Pluto

KONJUNKTION In den 1880er- und 1890er-Jahren standen Neptun und Pluto beide in den Zwillingen (*s. Kasten*).
SEXTIL Dieser Aspekt ist nur von Bedeutung, wenn Fische (Neptun) und/oder Skorpion (Pluto) das Zeichen von Sonne, Mond oder Aszendent sind. Dann mildert Neptun die plutonische Intensität ab, beziehungsweise sensibilisiert ihn. Gemeinsam verstärken sie die Emotionalität.

Neptun und Chiron

KONJUNKTION Diese Menschen sind sehr idealistisch und verfolgen einen spirituellen Weg. Allerdings sind sie sich nicht immer sicher, ob sie sich auf dem für sie richtigen Weg befinden. Das führt häufig zu Verwirrung.
POSITIVER ASPEKT Hier schätzt man alles Schöne und Mystische. Da die betreffenden Menschen dazu neigen, in Traumwelten abzugleiten, können sie den Blick für die Realität verlieren.
NEGATIVER ASPEKT Die betreffende Person muss sich darüber klar werden, dass sie überdurchschnittlich negativ auf alle Arten von Drogen reagiert. Die Gefahr besteht, dass sie sich bei Stress in Alkohol oder Drogen flüchtet.

NEPTUN-PLUTO-KONJUNKTION

Während der großen Auswanderungswellen herrschte eine Neptun-Pluto-Konjunktion.

Heute lebt wohl kaum noch jemand, in dessen Geburtshoroskop sich dieser Aspekt befindet. Nachforschungen haben ergeben, dass Menschen, bei denen außerdem die Sonne, der Mond oder der Aszendent in den Zwillingen oder im Schützen stand, abenteuerlustig und mutig waren. Viele brachen zu unbekannten Ufern auf – Australien oder USA –, im Wissen, dass sie ihre Heimat nie wiedersehen würden. Seither läuft Neptun Pluto voraus, und seit Neptun 1928 in das Zeichen Jungfrau eintrat, während sich Pluto im Krebs befand, haben sie in etwa denselben Abstand eingehalten: zwei Zeichen voneinander entfernt, was häufig ein Sextil ergibt (60°). Jetzt, da dieses Buch erscheint, ist Neptun im Wassermann und er wird 2011 in die Fische wechseln, während Pluto Anfang 2008 in den Steinbock wanderte. Die beiden werden ihr Katz-und-Maus-Spiel also noch viele Jahre fortsetzen.

DIE ASPEKTE DES PLUTO

Pluto und Chiron

KONJUNKTION Das Zeichen, in das diese Konjunktion fällt, wird energetisch aufgeladen. Einige seiner Eigenschaften treten bei diesen Menschen besonders deutlich hervor.
POSITIVER ASPEKT Bei diesem Aspekt sollte man sich deutlich bewusst sein, dass man zu extremen Ansichten neigt. Andernfalls könnte man leicht unklug argumentieren und sich so langfristige Nachteile einhandeln.
NEGATIVER ASPEKT Hier finden sich Spuren der dunkleren Skorpioneigenschaften. Bei dieser Konstellation ist der Hang zu Verschwörungen ausgeprägt.

Die eigene Meinung deutlich zum Ausdruck bringen – dies ist bei positiven Pluto-Aspekten wahrscheinlich.

ASPEKTE ZUM ASZENDENTEN

Aspekte zum Aszendenten unterscheiden sich nicht von anderen Aspekten. Doch sofern Zweifel an der genauen Geburtszeit bestehen, kann man sich nicht darauf verlassen, dass die Aspekte zum Aszendenten wirklich bestehen. In dem Fall müssen Sie sich auf die Hausposition eines Planeten konzentrieren.

SONNE

Konjunktion Sonne und Aszendent stehen im selben Zeichen, dessen Eigenschaften daher doppelt betont sind.

Positiv Die Charakteristiken des Sonnenzeichens passen gut zum Aszendenten.

Negativ Opposition: Die Sonne liegt dem Aszendenten gegenüber. Beziehungen sind betont. Quadrat: Häusliches Leben und Beruf könnten im Konflikt miteinander stehen.

MOND

Konjunktion Reagiert auf Situationen in der Art des Aszendenten.

Positiv Aszendent und Mondzeichen sind in Harmonie miteinander.

Negativ Opposition: Spricht für eine gute Beziehung zum Partner. Quadrat: Eventuell bestehen emotionale Spannungen zu Hause und im Beruf.

MERKUR

Konjunktion Der Verstand arbeitet schnell und ist vielseitig, aber auch ruhelos.

Positiv Geist und Intellekt passen gut zu den Eigenschaften des Aszendenten.

Negativ Opposition: Der Liebespartner soll zugleich ein guter Freund sein. Quadrat: Lebhaft, aber auch streitlustig zu Hause und in der Arbeit.

VENUS

Konjunktion Verleiht ein gutes Aussehen und färbt den Aszendenten romantisch ein.

Positiv Hat wahrscheinlich viele Liebesaffären.

Negativ Opposition: Exzellente Beziehung zum Partner. Quadrat: Zu Hause eher gelassen – in der Arbeit oft träge.

MARS

Konjunktion Verleiht den Aszendenteneigenschaften Energie. Egoismus. Arbeitet hart.

Positiv Braucht Bewegung und treibt gern Sport. Risikofreudig.

Negativ Opposition: Mit dieser Platzierung ist die Sexualität stark. Eventuell streitlustig. Quadrat: Ist ehrgeizig im Beruf.

JUPITER

Konjunktion Optimistisch, mag Spaß, lernbegierig. Hat häufig Gewichtsprobleme.

Positiv Braucht Reisen und intellektuelle Anreize.

Negativ Opposition: Lebhaft in Beziehungen. Hat eventuell zu hohe Erwartungen. Quadrat: Vielleicht eine Spielernatur und verschwenderisch. Erfolgreich.

SATURN

Konjunktion Wirkt sich hemmend auf die Aszendenteneigenschaften aus. Die Konstitution ist womöglich geschwächt.

Positiv Pragmatismus und Vorsicht kommen zu den Aszendenteneigenschaften hinzu.

Negativ Opposition: Es dauert oft, bis eine feste Beziehung entsteht. Eventuell werden ältere Partner bevorzugt. Quadrat: Zu Hause und im Beruf ergeben sich Einschränkungen.

URANUS

Konjunktion Verleiht Dynamik und Unabhängigkeit, aber auch Eigensinn und Sturheit.

Positiv Ein lebhafter Intellekt und Orginalität. Liebt es, immer im Trend zu sein.

Negativ Opposition: Der unabhängige Lebensstil macht enge Beziehungen nicht eben einfach. Quadrat: Unberechenbar zu Hause und in der Arbeit.

NEPTUN

Konjunktion Eine gute Platzierung, wenn Neptun im zwölften Haus steht. Im ersten schwächt er den Aszendenten.

Positiv Idealistisch, romantisch und ein bisschen abgehoben.

Negativ Opposition: Etwas zu romantisch. In Beziehungen unrealistisch. Quadrat: Unsicherheit. Eventuell täuscht man andere.

PLUTO

Konjunktion Ein auffallendes, intensives Äußeres.

Positiv Kann mit erzwungenen Veränderungen gut umgehen.

Negativ Opposition: Als Liebhaber beharrlich, als Partner schwierig. Quadrat: Elterliche Kontrolle frustriert ihn. Kämpft für den beruflichen Fortschritt.

CHIRON

Konjunktion Die Aszendenteneigenschaften sind lebhaft.

Positiv Hier ist vermehrte Energie für sportliche Aktivitäten und kreative Tätigkeiten vorhanden.

Negativ Opposition: Geht ganz im Partner auf. Quadrat: Begeistert sich für Familie und Beruf, was zu Belastung führen kann.

Sportliche Energie hat man mit Chiron im positiven Aspekt zum Aszendenten.

ASPEKTE ZUR HIMMELSMITTE

Jeder Planet im Aspekt zur Himmelsmitte färbt auf diese ab. Auch wenn wir die Eigenschaften des Zeichens der Himmelsmitte nicht selbst ausdrücken, können wir uns doch mit ihnen identifizieren – sie prägen unsere Ziele und die Art, wie wir mit unseren Erfolgen wahrgenommen werden. Wie beim Aszendenten bedarf es einer exakten Geburtszeit, um hier genaue Aussagen treffen zu können.

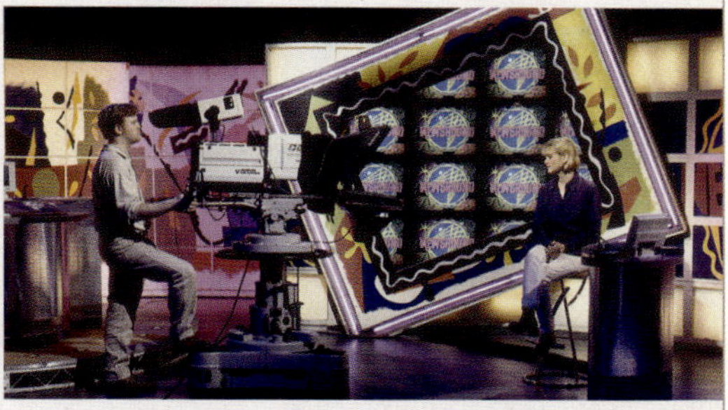

Ein Beruf in den Medien ist für jene Menschen attraktiv, bei denen Merkur in Konjunktion zur Himmelsmitte steht.

SONNE

Konjunktion Man ist eins mit dem Beruf und den Zielen, hat Ehrgeiz, Erfolg und erntet Ruhm.

Positiv Berufliche Erfolge werden mit Leichtigkeit erzielt. Der Horoskopeigner ist zufrieden mit seiner Arbeit.

Negativ Man hat mit Widerstand der Familie oder einer einschränkenden Erziehung zu kämpfen.

MOND

Konjunktion Häufig Verantwortung für eine größere Gruppe. Erlangt oft Berühmtheit.

Positiv Der Beruf sagt diesem Menschen zu, und er nimmt Rücksicht auf andere.

Negativ Emotionale Anspannung aufgrund des Jobs.

MERKUR

Konjunktion Prädestiniert für einen Job in den Medien oder im Verkauf.

Positiv Steter Fortschritt aufgrund von Flexibilität.

Negativ Unruhe und zu viele Veränderungen wirken sich störend auf das berufliche Fortkommen aus.

VENUS

Konjunktion Trägheit tut hier dem beruflichen Fortkommen nicht gut. Geld will man trotzdem gern verdienen.

Positiv Erfolg und steter Fortschritt im Beruf.

Negativ Braucht einen ruhigen Arbeitsplatz, kann aber nicht alleine arbeiten.

MARS

Konjunktion Arbeitet hart und ist energisch und ehrgeizig, manchmal um des Vorankommens willen auch rücksichtslos.

Positiv Schwungvoll und mit positiver Einstellung. Braucht schnelle Resultate.

Negativ Es besteht die Gefahr, sich zu überarbeiten. Als Kollege nicht immer leicht im Umgang.

JUPITER

Konjunktion Erfolg durch intellektuelle Fähigkeiten und eine positive Einstellung.

Positiv Begeisterung für den Beruf und große Pläne. Leben und Arbeiten oft im Ausland.

Negativ Man möchte zwar Veränderungen, erreicht aber nicht unbedingt das erwünschte Ziel.

SATURN

Konjunktion Große Verantwortung und ein einsamer Posten »ganz oben« sind hier zu finden. Oft autokratisch. Ernsthafte Einstellung gegenüber dem Beruf.

Positiv Ehrgeizig mit stetem Fortschritt. Sehr diszipliniert.

Negativ Frust und Rückschläge kommen oft vor, der Fortschritt geht nur langsam vonstatten.

URANUS

Konjunktion Die Lust an der Macht muss unter Kontrolle gehalten werden. Originalität.

Positiv Eine dynamische Einstellung mit einer innovativen Herangehensweise.

Negativ Unzufriedenheit und Stress. Als Kollege oft schwierig.

NEPTUN

Konjunktion Die Einstellung zu Beruf und Zielen ist übertrieben idealistisch.

Positiv Eine Laisser-faire-Einstellung. Kreative/mystische Begabung ist von Vorteil.

Negativ Oft konfus, doch das Talent erblüht, wenn man die richtige Nische findet.

PLUTO

Konjunktion Ist ehrgeizig und rücksichtslos. Ein Machtmensch.

Positiv Ist nicht nur geschäftlich sehr erfolgreich.

Negativ Finanzielle Probleme könnten den Fortschritt behindern.

CHIRON

Konjunktion Dynamisch und flexibel, wird sehr einfussreich.

Positiv Sinn fürs Dramatische. Kann mit den Unwägbarkeiten des Schicksals umgehen.

Negativ Muss überdurchschnittlich viele Rückschläge einstecken, ist aber eine Kämpfernatur.

»Die Seele eines neugeborenen Kindes ist für sein ganzes Leben vom Stand der Sterne zum Zeitpunkt seiner Geburt geprägt.«

Johannes Kepler (1604)

Planetenwiederkehr

Man spricht von Planetenwiederkehr, wenn ein Planet beim Lauf durch den Tierkreis genau an die Stelle zurückkehrt, an der er zum Zeitpunkt der Geburt eines Menschen stand. Dieser Moment markiert einen Meilenstein in dessen Leben. Übrigens: Auch ohne tiefere Kenntniss der Astrologie kann man die Planetenwiederkehr anwenden.

Die chinesische Astrologie besitzt viele Parallelen mit der abendländischen Astrologie, man denke nur an die Jupiterwiederkehr, die im Zwölf-Jahres-Rhythmus stattfindet.

EINFÜHRUNG

Jeder Planet kehrt in regelmäßigen Abständen an die Stelle zurück, an der er zum Zeitpunkt der Geburt eines Menschen gestanden hat. Jedes Jahr etwa feiern wir unseren Geburtstag, wenn die Sonne wieder dort steht, wo sie sich befand, als wir geboren wurden – astronomisch gesehen hat dann die Erde die Sonne genau einmal umrundet.

Die interessanteste Planetenwiederkehr ist die von Jupiter. In zwölf Jahren umkreist er einmal die Sonne – also haben wir alle zwölf Jahre eine Jupiterwiederkehr. An diesem Punkt treffen sich chinesische und abendländische Astrologie: In der chinesischen Astrologie kehrt das Jahr unseres Zeichens – des Affen, des Hundes usw. – alle zwölf Jahre wieder und verspricht, günstig für uns zu sein. Hier bestehen viele Ähnlichkeiten zur Jupiterwiederkehr.

Die Saturnwiederkehr geschieht ungefähr alle 30 Jahre. Die zweite erleben wir also etwa mit 60 Jahren. Menschen, denen ein langes Leben vergönnt ist, erleben sogar die dritte Saturnwiederkehr mit um die 90 Jahren.

Uranus hat einen starken Einfluss. In 84 Jahren umrundet er einmal die Sonne. Das erste Viertel erleben wir mit 21, die »Halbzeit« mit 40 bis 42 und mit 84 Jahren die Wiederkehr. Chiron braucht ungefähr 50 Jahre, um dorthin zurückzukehren, wo er zum Zeitpunkt unserer Geburt stand.

Diese astrologische Uhr stellt dar, wie sich die Planeten in ihrer Umlaufbahn fortbewegen und in regelmäßigen Abständen zum Ausgangspunkt zurückkehren. Dies nennt man Platenenwiederkehr.

KÜRZERE UND LÄNGERE ZEITRÄUME

Merkur und Venus brauchen 88 bzw. 224 Tage, bis sie zu ihrem Ausgangspunkt zurückkehren. Vielleicht möchten Sie Untersuchungen über die Wirkung von deren Wiederkehr anstellen! Ein menschliches Leben reicht hingegen nicht aus, um die Wiederkehr von Neptun oder Pluto zu erleben, denn diese beiden Planeten brauchen 146 bzw. 248 Jahre, um einmal vollständig um die Sonne zu kreisen oder alle zwölf Tierkreiszeichen zu durchlaufen.

Die Wiederkehr der wichtigsten Planeten

Auf den folgenden Seiten erfahren Sie etwas über die wichtigsten Phasen im Leben, die durch die Wiederkehr einzelner Planeten gekennzeichnet sind.

Jupiterwiederkehr

Der eigentliche Transit Jupiters an der Stelle, an der er sich zum Zeitpunkt der Geburt eines Menschen befand, mag nur einige Tage dauern. Doch er drückt einem ganzen Jahr seinen Stempel auf.

Wenn ein Kind zwölf Jahre alt wird, findet die erste Jupiterwiederkehr statt. Zu dieser Zeit sollten Eltern sich einmal über die Interessen ihres Kindes bewusst werden, vor allem über jene, die es außerhalb der Schule an den Tag legt. Musik- oder Tanzunterricht, das Erlernen einer Sportart oder auch Reisen sind jetzt sehr lohnend. In dieser Lebensphase sollte man dem jungen Menschen bei seinen Bestrebungen ganz besonders den Rücken stärken.

Das Jahr einer Jupiterwiederkehr erweist sich normalerweise als gut: Oft stehen wir am Ende mit mehr Geld da. Es ist allerdings nicht die Zeit, in der wir herumsitzen und darauf warten sollten, dass etwas geschieht. Jupiter verlangt von uns, dass wir selbst die Richtung vorgeben, in der wir seine Wohltaten erleben wollen. Tun wir das, werden wir positive Resultate erzielen. Keinesfalls sollte man den Einfluss Jupiters ungenutzt vorüberziehen lassen. Man sollte aktiv werden, seine Ideen den Menschen mitteilen, die einem weiterhelfen können, oder lange Reisen unternehmen – dies oder ähnliches sollte man tun, um ein Jahr mit einer Jupiterwiederkehr zu nutzen.

Wer studiert macht sein Vordiplom häufig in der Zeit des Uranus-Uranus-Quadrats.

Uranus im Quadrat zu sich selbst

Der nächste Meilenstein findet mit 21 Jahren statt, wenn Uranus ein Quadrat (90°) zu seiner Geburtsposition bildet. Früher wurde man in diesem Alter volljährig. Noch heute fällt der Beginn einer beruflichen Laufbahn in diese Phase – es ist also eine entscheidende Zeit. Viele junge Menschen machen ihr Vordiplom oder sie treten gerade ihren ersten Job an. Es ist eine Zeit der Veränderungen, aber auch großer Anspannung.

Erste Saturnwiederkehr

Viele Menschen betrachten ihren 30. Geburtstag als belastende Zäsur in ihrem Leben. Dabei sind sie sich der Tatsache gar nicht bewusst, dass sie sich unter dem Einfluss eines Saturntransits befinden. Der bedeutet wiederum einen Meilenstein. Jetzt ist es nur richtig, den bisherigen Verlauf des Lebens neu zu überdenken. Viele klettern auf der Karriereleiter empor und treten einen neuen, besser bezahlten Job an. Andere beenden eine in jungen Jahren begonnene Beziehung oder Ehe, die – traurig, aber wahr – nicht mehr funktioniert. Wieder andere heiraten zum ersten Mal oder kaufen sich ein Eigenheim. Auch um eine Familie zu gründen, ist jetzt ein geeigneter Zeitpunkt. Verantwortung ist ein Schlüsselwort Saturns, und vermutlich wird man jetzt in irgendeiner Weise mehr Verantwortung übernehmen. Saturn ist ein strenger Lehrmeister, doch das, was zum Zeitpunkt seiner Wiederkehr geschieht, besonders wenn es langfristig angelegt ist, zeigt für gewöhnlich den richtigen Weg an.

Der plötzliche Wunsch nach körperlicher Bewegung ist typisch für die Uranus-Uranus-Opposition.

URANUS-URANUS-OPPOSITION

Dieser entscheidende Transit findet etwa im Alter zwischen 40 und 42 statt. Der Bezug zur Midlife-Krise ist deutlich. Hier macht sich Ruhelosigkeit bemerkbar und man realisiert, dass man älter wird. Um dagegen anzugehen, handeln viele Menschen in drastischer Weise: Sie entscheiden sich für eine Schönheitsoperation, wechseln das Image oder lassen sich auf eine Liebesaffäre ein. Manchmal funktioniert das, doch nur allzu oft wird aus einem Liebesabenteuer eine Quelle von Schmerz und Ärger, sowohl für den Betreffenden selbst als auch für alle anderen Beteiligten.

Ein Liebesabenteuer mit jemand Neuem weist klar auf eine Midlife-Krise hin.

Der Verlust der jugendlichen Figur verleitet manche Menschen dazu, sich in Diäten und exzessives Training zu stürzen. Wer zuvor jahrelang nichts in der Richtung unternommen hat, könnte seiner Gesundheit damit aber eher schaden. Hier heißt es, das richtige Maß zu finden! Am besten, man konzentriert sich jetzt auf etwas, was einen schon immer gereizt hat. Selbst wenn Arbeit und Familie einem kaum Zeit und Kraft lassen, sollte man diesen Zeitpunkt unbedingt dazu nutzen.

Bei der »halben Uranuswiederkehr« ist Kontrolle absolut wichtig. Ehe man eine Entscheidung trifft, sollte man jetzt gut darüber nachdenken. Die Gefahr, es zu übertreiben und dabei andere zu verärgern, ist in dieser Zeit sehr groß. Doch wenn man die vorhandene Dynamik in positiver Weise zu nutzen versteht, kann dies eine aufregende, bestärkende und gute Zeit sein.

CHIRONWIEDERKEHR

Seit jeher feiern die Menschen ihren 50. Geburtstag groß. Es hängt ihm etwas Vergnügliches an. Meist haben die Jubilare Erfolge im Beruf zu verzeichnen und nehmen nicht mehr alles so ernst wie ihre jüngeren Kollegen. Wenn sich das Geburtstagskind bester Gesundheit erfreut, wird das Gefühl vorherrschen, alles mehr oder weniger unter Kontrolle zu haben – die Kinder sind groß, und der

WELCHER PLANET KEHRT WANN ZURÜCK?

Alter	Wiederkehr
12	Erste Jupiterwiederkehr
21	Uranus-Uranus-Quadrat
30	Erste Saturnwiederkehr
42	Uranus-Uranus-Opposition
50	Chironwiederkehr
60	Zweite Saturnwiederkehr
60	Fünfte Jupiterwiederkehr
84	Uranuswiederkehr
90	Dritte Saturnwiederkehr

Ruhestand, wiewohl eine verlockende Aussicht, ist noch mindestens ein Jahrzehnt entfernt. Es ist dies eine Zeit, in der man erkennt, was man alles erreicht hat. Wenn man darüber noch dazu Stolz und Zufriedenheit empfindet, dann ist das völlig in Ordnung. Wie wäre es jetzt mit einem schönen Urlaub mit dem Lebenspartner?

Zweite Saturn- und fünfte Jupiterwiederkehr

Um die Sechzig kehrt Saturn zum zweiten Mal und Jupiter zum fünften Mal an die Geburtsposition zurück. Dies ist eine der wichtigsten Lebensphasen.

Die meisten Menschen gehen nun in den Ruhestand, oder, wie es ein Widder wohl ausdrücken würde, sie ordnen ihr Leben neu. Das ist genau die richtige Einstellung. Jene Menschen, die keine besonderen Interessen haben, werden jetzt schlicht nur immer älter. Es ist ja auch gar nicht einfach, in diesem Alter etwas ganz Neues zu beginnen, insbesondere, wenn dazu ein hoher Kraftaufwand erforderlich ist. Viele kommen damit gut zurecht und schätzen die Herausforderung, aber bei Menschen, die das als harten Kampf erleben, ist die Wahrscheinlichkeit groß, dass sie aufgeben. Wer beispielsweise schon lange Freude am Gärtnern hat, der wird in dieser Lebensphase vielleicht seinen Garten umgestalten und viel von seiner neu gewonnenen Freizeit damit verbringen. Das gilt für jedes aufwendige Hobby – es kann nun in einem ganz anderen Rahmen stattfinden, und wer unternehmungslustig ist, der könnte jetzt vom Amateur zum (Halb-)Profi werden und damit auch noch Geld verdienen.

Zeit für einen großen Wandel

Ein weiteres Ergebnis dieser zweifachen Planetenwiederkehr ist, dass die Betreffenden oft eine wirklich große Veränderung in Betracht ziehen. Das kann der Umzug in die Lieblingsstadt sein, in der man viele glückliche Ferientage verbracht hat, oder man entscheidet sich dazu, in eine kleinere Wohnung zu ziehen – schließlich sind die Kinder aus dem Haus. Doch ist die schöne Stadt am Mittelmeer auch im Winter reizvoll? Gibt es dort Möglichkeiten, neue Freunde kennenzulernen? Sind womöglich viele Läden in den Wintermonaten geschlossen? Bevor man in eine kleinere Wohnung zieht, sollte man über die vielen lieb gewonnenen Gegenstände nachdenken, die man über die Jahre angesammelt hat. Ist noch genug Platz für sie vorhanden? Können die Enkel dort noch übernachen, wenn sie einmal zu Besuch kommen?

Ganz offensichtlich muss jeder, der in dieser Lebensphase größere Veränderungen beabsichtigt, ernsthaft diskutieren und planen, ehe der Tag heraufzieht, an dem er den üblichen Weg ins Büro nicht mehr antreten wird. Wenn Jupiter und Saturn im Verbund gute Arbeit leisten, kann die kommende Lebensphase wunderschön werden. Nur sollte man bei deren Planung weder etwas überstürzen noch in blindem Optimismus handeln.

Uranuswiederkehr

Wenn Uranus nach seiner langen Reise um die Sonne endlich die Position wieder erreicht, die er bei der Geburt innehatte, ist das für Menschen, die über 80 Jahre alt geworden sind, ein Meilenstein. Erneut rufen Herausforderungen, und viele Menschen dieses Alters haben plötzlich Lust, sich auf die haarsträu-

Ein Hobby kann zur Zeit der zweiten Saturnwiederkehr an Bedeutung gewinnen.

Fallschirmspringen und andere gewagte Unternehmungen sind auch für manchen 80-Jährigen eine Herausforderung.

bendsten Abenteuer einzulassen. Von Fallschirmspringen bis Autorennen ist alles drin. Jetzt will man das machen, was man nie zuvor getan hat. Oft wollen Ihre Kinder und Enkel Sie davon abbringen, weil sie finden, dass Sie dabei zu viel riskieren und sich in Gefahr begeben. Hier unser Rat: Wenn Menschen in diesem Alter einen derartigen Wunsch haben, kann man davon ausgehen, dass Uranus zugange ist. Lassen Sie sich von Ihren lieben Angehörigen nicht wie ein Kind behandeln und von Ihrem Plan abbringen. Machen Sie Ihre Ballonfahrt oder Ihre Reise mit dem U-Boot – Sie werden den Spaß Ihres Lebens haben!

Erinnerung an vergangene Zeiten
Selbstverständlich steht nicht allen Menschen in diesem Alter der Sinn nach solchen Taten, doch viele wünschen sich geistige Anregungen. Ganz bestimmt wissen sie sehr viel über ihre Generation und darüber, wie das Leben während des Zweiten Weltkriegs war. Selbst wenn wir ihre Geschichten bereits kennen – es wäre doch eine großartige Sache, aufzuzeichnen, was sie zu sagen haben, und sie zu bitten, uns zu alten Fotos und Erinnerungsstücken etwas zu erzählen. Sie können mit ihren Erinnerungen viel zu unserer Kenntnis der Vergangenheit beitragen. Wenn sich jemand in der Familie mit Genealogie befasst, wird er hier auf einen großen Wissensschatz stoßen. Eine solche Gelegenheit sollte man nicht verpassen!

Der Komponist Verdi schrieb seine Oper *Otello,* als er bereits weit über 70 Jahre alt war.

Das Interesse dieser Menschen anzuregen, kann lohnend sein. Viele leisten im Alter noch Großartiges. Verdi komponierte seine Oper *Otello* mit weit über 70 Jahren. Zwei berühmte Tänzerinnen, Marie Rambert in England und Martha Graham in den USA, choreografierten noch im hohen Alter. Es gibt viele weitere unvergessene Persönlichkeiten, die noch mit über 80 Jahren sehr aktiv waren: Pablo Picasso, Pablo Casals, Andrés Segovia, Pierre Monteux und Winston Churchill.

Dritte Saturnwiederkehr

Dieses Phänomen wird in Zukunft häufig auftreten, da immer mehr Menschen über 90 werden und die dritte Saturnwiederkehr erleben. Es wird wohl eine ernste Phase sein, denn Saturn neigt dazu, uns eine ernsthafte Gemütsverfassung aufzuerlegen. Heißt das, dass es ab einem Alter von etwa 90 Jahren stetig bergab geht? Nicht unbedingt. Diese Menschen sehen zu, dass sie ihre Angelegenheiten regeln und ergreifen die Gelegenheit, um ihre Lieben noch einmal, vielleicht ein letztes Mal, um sich zu versammeln. Es mag aber auch solche geben, die unter dem wilden Einfluss der »Saturnalien« ihr bisher größtes Geburtstagsfest feiern. Großbritanniens inzwischen verstorbene Queen Mum tat das, genau wie einer unserer liebsten und engsten Freunde. Nun, er war ein energiegeladener Skorpion, Queen Mum ein energiegeladener Löwe – da überrascht einen nichts.

Weitere GEBIETE DER ASTROLOGIE

ASTRO*CARTO*GRAPHY

Über Jahrhunderte brachte man Städte mit bestimmten Tierkreiszeichen in Verbindung. Die Astro*Carto*Graphy ist eine moderne Methode, mit deren Hilfe man Orte überall auf der Welt in Beziehung zum Geburtshoroskop setzen kann.

Die Bedeutung des Ortes

Ptolemäus (*s. S. 20*) stellte als einer der Ersten Verbindungen zwischen Orten und Tierkreiszeichen her. Venedig etwa gilt als Waage-Stadt. Vielleicht stellen auch Sie fest, dass Menschen mit einer Waagesonne eine Reise nach Venedig in außergewöhnlicher Weise zusagt.

Die Vorstellung, dass sich bestimmte Menschen mit bestimmten Orten stark identifizieren, hat in jüngerer Zeit vor allem der inzwischen verstorbene amerikanische Astrologe Jim Lewis weiterentwickelt: Er erfand ein System namens Astro*Carto*Graphy (A*C*G).

Dabei wird mithilfe von Linien auf einer Weltkarte dargestellt, an welchen Orten der Welt die zehn Planeten zum Zeitpunkt der Geburt gerade an einer Achse standen. Achse heißt: Aszendent, Himmelsmitte, Deszendent (gegenüber dem Aszendenten) und *Imum coeli* (IC, gegenüber der Himmelsmitte, ganz unten im Horoskop). Die Linien markieren Bereiche, die Lewis »Powerzonen« nannte, in denen bestimmte Persönlichkeitsmerkmale besonders zur Geltung kommen.

Eine Stadt beispielsweise, die bei, sagen wir, Hans Müller auf der Linie der Venus-Himmelsmitte liegt, wird den Blick auf all die Eigenschaften lenken, die mit der Venus in seinem Geburtshoroskop in Verbindung stehen. Das könnte sich auf seinen Beruf auswirken oder auf seine Fähigkeit, mit anderen zusammenzuarbeiten.

A*C*G-KARTEN

Man kann sich der Relokationsastrologie – ein anderer Name für diesen Bereich der Astrologie – auf zweierlei Arten nähern, nämlich zum einen durch »manuelle« Berechnung im Zusammenhang mit dem vertrauten Geburtshoroskop. Zum anderen mit der von Lewis bereitgestellten Software (Auf www.astro.com können Sie sich übrigens Ihre persönliche A*C*G-Karte anfertigen lassen).

Die A*C*G ist etwa dann eine echte Hilfe, wenn ein Umzug bevorsteht. Mit ihr finden Sie den idealen Ort. Für uns jedenfalls war die A*C*G sehr interessant, als wir überlegten, von London nach Sydney zu ziehen.

Venedig gilt in der Astrologie seit jeher als Waage-Stadt.

BERECHNUNG VON HAND

Wenn Sie nach der herkömmlichen Methode vorgehen, fertigen Sie einfach ein Geburtshoroskop an, allerdings nicht auf Basis Ihres Geburtsorts. Für ein Relokationshoroskop verwenden Sie Ihren Geburtstag, Ihre Geburtszeit sowie den gewünschten Zielort, sagen wir New York. Die Stellungen der Planeten in den Tierkreiszeichen bleiben gleich, natürlich auch die Aspekte zwischen ihnen – was neu ist in dem Relokationshoroskop für New York, sind die Achsen Aszendent/Deszendent und Himmelsmitte/*Imum coeli* sowie die Häuserpositionen. An diesen veränderten Gegebenheiten kann man ganz genau erkennen, wie die betreffende Person mit dem Umzug zurechtkommen, wie sie auf die fremde Stadt reagieren wird und wie sich der neue Ort auf Privatleben und Beruf auswirkt.

Wenn Sie mit einem Relokationshoroskop arbeiten, sollten Sie in erster Linie nachsehen, ob ein Planet in diesem Horoskop auf eine Achse fällt – Sie können hier einen Orbis von 5° bis 6° zulassen. Ein Planet direkt am Aszendenten oder an der Himmelsmitte wird wohl am stärksten wirken. Ein Planet am Deszendenten oder am *Imum coeli* ist fast ebenso stark und wird manches über Reaktionen auf den neuen Ort preisgeben.

ASTRO*CARTO*GRAPHY-KARTEN DEUTEN

Anders als das Geburtshoroskop, das die Planeten am Himmel so abbildet, wie sie von der Erde aus zu sehen sind, zeigt die A*C*G-Karte die Planeten vor dem Hintergrund einer abgeflachten Weltkarte. Sie ist vergleichbar den Karten, die man von Fluggesellschaften kennt, nur dass bei der A*C*G nicht die Wege der Flugzeuge als Linien zu sehen sind, sondern die Wege von Sonne, Mond und all den anderen Planeten – so, wie sie von oben gesehen über die Erde ziehen.

Zugegeben, auf den ersten Blick sieht die Karte verwirrend aus, aber sie ist eigentlich gar nicht so schwer zu deuten, wenn man über gewisse astrologische Grundkenntnisse verfügt.

Die senkrecht verlaufenden Linien zeigen, wo ein Planet gerade kulminiert, also an der Himmelsmitte steht, die gestrichelten Linien, wo er am *Imum coeli* steht. Die weit geschwungenen Linien stehen für Auf- und Untergang jedes einzelnen Planeten.

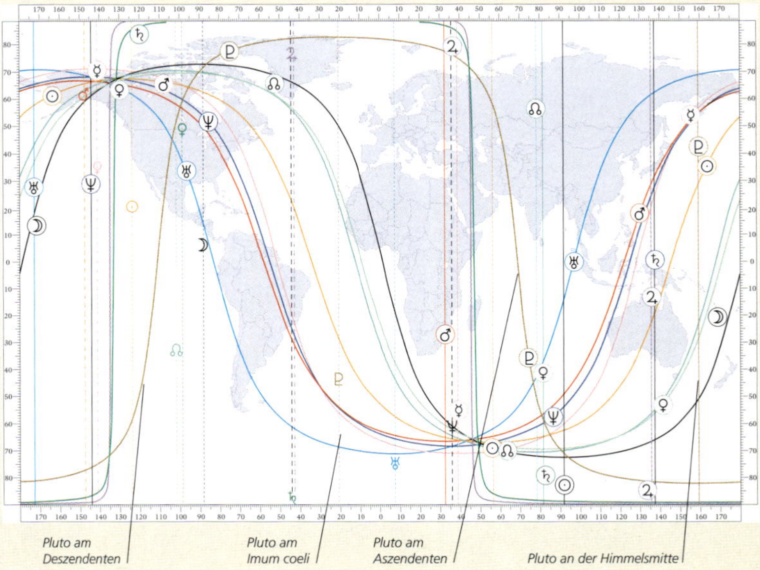

STUNDENASTROLOGIE

Bei der Stundenastrologie geht es um die Beantwortung bestimmter Fragen. Man fertigt dazu ein Horoskop auf den Zeitpunkt an, zu dem die Frage gestellt wurde. Das Horoskop wird dann in Hinblick auf diese Frage unter Berücksichtigung all ihrer Aspekte gedeutet.

Ursprünge und Methode

Seit Jahrhunderten findet die Stundenastrologie Anwendung. Unter den ersten bekannten Astrologen, die damit arbeiteten, war Guido Bonatti, der im 13. Jahrhundert dazu in seinem *Liber astronomicus* zahlreiche Aphorismen veröffentlichte. Doch wohl der versierteste unter den Stundenastrologen war William Lilly (1602–1681), dessen Ruhm und beträchtliches Vermögen sich weitgehend auf den Erfolg bei der Beantwortung der Fragen seiner Klienten gründeten. Seine mit Fallstudien gefüllten Bücher sind voller Horoskopzeichnungen, ausgestellt auf den Moment der Fragestellung – über 4000 allein zwischen Juni 1654 und September 1656. »Wird man meinen Mann dafür hängen, dass er 30 Ochsen gestohlen hat?« »Wird mein Sohn heil aus dem Krieg zurückkehren?« »Soll ich dies und jenes kaufen?« Derlei Dinge wollten die Menschen wissen.

Zu der Frage von Dennis Prickman, ob seine Frau noch am Leben sei, trug Lilly in das Horoskop ein: »Sie starb in den letzten zwei Wochen.« Ob er das dem Fragesteller auch so gesagt hat, wissen wir nicht. Andere erkundigten sich nach entlaufenen Hunden oder verlorenem Schmuck, Streit mit den

William Lilly – der berühmteste Stundenastrologe

Die Mondstellung ist ein wesentlicher Faktor bei der Deutung eines Fragehoroskops.

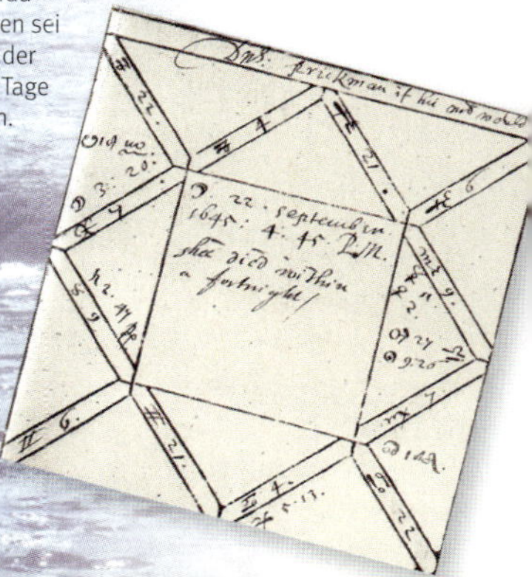

Dieses Horoskop wurde für einen Klienten namens Dennis Prickman erstellt. Darauf notierte Lilly, die Frau des Klienten sei innerhalb der letzten 14 Tage verstorben.

Nachbarn oder dem idealen Zeitpunkt für eine Hochzeit.

DER ZEITPUNKT

Der Augenblick, an dem eine Frage gestellt wird, gilt als Geburtszeitpunkt der Frage. Der Fragegegenstand wird in Beziehung zum passenden astrologischen Haus gesetzt (erstes Haus: Gesundheit und Wohlbefinden, zweites Haus: Besitz usw. – *s. S. 248*). Der Planet, der über den Aszendenten herrscht, repräsentiert den Fragesteller.

Die Interpretationsregeln sind sehr kompliziert. Auf jeden Fall spielt der Mond eine wichtige Rolle. Seine jüngsten Bewegungen und diejenigen, die noch stattfinden werden, solange er sich noch im selben Zeichen wie zum Zeitpunkt der Fragestellung befindet, werden berücksichtigt. Wenn er keine weiteren Hauptaspekte zu anderen Planeten mehr bildet, befindet er sich im Leerlauf (»void of course«), und das Horoskop kann keine weitere Auskunft geben.

Aus Lillys Autobiografie wissen wir, dass ihm das Fragehoroskop eigentlich nur dazu diente, seinen Geist zu fokussieren. Die Planetenbeziehungen sagten ihm nicht wirklich, was wahrscheinlich geschehen würde, sondern halfen ihm bei der Konzentration auf seine Intuition. Die Stundenastrologie war für ihn eine Methode der Weissagung: Keine Frage ergibt sich aus einem Vakuum. Es gibt den Fragesteller, den Astrologen und die Welt um die beiden herum. Wenn man das akzeptiert – und hier stimmt die Theorie mit östlicher und mit Jungscher Philosophie überein –, dann erscheint die Methode durchaus zweckmäßig, auch wenn Skeptiker wahrscheinlich daran zweifeln.

ANTWORTEN

Man sollte auch auf Folgendes hinweisen: Die Antworten sind, was künftiges Vorgehen oder kommende Ereignisse betrifft, keineswegs fatalistisch (dies gilt übrigens auch für die meisten anderen Gebiete der prognostischen Astrologie).

LILLY, JUNG UND ÖSTLICHE PHILOSOPHIE

William Lillys Überzeugung ähnelt auf faszinierende Art und Weise derjenigen von C. G. Jung (*s. auch S. 44–45*), wie er sie in seiner Abhandlung über das *I Ging* darstellt, erschienen im *Buch der Wandlungen*. Wenngleich uns, so Jung, vom Verstand her klar ist, dass die Zeit etwas Abstraktes ist, fühlt sie sich nicht so an. Die Zeit hat eine bestimmte Qualität. Wenn wir gerade in einem Buch ein besonderes Wort oder einen ausgefallenen Gedanken lesen und jemand ruft uns in diesem Augenblick an und verwendet genau diesen Begriff oder diese Formulierung, so scheint dies eine Bedeutung zu haben.

Viele Menschen tun so etwas als reinen Zufall ab, doch in der östlichen Philosophie sieht man das anders. Jung war ebenfalls davon überzeugt, dass alles die Prägung des Zeitpunkts, zu dem es geschieht, trägt: Da alles Leben ein Muster habe, sei alles, was passiere, mit dem verbunden, was gleichzeitig geschehe. Diesen Umstand nannte er Synchronizität.

Die Figuren auf dieser chinesischen Zeichnung symbolisieren die Planeten Merkur, Venus, Mars und Jupiter.

Die Astrologie lässt uns die Wahl: Wenn etwas gut auszugehen scheint, können wir uns zurücklehnen und die Dinge ihren Lauf nehmen lassen. Wenn sich Probleme ankündigen, können wir uns darauf vorbereiten und das Beste aus der Situation machen.

In mancher Hinsicht ist die Stundenastrologie viel einfacher als die Geburtsastrologie. Denken wir etwa an Saturn: Im Geburtshoroskop könnte er etwas Begrenzendes haben und jemanden zäh, wertkonservativ und pragmatisch machen, aber auch eigennützig und engstirnig. Im Fragehoroskop symbolisiert Saturn womöglich einfach eine Grenze – eine Wand, ein Gefängnis oder einen Gartenzaun.

Die Deutung eines Fragehoroskops

Die stundenastrologische Deutung können wir leider nur oberflächlich streifen, denn diese bedarf sehr viel Praxis, Erfahrung und Fachkenntnis. Von den Durchschnittsastrologen erreichen nur wenige dieses Niveau. Andere, wie Deborah Houlding in England und Lee Lehman in den USA, haben sich darauf spezialisiert und wenden die Stundenastrologie nicht nur an, sondern lehren sie auch. Erfahren Sie nun, wie man mit der Interpretation beginnt.

Dieses Fragehoroskop wurde 1646 von William Lilly gezeichnet. Er ist bis heute der bekannteste Vertreter dieser Richtung.

PLANETEN- UND ZEICHENBEDEUTUNGEN

Wer sich mit Stundenastrologie beschäftigt, sollte sich zunächst die Bedeutung der Planeten und Zeichen gründlich anschauen. Deren unterschiedliche Betonungen weisen den Weg zu dem Problem, um das es geht. Auf den Seiten 201–245 wurden die Planeten vorgestellt. Doch zusätzlich zu dem, was dort beispielsweise über den Mars gesagt wurde, wird dieser Planet in der klassischen Astrologie auch mit Soldaten und Sportlern in Verbindung gebracht, außerdem mit Menschen, die mit Metallen arbeiten, vor allem Eisen und Stahl, mit Metzgern, Friseuren, Chirurgen und Psychiatern. Darüber hinaus symbolisiert Mars extrem heiße und trockene Orte, Sportgelände, Operationssäle, Bergwerke, Schwerindustrie sowie Regionen, an denen militärische Auseinandersetzungen stattfinden.

Schütze wird mit Bergen und ländlichen Gegenden assoziiert, dem australischen Busch und dem Outback, mit Rennbahnen, Ställen, Kirchen und Kathedralen, Gymnasien und Universitäten, Buchhandlungen und Verlagshäusern. Wenn jemand einen Gegenstand sucht und das Fragehoroskop eine Betonung von Schütze aufweist, dann sollte man in der Nähe einer Feuerstelle suchen, auf dem Balkon, ganz oben in einem Zimmer – oder in Nachbars Garten!

MÖGLICHE PROBLEME

Wenn es widersprüchliche Aussagen im Fragehoroskop gibt, dann ist es nicht leicht, hier einen Rat zu geben. Der Astrologe könnte etwa sagen: Der Job wird Ihnen gefallen, aber er wird auch anstrengend sein. Und die finanzielle Seite ist nicht gerade rosig.

Wer einen Astrologen zu Rate zieht, sollte nicht damit rechnen, immer eine eindeutige Antwort zu erhalten. Wenn die Hinweise im Horoskop allerdings überdeutlich sind, dann hat man die wunderbare Chance, dass das Horoskop eine bestimmte Vorgehensweise eindeutig empfiehlt. Das kann dann dazu führen, dass man das entlaufene Kätzchen oder den gestohlenen Diamantring wiederfindet. Tatsächlich wurde die Stundenastrologie erfolgreich bei polizeilichen Ermitlungen eingesetzt. In anderen Fällen kann man nur hoffen, dass man dem Fragesteller hilft, sich über etwas klarer zu werden.

Militär und Konfliktgebiete werden mit Mars in Verbindung gebracht.

EINE FALLSTUDIE: SAMANTHA

Im folgenden Beispiel geht es um Samantha, eine junge Frau, die vor einer wichtigen Entscheidung steht. Man hat ihr einen neuen Job angeboten. Soll sie ihn annehmen oder nicht? Wenn ja, wird sie dann mit Freude bei der Sache sein, wird es ein harter Job werden, und wird sie Erfolg haben? Wir erstellen also ein Horoskop auf den Zeitpunkt, zu dem sie uns als Astrologen diese Fragen gestellt hat.

Regiomontanus-Häusersystem In diesem Buch arbeiten wir normalerweise mit dem Äqualen Häusersystem, in der Stundenastrologie bevorzugen wir allerdings das Häusersystem von Regiomontanus. Sie finden es in spezieller Astrosoftware oder können ein Horoskop auch über die Website www.astro.com mit diesem System berechnen lassen.

Das Horoskop Samantha selbst wird repräsentiert vom Schützeaszendenten, dessen Herrscherplaneten Jupiter und dem Mond, der sich in der Waage befindet und ihre Unentschlossenheit symbolisiert. Jupiter in den Zwillingen im sechsten Haus ist gut für die alltägliche Arbeit. Doch Mars in der Jungfrau an der Spitze des neunten Hauses deutet an, dass die Tätigkeit mit Stress verbunden ist und ihr kaum Freizeit bleibt. Sie sollte aber dafür sorgen, dass sie sich auch entspannen kann, da Jupiter rückläufig ist, was eventuell auf gesundheitliche Probleme hindeutet. Dies vor allem auch deshalb, weil Jupiter in Opposition zu Pluto steht und sich Sonne und Merkur auf der *Via combusta* (einem bestimmten Abschnitt imTierkreis) befinden, wenngleich sie, was den Beruf betrifft, sehr positiv platziert sind. Planeten auf der *Via combusta* können eine negative Wirkung auf die Gesundheit haben.

Der Mond Als überaus positiv ist der Mond im neunten Haus zu bewerten, denn da geht es um weite Reisen – und der Job, der Samantha angeboten wurde, ist der einer Reiseveranstalterin!

Weitere Hinweise Zu den bereits angesprochenen Gesundheitsproblemen ist noch zu sagen, dass aufgrund der Stellung der Sonne Samanthas Vitalität eingeschränkt sein könnte und aufgrund der Stellung Merkurs Stress womöglich ein Problem darstellt. Was die wirtschaftliche Seite betrifft: Neptun und Uranus stehen im zweiten Haus, das das Einkommen symbolisiert. Samantha sollte also Verträge immer sehr sorgfältig prüfen und eine gewissenhafte Buchhaltung betreiben, um Missverständnisse zu vermeiden.

Samanthas Fragehoroskop

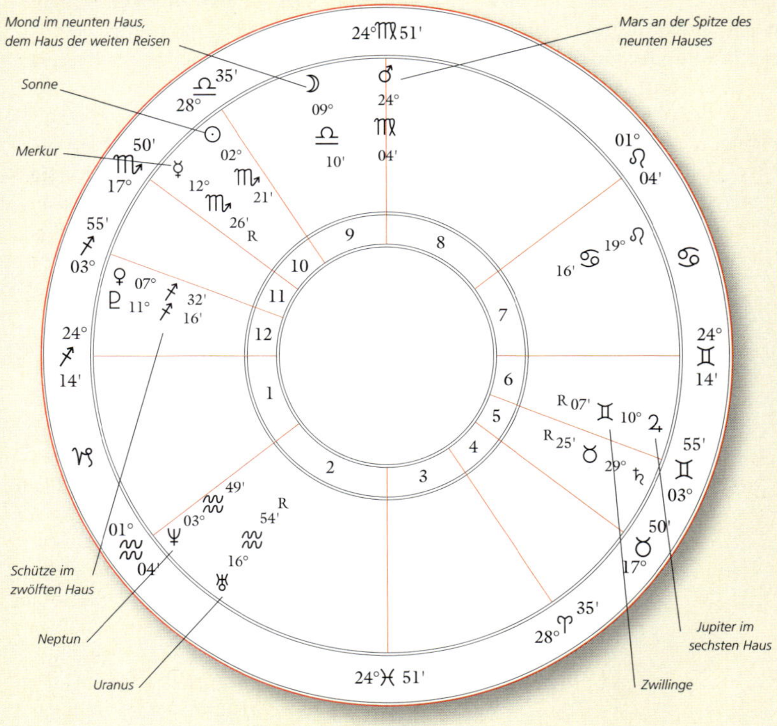

JENSEITS DES SONNENSYSTEMS

Jenseits der Planeten und anderer Himmelskörper befinden sich die Fixsterne. Sie heißen so, weil man lange glaubte, sie stünden fest am Firmament. Sie haben große Bedeutung für die Navigation. In der Astrologie spielen sie seit fast 2000 Jahren eine Rolle.

Antike Sternkarte, die dem Studium der Himmelsphänomene diente

Wandelsterne und Fixsterne

Oft sind Astrologen irritiert, wenn sie in einer Zeitschrift einen Artikel mit folgender Überschrift finden: »Ihr Leben in den Sternen« oder »Ihr Sternzeichen«. Die moderne psychologische Astrologie orientiert sich stark an den Planeten unseres Sonnensystems, weshalb jegliche Äußerung über »die Sterne« an oberflächlichen Journalismus erinnert, wenn nicht an Scharlatanerie.

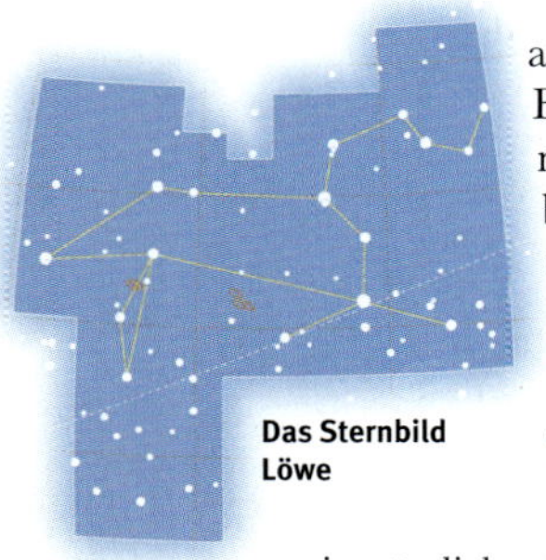

Das Sternbild Löwe

Aber die sogenannten Fixsterne – im Unterschied zu den Planeten, den Wandelsternen, wie man sie aufgrund ihrer erkennbaren Bewegungen am Himmel nannte – sind überaus bedeutsam in der klassischen Astrologie. Seit sie erstmals von Ptolemäus im zweiten nachchristlichen Jahrhundert und später von arabischen Astrologen diskutiert wurden, sind sie ein nützlicher Bestandteil des Horoskops.

Ptolemäus katalogisierte als Erster die Fixsterne und deren Wirkungen.

In jenen frühen Abhandlungen brachte man den Einfluss der Fixsterne mit dem Einfluss der Planeten in Zusammenhang. In seinem Werk *Tetrabiblos* schrieb Ptolemäus Folgendes: »Im Rachen des Löwen gehören zwei Saturn mit einer leichten Mischung von Marsnatur an, im Nacken drei dem Saturn mit einer Mischung Merkurs. Der hell leuchtende im Herzen des Löwen, Regulus, dem Mars und Jupiter. Die beiden in den Weichen und der glänzende im Schweif haben Saturn- und Venusnatur. Die Übrigen in den Schenkeln Venus- und in einem gewissen Grade Merkurnatur.«

Ein »übler Stern« wie Rastaban könnte also mit Saturn assoziiert werden, ein »wohltätiger Stern« wie Nashira mit Venus. Mit der Zeit jedoch gestand man den Sternen einen individuellen Einfluss zu.

POSITIONEN

Eine besondere Bedeutung erlangen Fixsterne, wenn sie sich im Geburtshoroskop am Aszendenten oder nahe bei

Sonne oder Mond befinden. Auch wenn sie in Konjunktion, Opposition oder im Quadrat zu einem Planeten stehen, haben sie eine Wirkung. Bildet ein Fixstern einen Aspekt zu einem Planeten, der am Aszendenten oder am Deszendenten steht, so ist sein Einfluss besonders stark. Das Buch von Bernadette Brady *Brady's Book of Fixed Stars* (1998) ist hier vermutlich die beste Quelle.

Kompliziert wird die Sache mit Blick auf den zulässigen Orbis (*s. S. 265*). Arbeitet man beispielsweise mit einer relativ kleinen Anzahl von Sternen – etwa den von Lilly verwendeten 50 –, dann kann man für die wichtigsten Sterne wie Aldebaran, Regulus und Antares einen großen Orbis (bis zu 6°) zulassen. Doch wenn man mit einigen Hundert arbeitet, dann muss man bei einem großen Orbis schnell eine Menge Fixsterne mit einbeziehen und tut sich somit am Ende schwer, eindeutige Aussagen zu treffen. Nehmen Sie einfach nur 1° und gehen Sie so auf Nummer Sicher. Auch hier gilt wieder: Je genauer der Aspekt, desto stärker wirkt er.

PRÄZESSION

An dieser Stelle müssen wir auf das leidige Thema Präzession der Äquinoktien eingehen – gemeint ist die durch das Kreiseln der Erdachse verursachte Bewegung des Widderpunktes (= erster Widdergrad) rückwärts durch den Tierkreis, wobei ein Durchgang etwa 25 920 Jahre dauert, ein sogenanntes platonisches Jahr. Der 2160 Jahre dauernde Zeitraum, den der Widderpunkt braucht, um ein Tierkreiszeichen zu durchwandern, ist als astrologisches Zeitalter bekannt, daher die Vorstellung vom Wassermannzeitalter, dem das Fischezeitalter voranging.

WEITERFÜHRENDE HINWEISE

Wenn Sie sich im Detail mit den Fixsternen in Bezug auf Ihr Geburtshoroskop befassen wollen, muss dieses exakt berechnet sein. Denn wenn Sie ein ungenaues Horoskop benutzen – etwa eines, das auf den in diesem Buch vorgestellten ungefähren Berechnungen basiert –, dann sind Ihre Ergebnisse nicht präzise genug.

Gleichwohl ist jedes Zeichen in drei Sektionen unterteilt, wobei jede 10° umfasst. In unseren Tabellen finden Sie entsprechende Unterteilungen. Das erste Drittel (1°–10°) ist weiß, das zweite (11°–20°) hell gefärbt und das dritte (21°–30°) dunkler. Davon ausgehend, können Sie die exakte Position eines Sterns schätzen. Doch erinnern Sie sich bitte daran: Der Orbis sollte nicht größer als 1° sein.

Regulus, der hell leuchtende Stern im unteren Bereich des Bildes, ist astrologisch gesehen einer der wichtigsten Fixsterne.

Der Fisch ist ein traditionelles christliches Symbol. Hier dient er als Schmuckelement einer frühchristlichen Basilika in Griechenland.

Es heißt, dass jedes astrologische Zeitalter bestimmte Eigenschaften hat: Das Fischezeitalter wird weitgehend mit dem Christentum in Verbindung gebracht (Ein Fisch wurde oft als Symbol für Christus verwendet; auch in den ältesten christlichen Gräbern findet man Fischdarstellungen). Das Wassermannzeitalter wird, entsprechend seinem Herrscher Uranus, ganz andere Charakteristiken aufweisen. Gemäß Uranus' Assoziation mit Zerfall, Zerstörung, sexueller Ausschweifung und Rebellion glauben manche Menschen, das Wassermannzeitalter habe bereits begonnen.

Das Phänomen der Präzession ist schon seit über 2000 Jahren bekannt: Hipparch schrieb darüber bereits im zweiten vorchristlichen Jahrhundert. Die Bedeutung dieses Phänomens verstanden Astrologen freilich erst im Lauf der Zeit: Dass nämlich die Tierkreiszeichen nicht mehr mit den Himmelsabschnitten übereinstimmten, mit denen sie vor 2000 Jahren zusammenfielen – mithin Sternbilder und Tierkreiszeichen nicht mehr identisch sind.

Kritiker setzen genau hier an: Ein Mensch, der heute mit einer Zwillingesonne geboren wird, sei eigentlich gar kein Zwilling, sondern ein Stier, denn zum Zeitpunkt seiner Geburt stand die Sonne vor dem Sternbild Stier. Das ist richtig. Aber so wie wir die Namen der Tierkreiszeichen heute verstehen, bezeichnen sie einfach einen bestimmten Abschnitt von 30° am Himmel – sie sind damit das, was sie immer waren: zweckdienliche »Namensschilder«.

DIE FIXSTERNE

William Lilly bestimmte etwa 50 Fixsterne. Es waren die, die am hellsten strahlten, darunter Polaris, Beteigeuze, Kastor, Pollux und Regulus. Spätere Astrologen hielten über 700 Fixsterne fest. Bei einer so großen Zahl musste man natürlich Prioritäten setzen und nur die Fixsterne zur Deutung hinzuziehen, die einen Aspekt zu den Planeten bildeten, welche den alten Astrologen bekannt waren: Sonne und Mond, Merkur, Venus, Mars, Jupiter und Saturn.

Hipparch beim Studium der Himmelsphänomene.

DIE WICHTIGSTEN FIXSTERNE

Jeder Fixstern ist von Bedeutung, der eine Konjunktion, eine Opposition, ein Quadrat oder ein Trigon zu einem Planeten im Geburtshoroskop bildet. Die Konjunktion ist am wirksamsten. Hier finden Sie eine Aufstellung der Fixsterne, mit denen William Lilly arbeitete, ihrer Position sowie der oder den Planeten, mit dem beziehungsweise denen sie in Verbindung gebracht werden, und schließlich Schlüsselworte zu ihrer Wirkung.

Caput Algol (26°10' Stier) *Saturn, Jupiter*; sehr negativ Gefahr für den Hals.

Alkione (0°58' Zwillinge) *Mond, Jupiter*; neutral; ehrgeizig, hat Probleme mit dem anderen Geschlecht.

Aldebaran (9°47' Zwillinge) *Mars;* negativ; Erfolg, Popularität und Ehre, eventuell Schikane.

Rigel (16°50' Zwillinge) *Jupiter, Mars*; positiv; künstlerisches Talent, Humor, Einfallsreichtum, Zufriedenheit.

Bellatrix (21°28' Zwillinge) *Mars, Merkur*; negativ; Unfallneigung, Gesprächigkeit, Demütigung.

Alnilam (23°49' Zwillinge) *Jupiter, Saturn*; positiv; kurzer Ruhm, Demütigung, Reizbarkeit.

Al Hecka (24°42' Zwillinge) *Mars;* positiv; Auszeichnungen, Autorität, Genusssucht, Aggression.

Polaris (28°34' Zwillinge) *Saturn, Venus*; negativ; anfällige Gesundheit, Sorgen, Verlust, Spiritualität.

Beteigeuze (28°45' Zwillinge) *Mars, Merkur*; negativ; Missgeschicke, Gefahr, Aggression.

Sirius (14°05' Krebs) *Jupiter, Mars*; positiv; Streben, Selbstherrlichkeit, Berühmtheit, Führung, emotional.

Canopus (14°51' Krebs) *Saturn, Jupiter*; negativ; Erniedrigung, Gewalttätigkeit, Gläubigkeit, Seereisen.

Kastor (20°51' Krebs) *Saturn, Mars, Venus*; negativ; Gewalttätigkeit, Eigensinn, plötzliche Berühmtheit oder plötzlicher Verlust.

Pollux (23°13' Krebs) *Mars, Mond, Uranus*; negativ; Kühnheit, Skandal, Missgeschick, nachdenklich, Interesse an Astrologie.

Praesaepe (7°12' Löwe) *Mars, Mond*; negativ; zurückgezogen, aber mit gutem inneren Antrieb, eventuell Gewalttätigkeit, Feuergefahr.

Alphard (27°08' Löwe) *Saturn, Venus*; negativ; Komplexe in Sachen Sex, eventuell Drogensucht, Angst vor dem Meer.

Algieba (27°41' Löwe) *Saturn, Merkur*; neutral; intelligent, selbstbezogen, Sinn für Finanzen, gutes Urteilsvermögen.

Regulus (29°53' Löwe) *Mars, Jupiter, Uranus*; positiv; würdevoll, anmutig, wachsam, ehrgeizig, hat Autorität, scheitert jedoch eventuell.

Seginus (17°39' Waage) *Merkur, Venus*; positiv; guter Geschäftssinn und gut in Astrologie, aber nicht vertrauenswürdig, hat übelmeinende Freunde.

Spica (23°50' Waage) *Venus, Mars*; extrem positiv; bringt Reichtum, Ansehen und Schönheit.

Arcturus (24°14' Waage) *Jupiter, Mars*; extrem positiv; Motivation, Anerkennung, profitiert von Auslandsreisen, Erfolg im Beruf.

Alphecca (12°16' Skorpion) *Venus, Merkur*; positiv; Respekt, Anziehungskraft, poetisch veranlagt, aber Probleme mit der Sexualität und mit Kindern.

Zuben Elgenubi (15°04' Skorpion) *Saturn, Mars*; negativ; andere machen ihn leiden, rachsüchtig, eventuell in illegale Aktionen verstrickt.

Alpha Serpentis (22°04' Skorpion) *Saturn, Mars*; negativ; Probleme trüben den Erfolg, emotional instabil, Schwierigkeiten mit Beziehungen.

Antares (9°46' Schütze) *Saturn, Venus*; neutral; ein Abenteurernaturell führt zu Ruhm und Bewunderung, der Betreffende ist dickköpfig und umsichtig, oft Probleme mit den Augen.

Rastaban (17°58' Schütze) *Saturn, Mars*; negativ; ungestüm und prinzipientreu, eventuell erfolgreich in Literatur, Sport, in den Künsten oder der Astrologie, doch Vorsicht bei kurzsichtigen Aktionen, kriminelle Neigung.

Vega (15°19' Steinbock) *Venus, Merkur*; positiv; ein Glückspilz, freigebig und vernünftig, Erfolg im öffentlichen Leben, allerdings nur vorübergehend.

Altair (1°47' Wassermann) *Mars, Jupiter*; neutral; unbekümmert und waghalsig, unfallgefährdet, plötzliche Berühmtheit, allerdings nur kurz.

Algedi (3°46' Wassermann) *Venus, Mars*; neutral; ein Glückspilz, promisk, freigebig, plötzliche unerwartete Ereignisse.

Sadalsuud (23°46' Wassermann) *Saturn, Merkur*; positiv; ein kreativer, origineller Denker, eventuell hellsichtig, Interesse an Astrologie, erfolgreich in Geschäftsdingen.

Formalhaut (3°52' Fische) *Venus, Merkur*; positiv; Interesse an Okkultem, eventuell suchtgefährdet, wahrscheinlich sehr bekannt, tut sich womöglich mit nicht hilfreichen Gefährten zusammen.

Deneb Adige (5°16' Fische) *Venus, Merkur*; positiv; begabt und einfallsreich, aber eventuell unreif, hat Verbindungen zum öffentlichen Leben und Angst vor Hunden.

Markab (23°29' Fische) *Mars, Venus*; negativ; allseits respektiert, ist auf Besitz aus, hat wahrscheinlich Rechtsprobleme und ist unfallgefährdet.

Scheat (29°22' Fische) *Mars, Merkur*; negativ; hat angeblich kein Glück, neigt zu Melancholie und eventuell Verbindung zur illegalen Seite des Lebens.

Gemini
Castor
Pollux
Taurus
Auriga
Cancer
Leo
Lynx
Ursa Maj.
Leo Min.
Perseus
Musca
Triang. Min.
Triang. Maj.
Aries
Camelopard
Linum Bor.
Pisces Bor.
Linum Austr.
Virgo
Coma Berenices
Chara
Asterion
Ursa Min.
Andromeda
Lacerta
Bootes
Draco
Lyra
Cygnus
Pegasus
Pisces Austr.
Corona Bor.
Serpens
Vulpecula
Delphinus
Aquarius
M. Mænalus
Hercules
Cerberus
Anser
Aquila
Libra
Serpentarius
Antinous
Capricornus
Scutum Sobiesc.
Sagittarius
Lactea
ÆQUATOR
ILLUMINATIO LUNÆ PER SOLEM
SECUNDUM HEVELIANA
HYP COPE
Sphæra
Orbis Saturni
Orbis Martis

Das GEBURTS-HOROSKOP

ERSTELLEN SIE IHR HOROSKOP

Wenn Sie diesen Anweisungen folgen, können Sie ein recht genaues Geburtshoroskop erstellen. Falls Sie Ihre Geburtszeit nicht kennen, können Sie weder Aszendent noch Himmelsmitte herausfinden. Dann berechnen Sie das Horoskop für zwölf Uhr mittags und lassen die Deutungen für Aszendent und Himmelsmitte beiseite, oder Sie tragen Ihr Sonnenzeichen in das weiße Kreissegment auf der »9-Uhr«-Position ein. Das entspricht dann der Sonnenaufgangsposition an Ihrem Geburtstag.

DER HOROSKOPKREIS

Zeichnen Sie den unten abgebildeten Horoskopkreis ab oder machen Sie Kopien davon. Der Kreis enthält je drei Segmente, die sich immer wiederholen: weiß, hell und dunkel. Jedes Segment umfasst 10° des 360°-Kreises. Je drei Segmente zusammen stehen für ein Tierkreiszeichen. In der Astrologie nennt man die 10°-Abschnitte Dekanate, wobei das weiße Segment für die ersten 10° steht, das helle für den Bereich zwischen 11° und 20° und das dritte für jenen zwischen 21° und 30°.

Wenn Sie nun alle Angaben zusammenstellen, kann es – im Falle einer genauen Geburtszeit – vorkommen, dass bei dem einen oder anderen Planeten Unklarheit über die Hausposition besteht. Dies liegt daran, dass mit diesem Buch der Aszendent – und damit die Häuser – nur annähernd berechnet werden kann. Wenn Ihnen die Deutung für einen Planeten in einem bestimmten Haus überhaupt nicht stimmig erscheint, dann lesen Sie diejenige für das vorangehende beziehungsweise das nächste Haus. Probleme dieser Art gibt es *nicht* bei der Zeichenplatzierung der Planeten.

Sind Ihnen die Reihenfolge der Tierkreiszeichen und deren Symbole sowie die Symbole der Planeten und eventuell auch der Aspekte vertraut? Dann können Sie anfangen.

Der Horoskopkreis

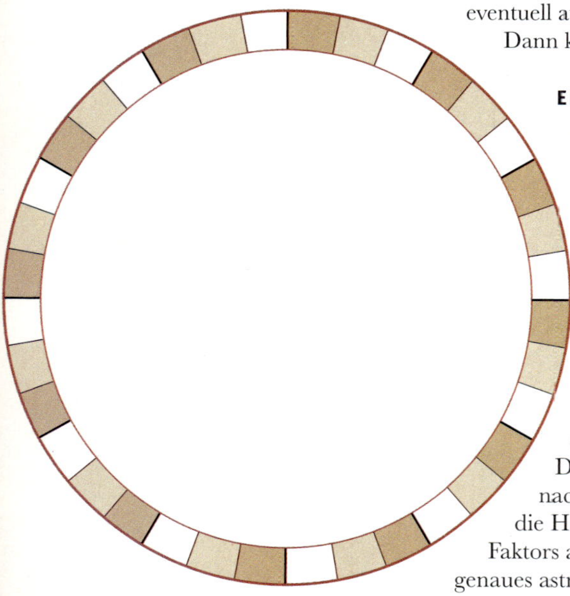

ERSTE GOLDENE REGEL: Machen Sie sich Notizen zu dem, was Sie in Erfahrung bringen: Was ist Ihr Aszendentenzeichen? Ihr Sonnenzeichen kennen Sie vermutlich. In welchem Zeichen und Haus befindet sich jeder Planet, und welche Aspekte bilden sie untereinander? Lesen Sie dann die Deutungen in diesem Buch nach und schreiben Sie sich die Haupteigenschaften jedes Faktors auf. So bekommen Sie ein genaues astrologisches Bild von sich.

DIE ASZENDENTLINIE EINTRAGEN

Notieren Sie sich Ihr Geburtsdatum, die genaue Zeit sowie den Breiten- und Längengrad Ihres Geburtsorts. Gab es an Ihrem Geburtstag Sommerzeit? Wenn ja, müssen Sie von Ihrer Geburtszeit noch eine Stunde abziehen.

Auf den Seiten 344–345 finden Sie die Aszendententabellen und die Erklärung, auf den Seiten 346–347 Entsprechendes für die Himmelsmitte. Stellen Sie fest, an welcher Stelle genau die von Ihnen eingetragene diagonale Linie die vertikale Aszendentenlinie kreuzt. Nun können Sie die erste Linie in Ihr Horoskop eintragen, nämlich die überaus wichtige Aszendent-Deszendent-Verbindung. Sie stellt den »Anfang« des Geburtshoroskops dar und symbolisiert den Horizont, wie er sich zum Zeitpunkt Ihrer Geburt und von Ihrem Geburtsort aus gesehen darstellt. Die »9-Uhr«-Position ist der Osten, das Zeichen, das gerade aufgeht. Genau gegenüber befindet sich der Westen, das Zeichen also, das gerade untergeht. Da sich die Erde um die eigene Achse dreht, gehen im Verlauf von 24 Stunden die Sonne und alle Planeten auf und wieder unter, und die zwölf Tierkreiszeichen tun dies ebenfalls. Vom östlichen Horizont aus beginnt der Kreis der Häuser. Wie die Häuser verteilt sind, hängt davon ab, in welches Segment der Aszendent fällt.

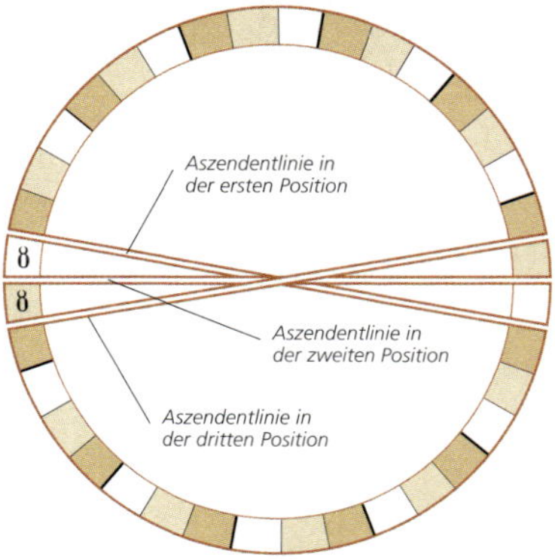

Die Aszendentlinie eintragen

ERSTE POSITION: Wenn sich die diagonale Linie, die Datum und Zeit verbindet, im oberen Drittel des Zeichens in der Aszendentenlinie befindet, tragen Sie Ihren Aszendenten dort ein, wo »erste Position« steht (= 0°–10°).

ZWEITE POSITION: Befindet sich die Linie in der Mitte des Zeichens, dann gilt für Sie die zweite Position (= 11°–20°).

DRITTE POSITION: Steht die Linie im unteren Drittel des Zeichens, wählen Sie die dritte Position (= 21°–30° des Zeichens).

DIE ZWÖLF HÄUSER EINTRAGEN

Nun unterteilen Sie das Horoskop in die zwölf Häuser. Jedes umfasst drei Segmente, beginnend mit dem Aszendenten. Sofern sich Ihr Aszendent nicht in der ersten Position befindet, stimmen Zeichen und Häuser nicht exakt miteinander überein. Dann befinden sich jeweils das zweite und dritte oder nur das dritte Segment bereits im nächsten Haus. Tierkreiszeichen und Häuser werden gegen den Uhrzeigersinn eingetragen, wogegen die Zeichen im Verlauf eines Tages im

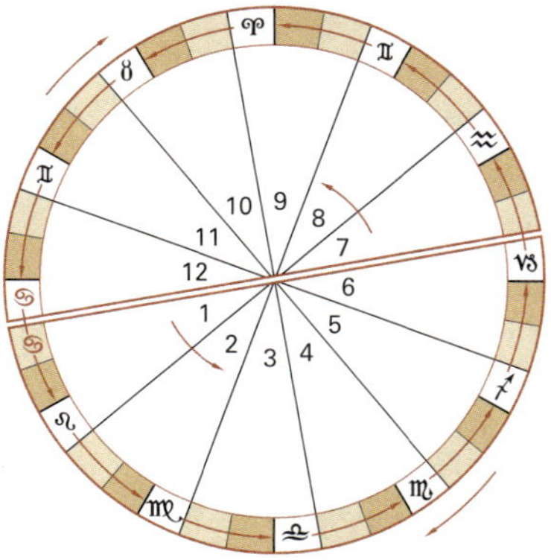

Die zwölf Häuser eintragen

Uhrzeigersinn aufsteigen (symbolisiert durch die Pfeile). Die Pfeile im Außenkranz des Kreises zeigen, wo ein Zeichen beginnt und wo es endet.

Tragen sie nun, ausgehend vom Zeichen Ihres Aszendenten, die elf anderen Tierkreiszeichen und die dazugehörigen Pfeile ein. Auch das Zeichen der Himmelsmitte können Sie nun eintragen.

ZWEITE GOLDENE REGEL: Jedes Zeichen beginnt mit einem weißen Segment und endet mit einem dunklen.

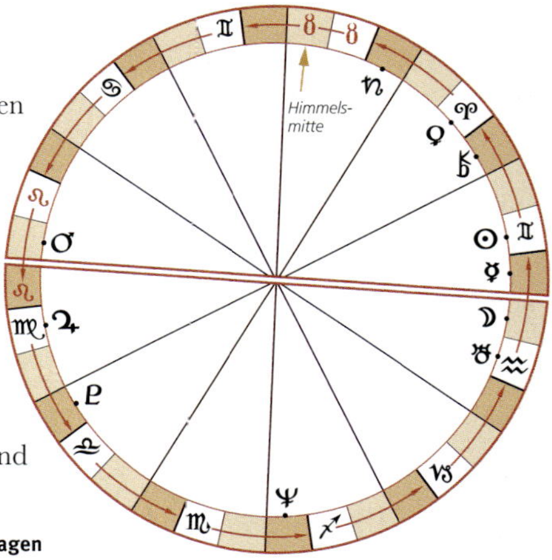

Himmelsmitte und Planeten eintragen

DIE POSITIONEN DER PLANETEN BERECHNEN

SONNE Schlagen Sie auf den Seiten 308–311 nach und suchen Sie dort erst (oben) Ihr Geburtsjahr, dann den Geburtsmonat (in der linken Spalte, wobei 1 für Januar steht, 2 für Februar usw.). In den Tabellen finden Sie den genauen Zeitpunkt (Datum und Uhrzeit), zu dem die Sonne in ein bestimmtes Zeichen eintrat. Da sich die Sonne etwa 1° pro Tag weiterbewegt, können Sie schnell feststellen, in welchem Dekanat des Zeichens sie an Ihrem Geburtstag stand.

Nehmen wir zum Beispiel einen Widder: Die Sonne betritt in der Regel am 21. März den Widder. Wurden Sie zwischen 21. und 31. März geboren, tragen Sie die Sonne in das weiße Segment des Widders ein; bei einem Geburtstag zwischen 1. und 10. April in das helle Segment, und zwischen 11. und 20. April in das dunkle Segment.

DRITTE GOLDENE REGEL

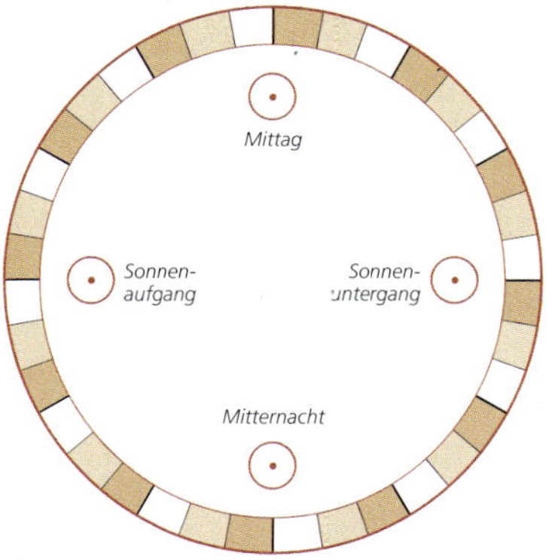

Mithilfe dieses Diagramms können Sie ganz leicht überprüfen, ob Ihr Horoskop stimmt. Wenn Sie bei Sonnenaufgang geboren wurden, befindet sich die Sonne nahe dem Aszendenten. Wurden Sie zur Mittagszeit geboren, steht die Sonne oben in der Nähe der Himmelsmitte. Wenn Sie bei Sonnenuntergang geboren wurden, steht sie am Deszendenten, und wenn Sie um Mitternacht auf die Welt kamen, befindet sie sich gegenüber der Himmelsmitte. Falls Sie nicht zu diesen Ergebnissen kommen, müssen Sie noch einmal von vorne rechnen.

MOND Der Mond wechselt das Zeichen etwa alle zweieinhalb Tage. Daher ist die Vorgehensweise hier eine andere. Gehen Sie gemäß der Erklärung auf Seite 315 vor.

DIE ANDEREN PLANETEN Schlagen Sie nun auf den Seiten 316–343 in diesem Buch nach. Suchen Sie dann unter jedem Planeten Jahr und Monat Ihrer Geburt. Verfahren Sie, wie Sie es bei der Sonne gemacht haben. Im Unterschied dazu wird bei den anderen Tabellen allerdings jetzt keine genaue Zeit angegeben, zu der der Planet in das Zeichen eintrat. Stattdessen ist das Datum des Zeicheneintritts zu finden und außerdem unterschiedlich gefärbte Kästen, wie wir sie schon vom Horoskopkreis kennen. Um das zu verdeutlichen, nehmen wir beispielsweise einen Geburtstag am 15. Juni 1979 an. Am 1. Juni stand Jupiter im Löwen (weißes Kästchen). Erst am 27. Juni wechselte er ins helle Segment. Das heißt, dass Jupiter im Geburtshoroskop im weißen Segment des Zeichens Löwe stehen müsste, weil er sich zu dem Zeitpunkt auf den ersten zehn Graden des Löwen befand.

Nachdem Sie dies erledigt haben müsste Ihr Horoskopkreis Aszendent, Himmelsmitte sowie die Planeten in Zeichen und Häusern enthalten, entsprechend der Abbildung auf S. 306 oben.

DIE ASPEKTE EINZEICHNEN

Lassen Sie sich vom Berechnen der Aspekte nicht abschrecken. Wenn Sie wie folgt vorgehen, kann eigentlich nicht viel schiefgehen.

VIERTE GOLDENE REGEL: Nur wenn sich zwei Planeten in gleich gefärbten Segmenten befinden, können sie einen Aspekt bilden.

☌ **KONJUNKTION** Diese ergibt sich, wenn die beiden Planeten im selben Segment desselben Zeichens stehen.

⚹ △ **POSITIVE ASPEKTE** Zu einem Sextil kommt es, wenn die beiden Planeten zwei Zeichen voneinander entfernt stehen, etwa 60°; beim Trigon stehen sie vier Zeichen voneinander entfernt, etwa 120°, jeweils im gleichfarbigen Segment. Verbinden Sie die beiden Planeten mit einer blauen Linie.

□ ☍ **NEGATIVE ASPEKTE** Beim Quadrat sind zwei im gleichfarbigen Segment befindliche Planeten drei Zeichen voneinander entfernt, etwa 90°; bei der Opposition sind es sechs Zeichen, etwa 180° – die beiden liegen einander direkt gegenüber. Man verbindet die beiden Planeten mit einer roten Linie im Horoskopkreis.

⚻ **QUINKUNX** Dieser Aspekt ergibt sich, wenn zwei Planeten im gleichfarbigen Segment fünf Zeichen voneinander entfernt sind, etwa 150°. Im Diagramm ist die Linie gestrichelt, Sie können aber auch eine grüne durchgezogene Linie eintragen und den Aspekt so von den anderen negativen Aspekten unterscheiden.

Häufig bildet ein Planet mehrere Aspekte zu anderen Planeten. Ein solcher mehrfach aspektierter Planet ist sehr wichtig. Dies gilt besonders, wenn es sich dabei um die Sonne, den Mond oder den Aszendentenherrscher handelt.

Horoskopkreis mit Aspekten

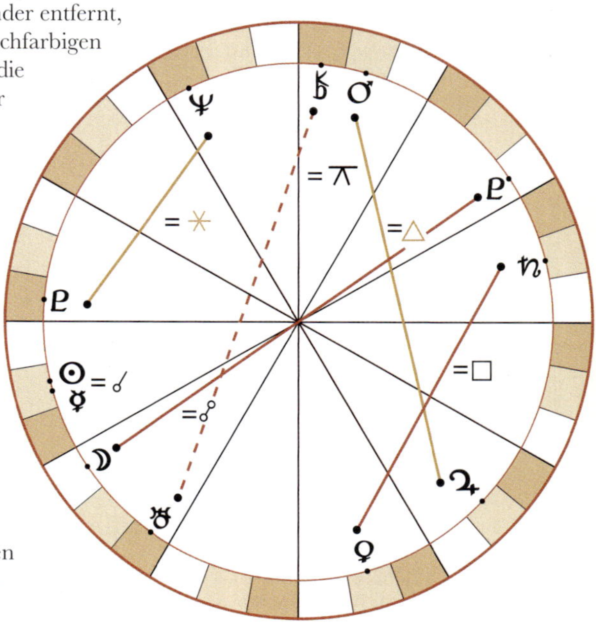

SONNE 1931–1950

	1931	1932	1933	1934	1935	1936	1937	1938	1939	1940
1	21 ♒ 0.18	21 ♒ 6.07	20 ♒ 11.53	20 ♒ 17.37	20 ♒ 23.28	20 ♒ 11.01	21 ♒ 0.18	20 ♒ 16.59	20 ♒ 22.51	21 ♒ 4.4
2	19 ♓ 14.40	19 ♓ 20.28	19 ♓ 2.16	19 ♓ 8.02	19 ♓ 13.52	19 ♓ 1.21	19 ♓ 14.40	19 ♓ 7.20	19 ♓ 13.09	19 ♓ 19.0
3	21 ♈ 14.06	20 ♈ 19.54	21 ♈ 1.43	21 ♈ 7.28	21 ♈ 13.18	21 ♈ 0.45	21 ♈ 14.06	21 ♈ 6.43	21 ♈ 12.28	20 ♈ 18.2
4	21 ♉ 1.40	20 ♉ 7.28	20 ♉ 13.18	20 ♉ 19.00	21 ♉ 0.50	20 ♉ 12.19	21 ♉ 1.40	20 ♉ 18.15	20 ♉ 23.55	20 ♉ 5.5
5	22 ♊ 1.15	21 ♊ 7.07	21 ♊ 12.57	21 ♊ 18.35	22 ♊ 0.25	21 ♊ 11.57	22 ♊ 1.15	21 ♊ 17.5	21 ♊ 23.27	21 ♊ 5.2
6	22 ♋ 9.28	21 ♋ 15.23	21 ♋ 21.12	22 ♋ 2.48	22 ♋ 8.38	21 ♋ 20.12	22 ♋ 9.28	22 ♋ 2.04	22 ♋ 7.39	21 ♋ 13.3
7	23 ♌ 20.21	23 ♌ 2.18	23 ♌ 8.05	23 ♌ 13.42	23 ♌ 19.33	23 ♌ 7.07	23 ♌ 20.21	23 ♌ 12.57	23 ♌ 18.37	23 ♌ 0.3
8	24 ♍ 3.10	23 ♍ 9.06	23 ♍ 14.52	23 ♍ 20.32	24 ♍ 2.24	23 ♍ 13.58	24 ♍ 3.10	23 ♍ 19.46	24 ♍ 1.31	23 ♍ 7.2
9	24 ♎ 0.23	23 ♎ 6.16	23 ♎ 12.01	23 ♎ 17.45	23 ♎ 23.38	23 ♎ 11.13	24 ♎ 0.23	23 ♎ 17.00	23 ♎ 22.49	23 ♎ 4.4
10	24 ♏ 9.16	23 ♏ 15.04	23 ♏ 20.48	24 ♏ 2.36	24 ♏ 8.29	23 ♏ 20.07	24 ♏ 9.16	24 ♏ 1.54	24 ♏ 7.46	23 ♏ 13.3
11	23 ♐ 6.25	22 ♐ 12.10	22 ♐ 17.53	22 ♐ 23.44	23 ♐ 5.35	22 ♐ 17.17	23 ♐ 6.25	22 ♐ 23.06	23 ♐ 4.59	22 ♐ 10.4
12	22 ♑ 19.30	22 ♑ 1.14	22 ♑ 6.58	22 ♑ 12.49	22 ♑ 18.37	22 ♑ 6.22	22 ♑ 19.30	22 ♑ 12.13	22 ♑ 18.06	21 ♑ 23.5

SONNE 1951–1970

	1951	1952	1953	1954	1955	1956	1957	1958	1959	1960
1	20 ♒ 20.52	21 ♒ 2.38	20 ♒ 8.21	20 ♒ 14.11	20 ♒ 20.02	21 ♒ 1.48	20 ♒ 7.39	20 ♒ 13.28	20 ♒ 19.19	21 ♒ 1.1
2	19 ♓ 11.10	19 ♓ 16.57	18 ♓ 22.41	19 ♓ 4.32	19 ♓ 10.19	19 ♓ 16.05	18 ♓ 21.58	19 ♓ 3.48	19 ♓ 9.38	19 ♓ 15.2
3	21 ♈ 10.26	20 ♈ 16.14	20 ♈ 22.01	21 ♈ 3.53	21 ♈ 9.35	20 ♈ 15.20	20 ♈ 21.16	21 ♈ 3.06	21 ♈ 8.55	20 ♈ 14.4
4	20 ♉ 21.48	20 ♉ 3.37	20 ♉ 9.25	20 ♉ 15.20	20 ♉ 20.58	20 ♉ 2.43	20 ♉ 8.41	20 ♉ 14.27	20 ♉ 20.17	20 ♉ 2.0
5	21 ♊ 21.15	21 ♊ 3.04	21 ♊ 8.53	21 ♊ 14.47	21 ♊ 20.24	21 ♊ 2.13	21 ♊ 8.10	21 ♊ 13.51	21 ♊ 19.42	21 ♊ 1.3
6	22 ♋ 5.25	21 ♋ 11.13	21 ♋ 17.00	21 ♋ 22.54	22 ♋ 4.31	21 ♋ 10.24	21 ♋ 16.21	21 ♋ 21.57	22 ♋ 3.50	21 ♋ 9.4
7	23 ♌ 16.21	22 ♌ 22.07	23 ♌ 3.52	23 ♌ 9.45	23 ♌ 15.25	22 ♌ 21.20	23 ♌ 3.15	23 ♌ 8.50	23 ♌ 14.45	22 ♌ 20.3
8	23 ♍ 23.16	23 ♍ 5.03	23 ♍ 10.45	23 ♍ 16.36	23 ♍ 22.19	23 ♍ 4.15	23 ♍ 10.08	23 ♍ 15.46	23 ♍ 21.44	23 ♍ 3.3
9	23 ♎ 20.37	23 ♎ 2.24	23 ♎ 8.06	23 ♎ 13.55	23 ♎ 19.41	23 ♎ 1.35	23 ♎ 7.26	23 ♎ 13.09	23 ♎ 19.08	23 ♎ 0.5
10	24 ♏ 5.36	23 ♏ 11.22	23 ♏ 17.06	23 ♏ 22.56	24 ♏ 4.43	23 ♏ 10.34	23 ♏ 16.24	23 ♏ 22.11	24 ♏ 4.11	23 ♏ 10.0
11	23 ♐ 2.51	22 ♐ 8.36	22 ♐ 14.22	22 ♐ 20.14	23 ♐ 2.01	22 ♐ 7.50	22 ♐ 13.39	22 ♐ 19.29	23 ♐ 1.27	22 ♐ 7.1
12	22 ♑ 16.00	21 ♑ 21.43	22 ♑ 3.31	22 ♑ 9.24	22 ♑ 15.11	21 ♑ 20.59	22 ♑ 2.49	22 ♑ 8.40	22 ♑ 14.34	21 ♑ 20.2

1941			1942			1943			1944			1945			1946			1947			1948			1949			1950		
0	♒	10.34	20	♒	16.24	20	♒	22.19	21	♒	4.07	20	♒	9.54	20	♒	15.45	20	♒	21.32	21	♒	3.18	20	♒	9.09	20	♒	15.00
9	♓	0.56	19	♓	6.47	19	♓	12.40	19	♓	18.27	19	♓	0.15	19	♓	6.09	19	♓	11.52	19	♓	17.37	18	♓	23.27	19	♓	5.18
1	♈	0.20	21	♈	6.11	21	♈	12.03	20	♈	17.49	20	♈	23.37	21	♈	5.33	21	♈	11.13	20	♈	16.57	20	♈	22.48	21	♈	4.35
0	♉	11.50	20	♉	17.39	20	♉	23.32	20	♉	5.18	20	♉	11.07	20	♉	17.02	20	♉	22.39	20	♉	4.25	20	♉	10.17	20	♉	15.59
1	♊	11.23	21	♊	17.09	21	♊	23.03	21	♊	4.51	21	♊	10.40	21	♊	16.34	21	♊	22.09	21	♊	3.58	21	♊	9.51	21	♊	15.27
1	♋	19.33	22	♋	1.16	22	♋	7.12	21	♋	13.02	21	♋	18.52	22	♋	0.44	22	♋	6.19	21	♋	12.11	21	♋	18.03	21	♋	23.36
3	♌	6.26	23	♌	12.07	23	♌	18.05	22	♌	23.56	23	♌	5.45	23	♌	11.37	23	♌	17.14	22	♌	23.08	23	♌	4.57	23	♌	10.30
3	♍	13.17	23	♍	18.58	24	♍	0.55	23	♍	6.46	23	♍	12.35	23	♍	18.26	24	♍	0.09	23	♍	6.03	23	♍	11.48	23	♍	17.23
3	♎	10.33	23	♎	16.16	23	♎	22.12	23	♎	4.02	23	♎	9.50	23	♎	15.41	23	♎	21.29	23	♎	3.22	23	♎	9.06	23	♎	14.44
3	♏	19.27	24	♏	1.15	24	♏	7.08	23	♏	12.56	23	♏	18.44	24	♏	0.35	24	♏	6.26	23	♏	12.18	23	♏	18.03	23	♏	23.45
2	♐	16.38	22	♐	22.30	23	♐	4.22	22	♐	10.08	22	♐	15.55	22	♐	21.46	23	♐	3.38	22	♐	9.29	22	♐	15.16	22	♐	21.03
2	♑	5.44	22	♑	11.40	22	♑	17.29	21	♑	23.15	22	♑	5.04	22	♑	10.53	22	♑	16.43	21	♑	22.33	22	♑	4.23	22	♑	10.13

1961			1962			1963			1964			1965			1966			1967			1968			1969			1970		
20	♒	7.01	20	♒	12.58	20	♒	18.54	21	♒	0.41	20	♒	6.29	20	♒	12.20	20	♒	18.08	20	♒	23.54	20	♒	5.38	20	♒	11.24
18	♓	21.16	19	♓	3.15	19	♓	9.09	19	♓	14.57	18	♓	20.48	19	♓	2.38	19	♓	8.24	19	♓	14.09	18	♓	19.55	19	♓	1.42
20	♈	20.32	21	♈	2.30	21	♈	8.20	20	♈	14.10	20	♈	20.05	21	♈	1.53	21	♈	7.37	20	♈	13.22	20	♈	19.08	21	♈	0.56
20	♉	7.55	20	♉	13.51	20	♉	19.36	20	♉	1.27	20	♉	7.26	20	♉	13.12	20	♉	18.55	20	♉	0.41	20	♉	6.27	20	♉	12.15
21	♊	7.22	21	♊	13.17	21	♊	18.58	21	♊	0.50	21	♊	6.50	21	♊	12.32	21	♊	18.18	21	♊	0.06	21	♊	5.50	21	♊	11.37
21	♋	15.30	21	♋	21.24	22	♋	3.04	21	♋	8.57	21	♋	14.56	21	♋	20.33	22	♋	2.23	21	♋	8.13	21	♋	13.55	21	♋	19.43
23	♌	2.24	23	♌	8.18	23	♌	13.59	22	♌	19.53	23	♌	1.48	23	♌	7.23	23	♌	13.16	22	♌	19.07	23	♌	0.48	23	♌	6.37
23	♍	9.19	23	♍	15.12	23	♍	20.58	23	♍	2.51	23	♍	8.43	23	♍	14.18	23	♍	20.12	23	♍	2.03	23	♍	7.43	23	♍	13.34
23	♎	6.42	23	♎	12.35	23	♎	18.24	23	♎	0.17	23	♎	6.06	23	♎	11.43	23	♎	17.38	22	♎	23.26	23	♎	5.07	23	♎	10.59
23	♏	15.47	23	♏	21.40	24	♏	3.29	23	♏	9.21	23	♏	15.10	23	♏	20.51	24	♏	2.44	23	♏	8.30	23	♏	14.11	23	♏	20.04
22	♐	13.08	22	♐	19.02	23	♐	0.49	22	♐	6.39	22	♐	12.29	22	♐	18.14	23	♐	0.04	22	♐	5.49	22	♐	11.31	22	♐	17.25
22	♑	2.19	22	♑	8.15	22	♑	14.02	21	♑	19.50	22	♑	1.40	22	♑	7.28	22	♑	13.16	21	♑	19.00	22	♑	0.44	22	♑	6.36

SONNE 1971–1990

	1971	1972	1973	1974	1975	1976	1977	1978	1979	1980
1	20 ♒ 17.13	20 ♒ 22.59	20 ♒ 4.48	20 ♒ 10.46	20 ♒ 16.36	20 ♒ 22.25	20 ♒ 4.14	20 ♒ 10.04	20 ♒ 16.00	20 ♒ 21.49
2	19 ♓ 7.27	19 ♓ 13.11	18 ♓ 19.01	19 ♓ 0.59	19 ♓ 6.50	19 ♓ 12.40	18 ♓ 18.30	19 ♓ 0.21	19 ♓ 6.13	19 ♓ 12.02
3	21 ♈ 6.38	20 ♈ 12.21	20 ♈ 18.12	21 ♈ 0.07	21 ♈ 5.57	20 ♈ 11.50	20 ♈ 17.42	20 ♈ 23.34	21 ♈ 5.22	20 ♈ 11.10
4	20 ♉ 17.54	19 ♉ 23.37	20 ♉ 5.30	20 ♉ 11.19	20 ♉ 17.07	19 ♉ 23.03	20 ♉ 4.57	20 ♉ 10.50	20 ♉ 16.35	19 ♉ 22.23
5	21 ♊ 17.15	20 ♊ 23.00	21 ♊ 4.54	21 ♊ 10.36	21 ♊ 16.24	20 ♊ 22.21	21 ♊ 4.14	21 ♊ 10.08	21 ♊ 15.54	20 ♊ 21.42
6	22 ♋ 1.20	21 ♋ 7.06	21 ♋ 13.01	21 ♋ 18.38	22 ♋ 0.26	21 ♋ 6.24	21 ♋ 12.14	21 ♋ 18.10	21 ♋ 23.56	21 ♋ 5.47
7	23 ♌ 12.15	22 ♌ 18.03	22 ♌ 23.56	23 ♌ 5.30	23 ♌ 11.22	22 ♌ 17.18	22 ♌ 23.04	23 ♌ 5.00	23 ♌ 10.49	22 ♌ 16.42
8	23 ♍ 19.15	23 ♍ 1.03	23 ♍ 6.54	23 ♍ 12.29	23 ♍ 18.24	23 ♍ 0.18	23 ♍ 6.00	23 ♍ 11.57	23 ♍ 17.47	22 ♍ 23.41
9	23 ♎ 16.45	22 ♎ 22.33	23 ♎ 4.21	23 ♎ 9.58	23 ♎ 15.55	22 ♎ 21.48	23 ♎ 3.29	23 ♎ 9.25	23 ♎ 15.16	22 ♎ 21.09
10	24 ♏ 1.53	23 ♏ 7.41	23 ♏ 13.30	23 ♏ 19.11	24 ♏ 1.06	23 ♏ 6.58	23 ♏ 12.41	23 ♏ 18.37	24 ♏ 0.28	23 ♏ 6.18
11	22 ♐ 23.14	22 ♐ 5.03	22 ♐ 10.54	22 ♐ 16.38	22 ♐ 22.31	22 ♐ 4.22	22 ♐ 10.07	22 ♐ 16.05	22 ♐ 21.54	22 ♐ 3.41
12	22 ♑ 12.24	21 ♑ 18.13	22 ♑ 0.08	22 ♑ 5.56	22 ♑ 11.46	21 ♑ 17.35	21 ♑ 23.23	22 ♑ 5.21	22 ♑ 11.10	21 ♑ 16.56

SONNE 1991–2010

	1991	1992	1993	1994	1995	1996	1997	1998	1999	2000
1	20 ♒ 13.47	20 ♒ 19.32	20 ♒ 1.23	20 ♒ 7.07	20 ♒ 13.00	20 ♒ 18.52	20 ♒ 0.43	20 ♒ 6.46	20 ♒ 12.37	20 ♒ 18.23
2	19 ♓ 3.58	19 ♓ 9.43	18 ♓ 15.35	18 ♓ 21.22	19 ♓ 3.11	19 ♓ 9.01	18 ♓ 14.51	18 ♓ 20.55	19 ♓ 2.47	19 ♓ 8.33
3	21 ♈ 3.02	20 ♈ 8.48	20 ♈ 14.41	20 ♈ 20.28	21 ♈ 2.14	20 ♈ 8.03	20 ♈ 13.55	20 ♈ 19.55	21 ♈ 1.46	20 ♈ 7.35
4	20 ♉ 14.08	19 ♉ 19.57	20 ♉ 1.49	20 ♉ 7.36	20 ♉ 13.21	19 ♉ 19.10	20 ♉ 1.03	20 ♉ 6.57	20 ♉ 12.46	19 ♉ 18.40
5	21 ♊ 13.20	20 ♊ 19.12	21 ♊ 1.02	21 ♊ 6.48	21 ♊ 12.34	20 ♊ 18.23	21 ♊ 0.18	21 ♊ 6.05	21 ♊ 11.52	20 ♊ 17.49
6	21 ♋ 21.19	21 ♋ 3.14	21 ♋ 9.00	21 ♋ 14.48	21 ♋ 20.34	21 ♋ 2.24	21 ♋ 8.20	21 ♋ 14.03	21 ♋ 19.49	21 ♋ 1.48
7	23 ♌ 8.11	22 ♌ 14.09	22 ♌ 19.51	23 ♌ 1.41	23 ♌ 7.30	22 ♌ 13.19	22 ♌ 19.15	23 ♌ 0.55	23 ♌ 6.44	22 ♌ 12.43
8	23 ♍ 15.13	22 ♍ 21.10	23 ♍ 2.50	23 ♍ 8.44	23 ♍ 14.35	22 ♍ 20.23	23 ♍ 2.19	23 ♍ 7.59	23 ♍ 13.51	22 ♍ 19.49
9	23 ♎ 12.48	22 ♎ 18.43	23 ♎ 0.22	23 ♎ 6.19	23 ♎ 12.13	22 ♎ 18.00	22 ♎ 23.56	23 ♎ 5.37	23 ♎ 11.32	22 ♎ 17.28
10	23 ♏ 22.05	23 ♏ 3.57	23 ♏ 9.37	23 ♏ 15.36	23 ♏ 21.32	23 ♏ 3.19	23 ♏ 9.15	23 ♏ 14.59	23 ♏ 20.52	23 ♏ 2.47
11	22 ♐ 19.36	22 ♐ 1.26	22 ♐ 7.07	22 ♐ 13.06	22 ♐ 19.01	22 ♐ 0.49	22 ♐ 6.48	22 ♐ 12.34	22 ♐ 18.25	22 ♐ 0.19
12	22 ♑ 8.54	21 ♑ 14.43	21 ♑ 20.26	22 ♑ 2.23	22 ♑ 8.17	21 ♑ 14.06	21 ♑ 20.07	22 ♑ 1.56	22 ♑ 7.44	21 ♑ 13.37

1981	1982	1983	1984	1985	1986	1987	1988	1989	1990
20 ♒ 3.36	20 ♒ 9.31	20 ♒ 15.17	20 ♒ 21.05	20 ♒ 2.58	20 ♒ 8.46	20 ♒ 14.40	20 ♒ 20.24	20 ♒ 2.07	20 ♒ 8.02
18 ♓ 17.52	18 ♓ 23.47	19 ♓ 5.31	19 ♓ 11.16	18 ♓ 17.07	18 ♓ 22.58	19 ♓ 4.50	19 ♓ 10.35	18 ♓ 16.21	18 ♓ 22.14
20 ♈ 17.03	20 ♈ 22.56	21 ♈ 4.39	20 ♈ 10.24	20 ♈ 16.14	20 ♈ 22.03	21 ♈ 3.52	20 ♈ 9.39	20 ♈ 15.28	20 ♈ 21.19
20 ♉ 4.19	20 ♉ 10.07	20 ♉ 15.50	19 ♉ 21.38	20 ♉ 3.26	20 ♉ 9.12	20 ♉ 14.58	19 ♉ 20.45	20 ♉ 2.39	20 ♉ 8.27
21 ♊ 3.39	21 ♊ 9.23	21 ♊ 15.06	20 ♊ 20.58	21 ♊ 2.43	21 ♊ 8.28	21 ♊ 14.10	20 ♊ 19.57	21 ♊ 1.54	21 ♊ 7.37
21 ♋ 11.45	21 ♋ 17.23	21 ♋ 23.09	21 ♋ 5.02	21 ♋ 10.44	21 ♋ 16.30	21 ♋ 22.11	21 ♋ 3.57	21 ♋ 9.53	21 ♋ 15.33
22 ♌ 22.40	23 ♌ 4.15	23 ♌ 10.04	22 ♌ 15.58	22 ♌ 21.36	23 ♌ 3.24	23 ♌ 9.06	22 ♌ 14.51	22 ♌ 20.45	23 ♌ 2.22
23 ♍ 5.38	23 ♍ 11.15	23 ♍ 17.08	22 ♍ 23.00	23 ♍ 4.36	23 ♍ 10.26	23 ♍ 16.10	22 ♍ 21.54	23 ♍ 3.46	23 ♍ 9.21
23 ♎ 3.05	23 ♎ 8.46	23 ♎ 14.42	22 ♎ 20.33	23 ♎ 2.07	23 ♎ 7.59	23 ♎ 13.45	22 ♎ 19.29	23 ♎ 1.20	23 ♎ 6.56
23 ♏ 12.13	23 ♏ 17.58	23 ♏ 23.54	23 ♏ 5.46	23 ♏ 11.22	23 ♏ 17.14	23 ♏ 23.01	23 ♏ 4.44	23 ♏ 10.35	23 ♏ 16.14
22 ♐ 9.36	22 ♐ 15.23	22 ♐ 21.18	22 ♐ 3.11	22 ♐ 8.51	22 ♐ 14.44	22 ♐ 20.29	22 ♐ 2.12	22 ♐ 8.05	22 ♐ 13.47
21 ♑ 22.51	22 ♑ 4.38	22 ♑ 10.30	21 ♑ 16.23	21 ♑ 22.08	22 ♑ 4.02	22 ♑ 9.46	21 ♑ 15.28	21 ♑ 21.22	22 ♑ 3.07

2001	2002	2003	2004	2005	2006	2007	2008	2009	2010
20 ♒ 0.16	20 ♒ 6.02	20 ♒ 11.53	20 ♒ 17.42	19 ♒ 23.22	20 ♒ 5.15	20 ♒ 11.01	20 ♒ 16.43	19 ♒ 22.40	20 ♒ 4.28
18 ♓ 14.27	18 ♓ 20.13	19 ♓ 2.00	19 ♓ 7.50	18 ♓ 13.32	18 ♓ 19.26	19 ♓ 1.09	19 ♓ 6.50	18 ♓ 12.46	18 ♓ 18.36
20 ♈ 13.31	20 ♈ 19.16	21 ♈ 1.00	20 ♈ 6.49	20 ♈ 12.33	20 ♈ 18.26	21 ♈ 0.07	20 ♈ 5.48	20 ♈ 11.44	20 ♈ 17.32
20 ♉ 0.36	20 ♉ 6.20	20 ♉ 12.03	19 ♉ 17.5	19 ♉ 23.37	20 ♉ 5.26	20 ♉ 11.07	19 ♉ 16.51	19 ♉ 22.44	20 ♉ 4.30
20 ♊ 23.44	21 ♊ 5.29	21 ♊ 11.12	20 ♊ 16.59	20 ♊ 22.47	21 ♊ 4.32	21 ♊ 10.12	20 ♊ 16.01	20 ♊ 21.51	21 ♊ 3.34
21 ♋ 7.38	21 ♋ 13.24	21 ♋ 19.10	21 ♋ 0.57	21 ♋ 6.46	21 ♋ 12.26	21 ♋ 18.06	20 ♋ 23.59	21 ♋ 5.45	21 ♋ 11.28
22 ♌ 18.26	23 ♌ 0.15	23 ♌ 6.04	22 ♌ 11.50	22 ♌ 17.41	22 ♌ 23.18	23 ♌ 5.00	22 ♌ 10.55	22 ♌ 16.36	22 ♌ 22.21
23 ♍ 1.27	23 ♍ 7.17	23 ♍ 13.08	22 ♍ 18.53	23 ♍ 0.45	23 ♍ 6.23	23 ♍ 12.08	22 ♍ 18.02	22 ♍ 23.39	23 ♍ 5.27
22 ♎ 23.04	23 ♎ 4.55	23 ♎ 10.47	22 ♎ 16.30	22 ♎ 22.23	23 ♎ 4.03	23 ♎ 9.51	22 ♎ 15.44	22 ♎ 21.19	23 ♎ 3.09
23 ♏ 8.26	23 ♏ 14.18	23 ♏ 20.08	23 ♏ 1.49	23 ♏ 7.42	23 ♏ 13.26	23 ♏ 19.15	23 ♏ 1.09	23 ♏ 6.43	23 ♏ 12.35
22 ♐ 6.00	22 ♐ 11.54	22 ♐ 17.43	21 ♐ 23.22	22 ♐ 5.15	22 ♐ 11.02	22 ♐ 16.5	21 ♐ 22.44	22 ♐ 4.23	22 ♐ 10.15
21 ♑ 19.21	22 ♑ 1.14	22 ♑ 7.04	21 ♑ 12.42	21 ♑ 18.35	22 ♑ 0.22	22 ♑ 6.08	21 ♑ 12.04	21 ♑ 17.47	21 ♑ 23.38

MOND 1931–1958

	1931		1932		1933		1934		1935		1936		1937		1938		1939		1940		1941		1942		1943		1944	
1	26	♉.6	5	♎.1	13	♓.1	20	♋.2	0	♏.2	6	♓.8	14	♌.7	20	♐.8	0	♈.9	7	♍.6	14	♒.4	21	♊.5	0	♎.6	7	♓.3
2	2	♋.2	9	♏.8	16	♈.6	23	♌.7	3	♐.9	9	♉.6	17	♎.3	24	♒.3	3	♊.6	10	♏.3	18	♓.9	24	♌.0	4	♐.3	11	♉.0
3	2	♋.5	10	♐.6	17	♈.9	24	♍.0	3	♑.2	11	♊.4	18	♎.5	24	♒.6	4	♊.9	11	♐.1	18	♈.2	25	♌.3	4	♐.6	12	♉.8
4	6	♍.2	14	♒.3	20	♊.3	0	♎.5	6	♒.9	14	♌.0	21	♐.0	0	♈.2	7	♌.7	15	♑.7	22	♉.7	1	♍.9	8	♒.4	15	♋.3
5	8	♎.5	16	♓.4	23	♋.4	2	♏.7	9	♈.2	17	♍.1	23	♑.1	3	♉.4	9	♎.0	17	♒.8	24	♊.8	3	♏.1	10	♓.7	18	♌.4
6	12	♐.3	19	♈.9	26	♌.9	6	♑.5	12	♊.0	20	♎.6	0	♒.6	6	♋.2	13	♏.7	21	♈.2	0	♌.3	7	♐.9	14	♉.4	21	♍.9
7	14	♑.4	22	♊.0	1	♎.1	8	♒.8	15	♋.1	22	♏.6	2	♓.8	9	♌.5	15	♐.8	23	♉.3	2	♍.6	9	♒.2	16	♊.5	24	♎.9
8	18	♓.0	25	♋.5	5	♏.8	11	♈.5	18	♌.7	26	♑.2	5	♉.6	12	♎.2	19	♒.3	0	♊.8	6	♏.3	13	♓.9	19	♌.0	0	♐.5
9	21	♈.5	1	♍.1	8	♑.6	15	♊.1	22	♎.1	2	♒.8	9	♋.4	15	♏.8	22	♓.8	3	♌.5	9	♑.1	16	♉.4	23	♍.5	3	♒.2
10	23	♉.5	4	♎.4	11	♒.9	17	♋.2	24	♏.2	4	♈.1	11	♌.6	18	♐.9	25	♈.9	5	♍.8	12	♒.3	18	♊.5	25	♎.6	6	♓.4
11	0	♋.1	7	♐.2	14	♈.5	21	♌.7	0	♐.8	8	♉.9	15	♎.2	21	♒.3	1	♊.5	8	♏.5	15	♓.9	22	♌.0	1	♐.2	9	♉.2
12	2	♌.3	10	♑.4	16	♉.7	23	♍.7	3	♒.0	10	♋.1	17	♏.4	24	♓.4	3	♋.8	11	♐.8	18	♉.0	24	♍.0	4	♑.5	11	♊.5

MOND 1959–1986

	1959		1960		1961		1962		1963		1964		1965		1966		1967		1968		1969		1970		1971		1972	
1	3	♍.5	10	♒.1	17	♊.8	24	♎.8	3	♓.2	10	♋.8	18	♐.5	25	♈.5	4	♌.9	11	♑.5	18	♊.1	25	♎.1	5	♒.7	11	♋.2
2	6	♏.2	13	♓.8	21	♌.3	0	♐.4	7	♉.0	14	♍.4	21	♑.9	1	♊.0	7	♎.7	14	♓.1	22	♋.6	1	♏.7	8	♈.5	15	♌.8
3	7	♏.6	14	♈.5	21	♌.6	1	♐.7	7	♉.3	15	♎.1	22	♒.2	1	♊.3	8	♏.1	16	♓.8	22	♋.9	2	♐.1	8	♈.8	16	♍.5
4	10	♑.3	18	♊.0	25	♎.1	4	♒.3	11	♋.1	18	♏.6	25	♓.7	5	♌.1	11	♐.8	19	♉.3	26	♍.4	5	♑.8	12	♊.5	20	♏.0
5	13	♒.6	20	♋.0	0	♏.2	6	♓.6	13	♌.3	21	♐.7	0	♈.9	7	♍.4	14	♑.9	21	♊.4	1	♎.6	8	♓.1	14	♋.6	22	♐.1
6	16	♈.1	24	♌.5	3	♐.9	10	♉.4	17	♍.8	24	♒.2	4	♊.6	10	♏.1	17	♓.5	25	♋.9	4	♐.3	11	♈.8	18	♍.1	25	♑.6
7	18	♉.2	26	♍.6	5	♒.2	12	♊.7	19	♎.9	0	♓.3	6	♋.9	13	♐.4	20	♈.5	0	♍.0	7	♑.6	13	♊.1	20	♎.2	1	♒.8
8	22	♊.7	2	♏.3	9	♉.9	16	♌.3	22	♐.3	3	♉.0	10	♍.7	16	♑.9	23	♊.0	3	♎.7	10	♓.4	17	♋.6	24	♏.6	4	♈.5
9	25	♌.2	6	♑.0	12	♉.7	19	♍.8	26	♑.8	6	♊.8	13	♏.4	20	♓.4	0	♋.5	7	♐.5	14	♉.0	20	♍.1	0	♑.2	7	♊.3
10	0	♍.3	8	♒.3	15	♊.8	21	♎.8	1	♓.0	9	♌.1	15	♐.5	22	♈.5	1	♌.7	9	♑.8	16	♊.1	23	♎.2	2	♒.4	10	♋.5
11	4	♏.0	11	♈.1	18	♌.3	25	♐.4	4	♈.7	12	♍.8	19	♒.0	25	♊.0	5	♎.4	13	♓.5	19	♋.6	26	♏.7	6	♈.1	13	♍.2
12	6	♐.3	14	♉.2	21	♍.4	0	♑.5	7	♊.0	14	♏.0	21	♓.0	1	♋.2	7	♏.7	15	♈.6	22	♌.7	1	♐.9	8	♉.4	16	♎.3

1945		1946		1947		1948		1949		1950		1951		1952		1953		1954		1955		1956		1957		1958	
15	♌.1	22	♐.2	1	♈.3	8	♍.0	15	♑.8	22	♉.8	2	♎.0	8	♒.7	16	♋.4	23	♏.5	2	♓.7	9	♌.4	17	♑.1	23	♉.2
18	♍.6	25	♑.7	4	♊.0	11	♎.7	19	♓.3	26	♋.4	5	♏.7	12	♈.4	19	♌.9	26	♑.0	6	♉.5	12	♎.1	20	♒.6	0	♊.7
19	♍.9	25	♒.0	5	♊.4	13	♏.5	19	♓.5	26	♋.6	5	♐.1	13	♉.1	20	♍.2	0	♑.3	6	♉.9	14	♎.8	21	♒.9	0	♋.0
22	♏.3	2	♓.6	8	♌.1	16	♑.0	23	♉.0	2	♍.3	9	♑.9	17	♊.7	23	♎.7	3	♒.9	9	♋.6	17	♐.3	24	♈.4	3	♌.6
25	♐.5	4	♈.8	11	♍.4	18	♒.1	25	♊.1	5	♎.5	11	♓.1	19	♋.7	26	♏.8	5	♈.2	12	♌.9	20	♑.4	0	♉.5	6	♍.9
1	♒.0	7	♊.6	14	♏.1	22	♓.5	1	♋.8	8	♐.3	15	♈.8	22	♍.2	2	♑.5	9	♊.0	15	♎.4	23	♒.8	2	♋.2	9	♏.7
3	♓.3	10	♋.9	17	♐.2	24	♈.6	4	♍.0	10	♑.6	17	♉.9	25	♎.3	4	♒.8	11	♋.3	18	♏.5	23	♉.9	5	♌.5	12	♑.0
6	♉.1	13	♍.6	20	♑.7	0	♊.2	7	♎.8	14	♓.2	21	♋.4	1	♏.9	8	♈.5	14	♌.9	21	♑.0	2	♉.6	8	♎.3	15	♒.6
10	♊.8	17	♏.1	23	♓.2	4	♋.9	11	♐.6	17	♈.8	24	♌.8	4	♑.6	11	♊.3	18	♎.4	25	♒.5	5	♋.3	12	♐.0	18	♈.1
12	♌.1	19	♐.2	26	♈.3	6	♍.2	13	♑.8	20	♉.8	0	♎.0	7	♒.9	14	♋.5	20	♏.5	0	♓.7	7	♌.6	14	♑.1	21	♉.2
16	♍.6	22	♑.6	2	♉.9	10	♎.9	16	♓.3	23	♋.3	2	♏.7	10	♈.6	17	♍.0	24	♑.0	3	♉.4	11	♎.3	18	♒.6	24	♊.7
18	♎.7	25	♒.7	4	♋.2	12	♐.2	19	♈.4	26	♌.4	5	♐.9	13	♉.9	19	♎.0	26	♒.1	6	♊.6	13	♏.6	20	♓.7	0	♋.8

1973		1974		1975		1976		1977		1978		1979		1980		1981		1982		1983		1984		1985		1986	
19	♏.8	26	♓.8	5	♌.4	12	♐.8	20	♉.5	0	♍.5	6	♒.1	13	♊.6	20	♏.1	0	♓.2	6	♋.8	13	♐.3	21	♈.8	0	♍.0
22	♑.3	2	♉.4	9	♎.2	15	♒.4	23	♊.9	3	♏.2	9	♓.9	16	♌.1	24	♐.6	3	♈.9	10	♍.6	17	♑.8	24	♊.3	4	♎.6
23	♑.5	2	♉.8	9	♎.5	17	♓.2	24	♋.2	3	♏.5	10	♈.1	17	♌.8	24	♐.9	4	♉.3	10	♍.8	18	♒.5	25	♊.5	4	♏.0
0	♓.1	6	♋.5	13	♐.1	20	♈.6	0	♌.7	6	♑.3	13	♉.8	21	♎.3	0	♒.4	7	♋.0	14	♏.5	21	♉.9	1	♌.1	8	♐.8
1	♈.3	8	♌.8	15	♑.3	23	♉.7	2	♍.9	9	♒.6	16	♊.9	23	♏.4	3	♓.6	9	♌.3	16	♐.6	24	♉.1	3	♍.3	10	♒.1
5	♊.0	12	♎.6	18	♒.8	26	♋.3	5	♏.7	12	♈.3	19	♌.4	0	♑.0	6	♉.4	13	♎.0	20	♒.1	0	♊.7	7	♏.1	13	♓.7
7	♋.3	14	♏.8	21	♓.8	1	♌.5	8	♑.0	15	♉.5	21	♍.5	2	♒.2	9	♊.7	15	♏.2	22	♓.2	2	♋.9	9	♐.4	16	♈.8
11	♍.0	17	♑.3	24	♉.3	5	♎.2	11	♒.7	18	♋.0	25	♏.0	5	♓.9	12	♌.4	19	♐.6	25	♈.7	6	♍.7	13	♒.1	19	♊.3
14	♎.7	21	♒.8	0	♊.9	8	♐.0	15	♈.4	21	♌.5	1	♐.6	9	♉.7	15	♎.0	22	♒.1	1	♊.3	9	♏.5	16	♓.7	23	♋.8
17	♏.8	23	♓.9	3	♌.1	10	♑.3	17	♉.5	24	♍.5	3	♑.8	11	♋.0	18	♏.1	24	♓.2	4	♋.5	12	♐.7	18	♈.8	25	♌.9
20	♑.3	0	♉.4	6	♍.8	14	♒.9	21	♊.9	0	♏.1	7	♓.6	14	♌.6	21	♐.6	1	♈.8	7	♍.3	15	♒.3	22	♊.3	1	♎.5
22	♒.3	2	♊.6	9	♏.1	16	♈.0	23	♌.0	2	♐.3	9	♈.8	17	♍.7	24	♑.7	3	♊.0	10	♎.6	17	♓.3	24	♋.4	4	♏.7

MOND 1987–1998

	1987		1988		1989		1990		1991		1992		1993		1994		1995		1996		1997		1998	
1	7	♑.5	14	♊.0	21	♎.4	1	♒.7	8	♋.2	14	♏.7	22	♈.1	2	♌.4	8	♐.9	15	♉.4	23	♍.8	2	♒.1
2	10	♓.3	17	♋.5	25	♏.9	4	♈.4	11	♌.9	18	♑.2	26	♉.6	5	♎.1	12	♒.6	18	♊.8	26	♏.3	6	♓.9
3	11	♓.5	19	♌.2	25	♐.2	5	♈.7	11	♍.2	19	♑.9	26	♉.9	5	♎.5	12	♒.9	20	♋.5	0	♏.6	6	♈.2
4	14	♉.1	22	♍.7	1	♑.8	8	♊.5	15	♎.8	23	♓.3	2	♋.5	9	♐.2	16	♈.5	23	♍.0	3	♑.2	9	♉.9
5	17	♊.3	24	♎.8	4	♓.0	11	♋.8	17	♏.9	25	♈.4	4	♌.8	11	♑.5	18	♉.6	26	♎.1	5	♒.5	12	♋.2
6	20	♋.7	1	♐.4	7	♈.8	14	♍.4	21	♑.4	1	♊.1	8	♎.6	15	♓.1	21	♋.1	2	♏.7	8	♈.3	15	♌.7
7	23	♌.8	3	♑.6	10	♊.1	16	♎.5	23	♒.5	4	♋.3	10	♏.8	17	♈.2	24	♌.2	4	♑.0	11	♉.6	18	♍.8
8	26	♎.3	6	♓.4	13	♋.8	20	♐.0	0	♈.0	7	♍.1	14	♑.5	20	♉.6	0	♍.8	8	♒.8	14	♋.2	21	♏.3
9	2	♐.0	10	♉.2	17	♍.4	23	♑.4	3	♉.7	10	♎.8	17	♓.0	24	♋.1	3	♏.4	11	♈.5	18	♌.7	24	♐.7
10	5	♑.3	12	♊.4	19	♎.5	26	♒.5	5	♋.0	13	♐.0	20	♈.1	26	♌.2	6	♐.7	13	♉.7	20	♍.8	0	♑.9
11	8	♓.0	16	♋.9	22	♏.9	2	♈.2	9	♌.8	16	♑.6	23	♉.6	2	♍.8	9	♒.5	17	♋.2	24	♏.3	3	♓.5
12	10	♈.3	18	♍.0	25	♑.1	4	♉.4	11	♎.0	19	♒.6	25	♊.7	5	♏.1	12	♓.8	19	♌.3	26	♐.4	5	♈.8

MOND 1999–2010

	1999		2000		2001		2002		2003		2004		2005		2006		2007		2008		2009		2010	
1	9	♊.6	16	♏.0	23	♓.4	3	♋.8	9	♐.3	16	♈.7	24	♍.1	3	♑.5	10	♊.0	17	♎.4	25	♒.8	4	♋.2
2	12	♌.3	19	♐.5	0	♉.0	6	♍.6	13	♒.0	20	♊.2	0	♎.7	7	♓.3	13	♋.7	20	♏.8	1	♈.4	7	♍.0
3	13	♌.6	20	♑.2	0	♉.3	7	♍.9	13	♒.3	21	♊.8	0	♏.0	7	♓.6	14	♌.0	22	♐.5	1	♈.7	8	♍.2
4	16	♎.2	24	♒.6	3	♋.0	10	♏.6	17	♓.9	24	♌.3	4	♐.7	11	♉.3	17	♍.5	25	♒.0	4	♊.4	11	♏.0
5	19	♏.3	26	♓.8	6	♌.2	12	♐.8	19	♉.0	0	♍.4	6	♒.0	13	♊.5	20	♎.6	0	♓.1	7	♋.7	14	♐.2
6	22	♐.8	2	♉.4	9	♎.0	16	♒.4	23	♊.4	3	♏.1	10	♓.8	16	♌.1	23	♐.1	4	♈.8	10	♍.5	17	♑.7
7	24	♑.9	5	♊.7	12	♏.3	18	♓.5	25	♋.6	5	♐.4	12	♉.0	19	♍.1	26	♑.2	6	♊.1	13	♎.7	19	♒.8
8	0	♓.5	8	♌.5	15	♐.9	22	♈.9	1	♍.2	9	♒.2	16	♊.6	22	♎.6	2	♒.9	9	♋.9	16	♐.3	23	♈.3
9	4	♉.2	12	♎.2	18	♒.4	25	♊.4	5	♎.9	12	♓.9	19	♌.1	26	♐.1	5	♈.6	13	♍.6	20	♑.7	26	♉.8
10	6	♊.5	14	♏.4	21	♓.5	0	♋.6	7	♐.2	15	♉.0	21	♍.2	1	♑.3	8	♉.9	15	♎.7	22	♒.8	1	♋.0
11	10	♌.3	17	♐.9	24	♉.0	4	♍.2	10	♒.0	18	♊.6	25	♎.7	4	♓.0	11	♋.7	19	♐.2	25	♈.3	5	♌.7
12	12	♍.5	20	♒.0	0	♊.1	6	♎.5	13	♓.2	20	♋.6	0	♏.8	7	♈.2	13	♌.9	21	♑.3	1	♉.5	7	♎.0

SO FINDEN SIE DIE POSITION DES MONDES

Der Mond braucht durchschnittlich zweieinhalb Tage für ein Tierkreiszeichen. Unsere Mondtabellen sind gültig für zwölf Uhr mittags Greenwichzeit und sind in Verbindung mit dem Diagramm *(rechts)* zu gebrauchen.

1. SCHRITT: Finden Sie in den Mondtabellen Jahr und Monat Ihrer Geburt. Bei jedem Monat stehen eine Mondzykluszahl (MZZ) sowie ein Tierkreiszeichen; dort steht eine weitere Zahl, die für ein bestimmtes Zehntel des Mondweges durch dieses Zeichens steht.

2. SCHRITT: Finden Sie heraus, wie weit der Mond vom Beginn des Monats bis zu Ihrem Geburtstag gereist ist. Dazu brauchen Sie die Mondzykluszahl. Nehmen Sie ein Blatt Papier und legen Sie eine Ecke im Diagramm rechts in Höhe der Zahl an, die Sie in der Mondtabelle für Ihren Geburtsmonat gefunden haben. Dann zählen Sie Ihr Geburtsdatum dazu und gehen zu der Stelle, an der sich die gefundene Zahl befindet. Markieren Sie sie.

Hinweis: Die Mondtabellen gelten für zwölf Uhr mittags. Wenn Sie früher oder später geboren wurden, können Sie ungefähre Korrekturen vornehmen.

3. SCHRITT: Nun arbeiten Sie mit der Strecke, die Sie in Schritt zwei gefunden haben weiter (Abstand zwischen Papierecke und Markierung). Legen sie die Papierecke an der Stelle des Tierkreisweges an, die Sie für Ihren Geburtsmonat in den Mondtabellen gefunden haben: Tierkreiszeichen und Zehntel des Weges durch dieses Tierkreiszeichen (von oben ab gezählt). Gehen Sie nun von der Papierecke an hinunter bis zur Markierung. An dieser Stelle finden Sie das Zeichen, in dem sich der Mond zum Zeitpunkt Ihrer Geburt befand. Die Schattierungen (weiß, hell und dunkel) zeigen an, in welchem Drittel des Zeichens genau der Mond stand.

BEISPIEL: 15. JUNI 1979, 18 UHR

1. Die MZZ für diesen Monat ist 19, die genannte Stelle im Tierkreisweg ist der 4. Teil (von insgesamt 10) des Zeichens Löwe.

2. Man legt die Papierecke bei der Zahl 19 des MZZ an und markiert die Stelle auf Höhe der 34 (19 + 15, das Geburtsdatum). Für den Vierteltag, der von zwölf bis 18 Uhr verstrichen ist, nimmt man 0,25 hinzu. Das ist die Distanz zwischen 19 und 34,25.

3. Vom Tierkreisweg aus legt man die Ecke des Papiers am 4. Unterteilungsstrich des Zeichens Löwe an und schaut, an welcher Stelle des Tierkreises sich die angebrachte Markierung befindet: Der Mond befand sich im ersten Drittel Fische (weiß).

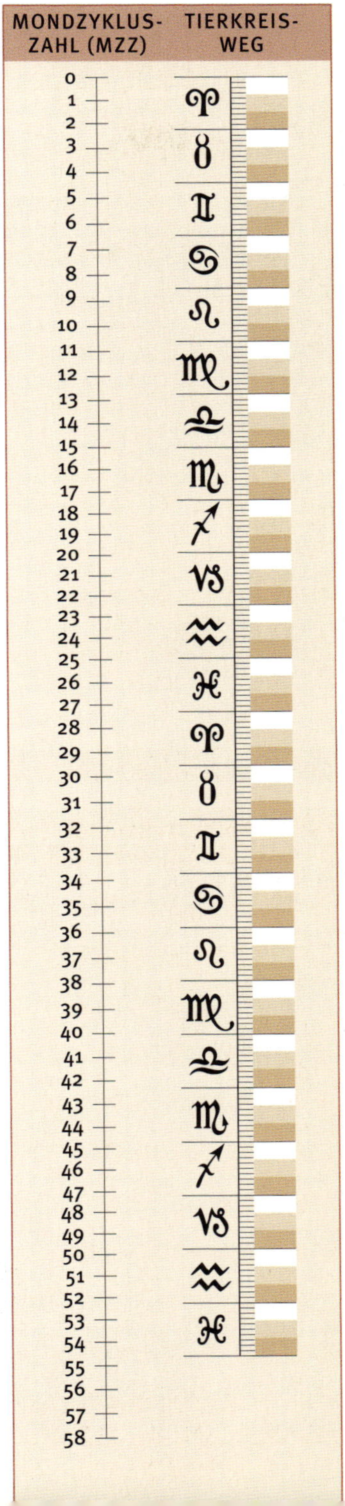

MERKUR 1931–1942

	1931	1932	1933	1934	1935	1936
1	1 ♑, 2 ♑, 10 ♑, 26 ♑	1 ♐, 15 ♑, 22 ♑, 29 ♑	1 ♐, 8 ♑, 15 ♑, 22 ♑, 28 ♒	1 ♐, 2 ♑, 8 ♑, 14 ♑, 20 ♒, 26 ♒	1 ♑, 7 ♑, 13 ♒, 19 ♒, 25 ♒	1 ♑, 6 ♒, 13 ♒
2	1 ♑, 4 ♑, 12 ♒, 18 ♒, 25 ♒	1 ♑, 5 ♒, 11 ♒, 17 ♒, 23 ♓, 28 ♓	1 ♒, 3 ♒, 9 ♒, 14 ♓, 20 ♓, 25 ♓	1 ♒, 7 ♓, 13 ♓, 23 ♓, 27 ♓	1 ♓, 15 ♒, 25 ♒	1 ♒, 2 ♒, 27 ♒
3	1 ♒, 3 ♓, 8 ♓, 14 ♓, 19 ♈, 24 ♈, 29 ♈	1 ♓, 5 ♓, 10 ♈, 15 ♈, 22 ♈	1 ♓, 3 ♈, 26 ♓	1 ♓, 11 ♓, 29 ♓	1 ♒, 7 ♒, 19 ♓, 27 ♓	1 ♒, 6 ♒, 13 ♓, 20 ♓, 26 ♓, 31 ♈
4	1 ♈, 4 ♉, 12 ♉, 29 ♉	1 ♈, 11 ♈	1 ♓, 18 ♈, 27 ♈	1 ♓, 8 ♓, 15 ♈, 22 ♈, 27 ♈	1 ♓, 3 ♓, 9 ♈, 14 ♈, 20 ♈, 25 ♉, 29 ♉	1 ♈, 5 ♈, 10 ♈, 15 ♉, 20 ♉, 25 ♉
5	1 ♉, 27 ♉	1 ♈, 7 ♈, 16 ♉, 23 ♉, 29 ♉	1 ♈, 4 ♈, 10 ♉, 16 ♉, 21 ♉, 26 ♊, 30 ♊	1 ♈, 3 ♉, 8 ♉, 12 ♉, 17 ♊, 22 ♊, 27 ♊	1 ♉, 4 ♉, 9 ♊, 14 ♊, 21 ♊, 30 ♋	1 ♊, 10 ♊, 31 ♊
6	1 ♉, 5 ♉, 11 ♊, 17 ♊, 22 ♊, 27 ♋	1 ♉, 3 ♊, 8 ♊, 12 ♊, 17 ♋, 22 ♋, 27 ♋	1 ♊, 4 ♊, 9 ♋, 14 ♋, 20 ♋, 27 ♌	1 ♋, 8 ♋, 18 ♋	1 ♋, 21 ♊	1 ♊, 24 ♊
7	1 ♋, 6 ♋, 11 ♌, 16 ♌, 22 ♌, 29 ♍	1 ♋, 2 ♌, 9 ♌, 16 ♌, 28 ♍	1 ♌, 7 ♌, 26 ♌	1 ♋, 9 ♋	1 ♊, 14 ♋, 22 ♋, 28 ♋	1 ♊, 3 ♊, 9 ♋, 14 ♋, 19 ♋, 24 ♌, 28 ♌
8	1 ♍, 6 ♍	1 ♍, 10 ♌, 24 ♌, 31 ♌	1 ♌, 22 ♌, 28 ♌	1 ♋, 2 ♋, 10 ♌, 15 ♌, 20 ♌, 25 ♍, 30 ♍	1 ♋, 2 ♌, 7 ♌, 12 ♌, 17 ♍, 22 ♍, 28 ♍	1 ♌, 3 ♌, 8 ♍, 14 ♍, 20 ♍, 28 ♎
9	1 ♍, 7 ♍, 22 ♍, 29 ♍	1 ♌, 9 ♍, 15 ♍, 21 ♍, 26 ♎	1 ♌, 2 ♍, 7 ♍, 13 ♍, 18 ♎, 24 ♎, 30 ♎	1 ♍, 5 ♍, 10 ♎, 17 ♎, 23 ♎	1 ♍, 3 ♎, 10 ♎, 18 ♎, 29 ♏	1 ♎, 6 ♎, 29 ♎
10	1 ♍, 5 ♎, 10 ♎, 16 ♎, 22 ♏, 28 ♏	1 ♎, 2 ♎, 8 ♎, 14 ♏, 20 ♏, 27 ♏	1 ♎, 7 ♏, 14 ♏, 21 ♏, 30 ♐	1 ♏, 9 ♏	1 ♏, 13 ♎, 22 ♎	1 ♎, 21 ♎, 27 ♎
11	1 ♏, 4 ♏, 10 ♐, 17 ♐, 24 ♐	1 ♏, 3 ♐, 11 ♐, 22 ♐, 27 ♐	1 ♐, 16 ♏, 25 ♏	1 ♏, 3 ♏, 22 ♏, 30 ♏	1 ♎, 2 ♎, 10 ♏, 17 ♏, 23 ♏, 29 ♐	1 ♎, 2 ♏, 9 ♏, 15 ♏, 21 ♐, 27 ♐
12	1 ♐, 2 ♑, 20 ♐	1 ♐, 6 ♐, 24 ♐	1 ♏, 2 ♏, 12 ♐, 19 ♐, 26 ♐	1 ♏, 6 ♐, 13 ♐, 19 ♐, 26 ♑	1 ♐, 6 ♐, 12 ♐, 18 ♑, 25 ♑, 31 ♑	1 ♐, 4 ♐, 10 ♑, 17 ♑, 24 ♑

MERKUR 1943–1954

	1943	1944	1945	1946	1947	1948
1	1 ♑, 3 ♒, 13 ♒, 19 ♒, 28 ♑	1 ♑, 7 ♑, 16 ♑, 25 ♑	1 ♐, 14 ♑, 22 ♑, 30 ♑	1 ♐, 2 ♐, 10 ♑, 16 ♑, 23 ♑, 29 ♒	1 ♐, 3 ♑, 10 ♑, 16 ♑, 22 ♒, 28 ♒	1 ♑, 2 ♑, 8 ♑, 14 ♒, 20 ♒, 26 ♒
2	1 ♑, 16 ♒, 25 ♒	1 ♑, 5 ♑, 13 ♒, 20 ♒, 26 ♒	1 ♑, 5 ♒, 12 ♒, 18 ♒, 23 ♓	1 ♒, 4 ♒, 10 ♒, 16 ♓, 21 ♓, 26 ♓	1 ♒, 2 ♒, 8 ♓, 14 ♓, 21 ♓	1 ♒, 2 ♓, 20 ♒
3	1 ♒, 5 ♒, 11 ♓, 17 ♓, 23 ♓, 28 ♈	1 ♒, 3 ♓, 9 ♓, 14 ♓, 19 ♈, 24 ♈, 29 ♈	1 ♓, 6 ♓, 11 ♈, 17 ♈, 23 ♈	1 ♓, 4 ♈, 15 ♈, 19 ♈	1 ♓, 6 ♓, 18 ♓, 26 ♓	1 ♒, 18 ♓, 27 ♓
4	1 ♈, 3 ♈, 7 ♈, 12 ♉, 17 ♉, 23 ♉	1 ♈, 4 ♉, 11 ♉	1 ♈, 18 ♈	1 ♈, 2 ♓, 17 ♈, 28 ♈	1 ♓, 8 ♓, 16 ♈, 23 ♈, 29 ♈	1 ♓, 3 ♓, 9 ♈, 15 ♈, 20 ♈, 25 ♉, 30 ♉
5	1 ♊, 26 ♉	1 ♉, 6 ♉, 25 ♉	1 ♈, 6 ♈, 17 ♉, 24 ♉, 30 ♉	1 ♈, 5 ♈, 12 ♉, 17 ♉, 22 ♉, 27 ♊	1 ♈, 4 ♉, 9 ♉, 14 ♉, 19 ♊, 23 ♊, 28 ♊	1 ♉, 4 ♉, 9 ♊, 14 ♊, 20 ♊, 28 ♋
6	1 ♉, 14 ♊, 24 ♊	1 ♉, 4 ♉, 11 ♊, 17 ♊, 22 ♊, 27 ♋	1 ♉, 4 ♊, 9 ♊, 14 ♊, 19 ♋, 23 ♋, 28 ♋	1 ♊, 5 ♊, 10 ♋, 15 ♋, 21 ♋, 28 ♌	1 ♊, 3 ♋, 9 ♋, 17 ♋	1 ♋, 29 ♊
7	1 ♊, 6 ♋, 11 ♋, 16 ♋, 21 ♌, 26 ♌, 31 ♌	1 ♋, 2 ♋, 6 ♋, 11 ♌, 17 ♌, 22 ♌, 29 ♍	1 ♋, 4 ♌, 10 ♌, 17 ♌, 27 ♍	1 ♌, 7 ♌	1 ♋, 17 ♋	1 ♊, 12 ♋, 22 ♋, 28 ♋
8	1 ♌, 5 ♍, 12 ♍, 19 ♍, 27 ♎	1 ♍, 6 ♍, 17 ♍, 31 ♍	1 ♍, 17 ♌	1 ♌, 2 ♌, 22 ♌, 29 ♌	1 ♋, 2 ♋, 11 ♌, 17 ♌, 22 ♌, 27 ♍	1 ♋, 3 ♌, 7 ♌, 12 ♌, 17 ♍, 23 ♍, 28 ♍
9	1 ♎, 25 ♍	1 ♍, 12 ♍, 21 ♍, 29 ♍	1 ♌, 10 ♍, 17 ♍, 22 ♍, 28 ♎	1 ♌, 4 ♍, 9 ♍, 14 ♍, 20 ♎, 25 ♎	1 ♍, 6 ♍, 12 ♎, 18 ♎, 25 ♎	1 ♍, 4 ♎, 10 ♎, 18 ♎, 27 ♏
10	1 ♍, 12 ♎, 19 ♎, 25 ♎, 31 ♏	1 ♍, 5 ♎, 11 ♎, 17 ♎, 22 ♏, 29 ♏	1 ♎, 3 ♎, 9 ♎, 15 ♏, 21 ♏, 28 ♏	1 ♎, 8 ♏, 15 ♏, 22 ♏, 30 ♐	1 ♎, 2 ♏, 10 ♏, 21 ♏, 30 ♏	1 ♏, 17 ♎, 27 ♎, 31 ♎
11	1 ♏, 6 ♏, 12 ♏, 19 ♐, 25 ♐	1 ♏, 4 ♏, 10 ♐, 17 ♐, 24 ♐	1 ♏, 4 ♐, 11 ♐, 21 ♐	1 ♐, 21 ♏	1 ♏, 8 ♏, 23 ♏	1 ♎, 10 ♏, 17 ♏, 23 ♏, 30 ♐
12	1 ♐, 8 ♑, 15 ♑, 23 ♑	1 ♐, 2 ♑, 24 ♐	1 ♐, 3 ♐, 11 ♐, 24 ♐	1 ♏, 13 ♐, 21 ♐, 27 ♐	1 ♏, 8 ♐, 14 ♐, 21 ♐, 27 ♑	1 ♐, 6 ♐, 12 ♐, 19 ♑, 25 ♑, 31 ♑

1937	1938	1939	1940	1941	1942
1 ♑, 2 ♒, 10 ♑, 18 ♑	1 ♑, 7 ♐, 13 ♑, 25 ♑	1 ♐, 4 ♐, 12 ♑, 20 ♑, 26 ♑	1 ♐, 6 ♑, 13 ♑, 19 ♑, 25 ♒, 31 ♒	1 ♑, 5 ♑, 11 ♑, 17 ♒, 23 ♒, 29 ♒	1 ♑, 4 ♑, 10 ♒, 16 ♒, 23 ♒
1 ♑, 5 ♑, 14 ♒, 22 ♒, 28 ♒	1 ♑, 2 ♑, 9 ♒, 15 ♒, 21 ♒, 27 ♓	1 ♑, 2 ♒, 8 ♒, 14 ♒, 19 ♓, 25 ♓	1 ♒, 6 ♒, 12 ♓, 17 ♓, 23 ♓	1 ♒, 4 ♓, 11 ♓, 24 ♓	1 ♒, 10 ♒
1 ♒, 7 ♓, 12 ♓, 18 ♓, 23 ♈, 28 ♈	1 ♓, 5 ♓, 10 ♓, 15 ♈, 20 ♈, 26 ♈	1 ♓, 2 ♓, 7 ♈, 14 ♈	1 ♓, 4 ♈, 8 ♓, 21 ♓	1 ♓, 7 ♒, 17 ♓, 29 ♓	1 ♒, 9 ♒, 17 ♓, 24 ♓, 30 ♓
1 ♈, 2 ♈, 7 ♉, 13 ♉, 21 ♉	1 ♈, 2 ♉, 24 ♈	1 ♈, 7 ♈, 28 ♈	1 ♓, 7 ♓, 17 ♈, 25 ♈	1 ♓, 6 ♓, 12 ♈, 18 ♈, 24 ♈, 29 ♉	1 ♓, 5 ♈, 11 ♈, 16 ♈, 21 ♉, 25 ♉, 30 ♉
1 ♉, 12 ♉	1 ♈, 17 ♉, 26 ♉	1 ♈, 7 ♈, 15 ♉, 21 ♉, 26 ♉, 31 ♊	1 ♈, 7 ♉, 12 ♉, 17 ♉, 22 ♊, 26 ♊, 31 ♊	1 ♉, 4 ♉, 8 ♉, 13 ♊, 18 ♊, 23 ♊, 30 ♋	1 ♉, 5 ♊, 11 ♊, 20 ♊
1 ♉, 5 ♉, 14 ♊, 21 ♊, 26 ♊	1 ♉, 2 ♉, 8 ♊, 13 ♊, 18 ♊, 23 ♋, 27 ♋	1 ♊, 5 ♊, 9 ♊, 14 ♋, 19 ♋, 24 ♋, 30 ♌	1 ♊, 5 ♋, 11 ♋, 17 ♋, 27 ♌	1 ♋, 7 ♋	1 ♊, 15 ♊
1 ♋, 6 ♋, 10 ♋, 15 ♌, 20 ♌, 26 ♌	1 ♋, 2 ♋, 7 ♌, 13 ♌, 19 ♌, 27 ♍	1 ♌, 7 ♌, 17 ♌	1 ♌, 21 ♋	1 ♋, 4 ♋, 23 ♋, 31 ♋	1 ♊, 3 ♊, 13 ♋, 19 ♋, 24 ♋, 29 ♌
1 ♍, 8 ♍, 16 ♍	1 ♍, 7 ♍, 22 ♍	1 ♌, 7 ♌	1 ♋, 12 ♌, 19 ♌, 24 ♌, 29 ♍	1 ♋, 6 ♌, 11 ♌, 16 ♌, 21 ♍, 26 ♍	1 ♌, 3 ♌, 8 ♌, 13 ♍, 19 ♍, 25 ♍, 31 ♎
1 ♍, 16 ♍	1 ♍, 3 ♌, 11 ♍, 20 ♍, 26 ♍	1 ♌, 7 ♍, 13 ♍, 18 ♍, 23 ♎, 29 ♎	1 ♍, 4 ♍, 9 ♍, 14 ♎, 20 ♎, 27 ♎	1 ♍, 7 ♎, 13 ♎, 20 ♎, 28 ♏	1 ♎, 8 ♎, 17 ♎
1 ♍, 8 ♎, 14 ♎, 20 ♎, 26 ♏	1 ♎, 7 ♎, 13 ♎, 19 ♏, 25 ♏, 31 ♏	1 ♎, 5 ♎, 11 ♏, 18 ♏, 25 ♏	1 ♎, 4 ♏, 11 ♏, 19 ♏	1 ♏, 9 ♏, 21 ♏, 30 ♎	1 ♎, 9 ♎, 31 ♎
1 ♏, 7 ♏, 14 ♐, 20 ♐, 27 ♐	1 ♏, 7 ♐, 14 ♐, 22 ♐	1 ♐, 10 ♐, 25 ♐	1 ♏, 12 ♏	1 ♎, 12 ♏, 20 ♏, 27 ♏	1 ♎, 7 ♏, 13 ♏, 20 ♏, 26 ♐
1 ♐, 4 ♑, 12 ♑, 29 ♑	1 ♐, 16 ♐	1 ♐, 3 ♏, 14 ♐, 23 ♐, 30 ♐	1 ♏, 2 ♏, 10 ♐, 16 ♐, 23 ♐, 29 ♑	1 ♏, 3 ♐, 9 ♐, 16 ♐, 22 ♑, 28 ♑	1 ♐, 2 ♐, 9 ♐, 15 ♑, 21 ♑, 28 ♑

1949	1950	1951	1952	1953	1954
1 ♑, 6 ♒, 13 ♒, 23 ♒, 26 ♒	1 ♑, 2 ♒, 15 ♑, 24 ♑	1 ♑, 2 ♑, 25 ♑	1 ♐, 4 ♐, 13 ♑, 21 ♑, 28 ♑	1 ♐, 7 ♑, 13 ♑, 20 ♑, 26 ♒	1 ♑, 6 ♑, 12 ♑, 18 ♒, 24 ♒, 30 ♒
1 ♒, 6 ♒, 26 ♒	1 ♑, 4 ♑, 15 ♒, 23 ♒	1 ♑, 3 ♑, 10 ♒, 16 ♒, 23 ♒	1 ♑, 3 ♒, 9 ♒, 15 ♒, 21 ♓, 26 ♓	1 ♒, 6 ♒, 12 ♓, 17 ♓, 23 ♓	1 ♒, 5 ♓, 11 ♓
1 ♒, 7 ♒, 14 ♓, 21 ♓, 27 ♓	1 ♒, 2 ♒, 8 ♓, 14 ♓, 19 ♓, 25 ♈, 30 ♈	1 ♓, 6 ♓, 11 ♓, 16 ♈, 22 ♈, 27 ♈	1 ♓, 2 ♓, 8 ♈, 14 ♈, 24 ♈, 29 ♈	1 ♓, 3 ♈, 16 ♓, 30 ♓	1 ♓, 2 ♓, 29 ♓
1 ♓, 2 ♈, 7 ♈, 12 ♈, 17 ♉, 21 ♉, 26 ♉	1 ♈, 4 ♈, 8 ♉, 14 ♉, 21 ♉	1 ♈, 2 ♉	1 ♈, 14 ♈, 25 ♈	1 ♓, 3 ♓, 18 ♈, 26 ♈	1 ♓, 6 ♓, 13 ♈, 20 ♈, 25 ♈, 30 ♉
1 ♉, 2 ♊, 10 ♊	1 ♉, 21 ♉	1 ♉, 2 ♈, 15 ♉, 27 ♉	1 ♈, 7 ♈, 15 ♉, 21 ♉, 27 ♉	1 ♈, 2 ♈, 8 ♉, 14 ♉, 19 ♉, 23 ♊, 28 ♊	1 ♉, 5 ♉, 10 ♉, 15 ♊, 19 ♊, 25 ♊, 31 ♋
1 ♊, 10 ♊, 22 ♊	1 ♉, 3 ♉, 15 ♊, 22 ♊, 28 ♊	1 ♉, 3 ♉, 9 ♊, 15 ♊, 20 ♊, 24 ♋, 29 ♋	1 ♊, 5 ♊, 10 ♊, 15 ♋, 19 ♋, 25 ♋, 30 ♌	1 ♊, 6 ♋, 12 ♋, 18 ♋, 26 ♌	1 ♋, 7 ♋
1 ♊, 3 ♊, 10 ♋, 16 ♋, 21 ♋, 25 ♌, 30 ♌	1 ♊, 3 ♋, 7 ♋, 12 ♋, 17 ♌, 22 ♌, 27 ♌	1 ♋, 3 ♋, 9 ♌, 14 ♌, 20 ♌, 28 ♍	1 ♌, 7 ♌, 16 ♌	1 ♌, 29 ♋	1 ♋, 13 ♋, 21 ♋
1 ♌, 4 ♌, 9 ♍, 15 ♍, 22 ♍, 29 ♎	1 ♌, 2 ♍, 9 ♍, 17 ♍, 28 ♎	1 ♍, 6 ♍, 28 ♍	1 ♌, 13 ♌	1 ♋, 12 ♌, 20 ♌, 26 ♌, 31 ♍	1 ♋, 8 ♌, 13 ♌, 18 ♌, 23 ♍, 28 ♍
1 ♎, 6 ♎	1 ♎, 11 ♍, 21 ♍	1 ♍, 21 ♍, 27 ♍	1 ♌, 8 ♍, 13 ♍, 18 ♍, 24 ♎, 29 ♎	1 ♍, 5 ♍, 10 ♍, 16 ♎, 22 ♎, 28 ♎	1 ♍, 2 ♍, 8 ♎, 15 ♎, 22 ♎, 29 ♏
1 ♎, 4 ♎, 22 ♎, 29 ♎	1 ♍, 10 ♎, 16 ♎, 22 ♎, 27 ♏	1 ♍, 3 ♎, 8 ♎, 14 ♎, 20 ♏, 26 ♏	1 ♎, 5 ♎, 12 ♏, 18 ♏, 25 ♏	1 ♎, 5 ♏, 12 ♏, 20 ♏	1 ♏, 9 ♏, 27 ♏
1 ♎, 4 ♏, 10 ♏, 16 ♏, 22 ♐, 29 ♐	1 ♏, 3 ♏, 9 ♏, 15 ♐, 22 ♐, 28 ♐	1 ♏, 2 ♏, 8 ♐, 15 ♐, 22 ♐	1 ♐, 10 ♐, 29 ♐	1 ♐, 7 ♏, 16 ♏	1 ♏, 5 ♎, 11 ♏, 21 ♏, 28 ♏
1 ♐, 5 ♐, 12 ♑, 18 ♑, 25 ♑	1 ♐, 5 ♑, 13 ♑	1 ♐, 2 ♑, 13 ♐, 20 ♐	1 ♐, 23 ♐, 31 ♐	1 ♏, 3 ♏, 11 ♐, 18 ♐, 24 ♐, 31 ♑	1 ♏, 4 ♐, 11 ♐, 17 ♐, 24 ♑, 30 ♑

MERKUR 1955–1966

	1955	1956	1957	1958	1959	1960
1	1 ♑, 5 ♑, 11 ♒, 17 ♒, 23 ♒	1 ♑, 4 ♒, 12 ♒, 25 ♒	1 ♑, 11 ♑	1 ♐, 14 ♑, 23 ♑, 31 ♑	1 ♐, 3 ♐, 11 ♑, 18 ♑, 24 ♑, 31 ♒	1 ♐, 4 ♑, 11 ♑, 17 ♑, 23 ♒, 29 ♒
2	1 ♒, 16 ♒	1 ♒, 3 ♑, 15 ♒, 26 ♒	1 ♑, 4 ♑, 13 ♒, 20 ♒, 26 ♒	1 ♑, 7 ♒, 13 ♒, 19 ♒, 25 ♓	1 ♒, 6 ♒, 12 ♒, 17 ♓, 22 ♓, 28 ♓	1 ♒, 4 ♒, 9 ♓, 15 ♓, 22 ♓
3	1 ♒, 9 ♒, 18 ♓, 25 ♓	1 ♒, 5 ♒, 11 ♓, 18 ♓, 24 ♓, 29 ♈	1 ♒, 4 ♓, 10 ♓, 16 ♓, 21 ♈, 26 ♈, 31 ♈	1 ♓, 2 ♓, 8 ♓, 13 ♈, 18 ♈, 24 ♈	1 ♓, 5 ♈, 13 ♈, 27 ♈	1 ♓, 11 ♓
4	1 ♓, 7 ♈, 12 ♈, 17 ♈, 22 ♉, 27 ♉	1 ♈, 3 ♈, 8 ♈, 13 ♉, 18 ♉, 23 ♉, 30 ♊	1 ♈, 5 ♉, 11 ♉	1 ♈, 3 ♉, 11 ♈, 30 ♈	1 ♈, 28 ♈	1 ♓, 8 ♓, 16 ♈, 23 ♈, 29 ♈
5	1 ♉, 2 ♉, 7 ♊, 12 ♊, 20 ♊	1 ♊	1 ♉, 19 ♉, 20 ♉	1 ♈, 17 ♉, 25 ♉, 31 ♉	1 ♈, 6 ♈, 13 ♉, 19 ♉, 24 ♉, 29 ♊	1 ♈, 5 ♉, 10 ♉, 15 ♉, 19 ♊, 24 ♊, 29 ♊
6	1 ♊	1 ♊, 24 ♊	1 ♉, 5 ♉, 13 ♊, 19 ♊, 24 ♊, 29 ♋	1 ♉, 6 ♊, 11 ♊, 16 ♊, 20 ♋, 25 ♋, 30 ♋	1 ♊, 2 ♊, 7 ♊, 12 ♋, 17 ♋, 22 ♋, 29 ♌	1 ♊, 3 ♋, 9 ♋, 17 ♋
7	1 ♊, 14 ♋, 20 ♋, 26 ♋, 31 ♌	1 ♊, 7 ♋, 12 ♋, 17 ♋, 21 ♌, 26 ♌, 31 ♌	1 ♋, 3 ♋, 8 ♋, 13 ♌, 18 ♌, 24 ♌, 30 ♍	1 ♋, 5 ♌, 11 ♌, 18 ♌, 26 ♍	1 ♌, 7 ♌	1 ♌, 6 ♋, 27 ♋, 29 ♋
8	1 ♌, 5 ♌, 9 ♌, 15 ♍, 20 ♍, 26 ♍	1 ♌, 6 ♍, 12 ♍, 19 ♍, 27 ♎	1 ♍, 6 ♍, 16 ♍	1 ♍, 24 ♌	1 ♌, 9 ♌, 22 ♌, 30 ♌	1 ♋, 11 ♌, 17 ♌, 22 ♌, 27 ♍
9	1 ♍, 2 ♎, 9 ♎, 17 ♎	1 ♎, 7 ♎, 20 ♎, 30 ♍	1 ♍, 7 ♍, 30 ♍	1 ♌, 11 ♍, 18 ♍, 23 ♍, 29 ♎	1 ♌, 5 ♍, 10 ♍, 16 ♍, 21 ♎, 27 ♎	1 ♍, 7 ♍, 12 ♎, 18 ♎, 25 ♎
10	1 ♎, 14 ♎	1 ♍, 11 ♎, 19 ♎, 25 ♎, 31 ♏	1 ♍, 6 ♎, 12 ♎, 18 ♎, 24 ♏, 30 ♏	1 ♎, 5 ♎, 10 ♎, 16 ♏, 23 ♏, 29 ♏	1 ♎, 3 ♎, 9 ♏, 16 ♏, 23 ♏, 31 ♐	1 ♎, 2 ♏, 9 ♏, 19 ♏
11	1 ♎, 8 ♏, 15 ♏, 21 ♏, 27 ♐	1 ♏, 6 ♏, 13 ♏, 19 ♐, 25 ♐	1 ♏, 5 ♏, 12 ♐, 18 ♐, 25 ♐	1 ♏, 5 ♐, 12 ♐, 21 ♐	1 ♐, 25 ♏	1 ♏, 4 ♏, 12 ♏, 22 ♏
12	1 ♐, 4 ♐, 10 ♐, 16 ♑, 23 ♑, 29 ♑	1 ♐, 2 ♐, 8 ♑, 15 ♑, 22 ♑	1 ♐, 2 ♑, 12 ♑, 20 ♑, 29 ♐	1 ♐, 8 ♐, 17 ♐, 23 ♐	1 ♏, 14 ♐, 22 ♐, 29 ♐	1 ♏, 8 ♐, 14 ♐, 21 ♐, 27 ♑

MERKUR 1967–1978

	1967	1968	1969	1970	1971	1972
1	1 ♑, 7 ♑, 14 ♑, 20 ♒, 26 ♒, 31 ♒	1 ♑, 6 ♑, 12 ♒, 18 ♒, 25 ♒	1 ♑, 5 ♒, 12 ♒, 29 ♒	1 ♑, 16 ♑	1 ♑, 3 ♐, 14 ♑, 24 ♑	1 ♐, 4 ♐, 12 ♑, 19 ♑, 26 ♑
2	1 ♒, 6 ♓, 12 ♓	1 ♒, 2 ♓, 12 ♒, 21 ♒	1 ♒, 25 ♒	1 ♑, 5 ♑, 14 ♒, 21 ♒, 28 ♒	1 ♑, 8 ♒, 14 ♒, 21 ♒, 26 ♓	1 ♒, 7 ♒, 13 ♒, 19 ♓, 24 ♓, 29 ♓
3	1 ♓, 7 ♓, 29 ♓	1 ♒, 7 ♒, 18 ♓, 25 ♓	1 ♒, 6 ♒, 13 ♓, 19 ♓, 25 ♓, 30 ♈	1 ♒, 6 ♓, 12 ♓, 17 ♓, 22 ♈, 27 ♈	1 ♓, 4 ♓, 9 ♓, 14 ♈, 19 ♈, 25 ♈	1 ♓, 6 ♈, 12 ♈
4	1 ♈, 2 ♉, 7 ♉, 12 ♉, 16 ♊, 21 ♊, 26 ♊	1 ♓, 7 ♈, 13 ♈, 18 ♈, 23 ♉, 27 ♉	1 ♈, 5 ♈, 9 ♈, 14 ♉, 19 ♉, 24 ♉	1 ♈, 6 ♉, 12 ♉, 21 ♉	1 ♈, 2 ♉, 19 ♈	1 ♈, 2 ♈, 27 ♈
5	1 ♋, 8 ♋, 19 ♋	1 ♉, 2 ♉, 7 ♊, 12 ♊, 19 ♊, 30 ♋	1 ♊, 11 ♊, 25 ♊	1 ♉, 6 ♉	1 ♈, 17 ♉, 26 ♉	1 ♈, 6 ♈, 13 ♉, 19 ♉, 24 ♉, 29 ♊
6	1 ♋, 4 ♋	1 ♋, 14 ♊	1 ♊, 24 ♊	1 ♉, 5 ♉, 14 ♊, 20 ♊, 25 ♊, 30 ♋	1 ♉, 2 ♉, 7 ♊, 12 ♊, 17 ♊, 22 ♋, 26 ♋	1 ♊, 3 ♊, 7 ♊, 12 ♋, 17 ♋, 23 ♋, 29 ♌
7	1 ♋, 2 ♋, 9 ♌, 14 ♌, 19 ♌, 24 ♍, 29 ♍	1 ♊, 13 ♋, 21 ♋, 26 ♋, 31 ♌	1 ♊, 2 ♊, 8 ♋, 13 ♋, 18 ♋, 23 ♌, 28 ♌	1 ♋, 5 ♋, 10 ♋, 14 ♌, 19 ♌, 25 ♌, 31 ♍	1 ♋, 6 ♌, 12 ♌, 19 ♌, 27 ♍	1 ♌, 6 ♌, 17 ♌
8	1 ♍, 4 ♍, 10 ♎, 16 ♎, 23 ♎, 30 ♏	1 ♌, 5 ♌, 10 ♌, 15 ♍, 20 ♍, 26 ♍	1 ♌, 2 ♌, 7 ♍, 13 ♍, 20 ♍, 27 ♎	1 ♍, 7 ♍, 16 ♍	1 ♍, 9 ♍, 16 ♍, 30 ♌	1 ♌, 2 ♌, 30 ♌
9	1 ♏, 9 ♏, 31 ♏	1 ♍, 2 ♎, 9 ♎, 17 ♎, 29 ♏	1 ♎, 6 ♎, 26 ♎	1 ♍, 12 ♍	1 ♌, 11 ♍, 19 ♍, 25 ♍, 30 ♎	1 ♌, 5 ♍, 11 ♍, 16 ♍, 22 ♎, 27 ♎
10	1 ♏, 22 ♏, 29 ♏	1 ♏, 8 ♎, 18 ♎	1 ♎, 7 ♍, 10 ♎, 20 ♎, 27 ♎	1 ♍, 8 ♎, 14 ♎, 19 ♎, 25 ♏, 31 ♏	1 ♎, 6 ♎, 12 ♎, 18 ♏, 24 ♏, 31 ♏	1 ♎, 3 ♎, 9 ♏, 16 ♏, 23 ♏, 31 ♐
11	1 ♏, 6 ♐, 12 ♐, 18 ♐, 25 ♑, 31 ♑	1 ♎, 8 ♏, 15 ♏, 21 ♏, 28 ♐	1 ♎, 2 ♏, 8 ♏, 14 ♏, 20 ♐, 27 ♐	1 ♏, 7 ♏, 13 ♐, 20 ♐, 26 ♐	1 ♏, 6 ♐, 13 ♐, 21 ♐	1 ♐, 10 ♐, 21 ♐, 29 ♏
12	1 ♏, 6 ♐, 12 ♐, 18 ♐, 25 ♑, 31 ♑	1 ♐, 4 ♐, 10 ♐, 17 ♑, 23 ♑, 29 ♑	1 ♐, 3 ♐, 10 ♑, 16 ♑, 23 ♑	1 ♐, 3 ♑, 12 ♑, 26 ♑	1 ♐, 13 ♐	1 ♏, 13 ♐, 22 ♐, 29 ♐

1961	1962	1963	1964	1965	1966
1 ♑ 3 ♑ 9 ♑ 15 ♒ 21 ♒ 27 ♒	1 ♑ 8 ♒ 14 ♒ 22 ♒	1 ♑ 2 ♒ 20 ♑	1 ♑ 7 ♑ 26 ♑	1 ♐ 3 ♐ 13 ♑ 21 ♑ 28 ♑	1 ♐ 8 ♑ 14 ♑ 21 ♑ 27 ♒
1 ♒ 2 ♓ 25 ♒	1 ♒ 2 ♒ 11 ♒ 25 ♒	1 ♑ 15 ♒ 24 ♒	1 ♑ 3 ♑ 11 ♒ 18 ♒ 24 ♒	1 ♑ 3 ♒ 10 ♒ 16 ♒ 21 ♓ 27 ♓	1 ♒ 2 ♒ 8 ♒ 13 ♓ 19 ♓ 24 ♓
1 ♒ 18 ♓ 28 ♓	1 ♒ 8 ♒ 15 ♓ 22 ♓ 28 ♓	1 ♒ 3 ♒ 9 ♓ 15 ♓ 21 ♓ 26 ♈ 31 ♈	1 ♓ 7 ♓ 12 ♓ 17 ♈ 22 ♈ 27 ♈	1 ♓ 4 ♓ 9 ♈ 15 ♈ 22 ♈	1 ♓ 3 ♈ 22 ♓
1 ♓ 4 ♓ 10 ♈ 16 ♈ 22 ♈ 27 ♉	1 ♓ 3 ♈ 8 ♈ 13 ♈ 18 ♉ 23 ♉ 28 ♉	1 ♈ 5 ♈ 10 ♉ 15 ♉ 21 ♉	1 ♈ 2 ♉ 12 ♉ 23 ♉	1 ♈ 7 ♈	1 ♓ 18 ♈ 27 ♈
1 ♉ 6 ♉ 11 ♊ 16 ♊ 22 ♊ 29 ♋	1 ♉ 3 ♊ 10 ♊ 23 ♊ 30 ♊	1 ♉ 3 ♊ 11 ♉	1 ♉ 26 ♉	1 ♈ 7 ♈ 16 ♉ 22 ♉ 28 ♉	1 ♈ 4 ♈ 10 ♉ 15 ♉ 20 ♉ 25 ♊ 29 ♊
1 ♋ 11 ♋ 18 ♋	1 ♊	1 ♉ 15 ♊ 23 ♊ 29 ♊	1 ♉ 3 ♉ 10 ♊ 15 ♊ 20 ♊ 25 ♋ 29 ♋	1 ♉ 2 ♊ 7 ♊ 12 ♊ 16 ♋ 21 ♋ 26 ♋	1 ♊ 3 ♊ 8 ♋ 13 ♋ 19 ♋ 27 ♌
1 ♋ 23 ♋ 30 ♋	1 ♊ 4 ♊ 11 ♋ 17 ♋ 22 ♋ 27 ♌	1 ♊ 4 ♋ 9 ♋ 14 ♋ 18 ♌ 23 ♌ 29 ♌	1 ♋ 4 ♋ 9 ♌ 14 ♌ 21 ♌ 27 ♍	1 ♋ 2 ♌ 8 ♌ 16 ♌ 31 ♍	1 ♌ 9 ♌ 21 ♌
1 ♋ 4 ♌ 9 ♌ 14 ♌ 19 ♍ 24 ♍ 30 ♍	1 ♌ 6 ♌ 11 ♍ 17 ♍ 23 ♍ 30 ♎	1 ♌ 3 ♍ 10 ♍ 17 ♍ 27 ♎	1 ♍ 5 ♍	1 ♍ 3 ♌ 19 ♌	1 ♌ 21 ♌ 27 ♌
1 ♍ 5 ♎ 12 ♎ 19 ♎ 28 ♏	1 ♎ 7 ♎ 18 ♎ 30 ♎	1 ♎ 17 ♍	1 ♍ 2 ♍ 21 ♍ 27 ♍	1 ♌ 9 ♍ 14 ♍ 20 ♍ 25 ♎	1 ♍ 7 ♍ 12 ♍ 17 ♎ 23 ♎ 29 ♎
1 ♏ 22 ♎	1 ♎ 9 ♎ 22 ♎ 30 ♎	1 ♍ 11 ♎ 17 ♎ 23 ♎ 29 ♏	1 ♍ 3 ♎ 9 ♎ 14 ♎ 20 ♏ 26 ♏	1 ♎ 7 ♎ 13 ♏ 19 ♏ 26 ♏	1 ♎ 6 ♏ 13 ♏ 21 ♏ 30 ♐
1 ♎ 11 ♏ 18 ♏ 25 ♏	1 ♎ 5 ♏ 11 ♏ 17 ♏ 24 ♐ 30 ♐	1 ♏ 4 ♏ 10 ♏ 16 ♐ 23 ♐ 30 ♐	1 ♏ 2 ♏ 8 ♐ 15 ♐ 22 ♐	1 ♏ 2 ♐ 10 ♐	1 ♐ 13 ♏ 21 ♏
1 ♐ 7 ♐ 14 ♐ 20 ♑ 26 ♑	1 ♐ 6 ♐ 13 ♑ 19 ♑ 26 ♑	1 ♐ 6 ♑ 13 ♑ 23 ♑ 29 ♑	1 ♑ 17 ♐ 25 ♐	1 ♐ 4 ♐ 24 ♐	1 ♏ 3 ♏ 12 ♐ 19 ♐ 25 ♐

1973	1974	1975	1976	1977	1978
1 ♐ 5 ♑ 11 ♑ 18 ♑ 24 ♒ 30 ♒	1 ♑ 4 ♑ 10 ♑ 16 ♒ 22 ♒ 28 ♒	1 ♑ 3 ♑ 9 ♒ 15 ♒ 22 ♒	1 ♑ 3 ♒ 25 ♑	1 ♑ 3 ♑ 11 ♑ 24 ♑	1 ♐ 14 ♑ 22 ♑ 29 ♑
1 ♒ 4 ♒ 10 ♓ 15 ♓ 22 ♓	1 ♒ 3 ♓ 11 ♓ 21 ♓	1 ♒ 7 ♒ 20 ♒ 22 ♒	1 ♑ 16 ♒ 25 ♒	1 ♑ 3 ♑ 11 ♒ 18 ♒ 24 ♒	1 ♑ 5 ♒ 11 ♒ 17 ♒ 23 ♓ 28 ♓
1 ♓ 17 ♓	1 ♓ 3 ♒ 18 ♓ 28 ♓	1 ♒ 8 ♒ 16 ♓ 23 ♓ 30 ♓	1 ♒ 3 ♒ 10 ♓ 16 ♓ 21 ♓ 27 ♈	1 ♒ 2 ♓ 8 ♓ 13 ♓ 18 ♈ 23 ♈ 29 ♈	1 ♓ 5 ♓ 11 ♈ 16 ♈ 23 ♈
1 ♓ 7 ♓ 17 ♈ 24 ♈ 30 ♈	1 ♓ 5 ♓ 12 ♈ 18 ♈ 23 ♈ 28 ♉	1 ♓ 5 ♈ 10 ♈ 15 ♈ 20 ♉ 24 ♉ 29 ♉	1 ♈ 6 ♈ 10 ♉ 15 ♉ 21 ♉ 30 ♊	1 ♈ 3 ♉ 11 ♉	1 ♈ 14 ♈
1 ♈ 6 ♉ 11 ♉ 16 ♉ 21 ♊ 25 ♊ 30 ♊	1 ♉ 3 ♉ 8 ♉ 12 ♊ 17 ♊ 23 ♊ 29 ♋	1 ♉ 4 ♊ 11 ♊ 20 ♊	1 ♊ 20 ♉	1 ♉ 26 ♉	1 ♈ 7 ♈ 16 ♉ 23 ♉ 29 ♉
1 ♊ 4 ♋ 10 ♋ 17 ♋ 27 ♌	1 ♋ 8 ♋ 29 ♋	1 ♊ 9 ♊	1 ♉ 14 ♊ 23 ♊ 29 ♊	1 ♉ 4 ♉ 11 ♊ 17 ♊ 22 ♊ 26 ♋	1 ♉ 4 ♊ 8 ♊ 13 ♊ 18 ♋ 22 ♋ 27 ♋
1 ♌ 16 ♋	1 ♋ 23 ♋ 31 ♋	1 ♊ 4 ♊ 12 ♋ 18 ♋ 24 ♋ 28 ♌	1 ♊ 5 ♋ 9 ♋ 14 ♋ 19 ♌ 24 ♌ 29 ♌	1 ♋ 6 ♋ 10 ♌ 16 ♌ 22 ♌ 28 ♍	1 ♋ 3 ♌ 9 ♌ 17 ♌ 27 ♍
1 ♋ 12 ♌ 18 ♌ 24 ♌ 29 ♍	1 ♋ 5 ♌ 11 ♌ 15 ♌ 20 ♍ 26 ♍ 31 ♍	1 ♌ 2 ♌ 7 ♌ 12 ♍ 18 ♍ 24 ♍ 31 ♎	1 ♌ 4 ♍ 10 ♍ 17 ♍ 26 ♎	1 ♍ 5 ♍ 18 ♍ 27 ♍	1 ♍ 13 ♌
1 ♍ 3 ♍ 8 ♍ 14 ♎ 20 ♎ 26 ♎	1 ♍ 6 ♎ 13 ♎ 20 ♎ 28 ♏	1 ♎ 7 ♎ 17 ♎	1 ♎ 21 ♍	1 ♍ 8 ♍ 21 ♍ 29 ♍	1 ♌ 10 ♍ 16 ♍ 21 ♍ 27 ♎
1 ♎ 3 ♏ 10 ♏ 19 ♏	1 ♏ 11 ♏ 17 ♏ 27 ♎	1 ♎ 6 ♎ 15 ♎ 22 ♎ 31 ♎	1 ♍ 11 ♎ 17 ♎ 23 ♎ 29 ♏	1 ♍ 4 ♎ 10 ♎ 16 ♎ 22 ♏ 28 ♏	1 ♎ 2 ♎ 8 ♎ 14 ♏ 21 ♏ 27 ♏
1 ♏ 9 ♏	1 ♎ 12 ♏ 19 ♏ 26 ♏	1 ♎ 6 ♏ 13 ♏ 19 ♏ 25 ♐	1 ♏ 4 ♏ 10 ♏ 17 ♐ 23 ♐ 30 ♐	1 ♏ 3 ♏ 10 ♐ 16 ♐ 23 ♐	1 ♏ 3 ♐ 11 ♐ 21 ♐ 30 ♐
1 ♏ 2 ♏ 9 ♐ 16 ♐ 22 ♐ 29 ♑	1 ♏ 2 ♐ 9 ♐ 15 ♐ 21 ♑ 28 ♑	1 ♐ 8 ♐ 14 ♑ 21 ♑ 27 ♑	1 ♐ 6 ♑ 13 ♑ 22 ♑	1 ♑ 21 ♐	1 ♐ 8 ♐ 24 ♐

MERKUR 1979–1990

	1979	1980	1981	1982	1983	1984
1	1 ♐, 2 ♐, 9 ♑, 16 ♑, 22 ♑, 29 ♒	1 ♐, 2 ♑, 9 ♑, 15 ♑, 21 ♒, 27 ♒	1 ♑, 7 ♑, 13 ♒, 19 ♒, 25 ♒	1 ♑, 6 ♒, 12 ♒	1 ♑, 2 ♒, 12 ♑, 21 ♑	1 ♑, 25 ♑
2	1 ♒, 4 ♒, 9 ♒, 15 ♓, 20 ♓, 26 ♓	1 ♒, 2 ♒, 7 ♓, 13 ♓, 22 ♓	1 ♓, 16 ♒	1 ♒, 3 ♒, 26 ♒	1 ♑, 5 ♑, 14 ♒, 22 ♒	1 ♑, 2 ♑, 9 ♒, 16 ♒, 22 ♒, 28 ♓
3	1 ♓, 4 ♈, 28 ♓	1 ♓, 13 ♓, 27 ♓	1 ♒, 4 ♒, 18 ♓, 26 ♓	1 ♒, 7 ♒, 14 ♓, 20 ♓, 26 ♓	1 ♒, 7 ♓, 13 ♓, 19 ♓, 24 ♈, 29 ♈	1 ♓, 4 ♓, 10 ♓, 15 ♈, 20 ♈, 25 ♈
4	1 ♓, 18 ♈, 27 ♈	1 ♓, 7 ♓, 15 ♈, 21 ♈, 27 ♈	1 ♓, 2 ♓, 8 ♈, 14 ♈, 19 ♈, 24 ♉, 29 ♉	1 ♈, 6 ♈, 11 ♈, 16 ♉, 21 ♉, 26 ♉	1 ♈, 3 ♈, 8 ♉, 13 ♉, 21 ♉	1 ♉, 25 ♈
5	1 ♈, 5 ♈, 11 ♉, 16 ♉, 22 ♉, 26 ♊, 31 ♊	1 ♈, 2 ♉, 7 ♉, 12 ♉, 17 ♊, 21 ♊, 26 ♊	1 ♉, 4 ♉, 8 ♊, 14 ♊, 20 ♊, 29 ♋	1 ♉, 2 ♊, 10 ♊	1 ♉, 15 ♉	1 ♈, 16 ♉, 26 ♉
6	1 ♊, 4 ♊, 9 ♋, 14 ♋, 20 ♋, 27 ♌	1 ♋, 8 ♋, 17 ♋	1 ♋, 23 ♊	1 ♊, 4 ♊, 23 ♊	1 ♉, 4 ♉, 14 ♊, 21 ♊, 27 ♊	1 ♉, 2 ♉, 8 ♊, 13 ♊, 18 ♊, 22 ♋, 27 ♋
7	1 ♌, 7 ♌, 29 ♌	1 ♋, 11 ♋	1 ♊, 13 ♋, 22 ♋, 28 ♋	1 ♊, 3 ♊, 9 ♋, 15 ♋, 20 ♋, 24 ♌, 29 ♌	1 ♊, 2 ♋, 6 ♋, 11 ♋, 16 ♌, 21 ♌, 26 ♌	1 ♋, 2 ♋, 7 ♌, 12 ♌, 19 ♌, 26 ♍
8	1 ♌, 22 ♌, 28 ♌	1 ♋, 2 ♋, 9 ♌, 15 ♌, 20 ♌, 25 ♍, 30 ♍	1 ♋, 2 ♌, 7 ♌, 11 ♌, 17 ♍, 22 ♍, 28 ♍	1 ♌, 3 ♌, 9 ♍, 14 ♍, 21 ♍, 28 ♎	1 ♍, 8 ♍, 16 ♍, 29 ♎	1 ♍, 6 ♍, 23 ♍
9	1 ♌, 3 ♍, 8 ♍, 13 ♍, 19 ♎, 25 ♎	1 ♍, 4 ♍, 10 ♎, 16 ♎, 23 ♎, 30 ♏	1 ♍, 3 ♎, 10 ♎, 18 ♎, 27 ♏	1 ♎, 6 ♎	1 ♎, 6 ♍, 18 ♍	1 ♍, 19 ♍, 25 ♍
10	1 ♎, 7 ♏, 14 ♏, 22 ♏, 30 ♐	1 ♏, 8 ♏	1 ♏, 14 ♎, 23 ♎	1 ♎, 21 ♎, 28 ♎	1 ♍, 2 ♍, 9 ♎, 15 ♎, 21 ♎, 27 ♏	1 ♎, 6 ♎, 12 ♎, 18 ♏, 24 ♏, 31 ♏
11	1 ♐, 18 ♏, 28 ♏	1 ♏, 4 ♏, 22 ♏, 29 ♏	1 ♎, 10 ♏, 16 ♏, 23 ♏, 29 ♐	1 ♎, 3 ♏, 9 ♏, 15 ♏, 22 ♐, 28 ♐	1 ♏, 2 ♏, 8 ♏, 14 ♐, 21 ♐, 28 ♐	1 ♏, 7 ♐, 13 ♐, 21 ♐
12	1 ♏, 2 ♏, 13 ♐, 20 ♐, 27 ♐	1 ♏, 6 ♐, 12 ♐, 19 ♐, 25 ♑, 31 ♑	1 ♐, 5 ♐, 12 ♐, 18 ♑, 24 ♑, 30 ♑	1 ♐, 4 ♐, 11 ♑, 17 ♑, 24 ♑	1 ♐, 4 ♑, 12 ♑, 31 ♑	1 ♐, 2 ♑, 8 ♐, 17 ♐

MERKUR 1991–2002

	1991	1992	1993	1994	1995	1996
1	1 ♐, 14 ♑, 23 ♑, 30 ♑	1 ♐, 3 ♐, 10 ♑, 17 ♑, 24 ♑, 30 ♒	1 ♐, 3 ♑, 9 ♑, 15 ♑, 21 ♒, 27 ♒	1 ♑, 2 ♑, 8 ♑, 14 ♒, 20 ♒, 26 ♒	1 ♑, 7 ♒, 13 ♒, 22 ♒, 30 ♒	1 ♑, 2 ♒, 17 ♑, 27 ♑
2	1 ♑, 6 ♒, 12 ♒, 18 ♒, 24 ♓	1 ♒, 5 ♒, 11 ♒, 16 ♓, 22 ♓, 27 ♓	1 ♒, 2 ♒, 8 ♓, 13 ♓, 21 ♓	1 ♓, 22 ♒	1 ♒, 8 ♒, 26 ♒	1 ♑, 3 ♑, 15 ♒, 23 ♒
3	1 ♓, 2 ♓, 7 ♓, 12 ♈, 17 ♈, 23 ♈	1 ♓, 4 ♈, 13 ♈, 22 ♈	1 ♓, 8 ♓	1 ♒, 19 ♓, 27 ♓	1 ♒, 7 ♒, 15 ♓, 22 ♓, 28 ♓	1 ♒, 7 ♓, 13 ♓, 19 ♓, 24 ♈, 29 ♈
4	1 ♈, 21 ♈	1 ♈, 4 ♓, 15 ♈, 27 ♈	1 ♓, 7 ♓, 16 ♈, 22 ♈, 28 ♈	1 ♓, 3 ♓, 10 ♈, 15 ♈, 21 ♈, 26 ♉	1 ♓, 2 ♈, 8 ♈, 13 ♈, 17 ♉, 22 ♉, 27 ♉	1 ♈, 3 ♈, 8 ♉, 13 ♉, 20 ♉
5	1 ♈, 6 ♈, 17 ♉, 24 ♉, 31 ♉	1 ♈, 5 ♈, 11 ♉, 17 ♉, 22 ♉, 27 ♊, 31 ♊	1 ♈, 4 ♉, 9 ♉, 14 ♉, 18 ♊, 23 ♊, 28 ♊	1 ♉, 5 ♉, 10 ♊, 15 ♊, 21 ♊, 29 ♋	1 ♉, 3 ♊, 10 ♊	1 ♉, 25 ♉, 31 ♉
6	1 ♉, 5 ♊, 10 ♊, 15 ♊, 19 ♋, 24 ♋, 29 ♋	1 ♊, 5 ♊, 10 ♋, 15 ♋, 21 ♋, 27 ♌	1 ♊, 2 ♋, 8 ♋, 17 ♋	1 ♋	1 ♊, 15 ♊, 20 ♊	1 ♉, 14 ♊, 21 ♊, 27 ♊
7	1 ♋, 4 ♌, 10 ♌, 17 ♌, 27 ♍	1 ♌, 6 ♌	1 ♋, 19 ♋	1 ♋, 3 ♊, 11 ♋, 23 ♋, 29 ♋	1 ♊, 4 ♊, 11 ♋, 16 ♋, 21 ♋, 26 ♌, 31 ♌	1 ♊, 2 ♋, 7 ♋, 12 ♋, 16 ♌, 21 ♌, 27 ♌
8	1 ♍, 20 ♌	1 ♌, 4 ♌, 21 ♌, 29 ♌	1 ♋, 10 ♌, 16 ♌, 21 ♌, 26 ♍, 31 ♍	1 ♋, 3 ♌, 8 ♌, 13 ♌, 18 ♍, 23 ♍, 29 ♍	1 ♌, 5 ♌, 10 ♍, 16 ♍, 22 ♍, 29 ♎	1 ♌, 2 ♍, 8 ♍, 16 ♍, 26 ♎
9	1 ♌, 11 ♍, 17 ♍, 23 ♍, 28 ♎	1 ♌, 3 ♍, 9 ♍, 14 ♍, 19 ♎, 25 ♎	1 ♍, 6 ♍, 11 ♎, 18 ♎, 24 ♎	1 ♍, 4 ♎, 11 ♎, 18 ♎, 27 ♏	1 ♎, 6 ♎, 21 ♎, 24 ♎	1 ♎, 12 ♍, 23 ♍, 30 ♍
10	1 ♎, 4 ♎, 10 ♎, 16 ♏, 22 ♏, 29 ♏	1 ♎, 7 ♏, 14 ♏, 21 ♏, 30 ♐	1 ♏, 9 ♏, 19 ♏	1 ♏, 19 ♎	1 ♎, 6 ♎, 22 ♎, 29 ♎	1 ♍, 9 ♎, 15 ♎, 21 ♎, 27 ♏
11	1 ♏, 4 ♐, 12 ♐, 21 ♐	1 ♐, 22 ♏	1 ♏, 9 ♏, 22 ♏, 30 ♏	1 ♎, 11 ♏, 17 ♏, 24 ♏, 30 ♐	1 ♎, 4 ♏, 10 ♏, 17 ♏, 23 ♐, 29 ♐	1 ♏, 2 ♏, 8 ♏, 15 ♐, 21 ♐, 28 ♐
12	1 ♐, 6 ♐, 14 ♐, 24 ♐	1 ♏, 12 ♐, 20 ♐, 27 ♐	1 ♏, 7 ♐, 14 ♐, 20 ♐, 27 ♑	1 ♐, 7 ♐, 13 ♐, 19 ♑, 26 ♑	1 ♐, 6 ♐, 12 ♑, 19 ♑, 25 ♑	1 ♐, 5 ♑, 12 ♑

1985	1986	1987	1988	1989	1990
1 3 12 19 26 ♐ ♐ ♑ ♑ ♑	1 6 12 19 25 31 ♐ ♑ ♑ ♑ ♒ ♒	1 5 12 18 23 29 ♑ ♑ ♑ ♒ ♒ ♒	1 4 10 16 23 ♑ ♑ ♒ ♒ ♒	1 3 11 21 29 ♑ ♒ ♒ ♒ ♑	1 8 18 22 ♑ ♑ ♑ ♑
1 7 13 19 24 ♒ ♒ ♒ ♓ ♓	1 6 11 17 23 ♒ ♒ ♓ ♓ ♓	1 4 11 26 ♒ ♓ ♓ ♓	1 13 ♒ ♒	1 15 24 ♑ ♒ ♒	1 4 12 19 26 ♑ ♑ ♒ ♒ ♒
1 2 7 13 ♓ ♓ ♈ ♈	1 3 12 24 ♓ ♈ ♓ ♓	1 12 14 29 ♓ ♒ ♓ ♓	1 8 16 24 30 ♒ ♒ ♓ ♓ ♓	1 4 11 17 23 28 ♒ ♒ ♓ ♓ ♓ ♈	1 4 9 15 20 25 30 ♒ ♓ ♓ ♓ ♈ ♈ ♈
1 8 26 ♈ ♈ ♈	1 6 18 25 ♓ ♓ ♈ ♈	1 6 13 19 25 30 ♓ ♓ ♈ ♈ ♈ ♉	1 5 10 15 20 25 30 ♓ ♈ ♈ ♈ ♉ ♉ ♉	1 2 7 12 17 22 30 ♈ ♈ ♈ ♉ ♉ ♉ ♊	1 4 11 ♈ ♉ ♉
1 7 14 20 26 31 ♈ ♈ ♉ ♉ ♉ ♊	1 2 8 13 18 22 27 ♈ ♈ ♉ ♉ ♉ ♊ ♊	1 4 9 14 19 24 30 ♉ ♉ ♉ ♊ ♊ ♊ ♋	1 5 11 19 ♉ ♊ ♊ ♊	1 29 ♊ ♉	1 9 25 ♉ ♉ ♉
1 5 9 14 19 24 30 ♊ ♊ ♊ ♋ ♋ ♋ ♌	1 6 11 18 27 ♊ ♋ ♋ ♋ ♌	1 8 ♋ ♋	1 18 ♊ ♊	1 12 24 30 ♉ ♊ ♊ ♊	1 5 12 18 23 28 ♉ ♉ ♊ ♊ ♊ ♋
1 7 16 ♌ ♌ ♌	1 24 ♌ ♋	1 7 23 ♋ ♋ ♋	1 2 12 19 24 29 ♊ ♊ ♋ ♋ ♋ ♌	1 6 11 16 20 25 30 ♊ ♋ ♋ ♋ ♌ ♌ ♌	1 2 7 12 17 23 29 ♋ ♋ ♋ ♌ ♌ ♌ ♍
1 9 31 ♌ ♌ ♌	1 12 19 25 30 ♋ ♌ ♌ ♌ ♍	1 7 12 17 22 27 ♋ ♌ ♌ ♌ ♍ ♍	1 3 8 13 18 24 31 ♌ ♌ ♌ ♍ ♍ ♍ ♎	1 5 11 18 26 ♌ ♍ ♍ ♍ ♎	1 6 16 ♍ ♍ ♍
1 7 12 18 23 29 ♌ ♍ ♍ ♍ ♎ ♎	1 4 10 15 21 27 ♍ ♍ ♍ ♎ ♎ ♎	1 2 8 14 21 29 ♍ ♍ ♎ ♎ ♎ ♏	1 7 16 ♎ ♎ ♎	1 8 15 27 ♎ ♎ ♎ ♍	1 3 15 20 30 ♍ ♍ ♍ ♍ ♍
1 5 11 17 24 ♎ ♎ ♏ ♏ ♏	1 4 11 20 ♎ ♏ ♏ ♏	1 9 24 ♏ ♏ ♏	1 10 31 ♎ ♎ ♎	1 11 19 25 31 ♍ ♎ ♎ ♎ ♏	1 6 11 17 23 29 ♍ ♎ ♎ ♎ ♏ ♏
1 10 26 ♐ ♐ ♐	1 14 ♏ ♏	1 12 20 27 ♎ ♏ ♏ ♏	1 7 13 19 25 ♎ ♏ ♏ ♏ ♐	1 6 12 18 25 ♏ ♏ ♏ ♐ ♐	1 5 11 18 25 ♏ ♏ ♐ ♐ ♐
1 5 12 23 30 ♐ ♏ ♐ ♐ ♐	1 2 10 17 23 30 ♏ ♏ ♐ ♐ ♐ ♑	1 4 10 16 23 29 ♏ ♐ ♐ ♐ ♑ ♑	1 2 8 14 21 27 ♐ ♐ ♐ ♑ ♑ ♑	1 8 14 22 ♐ ♑ ♑ ♑	1 2 26 ♐ ♑ ♐

1997	1998	1999	2000	2001	2002
1 3 24 ♑ ♑ ♑	1 3 13 20 27 ♐ ♐ ♑ ♑ ♑	1 7 14 20 26 ♐ ♑ ♑ ♑ ♒	1 7 13 19 25 31 ♑ ♑ ♑ ♒ ♒ ♒	1 5 11 17 23 ♑ ♑ ♒ ♒ ♒	1 4 11 26 ♑ ♒ ♒ ♒
1 2 9 16 22 28 ♑ ♑ ♒ ♒ ♒ ♓	1 3 9 15 20 26 ♑ ♒ ♒ ♒ ♓ ♓	1 7 13 18 24 ♒ ♒ ♓ ♓ ♓	1 5 12 ♒ ♓ ♓	1 7 17 ♓ ♒ ♒	1 4 14 25 ♒ ♑ ♒ ♒
1 6 11 16 21 26 ♓ ♓ ♓ ♈ ♈ ♈	1 3 8 14 23 ♓ ♓ ♈ ♈ ♈	1 3 18 ♓ ♈ ♓	1 3 28 ♓ ♓ ♓	1 8 17 25 31 ♒ ♒ ♓ ♓ ♓	1 5 12 18 24 30 ♒ ♒ ♓ ♓ ♓ ♈
1 2 ♈ ♉	1 2 18 23 ♈ ♈ ♈ ♈	1 18 26 ♓ ♈ ♈	1 6 13 19 25 30 ♓ ♓ ♈ ♈ ♈ ♉	1 6 12 17 22 27 ♓ ♈ ♈ ♈ ♉ ♉	1 4 9 13 18 24 30 ♈ ♈ ♈ ♉ ♉ ♉ ♊
1 5 12 26 ♉ ♈ ♉ ♉	1 7 15 22 27 ♈ ♈ ♉ ♉ ♉	1 3 9 14 19 24 28 ♈ ♈ ♉ ♉ ♉ ♊ ♊	1 5 10 14 19 24 30 ♉ ♉ ♉ ♊ ♊ ♊ ♋	1 6 12 19 ♉ ♊ ♊ ♊	1 ♊
1 3 9 14 19 24 28 ♉ ♉ ♊ ♊ ♊ ♋ ♋	1 6 11 15 20 25 ♊ ♊ ♊ ♋ ♋ ♋	1 2 7 12 19 27 ♊ ♊ ♋ ♋ ♋ ♌	1 7 ♋ ♋	1 ♊	1 24 ♊ ♊
1 3 8 14 20 27 ♋ ♋ ♌ ♌ ♌ ♍	1 8 16 ♌ ♌ ♌	1 ♌	1 ♋	1 13 20 25 30 ♊ ♋ ♋ ♋ ♌	1 2 7 13 17 22 27 ♊ ♊ ♋ ♋ ♋ ♌ ♌
1 5 30 ♍ ♍ ♍	1 15 ♌ ♌	1 11 21 26 ♋ ♌ ♌ ♌	1 7 13 17 22 28 ♋ ♌ ♌ ♌ ♍ ♍	1 4 9 14 20 26 ♌ ♌ ♌ ♍ ♍ ♍	1 6 12 19 27 ♌ ♍ ♍ ♍ ♎
1 20 27 ♍ ♍ ♍	1 8 14 19 24 30 ♌ ♍ ♍ ♍ ♎ ♎	1 6 11 17 22 29 ♍ ♍ ♍ ♎ ♎ ♎	1 2 8 14 21 29 ♍ ♍ ♎ ♎ ♎ ♏	1 8 17 ♎ ♎ ♎	1 6 22 ♎ ♎ ♎
1 2 8 14 20 26 ♍ ♎ ♎ ♎ ♏ ♏	1 6 12 19 25 ♎ ♎ ♏ ♏ ♏	1 5 12 20 31 ♎ ♏ ♏ ♏ ♐	1 8 28 ♏ ♏ ♏	1 15 ♎ ♎	1 2 11 20 26 ♎ ♍ ♎ ♎ ♎
1 8 15 22 ♏ ♐ ♐ ♐	1 2 10 ♏ ♐ ♐	1 10 18 ♐ ♏ ♏	1 7 9 20 27 ♏ ♎ ♏ ♏ ♏	1 8 14 20 27 ♎ ♏ ♏ ♏ ♐	1 7 13 19 26 ♏ ♏ ♏ ♐ ♐
1 14 22 ♑ ♐ ♐	1 23 31 ♐ ♐ ♐	1 3 11 18 25 31 ♏ ♏ ♐ ♐ ♐ ♑	1 4 10 17 23 29 ♏ ♐ ♐ ♐ ♑ ♑	1 3 9 16 22 28 ♐ ♐ ♐ ♑ ♑ ♑	1 2 9 15 23 ♐ ♐ ♑ ♑ ♑

MERKUR 2003–2010

	2003	2004	2005	2006
1	1 ♑ 13 ♑	1 ♐ 14 ♑ 24 ♑ 31 ♑	1 ♐ 2 ♐ 10 ♑ 17 ♑ 24 ♑ 30 ♒	1 ♐ 4 ♑ 10 ♑ 17 ♑ 23 ♒ 29 ♒
2	1 ♑ 5 ♑ 13 ♒ 20 ♒ 27 ♒	1 ♑ 7 ♒ 14 ♒ 20 ♒ 26 ♓	1 ♒ 5 ♒ 11 ♒ 17 ♓ 22 ♓ 27 ♓	1 ♒ 3 ♒ 9 ♓ 15 ♓ 21 ♓
3	1 ♒ 5 ♓ 11 ♓ 16 ♓ 22 ♈ 26 ♈ 31 ♈	1 ♓ 2 ♓ 7 ♓ 12 ♈ 18 ♈ 23 ♈	1 ♓ 5 ♈ 12 ♈ 29 ♈	1 ♓ 14 ♓
4	1 ♈ 6 ♉ 12 ♉ 23 ♉ 30 ♉	1 ♉ 13 ♈	1 ♈ 27 ♈	1 ♓ 8 ♓ 17 ♈ 24 ♈ 30 ♈
5	1 ♉	1 ♈ 16 ♉ 24 ♉ 31 ♉	1 ♈ 6 ♈ 12 ♉ 18 ♉ 24 ♉ 28 ♊	1 ♈ 5 ♉ 10 ♉ 15 ♉ 20 ♊ 24 ♊ 29 ♊
6	1 ♉ 5 ♉ 13 ♊ 19 ♊ 25 ♊ 29 ♋	1 ♉ 6 ♊ 11 ♊ 15 ♊ 20 ♋ 24 ♋ 29 ♋	1 ♊ 2 ♊ 7 ♊ 11 ♋ 16 ♋ 22 ♋ 28 ♌	1 ♊ 3 ♋ 9 ♋ 17 ♋ 29 ♌
7	1 ♋ 4 ♋ 9 ♋ 14 ♌ 19 ♌ 24 ♌ 31 ♍	1 ♋ 5 ♌ 10 ♌ 17 ♌ 26 ♍	1 ♌ 6 ♌ 20 ♌ 26 ♌	1 ♌ 11 ♋
8	1 ♍ 7 ♍ 16 ♍	1 ♍ 25 ♌	1 ♌ 11 ♌ 21 ♌ 30 ♌	1 ♋ 11 ♌ 18 ♌ 23 ♌ 28 ♍
9	1 ♍ 9 ♍	1 ♌ 10 ♍ 17 ♍ 23 ♍ 29 ♎	1 ♌ 5 ♍ 10 ♍ 15 ♍ 21 ♎ 26 ♎	1 ♍ 2 ♍ 7 ♍ 13 ♎ 19 ♎ 25 ♎
10	1 ♍ 7 ♎ 13 ♎ 19 ♎ 24 ♏ 31 ♏	1 ♎ 4 ♎ 10 ♎ 16 ♏ 22 ♏ 29 ♏	1 ♎ 2 ♎ 9 ♏ 15 ♏ 23 ♏ 30 ♐	1 ♎ 2 ♏ 10 ♏ 19 ♏
11	1 ♏ 6 ♏ 12 ♐ 19 ♐ 26 ♐	1 ♏ 5 ♐ 12 ♐ 20 ♐	1 ♐ 11 ♐ 18 ♐ 26 ♏	1 ♏ 6 ♏ 15 ♏ 21 ♏
12	1 ♐ 3 ♑ 12 ♑ 23 ♑ 31 ♐	1 ♐ 9 ♐	1 ♏ 13 ♐ 21 ♐ 28 ♐	1 ♏ 8 ♐ 15 ♐ 21 ♐ 28 ♑

VENUS 1931–1946

	1931	1932	1933	1934
1	1 ♏ 4 ♐ 17 ♐ 28 ♐	1 ♒ 3 ♒ 11 ♒ 19 ♓ 27 ♓	1 ♐ 6 ♐ 14 ♑ 22 ♑ 30 ♑	1 ♒ 29 ♒
2	1 ♐ 7 ♑ 16 ♑ 25 ♑	1 ♓ 4 ♓ 13 ♈ 21 ♈	1 ♑ 7 ♒ 15 ♒ 23 ♒	1 ♒ 16 ♒
3	1 ♑ 6 ♒ 15 ♒ 23 ♒	1 ♈ 9 ♉ 18 ♉ 27 ♉	1 ♒ 3 ♓ 12 ♓ 20 ♓ 28 ♈	1 ♒ 8 ♒ 25 ♒
4	1 ♓ 9 ♓ 18 ♓ 26 ♈	1 ♉ 5 ♊ 15 ♊ 25 ♊	1 ♈ 5 ♈ 13 ♈ 21 ♉ 29 ♉	1 ♒ 6 ♓ 17 ♓ 27 ♓
5	1 ♈ 4 ♈ 13 ♈ 21 ♉ 29 ♉	1 ♊ 6 ♋ 21 ♋	1 ♉ 7 ♉ 15 ♊ 23 ♊ 31 ♊	1 ♓ 6 ♈ 16 ♈ 25 ♈
6	1 ♉ 7 ♉ 15 ♊ 23 ♊	1 ♋ 25 ♋	1 ♊ 9 ♋ 17 ♋ 25 ♋	1 ♈ 2 ♉ 11 ♉ 20 ♉ 28 ♊
7	1 ♊ 10 ♋ 18 ♋ 26 ♋	1 ♋ 13 ♊ 29 ♋	1 ♋ 3 ♌ 11 ♌ 19 ♌ 28 ♍	1 ♊ 7 ♊ 15 ♊ 24 ♋
8	1 ♋ 3 ♌ 11 ♌ 19 ♌ 27 ♍	1 ♋ 17 ♋ 29 ♋	1 ♍ 5 ♍ 13 ♍ 22 ♎ 30 ♎	1 ♋ 9 ♋ 18 ♌ 26 ♌
9	1 ♍ 5 ♍ 13 ♍ 21 ♎ 29 ♎	1 ♋ 9 ♌ 19 ♌ 28 ♌	1 ♎ 7 ♎ 16 ♏ 24 ♏	1 ♌ 3 ♌ 11 ♍ 19 ♍ 27 ♍
10	1 ♎ 7 ♎ 15 ♏ 23 ♏ 31 ♏	1 ♌ 7 ♍ 16 ♍ 25 ♍	1 ♏ 3 ♏ 11 ♐ 20 ♐ 29 ♐	1 ♍ 5 ♎ 13 ♎ 21 ♎ 29 ♏
11	1 ♏ 8 ♐ 16 ♐ 24 ♐	1 ♍ 2 ♎ 11 ♎ 19 ♎ 27 ♏	1 ♐ 7 ♑ 16 ♑ 26 ♑	1 ♏ 6 ♏ 14 ♏ 22 ♐ 30 ♐
12	1 ♐ 2 ♑ 10 ♑ 18 ♑ 26 ♒	1 ♏ 5 ♏ 13 ♏ 21 ♐ 29 ♐	1 ♑ 6 ♒ 17 ♒	1 ♐ 8 ♐ 16 ♑ 24 ♑

	1935	1936	1937	1938
1	1 ♑ 9 ♒ 17 ♒ 25 ♒	1 ♏ 4 ♐ 12 ♐ 20 ♐ 29 ♑	1 ♒ 6 ♓ 15 ♓ 24 ♓	1 ♑ 8 ♑ 16 ♑ 23 ♒ 31 ♒
2	1 ♒ 2 ♓ 10 ♓ 18 ♓ 26 ♈	1 ♑ 6 ♑ 14 ♑ 22 ♒	1 ♓ 2 ♈ 12 ♈ 24 ♈	1 ♒ 8 ♒ 16 ♓ 24 ♓
3	1 ♈ 6 ♈ 14 ♈ 22 ♉ 31 ♉	1 ♒ 9 ♒ 18 ♓ 26 ♓	1 ♈ 10 ♉	1 ♓ 4 ♓ 12 ♈ 20 ♈ 28 ♈
4	1 ♉ 8 ♉ 16 ♊ 25 ♊	1 ♓ 3 ♓ 11 ♈ 19 ♈ 27 ♈	1 ♉ 14 ♈	1 ♈ 6 ♉ 14 ♉ 22 ♉ 30 ♊
5	1 ♊ 3 ♊ 12 ♋ 21 ♋ 30 ♋	1 ♈ 5 ♉ 14 ♉ 22 ♉ 30 ♊	1 ♈ 4 ♈ 15 ♈	1 ♊ 8 ♊ 16 ♊ 25 ♋
6	1 ♋ 8 ♌ 17 ♌ 27 ♌	1 ♊ 7 ♊ 15 ♊ 23 ♋	1 ♈ 4 ♉ 17 ♉ 28 ♉	1 ♋ 2 ♋ 10 ♋ 19 ♌ 27 ♌
7	1 ♌ 8 ♍ 20 ♍	1 ♋ 10 ♋ 18 ♌ 26 ♌	1 ♉ 8 ♊ 18 ♊ 27 ♊	1 ♌ 6 ♌ 14 ♍ 23 ♍
8	1 ♍ 6 ♍ 30 ♍	1 ♌ 3 ♌ 11 ♍ 19 ♍ 27 ♍	1 ♊ 5 ♋ 14 ♋ 22 ♋ 31 ♌	1 ♍ 10 ♎ 19 ♎ 28 ♎
9	1 ♍ 17 ♍	1 ♍ 4 ♎ 13 ♎ 21 ♎ 29 ♏	1 ♌ 8 ♌ 17 ♌ 25 ♍	1 ♎ 7 ♏ 18 ♏ 29 ♏
10	1 ♍ 14 ♍ 29 ♍	1 ♏ 7 ♏ 15 ♏ 23 ♐ 31 ♐	1 ♍ 3 ♍ 12 ♍ 20 ♎ 28 ♎	1 ♏ 14 ♐
11	1 ♍ 10 ♎ 20 ♎ 29 ♎	1 ♐ 9 ♐ 17 ♑ 25 ♑	1 ♎ 5 ♎ 13 ♏ 21 ♏ 29 ♏	1 ♐ 16 ♏
12	1 ♎ 9 ♏ 17 ♏ 26 ♏	1 ♑ 3 ♑ 12 ♒ 20 ♒ 29 ♒	1 ♏ 7 ♐ 15 ♐ 23 ♐ 31 ♑	1 ♏ 6 ♏ 15 ♏

2007	2008	2009	2010
1 3 9 15 21 27 ♑ ♑ ♑ ♒ ♒ ♒	1 2 8 15 22 ♑ ♑ ♒ ♒ ♒	1 21 ♒ ♑	1 8 25 ♑ ♑ ♑
1 2 13 16 27 ♒ ♓ ♓ ♓ ♒	1 4 14 25 ♒ ♒ ♒ ♒	1 15 23 ♑ ♒ ♒	1 3 10 17 24 ♑ ♑ ♒ ♒ ♒
1 18 28 ♒ ♓ ♓	1 7 15 22 28 ♒ ♒ ♓ ♓ ♓	1 2 9 15 21 26 31 ♒ ♒ ♓ ♓ ♓ ♈ ♈	1 2 7 13 18 23 28 ♒ ♓ ♓ ♓ ♈ ♈ ♈
1 4 11 17 22 27 ♓ ♓ ♈ ♈ ♈ ♉	1 3 8 13 18 23 27 ♓ ♈ ♈ ♈ ♉ ♉ ♉	1 5 10 15 21 ♈ ♈ ♉ ♉ ♉	1 3 11 26 ♈ ♉ ♉ ♉
1 2 7 11 16 22 29 ♉ ♉ ♉ ♊ ♊ ♊ ♋	1 3 9 20 ♉ ♊ ♊ ♊	1 14 ♊ ♉	1 26 ♉ ♉
1 9 23 ♋ ♋ ♋	1 2 ♊ ♊	1 14 22 29 ♉ ♊ ♊ ♊	1 4 10 16 21 25 30 ♉ ♉ ♊ ♊ ♊ ♋ ♋
1 23 30 ♋ ♋ ♋	1 3 11 17 22 26 31 ♊ ♊ ♋ ♋ ♋ ♌ ♌	1 4 9 13 18 23 28 ♊ ♋ ♋ ♋ ♌ ♌ ♌	1 5 10 15 21 28 ♋ ♋ ♌ ♌ ♌ ♍
1 5 10 15 20 25 30 ♋ ♌ ♌ ♌ ♍ ♍ ♍	1 5 10 16 22 29 ♌ ♌ ♍ ♍ ♍ ♎	1 3 9 17 26 ♌ ♍ ♍ ♍ ♎	1 5 ♍ ♍
1 6 12 19 28 ♍ ♎ ♎ ♎ ♏	1 6 17 ♎ ♎ ♎	1 18 ♎ ♍	1 4 21 28 ♍ ♍ ♍ ♍
1 24 ♏ ♎	1 11 21 29 ♎ ♎ ♎ ♎	1 10 17 23 28 ♍ ♎ ♎ ♎ ♏	1 4 9 15 21 27 ♍ ♎ ♎ ♎ ♏ ♏
1 11 19 25 ♎ ♏ ♏ ♏	1 5 11 17 23 30 ♎ ♏ ♏ ♏ ♐ ♐	1 3 10 16 22 29 ♏ ♏ ♏ ♐ ♐ ♐	1 2 9 16 23 ♏ ♏ ♐ ♐ ♐
1 2 8 14 21 27 ♏ ♐ ♐ ♐ ♑ ♑	1 6 12 19 25 ♐ ♐ ♑ ♑ ♑	1 6 13 22 31 ♐ ♑ ♑ ♑ ♑	1 19 28 ♑ ♐ ♐

1939	1940	1941	1942	1943	1944	1945	1946
1 5 17 28 ♏ ♐ ♐ ♐	1 2 10 19 27 ♒ ♒ ♒ ♓ ♓	1 6 14 22 30 ♐ ♐ ♑ ♑ ♑	1 5 21 ♒ ♒ ♒	1 8 16 24 ♑ ♒ ♒ ♒	1 3 12 20 28 ♏ ♐ ♐ ♐ ♑	1 6 15 24 ♒ ♓ ♓ ♓	1 7 15 23 31 ♑ ♑ ♑ ♒ ♒
1 6 16 25 ♐ ♑ ♑ ♑	1 4 12 21 29 ♓ ♓ ♈ ♈ ♈	1 7 15 23 ♑ ♒ ♒ ♒	1 8 ♒ ♒	1 9 17 26 ♓ ♓ ♓ ♈	1 5 14 22 ♑ ♑ ♑ ♒	1 2 13 24 ♓ ♈ ♈ ♈	1 8 16 24 ♒ ♒ ♓ ♓
1 6 14 23 31 ♑ ♒ ♒ ♒ ♓	1 9 17 26 ♈ ♉ ♉ ♉	1 3 11 19 27 ♒ ♓ ♓ ♓ ♈	1 11 26 ♒ ♒ ♒	1 6 14 22 30 ♈ ♈ ♈ ♉ ♉	1 9 17 25 ♒ ♒ ♓ ♓	1 11 ♈ ♉	1 4 12 20 28 ♓ ♓ ♈ ♈ ♈
1 9 17 26 ♓ ♓ ♓ ♈	1 5 15 25 ♉ ♊ ♊ ♊	1 4 12 20 28 ♈ ♈ ♈ ♉ ♉	1 7 17 27 ♒ ♓ ♓ ♓	1 7 16 24 ♉ ♉ ♊ ♊	1 2 11 19 27 ♓ ♓ ♈ ♈ ♈	1 8 25 ♉ ♈ ♈	1 5 13 21 29 ♈ ♉ ♉ ♉ ♊
1 4 12 21 29 ♈ ♈ ♈ ♉ ♉	1 7 23 ♊ ♋ ♋	1 6 15 23 31 ♉ ♉ ♊ ♊ ♊	1 6 15 24 ♓ ♈ ♈ ♈	1 3 11 20 29 ♊ ♊ ♋ ♋ ♋	1 5 13 21 29 ♈ ♉ ♉ ♉ ♊	1 19 ♈ ♈	1 8 16 24 ♊ ♊ ♊ ♋
1 6 14 23 ♉ ♉ ♊ ♊	1 18 ♋ ♋	1 8 16 24 ♊ ♋ ♋ ♋	1 2 11 19 28 ♈ ♉ ♉ ♉ ♊	1 8 17 27 ♋ ♌ ♌ ♌	1 7 15 23 ♊ ♊ ♊ ♋	1 5 17 28 ♈ ♉ ♉ ♉	1 10 18 27 ♋ ♋ ♌ ♌
1 9 17 25 ♊ ♋ ♋ ♋	1 6 ♋ ♊	1 3 11 19 27 ♋ ♌ ♌ ♌ ♍	1 6 15 23 ♊ ♊ ♊ ♋	1 8 21 ♌ ♍ ♍	1 9 17 25 ♋ ♋ ♌ ♌	1 8 17 26 ♉ ♊ ♊ ♊	1 5 14 23 31 ♌ ♌ ♍ ♍ ♍
1 3 11 19 27 ♋ ♌ ♌ ♌ ♍	1 17 29 ♋ ♋ ♋	1 4 13 21 29 ♍ ♍ ♍ ♎ ♎	1 9 17 25 ♋ ♋ ♌ ♌	1 10 21 ♍ ♍ ♍	1 2 11 19 27 ♌ ♌ ♍ ♍ ♍	1 4 13 22 31 ♊ ♋ ♋ ♋ ♌	1 9 19 28 ♍ ♎ ♎ ♎
1 4 12 20 28 ♍ ♍ ♍ ♎ ♎	1 9 19 28 ♋ ♌ ♌ ♌	1 7 15 24 ♎ ♎ ♏ ♏	1 2 11 19 27 ♌ ♌ ♍ ♍ ♍	1 10 ♍ ♍	1 4 12 20 28 ♍ ♎ ♎ ♎ ♏	1 8 16 25 ♌ ♌ ♌ ♍	1 7 18 30 ♎ ♏ ♏ ♏
1 6 14 22 30 ♎ ♎ ♏ ♏ ♏	1 7 16 24 ♌ ♍ ♍ ♍	1 2 11 20 28 ♏ ♏ ♐ ♐ ♐	1 5 13 21 29 ♍ ♎ ♎ ♎ ♏	1 16 30 ♍ ♍ ♍	1 6 15 23 31 ♏ ♏ ♏ ♐ ♐	1 3 11 19 27 ♍ ♍ ♍ ♎ ♎	1 16 ♏ ♐
1 7 15 23 ♏ ♐ ♐ ♐	1 2 10 18 27 ♍ ♎ ♎ ♎ ♏	1 6 16 25 ♐ ♑ ♑ ♑	1 6 14 22 30 ♏ ♏ ♏ ♐ ♐	1 10 20 29 ♍ ♎ ♎ ♎	1 8 16 25 ♐ ♐ ♑ ♑	1 4 12 20 28 ♎ ♎ ♏ ♏ ♏	1 8 26 ♐ ♏ ♏
1 9 17 25 ♑ ♑ ♑ ♒	1 5 13 21 29 ♏ ♏ ♏ ♐ ♐	1 6 18 ♑ ♒ ♒	1 8 16 23 31 ♐ ♐ ♑ ♑ ♑	1 8 17 26 ♎ ♏ ♏ ♏	1 3 11 20 28 ♑ ♑ ♒ ♒ ♒	1 6 14 22 30 ♏ ♐ ♐ ♐ ♑	1 21 ♏ ♏

VENUS 1947–1962

	1947	1948	1949	1950
1	1 ♏, 6 ♐, 17 ♐, 28 ♐	1 ♒, 2 ♒, 10 ♒, 18 ♓, 26 ♓	1 ♐, 5 ♐, 13 ♑, 21 ♑, 29 ♑	1 ♒
2	1 ♐, 6 ♑, 15 ♑, 24 ♑	1 ♓, 3 ♓, 12 ♈, 20 ♈, 29 ♈	1 ♑, 6 ♒, 14 ♒, 22 ♒	1 ♒, 2 ♒
3	1 ♑, 5 ♒, 14 ♒, 22 ♒, 31 ♓	1 ♈, 8 ♉, 17 ♉, 26 ♉	1 ♒, 2 ♓, 10 ♓, 18 ♓, 26 ♈	1 ♒, 13 ♒, 26 ♒
4	1 ♓, 8 ♓, 17 ♓, 25 ♈	1 ♉, 5 ♊, 14 ♊, 25 ♊	1 ♈, 4 ♈, 12 ♈, 20 ♉, 28 ♉	1 ♒, 7 ♓, 17 ♓, 26 ♓
5	1 ♈, 3 ♈, 12 ♈, 20 ♉, 28 ♉	1 ♊, 7 ♋, 26 ♋	1 ♉, 6 ♉, 14 ♊, 22 ♊, 30 ♊	1 ♓, 6 ♈, 15 ♈, 24 ♈
6	1 ♉, 6 ♉, 14 ♊, 22 ♊, 30 ♊	1 ♋, 11 ♋, 29 ♊	1 ♊, 7 ♋, 16 ♋, 24 ♋	1 ♈, 2 ♉, 10 ♉, 19 ♉, 27 ♊
7	1 ♊, 9 ♋, 17 ♋, 25 ♋	1 ♊	1 ♋, 2 ♌, 10 ♌, 18 ♌, 27 ♍	1 ♊, 6 ♊, 14 ♊, 23 ♋, 31 ♋
8	1 ♋, 2 ♌, 10 ♌, 18 ♌, 26 ♍	1 ♊, 3 ♋, 18 ♋, 29 ♋	1 ♍, 4 ♍, 12 ♍, 21 ♎, 29 ♎	1 ♋, 8 ♋, 17 ♌, 25 ♌
9	1 ♍, 3 ♍, 11 ♍, 20 ♎, 28 ♎	1 ♋, 9 ♌, 18 ♌, 28 ♌	1 ♎, 6 ♎, 15 ♏, 23 ♏	1 ♌, 2 ♌, 10 ♍, 18 ♍, 26 ♍
10	1 ♎, 6 ♎, 14 ♏, 22 ♏, 30 ♏	1 ♌, 7 ♍, 15 ♍, 24 ♍	1 ♏, 2 ♏, 10 ♐, 19 ♐, 28 ♐	1 ♍, 4 ♎, 12 ♎, 20 ♎, 28 ♏
11	1 ♏, 7 ♐, 15 ♐, 23 ♐	1 ♎, 10 ♎, 18 ♎, 26 ♏	1 ♐, 6 ♑, 16 ♑, 26 ♑	1 ♏, 5 ♏, 13 ♏, 21 ♐, 29 ♐
12	1 ♑, 9 ♑, 17 ♑, 25 ♒	1 ♏, 4 ♏, 12 ♏, 20 ♐, 28 ♐	1 ♑, 6 ♒, 19 ♒	1 ♐, 7 ♐, 15 ♑, 23 ♑, 31 ♑

	1951	1952	1953	1954
1	1 ♑, 8 ♒, 16 ♒, 24 ♒	1 ♏, 3 ♐, 11 ♐, 19 ♐, 28 ♑	1 ♒, 5 ♓, 14 ♓, 24 ♓	1 ♑, 6 ♑, 14 ♑, 22 ♒, 30 ♒
2	1 ♓, 9 ♓, 17 ♓, 25 ♈	1 ♑, 5 ♑, 13 ♑, 21 ♒, 29 ♒	1 ♓, 2 ♈, 13 ♈, 25 ♈	1 ♒, 7 ♒, 15 ♓, 23 ♓
3	1 ♈, 5 ♈, 13 ♈, 21 ♉, 3C ♉	1 ♒, 8 ♒, 17 ♓, 25 ♓	1 ♈, 15 ♉, 31 ♈	1 ♓, 3 ♓, 11 ♈, 19 ♈, 27 ♈
4	1 ♉, 7 ♉, 15 ♊, 24 ♊	1 ♓, 2 ♓, 10 ♈, 18 ♈, 26 ♈	1 ♈, 18 ♈	1 ♈, 4 ♉, 13 ♉, 21 ♉, 29 ♊
5	1 ♊, 2 ♊, 11 ♋, 20 ♋, 29 ♋	1 ♈, 4 ♉, 13 ♉, 21 ♉, 29 ♊	1 ♈, 22 ♈	1 ♊, 7 ♊, 15 ♊, 24 ♋
6	1 ♋, 7 ♌, 17 ♌, 27 ♌	1 ♊, 6 ♊, 14 ♊, 22 ♋, 30 ♋	1 ♈, 5 ♉, 17 ♉, 28 ♉	1 ♋, 9 ♋, 18 ♌, 26 ♌
7	1 ♌, 8 ♍, 21 ♍	1 ♋, 9 ♋, 17 ♌, 25 ♌	1 ♉, 7 ♊, 17 ♊, 26 ♊	1 ♌, 5 ♌, 13 ♍, 22 ♍, 31 ♍
8	1 ♍	1 ♌, 2 ♌, 10 ♍, 18 ♍, 26 ♍	1 ♊, 4 ♋, 13 ♋, 22 ♋, 30 ♌	1 ♍, 9 ♎, 18 ♎, 28 ♎
9	1 ♍, 4 ♍	1 ♍, 3 ♎, 11 ♎, 20 ♎, 28 ♏	1 ♌, 8 ♌, 16 ♌, 24 ♍	1 ♎, 7 ♏, 18 ♏
10	1 ♍, 17 ♍, 30 ♍	1 ♏, 6 ♏, 14 ♏, 22 ♐, 30 ♐	1 ♍, 2 ♍, 11 ♍, 19 ♎, 27 ♎	1 ♏, 24 ♐, 27 ♏
11	1 ♍, 10 ♎, 20 ♎, 29 ♎	1 ♐, 8 ♐, 16 ♑, 24 ♑	1 ♎, 4 ♎, 12 ♏, 20 ♏, 28 ♏	1 ♏, 19 ♏
12	1 ♎, 8 ♏, 17 ♏, 25 ♏	1 ♑, 2 ♑, 11 ♒, 19 ♒, 28 ♒	1 ♏, 6 ♐, 14 ♐, 22 ♐, 30 ♑	1 ♏, 23 ♏

VENUS 1963–1978

	1963	1964	1965	1966
1	1 ♏, 7 ♐, 18 ♐, 27 ♐	1 ♒, 9 ♒, 17 ♓, 25 ♓	1 ♐, 4 ♐, 12 ♑, 20 ♑, 28 ♑	1 ♒, 19 ♒
2	1 ♐, 6 ♑, 15 ♑, 24 ♑	1 ♓, 3 ♓, 11 ♈, 19 ♈, 28 ♈	1 ♑, 5 ♒, 13 ♒, 21 ♒	1 ♒, 7 ♑, 25 ♒
3	1 ♑, 4 ♒, 13 ♒, 22 ♒, 30 ♓	1 ♈, 8 ♉, 16 ♉, 26 ♉	1 ♓, 9 ♓, 17 ♓, 25 ♈	1 ♒, 15 ♒, 27 ♒
4	1 ♓, 7 ♓, 16 ♓, 24 ♈	1 ♉, 4 ♊, 14 ♊, 25 ♊	1 ♈, 2 ♈, 11 ♈, 19 ♉, 27 ♉	1 ♒, 7 ♓, 17 ♓, 26 ♓
5	1 ♈, 2 ♈, 11 ♈, 19 ♉, 27 ♉	1 ♊, 9 ♋	1 ♉, 5 ♉, 13 ♊, 21 ♊, 29 ♊	1 ♓, 5 ♈, 14 ♈, 23 ♈
6	1 ♉, 5 ♉, 13 ♊, 21 ♊, 29 ♊	1 ♋, 18 ♊	1 ♊, 6 ♋, 15 ♋, 23 ♋	1 ♉, 9 ♉, 18 ♉, 26 ♊
7	1 ♊, 7 ♋, 16 ♋, 24 ♋	1 ♊	1 ♌, 9 ♌, 17 ♌, 26 ♍	1 ♊, 5 ♊, 13 ♊, 22 ♋, 30 ♋
8	1 ♌, 9 ♌, 17 ♌, 25 ♍	1 ♊, 5 ♋, 18 ♋, 29 ♋	1 ♍, 3 ♍, 11 ♍, 20 ♎, 28 ♎	1 ♋, 7 ♋, 16 ♌, 24 ♌
9	1 ♍, 2 ♍, 10 ♍, 18 ♎, 26 ♎	1 ♋, 8 ♌, 18 ♌, 27 ♌	1 ♎, 5 ♎, 14 ♏, 22 ♏	1 ♌, 9 ♍, 17 ♍, 25 ♍
10	1 ♎, 4 ♎, 12 ♏, 21 ♏, 29 ♏	1 ♌, 6 ♍, 14 ♍, 23 ♍, 31 ♎	1 ♏, 10 ♐, 19 ♐, 28 ♐	1 ♍, 3 ♎, 11 ♎, 19 ♎, 27 ♏
11	1 ♏, 6 ♐, 14 ♐, 22 ♐, 30 ♑	1 ♎, 9 ♎, 17 ♎, 25 ♏	1 ♐, 6 ♑, 15 ♑, 26 ♑	1 ♏, 4 ♏, 12 ♏, 20 ♐, 28 ♐
12	1 ♑, 8 ♑, 16 ♑, 24 ♒	1 ♏, 3 ♏, 11 ♏, 19 ♐, 27 ♐	1 ♑, 7 ♒, 22 ♒	1 ♐, 6 ♐, 14 ♑, 22 ♑, 30 ♑

	1967	1968	1969	1970
1	1 ♑, 7 ♒, 15 ♒, 23 ♒, 31 ♓	1 ♏, 2 ♐, 10 ♐, 19 ♐, 27 ♑	1 ♒, 5 ♓, 14 ♓, 23 ♓	1 ♑, 5 ♑, 13 ♑, 21 ♒, 29 ♒
2	1 ♓, 8 ♓, 16 ♓, 24 ♈	1 ♑, 4 ♑, 12 ♑, 20 ♒, 28 ♒	1 ♓, 2 ♈, 13 ♈, 27 ♈	1 ♒, 6 ♒, 14 ♓, 22 ♓
3	1 ♈, 4 ♈, 12 ♈, 20 ♉, 29 ♉	1 ♒, 7 ♒, 16 ♓, 24 ♓	1 ♈	1 ♓, 2 ♓, 10 ♈, 18 ♈, 26 ♈
4	1 ♉, 6 ♉, 14 ♊, 23 ♊	1 ♓, 9 ♈, 17 ♈, 25 ♈	1 ♈, 6 ♈	1 ♈, 3 ♉, 12 ♉, 20 ♉, 28 ♊
5	1 ♊, 2 ♊, 10 ♋, 19 ♋, 28 ♋	1 ♈, 3 ♉, 11 ♉, 20 ♉, 28 ♊	1 ♈, 24 ♈	1 ♊, 6 ♊, 14 ♊, 23 ♋, 31 ♋
6	1 ♋, 7 ♌, 17 ♌, 27 ♌	1 ♊, 5 ♊, 13 ♊, 21 ♋, 29 ♋	1 ♈, 6 ♉, 17 ♉, 27 ♉	1 ♋, 8 ♋, 17 ♌, 25 ♌
7	1 ♌, 9 ♍, 24 ♍	1 ♋, 7 ♋, 16 ♌, 24 ♌	1 ♉, 7 ♊, 16 ♊, 25 ♊	1 ♌, 4 ♌, 13 ♍, 21 ♍, 30 ♍
8	1 ♍, 23 ♍	1 ♌, 9 ♍, 17 ♍, 25 ♍	1 ♊, 3 ♋, 12 ♋, 21 ♋, 29 ♌	1 ♍, 8 ♎, 18 ♎, 28 ♎
9	1 ♍, 9 ♌	1 ♍, 2 ♎, 10 ♎, 19 ♎, 27 ♏	1 ♌, 7 ♌, 15 ♌, 23 ♍	1 ♎, 7 ♏, 19 ♏
10	1 ♌, 2 ♍, 18 ♍, 30 ♍	1 ♏, 5 ♏, 13 ♏, 21 ♐, 29 ♐	1 ♍, 9 ♍, 18 ♎, 26 ♎	1 ♏, 3 ♏
11	1 ♍, 10 ♎, 19 ♎, 28 ♎	1 ♐, 7 ♐, 15 ♑, 23 ♑	1 ♎, 3 ♎, 11 ♏, 19 ♏, 27 ♏	1 ♏, 6 ♏, 28 ♏
12	1 ♎, 7 ♏, 16 ♏, 25 ♏	1 ♑, 2 ♑, 10 ♒, 18 ♒, 27 ♒	1 ♏, 5 ♐, 13 ♐, 21 ♐, 28 ♑	1 ♏, 4 ♏, 26 ♏

1955	1956	1957	1958	1959	1960	1961	1962
1 ♏, 6 ♐, 17 ♐, 28 ♐	1 ♒, 9 ♒, 18 ♓, 26 ♓	1 ♐, 5 ♐, 13 ♑, 21 ♑, 29 ♑	1 ♒, 26 ♒	1 ♑, 7 ♒, 15 ♒, 23 ♒, 31 ♓	1 ♏, 2 ♐, 11 ♐, 19 ♐, 27 ♑	1 ♒, 5 ♓, 14 ♓, 23 ♓	1 ♑, 6 ♑, 14 ♑, 22 ♒, 30 ♒
1 ♐, 6 ♑, 15 ♑, 24 ♑	1 ♓, 3 ♓, 11 ♈, 20 ♈, 28 ♈	1 ♑, 6 ♒, 14 ♒, 22 ♒	1 ♒	1 ♓, 8 ♓, 16 ♓, 24 ♈	1 ♑, 4 ♑, 13 ♑, 21 ♒, 29 ♒	1 ♓, 2 ♈, 13 ♈, 25 ♈	1 ♒, 7 ♒, 15 ♓, 23 ♓
1 ♑, 5 ♒, 13 ♒, 22 ♒, 30 ♓	1 ♈, 8 ♉, 17 ♉, 26 ♉	1 ♒, 2 ♓, 10 ♓, 18 ♓, 26 ♈	1 ♒, 14 ♒, 27 ♒	1 ♈, 5 ♈, 13 ♈, 21 ♉, 29 ♉	1 ♒, 8 ♒, 16 ♓, 24 ♓	1 ♈	1 ♓, 3 ♓, 11 ♈, 19 ♈, 27 ♈
1 ♓, 8 ♓, 16 ♓, 25 ♈	1 ♉, 4 ♊, 14 ♊, 25 ♊	1 ♈, 3 ♈, 11 ♈, 19 ♉, 27 ♉	1 ♒, 7 ♓, 17 ♓, 26 ♓	1 ♉, 6 ♉, 15 ♊, 23 ♊	1 ♓, 9 ♈, 18 ♈, 26 ♈	1 ♈, 12 ♈	1 ♈, 4 ♉, 12 ♉, 20 ♉, 28 ♊
1 ♈, 3 ♈, 11 ♈, 20 ♉, 28 ♉	1 ♊, 8 ♋	1 ♉, 5 ♉, 13 ♊, 22 ♊, 30 ♊	1 ♓, 5 ♈, 15 ♈, 23 ♈	1 ♊, 2 ♊, 11 ♋, 20 ♋, 29 ♋	1 ♈, 4 ♉, 12 ♉, 20 ♉, 28 ♊	1 ♈, 23 ♈	1 ♊, 7 ♊, 15 ♊, 23 ♋, 31 ♋
1 ♉, 5 ♉, 13 ♊, 22 ♊, 30 ♊	1 ♋, 24 ♊	1 ♊, 7 ♋, 15 ♋, 23 ♋	1 ♉, 10 ♉, 18 ♉, 27 ♊	1 ♋, 7 ♌, 17 ♌, 27 ♌	1 ♊, 5 ♊, 14 ♊, 22 ♋, 30 ♋	1 ♈, 6 ♉, 17 ♉, 27 ♉	1 ♋, 9 ♋, 17 ♌, 26 ♌
1 ♊, 8 ♋, 16 ♋, 24 ♋	1 ♊	1 ♌, 10 ♌, 18 ♌, 26 ♍	1 ♊, 5 ♊, 14 ♊, 22 ♋, 31 ♋	1 ♌, 9 ♍, 23 ♍	1 ♋, 8 ♋, 16 ♌, 24 ♌	1 ♉, 7 ♊, 17 ♊, 26 ♊	1 ♌, 4 ♌, 13 ♍, 22 ♍, 31 ♍
1 ♌, 10 ♌, 18 ♌, 26 ♍	1 ♊, 4 ♋, 18 ♋, 29 ♋	1 ♍, 3 ♍, 12 ♍, 20 ♎, 28 ♎	1 ♋, 8 ♋, 16 ♌, 24 ♌	1 ♍, 29 ♍	1 ♌, 9 ♍, 18 ♍, 26 ♍	1 ♊, 4 ♋, 12 ♋, 21 ♋, 30 ♌	1 ♍, 9 ♎, 18 ♎, 28 ♎
1 ♍, 3 ♍, 11 ♍, 19 ♎, 27 ♎	1 ♋, 8 ♌, 18 ♌, 27 ♌	1 ♎, 6 ♎, 14 ♏, 23 ♏	1 ♌, 10 ♍, 18 ♍, 26 ♍	1 ♍, 20 ♌, 25 ♍	1 ♍, 3 ♎, 11 ♎, 19 ♎, 27 ♏	1 ♌, 7 ♌, 15 ♌, 24 ♍	1 ♎, 7 ♏, 18 ♏
1 ♎, 5 ♎, 13 ♏, 21 ♏, 29 ♏	1 ♌, 6 ♍, 15 ♍, 23 ♍	1 ♏, 10 ♐, 19 ♐, 28 ♐	1 ♍, 4 ♎, 12 ♎, 20 ♎, 28 ♏	1 ♍, 18 ♍, 30 ♍	1 ♏, 5 ♏, 14 ♏, 22 ♐, 30 ♐	1 ♍, 2 ♍, 10 ♍, 18 ♎, 26 ♎	1 ♏, 2 ♏
1 ♏, 6 ♐, 14 ♐, 22 ♐, 30 ♑	1 ♎, 9 ♎, 17 ♎, 26 ♏	1 ♐, 6 ♑, 16 ♑, 26 ♑	1 ♏, 5 ♏, 13 ♏, 21 ♐, 29 ♐	1 ♍, 10 ♎, 20 ♎, 29 ♎	1 ♐, 7 ♐, 15 ♑, 24 ♑	1 ♎, 3 ♎, 11 ♏, 19 ♏, 27 ♏	1 ♏, 13 ♏
1 ♑, 8 ♑, 16 ♑, 24 ♒	1 ♏, 4 ♏, 12 ♏, 20 ♐, 28 ♐	1 ♑, 7 ♒, 20 ♒	1 ♐, 6 ♐, 14 ♑, 22 ♑, 30 ♑	1 ♎, 8 ♏, 16 ♏, 25 ♏	1 ♑, 2 ♑, 10 ♒, 19 ♒, 27 ♒	1 ♏, 5 ♐, 13 ♐, 21 ♐, 29 ♑	1 ♏, 25 ♏

1971	1972	1973	1974	1975	1976	1977	1978
1 ♏, 7 ♐, 18 ♐, 27 ♐	1 ♒, 8 ♒, 17 ♓, 25 ♓	1 ♐, 4 ♐, 12 ♑, 20 ♑, 28 ♑	1 ♒, 11 ♒, 30 ♑	1 ♑, 6 ♒, 14 ♒, 22 ♒, 30 ♓	1 ♏, 2 ♐, 10 ♐, 18 ♐, 26 ♑	1 ♒, 5 ♓, 14 ♓, 23 ♓	1 ♑, 5 ♑, 13 ♑, 21 ♒, 29 ♒
1 ♐, 6 ♑, 15 ♑, 23 ♑	1 ♓, 2 ♓, 10 ♈, 19 ♈, 27 ♈	1 ♑, 5 ♒, 13 ♒, 21 ♒	1 ♑	1 ♓, 7 ♓, 15 ♓, 23 ♈	1 ♑, 3 ♑, 12 ♑, 20 ♒, 28 ♒	1 ♓, 2 ♈, 14 ♈, 28 ♈	1 ♒, 6 ♒, 14 ♓, 22 ♓
1 ♑, 4 ♒, 13 ♒, 21 ♒, 30 ♓	1 ♈, 7 ♉, 16 ♉, 25 ♉	1 ♓, 9 ♓, 17 ♓, 25 ♈	1 ♒, 16 ♒, 27 ♒	1 ♈, 4 ♈, 12 ♈, 20 ♉, 28 ♉	1 ♒, 7 ♒, 15 ♓, 23 ♓, 31 ♓	1 ♈, 31 ♈	1 ♓, 2 ♓, 10 ♈, 18 ♈, 26 ♈
1 ♓, 7 ♓, 15 ♓, 24 ♈	1 ♉, 4 ♊, 14 ♊, 26 ♊	1 ♈, 2 ♈, 10 ♈, 18 ♉, 26 ♉	1 ♒, 7 ♓, 16 ♓, 26 ♓	1 ♉, 6 ♉, 14 ♊, 22 ♊	1 ♓, 8 ♈, 16 ♈, 25 ♈	1 ♈, 18 ♈	1 ♈, 3 ♉, 11 ♉, 19 ♉, 27 ♊
1 ♈, 2 ♈, 10 ♈, 19 ♉, 27 ♉	1 ♊, 11 ♋	1 ♉, 4 ♉, 12 ♊, 20 ♊, 29 ♊	1 ♓, 5 ♈, 14 ♈, 23 ♈, 31 ♉	1 ♊, 10 ♋, 19 ♋, 28 ♋	1 ♈, 3 ♉, 11 ♉, 19 ♉, 27 ♊	1 ♈, 7 ♈, 25 ♈	1 ♊, 6 ♊, 14 ♊, 22 ♋, 30 ♋
1 ♉, 4 ♉, 12 ♊, 21 ♊, 29 ♊	1 ♋, 12 ♊, 30 ♊	1 ♊, 6 ♋, 14 ♋, 22 ♋, 30 ♌	1 ♉, 9 ♉, 17 ♉, 26 ♊	1 ♋, 6 ♌, 16 ♌, 27 ♌	1 ♊, 4 ♊, 12 ♊, 21 ♋, 29 ♋	1 ♈, 6 ♉, 17 ♉, 27 ♉	1 ♋, 8 ♋, 16 ♌, 25 ♌
1 ♊, 7 ♋, 15 ♋, 23 ♋, 31 ♌	1 ♊, 19 ♊	1 ♌, 9 ♌, 17 ♌, 25 ♍	1 ♊, 4 ♊, 13 ♊, 21 ♋, 29 ♋	1 ♌, 9 ♍, 27 ♍	1 ♋, 7 ♋, 15 ♌, 23 ♌, 31 ♌	1 ♉, 7 ♊, 16 ♊, 25 ♊	1 ♌, 3 ♌, 12 ♍, 21 ♍, 30 ♍
1 ♌, 9 ♌, 17 ♌, 25 ♍	1 ♊, 6 ♋, 18 ♋, 29 ♋	1 ♍, 2 ♍, 11 ♍, 19 ♎, 27 ♎	1 ♋, 7 ♋, 15 ♌, 23 ♌, 31 ♌	1 ♍, 16 ♍	1 ♌, 8 ♍, 16 ♍, 25 ♍	1 ♊, 3 ♋, 12 ♋, 20 ♋, 29 ♌	1 ♍, 8 ♎, 18 ♎, 28 ♎
1 ♍, 2 ♍, 10 ♍, 18 ♎, 26 ♎	1 ♋, 8 ♌, 17 ♌, 27 ♌	1 ♎, 5 ♎, 13 ♏, 22 ♏	1 ♌, 8 ♍, 17 ♍, 25 ♍	1 ♍, 3 ♌	1 ♍, 2 ♎, 10 ♎, 18 ♎, 26 ♏	1 ♌, 6 ♌, 14 ♌, 23 ♍	1 ♎, 7 ♏, 19 ♏
1 ♎, 4 ♎, 12 ♏, 20 ♏, 28 ♏	1 ♌, 5 ♍, 14 ♍, 23 ♍, 31 ♎	1 ♏, 9 ♐, 18 ♐, 27 ♐	1 ♍, 3 ♎, 11 ♎, 19 ♎, 27 ♏	1 ♌, 4 ♍, 19 ♍, 30 ♍	1 ♏, 4 ♏, 13 ♏, 21 ♐, 29 ♐	1 ♍, 9 ♍, 17 ♎, 25 ♎	1 ♏, 6 ♏, 30 ♏
1 ♏, 5 ♐, 13 ♐, 21 ♐, 29 ♑	1 ♎, 8 ♎, 16 ♎, 25 ♏	1 ♐, 6 ♑, 15 ♑, 26 ♑	1 ♏, 4 ♏, 12 ♏, 19 ♐, 27 ♐	1 ♍, 10 ♎, 19 ♎, 28 ♎	1 ♐, 6 ♐, 14 ♑, 23 ♑	1 ♎, 2 ♎, 10 ♏, 18 ♏, 26 ♏	1 ♏, 17 ♏
1 ♑, 7 ♑, 15 ♑, 23 ♒, 31 ♒	1 ♏, 3 ♏, 11 ♏, 19 ♐, 27 ♐	1 ♑, 8 ♒, 26 ♒	1 ♐, 5 ♐, 13 ♑, 21 ♑, 29 ♑	1 ♎, 7 ♏, 16 ♏, 24 ♏	1 ♑, 10 ♒, 18 ♒, 27 ♒	1 ♏, 4 ♐, 12 ♐, 20 ♐, 28 ♑	1 ♏, 11 ♏, 27 ♏

VENUS 1979–1994

	1979	1980	1981	1982
1	1 ♏, 7 ♐, 18 ♐, 27 ♐	1 ♒, 8 ♒, 16 ♓, 24 ♓	1 ♐, 3 ♐, 11 ♑, 19 ♑, 27 ♑	1 ♒, 23 ♑
2	1 ♐, 5 ♑, 14 ♑, 23 ♑	1 ♓, 2 ♓, 10 ♈, 18 ♈, 27 ♈	1 ♑, 4 ♒, 12 ♒, 20 ♒, 28 ♓	1 ♑
3	1 ♑, 4 ♒, 12 ♒, 21 ♒, 29 ♓	1 ♈, 7 ♉, 16 ♉, 25 ♉	1 ♓, 8 ♓, 16 ♓, 24 ♈	1 ♑, 2 ♒, 16 ♒, 27 ♒
4	1 ♓, 7 ♓, 15 ♓, 23 ♈	1 ♉, 4 ♊, 14 ♊, 26 ♊	1 ♈, 9 ♈, 18 ♉, 26 ♉	1 ♒, 7 ♓, 16 ♓, 25 ♓
5	1 ♈, 10 ♈, 18 ♉, 26 ♉	1 ♊, 13 ♋	1 ♉, 4 ♉, 12 ♊, 20 ♊, 28 ♊	1 ♓, 5 ♈, 13 ♈, 22 ♈, 31 ♉
6	1 ♉, 4 ♉, 12 ♊, 20 ♊, 28 ♊	1 ♋, 5 ♊, 23 ♊	1 ♊, 5 ♋, 13 ♋, 22 ♋, 30 ♌	1 ♉, 8 ♉, 17 ♉, 26 ♊
7	1 ♊, 6 ♋, 15 ♋, 23 ♋, 31 ♌	1 ♊, 22 ♊	1 ♌, 8 ♌, 16 ♌, 25 ♍	1 ♊, 4 ♊, 12 ♊, 21 ♋, 29 ♋
8	1 ♌, 8 ♌, 16 ♌, 24 ♍	1 ♊, 7 ♋, 18 ♋, 29 ♋	1 ♍, 2 ♍, 10 ♍, 19 ♎, 27 ♎	1 ♋, 6 ♋, 14 ♌, 23 ♌, 31 ♌
9	1 ♍, 9 ♍, 17 ♎, 25 ♎	1 ♋, 8 ♌, 17 ♌, 26 ♌	1 ♎, 4 ♎, 13 ♏, 22 ♏, 30 ♏	1 ♌, 8 ♍, 16 ♍, 24 ♍
10	1 ♎, 3 ♎, 11 ♏, 19 ♏, 27 ♏	1 ♌, 5 ♍, 14 ♍, 22 ♍, 30 ♎	1 ♏, 9 ♐, 18 ♐, 27 ♐	1 ♍, 2 ♎, 10 ♎, 18 ♎, 26 ♏
11	1 ♏, 4 ♐, 13 ♐, 21 ♐, 29 ♑	1 ♎, 8 ♎, 16 ♎, 24 ♏	1 ♐, 6 ♑, 15 ♑, 26 ♑	1 ♏, 3 ♏, 11 ♏, 19 ♐, 27 ♐
12	1 ♑, 7 ♑, 15 ♑, 23 ♒, 31 ♒	1 ♏, 2 ♏, 10 ♏, 18 ♐, 26 ♐	1 ♑, 9 ♒	1 ♐, 5 ♐, 13 ♑, 21 ♑, 29 ♑

	1983	1984	1985	1986
1	1 ♑, 6 ♒, 14 ♒, 22 ♒, 30 ♓	1 ♐, 9 ♐, 18 ♐, 26 ♑	1 ♒, 4 ♓, 13 ♓, 23 ♓	1 ♑, 4 ♑, 12 ♑, 20 ♒, 28 ♒
2	1 ♓, 7 ♓, 15 ♓, 23 ♈	1 ♑, 3 ♑, 11 ♑, 19 ♒, 27 ♒	1 ♓, 2 ♈, 14 ♈	1 ♒, 5 ♒, 13 ♓, 21 ♓
3	1 ♈, 3 ♈, 11 ♈, 19 ♉, 28 ♉	1 ♒, 6 ♒, 15 ♓, 23 ♓, 31 ♓	1 ♈, 3 ♈, 24 ♈	1 ♓, 9 ♈, 17 ♈, 25 ♈
4	1 ♉, 5 ♉, 13 ♊, 22 ♊	1 ♓, 8 ♈, 16 ♈, 24 ♈	1 ♈, 11 ♈	1 ♈, 2 ♉, 10 ♉, 19 ♉, 27 ♊
5	1 ♊, 9 ♋, 18 ♋, 28 ♋	1 ♈, 2 ♉, 10 ♉, 18 ♉, 27 ♊	1 ♈, 10 ♈, 26 ♈	1 ♊, 5 ♊, 13 ♊, 22 ♋, 30 ♋
6	1 ♋, 6 ♌, 16 ♌, 27 ♌	1 ♊, 4 ♊, 12 ♊, 20 ♋, 28 ♋	1 ♈, 6 ♉, 17 ♉, 27 ♉	1 ♋, 7 ♋, 16 ♌, 24 ♌
7	1 ♌, 10 ♍	1 ♋, 6 ♋, 14 ♌, 23 ♌, 31 ♌	1 ♉, 6 ♊, 16 ♊, 25 ♊	1 ♌, 3 ♌, 12 ♍, 21 ♍, 30 ♍
8	1 ♍, 27 ♌	1 ♌, 8 ♍, 16 ♍, 24 ♍	1 ♊, 2 ♋, 11 ♋, 20 ♋, 28 ♌	1 ♍, 8 ♎, 17 ♎, 28 ♎
9	1 ♌	1 ♎, 9 ♎, 18 ♎, 26 ♏	1 ♌, 6 ♌, 14 ♌, 22 ♍, 30 ♍	1 ♎, 7 ♏, 20 ♏
10	1 ♌, 6 ♍, 19 ♍, 30 ♍	1 ♏, 4 ♏, 12 ♏, 20 ♐, 28 ♐	1 ♍, 8 ♍, 17 ♎, 25 ♎	1 ♏, 11 ♏, 20 ♏
11	1 ♍, 9 ♎, 19 ♎, 28 ♎	1 ♐, 6 ♐, 14 ♑, 22 ♑	1 ♎, 2 ♎, 10 ♏, 18 ♏, 26 ♏	1 ♏, 10 ♏
12	1 ♎, 7 ♏, 15 ♏, 24 ♏	1 ♑, 9 ♒, 18 ♒, 26 ♒	1 ♏, 4 ♐, 11 ♐, 19 ♐, 27 ♑	1 ♏, 13 ♏, 27 ♏

VENUS 1995–2010

	1995	1996	1997	1998
1	1 ♏, 8 ♐, 17 ♐, 27 ♐	1 ♒, 7 ♒, 15 ♓, 23 ♓	1 ♐, 2 ♐, 10 ♑, 18 ♑, 26 ♑	1 ♒, 10 ♑, 28 ♑
2	1 ♐, 5 ♑, 14 ♑, 22 ♑	1 ♓, 9 ♈, 18 ♈, 26 ♈	1 ♑, 3 ♒, 11 ♒, 19 ♒, 27 ♓	1 ♑, 15 ♑
3	1 ♑, 3 ♒, 11 ♒, 20 ♒, 28 ♓	1 ♈, 6 ♉, 15 ♉, 25 ♉	1 ♓, 7 ♓, 15 ♓, 23 ♈, 31 ♈	1 ♑, 5 ♒, 17 ♒, 27 ♒
4	1 ♓, 6 ♓, 14 ♓, 22 ♈, 30 ♈	1 ♉, 4 ♊, 15 ♊, 28 ♊	1 ♈, 8 ♈, 16 ♉, 24 ♉	1 ♒, 6 ♓, 16 ♓, 25 ♓
5	1 ♈, 9 ♈, 17 ♉, 25 ♉	1 ♊	1 ♉, 3 ♉, 11 ♊, 19 ♊, 27 ♊	1 ♓, 4 ♈, 13 ♈, 21 ♈, 30 ♉
6	1 ♉, 2 ♉, 11 ♊, 19 ♊, 27 ♊	1 ♊, 11 ♊	1 ♊, 4 ♋, 12 ♋, 21 ♋, 29 ♌	1 ♉, 8 ♉, 16 ♉, 25 ♊
7	1 ♊, 5 ♋, 13 ♋, 22 ♋, 30 ♌	1 ♊, 25 ♊	1 ♌, 7 ♌, 15 ♌, 24 ♍	1 ♊, 3 ♊, 11 ♊, 20 ♋, 28 ♋
8	1 ♌, 7 ♌, 15 ♌, 23 ♍, 31 ♍	1 ♊, 7 ♋, 18 ♋, 29 ♋	1 ♍, 9 ♍, 18 ♎, 26 ♎	1 ♋, 5 ♋, 13 ♌, 22 ♌, 30 ♌
9	1 ♍, 8 ♍, 16 ♎, 24 ♎	1 ♋, 7 ♌, 16 ♌, 25 ♌	1 ♎, 4 ♎, 12 ♏, 21 ♏, 29 ♏	1 ♌, 7 ♍, 15 ♍, 23 ♍
10	1 ♎, 2 ♎, 10 ♏, 18 ♏, 26 ♏	1 ♌, 4 ♍, 13 ♍, 21 ♍, 30 ♎	1 ♏, 8 ♐, 17 ♐, 27 ♐	1 ♎, 9 ♎, 17 ♎, 25 ♏
11	1 ♏, 3 ♐, 11 ♐, 20 ♐, 28 ♑	1 ♎, 7 ♎, 15 ♎, 23 ♏	1 ♐, 5 ♑, 16 ♑, 27 ♑	1 ♏, 2 ♏, 10 ♏, 18 ♐, 26 ♐
12	1 ♑, 6 ♑, 14 ♑, 22 ♒, 30 ♒	1 ♏, 9 ♏, 17 ♐, 25 ♐	1 ♑, 12 ♒	1 ♐, 4 ♐, 12 ♑, 20 ♑, 28 ♑

	1999	2000	2001	2002
1	1 ♑, 5 ♒, 13 ♒, 21 ♒, 29 ♓	1 ♐, 8 ♐, 17 ♐, 25 ♑	1 ♒, 4 ♓, 13 ♓, 23 ♓	1 ♑, 3 ♑, 11 ♑, 19 ♒, 27 ♒
2	1 ♓, 6 ♓, 14 ♓, 22 ♈	1 ♑, 2 ♑, 10 ♑, 18 ♒, 26 ♒	1 ♓, 3 ♈, 16 ♈	1 ♒, 4 ♒, 12 ♓, 20 ♓, 28 ♓
3	1 ♈, 2 ♈, 10 ♈, 18 ♉, 27 ♉	1 ♒, 5 ♒, 13 ♓, 22 ♓, 30 ♓	1 ♈, 29 ♈	1 ♓, 8 ♈, 16 ♈, 24 ♈
4	1 ♉, 4 ♉, 13 ♊, 21 ♊, 30 ♊	1 ♓, 7 ♈, 15 ♈, 23 ♈	1 ♈	1 ♉, 9 ♉, 18 ♉, 26 ♊
5	1 ♊, 9 ♋, 18 ♋, 27 ♋	1 ♉, 9 ♉, 17 ♉, 26 ♊	1 ♈, 13 ♈, 26 ♈	1 ♊, 4 ♊, 12 ♊, 21 ♋, 29 ♋
6	1 ♋, 6 ♌, 16 ♌, 28 ♌	1 ♊, 3 ♊, 11 ♊, 19 ♋, 27 ♋	1 ♈, 6 ♉, 17 ♉, 26 ♉	1 ♋, 6 ♋, 15 ♌, 23 ♌
7	1 ♌, 13 ♍	1 ♋, 5 ♋, 13 ♌, 21 ♌, 30 ♌	1 ♉, 6 ♊, 15 ♊, 24 ♊	1 ♌, 2 ♌, 11 ♍, 20 ♍, 29 ♍
8	1 ♍, 16 ♌	1 ♌, 7 ♍, 15 ♍, 23 ♍, 31 ♎	1 ♊, 2 ♋, 10 ♋, 19 ♋, 27 ♌	1 ♍, 7 ♎, 17 ♎, 28 ♎
9	1 ♌, 3 ♌, 19 ♌	1 ♎, 8 ♎, 16 ♎, 25 ♏	1 ♌, 5 ♌, 13 ♌, 21 ♍, 29 ♍	1 ♎, 8 ♏, 23 ♏
10	1 ♌, 8 ♍, 20 ♍, 30 ♍	1 ♏, 3 ♏, 11 ♏, 19 ♐, 28 ♐	1 ♍, 7 ♍, 15 ♎, 24 ♎	1 ♏, 28 ♏
11	1 ♍, 9 ♎, 18 ♎, 27 ♎	1 ♐, 5 ♐, 13 ♑, 21 ♑, 30 ♑	1 ♎, 9 ♏, 17 ♏, 25 ♏	1 ♏
12	1 ♎, 6 ♏, 14 ♏, 23 ♏, 31 ♐	1 ♑, 8 ♒, 17 ♒, 26 ♒	1 ♏, 2 ♐, 10 ♐, 18 ♐, 26 ♑	1 ♏, 16 ♏, 28 ♏

1987	1988	1989	1990	1991	1992	1993	1994
1 ♏, 7 ♐, 18 ♐, 27 ♐	1 ♒, 7 ♒, 16 ♓, 24 ♓	1 ♐, 3 ♐, 11 ♑, 19 ♑, 27 ♑	1 ♒, 17 ♑	1 ♑, 5 ♒, 13 ♒, 21 ♒, 29 ♓	1 ♐, 9 ♐, 17 ♐, 25 ♑	1 ♒, 4 ♓, 13 ♓, 23 ♓	1 ♑, 4 ♑, 12 ♑, 20 ♒, 28 ♒
1 ♐, 5 ♑, 14 ♑, 23 ♑	1 ♓, 10 ♈, 18 ♈, 27 ♈	1 ♑, 4 ♒, 12 ♒, 20 ♒, 28 ♓	1 ♑	1 ♓, 6 ♓, 14 ♓, 22 ♈	1 ♑, 2 ♑, 11 ♑, 19 ♒, 27 ♒	1 ♓, 3 ♈, 15 ♈	1 ♒, 5 ♒, 13 ♓, 21 ♓
1 ♑, 3 ♒, 12 ♒, 20 ♒, 29 ♓	1 ♈, 6 ♉, 15 ♉, 25 ♉	1 ♓, 8 ♓, 16 ♓, 24 ♈	1 ♑, 4 ♒, 17 ♒, 27 ♒	1 ♈, 3 ♈, 11 ♈, 19 ♉, 27 ♉	1 ♒, 6 ♒, 14 ♓, 22 ♓, 30 ♓	1 ♈, 10 ♈, 12 ♈	1 ♓, 9 ♈, 17 ♈, 25 ♈
1 ♓, 6 ♓, 14 ♓, 23 ♈	1 ♉, 4 ♊, 14 ♊, 27 ♊	1 ♈, 9 ♈, 17 ♉, 25 ♉	1 ♒, 6 ♓, 16 ♓, 25 ♓	1 ♉, 5 ♉, 13 ♊, 22 ♊, 30 ♊	1 ♓, 7 ♈, 15 ♈, 24 ♈	1 ♈, 4 ♈	1 ♈, 2 ♉, 10 ♉, 18 ♉, 26 ♊
1 ♈, 9 ♈, 17 ♉, 26 ♉	1 ♊, 18 ♋, 27 ♊	1 ♉, 3 ♉, 11 ♊, 19 ♊, 28 ♊	1 ♓, 4 ♈, 13 ♈, 22 ♈, 30 ♉	1 ♊, 9 ♋, 18 ♋, 27 ♋	1 ♈, 2 ♉, 10 ♉, 18 ♉, 26 ♊	1 ♈, 12 ♈, 26 ♈	1 ♊, 4 ♊, 13 ♊, 21 ♋, 29 ♋
1 ♉, 3 ♉, 11 ♊, 19 ♊, 28 ♊	1 ♊, 17 ♊	1 ♊, 5 ♋, 13 ♋, 21 ♋, 29 ♌	1 ♉, 8 ♉, 17 ♉, 25 ♊	1 ♋, 6 ♌, 16 ♌, 28 ♌	1 ♊, 3 ♊, 11 ♊, 19 ♋, 28 ♋	1 ♈, 6 ♉, 17 ♉, 27 ♉	1 ♋, 7 ♋, 15 ♌, 24 ♌
1 ♊, 6 ♋, 14 ♋, 22 ♋, 30 ♌	1 ♊, 24 ♊	1 ♌, 8 ♌, 16 ♌, 24 ♍	1 ♊, 3 ♊, 12 ♊, 20 ♋, 28 ♋	1 ♌, 11 ♍	1 ♋, 6 ♋, 14 ♌, 22 ♌, 30 ♌	1 ♉, 6 ♊, 15 ♊, 24 ♊	1 ♌, 3 ♌, 11 ♍, 20 ♍, 29 ♍
1 ♌, 7 ♌, 16 ♌, 24 ♍	1 ♊, 7 ♋, 18 ♋, 29 ♋	1 ♍, 10 ♍, 18 ♎, 27 ♎	1 ♋, 6 ♋, 14 ♌, 22 ♌, 30 ♌	1 ♍, 22 ♌	1 ♌, 7 ♍, 15 ♍, 24 ♍	1 ♊, 2 ♋, 11 ♋, 19 ♋, 28 ♌	1 ♍, 8 ♎, 17 ♎, 28 ♎
1 ♍, 9 ♍, 17 ♎, 25 ♎	1 ♋, 7 ♌, 17 ♌, 26 ♌	1 ♎, 4 ♎, 13 ♏, 21 ♏, 30 ♏	1 ♌, 7 ♍, 15 ♍, 23 ♍	1 ♌	1 ♎, 9 ♎, 17 ♎, 25 ♏	1 ♌, 5 ♌, 13 ♌, 22 ♍, 30 ♍	1 ♎, 8 ♏, 21 ♏
1 ♎, 3 ♎, 11 ♏, 19 ♏, 27 ♏	1 ♌, 5 ♍, 13 ♍, 22 ♍, 30 ♎	1 ♏, 9 ♐, 18 ♐, 27 ♐	1 ♍, 2 ♎, 10 ♎, 18 ♎, 26 ♏	1 ♌, 7 ♍, 20 ♍, 30 ♍	1 ♏, 3 ♏, 12 ♏, 20 ♐, 28 ♐	1 ♍, 8 ♍, 16 ♎, 24 ♎	1 ♏
1 ♏, 4 ♐, 12 ♐, 20 ♐, 28 ♑	1 ♎, 7 ♎, 15 ♎, 24 ♏	1 ♐, 5 ♑, 16 ♑, 27 ♑	1 ♏, 2 ♏, 10 ♏, 18 ♐, 26 ♐	1 ♍, 9 ♎, 19 ♎, 28 ♎	1 ♐, 5 ♐, 14 ♑, 22 ♑, 30 ♑	1 ♎, 9 ♏, 17 ♏, 25 ♏	1 ♏, 3 ♏
1 ♑, 6 ♑, 14 ♑, 22 ♒, 30 ♒	1 ♏, 2 ♏, 10 ♏, 18 ♐, 26 ♐	1 ♑, 10 ♒	1 ♐, 4 ♐, 12 ♑, 20 ♑, 28 ♑	1 ♎, 6 ♏, 15 ♏, 23 ♏	1 ♑, 9 ♒, 17 ♒, 26 ♒	1 ♏, 3 ♐, 11 ♐, 19 ♐, 27 ♑	1 ♏, 15 ♏, 28 ♏

2003	2004	2005	2006	2007	2008	2009	2010
1 ♏, 8 ♐, 17 ♐, 27 ♐	1 ♒, 7 ♒, 15 ♓, 23 ♓, 31 ♓	1 ♐, 2 ♐, 10 ♑, 18 ♑, 26 ♑	1 ♒, 2 ♑, 20 ♑	1 ♑, 4 ♒, 12 ♒, 20 ♒, 28 ♓	1 ♐, 8 ♐, 16 ♐, 24 ♑	1 ♒, 4 ♓, 13 ♓, 23 ♓	1 ♑, 3 ♑, 11 ♑, 19 ♒, 27 ♒
1 ♐, 5 ♑, 13 ♑, 22 ♑	1 ♓, 9 ♈, 17 ♈, 26 ♈	1 ♑, 3 ♒, 11 ♒, 19 ♒, 27 ♓	1 ♑, 18 ♑	1 ♓, 5 ♓, 13 ♓, 21 ♈	1 ♑, 10 ♑, 18 ♒, 26 ♒	1 ♓, 3 ♈, 17 ♈	1 ♒, 4 ♒, 12 ♓, 19 ♓, 27 ♓
1 ♑, 3 ♒, 11 ♒, 19 ♒, 28 ♓	1 ♈, 6 ♉, 15 ♉, 24 ♉	1 ♓, 7 ♓, 15 ♓, 23 ♈, 31 ♈	1 ♑, 5 ♒, 17 ♒, 27 ♒	1 ♈, 10 ♈, 18 ♉, 26 ♉	1 ♒, 5 ♒, 13 ♓, 21 ♓, 29 ♓	1 ♈, 23 ♈	1 ♓, 8 ♈, 16 ♈, 24 ♈
1 ♓, 5 ♓, 13 ♓, 22 ♈, 30 ♈	1 ♉, 4 ♊, 15 ♊, 29 ♊	1 ♈, 8 ♈, 16 ♉, 24 ♉	1 ♒, 6 ♓, 15 ♓, 25 ♓	1 ♉, 4 ♉, 12 ♊, 21 ♊, 29 ♊	1 ♓, 6 ♈, 14 ♈, 22 ♈	1 ♈, 12 ♓, 24 ♈	1 ♉, 9 ♉, 17 ♉, 25 ♊
1 ♈, 8 ♈, 16 ♉, 25 ♉	1 ♊	1 ♉, 2 ♉, 10 ♊, 18 ♊, 26 ♊	1 ♓, 3 ♈, 12 ♈, 21 ♈, 30 ♉	1 ♊, 8 ♋, 17 ♋, 27 ♋	1 ♉, 9 ♉, 17 ♉, 25 ♊	1 ♈, 14 ♈, 27 ♈	1 ♊, 3 ♊, 12 ♊, 20 ♋, 28 ♋
1 ♉, 2 ♉, 10 ♊, 18 ♊, 27 ♊	1 ♊, 5 ♊, 26 ♊	1 ♊, 4 ♋, 12 ♋, 20 ♋, 28 ♌	1 ♉, 7 ♉, 16 ♉, 24 ♊	1 ♋, 6 ♌, 16 ♌, 28 ♌	1 ♊, 2 ♊, 10 ♊, 18 ♋, 27 ♋	1 ♈, 6 ♉, 16 ♉, 26 ♉	1 ♋, 6 ♋, 14 ♌, 23 ♌
1 ♊, 5 ♋, 13 ♋, 21 ♋, 29 ♌	1 ♊, 4 ♊, 26 ♊	1 ♌, 6 ♌, 15 ♌, 23 ♍, 31 ♍	1 ♊, 2 ♊, 11 ♊, 19 ♋, 27 ♋	1 ♌, 15 ♍	1 ♋, 5 ♋, 13 ♌, 21 ♌, 29 ♌	1 ♉, 5 ♊, 14 ♊, 23 ♊	1 ♌, 2 ♌, 10 ♍, 19 ♍, 29 ♍
1 ♌, 6 ♌, 14 ♌, 22 ♍, 31 ♍	1 ♊, 7 ♋, 18 ♋, 28 ♋	1 ♍, 9 ♍, 17 ♎, 26 ♎	1 ♋, 5 ♋, 13 ♌, 21 ♌, 29 ♌	1 ♍, 9 ♌, 27 ♌	1 ♌, 6 ♍, 14 ♍, 22 ♍, 31 ♎	1 ♋, 10 ♋, 18 ♋, 27 ♌	1 ♍, 7 ♎, 17 ♎, 28 ♎
1 ♍, 8 ♍, 16 ♎, 24 ♎	1 ♋, 7 ♌, 16 ♌, 25 ♌	1 ♎, 3 ♎, 12 ♏, 20 ♏, 29 ♏	1 ♌, 6 ♍, 14 ♍, 22 ♍, 30 ♎	1 ♌, 23 ♌	1 ♎, 8 ♎, 16 ♎, 24 ♏	1 ♌, 4 ♌, 12 ♌, 21 ♍, 29 ♍	1 ♎, 9 ♏, 25 ♏
1 ♎, 2 ♎, 10 ♏, 18 ♏, 26 ♏	1 ♌, 4 ♍, 12 ♍, 21 ♍, 29 ♎	1 ♏, 8 ♐, 17 ♐, 27 ♐	1 ♎, 8 ♎, 16 ♎, 24 ♏	1 ♌, 8 ♍, 20 ♍, 30 ♍	1 ♏, 2 ♏, 11 ♏, 19 ♐, 27 ♐	1 ♍, 7 ♍, 15 ♎, 23 ♎, 31 ♎	1 ♏, 21 ♏
1 ♏, 3 ♐, 11 ♐, 19 ♐, 27 ♑	1 ♎, 6 ♎, 14 ♎, 23 ♏	1 ♐, 5 ♑, 16 ♑, 28 ♑	1 ♏, 9 ♏, 17 ♐, 25 ♐	1 ♍, 9 ♎, 18 ♎, 27 ♎	1 ♐, 4 ♐, 13 ♑, 21 ♑, 29 ♑	1 ♎, 8 ♏, 16 ♏, 24 ♏	1 ♏, 8 ♎, 30 ♏
1 ♑, 5 ♑, 13 ♑, 21 ♒, 29 ♒	1 ♏, 9 ♏, 17 ♐, 25 ♐	1 ♑, 16 ♒	1 ♐, 3 ♐, 11 ♑, 19 ♑, 27 ♑	1 ♎, 6 ♏, 14 ♏, 22 ♏, 31 ♐	1 ♑, 8 ♒, 17 ♒, 25 ♒	1 ♏, 2 ♐, 10 ♐, 18 ♐, 26 ♑	1 ♏, 17 ♏, 28 ♏

MARS 1931–1950

	1931	1932	1933	1934	1935	1936	1937	1938	1939	1940
1	1 ♌, 20 ♌	1 ♑, 5 ♑, 18 ♒, 31 ♒	1 ♍, 14 ♍, 28 ♍	1 ♒, 10 ♒, 23 ♒	1 ♎, 2 ♎, 29 ♎	1 ♒, 2 ♒, 15 ♓, 27 ♓	1 ♎, 6 ♏, 25 ♏	1 ♓, 4 ♓, 17 ♓, 31 ♈	1 ♏, 13 ♏, 29 ♐	1 ♓, 4 ♈, 19 ♈
2	1 ♌, 17 ♋	1 ♒, 12 ♒, 25 ♓	1 ♍	1 ♒, 4 ♓, 17 ♓	1 ♎	1 ♓, 9 ♓, 22 ♈	1 ♏, 15 ♏	1 ♈, 13 ♈, 27 ♈	1 ♐, 15 ♐	1 ♈, 2 ♈, 17 ♉
3	1 ♋, 30 ♌	1 ♓, 9 ♓, 21 ♓	1 ♍, 4 ♍	1 ♓, 2 ♓, 14 ♈, 27 ♈	1 ♎, 27 ♎	1 ♈, 6 ♈, 19 ♈	1 ♏, 13 ♐	1 ♈, 12 ♉, 26 ♉	1 ♐, 4 ♐, 21 ♑	1 ♉, 3 ♉, 18 ♉
4	1 ♌, 30 ♌	1 ♓, 3 ♈, 16 ♈, 29 ♈	1 ♍	1 ♈, 9 ♈, 23 ♉	1 ♎, 23 ♎	1 ♈, 2 ♉, 16 ♉, 29 ♉	1 ♐	1 ♉, 9 ♉, 24 ♊	1 ♑, 9 ♑, 29 ♑	1 ♉, 2 ♊, 17 ♊
5	1 ♌, 22 ♌	1 ♈, 12 ♉, 26 ♉	1 ♍, 25 ♍	1 ♉, 6 ♉, 20 ♉	1 ♎	1 ♉, 13 ♊, 28 ♊	1 ♐, 15 ♏	1 ♊, 8 ♊, 23 ♊	1 ♑, 25 ♒	1 ♊, 2 ♊, 18 ♋
6	1 ♌, 11 ♍, 29 ♍	1 ♉, 8 ♉, 22 ♊	1 ♍, 17 ♍	1 ♉, 3 ♊, 17 ♊	1 ♎, 13 ♎	1 ♊, 11 ♊, 26 ♋	1 ♏, 19 ♏	1 ♊, 7 ♋, 22 ♋	1 ♒	1 ♋, 2 ♋, 18 ♋
7	1 ♍, 16 ♍	1 ♊, 7 ♊, 21 ♊	1 ♍, 7 ♎, 25 ♎	1 ♊, 16 ♋, 31 ♋	1 ♎, 10 ♎, 30 ♏	1 ♋, 11 ♋, 26 ♋	1 ♏, 6 ♏	1 ♋, 7 ♋, 23 ♌	1 ♒, 22 ♑	1 ♋, 3 ♌, 19 ♌
8	1 ♍, 2 ♎, 18 ♎	1 ♊, 5 ♋, 20 ♋	1 ♎, 10 ♎, 26 ♏	1 ♋, 15 ♋, 31 ♌	1 ♏, 16 ♏	1 ♋, 10 ♌, 26 ♌	1 ♏, 9 ♐, 29 ♐	1 ♌, 7 ♌, 23 ♌	1 ♑	1 ♌, 4 ♌, 20 ♍
9	1 ♎, 2 ♎, 17 ♏	1 ♋, 5 ♋, 21 ♌	1 ♏, 11 ♏, 25 ♏	1 ♌, 15 ♌	1 ♏, 17 ♐	1 ♌, 11 ♌, 27 ♍	1 ♐, 15 ♐, 30 ♑	1 ♌, 8 ♍, 24 ♍	1 ♑, 24 ♒	1 ♍, 4 ♍, 20 ♍
10	1 ♏, 2 ♏, 16 ♏, 31 ♐	1 ♌, 8 ♌, 26 ♌	1 ♏, 9 ♐, 23 ♐	1 ♌, 2 ♌, 18 ♍	1 ♐, 15 ♐, 29 ♑	1 ♍, 13 ♍, 29 ♍	1 ♑, 15 ♑, 29 ♑	1 ♍, 9 ♍, 25 ♎	1 ♒, 16 ♒	1 ♍, 6 ♎, 21 ♎
11	1 ♐, 13 ♐, 27 ♐	1 ♌, 14 ♍	1 ♐, 6 ♐, 19 ♑	1 ♍, 4 ♍, 22 ♍	1 ♑, 11 ♑, 24 ♑	1 ♍, 15 ♎	1 ♑, 12 ♒, 25 ♒	1 ♎, 10 ♎, 26 ♎	1 ♒, 3 ♒, 20 ♓	1 ♎, 5 ♎, 21 ♏
12	1 ♐, 10 ♑, 23 ♑	1 ♍, 6 ♍	1 ♑, 2 ♑, 15 ♑, 28 ♒	1 ♍, 11 ♎	1 ♑, 7 ♒, 20 ♒	1 ♎, 2 ♎, 19 ♎	1 ♒, 9 ♒, 22 ♓	1 ♎, 12 ♏, 28 ♏	1 ♓, 5 ♓, 20 ♓	1 ♏, 6 ♏, 21 ♏

MARS 1951–1970

	1951	1952	1953	1954	1955	1956	1957	1958	1959	1960
1	1 ♒, 10 ♒, 23 ♓	1 ♎, 20 ♏	1 ♓, 13 ♓, 26 ♓	1 ♏, 6 ♏, 23 ♏	1 ♓, 15 ♈, 29 ♈	1 ♏, 14 ♐, 29 ♐	1 ♈, 12 ♈, 29 ♉	1 ♐, 6 ♐, 21 ♐	1 ♉, 14 ♉	1 ♐, 14 ♑, 28 ♑
2	1 ♓, 4 ♓, 17 ♓	1 ♏, 13 ♏	1 ♓, 8 ♈, 21 ♈	1 ♏, 10 ♐, 28 ♐	1 ♈, 12 ♈, 26 ♉	1 ♐, 14 ♐, 29 ♑	1 ♉, 14 ♉	1 ♐, 4 ♑, 18 ♑	1 ♉, 11 ♊	1 ♑, 10 ♑, 23 ♒
3	1 ♓, 2 ♈, 15 ♈, 28 ♈	1 ♏	1 ♈, 7 ♈, 20 ♉	1 ♐, 20 ♐	1 ♉, 13 ♉, 27 ♉	1 ♑, 15 ♑, 30 ♑	1 ♉, 2 ♉, 18 ♊	1 ♑, 4 ♑, 17 ♒, 31 ♒	1 ♊, 4 ♊, 23 ♊	1 ♒, 7 ♒, 20 ♒
4	1 ♈, 10 ♉, 24 ♉	1 ♏	1 ♉, 3 ♉, 17 ♉	1 ♐, 13 ♑	1 ♉, 11 ♊, 26 ♊	1 ♑, 15 ♒	1 ♊, 3 ♊, 19 ♊	1 ♒, 14 ♒, 27 ♓	1 ♊, 10 ♋, 28 ♋	1 ♒, 2 ♓, 15 ♓, 28 ♓
5	1 ♉, 8 ♉, 22 ♊	1 ♏, 3 ♏	1 ♊, 16 ♊, 30 ♊	1 ♑	1 ♊, 11 ♊, 26 ♋	1 ♒, 17 ♒	1 ♊, 5 ♋, 21 ♋	1 ♓, 11 ♓, 24 ♓	1 ♋, 15 ♋	1 ♓, 11 ♈, 24 ♈
6	1 ♊, 5 ♊, 19 ♊	1 ♏	1 ♊, 14 ♋, 29 ♋	1 ♑	1 ♋, 10 ♋, 26 ♋	1 ♒, 3 ♓, 23 ♓	1 ♋, 6 ♋, 22 ♌	1 ♓, 7 ♈, 21 ♈	1 ♌, 18 ♌	1 ♈, 7 ♈, 20 ♉
7	1 ♊, 4 ♋, 19 ♋	1 ♏, 20 ♏	1 ♋, 14 ♋, 30 ♌	1 ♑, 3 ♐	1 ♋, 11 ♌, 27 ♌	1 ♓, 18 ♓	1 ♌, 7 ♌, 23 ♌	1 ♈, 6 ♈, 21 ♉	1 ♌, 4 ♌, 20 ♍	1 ♉, 4 ♉, 18 ♉
8	1 ♋, 3 ♋, 18 ♌	1 ♏, 10 ♏, 28 ♐	1 ♌, 14 ♌, 30 ♌	1 ♐, 25 ♑	1 ♌, 12 ♌, 27 ♍	1 ♓	1 ♌, 8 ♍, 24 ♍	1 ♉, 7 ♉, 26 ♉	1 ♍, 6 ♍, 21 ♍	1 ♉, 2 ♊, 18 ♊
9	1 ♌, 3 ♌, 19 ♌	1 ♐, 13 ♐, 28 ♐	1 ♌, 15 ♍	1 ♑, 17 ♑	1 ♍, 12 ♍, 28 ♍	1 ♓, 4 ♓	1 ♍, 9 ♍, 24 ♎	1 ♉, 21 ♊	1 ♍, 6 ♎, 21 ♎	1 ♊, 3 ♊, 21 ♋
10	1 ♌, 5 ♍, 21 ♍	1 ♐, 12 ♑, 26 ♑	1 ♍, 17 ♍	1 ♑, 5 ♑, 22 ♒	1 ♍, 13 ♎, 29 ♎	1 ♓	1 ♎, 10 ♎, 25 ♎	1 ♊, 29 ♉	1 ♎, 6 ♎, 21 ♏	1 ♋, 13 ♋
11	1 ♍, 7 ♍, 24 ♎	1 ♑, 9 ♑, 22 ♒	1 ♍, 2 ♎, 18 ♎	1 ♒, 6 ♒, 20 ♒	1 ♎, 14 ♎, 29 ♏	1 ♓, 14 ♓	1 ♎, 9 ♏, 24 ♏	1 ♉, 28 ♉	1 ♏, 5 ♏, 20 ♏	1 ♋
12	1 ♎, 12 ♎, 31 ♎	1 ♒, 5 ♒, 18 ♒, 31 ♓	1 ♎, 4 ♎, 20 ♏	1 ♒, 4 ♓, 18 ♓	1 ♏, 14 ♏, 30 ♏	1 ♓, 6 ♈, 25 ♈	1 ♏, 9 ♏, 23 ♐	1 ♉	1 ♏, 4 ♐, 18 ♐	1 ♋, 27 ♋

1941	1942	1943	1944	1945	1946	1947	1948	1949	1950
1 ♏, 5 ♐, 20 ♐	1 ♈, 12 ♉, 31 ♉	1 ♐, 13 ♐, 27 ♑	1 ♊	1 ♐, 6 ♑, 19 ♑	1 ♋, 22 ♋	1 ♑, 13 ♑, 25 ♒	1 ♍	1 ♑, 5 ♒, 17 ♒, 30 ♒	1 ♎, 30 ♎
1 ♐, 3 ♐, 18 ♑	1 ♉, 18 ♉	1 ♑, 10 ♑, 23 ♑	1 ♊, 10 ♊	1 ♑, 14 ♒, 27 ♒	1 ♋	1 ♒, 7 ♒, 20 ♒	1 ♍, 12 ♌	1 ♒, 12 ♓, 24 ♓	1 ♎, 25 ♎
1 ♑, 5 ♑, 19 ♑	1 ♉, 7 ♊, 24 ♊	1 ♑, 9 ♒, 22 ♒	1 ♊, 7 ♊, 28 ♋	1 ♒, 12 ♒, 25 ♓	1 ♋, 28 ♋	1 ♒, 5 ♓, 17 ♓, 30 ♓	1 ♌, 12 ♌	1 ♓, 9 ♓, 22 ♈	1 ♎, 28 ♍
1 ♑, 2 ♒, 17 ♒	1 ♊, 10 ♊, 26 ♋	1 ♒, 4 ♒, 17 ♓	1 ♋, 17 ♋	1 ♓, 7 ♓, 20 ♓	1 ♋, 23 ♌	1 ♓, 12 ♈, 25 ♈	1 ♌, 17 ♌	1 ♈, 4 ♈, 17 ♈, 30 ♉	1 ♍
1 ♒, 2 ♒, 16 ♓, 31 ♓	1 ♋, 13 ♋, 29 ♋	1 ♓, 14 ♓, 27 ♈	1 ♋, 5 ♋, 23 ♌	1 ♓, 3 ♈, 16 ♈, 29 ♈	1 ♌, 14 ♌	1 ♈, 8 ♈, 21 ♉	1 ♌, 19 ♍	1 ♉, 14 ♉, 27 ♉	1 ♍
1 ♓, 16 ♓	1 ♋, 14 ♌, 30 ♌	1 ♈, 10 ♈, 24 ♈	1 ♌, 9 ♌, 26 ♌	1 ♈, 11 ♉, 25 ♉	1 ♌, 2 ♌, 20 ♍	1 ♉, 4 ♉, 17 ♉	1 ♍, 10 ♍, 29 ♍	1 ♉, 10 ♊, 24 ♊	1 ♍, 12 ♎
1 ♓, 2 ♈, 21 ♈	1 ♌, 16 ♌	1 ♈, 8 ♉, 23 ♉	1 ♌, 12 ♍, 28 ♍	1 ♉, 9 ♉, 23 ♊	1 ♍, 8 ♍, 24 ♍	1 ♊, 15 ♊, 30 ♊	1 ♍, 17 ♎	1 ♊, 9 ♊, 23 ♋	1 ♎, 5 ♎, 24 ♎
1 ♈, 14 ♈	1 ♍, 17 ♍	1 ♉, 7 ♉, 24 ♊	1 ♍, 13 ♍, 29 ♎	1 ♊, 7 ♊, 23 ♊	1 ♍, 10 ♎, 25 ♎	1 ♊, 14 ♋, 29 ♋	1 ♎, 3 ♎, 19 ♎	1 ♋, 7 ♋, 23 ♋	1 ♎, 11 ♏, 27 ♏
1 ♈, 30 ♈	1 ♍, 2 ♍, 17 ♎	1 ♊, 12 ♊	1 ♎, 13 ♎, 29 ♎	1 ♊, 8 ♋, 26 ♋	1 ♎, 10 ♎, 25 ♏	1 ♋, 14 ♋	1 ♎, 4 ♏, 19 ♏	1 ♋, 7 ♌, 23 ♌	1 ♏, 11 ♏, 26 ♐
1 ♈	1 ♎, 3 ♎, 18 ♎	1 ♊, 10 ♊	1 ♎, 14 ♏, 28 ♏	1 ♋, 16 ♋	1 ♏, 9 ♏, 24 ♏	1 ♌, 19 ♌	1 ♏, 3 ♏, 17 ♐, 31 ♐	1 ♌, 10 ♌, 27 ♍	1 ♐, 10 ♐, 24 ♐
1 ♈	1 ♎, 2 ♏, 17 ♏	1 ♊, 15 ♊	1 ♏, 12 ♏, 26 ♐	1 ♋, 12 ♌	1 ♏, 7 ♐, 21 ♐	1 ♌, 8 ♌	1 ♐, 14 ♐, 27 ♑	1 ♍, 14 ♍	1 ♐, 6 ♑, 19 ♑
1 ♈, 21 ♈	1 ♏, 16 ♐, 30 ♐	1 ♊, 13 ♊	1 ♐, 10 ♐, 23 ♐	1 ♌, 27 ♋	1 ♐, 4 ♐, 17 ♑, 31 ♑	1 ♍	1 ♑, 10 ♑, 23 ♑	1 ♍, 4 ♍, 26 ♎	1 ♑, 3 ♑, 15 ♒, 28 ♒

1961	1962	1963	1964	1965	1966	1967	1968	1969	1970
1 ♋	1 ♑, 7 ♑, 20 ♑	1 ♌, 22 ♌	1 ♑, 13 ♒, 26 ♒	1 ♍	1 ♒, 5 ♒, 18 ♒, 30 ♓	1 ♎, 14 ♎	1 ♒, 9 ♓, 22 ♓	1 ♏, 17 ♏	1 ♓, 11 ♓, 25 ♈
1 ♋, 5 ♊, 7 ♋	1 ♑, 2 ♒, 15 ♒, 28 ♒	1 ♌, 18 ♌	1 ♒, 8 ♒, 20 ♓	1 ♍	1 ♓, 12 ♓, 25 ♓	1 ♎, 13 ♏	1 ♓, 4 ♓, 17 ♈	1 ♏, 5 ♏, 25 ♐	1 ♈, 7 ♈, 21 ♈
1 ♋, 23 ♋	1 ♒, 12 ♓, 25 ♓	1 ♌	1 ♓, 4 ♓, 17 ♓, 29 ♈	1 ♍, 6 ♍	1 ♓, 10 ♈, 22 ♈	1 ♏, 31 ♎	1 ♈, 15 ♈, 28 ♉	1 ♐, 22 ♐	1 ♈, 7 ♉, 21 ♉
1 ♋, 16 ♋	1 ♓, 7 ♓, 20 ♈	1 ♌, 15 ♌	1 ♈, 11 ♈, 24 ♈	1 ♍, 6 ♍	1 ♈, 5 ♈, 18 ♉	1 ♎, 29 ♎	1 ♉, 11 ♉, 25 ♉	1 ♐	1 ♉, 4 ♉, 19 ♊
1 ♋, 6 ♌, 25 ♌	1 ♈, 3 ♈, 16 ♈, 29 ♉	1 ♌, 13 ♌	1 ♈, 8 ♉, 21 ♉	1 ♍, 5 ♍	1 ♉, 15 ♉, 29 ♊	1 ♎	1 ♉, 9 ♊, 23 ♊	1 ♐	1 ♊, 3 ♊, 18 ♊
1 ♌, 12 ♌, 29 ♍	1 ♉, 11 ♉, 25 ♉	1 ♌, 3 ♍, 22 ♍	1 ♉, 4 ♉, 17 ♊	1 ♍, 7 ♍, 29 ♎	1 ♊, 12 ♊, 26 ♊	1 ♎, 25 ♎	1 ♊, 6 ♊, 21 ♋	1 ♐	1 ♊, 2 ♋, 17 ♋
1 ♍, 16 ♍	1 ♉, 9 ♊, 24 ♊	1 ♍, 10 ♍, 27 ♎	1 ♊, 2 ♊, 16 ♊, 31 ♋	1 ♎, 18 ♎	1 ♊, 11 ♋, 26 ♋	1 ♎, 20 ♏	1 ♋, 6 ♋, 21 ♋	1 ♐	1 ♋, 3 ♋, 18 ♌
1 ♍, 17 ♎	1 ♊, 7 ♊, 22 ♋	1 ♎, 12 ♎, 28 ♎	1 ♋, 15 ♋, 30 ♋	1 ♎, 4 ♎, 21 ♏	1 ♋, 10 ♋, 26 ♌	1 ♏, 8 ♏, 25 ♏	1 ♋, 6 ♌, 21 ♌	1 ♐, 14 ♐	1 ♌, 3 ♌, 19 ♌
1 ♎, 2 ♎, 17 ♎	1 ♋, 7 ♋, 24 ♋	1 ♎, 12 ♏, 27 ♏	1 ♋, 15 ♌	1 ♏, 5 ♏, 20 ♏	1 ♌, 10 ♌, 26 ♌	1 ♏, 10 ♐, 25 ♐	1 ♌, 6 ♌, 22 ♍	1 ♐, 4 ♐, 21 ♑	1 ♌, 3 ♍, 19 ♍
1 ♎, 2 ♏, 16 ♏, 31 ♏	1 ♋, 12 ♌	1 ♏, 12 ♏, 26 ♐	1 ♌, 2 ♌, 19 ♌	1 ♏, 4 ♐, 18 ♐	1 ♌, 13 ♍, 30 ♍	1 ♐, 9 ♐, 23 ♑	1 ♍, 8 ♍, 24 ♍	1 ♑, 7 ♑, 22 ♑	1 ♍, 5 ♍, 20 ♎
1 ♏, 14 ♐, 28 ♐	1 ♌, 27 ♌	1 ♐, 9 ♐, 22 ♐	1 ♌, 6 ♍, 26 ♍	1 ♐, 14 ♑, 27 ♑	1 ♍, 16 ♍	1 ♑, 6 ♑, 19 ♑	1 ♍, 9 ♎, 26 ♎	1 ♑, 5 ♒, 19 ♒	1 ♎, 5 ♎, 21 ♎
1 ♐, 11 ♐, 25 ♑	1 ♌	1 ♐, 5 ♑, 18 ♑, 31 ♑	1 ♍, 20 ♍	1 ♑, 10 ♑, 23 ♒	1 ♍, 4 ♎, 23 ♎	1 ♑, 2 ♒, 15 ♒, 28 ♒	1 ♎, 13 ♎, 30 ♏	1 ♒, 2 ♒, 16 ♓, 29 ♓	1 ♎, 7 ♏, 22 ♏

MARS 1971–1990

	1971	1972	1973	1974	1975	1976	1977	1978	1979	1980
1	1 ♏, 7 ♏, 23 ♐	1 ♈, 11 ♈, 26 ♈	1 ♐, 14 ♐, 29 ♐	1 ♉, 19 ♉	1 ♐, 8 ♐, 22 ♑	1 ♊	1 ♑, 14 ♑, 27 ♑	1 ♌, 26 ♋	1 ♑, 8 ♑, 21 ♒	1 ♍
2	1 ♐, 8 ♐, 24 ♐	1 ♈, 11 ♉, 26 ♉	1 ♐, 12 ♑, 27 ♑	1 ♉, 9 ♉, 27 ♊	1 ♑, 4 ♑, 18 ♑	1 ♊, 21 ♊	1 ♑, 9 ♒, 22 ♒	1 ♋	1 ♒, 2 ♒, 15 ♒, 28 ♓	1 ♍, 14 ♍
3	1 ♐, 12 ♑, 29 ♑	1 ♉, 12 ♉, 27 ♊	1 ♑, 13 ♑, 27 ♒	1 ♊, 17 ♊	1 ♑, 3 ♒, 16 ♒, 30 ♒	1 ♊, 19 ♋	1 ♒, 7 ♒, 20 ♓	1 ♋	1 ♓, 13 ♓, 25 ♓	1 ♍, 12 ♌
4	1 ♑, 15 ♑	1 ♊, 12 ♊, 27 ♊	1 ♒, 10 ♒, 24 ♒	1 ♊, 3 ♊, 20 ♋	1 ♒, 12 ♓, 25 ♓	1 ♋, 9 ♋, 28 ♋	1 ♓, 2 ♓, 15 ♓, 28 ♈	1 ♋, 11 ♌	1 ♓, 7 ♈, 20 ♈	1 ♌
5	1 ♑, 4 ♒, 25 ♒	1 ♊, 13 ♋, 28 ♋	1 ♒, 8 ♓, 22 ♓	1 ♋, 7 ♋, 24 ♋	1 ♓, 8 ♓, 21 ♈	1 ♋, 16 ♌	1 ♈, 11 ♈, 24 ♈	1 ♌, 6 ♌, 26 ♌	1 ♈, 3 ♈, 16 ♉, 30 ♉	1 ♌, 4 ♍
6	1 ♒, 23 ♒	1 ♋, 13 ♋, 29 ♌	1 ♓, 6 ♓, 21 ♈	1 ♋, 9 ♌, 25 ♌	1 ♈, 4 ♈, 17 ♈	1 ♌, 3 ♌, 20 ♌	1 ♈, 6 ♉, 20 ♉	1 ♌, 14 ♍	1 ♉, 12 ♉, 26 ♊	1 ♍, 22 ♍
7	1 ♒, 29 ♒	1 ♌, 14 ♌, 30 ♌	1 ♈, 7 ♈, 24 ♈	1 ♌, 12 ♌, 28 ♍	1 ♉, 15 ♉, 30 ♉	1 ♌, 7 ♍, 23 ♍	1 ♉, 3 ♉, 18 ♊	1 ♍, 2 ♍, 19 ♍	1 ♊, 10 ♊, 25 ♊	1 ♍, 11 ♎, 28 ♎
8	1 ♒	1 ♌, 15 ♍, 31 ♍	1 ♈, 13 ♉	1 ♍, 12 ♍, 28 ♍	1 ♉, 15 ♊	1 ♍, 8 ♍, 24 ♎	1 ♊, 16 ♊	1 ♍, 4 ♎, 20 ♎	1 ♊, 9 ♋, 24 ♋	1 ♎, 14 ♎, 29 ♏
9	1 ♒	1 ♍, 15 ♍	1 ♉	1 ♍, 13 ♎, 28 ♎	1 ♊, 20 ♊	1 ♎, 9 ♎, 24 ♎	1 ♋, 18 ♋	1 ♎, 5 ♎, 20 ♏	1 ♋, 9 ♋, 25 ♌	1 ♏, 13 ♏, 28 ♏
10	1 ♒, 16 ♒	1 ♎, 16 ♎	1 ♉, 30 ♈	1 ♎, 13 ♎, 28 ♏	1 ♊, 17 ♋	1 ♎, 9 ♏, 23 ♏	1 ♋, 6 ♋, 27 ♌	1 ♏, 5 ♏, 19 ♏	1 ♌, 12 ♌, 30 ♌	1 ♏, 12 ♐, 26 ♐
11	1 ♒, 7 ♓, 24 ♓	1 ♎, 16 ♏	1 ♈	1 ♏, 12 ♏, 27 ♏	1 ♋, 26 ♊	1 ♏, 7 ♏, 21 ♐	1 ♌, 27 ♌	1 ♏, 2 ♐, 16 ♐, 29 ♐	1 ♌, 20 ♍	1 ♐, 9 ♐, 22 ♑
12	1 ♓, 11 ♓, 27 ♈	1 ♏, 16 ♏, 31 ♐	1 ♈, 24 ♉	1 ♏, 11 ♐, 25 ♐	1 ♊, 24 ♊	1 ♐, 5 ♐, 19 ♐	1 ♌, 28 ♌	1 ♐, 13 ♑, 26 ♑	1 ♍, 16 ♍	1 ♑, 5 ♑, 18 ♑, 31 ♒

MARS 1991–2010

	1991	1992	1993	1994	1995	1996	1997	1998	1999	2000
1	1 ♉, 21 ♊	1 ♐, 9 ♑, 23 ♑	1 ♋, 2 ♋	1 ♑, 2 ♑, 15 ♑, 28 ♒	1 ♍, 23 ♌	1 ♑, 8 ♒, 21 ♒	1 ♍, 3 ♎	1 ♒, 13 ♒, 25 ♓	1 ♎, 4 ♎, 26 ♏	1 ♒, 4 ♓, 17 ♓, 30 ♓
2	1 ♊, 20 ♊	1 ♑, 5 ♑, 18 ♒	1 ♋	1 ♒, 10 ♒, 23 ♒	1 ♌, 20 ♌	1 ♒, 3 ♒, 15 ♓, 28 ♓	1 ♎	1 ♓, 7 ♓, 20 ♓	1 ♏, 27 ♏	1 ♓, 12 ♈, 25 ♈
3	1 ♊, 14 ♊	1 ♒, 2 ♒, 15 ♒, 28 ♓	1 ♋, 2 ♋	1 ♒, 7 ♓, 20 ♓	1 ♌	1 ♓, 12 ♓, 25 ♈	1 ♎, 9 ♍	1 ♓, 5 ♈, 18 ♈, 31 ♈	1 ♏	1 ♈, 10 ♈, 23 ♉
4	1 ♊, 3 ♋, 21 ♋	1 ♓, 10 ♓, 23 ♓	1 ♋, 5 ♋, 28 ♌	1 ♓, 2 ♓, 15 ♈, 28 ♈	1 ♌, 30 ♌	1 ♈, 7 ♈, 20 ♈	1 ♍, 5 ♍	1 ♈, 13 ♉, 27 ♉	1 ♏, 6 ♏	1 ♉, 6 ♉, 20 ♉
5	1 ♋, 9 ♋, 27 ♌	1 ♓, 6 ♈, 19 ♈	1 ♌, 18 ♌	1 ♈, 11 ♈, 24 ♉	1 ♌, 26 ♍	1 ♈, 3 ♉, 16 ♉, 30 ♉	1 ♍, 22 ♍	1 ♉, 10 ♉, 24 ♊	1 ♏, 6 ♎	1 ♉, 4 ♊, 18 ♊
6	1 ♌, 12 ♌, 29 ♌	1 ♈, 15 ♉, 28 ♉	1 ♌, 6 ♌, 23 ♍	1 ♉, 6 ♉, 20 ♉	1 ♍, 15 ♍	1 ♉, 13 ♊, 27 ♊	1 ♍, 19 ♎	1 ♊, 7 ♊, 22 ♊	1 ♎	1 ♊, 2 ♊, 17 ♋
7	1 ♌, 16 ♍	1 ♉, 12 ♉, 27 ♊	1 ♍, 10 ♍, 27 ♍	1 ♉, 4 ♊, 18 ♊	1 ♍, 4 ♍, 21 ♎	1 ♊, 11 ♊, 26 ♋	1 ♎, 10 ♎, 29 ♎	1 ♊, 6 ♋, 21 ♋	1 ♎, 5 ♏, 29 ♏	1 ♋, 2 ♋, 17 ♋
8	1 ♍, 17 ♍	1 ♊, 11 ♊, 26 ♊	1 ♍, 12 ♎, 28 ♎	1 ♊, 2 ♊, 17 ♋	1 ♎, 7 ♎, 23 ♎	1 ♋, 10 ♋, 25 ♋	1 ♎, 14 ♏, 30 ♏	1 ♋, 5 ♋, 21 ♌	1 ♏, 17 ♏	1 ♌, 17 ♌
9	1 ♎, 17 ♎	1 ♊, 12 ♋	1 ♎, 12 ♎, 27 ♏	1 ♋, 18 ♋	1 ♎, 7 ♏, 22 ♏	1 ♋, 10 ♌, 26 ♌	1 ♏, 14 ♏, 29 ♐	1 ♌, 5 ♌, 21 ♌	1 ♏, 3 ♐, 18 ♐	1 ♌, 17 ♍
10	1 ♎, 2 ♎, 17 ♏, 31 ♏	1 ♋, 23 ♋	1 ♏, 12 ♏, 26 ♏	1 ♋, 5 ♌, 23 ♌	1 ♏, 7 ♏, 21 ♐	1 ♌, 13 ♌, 30 ♍	1 ♐, 13 ♐, 27 ♐	1 ♌, 8 ♍, 24 ♍	1 ♐, 3 ♐, 17 ♑, 31 ♑	1 ♍, 3 ♍, 19 ♍
11	1 ♏, 15 ♏, 29 ♐	1 ♋	1 ♏, 9 ♐, 23 ♐	1 ♌, 13 ♌	1 ♐, 4 ♐, 17 ♐	1 ♍, 18 ♍	1 ♐, 9 ♑, 22 ♑	1 ♍, 10 ♍, 27 ♎	1 ♑, 13 ♑, 26 ♒	1 ♍, 4 ♎, 20 ♎
12	1 ♐, 13 ♐, 27 ♐	1 ♋	1 ♐, 7 ♐, 20 ♑	1 ♌, 12 ♍	1 ♑, 14 ♑, 27 ♑	1 ♍, 9 ♍	1 ♑, 5 ♑, 18 ♒, 31 ♒	1 ♎, 16 ♎	1 ♒, 9 ♒, 22 ♒	1 ♎, 7 ♎, 24 ♏

1981	1982	1983	1984	1985	1986	1987	1988	1989	1990
1 ♒, 13 ♒, 25 ♒	1 ♎, 9 ♎	1 ♒, 5 ♒, 18 ♓, 30 ♓	1 ♎, 11 ♏, 31 ♏	1 ♓, 7 ♓, 21 ♓	1 ♏, 17 ♏	1 ♓, 9 ♈, 23 ♈	1 ♏, 9 ♐, 24 ♐	1 ♈, 19 ♉	1 ♐, 16 ♐, 30 ♑
1 ♒, 7 ♓, 20 ♓	1 ♎	1 ♓, 12 ♓, 25 ♈	1 ♏, 25 ♏	1 ♓, 3 ♈, 16 ♈	1 ♏, 2 ♐, 19 ♐	1 ♈, 6 ♈, 21 ♉	1 ♐, 8 ♐, 22 ♑	1 ♉, 6 ♉, 23 ♉	1 ♑, 12 ♑, 26 ♑
1 ♓, 4 ♓, 17 ♈, 30 ♈	1 ♎	1 ♈, 10 ♈, 23 ♈	1 ♏	1 ♈, 2 ♈, 15 ♉, 29 ♉	1 ♐, 9 ♐, 28 ♑	1 ♉, 7 ♉, 22 ♉	1 ♑, 8 ♑, 23 ♑	1 ♉, 11 ♊, 28 ♊	1 ♑, 12 ♒, 25 ♒
1 ♈, 12 ♈, 25 ♉	1 ♎	1 ♈, 6 ♉, 19 ♉	1 ♏	1 ♉, 12 ♉, 26 ♊	1 ♑, 18 ♑	1 ♉, 6 ♊, 21 ♊	1 ♑, 7 ♒, 22 ♒	1 ♊, 13 ♊, 29 ♋	1 ♒, 8 ♒, 21 ♓
1 ♉, 9 ♉, 22 ♉	1 ♎	1 ♉, 3 ♉, 17 ♊, 31 ♊	1 ♏, 14 ♏	1 ♊, 11 ♊, 26 ♊	1 ♑, 17 ♑	1 ♊, 6 ♊, 21 ♋	1 ♒, 7 ♒, 22 ♓	1 ♋, 15 ♋, 31 ♋	1 ♓, 4 ♓, 18 ♓, 31 ♈
1 ♉, 5 ♊, 19 ♊	1 ♎, 24 ♎	1 ♊, 15 ♊, 29 ♋	1 ♏	1 ♊, 9 ♋, 25 ♋	1 ♑	1 ♋, 6 ♋, 21 ♋	1 ♓, 7 ♓, 24 ♓	1 ♋, 17 ♌	1 ♈, 14 ♈, 28 ♈
1 ♊, 4 ♊, 18 ♋	1 ♎, 16 ♎	1 ♋, 14 ♋, 29 ♋	1 ♏, 27 ♏	1 ♋, 10 ♋, 25 ♌	1 ♑, 2 ♑	1 ♋, 7 ♌, 22 ♌	1 ♓, 14 ♈	1 ♌, 3 ♌, 19 ♌	1 ♈, 13 ♉, 28 ♉
1 ♋, 2 ♋, 18 ♋	1 ♎, 3 ♏, 20 ♏	1 ♋, 14 ♌, 29 ♌	1 ♏, 18 ♐	1 ♌, 10 ♌, 25 ♌	1 ♑	1 ♌, 7 ♌, 23 ♍	1 ♈, 12 ♈	1 ♌, 4 ♍, 19 ♍	1 ♉, 13 ♉, 31 ♊
1 ♋, 2 ♌, 18 ♌	1 ♏, 5 ♏, 20 ♐	1 ♌, 14 ♌, 30 ♍	1 ♐, 4 ♐, 20 ♐	1 ♌, 10 ♍, 26 ♍	1 ♑, 19 ♑	1 ♍, 8 ♍, 23 ♍	1 ♈, 10 ♈	1 ♍, 4 ♍, 20 ♎	1 ♊, 24 ♊
1 ♌, 4 ♌, 21 ♍	1 ♐, 4 ♐, 18 ♐	1 ♍, 16 ♍	1 ♐, 5 ♑, 19 ♑	1 ♍, 12 ♍, 28 ♎	1 ♑, 9 ♒, 26 ♒	1 ♍, 9 ♎, 24 ♎	1 ♈, 24 ♓	1 ♎, 5 ♎, 20 ♎	1 ♊
1 ♍, 8 ♍, 26 ♍	1 ♑, 14 ♑, 27 ♑	1 ♍, 2 ♍, 18 ♎	1 ♑, 2 ♑, 16 ♒, 29 ♒	1 ♎, 13 ♎, 29 ♎	1 ♒, 11 ♒, 26 ♓	1 ♎, 9 ♎, 24 ♏	1 ♓, 2 ♈	1 ♎, 4 ♏, 19 ♏	1 ♊, 15 ♊
1 ♍, 16 ♎	1 ♑, 10 ♒, 23 ♒	1 ♎, 6 ♎, 23 ♎	1 ♒, 12 ♒, 25 ♓	1 ♎, 15 ♏, 31 ♏	1 ♓, 11 ♓, 25 ♓	1 ♏, 9 ♏, 25 ♏	1 ♈, 10 ♈	1 ♏, 4 ♏, 18 ♐	1 ♊, 14 ♉

2001	2002	2003	2004	2005	2006	2007	2008	2009	2010
1 ♏, 10 ♏, 27 ♏	1 ♓, 5 ♓, 19 ♈	1 ♏, 2 ♏, 17 ♐	1 ♈, 2 ♈, 19 ♈	1 ♐, 9 ♐, 24 ♐	1 ♉, 27 ♉	1 ♐, 3 ♐, 17 ♑, 30 ♑	1 ♊	1 ♑, 10 ♑, 23 ♑	1 ♌, 29 ♌
1 ♏, 15 ♐	1 ♈, 2 ♈, 16 ♈	1 ♐, 2 ♐, 17 ♐	1 ♈, 3 ♉, 19 ♉	1 ♐, 7 ♑, 21 ♑	1 ♉, 18 ♊	1 ♑, 13 ♑, 26 ♒	1 ♊	1 ♑, 5 ♒, 18 ♒	1 ♌
1 ♐, 7 ♐, 30 ♐	1 ♈, 2 ♉, 16 ♉, 30 ♉	1 ♐, 5 ♑, 21 ♑	1 ♉, 6 ♉, 21 ♊	1 ♑, 7 ♑, 21 ♒	1 ♊, 9 ♊, 27 ♊	1 ♒, 11 ♒, 24 ♒	1 ♊, 4 ♋, 30 ♋	1 ♒, 2 ♒, 15 ♓, 28 ♓	1 ♌
1 ♐	1 ♉, 14 ♊, 28 ♊	1 ♑, 6 ♑, 22 ♒	1 ♊, 6 ♊, 22 ♊	1 ♒, 4 ♒, 17 ♒	1 ♊, 14 ♋	1 ♒, 6 ♓, 19 ♓	1 ♋, 21 ♋	1 ♓, 10 ♓, 23 ♈	1 ♌, 25 ♌
1 ♐	1 ♊, 13 ♊, 28 ♋	1 ♒, 9 ♒, 27 ♒	1 ♊, 7 ♋, 23 ♋	1 ♓, 15 ♓, 29 ♓	1 ♋, 18 ♋	1 ♓, 2 ♓, 16 ♈, 29 ♈	1 ♋, 10 ♌, 28 ♌	1 ♈, 6 ♈, 19 ♈	1 ♌, 18 ♌
1 ♐, 22 ♐	1 ♋, 13 ♋, 28 ♋	1 ♒, 17 ♓	1 ♋, 8 ♋, 24 ♌	1 ♓, 12 ♈, 27 ♈	1 ♋, 4 ♌, 20 ♌	1 ♈, 11 ♈, 25 ♉	1 ♌, 15 ♌	1 ♉, 14 ♉, 28 ♉	1 ♌, 7 ♍, 26 ♍
1 ♐	1 ♋, 14 ♌, 29 ♌	1 ♓, 25 ♓	1 ♌, 10 ♌, 26 ♌	1 ♈, 12 ♈, 28 ♉	1 ♌, 7 ♌, 23 ♍	1 ♉, 9 ♉, 23 ♉	1 ♌, 2 ♍, 18 ♍	1 ♉, 12 ♊, 27 ♊	1 ♍, 13 ♍, 30 ♎
1 ♐, 16 ♐	1 ♌, 14 ♌, 30 ♍	1 ♓, 3 ♓	1 ♌, 10 ♍, 26 ♍	1 ♉, 16 ♉	1 ♍, 8 ♍, 24 ♍	1 ♉, 7 ♊, 23 ♊	1 ♍, 4 ♍, 19 ♎	1 ♊, 10 ♊, 26 ♋	1 ♎, 15 ♎, 31 ♎
1 ♐, 9 ♑, 27 ♑	1 ♍, 14 ♍, 30 ♍	1 ♓	1 ♍, 11 ♍, 26 ♎	1 ♉, 10 ♉	1 ♍, 8 ♎, 24 ♎	1 ♊, 9 ♊, 29 ♋	1 ♎, 4 ♎, 19 ♎	1 ♋, 11 ♋, 28 ♋	1 ♎, 15 ♏, 30 ♏
1 ♑, 13 ♑, 28 ♒	1 ♍, 16 ♎, 31 ♎	1 ♓	1 ♎, 12 ♎, 27 ♎	1 ♉, 24 ♉	1 ♎, 9 ♎, 24 ♏	1 ♋, 27 ♋	1 ♎, 4 ♏, 19 ♏	1 ♋, 17 ♌	1 ♏, 14 ♏, 28 ♐
1 ♒, 11 ♒, 25 ♒	1 ♎, 16 ♎	1 ♓, 8 ♓, 29 ♓	1 ♎, 11 ♏, 26 ♏	1 ♉, 24 ♉	1 ♏, 7 ♏, 22 ♏	1 ♋	1 ♏, 2 ♏, 16 ♐, 30 ♐	1 ♌, 8 ♌	1 ♐, 11 ♐, 25 ♐
1 ♒, 9 ♓, 23 ♓	1 ♎, 2 ♏, 17 ♏	1 ♓, 17 ♈	1 ♏, 11 ♏, 26 ♐	1 ♉, 27 ♉	1 ♏, 6 ♐, 20 ♐	1 ♋, 4 ♋	1 ♐, 14 ♐, 27 ♑	1 ♌	1 ♐, 8 ♑, 21 ♑

JUPITER 1931–1970

	1931	1932	1933	1934	1935	1936	1937	1938	1939	1940	1941	1942	1943	1944	1945	1946	1947	1948	1949	1950
1	1 ♋	1 ♌, 20 ♌	1 ♍	1 ♎	1 ♏, 22 ♏	1 ♐	1 ♑, 15 ♑	1 ♒	1 ♓	1 ♈	1 ♉	1 ♊	1 ♋, 13 ♋	1 ♌	1 ♍	1 ♎	1 ♏	1 ♐, 25 ♐	1 ♑	1 ♒, 16 ♒
2	1 ♋	1 ♌	1 ♍, 24 ♍	1 ♎	1 ♏	1 ♐, 15 ♐	1 ♑	1 ♒	1 ♓, 14 ♓	1 ♈, 21 ♈	1 ♉, 21 ♉	1 ♊	1 ♋	1 ♌, 28 ♌	1 ♍	1 ♎	1 ♏	1 ♐	1 ♑, 13 ♑	1 ♒, 27 ♒
3	1 ♋	1 ♌	1 ♍	1 ♎, 26 ♎	1 ♏	1 ♐	1 ♑, 4 ♑	1 ♒, 17 ♒	1 ♓, 27 ♓	1 ♈	1 ♉	1 ♊	1 ♋	1 ♌	1 ♍	1 ♎	1 ♏	1 ♐	1 ♑	1 ♒
4	1 ♋	1 ♌	1 ♍	1 ♎	1 ♏, 27 ♏	1 ♐	1 ♑	1 ♒	1 ♓	1 ♈, 4 ♈	1 ♉, 14 ♉	1 ♊, 24 ♊	1 ♋	1 ♌	1 ♍, 3 ♍	1 ♎	1 ♏	1 ♐	1 ♑, 13 ♒	1 ♒, 15 ♓
5	1 ♋, 31 ♋	1 ♌	1 ♍	1 ♎	1 ♏	1 ♐	1 ♑	1 ♒, 14 ♓	1 ♓, 12 ♈	1 ♈, 16 ♉	1 ♉, 27 ♊	1 ♊	1 ♋, 9 ♋	1 ♌, 28 ♌	1 ♍	1 ♎, 3 ♎	1 ♏	1 ♐	1 ♒	1 ♓
6	1 ♋	1 ♌, 22 ♌	1 ♍	1 ♎	1 ♏	1 ♐, 7 ♐	1 ♑	1 ♓	1 ♈	1 ♉	1 ♊	1 ♊, 10 ♋	1 ♋	1 ♌	1 ♍, 25 ♍	1 ♎	1 ♏, 6 ♏	1 ♐	1 ♒, 28 ♑	1 ♓
7	1 ♋, 17 ♌	1 ♌	1 ♍, 21 ♍	1 ♎	1 ♏	1 ♐	1 ♑	1 ♓, 30 ♒	1 ♈	1 ♉, 5 ♉	1 ♊, 10 ♊	1 ♋, 25 ♋	1 ♌	1 ♌, 26 ♍	1 ♍	1 ♎, 27 ♎	1 ♏	1 ♐, 23 ♐	1 ♑	1 ♓
8	1 ♌	1 ♌, 11 ♍	1 ♍	1 ♎, 21 ♎	1 ♏	1 ♐	1 ♑, 4 ♑	1 ♒	1 ♈	1 ♉	1 ♊	1 ♋	1 ♌, 15 ♌	1 ♍	1 ♍, 25 ♎	1 ♎	1 ♏, 25 ♏	1 ♐	1 ♑	1 ♓
9	1 ♌	1 ♍, 27 ♍	1 ♍, 10 ♎	1 ♎	1 ♏, 20 ♏	1 ♐	1 ♑	1 ♒	1 ♈	1 ♉	1 ♊, 10 ♊	1 ♋, 14 ♋	1 ♌	1 ♍, 11 ♍	1 ♎	1 ♎, 25 ♏	1 ♏	1 ♐, 9 ♐	1 ♑	1 ♓, 15 ♒
10	1 ♌, 29 ♌	1 ♍	1 ♎, 27 ♎	1 ♎, 11 ♏	1 ♏	1 ♐, 13 ♐	1 ♑, 24 ♑	1 ♒	1 ♈, 30 ♓	1 ♉	1 ♊	1 ♋	1 ♌, 4 ♌	1 ♍, 30 ♍	1 ♎, 11 ♎	1 ♏	1 ♏, 24 ♐	1 ♐	1 ♑	1 ♒
11	1 ♌	1 ♍, 22 ♍	1 ♎	1 ♏, 26 ♏	1 ♏, 9 ♐	1 ♐	1 ♑	1 ♒	1 ♓	1 ♉, 8 ♉	1 ♊, 9 ♊	1 ♋	1 ♌	1 ♍	1 ♎, 30 ♎	1 ♏, 11 ♏	1 ♐	1 ♐, 15 ♑	1 ♑	1 ♒
12	1 ♌	1 ♍	1 ♎, 23 ♎	1 ♏	1 ♐, 24 ♐	1 ♐, 2 ♑	1 ♑, 20 ♒	1 ♒, 30 ♓	1 ♓, 21 ♈	1 ♉	1 ♊	1 ♋	1 ♌	1 ♍	1 ♎	1 ♏, 30 ♏	1 ♐, 9 ♐	1 ♑, 30 ♑	1 ♒	1 ♒, 2 ♓

JUPITER 1971–2010

	1971	1972	1973	1974	1975	1976	1977	1978	1979	1980	1981	1982	1983	1984	1985	1986	1987	1988	1989	1990
1	1 ♏, 14 ♐	1 ♐	1 ♑, 10 ♑	1 ♒, 26 ♒	1 ♓	1 ♈	1 ♉	1 ♊	1 ♌	1 ♍, 8 ♍	1 ♎, 9 ♎	1 ♏	1 ♐	1 ♐, 20 ♑	1 ♑	1 ♒, 9 ♒	1 ♓, 15 ♓	1 ♈	1 ♉	1 ♋
2	1 ♐	1 ♐, 7 ♑	1 ♑, 23 ♒	1 ♒	1 ♓, 4 ♓	1 ♈, 6 ♈	1 ♉	1 ♊	1 ♌	1 ♍	1 ♎, 9 ♎	1 ♏, 10 ♏	1 ♐	1 ♑	1 ♑, 7 ♒	1 ♒, 21 ♓	1 ♓	1 ♈	1 ♉	1 ♋
3	1 ♐	1 ♑	1 ♒	1 ♒, 8 ♓	1 ♓, 19 ♈	1 ♈, 26 ♉	1 ♉	1 ♊	1 ♋	1 ♍	1 ♎	1 ♏, 11 ♏	1 ♐, 3 ♐	1 ♑, 16 ♑	1 ♒, 27 ♒	1 ♓	1 ♓, 3 ♈	1 ♈, 9 ♉	1 ♉, 11 ♊	1 ♋
4	1 ♐	1 ♑	1 ♒, 24 ♒	1 ♓, 24 ♓	1 ♈, 30 ♈	1 ♉	1 ♉, 4 ♊	1 ♊, 12 ♋	1 ♋, 20 ♌	1 ♍	1 ♎	1 ♏	1 ♐, 22 ♐	1 ♑	1 ♒	1 ♓, 5 ♓	1 ♈, 13 ♈	1 ♉, 22 ♉	1 ♊	1 ♋
5	1 ♐	1 ♑	1 ♒	1 ♓	1 ♈	1 ♉, 8 ♉	1 ♊, 20 ♊	1 ♋	1 ♌	1 ♍	1 ♎	1 ♏	1 ♐	1 ♑	1 ♒	1 ♓, 31 ♓	1 ♈, 28 ♈	1 ♉	1 ♊, 3 ♊	1 ♋, 18 ♋
6	1 ♐, 5 ♏	1 ♑	1 ♒	1 ♓	1 ♈, 20 ♈	1 ♉, 21 ♉	1 ♊	1 ♋, 5 ♋	1 ♌, 27 ♌	1 ♍	1 ♎	1 ♏	1 ♐	1 ♑, 14 ♑	1 ♒	1 ♓	1 ♈	1 ♉, 3 ♉	1 ♊, 16 ♊	1 ♋
7	1 ♏	1 ♑, 25 ♐	1 ♒, 8 ♒	1 ♓	1 ♈	1 ♉	1 ♊, 2 ♊	1 ♋, 20 ♋	1 ♌	1 ♍, 24 ♍	1 ♎	1 ♏	1 ♐	1 ♑	1 ♒	1 ♓	1 ♈	1 ♉, 22 ♊	1 ♊, 31 ♋	1 ♋, 4 ♋
8	1 ♏	1 ♐	1 ♒	1 ♓	1 ♈	1 ♉, 23 ♊	1 ♊, 21 ♋	1 ♋	1 ♌, 13 ♌	1 ♍	1 ♎, 23 ♎	1 ♏	1 ♐	1 ♑	1 ♒, 21 ♒	1 ♓, 25 ♓	1 ♈	1 ♊	1 ♋	1 ♋, 18 ♌
9	1 ♏, 12 ♐	1 ♐, 26 ♑	1 ♒	1 ♓, 29 ♓	1 ♈	1 ♊	1 ♋	1 ♋, 5 ♌	1 ♌, 29 ♍	1 ♍, 10 ♍	1 ♎	1 ♏, 23 ♏	1 ♐	1 ♑	1 ♒	1 ♓	1 ♈	1 ♊	1 ♋	1 ♌
10	1 ♐	1 ♑	1 ♒	1 ♓	1 ♈, 11 ♈	1 ♊, 17 ♉	1 ♋	1 ♌	1 ♍	1 ♍, 27 ♎	1 ♎, 11 ♎	1 ♏	1 ♐, 20 ♐	1 ♑	1 ♒	1 ♓	1 ♈	1 ♊	1 ♋, 6 ♋	1 ♌, 12 ♌
11	1 ♐, 7 ♐	1 ♑, 27 ♑	1 ♒	1 ♓	1 ♈	1 ♉	1 ♋	1 ♌	1 ♍	1 ♎	1 ♎, 27 ♏	1 ♏, 10 ♏	1 ♐	1 ♑, 8 ♑	1 ♒, 15 ♒	1 ♓	1 ♈	1 ♊	1 ♋, 21 ♋	1 ♌
12	1 ♐, 22 ♐	1 ♑	1 ♒, 10 ♒	1 ♓, 8 ♓	1 ♈	1 ♉	1 ♋, 31 ♊	1 ♌	1 ♍, 14 ♍	1 ♎	1 ♏	1 ♏, 26 ♐	1 ♐, 6 ♐	1 ♑, 26 ♑	1 ♒	1 ♓	1 ♈, 4 ♈, 27 ♈	1 ♉	1 ♋	1 ♌

1951	1952	1953	1954	1955	1956	1957	1958	1959	1960	1961	1962	1963	1964	1965	1966	1967	1968	1969	1970
1 ♓ 27 ♓	1 ♈ 30 ♈	1 ♉	1 ♊	1 ♋	1 ♍ 18 ♌	1 ♎	1 ♎ 14 ♏	1 ♏	1 ♐ 7 ♐	1 ♑ 26 ♑	1 ♒	1 ♓ 6 ♓	1 ♈	1 ♉	1 ♊	1 ♌ 16 ♋	1 ♍	1 ♎	1 ♏
1 ♓	1 ♈	1 ♉	1 ♊	1 ♋	1 ♌	1 ♎ 20 ♍	1 ♏	1 ♏ 11 ♐	1 ♐	1 ♑	1 ♒ 11 ♒	1 ♓ 22 ♓	1 ♈ 29 ♈	1 ♉	1 ♊	1 ♋	1 ♍ 27 ♌	1 ♎	1 ♏
1 ♓ 10 ♓	1 ♈ 18 ♈	1 ♉ 25 ♉	1 ♊ 31 ♊	1 ♋ 8 ♋ 25 ♋	1 ♌	1 ♍	1 ♏ 21 ♎	1 ♐	1 ♐ 2 ♑	1 ♑ 15 ♒	1 ♒ 26 ♓	1 ♓	1 ♈	1 ♉	1 ♊	1 ♋	1 ♌	1 ♎ 31 ♍	1 ♏
1 ♓ 22 ♈	1 ♈ 29 ♉	1 ♉	1 ♊	1 ♋	1 ♌	1 ♍	1 ♎	1 ♐ 25 ♏	1 ♑	1 ♒	1 ♓	1 ♓ 4 ♈	1 ♈ 12 ♉	1 ♉ 23 ♊	1 ♊	1 ♋	1 ♌	1 ♍	1 ♏ 30 ♎
1 ♈	1 ♉	1 ♉ 10 ♊	1 ♊ 24 ♋	1 ♋	1 ♌	1 ♍	1 ♎	1 ♏	1 ♑	1 ♒	1 ♓ 21 ♓	1 ♈ 19 ♈	1 ♉ 24 ♉	1 ♊	1 ♊ 6 ♋	1 ♋ 23 ♌	1 ♌	1 ♍	1 ♎
1 ♈ 13 ♈	1 ♉ 12 ♉	1 ♊ 22 ♊	1 ♋	1 ♋ 13 ♌	1 ♌	1 ♍	1 ♎	1 ♏	1 ♑ 10 ♐	1 ♒	1 ♓	1 ♈	1 ♉	1 ♊ 5 ♊	1 ♋ 22 ♋	1 ♌	1 ♌ 16 ♍	1 ♍	1 ♎
1 ♈	1 ♉	1 ♊	1 ♋ 8 ♋	1 ♌ 30 ♌	1 ♌ 8 ♍	1 ♍	1 ♎	1 ♏	1 ♐	1 ♒	1 ♓	1 ♈	1 ♉ 12 ♉	1 ♊ 20 ♊	1 ♋	1 ♌ 14 ♌	1 ♍	1 ♍ 16 ♎	1 ♎
1 ♈	1 ♉ 16 ♉	1 ♊ 9 ♊	1 ♋ 23 ♋	1 ♌	1 ♍ 26 ♍	1 ♍ 7 ♎	1 ♎	1 ♏	1 ♐	1 ♒ 12 ♑	1 ♓ 14 ♓	1 ♈	1 ♉	1 ♊	1 ♋ 6 ♋	1 ♌ 29 ♌	1 ♍ 10 ♍	1 ♎	1 ♎ 16 ♏
1 ♈ 27 ♈	1 ♉	1 ♊	1 ♋	1 ♌ 15 ♌	1 ♍	1 ♎ 26 ♎	1 ♎ 7 ♏	1 ♏	1 ♐	1 ♑	1 ♓	1 ♈	1 ♉	1 ♊ 21 ♋	1 ♋ 28 ♌	1 ♌	1 ♍ 26 ♍	1 ♎ 10 ♎	1 ♏
1 ♈	1 ♉ 4 ♉	1 ♊	1 ♋	1 ♌	1 ♍ 12 ♍	1 ♎	1 ♏ 26 ♏	1 ♏ 6 ♐	1 ♐ 26 ♑	1 ♑	1 ♓	1 ♈	1 ♉	1 ♋	1 ♌	1 ♌ 19 ♍	1 ♍	1 ♎ 26 ♎	1 ♏ 10 ♏
1 ♈	1 ♉	1 ♊	1 ♋	1 ♌ 17 ♍	1 ♍	1 ♎ 12 ♎	1 ♏	1 ♐ 23 ♐	1 ♑	1 ♑ 4 ♒	1 ♓	1 ♈ 19 ♈	1 ♉ 21 ♉	1 ♋ 17 ♊	1 ♌	1 ♍	1 ♍ 16 ♎	1 ♎	1 ♏ 25 ♏
1 ♈	1 ♉	1 ♊ 24 ♊	1 ♋	1 ♍	1 ♍ 13 ♎	1 ♎	1 ♏ 12 ♏	1 ♐	1 ♑ 14 ♑	1 ♒ 30 ♒	1 ♓	1 ♈ 22 ♈	1 ♉	1 ♊	1 ♌	1 ♍	1 ♎	1 ♎ 17 ♏	1 ♏

1991	1992	1993	1994	1995	1996	1997	1998	1999	2000	2001	2002	2003	2004	2005	2006	2007	2008	2009	2010
1 ♌ 18 ♌	1 ♍	1 ♎	1 ♏ 3 ♏	1 ♐ 30 ♐	1 ♐ 3 ♑	1 ♑ 22 ♒	1 ♒	1 ♓	1 ♈	1 ♊	1 ♋ 6 ♋	1 ♌	1 ♍	1 ♎	1 ♏	1 ♐ 10 ♐	1 ♑	1 ♑ 6 ♒	1 ♒ 18 ♓
1 ♌	1 ♍ 27 ♍	1 ♎	1 ♏	1 ♐	1 ♑ 20 ♑	1 ♒	1 ♒ 4 ♓	1 ♓ 13 ♈	1 ♈ 15 ♉	1 ♊	1 ♋	1 ♌ 28 ♌	1 ♍	1 ♎	1 ♏	1 ♐	1 ♑	1 ♒ 17 ♒	1 ♓
1 ♌	1 ♍	1 ♎ 29 ♎	1 ♏	1 ♐	1 ♑	1 ♒ 7 ♒	1 ♓ 18 ♓	1 ♈ 28 ♈	1 ♉	1 ♊	1 ♋	1 ♌	1 ♍	1 ♎	1 ♏	1 ♐	1 ♑ 31 ♑	1 ♒	1 ♓ 2 ♓
1 ♌	1 ♍	1 ♎	1 ♏ 29 ♏	1 ♐	1 ♑	1 ♒	1 ♓	1 ♈	1 ♉ 5 ♉	1 ♊ 14 ♊	1 ♋ 25 ♋	1 ♌	1 ♍ 8 ♍	1 ♎	1 ♏	1 ♐	1 ♑	1 ♒ 6 ♒	1 ♓ 13 ♓
1 ♌	1 ♍	1 ♎	1 ♏	1 ♐	1 ♑	1 ♒ 5 ♒	1 ♓ 3 ♓	1 ♈ 9 ♈	1 ♉ 17 ♉	1 ♊ 30 ♊	1 ♋	1 ♌ 10 ♌	1 ♍	1 ♎ 9 ♎	1 ♏	1 ♐	1 ♑	1 ♒	1 ♓
1 ♌ 7 ♌	1 ♍	1 ♎	1 ♏	1 ♐ 6 ♐	1 ♑	1 ♒	1 ♓	1 ♈ 28 ♉	1 ♉ 30 ♊	1 ♊	1 ♋ 17 ♋	1 ♌	1 ♍	1 ♎	1 ♏ 10 ♏	1 ♐	1 ♑ 19 ♑	1 ♒	1 ♓ 6 ♈
1 ♌ 28 ♌	1 ♍ 3 ♍	1 ♎	1 ♏	1 ♐	1 ♑ 27 ♑	1 ♒ 16 ♒	1 ♓	1 ♉	1 ♊	1 ♊ 13 ♋	1 ♋	1 ♌ 11 ♌	1 ♍	1 ♎ 2 ♎	1 ♏	1 ♐ 31 ♐	1 ♑	1 ♒	1 ♈
1 ♌	1 ♍ 25 ♍	1 ♎ 3 ♎	1 ♏	1 ♐	1 ♑	1 ♒	1 ♓	1 ♉	1 ♊	1 ♋	1 ♋ 2 ♌	1 ♌ 27 ♍	1 ♍ 8 ♍	1 ♎	1 ♏ 2 ♏	1 ♐ 14 ♐	1 ♑	1 ♒ 31 ♒	1 ♈
1 ♌ 12 ♍	1 ♍	1 ♎ 25 ♎	1 ♏ 2 ♏	1 ♐ 28 ♐	1 ♑	1 ♒	1 ♓	1 ♉	1 ♊ 2 ♊	1 ♋	1 ♌ 19 ♌	1 ♍	1 ♍ 25 ♎	1 ♎ 9 ♎	1 ♏	1 ♐	1 ♑	1 ♒	1 ♈ 9 ♓
1 ♍	1 ♍ 11 ♎	1 ♎	1 ♏ 25 ♏	1 ♐	1 ♑ 11 ♑	1 ♒	1 ♓ 11 ♓	1 ♉ 23 ♈	1 ♊ 27 ♊	1 ♋	1 ♌	1 ♍ 15 ♍	1 ♎	1 ♎ 26 ♏	1 ♏ 9 ♏	1 ♐	1 ♑	1 ♒	1 ♓
1 ♍ 5 ♍	1 ♎	1 ♎ 10 ♏	1 ♏	1 ♐ 20 ♐	1 ♑	1 ♒	1 ♓	1 ♈	1 ♊	1 ♋	1 ♌	1 ♍	1 ♎ 13 ♎	1 ♏	1 ♏ 24 ♐	1 ♐ 3 ♐	1 ♑ 20 ♑	1 ♒ 24 ♒	1 ♓
1 ♍	1 ♎ 3 ♎	1 ♏	1 ♏ 9 ♐	1 ♐	1 ♑ 9 ♑	1 ♒ 21 ♒	1 ♓ 17 ♓	1 ♈	1 ♊	1 ♋	1 ♌	1 ♍	1 ♎	1 ♏ 13 ♏	1 ♐	1 ♐ 19 ♑	1 ♑	1 ♒	1 ♓

SATURN 1931–2010

1931	1932	1933	1934	1935	1936	1937	1938	1939	1940
JAN. 1 ♑	JAN. 1 ♑	JAN. 1 ♒	JAN. 1 ♒	JAN. 1 ♒	JAN. 1 ♓	JAN. 1 ♓	JAN. 1 ♓	JAN. 1 ♈	JAN. 1 ♈
FEB. 27 ♑	FEB. 24 ♒	FEB. 21 ♒	FEB. 18 ♒	FEB. 15 ♓	FEB. 9 ♓	JAN. 31 ♓	JAN. 14 ♈	APR. 4 ♈	MÄRZ 20 ♉
JULI 13 ♑	AUG. 13 ♑	SEP. 26 ♒		JUNI 5 ♓	MAI 8 ♓	APR. 25 ♈	APR. 15 ♈	JULI 6 ♉	JUNI 10 ♉
NOV. 27 ♑	NOV. 20 ♒	NOV. 2 ♒		JULI 8 ♓	SEP. 1 ♓	OKT. 18 ♓		SEP. 22 ♈	NOV. 20 ♉

1951	1952	1953	1954	1955	1956	1957	1958	1959	1960
JAN. 1 ♎	JAN. 1 ♎	JAN. 1 ♎	JAN. 1 ♏	JAN. 1 ♏	JAN. 1 ♏	JAN. 1 ♐	JAN. 1 ♐	JAN. 1 ♐	JAN. 1 ♑
MÄRZ 8 ♍	APR. 23 ♎	OKT. 23 ♏	OKT. 19 ♏	JAN. 23 ♏	JAN. 13 ♐	JAN. 8 ♐	JAN. 6 ♐	JAN. 6 ♑	JAN. 6 ♑
AUG. 14 ♎	JULI 28 ♎			APR. 9 ♏	MAI 14 ♏	JUNI 16 ♐	JULI 21 ♐		
NOV. 6 ♎	OKT. 28 ♎			OKT. 15 ♏	OKT. 11 ♐	OKT. 6 ♐	SEP. 27 ♐		

1971	1972	1973	1974	1975	1976	1977	1978	1979	1980
JAN. 1 ♉	JAN. 1 ♊	JAN. 1 ♊	JAN. 1 ♋	JAN. 1 ♋	JAN. 1 ♌	JAN. 1 ♌	JAN. 1 ♍	JAN. 1 ♍	JAN. 1 ♍
MÄRZ 30 ♉	JAN. 10 ♉	MAI 14 ♊	JAN. 8 ♊	JUNI 26 ♋	JAN. 15 ♋	APR. 4 ♌	JAN. 5 ♌	MÄRZ 9 ♍	SEP. 21 ♎
JUNI 19 ♊	FEB. 22 ♊	AUG. 2 ♋	APR. 19 ♋	SEP. 17 ♌	JUNI 5 ♌	APR. 19 ♌	JULI 27 ♍	JULI 9 ♍	
	JUNI 1 ♊		JULI 13 ♋		AUG. 26 ♌	AUG. 10 ♌	OKT. 17 ♍	OKT. 3 ♍	
	SEP. 7 ♊					NOV. 17 ♍			
	OKT. 28 ♊								

1991	1992	1993	1994	1995	1996	1997	1998	1999	2000
JAN. 1 ♑	JAN. 1 ♒	JAN. 1 ♒	JAN. 1 ♒	JAN. 1 ♓	JAN. 1 ♓	JAN. 1 ♈	JAN. 1 ♈	JAN. 1 ♈	JAN. 1 ♉
FEB. 7 ♒	FEB. 5 ♒	FEB. 2 ♒	JAN. 29 ♓	JAN. 22 ♓	JAN. 9 ♓	MÄRZ 29 ♈	MÄRZ 18 ♈	MÄRZ 1 ♉	MAI 7 ♉
		MAI 21 ♓	APR. 29 ♓	APR. 18 ♓	APR. 7 ♈	JULI 12 ♈	JUNI 9 ♉	MAI 23 ♉	AUG. 10 ♊
		JUNI 30 ♒	AUG. 20 ♓	OKT. 2 ♓		AUG. 22 ♈	OKT. 26 ♈		OKT. 16 ♉

1941	1942	1943	1944	1945	1946	1947	1948	1949	1950
JAN. 1 ♉	JAN. 1 ♉	JAN. 1 ♊	JAN. 1 ♊	JAN. 1 ♋	JAN. 1 ♋	JAN. 1 ♌	JAN. 1 ♌	JAN. 1 ♍	JAN. 1 ♍
FEB. 27 ♉	MAI 9 ♊	APR. 20 ♊	FEB. 2 ♊	JUN. 2 ♋	JAN. 30 ♋	JULI 18 ♌	JAN. 31 ♌	APR. 3 ♌	AUG. 25 ♍
MAI 24 ♉	AUG. 2 ♊	JULI 9 ♊	MÄRZ 10 ♊	AUG. 21 ♋	MAI 8 ♋	OKT. 10 ♌	JUNI 29 ♌	MAI 30 ♍	NOV. 21 ♎
	NOV. 20 ♊		JUNI 20 ♋		AUG. 3 ♌		SEP. 19 ♍	SEP. 6 ♍	
			SEP. 24 ♋						
			NOV. 22 ♋						

1961	1962	1963	1964	1965	1966	1967	1968	1969	1970
JAN. 1 ♑	JAN. 1 ♑	JAN. 1 ♒	JAN. 1 ♒	JAN. 1 ♓	JAN. 1 ♓	JAN. 1 ♓	JAN. 1 ♈	JAN. 1 ♈	JAN. 1 ♉
JAN. 5 ♑	JAN. 4 ♒	JAN. 2 ♒	MÄRZ 24 ♓	MÄRZ 18 ♓	MÄRZ 12 ♓	MÄRZ 4 ♈	FEB. 20 ♈	JAN. 29 ♈	APR. 16 ♉
	APR. 10 ♒	APR. 1 ♒	SEP. 17 ♒			MAI 31 ♈	MAI 13 ♈	APR. 30 ♉	JULI 11 ♉
	JULI 4 ♒	AUG. 10 ♒	DEZ. 16 ♓			SEP. 20 ♈	NOV. 13 ♈		NOV. 1 ♉
		DEZ. 28 ♒							

1981	1982	1983	1984	1985	1986	1987	1988	1989	1990
JAN. 1 ♎	JAN. 1 ♎	JAN. 1 ♏	JAN. 1 ♏	JAN. 1 ♏	JAN. 1 ♐	JAN. 1 ♐	JAN. 1 ♐	JAN. 1 ♑	JAN. 1 ♑
SEP. 13 ♎	MÄRZ 26 ♎	MAI 7 ♎	JUNI 24 ♏	NOV. 17 ♐	NOV. 16 ♐	FEB. 22 ♐	FEB. 14 ♑	FEB. 10 ♑	FEB. 8 ♑
DEZ. 11 ♎	SEP. 4 ♎	AUG. 24 ♏	AUG. 1 ♏			MAI 9 ♐	JUNI 10 ♐	JULI 11 ♑	AUG. 13 ♑
	NOV. 29 ♏	NOV. 23 ♏	NOV. 19 ♏			NOV. 15 ♐	NOV. 12 ♑	NOV. 9 ♑	NOV. 2 ♑

2001	2002	2003	2004	2005	2006	2007	2008	2009	2010
JAN. 1 ♉	JAN. 1 ♊	JAN. 1 ♊	JAN. 1 ♋	JAN. 1 ♋	JAN. 1 ♌	JAN. 1 ♌	JAN. 1 ♍	JAN. 1 ♍	JAN. 1 ♎
APR. 21 ♊	MÄRZ 27 ♊	JUNI 4 ♋	MAI 13 ♋	JULI 17 ♌	JUNI 29 ♌	MÄRZ 4 ♌	AUG. 20 ♍	FEB. 16 ♍	APR. 8 ♍
JULI 10 ♊	JUNI 21 ♊	AUG. 25 ♋	AUG. 2 ♋	OKT. 15 ♌	SEP. 18 ♌	JUNI 5 ♌	NOV. 17 ♍	AUG. 7 ♍	JULI 22 ♎
DEZ. 22 ♊		DEZ. 29 ♋		DEZ. 31 ♌		SEP. 3 ♍		OKT. 30 ♎	OKT. 19 ♎

URANUS 1931–2010

1931	1932	1933	1934	1935	1936	1937	1938	1939	1940
JAN. 1 ♈	JAN. 1 ♈	JAN. 1 ♈	JAN. 1 ♈	JAN. 1 ♈	JAN. 1 ♉	JAN. 1 ♉	JAN. 1 ♉	JAN. 1 ♉	JAN. 1 ♉
	APR. 21 ♈	FEB. 3 ♈	JUNI 7 ♉	MÄRZ 28 ♉		MAI 8 ♉	FEB. 13 ♉	JUNI 18 ♉	APR. 7 ♉
	NOV. 22 ♈		OKT. 10 ♈			DEZ. 23 ♉		NOV. 12 ♉	

1951	1952	1953	1954	1955	1956	1957	1958	1959	1960
JAN. 1 ♋	JAN. 1 ♋	JAN. 1 ♋	JAN. 1 ♋	JAN. 1 ♋	JAN. 1 ♌	JAN. 1 ♌	JAN. 1 ♌	JAN. 1 ♌	JAN. 1 ♌
JULI 8 ♋	MÄRZ 3 ♋	AUG. 1 ♋	FEB. 7 ♋	AUG. 25 ♌	JAN. 28 ♋	SEP 16 ♌	JAN. 21 ♌	OKT. 9 ♌	JAN. 17 ♌
	APR. 2 ♋		MAI 15 ♋		JUNI 10 ♌		JULI 3 ♌		JULI 22 ♌

1971	1972	1973	1974	1975	1976	1977	1978	1979	1980
JAN. 1 ♎	JAN. 1 ♎	JAN. 1 ♎	JAN. 1 ♎	JAN. 1 ♏	JAN. 1 ♏	JAN. 1 ♏	JAN. 1 ♏	JAN. 1 ♏	JAN. 1 ♏
MAI 12 ♎	NOV. 2 ♎	MAI 6 ♎	NOV. 21 ♏	MAI 2 ♎	DEZ. 13 ♏	APR. 25 ♏		JAN. 8 ♏	
JULI 24 ♎		AUG. 16 ♎		SEP. 8 ♏		SEP. 30 ♏		APR. 15 ♏	
								OKT. 24 ♏	

1991	1992	1993	1994	1995	1996	1997	1998	1999	2000
JAN. 1 ♑	JAN. 1 ♑	JAN. 1 ♑	JAN. 1 ♑	JAN. 1 ♑	JAN. 1 ♑	JAN. 1 ♒	JAN. 1 ♒	JAN. 1 ♒	JAN. 1 ♒
JAN. 6 ♑		FEB. 10 ♑		APR. 2 ♒	JAN. 12 ♒		FEB. 20 ♒		APR. 10 ♒
AUG. 30 ♑		JULI 18 ♑		JUNI 9 ♑			AUG. 23 ♒		JULI 11 ♒
OKT. 9 ♑		DEZ. 3 ♑					DEZ. 12 ♒		

1941			1942			1943			1944			1945			1946			1947			1948			1949			1950		
JAN.	1	♉	JAN.	1	♉	JAN.	1	♊	JAN.	1	♊	JAN.	1	♊	JAN.	1	♊	JAN.	1	♊	JAN.	1	♊	JAN.	1	♊	JAN.	1	♋
AUG.	8	♊	MAI	15	♊				JUNI	18	♊	APR.	3	♊	JULI	23	♊	MAI	11	♊	AUG.	31	♋	JUNI	10	♋			
OKT.	5	♉							DEZ.	31	♊				DEZ.	7	♊				NOV.	13	♊						

1961			1962			1963			1964			1965			1966			1967			1968			1969			1970		
JAN.	1	♌	JAN.	1	♍	JAN.	1	♍	JAN.	1	♍	JAN.	1	♍	JAN.	1	♍	JAN.	1	♍	JAN.	1	♍	JAN.	1	♎	JAN.	1	♎
NOV.	2	♍	JAN.	10	♌	DEZ.	4	♍	AUG.	27	♍				SEP.	13	♍				SEP.	29	♎	MAI	21	♍	OKT.	16	♎
			AUG.	10	♍	DEZ.	28	♍																JUNI	24	♎			

1981			1982			1983			1984			1985			1986			1987			1988			1989			1990		
JAN.	1	♏	JAN.	1	♐	JAN.	1	♐	JAN.	1	♐	JAN.	1	♐	JAN.	1	♐	JAN.	1	♐	JAN.	1	♐	JAN.	1	♑	JAN.	1	♑
FEB.	17	♐				DEZ.	13	♐	JULI	15	♐				JAN.	10	♐				FEB.	15	♑						
MÄRZ	21	♏							SEP.	20	♐				JUNI	21	♐				MAI	27	♐						
NOV.	17	♐													OKT.	30	♐				DEZ.	3	♑						

2001			2002			2003			2004			2005			2006			2007			2008			2009			2010		
JAN.	1	♒	JAN.	1	♒	JAN.	1	♒	JAN.	1	♓	JAN.	1	♓	JAN.	1	♓	JAN.	1	♓	JAN.	1	♓	JAN.	1	♓	JAN.	1	♓
JAN.	26	♒				MÄRZ	11	♓				MAI	2	♓	FEB.	17	♓				APR.	2	♓	JAN.	22	♓	MAI	28	♈
						SEP.	15	♒				JULI	30	♓							SEP.	30	♓				AUG.	14	♓
						DEZ.	30	♓																					

NEPTUN 1931–2010

1931	1932	1933	1934	1935	1936	1937	1938	1939	1940
JAN. 1 ♍	JAN. 1 ♍	JAN. 1 ♍	JAN. 1 ♍	JAN. 1 ♍	JAN. 1 ♍	JAN. 1 ♍	JAN. 1 ♍	JAN. 1 ♍	JAN. 1 ♍
	NOV. 17 ♍	JAN. 8 ♍	APR. 12 ♍			OKT. 19 ♍	MÄRZ 3 ♍		
		SEP. 5 ♍	JUNI 29 ♍				AUG. 21 ♍		

1951	1952	1953	1954	1955	1956	1957	1958	1959	1960
JAN. 1 ♎	JAN. 1 ♎	JAN. 1 ♎	JAN. 1 ♎	JAN. 1 ♎	JAN. 1 ♏	JAN. 1 ♏	JAN. 1 ♏	JAN. 1 ♏	JAN. 1 ♏
NOV. 2 ♎	APR. 23 ♎			DEZ. 25 ♏	MÄRZ 12 ♎	JUNI 16 ♎			DEZ. 3 ♏
	SEP. 3 ♎				OKT. 19 ♏	AUG. 6 ♏			

1971	1972	1973	1974	1975	1976	1977	1978	1979	1980
JAN. 1 ♐	JAN. 1 ♐	JAN. 1 ♐	JAN. 1 ♐	JAN. 1 ♐	JAN. 1 ♐	JAN. 1 ♐	JAN. 1 ♐	JAN. 1 ♐	JAN. 1 ♐
			DEZ. 20 ♐	JUNI 17 ♐				FEB. 9 ♐	AUG. 13 ♐
				OKT. 22 ♐				MAI 6 ♐	SEP. 20 ♐
								DEZ. 7 ♐	

1991	1992	1993	1994	1995	1996	1997	1998	1999	2000
JAN. 1 ♑	JAN. 1 ♑	JAN. 1 ♑	JAN. 1 ♑	JAN. 1 ♑	JAN. 1 ♑	JAN. 1 ♑	JAN. 1 ♑	JAN. 1 ♒	JAN. 1 ♒
		FEB. 15 ♑					JAN. 29 ♒		
		JULI 3 ♑					AUG. 23 ♑		
		DEZ. 19 ♑					NOV. 28 ♒		

1941	1942	1943	1944	1945	1946	1947	1948	1949	1950
JAN. 1 ♍	JAN. 1 ♍	JAN. 1 ♎	JAN. 1 ♎	JAN. 1 ♎	JAN. 1 ♎	JAN. 1 ♎	JAN. 1 ♎	JAN. 1 ♎	JAN. 1 ♎
	OKT. 4 ♎	APR. 17 ♍			NOV. 19 ♎	MÄRZ 10 ♎			
		AUG. 3 ♎				SEP. 20 ♎			

1961	1962	1963	1964	1965	1966	1967	1968	1969	1970
JAN. 1 ♏	JAN. 1 ♏	JAN. 1 ♏	JAN. 1 ♏	JAN. 1 ♏	JAN. 1 ♏	JAN. 1 ♏	JAN. 1 ♏	JAN. 1 ♏	JAN. 1 ♏
APR. 29 ♏				FEB. 15 ♏	JUNI 13 ♏				JAN. 5 ♐
OKT. 6 ♏				FEB. 25 ♏	SEP. 18 ♏				MAI 3 ♏
				NOV. 19 ♏					NOV. 7 ♐

1981	1982	1983	1984	1985	1986	1987	1988	1989	1990
JAN. 1 ♐	JAN. 1 ♐	JAN. 1 ♐	JAN. 1 ♐	JAN. 1 ♑	JAN. 1 ♑	JAN. 1 ♑	JAN. 1 ♑	JAN. 1 ♑	JAN. 1 ♑
			JAN. 19 ♑				MÄRZ 16 ♑	JAN. 3 ♑	
			JUNI 23 ♐				MAI 9 ♑	AUG. 13 ♑	
			NOV. 22 ♑					OKT. 29 ♑	

2001	2002	2003	2004	2005	2006	2007	2008	2009	2010
JAN. 1 ♒	JAN. 1 ♒	JAN. 1 ♒	JAN. 1 ♒	JAN. 1 ♒	JAN. 1 ♒	JAN. 1 ♒	JAN. 1 ♒	JAN. 1 ♒	JAN. 1 ♒
	MÄRZ 13 ♒	JAN. 13 ♒				FEB. 22 ♒			
	JULI 17 ♒					SEP. 7 ♒			
						DEZ. 23 ♒			

PLUTO 1931–2010

1931	1932	1933	1934	1935	1936	1937	1938	1939	1940
JAN. 1 ♋	JAN. 1 ♋	JAN. 1 ♋	JAN. 1 ♋	JAN. 1 ♋	JAN. 1 ♋	JAN. 1 ♋	JAN. 1 ♋	JAN. 1 ♌	JAN. 1 ♌
JAN. 2 ♋	MÄRZ 19 ♋					OKT 8 ♌	AUG. 4 ♌	FEB. 8 ♋	
JUNI 28 ♋	APR. 18 ♋					NOV. 25 ♋		JUNI 14 ♌	

1951	1952	1953	1954	1955	1956	1957	1958	1959	1960
JAN. 1 ♌	JAN. 1 ♌	JAN. 1 ♌	JAN. 1 ♌	JAN. 1 ♌	JAN. 1 ♌	JAN. 1 ♍	JAN. 1 ♍	JAN. 1 ♍	JAN. 1 ♍
AUG. 29 ♌	FEB. 24 ♌				OKT. 20 ♍	JAN. 15 ♌	APR. 12 ♌		
	JULI 5 ♌					AUG. 19 ♍	JUNI 11 ♍		

1971	1972	1973	1974	1975	1976	1977	1978	1979	1980
JAN. 1 ♍	JAN. 1 ♎	JAN. 1 ♎	JAN. 1 ♎	JAN. 1 ♎	JAN. 1 ♎	JAN. 1 ♎	JAN. 1 ♎	JAN. 1 ♎	JAN. 1 ♎
OKT. 5 ♎	APR. 17 ♍			OKT. 26 ♎	APR. 12 ♎			NOV. 4 ♎	APR. 24 ♎
	JULI 30 ♎				AUG. 22 ♎				AUG. 30 ♎

1991	1992	1993	1994	1995	1996	1997	1998	1999	2000
JAN. 1 ♏	JAN. 1 ♏	JAN. 1 ♏	JAN. 1 ♏	JAN. 1 ♏	JAN. 1 ♐	JAN. 1 ♐	JAN. 1 ♐	JAN. 1 ♐	JAN. 1 ♐
JAN. 17 ♏				JAN. 17 ♐				JAN. 31 ♐	
MÄRZ 31 ♏				APR. 21 ♏				APR. 26 ♐	
NOV. 6 ♏				NOV. 11 ♐				NOV. 24 ♐	

1941	1942	1943	1944	1945	1946	1947	1948	1949	1950
JAN. 1 ♌	JAN. 1 ♌	JAN. 1 ♌	JAN. 1 ♌	JAN. 1 ♌	JAN. 1 ♌	JAN. 1 ♌	JAN. 1 ♌	JAN. 1 ♌	JAN. 1 ♌
			OKT. 8 ♌	AUG. 7 ♌	MÄRZ 1 ♌				
			DEZ. 16 ♌		JUNI 13 ♌				

1961	1962	1963	1964	1965	1966	1967	1968	1969	1970
JAN. 1 ♍	JAN. 1 ♍	JAN. 1 ♍	JAN. 1 ♍	JAN. 1 ♍	JAN. 1 ♍	JAN. 1 ♍	JAN. 1 ♍	JAN. 1 ♍	JAN. 1 ♍
NOV. 20 ♍	JAN. 4 ♍	APR. 8 ♍			NOV. 4 ♍	FEB. 13 ♍			
	SEP. 7 ♍	JULI 4 ♍				SEP. 2 ♍			

1981	1982	1983	1984	1985	1986	1987	1988	1989	1990
JAN. 1 ♎	JAN. 1 ♎	JAN. 1 ♎	JAN. 1 ♏	JAN. 1 ♏	JAN. 1 ♏	JAN. 1 ♏	JAN. 1 ♏	JAN. 1 ♏	JAN. 1 ♏
		NOV. 6 ♏	MAI 19 ♎			NOV. 5 ♏	JUNI 20 ♏		
			AUG. 28 ♏				AUG. 18 ♏		

2001	2002	2003	2004	2005	2006	2007	2008	2009	2010
JAN. 1 ♐	JAN. 1 ♐	JAN. 1 ♐	JAN. 1 ♐	JAN. 1 ♐	JAN. 1 ♐	JAN. 1 ♐	JAN. 1 ♐	JAN. 1 ♑	JAN. 1 ♑
		DEZ. 19 ♐	JULI 19 ♐				JAN. 26 ♑		
			OKT. 11 ♐				JUNI 14 ♐		
							NOV. 27 ♑		

CHIRON 1931–2010

1931	1932	1933	1934	1935	1936	1937	1938	1939	1940
JAN. 1 ♉	JAN. 1 ♉	JAN. 1 ♉	JAN. 1 ♉	JAN. 1 ♊	JAN. 1 ♊	JAN. 1 ♊	JAN. 1 ♊	JAN. 1 ♋	JAN. 1 ♋
MAI 30 ♉	MÄRZ 20 ♉	JUNI 7 ♊	MÄRZ 24 ♊	MAI 29 ♊	JULI 15 ♊	APR. 25 ♊	MAI 29 ♋	JUNI 16 ♋	JUNI 22 ♋
DEZ. 7 ♉		DEZ. 22 ♉			DEZ. 22 ♊	AUG. 28 ♋	OKT. 12 ♋	OKT. 23 ♋	SEP. 30 ♌
						NOV. 23 ♊	OKT. 29 ♋	NOV. 10 ♋	DEZ. 27 ♋

1951	1952	1953	1954	1955	1956	1957	1958	1959	1960
JAN. 1 ♐	JAN. 1 ♑	JAN. 1 ♑	JAN. 1 ♑	JAN. 1 ♑	JAN. 1 ♒	JAN. 1 ♒	JAN. 1 ♒	JAN. 1 ♒	JAN. 1 ♒
FEB. 9 ♑	FEB. 20 ♑	MÄRZ 20 ♑		JAN. 28 ♒	MÄRZ 22 ♒	JAN. 7 ♒	MÄRZ 14 ♒	JAN. 5 ♒	MÄRZ 27 ♓
JUNI 19 ♐	JUNI 24 ♑	JUNI 8 ♑			JULI 15 ♒		AUG. 16 ♒		AUG. 19 ♒
NOV. 9 ♑	NOV. 23 ♑	DEZ. 21 ♑							

1971	1972	1973	1974	1975	1976	1977	1978	1979	1980
JAN. 1 ♈	JAN. 1 ♈	JAN. 1 ♈	JAN. 1 ♈	JAN. 1 ♈	JAN. 1 ♈	JAN. 1 ♈	JAN. 1 ♉	JAN. 1 ♉	JAN. 1 ♉
APR. 4 ♈	JAN. 28 ♈	JUNI 8 ♈	APR. 5 ♈	JAN. 11 ♈	MAI 28 ♉	MÄRZ 29 ♉		MAI 10 ♉	MÄRZ 1 ♉
NOV. 13 ♈		SEP. 9 ♈	DEZ. 22 ♈		OKT. 14 ♈			DEZ. 8 ♉	

1991	1992	1993	1994	1995	1996	1997	1998	1999	2000
JAN. 1 ♋	JAN. 1 ♌	JAN. 1 ♌	JAN. 1 ♍	JAN. 1 ♍	JAN. 1 ♎	JAN. 1 ♏	JAN. 1 ♏	JAN. 1 ♏	JAN. 1 ♐
JULI 22 ♌	JULI 9 ♌	FEB. 15 ♌	AUG. 4 ♍	MAI 15 ♍	APR. 16 ♎	APR. 5 ♎	OKT. 21 ♏	JAN. 7 ♐	DEZ. 10 ♐
	OKT. 2 ♌	JUNI 14 ♌	OKT. 16 ♍	MAI 22 ♍	JULI 23 ♎	SEP. 3 ♏		JUNI 1 ♏	
		SEP. 4 ♍		SEP. 10 ♎	OKT. 11 ♎	NOV. 17 ♏		SEP. 22 ♐	
				NOV. 21 ♎	DEZ. 29 ♏			DEZ. 19 ♐	

1941	1942	1943	1944	1945	1946	1947	1948	1949	1950
JAN. 1 ♋	JAN. 1 ♌	JAN. 1 ♌	JAN. 1 ♍	JAN. 1 ♎	JAN. 1 ♎	JAN. 1 ♏	JAN. 1 ♏	JAN. 1 ♐	JAN. 1 ♐
JUNI 17 ♌	FEB. 21 ♌	JULI 27 ♍	APR. 11 ♍	MÄRZ 24 ♍	MÄRZ 15 ♎	OKT. 10 ♏	JUNI 4 ♏	NOV. 14 ♐	FEB. 14 ♐
SEP. 12 ♌	MAI 25 ♌	OKT. 10 ♍	JUNI 3 ♍	JULI 23 ♎	AUG. 30 ♎	DEZ. 24 ♏	AUG. 31 ♏		MAI 21 ♐
	AUG. 22 ♌		SEP. 4 ♍	OKT. 7 ♎	NOV. 10 ♏		NOV. 29 ♐		NOV. 6 ♐
			NOV. 18 ♎	DEZ. 30 ♎					

1961	1962	1963	1964	1965	1966	1967	1968	1969	1970
JAN. 1 ♒	JAN. 1 ♓	JAN. 1 ♓	JAN. 1 ♓	JAN. 1 ♓	JAN. 1 ♓	JAN. 1 ♓	JAN. 1 ♓	JAN. 1 ♓	JAN. 1 ♈
JAN. 21 ♓	MAI 1 ♓	FEB. 22 ♓		APR. 6 ♓	FEB. 6 ♓		APR. 1 ♈	JAN. 30 ♈	JUNI 14 ♈
	JULI 29 ♓			SEP. 18 ♓			OKT. 19 ♓		AUG. 12 ♈

1981	1982	1983	1984	1985	1986	1987	1988	1989	1990
JAN. 1 ♉	JAN. 1 ♉	JAN. 1 ♉	JAN. 1 ♉	JAN. 1 ♊	JAN. 1 ♊	JAN. 1 ♊	JAN. 1 ♊	JAN. 1 ♋	JAN. 1 ♋
JUNI 8 ♉	APR. 3 ♉	JUNI 22 ♊	APR. 11 ♊	JUNI 14 ♊	JAN. 11 ♊	MAI 19 ♊	JUNI 21 ♋	JULI 13 ♋	JULI 23 ♋
NOV. 20 ♉		NOV. 30 ♉			MÄRZ 23 ♊				
					AUG. 11 ♊				
					NOV. 17 ♊				

2001	2002	2003	2004	2005	2006	2007	2008	2009	2010
JAN. 1 ♐	JAN. 1 ♑	JAN. 1 ♑	JAN. 1 ♑	JAN. 1 ♑	JAN. 1 ♒	JAN. 1 ♒	JAN. 1 ♒	JAN. 1 ♒	JAN. 1 ♒
DEZ. 12 ♑	DEZ. 25 ♑		JAN. 17 ♑	FEB. 22 ♒		JAN. 29 ♒	APR. 9 ♒	JAN. 25 ♒	APR. 20 ♓
				AUG. 1 ♑			JULI 13 ♒		JULI 20 ♒
				DEZ. 6 ♒					

ASZENDENTENTABELLEN

Suchen Sie Ihren Geburtsort in den Tabellen (es sind jeweils Orte mit ähnlichem Breitengrad zusammengefasst). Falls Ihr Geburtsort nicht aufgeführt ist, nehmen Sie den nächstgelegenen größeren Ort. Nun ziehen Sie eine Linie zwischen Ihrem Geburtsdatum und der Geburtszeit. Wo diese Linie die Aszendentenlinie kreuzt, finden Sie rechts von der Linie Ihr Aszendentenzeichen. Liegt es im oberen (1°–10°), mittleren (11°–20°) oder unteren Drittel (21°–30°) des Zeichens?

Der antike griechische Astronom Hipparch beobachtet den Nachthimmel mit einem der wohl ersten Teleskope.

DIE SYMBOLE DER PLANETEN

☉	*Sonne*	♃	*Jupiter*
☽	*Mond*	♄	*Saturn*
☿	*Merkur*	♅	*Uranus*
♀	*Venus*	♆	*Neptun*
♂	*Mars*	♇	*Pluto*

DIE SYMBOLE DER TIERKREISZEICHEN

♈	*Widder*	♎	*Waage*
♉	*Stier*	♏	*Skorpion*
♊	*Zwillinge*	♐	*Schütze*
♋	*Krebs*	♑	*Steinbock*
♌	*Löwe*	♒	*Wassermann*
♍	*Jungfrau*	♓	*Fische*

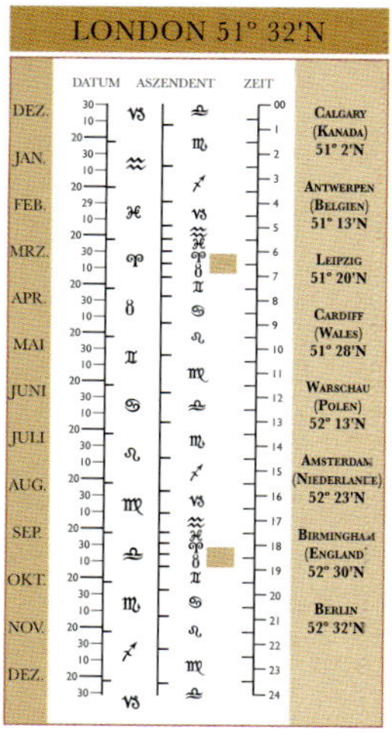

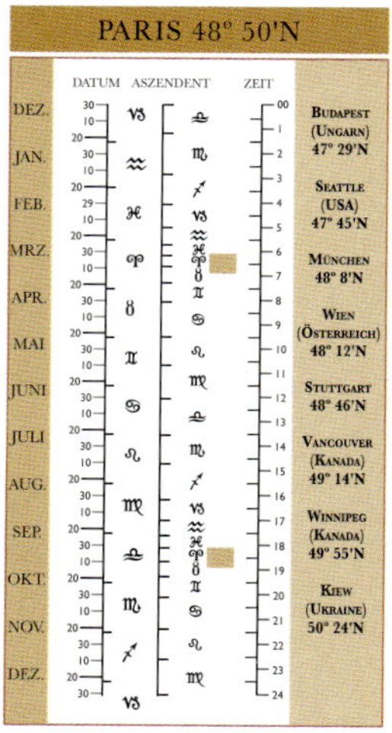

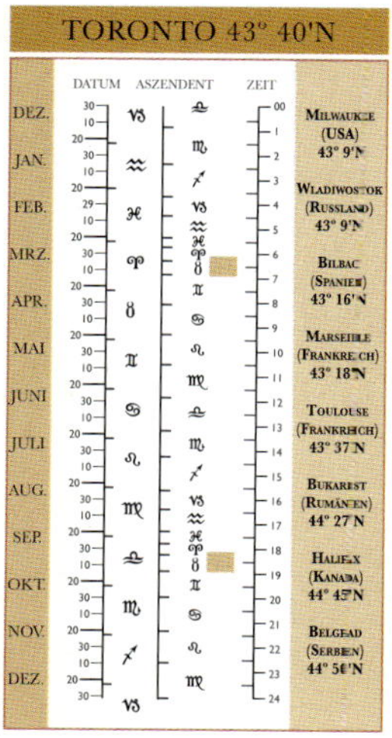

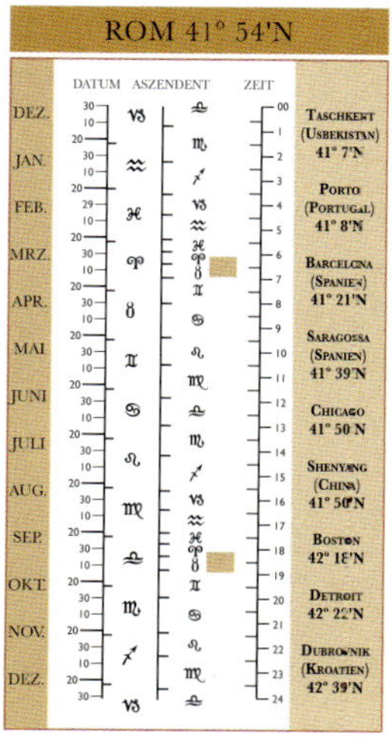

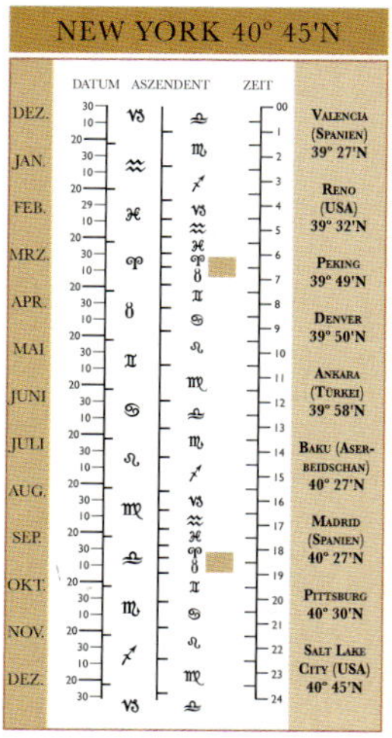

SAN FRANCISCO 37° 47'N

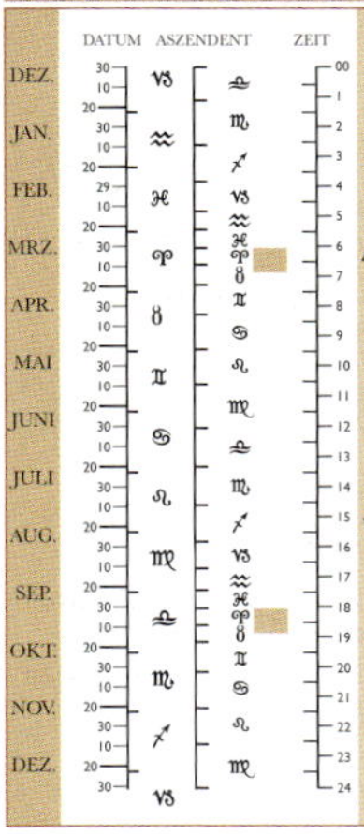

Norfolk (USA) 36° 52'N
Dodge City (USA) 37° 42'N
Athen (Griechenland) 37° 59'N
St. Louis (USA) 38° 40'N
Lissabon (Portugal) 38° 43'N
Washington, D.C. (USA) 38° 58'N

TOKIO 35° 41'N

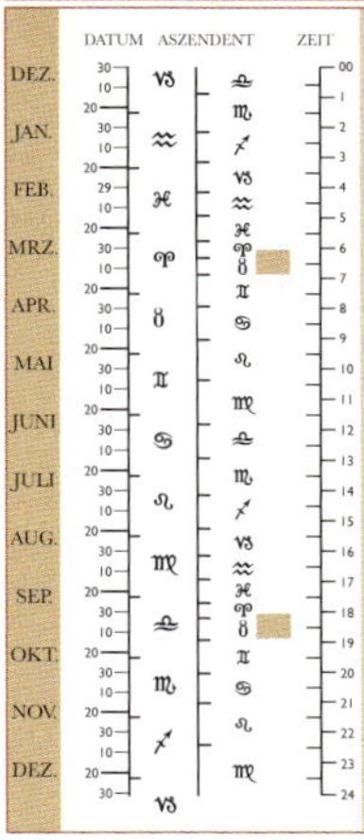

Los Angeles (USA) 34° 0'N
Pasadena (USA) 34° 5'N
Kyoto (Japan) 35° 0'N
Chattanooga (USA) 35° 2'N
Albuquerque (USA) 35° 5'N
Memphis (USA) 35° 7'N
Oklahoma City (USA) 35° 25'N
Tanger (Marokko) 35° 50'N

NEW ORLEANS 29° 57'N

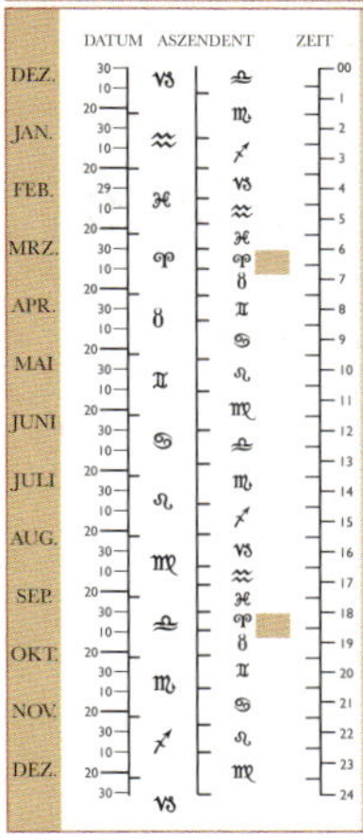

Neu-Delhi (Indien) 28° 42'N
Houston (USA) 29° 45'N
New Orleans (USA) 29° 57'N
Kairo (Ägypten) 30° 1'N
Jacksonville (USA) 30° 15'N
Shanghai (China) 31° 15'N
Marrakesch (Marokko) 31° 40'N
Nanjing (China) 32° 3'N

MEXICO CITY 19° 26'N

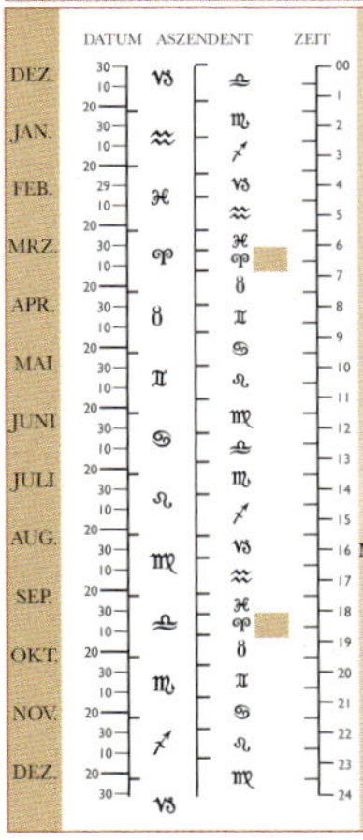

Puebla (Mexiko) 19° 0'N
Santiago de Cuba (Kuba) 20° 1'N
Guadalajara (Mexiko) 20° 40'N
Haiphong (Vietnam) 20° 55'N
Honolulu (Hawaii) 21° 19'N
Mekka (Saudi-Arabien) 21° 30'N
Macao (China) 22° 11'N
Hongkong (China) 22° 16'N

MUMBAI 18° 55'N

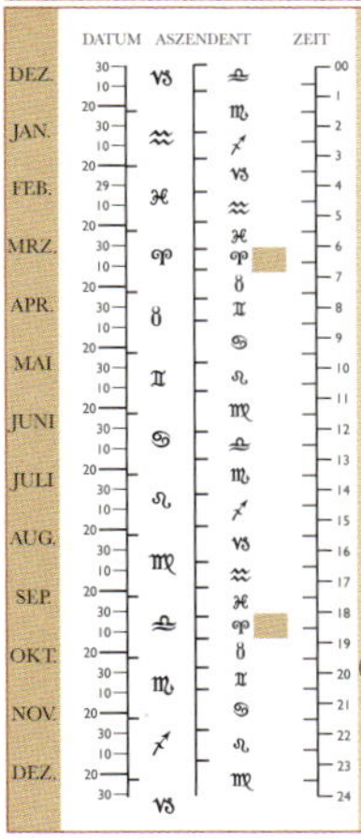

Chennai (Indien) 13° 8'N
Bangkok 13° 45'N
Dakar 14° 34'N
Guatemala City 14° 40'N
Asmara (Eritrea) 15° 19'N
Khartum 15° 31'N
Kingston (Jamaika) 18° 0'N
San Juan (Puerto Rico) 18° 28'N
Port-au-Prince (Haiti) 18° 33'N

RIO DE JANEIRO 22° 54'S

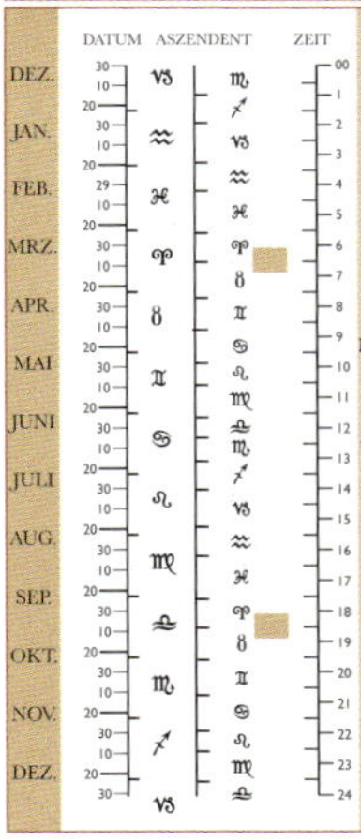

Port Louis (Mauritius) 20° 09'S
Bulawayo (Simbabwe) 20° 10'S
Concepcion (Paraguay) 20° 30'S
Rockhampton (Australien) 23° 32'S
Alice Springs (Australien) 23° 36'S
Sao Paulo (Brasilien) 23° 40'S
Antofagasta (Chile) 23° 50'S
Santos (Brasilien) 23° 56'S

JOHANNESBURG 26° 10'S

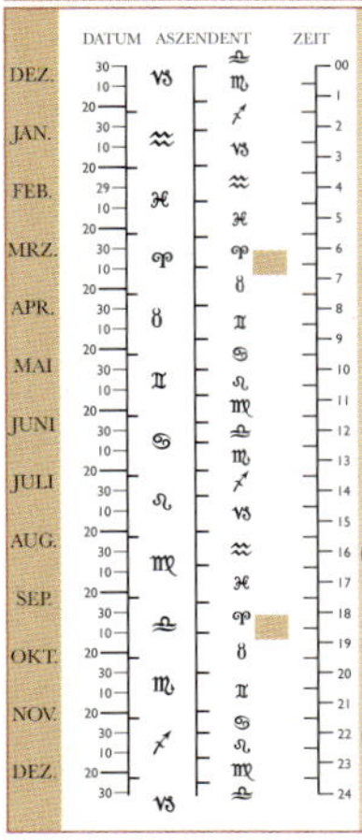

Asuncion (Paraguay) 25° 25'S
Pretoria (Südafrika) 25° 44'S
Mafikeng (Südafrika) 25° 50'S
Maputo (Mosambik) 25° 58'S
Bethanien (Namibia) 26° 29'N
Tucuman (Argentinien) 26° 50'S
Brisbane (Australien) 27° 25'S
Corrientes (Argentinien) 27° 28'S

SYDNEY 33° 52'S

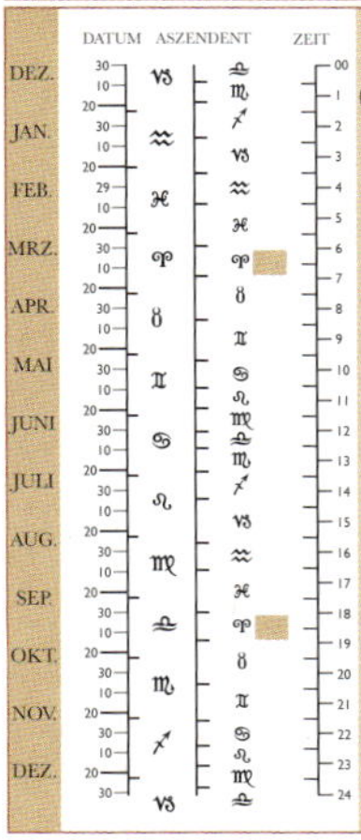

Cordoba (Argentinien) 31° 22'S
Perth (Australien) 31° 57'S
Fremantle (Australien) 32° 3'S
Valparaiso (Chile) 33° 5'S
Santiago (Chile) 33° 24'S
Kapstadt (Südafrika) 33° 59'S
Buenos Aires (Argentinien) 34° 40'S
Adelaide (Australien) 34° 55'S

WELLINGTON, NZ 41° 18'S

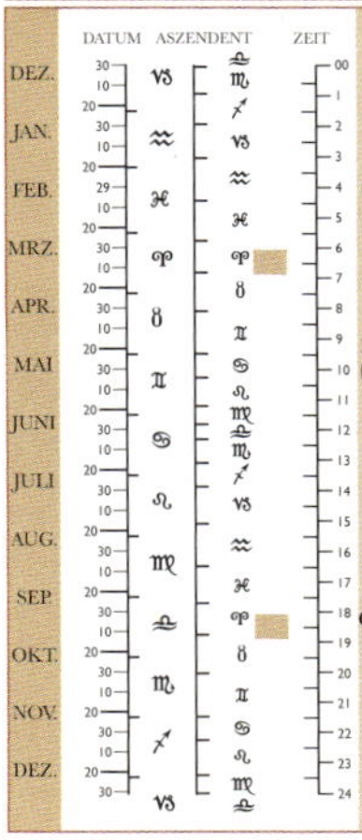

Canberra (Australien) 35° 15'S
Auckland (Neuseeland) 36° 52'S
Melbourne (Australien) 37° 40'S
Bahia Blanca (Argentinien) 38° 35'S
Valdivia (Chile) 39° 50'S
Launceston (Tasmanien) 41° 25'S
Christchurch (Neuseeland) 43° 33'S
Dunedin (Neuseeland) 45° 51'S

HIMMELSMITTETABELLEN

Wenn Sie das Zeichen Ihrer Himmelsmitte ermitteln wollen, gehen Sie ganz ähnlich vor wie bei der Ermittlung Ihres Aszendenten. Allerdings müssen Sie nun den Längengrad Ihres Geburtsortes in Erfahrung bringen. In den hier aufgeführten Kästen sind wieder zahlreiche Orte mit ähnlichem Längengrad zusammengefasst. Ziehen Sie in »Ihrem« Kasten wieder eine Linie zwischen Datum und Uhrzeit Ihrer Geburt. Wo die Linie die Himmelsmittelinie kreuzt, finden Sie rechts von der Linie Ihr Himmelsmittezeichen. Liegt es im oberen (1°–10°), mittleren (11°–20°) oder unteren Drittel (21°–30°) des Zeichens?

DIE SYMBOLE DER PLANETEN

☉	*Sonne*	♃	*Jupiter*
☽	*Mond*	♄	*Saturn*
☿	*Merkur*	♅	*Uranus*
♀	*Venus*	♆	*Neptun*
♂	*Mars*	♇	*Pluto*

DIE SYMBOLE DER TIERKREISZEICHEN

♈	*Widder*	♎	*Waage*
♉	*Stier*	♏	*Skorpion*
♊	*Zwillinge*	♐	*Schütze*
♋	*Krebs*	♑	*Steinbock*
♌	*Löwe*	♒	*Wassermann*
♍	*Jungfrau*	♓	*Fische*

LONDON 0° 0'E

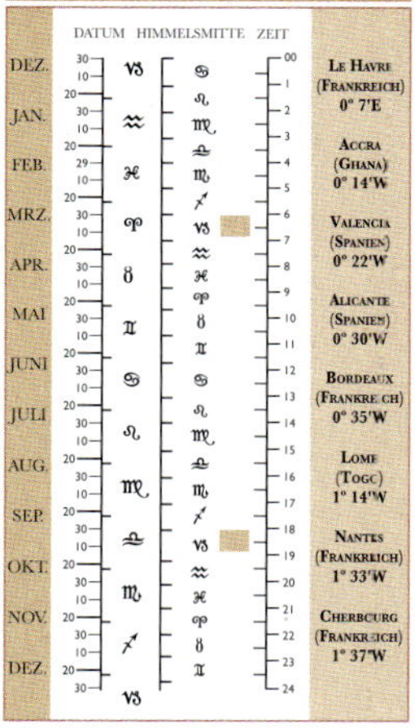

PARIS 2° 20 ' E

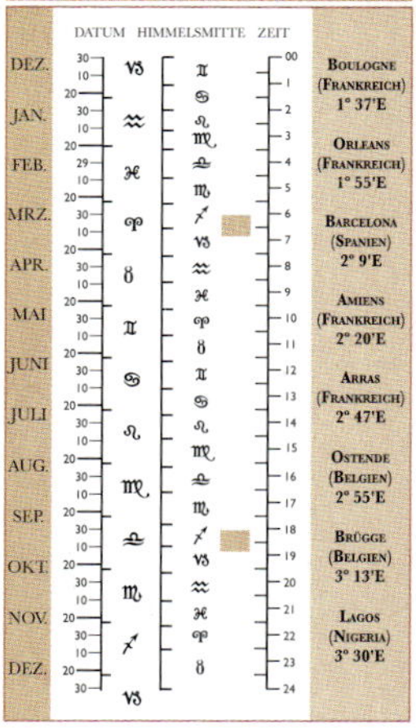

FRANKFURT/M. 8° 41'E

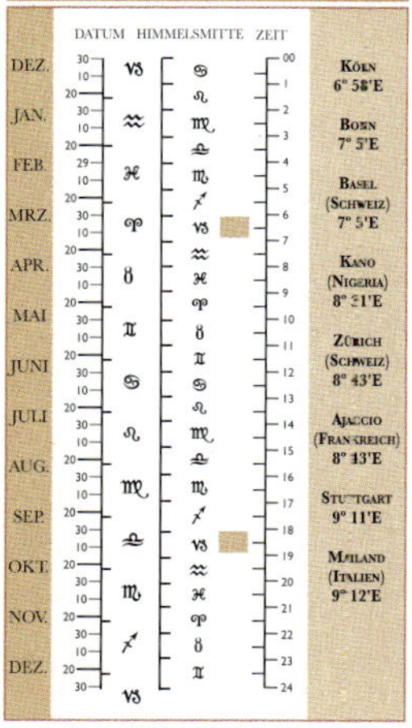

KAPSTADT 18° 25'E

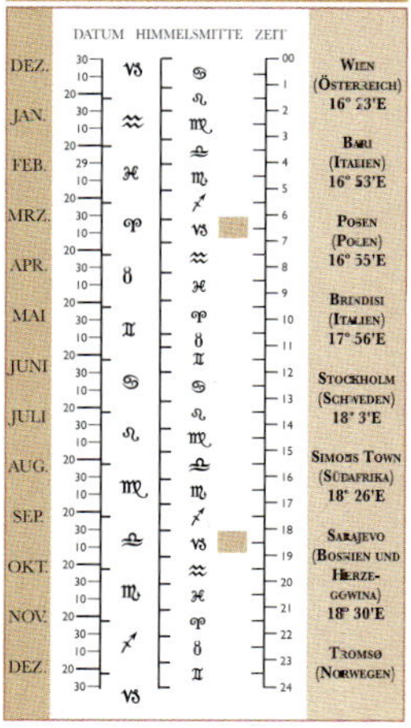

HONGKONG 114° 10'E

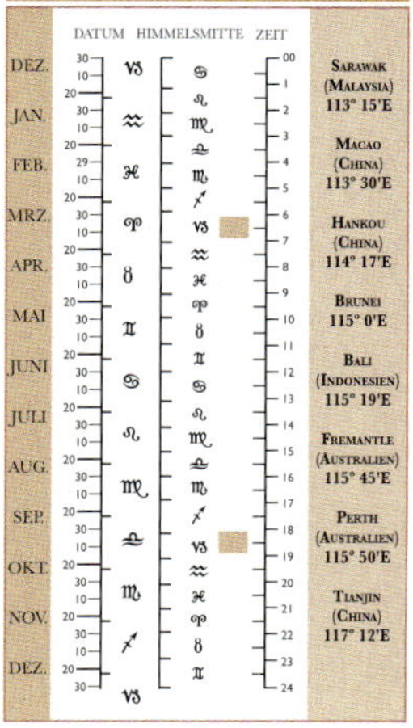

TOKIO 139° 45'E

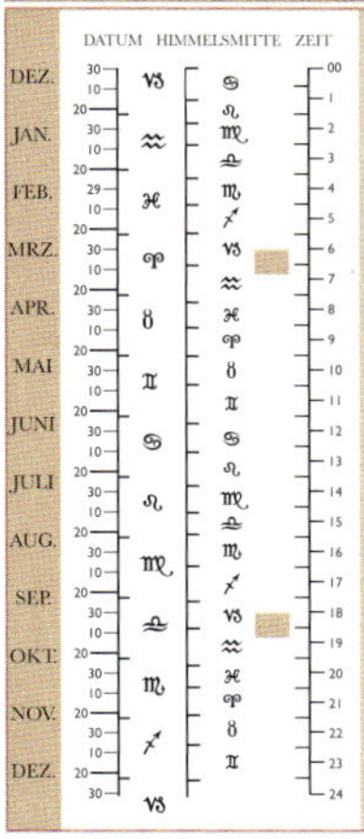

Kyoto (Japan) 135° 45'E

Adelaide (Australien) 138° 35'E

Yokohama (Japan) 139° 38'E

Akita (Japan) 140° 7'E

Geelong (Australien) 144° 21'E

Melbourne (Australien) 145° 0'E

Launceston (Tasmanien) 147° 9'E

SYDNEY 151° 10'E

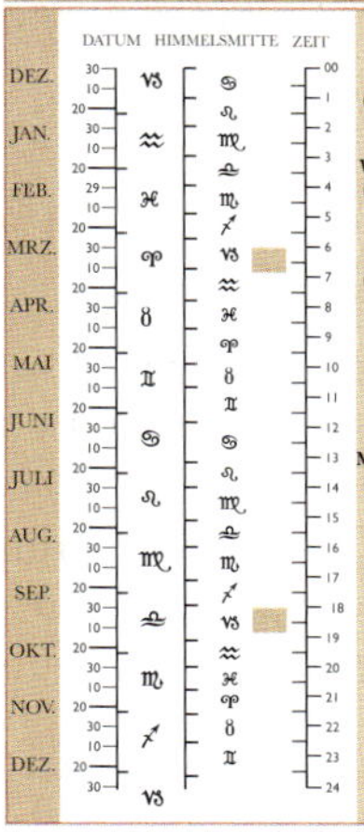

Canberra (Australien) 149° 10'E

Wollongong (Australien) 150° 53'E

Newcastle (Australien) 151° 45'E

Rabaul (Papua-Neuguinea) 152° 12'E

Maryborough (Australien) 152° 42'E

Brisbane (Australien) 153° 2'E

Lismore (Australien) 153° 16'E

WELLINGTON, NZ 174° 47'E

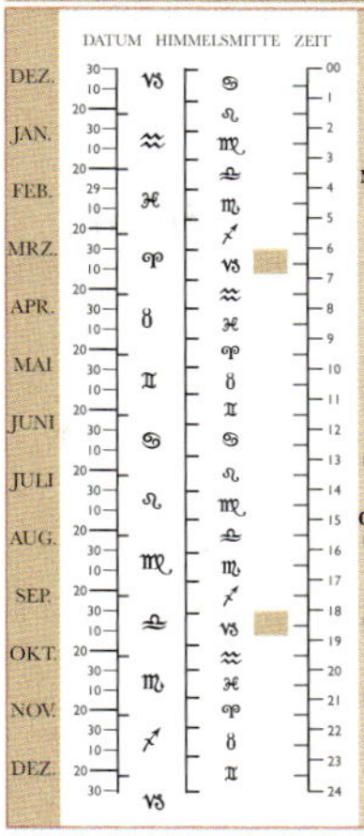

Noumea (Neukaledonien) 166° 28'E

Norfolkinsel (Pazifik) 167° 56'E

Vanuatu (Südpazifik) 168° 0'E

Marshallinseln (Pazifik) 170° 0'E

Dunedin (Neuseeland) 170° 32'E

Christchurch (Neuseeland) 172° 59'E

Blenheim (Neuseeland) 173ME59'E

Auckland (Neuseeland) 174° 45'E

RIO DE JANEIRO 43° 09'W

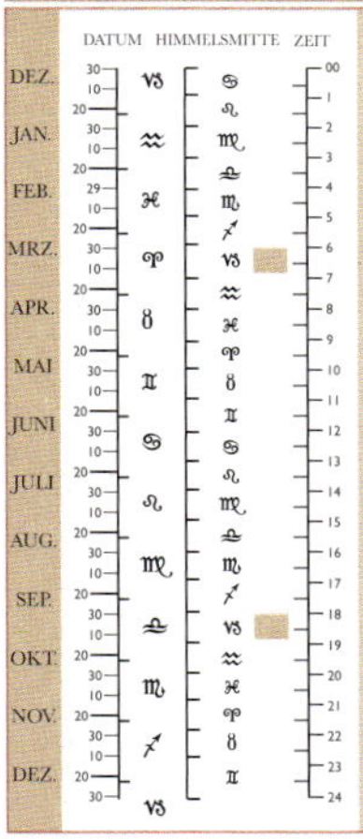

Recife (Brasilien) 34° 53'W

Salvador (Brasilien) 38° 31'W

Fortaleza (Brasilien) 38° 31'W

Vitoria (Brasilien) 40° 20'W

Belo Horizonte (Brasilien) 43° 54'W

Santos (Brasilien) 46° 18'W

Sao Paulo (Brasilien) 46° 40'W

Belem (Brasilien) 48° 29'W

NEW YORK 73° 57'E

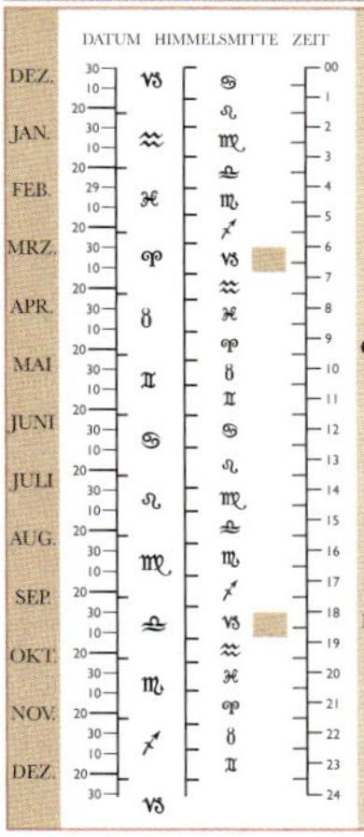

La Paz (Bolivien) 68° 0'W

Valparaiso (Chile) 71° 38'W

Cuzco (Peru) 71° 57'W

Connecticut (USA) 73° 0'W

Concepcion (Chile) 73° 5'W

Jersey City (USA) 74° 2'W

Philadelphia (USA) 75° 11'W

Baltimore (USA) 76° 37'W

OTTAWA 75° 42'W

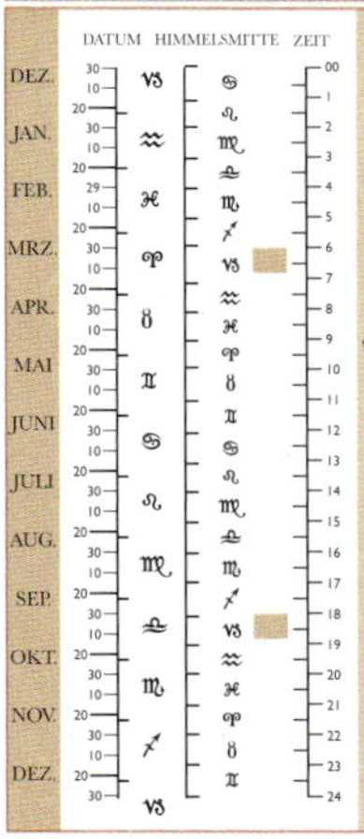

Montreal (Kanada) 73° 34'W

Bogota (Kolumbien) 74° 5'W

Kingston (Jamaika) 76° 48'W

Washington, D.C. (USA) 77° 0'W

Lima (Peru) 77° 3'W

Nassau (Bahamas) 77° 20'W

Richmond (USA) 77° 26'W

MEXICO CITY 99° 09'W

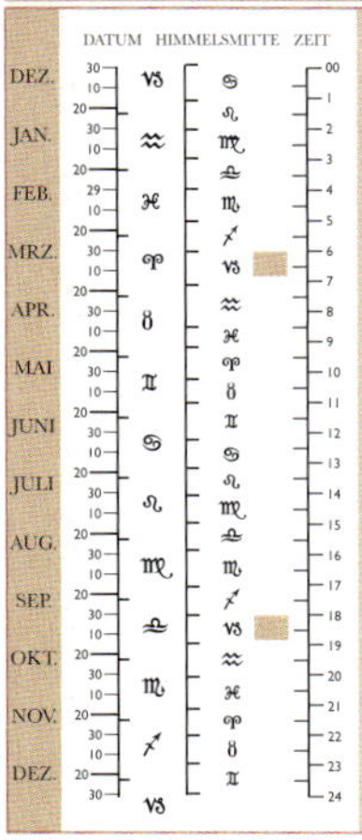

Kansas City (USA) 94° 38'W

Houston (USA) 95° 23'W

Dallas (USA) 96° 48'W

Oklahoma City (USA) 97° 31'W

Tampico (Mexiko) 97° 51'W

San Antonio (USA) 98° 29'W

Monterrey (Mexiko) 100° 18'W

Denver (USA) 104° 59'W

SAN FRANCISCO 122°26'W

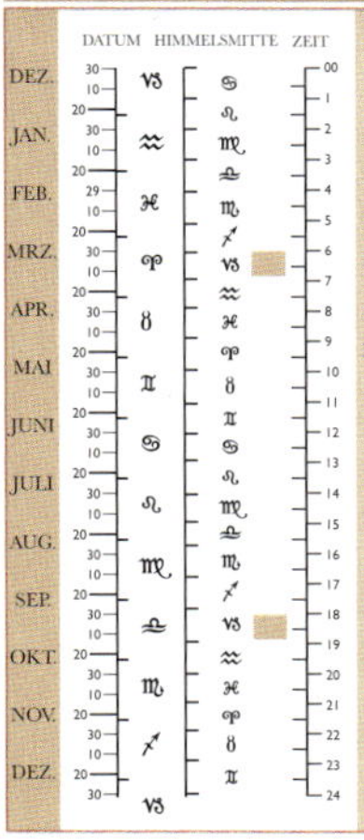

Calgary (Kanada) 144° 4'W

San Diego (USA) 117° 10'W

Long Beach (USA) 118° 11'W

Los Angeles (USA) 118° 15'W

Reno (USA) 119° 48'W

Seattle (USA) 122° 20'W

Portland (USA) 122° 41'W

Vancouver (Kanada) 123° 7'W

HONOLULU 157° 52'W

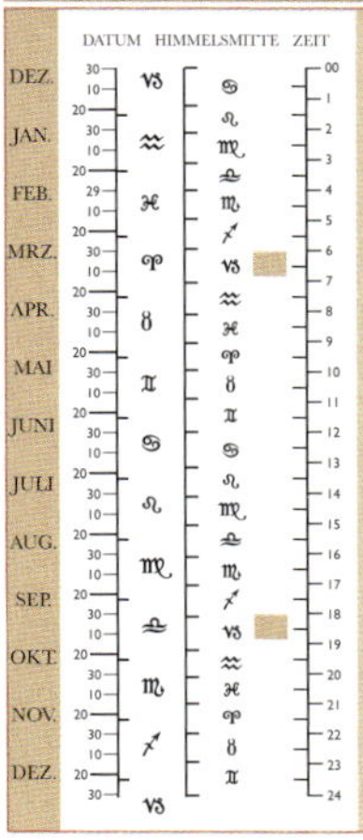

Tahiti 149° 30'W

Anchorage (Alaska) 150° 0'W

Barrow (Alaska) 156° 24'W

Weihnachtsinsel (Australien) 157° 20'W

Cookinseln (Südpazifik) 158° 8'W

Fanning Island (Pazifik) 159° 40'W

Jarvisinsel (Südpazifik) 160° 2'W

Palmyra-Atoll (Pazifik) 162° 6'W

GLOSSAR

Almanach Ein Buch, in dem astrologische und astronomische Daten vermerkt sind, oft auch Vorhersagen für Stars oder Politiker.

Anderthalbquadrat siehe *Aspekte.*

Aspekte Zwei Planeten bilden einen Aspekt, wenn sie eine bestimmte Gradzahl voneinander entfernt sind. Hauptaspekte sind: Konjunktion (0°), Sextil (60°), Quadrat (90°), Trigon (120°), Quinkunx (150°), Opposition (180°). Nebenaspekte sind das Halbsextil (30°), das Halbquadrat (45°) und das Anderthalbquadrat (135°).

Astrologisches Zeitalter siehe *platonisches Jahr.*

Aszendent Derjenige Tierkreisgrad, der in einem bestimmten Moment am Horizont aufsteigt. Etwa alle vier Minuten steigt ein neuer Grad auf.

Äußere Planeten siehe *innere Planeten.*

Dekanate Jedes Zeichen umfasst 30° des Tierkreises und wird wiederum in drei Dekanate zu je 10° unterteilt.

Ekliptik Der scheinbare Weg der Sonne um die Erde.

Elemente Jedes Tierkreiszeichen wird einem der vier Elemente zugeordnet: Feuer (Widder, Löwe, Schütze), Erde (Stier, Jungfrau, Steinbock), Luft (Zwillinge, Waage, Wassermann) und Wasser (Krebs, Skorpion, Fische). Die drei Zeichen eines Elements werden Triplizität genannt.

Ephemeride Tabellen, denen man die Planetenstände mit astronomischer Exaktheit entnehmen kann.

Erdzeichen siehe *Elemente.*

Feuerzeichen siehe *Elemente.*

Fixe Zeichen siehe *Qualität.*

Fixsterne In zunehmendem Maße beziehen moderne Astrologen die Fixsterne, die sich im Bereich der Ekliptik befinden, in ihre Deutung mit ein.

Geburtshoroskop Darunter versteht man eine schematische Darstellung der Planeten, wie sie, vom Geburtsort aus gesehen, zum Zeitpunkt der Geburt eines Menschen am Himmel standen. Man kann für jeden Ort und für jeden Zeitpunkt ein Horoskop erstellen – in der *Stundenastrologie* etwa wird es für den Moment der Fragestellung angefertigt.

Geburtszeit Der genaue Geburtszeitpunkt. Üblicherweise ist dies der Moment, in dem das Baby den ersten Schrei tut oder in dem es abgenabelt wird.

Gegenüberliegendes Zeichen Jedes Zeichen hat sein Pendant genau gegenüber im Tierkreis. Diese beiden Zeichen, beispielsweise Widder und Waage, haben eine besondere Verbindung.

Generationeneinfluss Wenn Planeten viele Jahre im selben Zeichen stehen, beeinflussen sie eine ganze Generation.

Halbquadrat siehe *Aspekte.*

Halbsextil siehe *Aspekte.*

Häuser Ein Horoskop wird in zwölf Abschnitte unterteilt, die Häuser. Sie repräsentieren verschiedene Lebensbereiche. Die Häuser sind nicht mit den Tierkreiszeichen identisch.

Herrscherplanet Jedes Tierkreiszeichen hat einen Herrscherplaneten. Zwischen beiden besteht eine Wechselwirkung. Viel wurde über die Zuordnung der modernen Planeten zu den Tierkreiszeichen diskutiert.

Himmelskugel Eine von der Erde aus in den Weltraum projizierte Kugel, auf der sich die Planeten und Sterne befinden. Wiewohl nur imaginär, ist die Himmelskugel ein nützliches Instrument, um sich die Sterne und Planeten im Verhältnis zueinander und zur Erde vorzustellen.

Himmelsmitte siehe *Medium coeli.*

Horoskop siehe *Geburtshoroskop.*

Imum coeli (IC) Der tiefste Punkt im Horoskop, gegenüber dem *Medium coeli.*

Innere Planeten Merkur und Venus befinden sich zwischen Erde und Sonne und werden daher als innere Planeten bezeichnet. Diejenigen, die außerhalb der Erdumlaufbahn um die Sonne kreisen, sind äußere Planeten. Eine inhaltliche Aussage wird mit dieser Unterscheidung nicht getroffen.

Kardinale Zeichen siehe *Qualität.*

Konjunktion Ein *Aspekt*, bei dem zwei Planeten auf demselben Tierkreisgrad stehen. Siehe auch *Orbis.*

Luftzeichen siehe *Elemente.*

Männliche Zeichen siehe *weibliche Zeichen.*

Medium coeli (MC) Die höchste Stelle im Horoskop, auch als Himmelsmitte bezeichnet.

Meridian Ein imaginärer Halbkreis entlang der *Himmelskugel*, der von Norden nach

Süden und durch den Punkt senkrecht über dem Beobachter führt.

Opposition siehe *Aspekte.*

Orbis *Aspekte* gelten nicht nur, wenn sie die exakte Gradzahl haben, sondern auch innerhalb eines bestimmten Spielraums, genannt Orbis. Wie groß der Orbis ist, hängt von der Stärke des Aspekts ab.

Planeten Astrologen bezeichnen der Einfachheit halber auch Sonne und Mond als Planeten, wohl wissend, dass die Sonne ein Stern und der Mond ein Erdtrabant ist. Die anderen Planeten sind Merkur, Venus, Mars, Jupiter, Saturn, Chiron, Uranus, Neptun und Pluto.

Platonisches Jahr Durch die Kreiselbewegung der Erde verschiebt sich der Widderpunkt rückwärts durch den Tierkreis. Für ein Zeichen braucht er etwa 2160 Jahre, das gilt als astrologisches Zeitalter. Der volle Umlauf durch den gesamten Tierkreis heißt platonisches Jahr und dauert etwa 25 920 Jahre.

Prognose Konkrete Ereignisse kann man nicht mit letzter Genauigkeit vorhersagen, allenfalls kann man Trends prognostizieren, ähnlich wie bei der Wettervorhersage.

Quadrat siehe *Aspekte.*

Quadruplizität siehe *Qualität.*

Qualität Die zwölf Tierkreiszeichen werden in drei Gruppen unterteilt: kardinale Tierkreiszeichen (Widder, Krebs, Waage, Steinbock), fixe Tierkreiszeichen (Stier, Löwe, Skorpion, Wassermann) und veränderliche Tierkreiszeichen (Zwillinge, Jungfrau, Schütze, Fische). Je vier Zeichen einer Qualität werden Quadruplizität genannt.

Quinkunx siehe *Aspekte.*

Rückläufigkeit Von der Erde aus gesehen hat es manchmal den Anschein, als würde sich ein Planet rückwärts durch den Tierkreis bewegen.

Sextil siehe *Aspekte.*

Sonnenhoroskop Bei diesem Horoskop wird die Sonne an die Spitze des ersten Hauses gesetzt. Das macht man, wenn man die Geburtszeit nicht genau kennt. Auch Zeitungshoroskope arbeiten damit.

Sonnenzeichenastrologie In Zeitungen und Zeitschriften finden sich Horoskope oder Vorhersagen für einen bestimmten Wochentag, einen Monat oder ein bestimmtes Jahr, basierend auf den *Sonnenhoroskopen* der einzelnen Tierkreiszeichen. Das Ganze macht Spaß, aber danach richten sollte man sich nicht.

Spitze Die Linie, die ein astrologisches Haus (Häuserspitze) oder Zeichen (Zeichenspitze) vom vorangehenden trennt. In sehr seltenen Fällen steht die Sonne exakt an der Spitze eines Zeichens. Steht jedoch die Sonne auf 1° Widder, besteht keinerlei Einfluss durch die Fische.

Stellium Drei oder mehr Planeten im selben Tierkreisbereich. Eine Mehrfachkonjunktion.

Stundenastrologie Hierbei fertigt man ein Horoskop für den Zeitpunkt an, zu dem eine Frage gestellt wird, und entnimmt die Antwort diesem Horoskop.

Tierkreis Der große Kreis, den die Sonne bei ihrem scheinbaren Lauf um die Erde beschreibt, ist schon vor sehr langer Zeit in Abschnitte eingeteilt worden.

Tierkreismensch Während der Entwicklung der medizinischen Astrologie wurden die zwölf Zeichen des Tierkreises mit den verschiedenen Teilen des Körpers in Verbindung gebracht, angefangen mit dem Widder und dem Kopf und endend mit den Fischen und den Füßen. Diese nützliche Art von Kurzschrift findet auch in der modernen medizinischen Astrologie noch Anwendung.

Trigon siehe *Aspekte.*

Triplizität siehe *Elemente.*

Veränderliche Zeichen siehe *Qualität.*

Wasserzeichen siehe *Elemente.*

Weibliche Zeichen Stier, Krebs, Jungfrau, Skorpion, Steinbock und Fische gelten als weibliche, die anderen als männliche Zeichen. Erstere sind von der Polarität her negativ, Letztere positiv (Die Begriffe positiv und negativ sind in diesem Zusammenhang nicht als Wertung zu verstehen).

Wiederkehr Eine Planetenwiederkehr findet dann statt, wenn ein Planet an die exakte Position zurückkehrt, an der er sich zum Zeitpunkt der Geburt befand. Dies geschieht bei Jupiter alle zwölf Jahre, bei Saturn etwa alle 30 Jahre, bei Chiron etwa wenn die betreffende Person 50 Jahre alt ist, bei Uranus wenn sie 84 Jahre alt ist. Zu diesen Zeiten stehen Veränderungen an. Bei den längeren Umlaufzyklen berücksichtigen Astrologen auch einen halben Umlauf. Dies ist bei Uranus ungefähr dann der Fall, wenn der betreffende Mensch 42 Jahre alt ist.

REGISTER

A

B

C

D

E

F

G

H

DANK

Bildnachweis

Dorling Kindersley möchte den folgenden Rechteinhabern für die Abdruckgenehmigung danken.

Verwendete Abkürzungen: l = links, r = rechts, o = oben, u = unten, M = Mitte.

Seiten am Beginn der Hauptkapitel:
Einleitung – **Alamy**, *Geschichte* – **Corbis**: Stapleton collection, *Die zwölf Tierkreiszeichen* – **Alamy**: Martin Vickery, **Alamy**: Mary Evans Picture Library, *Die Planeten* – **NASA**: mit Genehmigung von JPL/ Voyager 1, *Häuser, Aspekte, Planetenwiederkehr* – **Peter Lawman**, *Weitere Gebiete der Astrologie, Das Geburtshoroskop* – **Mary Evans Picture Library**.

1 Alamy: INSADCO Photography, **2–3 Alamy:** Image State, **4 AKG Images, 5 DK Images:** Judith Miller / Sloanís, **6–7 Alamy:** Visual Arts Library (London), **8–9 AKG Images:** (o), (u), **10 DK Images:** mit Genehmigung des National Maritime Museum, London, **11 AKG Images:** Eric Lessing, **12 Alamy:** V&A Images, **12 AKG Images:** Eric Lessing, **14–15 Corbis:** Enzo & Paolo Ragazzini, **15 Corbis:** Dave G. Houser, (o), **16 Alamy:** Visual Arts Library (London) (M), **16 Corbis:** Gianni Dagli Orti (u) **18 Corbis:** Bettmann (M) **19 Getty:** Time Life Pictures (M) **20 Corbis:** Avaldo de Lucas (u) **21 Corbis:** Enzo & Paolo Ragazzini (M), Getty Images (u), **22 Alamy:** Mary Evans Picture Library (u), **24 Alamy:** Mary Evans Picture Library (u) **26 Alamy:** Adam Eastland (u), **Alamy:** (M) **27 Alamy:** Visual Arts Library (London) (M) **28 Alamy:** Visual Arts Library (London) (M) **29 AKG Images:** (o), **Alamy:** The Print Collector (u), **30 Alamy:** The Print Collector (M), **Getty:** Time Life Pictures (M), **31 DK Images:** Agostini Editore Picture Library (u), **32 Alamy:** Visual Arts Library (London) (u), **Science Photo Library:** Jean-Loup Charmet (M), **34-35 Getty:** The Map House of London, **36 Science Photo Library:** Crawford Library/ Royal Observatory, Edinburgh (M), **36–37 DK Images:** Agostini Editore Picture Library (M), **37 Getty Images** (M), **38 Getty Images** (M), **39 Getty Images** (o) **40 AKG Images:** British Library (M), **40 Alamy:** Justin Kasel (u), **41 AKG Images:** Electra (u), **42 AKG Images:** Laurent Lecat (M), **43 NASA:** Mit freundlicher Genemigung von JPL/ Voyager 2 (o), **44 Corbis:** Hulton-Deutsch Collection (u), (o), **Corbis: Bettmann** (M), (o), **45 AKG Images:** (M), (o), **46 Getty Images:** (u), **Corbis:** Swim Ink 2, LLC (M), **47 Corbis:** Bettmann (M), **Getty:** Time Life Pictures (u), **48–49 Alamy:** Visual Arts Library (London) **49 Alamy:** Martyn Vickery (o), **50 Corbis:** Bettmann, **51 Alamy:** Martyn Vickery, **52 Corbis:** Christieís Images (M), **Alamy:** The Print Collector (u), **53 Science Photo Library:** Dr. Jeremy Burgess (M), **54 AKG Images:** British Library (u), **55 AKG Images:** Eric Lessing (M), **56 AKG Images:** (M), **57 Corbis:** Bettmann (u), **58 Corbis:** Christoph Wilhelm/Veer (M), **AKG Images:** (u), **59 AKG Images:** (u), **61 Corbis:** Mike Watson Images (M), **AKG Images:** British Library (u), **62 Corbis:** Lake County Museum (M), **63 Alamy:** Image State (u), **64 Alamy:** Stock Image (u), **66 AKG Images:** British Library (u), **67 AKG:** Eric Lessing (M), **68 Alamy:** Brand X Pictures (u), **69 AKG Images:** (M), **70 AKG Images:** (u), **71 Corbis:** Brooklyn Productions (u), **72 AKG Images:** (u), **73 DK Images:** Rough Guides/Alex Robinson (M), **AKG Images:** (u), **75 Corbis:** Image Source (u), **76 Alamy:** Comstock Images (u), **Corbis:** Hurewitz Creative (M), **78 AKG Images:** British Library (u), **79 AKG Images:** Eric Lesing (M), **80 Alamy:** Images 100 (u), **82 DK Images:** Rough Guides (M), **84 Alamy:** Chad Ehlers (u), **88 Alamy:** Plain Picture GmbH & Co. KG (u), **90 AKG Images:** British Library (u), **91 AKG Images:** Eric Lessing (M), **92 Corbis:** Bettman (u), **93 DK Images:** Angus Beare (M), **94 Corbis:** Barry Lewis (M), **100 Corbis:** Stockbyte (M), **Corbis:** Sean Justice (u), **102 AKG Images:** British Library (u), **103 AKG Images:** Eric Lessing (M), **105 DK Images:** Agostini Editore Picture Library (u), **106 Corbis:** Gideon Mendel (M), **110 DK Images:** Agostini Editore Picture Library (u) **111 Alamy:** Dynamic Graphics Group/IT Stock Free (M), **112 DK Images:** Agostini Editore Picture Library (u), **114 AKG Images:** British Library (u), **115 AKG Images:** Eric Lessing (M), **119 Corbis:** Brooke Fasani (u), **121 Corbis:** Senthil Kumar (u), **123 Corbis:** John Henley (u), **126 AKG Images:** British Library (u), **127 AKG Images:** Eric Lessing (M), **129 Corbis:** Lake County Museum (u), **136 Corbis:** Flint (u), **138 AKG Images:** British Library (u), **139 AKG Images:** Eric Lessing (M), **140 Corbis:** Sunset Boulevard (u), **147 Corbis:** Kevin Dodge (M) **150 AKG Images:** British Library (u), **151 AKG Images:** Eric Lessing (M), **154 Corbis:** Michael S Yamashita, **158 Corbis:** Stapleton Collection (M), **162 AKG Images:** British Library (u), **163 AKG Images:** Eric Lessing (M), **164 AKG Images:** Polygram/Album (u), **166 Alamy:** Transtock. Inc (M), **166 Corbis:** Tom & Dee Ann McCarthy (u), **167 Alamy:** Photos 12 (M), **168 Alamy:** Pictorial Press Ltd (u), **174 AKG Images:** British Library (u), **175 AKG Images:** Eric Lessing (M), **178 Corbis:** Historical Picture Archive (M), **180 Corbis:** Bettmann (u), **182 Corbis:** William Taufic (M), **184 Corbis:** Jim Reed (u), **186 AKG Images:** British Library (u), **187 AKG Images:** Eric Lessing (M), **192 Alamy:** Chad Ehlers (M), **194 Alamy:** INTERFOTO Pressebildagentur (u), **196 Corbis:** Simon Marcus (u), **Alamy:** Pictorial Press Ltd (M), **198–199 Science Photo Library:** Detlev Van Ravenswaay, **199 Corbis:** Stockbyte (o), **200 Corbis:** Denis Scott, **202 Corbis:** Stapleton Collection (u), **203 Alamy:** Photo Bliss (M), **208 AKG:** British Library (u), **215 Corbis:** Roy Morsch (M), **217 Corbis:** Sonja Pacho/zefa (u), **219 Corbis:** Dylan Ellis (u), **220 NASA:** mit Genehmigung von JPL/ Voyager 1 (u), **223 DK Images:** Agostini Editore Picture Library (u), **228 Corbis:** Steve Prezant (u), **232 Corbis:** Andrew Holbrooke (u), **234 NASA:** mit Genehmigung von JPL/ Voyager 1 (o), (u), **235 Corbis:** (M), **237 Corbis:** Andrew Brooke, **238 Corbis:** Bettmann (u), **240 DK Images:** Agostini Editore Picture Library (u), **241 Alamy:** Paul Debios, **242 Corbis:** Peter Finger (u), **245 AKG Images:** (u), **249 Alamy:** Visual Arts Library (London) (M), **252 Science Photo Library:** Detlev Van Ravenswaay (u), **264 Corbis:** Stapleton Collection (u), **265 Science Photo Library:** Jean-Loup Charmet (M), **266 Science Photo Library:** Jerry Lodriguss (u), **269 Corbis:** Hulton Deutsch Collection (u), **270 AKG:** Cameraphoto (u), **272 Mary Evans Picture Library:** (u), **274 AKG Images:** Eric Lessing (u), **278 Corbis:** Simon Marus (M), **Corbis:** Bettmann (u), **279 Alamy:** Roger Tamblyn (u), **280 Corbis:** DLILLC (u), **281 Corbis:** Hulton Deutsch Collection (M), **284 Getty Images:** Richard Utinich (u), **285 Alamy:** Direct-photo.org (M), **287 Corbis:** Stapleton Collection (M), **289 Corbis:** Chuck Bryan/epa (o), Stefano Bianchetti (u), **290–91 Corbis:** Gianni Dagli Orti, **291 Mary Evans Picture Library:** (o), **294 Alamy:** Chris Luneski (u), **Mary Evans Picture Library:** (M), **295 Science Photo Library** Jean-Loup Charmet (u), **296 Corbis:** Mike Watson Images (u), **298 Corbis:** Stapleton Collection (u), **DK Images:** mit Genehmigung des National Maritime Museum, London **299 Corbis:** Roger Ressmeyer (u), **300 Alamy:** Aliki Sapountzi/aliki image library (M), North Wind Picture Archives (u), **302–03 Corbis:** Fine Art Photographic Library, **303 Mary Evans Picture Library:** (o)
Umschlagabbildungen: *Vorderseite:* **akg-images**: Cameraphoto (gru); **Alamy Images:** Ian McKinnell (m, Hintergrund); PhotoBliss (glu); Visual Arts Library, London (ul); **Corbis:** Denis Scott (m); NASA/JPL (ur). *Rückseite:* **akg-images** (ol); **Corbis:** Bettmann (ul); **Science Photo Library:** Detlev Van Ravenswaay (m). *Rücken*: **Corbis:** Lake County Museum